국제정세의 이해

제7개정판

국제정세의 이해

자유주의 국제질서의 위기와 지구촌의 국제관계

| 유현석 지음 |

Understanding International Relations, 7th. revised edition
The Crisis of Liberal International Order and Global Relations

한울
아카데미

| 차례 |

2011년 초 연구학기 동안 방콕 출라롱콘 대학교의 안보국제문제연구소(The Institute of Security and International Studies)에서 연구를 했던 적이 있다. 그때 연구 주제가 '중국 부상과 아세안(ASEAN)의 대응'이었다. 2008년 미국발 금융위기 이후 중국은 남중국해 문제를 필두로 동아시아에서 적극적인 대외정책을 시작했고 이러한 중국의 움직임에 대해 아세안 국가들이 어떻게 인식하고 어떤 대응을 생각하고 있는지가 연구 주제의 핵심이었다. 13년이 지난 2024년 1월 연구를 위해 또다시 방콕에 와 있다. 이번 연구의 주제는 '미국의 인도-태평양 전략의 등장이 아세안에 미치는 영향'이다. 미국의 인도-태평양 전략의 중요한 목표가 중국에 대한 견제라는 것을 부정하기 어렵다면 이 주제는 중국의 부상에 대한 미국의 새로운 대응 전략, 즉 인도-태평양 전략이 아세안에 어떠한 영향을 미치고 있냐에 관한 것이다. 한마디로 13년이 지났지만 중국의 부상과 그 영향은 이 지역에 있어 가장 큰 현안이다.

하지만 더 자세히 살펴본다면 상황은 조금 다르게 보인다. 2011년의 현실이 중국이라는 거인이 '때를 기다리는' 전략에서 마침내 깨어나고 있는 것이었다면 2024년 동아시아/인도-태평양 지역의 현실은 중국이 더는 미국 중심의 기존의 질서를 수용하지 않고 중국 중심의 질서를 만들겠다는 공세적 움직임을 본격화했고 이에 대한 미국의 전면적 대응이 2013년의 미·중 격돌의 현실을 만들어낸 것이다. 지금의 미·중 경쟁 상황을 신냉전으로 규정하는 것은 적절치 않지만, 지금의 현실은 더 근본적인 국제질서의 변화를 상징하고 있는 것으로 보인다. 단순화해서 말한다면 지금 지구촌에 어두운 그림자를 드리우고 있는 대부분의 현실들은 미국이 제2차 세계대전 이후 구축한 자유주의 국제질서의 균열과 붕괴 조짐을 반영하고 있다고 생각한다. 미·중 중심의 진영화와 두 진영의 대결, 러시아의 우크라이나 침공, 이스라엘-하마스 분쟁, 미국의 보호무역적 수단 등을 통한 중국 압박, 다자주의적 무역질서의 위기 등은 지구촌의 안정을 유지해 왔던 자유주의 국제질서가 그 힘을 잃어가고 있다는 것을 보여주고 있다.

여기서 자유주의 국제질서의 균열 원인을 이야기하지는 않겠다. 다만 확실한 것은 자유주의적 국제질서를 복구할 만한 힘의 우위를 더 이상 미국이 가지고 있지 않다는 점이다. 그리고 자유주의 국제질서를 작동하게 한 다양한 수단들, 즉 자유주의적 규범이라는 구속복(straitjacket), 정교한 세력균형, 다자주의적 제도들 역시 작동에 문제가 생겼다. 이제 판도라의 상자는 열렸고 미국은 상자에서 나온 미국의 잠재적 적들과 문제들을 통제하기 위한 새로운 메커니즘을 마련해야 하는 상황에 왔다. 이 책의 일곱 번째 개정판이 나올 2024년은 이러한 현실이 본격화되는 시기가 될 것이고 이러한 국제관계의 변화를 반영하기 위한 제목을 고민하다가 이번 개정판의 부제를 '자유주의 국제질서의 위기와 지구촌의 국제관계'로 정했다.

이번 개정판의 가장 큰 변화는 미국의 인도-태평양 전략의 등장과 그로 인한 2021년 이후의 새로운 변화를 담아낸 것이다. 기존의 중국 부상과 국제질서 그리고 동아시아 국제관계 장을 미·중 관계의 최근의 전개까지를 담은 인도-태평양 질서(3장) 그리고 인도-태평양 지역의 양자·다자 관계(4장)로 재구성하고 최근의 변화를 다루었다. 그리고 코로나19와 국제정세를 다룬 17장을 삭제했다. 코로나19가 국제관계에 미치는 영향이 없는 것은 아니지만 그 자체가 국제관계의 변화를 만들어냈다기보다는 코로나19로 인해 감추어져 있던 국제관계의 여러 긴장들이 드러난 측면이 크기 때문에 과감하게 삭제했다. 이 밖에 제7개정판에 새롭게 담은 내용들은: 러시아-우크라이나 전쟁을 국제정치의 여러 접근법의 관점에서 분석해 보는 내용, 신남방정책과 함께 한-아세안 연대구상, 미·중 경쟁 시대의 NATO의 중국에 대한 인식 변화와 이를 반영한 2022 신전략 개념, 공급망, 첨단기술 등을 포함한 최근의 경제안보 논의, 한일관계의 변화 그리고 캠프 데이비드 정상회담을 포함한 한·미·일 삼각협력의 새로운 내용들,

중·일관계의 최근 변화, 중국 외교 행태의 변화와 한국의 대응, 인도-태평양 전략하에서의 기존 다자협력체의 운명(특히 아세안 중심의 지역다자제도의 미래) 등등이다.

우크라이나에서의 전쟁, 가자지구에서의 이스라엘과 하마스의 충돌, 시리아, 이라크, 홍해 등지에서 미국 측과 이란 그리고 이란의 지원을 받고 있는 세력들과의 충돌, 그리고 이란과 파키스탄의 군사적 충돌 등 중동은 다시 끝을 알 수 없는 분쟁의 소용돌이로 빠져들고 있다. 북한의 김정은은 한국을 제1의 적대국, 불변의 주적으로 명시하고 전쟁 준비를 가속화하라는 지시를 하며 핵공격을 통한 전쟁을 위협하고 있다. 9·19 군사합의의 파기, 서해안 연평도 부근에서의 사격과 한국의 대응 사격은 남북 간의 군사적 긴장을 고조시키고 있다. 중국과 대만과의 전쟁 가능성은 구체적 전쟁 시점이 언급될 정도로 언제든지 일어날 수 있는 일로 여겨지고 있다. 여기에 지구 온난화의 속도는 더욱더 빨라지고 세계 곳곳에서 온난화로 인한 이상기후 현상이 발생하고 있다. 내 기억으로 이렇게 암울한 시기가 있었을까 할 정도로 지금의 지구촌은 어둡기만 하다.

* * *

이 책의 다음 개정판이 나올 때쯤의 세상은 어떠한 모습일까? 이 복잡한 세상에 앞일을 예측하는 것은 바보 같은 짓이지만 왠지 3년여 후의 세상이 그리 기다려지지는 않는다. 에미상 8관왕을 비롯해 각종 시상식을 휩쓴 〈BEEF(성난 사람들)〉를 출장 중 공항에서 숙소에서 두 번째로 보았다. 마지막 장면에서 결국 또 울고 말았지만 사실 두 번째 보는 것이기 때문에 2차 관람 첫 에피소드 끝나고 엔딩에서 나오는 음악에 이미 감정선은 그렇게 잡히고 말았다. 미국 밴드 후바스탱크(Hoobastank)의 「The Reason」.

이 서문을 쓰며 내 귀에 들어오는 가사들 몇 줄을 여기에 적는다.

우리 모두의 작고 소중한 삶을 위한 새로운 시작, 그것을 위해 우리 모두 변할 수 있기를…

나는 완벽한 존재는 아니에요 　　　(I am not a perfect person)

후회할 짓들을 하죠 　　　(As many things I wish I didn't do)

하지만 난 계속 배워가고 있어요 　　　(But I continue learning)

예전의 나를 바꿔야만 하는 이유를 찾았어요 　　　(I've found a reason for me to change who I used to be)

새롭게 다시 시작할 이유를 말이죠 　　　(A reason to start over new)

그 이유는 바로 당신과 나, 우리 모두예요 　　　(And the reason is YOU)

2024년 1월

방콕에서

유현석

　　2020년의 여름은 더위를 느낄 수도 없을 만큼 혼돈과 걱정의 시간이었던 것 같다. 나라도 어수선한데 미·중관계는 5월 백악관의 「대중국 전략적 접근 보고서(Unite States Strategic Approach to the People's Republic of China)」가 나온 이후 점입가경이더니 이제는 두 나라의 군사적 충돌까지도 우려하게 한다. 트럼프 대통령은 중국과의 전선을 사방팔방으로 확대시켜 놓고 이제 어느 한두 가지가 해결된다 해도 다른 전선이 또 다른 가지를 칠 형국이다. 중국몽(中國夢)에 몰두하고 있는 시진핑 주석은 드디어 일국양제(一國兩制)를 포기한 듯하고 홍콩은 이제 더 이상 예전의 홍콩이 아니다. 코로나19의 혼란 와중에도 중국의 항모와 구축함 등이 남중국해에서 군사작전을 펼치면서 대만을 위협했다. 미국 역시 항모를 동원해 보란 듯이 남중국해에서 '항행의 자유' 작전을 계속하고 있다. 코로나19 역시 올해 내내 그리고 어쩌면 오랫동안 내 삶을 고통스럽게 할 게 분명해졌다. 1년이 다 되어가는 지금 확진자와 사망자는 계속 늘어나고 있을 뿐이다. 지구촌의 어려운 문제들을 해결하기 위한 다자적 노력들(무역, 보건, 환경 등등) 역시 모두 진통을 겪고 있다. '코로나19 극복을 위한 진정한 글로벌 연대와 조율된 노력이 존재하는가?'라는 물음에 나는 긍정적 답을 할 수 없다.

　　개정판 원고 작업을 끝내고 그럴듯한 부제를 고민했지만 '위기' 이외에는 떠오르는 단어가 없다. 2017년 개정판의 부제도 "위기의 시대였는데 그렇다면 이제는 '위기'가 일상화된 것인가? 답은 더 암울하다. 위기는 일상화되었으며 심화되고 더 복합적이

15

다. 2017년의 세계에서 위기의 핵심이었던 불평등과 뒤처짐에 대한 불안이 만든 '분노와 좌절'이 조금이라도 해결되었다고 생각되지 않는다. 트럼프 당선 이후의 '국경 장벽 세우기' 같은 돌출적 정책은 이제 '신냉전'이라는 보다 구조적이고 지구적 파급력을 갖는 위기성 현상으로 발전되었다. 또 지금 당장 눈앞에 있는 새로운 질병과 싸우느라 아무도 그 심각성 자체를 이야기하지 않지만 코로나19를 만들어낸 지구촌 생태계의 위기는 앞으로도 비슷한 아니 더 심각한 바이러스와 전염병들을 계속 만들어낼 것이다. 어쩔 수 없이 6개정판의 부제는 '복합 위기의 시대, 지구촌의 어젠다와 국제관계'이다.

이번 개정판에는 앞으로의 지구촌의 삶에 영향을 미치게 될 코로나19와 관련한 장을 추가하지 않을 수 없었다. 코로나19가 국제정치경제에 미친 영향들을 글로벌 거버넌스, 미·중관계, 다자주의, 글로벌화, 비전통안보의 측면에서 정리해 보았다. 이 때문에 16장을 고집하던 책이 17장으로 늘어나게 되었다. 아마도 다음 개정판에서는 새로운 장을 채우던 내용들이 기존의 다른 장으로 흡수될 수 있을 것이라 생각한다. 새로운 장을 제외하고 가장 많은 개정이 이루어진 부분은 트럼프 집권 이후 미·중관계 변화와 그로 인한 글로벌, 인도-태평양 지역(동아시아라는 말보다 이제는 인도-태평양이라는 용어를 써야 할 듯하다) 그리고 한반도에서의 변화들을 추가해야 했다. 특히 2020년 5월 이후 미국은 체계적으로 기존의 미·중관계를 중국과의 신냉전으로 끌고 가는 모습이다. 대선에서 당선된 조 바이든(Joe Biden)이 다른 길을 택하리라고 믿고 싶지만 어떤 이유에서든지 시작된 양국 간의 충돌은 그 자체의 생명력을 가지고 진행될 것이기 때문에 가볍게 볼 수가 없다. 이 밖에 추가된 내용들은, 미·중 무역전쟁, 인도-태평양 전략의 진전, 미·중의 통화전쟁(중국의 탈달러화 움직임), 미·중의 에너지 경쟁(원유 위안화 거래, 중·러 에너지 협력), 미국의 INF 조약 탈퇴, 중국 포위를 위한 미국의 전략〔경제번영 네트워크, G7 확대, 쿼드 플러스(Quad plus) 등〕, 북·미 정상회담을 포함한 북·미 핵협상, 한미동맹의 변화 등이다. 복합위기의 가장 중요한 부분이고 미·중 당사자들뿐만 아니라 한반도, 동남아(남중국해) 그리고 여타 지역에도 중대한 영향을 미칠 변화들이다. 2017년 개정판 이후 완결된 브렉시트에 관한 내용, 탈글로벌화 논쟁, 다자무역체제의 위기와 대안 모색, 신기술과 인권문제 등도 새롭게 추가되었다. 기존의 내용 중에 부족했다고 생각되었던 국제개발협력 부분은 오너십(ownership), 원조효과성, 개발효과성, PPP 등 파트너십, 개발협력의 혁신 등 주요 어젠다들을 정리해서 보강했다. 국제기구, 글로벌 거버넌스에 대한 비판이론적 관점도 소개했다. 한국의 에너지 안보전략, 미·중 충돌 시대의 한국의 전략 등 중요한 변화에 대응하는 한국의 전략에 대해서도 가능한 한 의견을 제시해 보려 노력했다.

* * *

4년 전 5개정판의 원고를 끝내고 서문을 쓰려고 할 즈음 함택영 선배가 돌아가셨다. 멀리서 조문도 못하는 나는 누구에게라도 함 선배에 대한 내 사랑과 존경 그리고 내 슬픔을 말하고 싶어 내 개인적인 이야기를 서문에 적었었다. 그런데 이번 6개정판 원고를 마무리 할 즈음 류길재 선배가 세상을 떠나셨다.

올해 1월 형의 딸 결혼식에서 만나 힘차게 악수를 했던 게 마지막이었다. 돌아가신 길재 형은 식도암으로 3년여를 투병하시다 떠나셨다. 작년 2019년 11월 초 게이오 대학교 인터내셔널 하우스(Internatoinal House) 앞에서 길재 형을 우연히 마주쳤다. 난 형의 건강에 대해 물었지만 형은 나라 걱정만 했다. 길재 형은 마음이 여리고 정이 많고 또 정의감이 강하며 그래서 쉽게 상처를 받고 오래 섭섭해하는 사람이다. 상가에 모인 사람들이 다 같은 애기를 했다. 장관 일을 하면서 또 마치면서 마음의 상처를 많이 받았을 거라고.

길재 형이 통일부 장관 일을 시작하던 때는 2013년 2월 12일 북한이 3차 핵실험을 하고 난 한 달 후쯤인 3월 11일이었다. 박근혜 정부가 들어서기 2주 전 북한이 실험을 하면서 길재 형은 남북관계가 최악인 상황에서 임기를 시작하게 되었다. 형은 북한 연구자들 중에서 보수적인 성향에 속하는 사람이지만 어려운 상황에서도 북한과의 대화와 교류협력에 대한 신념을 가지고 있었다. 하지만 박근혜 정부의 시작 즈음에 4년 만의 핵실험으로 찬물을 끼얹은 북한과의 관계가 쉬울 리 없었다. 정부 내에도 압박과 붕괴 등 강경한 목소리가 대세였던 시기였다. 거기에 3차 핵실험으로 유엔의 기존 대북제제 1718호가 더욱 강화되고 대상과 제재 조항이 추가된 2094호가 발동되어 있는 상황에서 통일부와 길재 형이 할 수 있는 일은 많지 않았다. 이러한 상황을 넘어서기 위해 최고정책결정자에게 여러 가지 특단의 조치들을 건의했지만 받아들여지지 않은 듯하다. 이러한 어려움은 길재 형에 국한된 이야기가 아니다. 흔히 말하는 '상대가 있는' 남북관계에서 나만 열심히 한다고 성과가 나는 것은 결코 아니다. 북한은 자기의 계산대로 상대의 바람과 상황에 상관없이 게임을 한다. 거기에 북핵 문제는 핵 비확산의 문제이고 북·미관계의 핵심 어젠다이기 때문에 미국이나 국제사회의 제재가 겹겹이 쌓여 있는 상황에서 한국의 통일부가 할 수 있는 일은 사실상 많지 않다. 길재 형은 결국 통일부 장관이라는 임무를 출구가 안 보이는 상황에 대한 분노 그리고 아무것도 할 수 없는 좌절감 속에서 끝낼 수밖에 없었다. 많은 상처를 받았다는 얘기를 들었고 형 성격대로 그런 감정을 숨기지 못했다. 그리고 퇴임 2년 후쯤 암 선고를 받았다. 장관 퇴임 후 4년 반이 지난 후 게이오 대학교 인터내셔널 하우스 앞에서 좌절과 울분을 쏟아내는 형에게 난 "형 스트레스 받는 게 제일 안 좋아요. 그냥 잠시라도 관심을 좀 꺼두세요"라는 말밖에 할 수 없었다. 형이 돌아가시기 일주일 전쯤 면회를 하신 형의 절친이 형이 마지막 면회에서도 나라 걱정, 남북관계 걱정을 하며 열변을 토했다는 말씀을 하셨다. 형은 하늘에서도 아무나 붙잡고 뜨거운 가슴과 신념으로 무장한 자신의 논리를 멋진 목소리와 그 진지한 표정으로 전파하고 있을 것이다. 형 너무 안타깝고 슬프지만 이제 나라 걱정 내려놓으시고 편안하게 쉬고 계셨으면 좋겠습니다.

* * *

2001년에 초판이 나온 『국제정세의 이해』는 이번 여섯 번째 개정판(2021년)으로 스무 살이 되었다. 20년 동안 이 책이 죽지 않고 생명력을 유지한 것은 너무나 감사한 일이다. 대략 3년마다 개정판이 나왔는데 사실 요즘 같은 5G 시대에 3년은 너무나 긴 시간이다. 늘 많은 변화들이 일어나 이 책을 바보로 만든다. 2년마다 개정판을 내겠다는 다짐을 지켜야 하지만 사람 사는 일이 꼭 마음먹은 대로 되지는 않는다. 2018년 봄 다시 학교로 돌아와 학생들에게 폐를 끼치는 교수가 되지 않으려고 바둥거리다 보니 거의 4년 만에야 새 개정판이 나오게 되었다. 이 책의 개정이 늦어지게 만드는 내가 사랑하는 사람들이 있다. 하지만 게으름은 내 책임이고 나는 그들을 더더더 사랑할 것이다.

"20년 세월 동안 이 책을 사랑해 준 많은 분들에게 감사드립니다. 책을 자신들의 강의에 기꺼이 교재로 사용해 주신 동료 학자들에게도 부끄럽고 또 감사하다는 말씀을 드립니다. 각종 국가고시를 준비하기 위해 이 책을 읽었던 분들도 다들 원하는 바를 이루셨기를 바랍니다. 어디서든 마주치게 되면 알은체해 주세요. 감사 인사를 드릴게요. 무엇보다 20년 동안 이 책에 대해서 애정을 가지고 읽어주신 독자 한 분 한 분께 감사의 말씀을 드립니다. 마지막으로『국제정세의 이해』에 관심을 가져주시고 늘 인내심을 가지고 기다려 주시는 '한울'의 식구들에게도 진심으로 감사의 말씀을 드립니다."

원고를 마무리한 나에게 마라샹궈를 상으로 주고 싶다……

2020년 12월
유현석

19

| 제5개정판 서문 |

　제5개정판 개정 작업이 끝나갈 무렵 미국 대통령 선거에서 공화당 후보인 도널드 트럼프가 대역전을 이끌어내며 새로운 대통령에 당선되었다. 일주일이 지난 지금까지도 온 세계는 충격과 우려 속에서 트럼프의 일거수일투족에 촉각을 곤두세우고 있다. 2016년 6월 24일 브렉시트(Britain + Exit = Brexit) 국민투표 가결 역시 커다란 충격이었다. 이 두 역사적 사건은 여러 가지 설명이 가능하겠지만 그 근저에 깔려 있는 공통분모는 분노와 좌절, 특히 글로벌화와 국제주의의 혜택에 소외된 계층들의 분노와 좌절일 것이다. 이들은 개방경제와 신자유주의의 상징인 자유무역, 이민정책, 복지 축소에 가장 큰 피해를 본 사람들이다. 영국인들은 더 이상 영국이 EU의 일부로서 그 결정에 따라 이민을 받아들여야 하는 것을 거부했으며 미국인들은 보호무역과 반이민, 고립주의를 주창하는 트럼프를 선택했다. 문제는 이러한 트렌드가 이들 두 나라에 그치는 것이 아니라 프랑스, 폴란드 등 다른 유럽 국가들로 번져나가고 있다는 것이다.

　서구자본주의, 자유민주주의를 대표하는 두 나라, 미국과 영국이 고립주의적 방향으로 움직이고 있는 것은 심각한 문제이다. 게다가 지구촌에는 중동뿐만 아니라 러시아, 터키, 베네수엘라 등 지역적 파급력을 가진 지역의 문제들이 산적해 있다. 이 복잡한 지구촌에 위기가 아닌 때가 있었겠는가만은 현재 지구촌은 여러 가지 측면에서 위기라는 말 이외에 더 적당한 단어를 붙이기 어려울 만큼 어려운 형편에 있는 듯하다.

우선 무엇보다 전 세계 어느 곳도 테러의 위협으로부터 자유롭지 못하다. 이미 여러 차례 비극적인 테러를 겪은 프랑스를 비롯해, 유럽 각국은 물론이고 세계 최강대국인 미국의 소도시에서도 테러집단 IS의 지시나 영향을 받은 자생적 테러리스트들이 테러를 자행하고 있다. 중동문제는 그 끝을 알 수 없는 수렁 속으로 빠져들고 있다. 시리아 내전은 최대 격전지인 알레포가 상징하듯 민간인의 엄청난 희생, 그리고 난민들을 만들어내고 있다. 정부군과 반군을 각각 지원하는 러시아와 미국의 갈등까지 더해져 휴전 합의가 이루어진 이후에도 상황은 불안하기만 하다. 난민문제로 주변국들은 심각한 사회적·경제적 문제를 겪고 있다. 이슬람 극단주의자들의 테러와 시리아 난민문제는 반이슬람 정서를 확산시키고 있을 뿐만 아니라 많은 나라의 정치적 지형에까지 영향을 미치고 있다. 아시아는 점점 더 유럽의 과거와 닮아가고 있다. 아시아에서는 중국의 세력 강화와 함께 남중국해를 둘러싼 갈등이 계속되고 있다. 이런 갈등은 아시아를 둘러싼 미국과 중국의 대결이라는 측면에서 심각한 사안이다. 한반도의 안보 상황 역시 심각하다. 북한은 2016년 한 해에만 22차례의 미사일 발사 실험, 두 차례에 걸친 핵실험으로 핵미사일 능력을 강화하고 있고 실전 배치를 통해 미국 본토를 위협할 날도 머지않았다는 전망이 나오고 있다. 이에 한국은 THAAD(전역고도 방어) 도입을 결정하고 북한에 대한 외교적·군사적 압박을 강화하는 가운데 한반도는 긴장고조 상태에 이르고 있다. 동아시아 차원에서도 미국을 중심으로 한 한·미·일 그리고 호주, 인도 등을 묶는 미국의 동아시아 안보 네트워크에 대응해서 중국과 러시아의 밀착 등으로 신냉전이라 할 정도의 대결 양상이 분명해지고 있다. 경제 역시 위기 상황이다. 2008년 미국발 금융위기 이후 세계경제는 좀처럼 회복세로 돌아서지 않고 있다. 미국은 셰일가스 혁명 등으로 경기가 회복되고 있지만 중국 그리고 신흥국가들은 심각한 경기 후퇴를 경험하고 있다. 저유가를 포함한 원자재 가격의 하락 역시 세계 수준의 경기침체를 심화시키고 있다.

이 책의 부제는 출간 시점의 국제정세를 반영해서 정해왔다. 지난 15년 동안 다섯 차례의 개정이 있었지만 개인적으로는 작금의 지구촌 상황이 가장 어렵다고 느낀다. 그래서 제5개정판의 부제는 '위기의 시대, 지구촌의 어젠다와 국제관계'이다. 제5개정판은 제4개정판 이후 4년 만에 나왔기 때문에 많은 변화를 반영해야 했다. 중요한 개정을 나열해 보면, ① 기존 제3장의 제목을 'G2 시대의 국제질서'에서 '중국의 부상과 국제질서의 변화'로 바꾸고 중국의 일대일로(一帶一路) 구상, 미국의 아시아 중시 정책 (pivot to Asia) 전개, 시진핑 시대의 미·중관계와 한국의 대외전략 등을 포함하여 대폭 개정한 것, ② 기존 제4장 「21세기 국제관계의 변화」를 축소하여 제2장 「국제정치의 역사」에 합치고 IS의 등장과 중동질서의 변화를 추가한 것, ③ 기존 제9장 「동아시아 국제정치」를 대폭 개정한 것(적극적 평화주의로 상징되는 아베 2기 일본의 대외정책과 안보 법제 개정, 보통국가화/ 중·일관계에서 인도와 호주의 역할 증대/ 중국과 필리핀의 중재재판 결과 이외에 남중국해 문제 현황 등을 포함), ④ (최근 중요성을 더해가고 있는) 국제정치에서 에너지의 중요성을 다루는 장을 마지막에 새롭게 추가한 것이다. (주로 유가하락과 셰일가스 혁명을 다루었지만 사실 에너지 문제는 기후변화로 인한 국가 간 갈등, 물 부족으로 인한 무력 충돌 문제 등까지도 포괄해서 다루어야 하는 문제이다. 이는 향후 개정에서 보완할 것이다.) 그 밖에 이란 핵 협상 타결, 유럽 재정 위기와 유로존(Euro Zone) 위기, 브렉시트, 기후변화 대응에 있어 새로운 이정표를 세운 파리 협정, MDGs(새천년개발목표) 이후 개발협력의 방향을 제시한 SDGs(Sustainable Development Goals, 지속가능개발목표), 중견국 외교, 북한인권법을 포함한 북한 인권문제, IMF 개혁과 중국 위안화의 특별인출권(SDR) 바스켓 편입, THAAD 배치 등 최근 국제관계의 주요 현안들을 포함시켰다.

제4개정판이 나온 이후 학교를 잠시 떠나 외교 일선에서 일할 기회를 갖게 되었다. 새로운 일을 통해 배우며 느낀 것들이 많다. 이 책에 담아내지는 못했지만 언젠가 기회가 있으리라 생각한다. 개정할 시점이 지났음에도 바쁜 하루하루 때문에 개정 작업을 제때 마무리하지 못했었다. 약속을 지키지 못한 점에 대해 독자들에게 용서를 구하고 싶다. 이 책의 나이인 15년이란 세월은 빠르게 변화하는 21세기의 지구촌에게는 엄청나게 긴 시간이다. 그래도 변하지 않은 것은 인간, 국가 차원에서의 탐욕과 확장욕 그리고 신념, 이념, 믿음으로 포장된 아집과 독선의 충돌이 만들어내는 국제정치의 본질이다. 그럼에도 불구하고 내가 인류의 미래에 희망을 갖는 것은 이런 것들에 맞서는 크고 작은 노력들 역시 변함없이 이어지고 있다는 것이다.

이 책이 학생들이 세상을 올바로 이해하는 데 조금이나마 도움이 되었으면 한다. 잘못된 정보와 의도 또는 무지에서 나오는 왜곡 그리고 무책임한 주장과 편향된 해석이 판을 치는 이 정보 과잉의 세상에서 팩트를 확인하는 습관, 방송이나 신문에 대한 비판적 읽기 등을 학생들에게 꼭 부탁하고 싶다.

마지막으로, 이번 개정 작업을 하면서 문득 내가 언제까지 이 작업을 계속할 수 있을까? 하는 생각을 했다. 교수 생활 정년 때까지라고 친다면 네 번 정도는 더 할 수 있지 않을까 싶기도 했다. 내 인생 여정과 이 책의 운명에 대한 생각이 든 것이다. 그러다 지난 10월 22일 홀연히 우리 곁을 떠나신 고 함택영 선배가 생각나 눈물을 쏟았다. 함 선배는 펄펄 날아다닐 나이인 예순여섯에 허무하게 세상을 떠나셨다. 학교에서 정년 퇴임을 하신 지 얼마 안 되었는데 바쁜 일이라도 있으신 듯 그렇게 가셨다. 여러 가지 계획들을 생각하셨었는데 다 부질없는 일이 되어버렸다. 네 번 더 개정 작업을 하겠다는 내 야심 찬 계획이 내 마음대로 될 일은 아니다. 이제 그 정도 이치는 알 나이가 되었다.

올 5월 말 서울을 떠날 때 항암 치료를 받겠다고 막 결심하신 함 선배가 와인 두 병을 들고 지하철을 타고 걷고 하서서 점심 모임에 오셨다. 그리고 임지로 떠나는 후배에게 술잔을 따라주셨다. 고통스러운 수술을 하셨고 또 다른 병으로 눈이 잘 안 보이는 고통을 겪고 계셨지만 선배는 단 한 번도 병에 눌린 모습을 보이지 않으셨다. 늘 자신보다 주변을 걱정하셨고 후배들을 진심으로 아껴주셨다. 난 감사하게도 함 선배의 사랑을 분에 넘치도록 받았다. 형처럼 생각하고 의지하고 또 배우려 애썼다. 우리의 생각이 늘 같은 것은 아니었지만 나는 항상 함 선배의 생각을 존중하고 무겁게 여겼다. 그분이 어떤 생각을 가지고 계시건 결국 그분이 바라는 것과 내가 바라는 세상이 다르지 않음을 알았기 때문이다. 선배는 단톡방에 늘 여유 있는 글을 올리셨다. 돌아가시기 열흘 전쯤에는 인생을 관조하는 시를 올리시긴 했지만 언제나처럼 세상에 대한 날카로운 관찰과 유머와 따듯함이 넘치는 대화를 나눴셨다. 단톡방에서 마지막 대화를 나눈 것이 돌아가시기 이틀 전이었다. "중환자실에 가라는데 호전되어서 그럴 필요가 없기를 믿어보겠습니다"라고 유쾌하고 힘차게 다짐하셨는데……. 이틀 후 후배 최 교수의 메시지 하나가 도착했다. '함 선배가 돌아가셨어요.' 선배의 힘찬 다짐에 응원의 답을 못해드린 게, 살가운 대화 몇 마디라도 더 나누지 못한 게 죄송하고 후회스럽기만 하다. 왜 좋은 사람들은 이리도 일찍 떠나는지 원망스럽기만 하다. 몇 달 전 세상을 떠난 유임학 선생님이 생각나 더 슬펐다. 너무 일찍 간 동만이 형 생각이 나서 더 더 슬펐다.

어른의 삶이란 게 뭔지, 이 세상에서 제일 좋아하는 사람 중 하나가 세상을 떠났는

데 나는 비행기를 탈 생각은 엄두도 내지 못하고 사무실에서 일만 했다. 행사에 가서 축사를 하고 어떤 나라의 국경일 리셉션 행사에 가서 미소 띤 얼굴로 대화를 나누었다. 엄마를 땅에 묻으러 가는 날 아침, 거울을 보며 머리에 무스를 바르는 자신을 보며 어이없고 부끄럽고 또 슬펐다는 오래전 인권이 형의 고백이 생각났다. 함 선배에게 사죄의 말과 내 존경과 사랑을 고백하고 싶었다. 이 개정판의 서문을 쓰면서 갑자기 어쩌면 여기가 그런 고백을 하기에 적당한 곳이라는 생각을 했다. 개인적인 이야기를 늘어놓았으나 너그럽게 이해해 주셨으면 좋겠다.

　형님, 형님은 내가 아는 제일 쿨한 사람이에요. 거기서도 인기 좋을 테니 맘껏 즐기며 사세요. 아껴주시고 늘 따뜻하게 보살펴주셔서 감사하고 행복했습니다. 와인 딱 한 잔만이라도 같이했으면 참 좋겠네요……

2016년 12월
유현석

중국의 부상은 현실이다. 중국이 이제 미국과 경쟁하는 초강대국의 위치에 와 있다는 것은 부정할 수 없다. G20 정상회의와 같은 세계금융체제, 기후변화협약, 그리고 미국이 가장 심각하게 생각하는 이란이나 북한의 핵개발 문제 등에서 중국은 미국과는 다른 목소리를 당당하게 내고 있다. 이제 중국은 유소작위(有所作爲), 즉 '적극적으로 참여해서 해야 할 바를 한다'라는 보다 공세적인 전략으로 전환한 것으로 보인다. 이러한 중국의 부상과 맞물려서 미국 오바마 정부의 아시아 중시 정책은 아시아 전반에 새로운 긴장을 만들어내고 있다. 미국과 중국은 남중국해 문제, 미사일방어체제(MD) 문제, 북한 문제 등에서 충돌하고 있다. 또 각자 별도의 자유무역지대 형성을 위한 협상을 시작하고 있다.

이러한 아시아-태평양의 새로운 질서는 한국에게 큰 도전이다. 미국과 동맹관계를, 중국과 전략적 협력동반자 관계를 맺고 있는 한국은 미·중의 갈등과 협력 사이에서 적절한 대응을 해야만 하는 과제를 안게 되었다. 사실 이러한 도전은 한국만의 일은 아니다. 아시아·태평양 국가들 모두가 비슷한 딜레마를 갖게 된 것이다. 그러한 의미에서 제4개정판의 부제는 'G2 시대 지구촌의 어젠다와 국제관계'이다.

『국제정세의 이해』 제4개정판은 새로운 국제환경의 변화를 반영해 「G2 시대의 국제질서」(제3장)를 추가했다. 또 글로벌 어젠다로서 중요성을 더해가는 인권을 다루는 장(제13장)을 새로 추가했다. 아울러 기존의 제8장 「동아시아 안보와 미국의 동아시아 안보정책」을 「동아시아 국제정치」로 대폭 개정했다. 이와 함께 기존의 제9장, 제10장을 합쳐 「국제정치와 글로벌 거버넌스: 비국가행위자 그리고 UN」으로 새롭게 구성했다. 개정한 지 3년 이상이 되어 모든 분야에서 많은 변화가 있었다. 그러한 변화들을 최대한 반영하여 개정했다. 대부분의 통계 수치를 최신의 것으로 고쳤고 유로존 위기, "보호할 책임(responsibility to protect)", 포스트 교토의정서체제, 미사일사거리협정, 한미원자력협정 등 최근의 현안들을 포함시켰다.

이 책의 초판이 나온 지 12년이 지났고 이제 네 번째 개정판을 내놓게 되었다. 이 자리를 빌려 이 책을 사랑해 준 많은 분들에게 감사드린다. 천성이 꼼꼼하지 못해 늘 미완성의 책을 내놓는 것을 너무나 잘 알고 있다. 넓은 이해를 부탁드리며 다음에는 조금 더 완성도가 있는 책을 낼 것을 약속드린다. 첫 번째 책은 돌아가신 아버지께 제일 먼저 드리고 싶었다. 이 네 번째 판은 늘 손자를 위해 기도하시던 할아버지, 할머니께 드리고 싶다. 할아버지, 할머니 사랑하고 감사드립니다.

2013년 2월

유현석

　지금은 다자협력의 시대이다. 20개국이 모여서 미국발 금융위기에 대한 대응책을 마련하는 G20 정상회의는 지구촌의 수많은 문제를 해결하기 위한 기제로서 다자적 협력의 중요성을 말해 주고 있다. 인류가 직면한 많은 문제를 다자적인 협력을 통해서만 해결할 수 있다는 인식은 이미 오래전부터 존재해 왔지만, 미국과 같은 강대국은 자국의 이해를 확보하기 위한 일방주의적 문제 해결 방식을 선호해 왔다. 그러나 2009년 오바마 대통령 취임 후 미국은 스마트파워 외교를 표방하면서 일방주의를 극복하고 다자주의적 외교정책 수단을 강조하기 시작했다. 이제 미국은 환경·안보·개발 등 다양한 영역에서 다자협력에 적극적으로 참여하고 있다. 이 책에서 다루는 안보·개발·환경·무역·금융 등의 영역에서 미국은 다자협력을 선도하면서 글로벌 다자협력의 시대를 만들어가고 있다. 이러한 글로벌 다자협력의 시대에 한국이 어떤 기여를 통해 국제적 위상을 높일 수 있는지에 대한 전략적 고민이 필요한 시점이다.

　제3개정판의 부제를 정하면서 많은 고민을 했다. 미국 패권 시대는 지속되고 있다는 생각을 했지만 세계는 미국의 패권적 관리 방식과 함께 협력적 관리 방식을 통해 관리되고 있다는 것도 분명했다. 그래서 고민 끝에 이번 제3개정판의 부제는 "글로벌 다자협력시대 지구촌의 어젠다와 국제관계"가 되었다.

　『국제정세의 이해』 제3개정판은 지난 3년간의 변화를 반영하는 것 이외에 몇 개의 새로운 장을 추가했다. 우선 국제체제의 변화를 이해하기 위해 제2장 「국제정치의 역사」를, 21세기 국제관계의 변화를 알아보기 위한 제3장「21세기 국제관계의 변화: 탈근대 국제관계로의 전환?」을 추가했다. 그리고 그동안 꼭 책 내용에 포함시키려고 생각했던「외교와 대외정책」을 제11장에 추가했다. 세 개 장을 추가하는 대신에 기존의 2장「냉전과 탈냉전」은「국제정치의 역사」에 포함시켰고 기존의 3장「9·11 테러와 국제정치의 변화」와 11장「정보혁명과 국제관계의 변화」는「21세기 국제관계의 변화: 탈근대 국제관계로의 전환?」에 포함시켰다. 그 밖에 제1장의 국제정치의 네 가지 접근법의 적용에서 중·일관계의 사례를 추가했고, 제5장 지역통합의 내용에서 유럽헌법 부결 이후 리스본 조약의 내용을 보강했다. 제9장에서는 UN의 주요 기구에 대한 내용을 보강했고 제12장「환경문제와 국제정치」에서는 교토의정서에 대한 한국의 대응에 대한 내용을 보강했다. 제13장에서는 한국의 기여외교와 공적개발원조(ODA)의 최근 추세에 대해 보강했고 마지막으로 제15장「국제통화·금융체제의 전개와 변화」에서는 미국발 금융위기와 새로운 국제금융 거버넌스에 대한 내용을 보강했다.

더 좋은 책을 만들기 위해 노력했지만 몇 개의 장은 많은 아쉬움이 남는다. 다음번 개정 작업에서 꼭 대규모 개정을 할 작정이다. 그리고 인권과 같은 글로벌 이슈들을 다루는 문제도 생각 중이다. 책의 생명력을 유지하기 위해 계속적인 개정 작업을 하는 일은 필수적이지만 그 일이 쉬운 일은 아니다. 늘 일에 쫓기는 생활 속에서 제때에 개정판을 내는 일은 힘겹다. 앞으로는 더 힘겨울지도 모른다. 그런데도 시간이 갈수록 이 책에 대한 애정은 더해진다. 사랑하면서도 소중하게 아껴주지 못하는 잘못을 이 책에게는 하지 말아야겠다는 다짐을 해본다.

2009년 8월

유현석

2005년 말의 주가폭락 사태는 한국의 주식시장이 더 이상 국내경제의 상황에 의해
서만 움직이지 않는다는 것을 여실히 보여주었다. 일본 기업의 분식회계, 미국 IT 기
업의 기대 이하의 실적, 국제유가의 지속적인 상승, 이런 악재들이 한국의 수많은 주
식투자자들의 연말연시를 망치고 말았다. 그래도 나는 한국의 주식투자자들이 배운
것이 있었으리라고 믿는다. 투자한 기업의 실적을 분석하는 것도 좋고 경기 전망을
살피는 것도 중요하지만 이제는 세계가 어떻게 돌아가는지를 알지 못하고서는 주식
으로 돈 벌기는 틀렸다는 교훈을……

『국제정세의 이해』 개정판을 낸 지 3년이 지났다. 개정판이 9·11 테러 이후의 변화
된 세계정세에 주목했다면 제2개정판은 이라크 전쟁 이후 명확해진 '미국 패권 시대'
에 주목한다. 미국의 군사적 개혁 움직임과 동맹관계의 조정, 나아가 중국을 견제하
기 위한 공격적 외교 등 지난 3년간의 세계정치는 패권을 잡고 있는 미국의 행보와 그
에 대한 다른 나라들의 대응으로 특징지을 수 있다. 특히 중국의 여러 가지 움직임은
주목할 만하다. 다음 개정판의 부제는 중국과 관련될 것으로 예상한다.

『국제정세의 이해: 미국 패권 시대의 지구촌의 어젠다와 국제관계』라는 제목의 제
2개정판은 다음과 같은 변화를 담고 있다. 전체적 구성 면에서는 「국제정치와 안보」
라는 장을 신설해서 안보에 대한 내용을 보강했다. 제5장 「지역주의와 지역통합」과
제10장 「하나의 유럽」 두 장을 하나의 장으로 통합했고, 제8장 「탈냉전과 UN」을 국

제기구에 대한 논의를 보강해서 제9장 「국제정치와 국제기구, 그리고 UN」으로 바꾸었다. 개별 장들은 3년 동안의 변화를 반영해서 모두 수정했다. 제1장은 자유주의에 대한 논의를 보강하고 구성주의적 시각을 소개했다. 제3장에서는 9·11 테러 이후 미국의 안보정책에서의 군사변환(Military Transformation), GPR, 동맹의 재조정 등을 담았다. 제6장에는 최근 동아시아에서의 지역협력들과 EU의 조직에 대한 부분의 수정·보완, EU 헌법, 회원국 확대 등 최근의 변화들을 반영했다. 그 외에도 제8장 「동아시아 안보와 미국의 동아시아 안보정책」도 대폭 수정했으며 다른 모든 장도 지난 3년간의 변화를 반영했다. 국제정치·경제 부분인 제14·15장에서는 도하개발어젠다의 최근 현황과 한국의 쌀 시장 개방 문제를 제외하고는 손을 대지 못했다. 다음 개정판을 낼 때 반드시 대폭적으로 수정하여 좀 더 읽기 쉬우면서도 새로운 내용을 담고자 한다.

많은 사랑을 받는데도 불구하고 개선할 점이 너무도 많은 책이라고 생각한다. 전체적 내용의 수준이 미흡하지만 애초에 이 책을 내고자 했을 때 목표로 했던 '학생들의 눈높이에 맞춘' 수준을 계속 유지할 것이다. 두 번의 개정을 거치면서 조금 어려워진 부분도 있지만 개정 작업 내내 의도적으로 심도 있는 이론적 논의는 피하고자 했다. 그러한 논의들은 국제정치이론을 본격적으로 다룬 책을 통해 살필 계획이다. 첫 개정판 이후 사랑하던 중앙대학교 국제관계학과 학생들 이외에 사랑스러운 새 제자들이 생겼다. 늘 나를 긴장하게 하며 가르치는 일의 보람을 느끼게 해주는 경희대학교 사회과학부 학생들, 특히 정치외교전공 학생들과 대학원생들에게 이 자리를 빌려 내 사랑을 전한다. 그리고 자신과 싸우며 미래를 위해 오늘도 힘든 발걸음을 내딛고 있는 딸 수영과 아들 지훈, 그들을 위해 그들보다 더 고단한 하루하루를 마다 않는 상미에게 사랑과 격려를 보낸다.

2006년 2월
사방이 고요한 정경관 연구실에서
유현석

　지금은 초고속 시대이다. 국제정세의 변화 역시 그에 걸맞게 빠르다. 초고속망 시대에 모뎀이 설 자리가 없듯이 초고속 시대에 2~3년 지난 국제정세 관련 서적은 옛날 이야기 책이나 다름없다(물론 재미도 없다). 책을 처음 낼 때 이미 그것을 염두에 두고 있었고 적어도 2년에 한 번은 개정판을 내리라 마음먹었다. 21세기 지구촌에서 2년이란 시간도 천지가 개벽할 수 있는 시간적 밀도를 가지고 있기 때문에 지구촌의 현안들을 다루고 있는 이 책의 성격상 개정 작업은 책의 생명력을 유지하는 데 필수적이다. 그러나 이 초고속 시대는 2년을 기다려주지 않았다. 초판 1쇄가 나온 지 하루 뒤인 2001년 9월 11일 전대미문의 테러가 미국 본토에서 발생했다. 그리고 시간이 지나면서 사람들은 이 사건이 국제질서를 근본적으로 뒤흔드는 중대한 사건임을 깨닫기 시작했다. 이 사건이 국제질서에 어떠한 영향을 미칠 것인지 밝히는 데 1년 정도의 시간이 필요했다. 과장이 심한 어떤 학자는 이제 역사는 9·11 테러 이전과 이후로 구분되어야 한다고 주장했다. 또 다른 학자는 9·11 테러로 인해 이제 탈냉전의 과도기가 끝나고 탈-탈냉전기가 왔다고 주장했다. 그리고 『국제정세의 이해』라는 책을 쓴 나는 9·11 테러 이후 초판은 옛날이야기 책이 되었다고 주장한다.

　9·11 테러 이후 너무나 많은 것이 바뀌었다. 그것과 직접적 관련이 있는 이 책의 장들, 예를 들어 냉전과 탈냉전을 다루었던 제2장, 동북아 안보를 다루었던 제13장은 물론이고 유럽을 다루었던 제14장, 비국가행위자의 등장을 다루었던 제12장을 포함한

여러 장을 새로 써야 했다. 9·11 테러가 아니더라도 초고속으로 돌아가는 국제정세로 인해 대부분의 장을 수정해야 했다. 결국 2년 후 개정판을 내려던 애초의 나의 생각을 더 이상 고집할 수 없다는 결론을 내렸다.

『(개정판) 국제정세의 이해』는 다음과 같은 변화를 담고 있다. 우선, 전체적인 책 구조를 조정했다. 기존에 14개 장으로 구성했던 것에 2개의 장을 추가하고 기존 2개의 장을 하나로 줄여 결국 15개 장으로 구성했다. 제3장 「9·11 테러와 국제정치의 변화」 와 제11장 「정보혁명과 국제관계의 변화」가 추가되었고, 기존의 제8장 「국제통화체제의 전개와 미래」와 제9장 「IMF와 아시아 경제위기」가 하나의 장으로 통합되었다. 장의 순서도 조정했다. 크게 세 부분으로 나누어 국제체제의 거시적 이해를 다루는 부분(제1장~제5장)과 국제관계에서의 새로운 변화를 다루는 부분(제6장~제11장), 그리고 국제관계의 쟁점이 되는 영역들을 다루는 부분(제12장~제15장)으로 다시 조정했다. 아울러 초판이 나온 이후 2003년 초까지 일어난 변화들을 반영해 모든 장을 수정했다. 반글로벌화운동, 2002년 10월부터 현재까지 계속되고 있는 북핵 위기, WTO의 도하개발어젠다, 국제관계의 주요 행위자로 등장한 테러집단, NATO의 최근 변화, EU의 확대 및 유럽헌법의 준비, 지속 가능한 발전을 위한 정상회의를 비롯한 주요 국제회의의 결과 등이 추가되었다. 이와 함께 기존의 통계 및 수치들을 최근의 것들로 수정했다. 마지막으로, 국제정치의 전통적 관심사인 안보 부분을 보완했다. 새로 추가된 제3장과 제11장 외에 제1장에도 동맹 및 세력균형에 대한 부분이 보완되었다. 이것은 많은 독자들이 이 책에서 안보 분야가 상대적으로 소홀하게 다루어졌다는 지적을 해주셨기 때문이다.

부족한 책인데도 과분한 사랑을 받았다고 생각한다. 많은 분이 격려와 질책을 해주셨다. 특히 한 고등학교 선생님께서 학생들을 가르치시다가 느낀, 책의 미진한 부분에 대해 질문을 하셨을 때는 책을 쓴다는 일에 대한 엄청난 책임감과 두려움을 느꼈다. 또 이 책을 교재로서가 아니라, 일반인들이 국제관계에 대한 지식을 얻기 위해 읽는다는 사실에 보람과 함께 또 다른 책임감을 느꼈다. 중앙대학교 공공정책학부의 학생들을 비롯해 많은 대학생 독자에게 고마움을 전한다. 개정판의 출판을 허락해 준 도서출판 한울에도 감사드린다. 아직도 부족한 게 많지만 앞으로 하나하나 고치고 보완하여 오랫동안 사랑받을 수 있는 책으로 만들겠다는 약속을 드린다. 그리고 다음 개정판을 1년 반이 아닌 2년마다, 아니 3~4년마다 낼 수 있도록 내 아이들이 사는 이 지구촌이 '느리게 산다는 것의 아름다움'과 '단순하게 사는 즐거움'을 느낄 수 있는 평화로운 곳이 되기를 두 손 모아 기도한다.

2003년 2월 6일
내 작고 어지러운 안식처에서
유현석

| 초판 서문 |

　지구촌, 글로벌화, 국제경쟁력, 범지구적……. 이제 더 이상 이런 단어들은 우리에게 새롭지 않다. 이제 정부의 새로운 정책 입안, 대학의 새로운 제도 도입, 기업의 구조조정 등이 이런 단어들을 그 명분으로 삼고 있다. 하물며 정부 구조에 관한 헌법 개정 문제에 대해 정치인의 입장을 밝히는 언급에서도 헌법 개정의 명분으로 정치발전이나 민주화가 아닌 '국가경쟁력'이 등장하는 시대이다. 사실 그렇다. 이제 우리는 국제환경을 무시하고서는 살 수 없는 그런 시대에 살고 있다. 단순히 외국과의 교류나 관계가 심화되는 상황을 넘어서서 이제 거의 대부분의 국내적 문제는 사실 국제적 문제가 되어버린, 즉 '국내'와 '국제'의 구분이 모호해진 그런 시대에 살고 있는 것이다. 몇 가지 예를 들어보자. 우리나라에서 뿌리 깊은 관행인 부정부패는 더 이상 국내적 문제가 아니다. 부정부패는 세계무역기구(WTO)의 주요 의제이고, WTO가 원하는 수준만큼 해결하지 못하면 무역상의 불이익을 당할 수 있는 국제적 문제이다. 또 대부분의 봉급생활자들의 중요한 관심사인 퇴직금도 이제 더 이상 내 회사의 문제가 아니다. 주한 미 상공회의소는 퇴직금을 지급하는 우리나라의 관행을 고쳐줄 것을 요구하고 있고, 이 문제는 우리나라 기업을 인수하거나 한국에 투자하려 하는 외국자본의 중대한 관심사이다.

　이러한 세상에 살면서 국제사회에서 무슨 일이 벌어지고 있는가에 대해 무지하다는 것은 이제 죄악에 가깝다. 국제적인 쟁점들을 이해하지 못하면 우리 주변에서 일어나고 있는 일이 도대체 무슨 의미를 갖고 있는지 더 이상 이해할 수 없게 된다. 이제 지구촌의 변화에 무감각한 사람은 세상의 전체를 보는 통찰력을 가질 수 없다. 세상이 이렇게 변하면서 국제관계에 대한 관심이 커지고 국제관계를 다루는 다양한 강좌가 개설되고 있다. 특히 교양인을 배출해야 할 책임이 있는 대학은 다양한 국제관계 관련 교양과목을 개설하고 많은 학생이 전공을 불문하고 이러한 과목을 수강하고 있다. 현실적으로는 학생들의 국제 감각과 상식을 알아보는 입사시험이나 면접시험에 대비하기 위해 이들 과목을 수강하는 학생도 적지 않다. 하지만 이러한 교양과목들은 학생들이 그러한 교육 목적을 성취하게 하지 못하는 경우가 많다. 여러 가지 이유가 있겠지만 적당한 교재의 부재로 인한 문제는 매우 심각하다. 대부분의 경우 국제정치학 개론서를 이러한 강좌의 교재로 사용하고 있기 때문에 많은 문제가 발생하고 있다. 우선, 대체로 비전공자인 수강학생들의 능력에 부치는 교재의 내용으로 인해 교육 효과를 거두지 못하고 있다. 실제로 필자가 강의해 본 많은 대학에서 많은 비전공학생들이 'WTO'나 '냉전', '패권'과 같은 상식적 단어나 기본적 개념에 대해서 이해하지 못하고 있었다. 이런 학생들에게 케네스 월츠(Kenneth Waltz)의 구조적 현실주의를 강의하는 것 또한 '눈높이 교육' 정신에 위배된다. 또 어려운 내용으로 인해 학생들의 흥미를 유발하지 못하고, 강의하는 교수는 학생들의 필요에 관계없는 내용을 공허하게 강의하는 부작용이 발생하고 있다. 이러한 현실에서 많은 강사들이 신문 기사나 자기 나름대로 작성한 강의노트 등을 교재로 사용하는 실정이다.

이 책은 필자가 국제관계 관련 교양과목들을 가르치면서 준비했던 강의노트를 기초로 해서 만들어졌다. 국제관계나 국제정치에 문외한인 학생들의 수강 능력과 그들의 필요 등에 초점을 맞추어 준비했기 때문에 국제정치이론 부분은 되도록 간략하게 다루거나 삭제했고 현재 국제관계에서 핵심적인 쟁점들을 중심으로 구성했다. 본문은 모두 14장으로 짜여 있는데, 한 학기 중 강의가 가능한 기간이 대체로 14주 이내라는 점을 염두에 둔 것이다. 교수님들의 의향에 따라 몇 개 장은 빼고 대신 필요하다고 생각되는 다른 주제를 강의할 수도 있을 것이다. 제1장은 서론의 성격으로 국제정치를 보는 시각에 대해서 다루고 있고 제2~14장은 국제관계의 주요 의제들을 다루고 있다. 각 장의 내용은 국제정치의 기초과목을 수강한 적이 없는 학생들이 이해할 수 있도록 노력했고 최근의 변화나 최신의 정보를 전달하고자 했다. 수강생들의 수강 능력이 다양하다는 전제하에 전문용어나 어려운 개념은 용어 해설을 통해 수강생들의 이해를 돕고자 했으며, 국제관계와 관련된 이야기들을 첨가해 학생들의 흥미를 유발하고자 했다. 이렇게 구성한 목적은 학생들이 우리를 둘러싸고 있는 국제환경에 관심을 갖게 하고, 현재 일어나고 있는 지구촌의 주요 의제에 대해서 이해를 높이며 이를 통해 우리 사회의 문제를 좀 더 넓은 시야를 가지고 바라볼 수 있는 능력을 가지도록 하는 데 있다.

비전공 학부생이 수강하는 국제정치·국제관계 교양강의의 교재라는 책의 성격상 몇 가지 점에 신경을 써서 책을 만들었다. 첫째, 각 장의 분량을 되도록 줄여서 한 학기 동안 소화할 수 있는 양이 되도록 노력했다. 따라서 각 의제에 대한 모든 내용을 담을 수는 없었다. 더 심도 깊은 내용은 교수님들의 강의에 의해 보완될 수 있으리라 본다. 둘째, 철저하게 학생들의 눈높이를 맞추고자 했다. 학술서적이라면 지레 겁부터 먹는 요즘 학생들을 어여삐 여겨 되도록 본문에 각주를 자제하고 각 장 말미에 인용한 논문의 목록을 첨부하는 것으로 대신했다. 일일이 각주를 달지 않은 것에 대해 언짢게 생각할 분들도 계시겠지만 책 자체가 저자의 학문적 능력을 보여주는 연구서가 아니라 학부 학생들을 위한 교재이므로 특별히 그분들의 지적 재산을 도둑질할 필요가 없고 각 장 말미에 집필하는 데 인용하거나 참고한 문헌들을 붙인 것으로 대신하는 점을 이해해 주셨으면 한다. 다만 상당한 부분을 참고했거나 독창적인 주장인 경우 각주를 붙였음을 밝힌다.

강의노트로 쓰던 자료를 출판하면서 여러 가지 부족한 점 때문에 많이 망설였다. 우선 책의 성격이 국제관계의 여러 쟁점을 다루기 때문에 창작이라기보다는 각 쟁점에 대한 기존의 논의나 사실들을 수집·정리·해석한 것에 지나지 않는다. 기존의 논의들을 정리하는 작업도 저자가 책에 담은 모든 분야에서 전문가가 아니기 때문에 정확하지 않거나 오래된 지식 혹은 잘못된 해석 등의 문제가 있을 수도 있다. 각 분야의 전문가에게 감수를 부탁했어야 옳으나 출판을 서두르다 보니 그럴 기회를 갖지 못했다. 개정판을 낼 때 반드시 그렇게 하겠다는 것을 약속드린다. 또 저자의 관심 분야가 국제정치·경제이기 때문에 전체적으로 정치·경제 분야의 쟁점들이 많이 포함되었다. 그 때문에 중요한 국제정치 쟁점들이 빠진 것도 있다. 이 점도 개정판에서는 바로잡을 생각이다.

각 쟁점에 대한 기존의 논의들을 정리하는 보잘것없는 작업이었지만 부족한 능력 탓에 많은 시간과 노력이 필요했다. 더 정성을 드려 완성된 책을 내고 싶었지만 일단 저질러놓고 나중에 보완하자는 악마의 유혹에 넘어가 부족한 책을 내게 된 것을 고백한다. 이 자리를 빌려 중앙대학교 국제관계학과 학생들과 선배, 동료 교수님들께 분에 넘치는 사랑을 주시는 것에 대해 감사를 드리고 싶다. 교정을 도와준, 국제관계학과 제자이자 중앙대학교 정치외교학과 대학원의 홍건수, 김형남 군에게 고마움을 전한다. 출판을 준비하는 동안 언제나처럼 마음으로 응원해 준 상미에게 감사하며 늘 기도해 주시는 사랑하는 어머니께도 감사드린다. 그리고 곁에 계시지는 못하지만 늘 마음속에 함께 계시는 보고 싶은 아버지께 이 책을 제일 먼저 드리고 싶다.

2001년 7월

유현석

01

국제관계를 어떻게 이해할 것인가?

Understanding International Relations: The Crisis of Liberal International Order and Global Relations

　　과학기술의 발달과 국가 간 상호의존의 심화는 이제 어떤 나라든 지구촌이라는 국제환경으로부터 고립되어 살아가는 것을 불가능하게 만들었다. 중국과 호주의 불화는 중국의 호주산 석탄 수입 금지 조치부터 몇 단계를 거쳐 한국에서 요소수 대란으로 나타났다. 미국의 인도-태평양(Indo-Pacific) 구상이 중국과 러시아를 긴장하게 만들고 중국과 러시아의 접근을 초래하며, 중국과 러시아가 한반도를 비롯한 동아시아에 대한 전략을 변화시키도록 함으로써 우리 민족의 운명에 중대한 영향을 미치고 있다. 하려고 하는 말은 간단하다. 국제관계에 대한 관심은 단순히 남의 나라에서 일어나는 일에 대한 관심이 아니다. 군이 코로나19 사태를 예로 들지 않더라도 지구촌의 시대에서는 남의 나라 일과 내 나라에서 일어나는 일의 확실한 경계가 허물어진 지 오래다. 지구촌 한 곳에서 발생한 한 현상은 얼마 지나지 않아 지역 나아가서 지구적 현상이 된다. 그래서 국가 간의 관계를 의미하는 국제관계(international relations)라는 말은 이제는 세계정치(World Politics)나 지구정치(Global Politics) 등으로 대체되었다. 우리는 남의 나라 일에 무관심해서는 안 되고, 우리 주변에서 일어나는 일에 대해서 알아야 하며, 그것이 우리의 운명에 어떤 의미를 갖는지 명확히 인식해야 한다.

　　어떠한 현상을 명확하게 이해하기 위해서는 그 현상을 보는 렌즈가 필요하다. 어떤 렌즈를 통해 보느냐에 따라 그 현상의 본질이 다르게 보이고 그 원인의 진단과 문제의 해결 방법도 다르게 나온다. 국제관계의 핵심적 부분인 국제정치를 어떻게 볼 것인가? 어떻게 이해할 것인가? 인류의 궁극적 목표인 평화는 어떻게 달성될 수 있는가? 이러한 질문에 대답을 주고자 하는 국제정치를 보는 몇 가지 접근법에 대해 알아보자.

1. 국제정치를 보는 다양한 렌즈 국제정치의 접근법들

1) 자유주의

국제정치에서의 자유주의는 인간의 이성의 힘에 대한 믿음을 가지고 있던 계몽주의, 개인의 자유(경제적 자유)를 중시하는 19세기 자유주의와 같은 다양한 사상적 기원을 가지고 있고 그에 따라 다양한 갈래로 나뉘어 있으며 계속적으로 새로운 갈래의 이론들로 확장하고 있다. 우선 이상주의(Idealism)는 제1차 세계대전 이후 나타난 자유주의 이론의 하나이다. 이상주의는 사실 E. H. 카(E. H. Carr)와 같은 현실주의자들이 후에 붙인 이름이고, 그 성격으로 볼 때 '자유주의적 국제주의'가 정확한 성격 규정일 것이다. 끔찍한 전쟁을 겪은 후 학자들은 어떻게 하면 인류가 평화롭게 살 수 있을까 하는 문제에 매달리게 된다. 학자들은 왜 인류가 전쟁을 하게 되는가를 분석하고 그 나름대로의 처방을 내리게 되는데, 이상주의 역시 그 나름대로의 진단과 처방을 가지고 있다. 간단히 말해서, 이상주의는 국가 간의 이해관계의 조화가 가능하며 따라서 평화가 가능하다고 보는 입장이다. 인간은 근본적으로 선하고 따라서 상호협력이 가능하다고 보며, 전쟁과 같은 인간의 나쁜 행동은 인간의 본성에서 나오는 것이 아니라 인간을 이기적으로 만들고 다른 사람에게 피해를 주게 하는 제도나 구조적 장치 때문이라고 믿는다. 따라서 전쟁은 불가피한 것이 아니라 그것을 일으키는 잘못된 제도를 제거함으로써 막을 수 있다는 것이다. 또한 전쟁은 한 국가의 문제가 아니라 국가들의 집단적 협력이 필요한 국제적 문제이며 따라서 국제사회를 통해 억제가 가능하다고 말한다. 여기서 국제사회란, 사람들이 모여서 사회를 구성하듯 국가들 간의 협력을 통해 구성되고, 국가들의 행동을 규제할 수 있는 세계정부를 통해 국제사회의 문제를 해결할 수 있는 공간이다. 따라서 국가들의 행동을 규율하는 국제규범 등은 인류평화를 위한 매우 중요한 수단이 된다. 민주주의 역시 한 국가 내의 정치제도일 뿐만 아니라 국가 간의 관계에도 적용될 수 있는 중요한 제도라고 생각한다.

이상주의는 법률적·도덕적 수단을 통해 평화를 추구하는 경향을 가지며, 이러한 이상주의는 제1차 세계대전이라는 인류의 비극을 겪고 전쟁의 재발 방지라는 인류의 공통된 목적이 등장하면서 힘을 얻게 된다. 미국의 우드로 윌슨(Thomas Woodrow Wilson) 대통령은 14개 조항(the Fourteen Points)을 통해 인류평화를 위한 이상주의적 처방을 내렸다. 윌슨 대통령은 제1차 세계대전의 가장 중요한 원인은 전쟁을 일으키게 하는 *잘못된 제도*들이라고 주장하고, 그 예로 세력균형, 동맹정책과 비밀외교 등을 지적했다. 윌슨을 비롯한 이상주의자들은 세력균형은 전쟁을 방지하기보다는 전쟁을 초래하는 위험한 제도이고, 동맹은 국가들이 자신들의 의사와는 달리 전쟁에 끌려들어 가게 하는 제도이며, 비밀외교는 국민들이 전쟁에 참가하는 데 반대하는 것을 불가능하게 하는 비민주적이고 위험한 외교관행이라고 보았다. 윌슨은 인류평화를 위해서 집단안보체제(collective security system)를 구성해야 한다고 주장했고 이에 의해 국제연맹(League of Nations)이 창설되었다. 집단안보체제는 체제 내의 한 국가에 대한 공격을 체제 내 모든 국가에 대한 침략으로 간주하고 침략자에 공동으로 대항하는 체제로서, 잠재적 침략자에게 전쟁의 승리에 대한 기대를 낮추게 하여 전쟁을 방지하는 안보체제이다. 1950년 한국전쟁에서 UN의 깃발 아래 16개 국가가 북한을 침략자로 규정하고 북한에 대항해서 싸운 것은 집단안보체제가 작동한 좋은 예이다.

그러나 이상주의는 여러 가지 측면에서 비판의 대상이 되었다. 우선 현실에서 이상주의자들의 세계평화를 위한 해법은 대실패로 끝났다. 제1차 세계대전이 끝난 지 단 20년 만에 인류는 또다시 제2차 세계대전이라는 참혹한 전쟁을 치르게 된다. 어떤 학자들은 20세기 초의 이상주의가 과연 인류의 보편적 이익이라는 동기에서 출발했는가에 대해 의문을 제기한다. 카(Carr)와 같은 학자는 이상주의를 주장하던 미국과 영국은 승전국으로서, 이상주의는 결국 강대국의 현상유지정책을 뒷받침하는 성격을 띠고 있다고 주장한다. 이와 함께 이상주의는 역사의 진보성과 인간 본성의 선한 측면에 대한 지나친 기대에 입각한 비현실적 접근이라는 비판을 받았다.

세계정부와 국제법의 효용성에 대해서도 많은 비판이 있었다. 국제사회에는 국가에서와는 달리 규칙을 지키지 않는 자를 처벌할 수 있는 권위체가 존재하지 않는 문제점이 있다. 따라서 강제할(enforce) 수 없는 규칙이란 의미가 없으며 세계정부는 국가 간의 분쟁을 방지할 능력이 없다는 것이다. 국제법 역시 위반자를 처벌할 수 없으며 따라서 효과적이지 못하다. 또 강대국이 국제법을 위반했을 때는 더욱더 이를 제재하기가 힘들다.

집단안보에 대해서도 여러 가지 비판이 있다. 우선 침략자를 규정하는 문제는 실제로 매우 복잡한 문제이다. 또 이를 응징하는 방법에 대해서도 집단안보의 구성 국가 모두가 동의하기란 매우 어렵다. 국가들은 자국의 이익에 근거하여 침략국에 대한 응징에 참여하기도 하고 방관하기도 한다. 1930년대에 일본이 만주국을 점령하고 괴뢰정부를 세웠을 때 그리고 이탈리아가 에티오피아를 침공했을 때 국제연맹의 집단안보체제가 작동하지 않았던 것은 각국의 이해관계가 얽혀 있었기 때문이다.

국제기구와 같은 비국가행위자의 중요성에 대해서도 많은 학자는 국제기구가 결국 주권국가들을 그 구성원으로 하기 때문에 현실주의적 힘의 논리가 지배하고 있으며, 따라서 국제기구를 통한 국가 간의 협력, 그를 통한 평화의 달성이란 목표도 지나치게 이상적이라고 지적한다. UN이라는 기구가 결국 미국의 이익을 대변하는 데 활용된다고 보는 비판은 이러한 맥락에서 이해될 수 있을 것이다.

이상주의는 그 후 경제적 자유주의와 접목되어 자유주의 국제정치이론으로 발전했다. 자유주의 이론의 재등장은 현실 국제정치에서 새로운 현상들이 나타나기 시작하면서 제2차 세계대전 이후 학계를 풍미하던 현실주의 이론의 설명력이 떨어지게 된 것과 밀접하게 관련되어 있다. 예를 들어 유럽에서의 통합 움직임은 국가 간 관계를 근본적으로 갈등적이라고 보았던 현실주의 이론으로서는 설명하기 힘든 현상이었다. 특히 국가들이 자신들의 주권을 양보하면서 초국가적 공동체를 만들어가는 과정은 현실주의자들에게는 당황스러운 현상이었던 것이다.

자유주의는 현실주의와는 다른 가정에서 출발한다. 첫째, 자유주의는 국제관계에서 국가를 유일한 행위자로 보지 않는다. 물론 국가가 중요한 행위자이지만 국제기구나 다국적 기업 등 국제관계의 다양한 행위자의 존재와 중요성을 강조한다. 둘째, 자유주의에서 국가는 현실주의자들이 파악하는 인간과 같은 합리적인 단일체가 아니라 그 속에 다양한 행위자를 포함하는 집합적 존재이다. 현실주의의 국가가 속이 꽉 찬

❧ 자유주의의 여러 갈래 ❧

자유주의는 단일한 이론이라기보다는 자유주의의 핵심적 가정을 공유하는 여러 가지 견해의 집합체로 볼 수 있다. 여러 학자들이 제시한 자유주의의 여러 갈래를 살펴보자. 이 외에도 인식적 요소를 중시하는 인지적 자유주의, 생태적 자유주의 등 다양한 갈래가 존재한다.

✓ **상업적 자유주의**(commercial liberalism): 국가 간 무역관계를 강화함으로써 국가 간 평화가 달성될 수 있다고 보는 견해이다. 무역관계가 강화되면 무역이 가져다주는 이익을 얻는 사람이 늘어나고 이들은 전쟁으로 인해 이러한 이득을 얻지 못하는 것을 두려워하게 되며 따라서 국가 간 갈등을 평화적으로 해결하려는 세력이 된다는 것이다.

✓ **공화적 자유주의**(republican liberalism): 국가의 정치체제가 민주주의일 경우 갈등을 분쟁을 통해 해결하기 어려우지므로 국제체제가 민주주의 국가들로 구성될 경우 국가 간 분쟁의 가능성이 낮아진다는 생각이다. 민주주의는 국민의 의사가 반영될 수 있으며 지도자가 자의적으로 전쟁을 일으키기 어려우므로 국가 간 갈등이 평화적으로 해결될 가능성이 커진다는 것이다.

✓ **사회적 자유주의**(social liberalism): 초국가적 활동이 증가됨에 따라 국가들 사이에 공동체적 가치나 문화가 나타나고 그 결과 국가들이 서로에게 폭력적 행동을 하거나 다른 나라와 협력을 거부하기가 점차 어려워진다는 것이다.

✓ **제도적 자유주의**(institutional liberalism): 국제제도의 역할을 통해 국가 간 협력과 평화를 달성할 수 있다고 보는 생각이다. 규제적 자유주의라고 부르기도 한다.

당구공이라면, 자유주의의 국가는 그 속에 정부·기업·단체·이익집단·개인 등이 들어 있는 집합체이다. 따라서 자유주의자들에게 국가 내부의 속성, 국가 내부의 행위자들의 의사나 이해관계 등은 국가가 국제관계에서 어떻게 행동하느냐에 영향을 미친다는 측면에서 매우 중요하다. 자유주의자들이 국제정치와 국내정치의 연계에 주목하는 것도 이 때문이다. 이것은 나중에 설명할 신현실주의자들의 생각과 전혀 다른 부분이다. 셋째, 자유주의는 현실주의가 국방이나 안보와 같은 소위 '상위정치(high politics)'가 경제나 문화와 같은 '하위정치(low politics)'보다 더 중요하다는 생각을 거부한다. 국제관계가 복잡해지면서 국가 간 경제관계의 중요성이 점차 증가하고, 안보와 군사력도 중요하지만 경제적 이해관계도 국가이익의 중요한 부분이 되어간다는 것이다. 따라서 국가 간 경제적 측면에서의 협력은 가능하고 점차 확대될 것이며 이러한 협력관계는 안보와 군사 분야의 국제관계까지 영향을 미친다는 것이다. 유럽통합을 설명하기 위해 나타난 기능주의와 신기능주의, 상호의존론 등은 모두 자유주의적 국제정치이론의 성격을 지니고 있다.

이후 자유주의는 현실주의의 핵심적 전제들을 수용하면서 국가 간 협력의 가능성과 국제정치에서의 국제제도의 중요성을 강조하는 신자유주의적 제도주의로 발전하게 된다. 신자유주의적 제도주의의 등장은 1980년대 이후 국제정세의 급격한 변화와 무관하지 않다. 국가 간 상호의존의 심화와 미·소 간 군축 문제에서의 협력 등 국제정치에서의 새로운 경향은 신현실주의의 적실성에 의문을 던지기 시작했다. 신자유주의적 제도주의는 현실주의와 마찬가지로 국가를 국제정치의 가장 중요한 행위자로 보며, 정도의 차이는 있지만 무정부 상태가 국가행동에 영향을 미친다는 것을 인정한다. 신자유주의적 제도주의자들의 생각을 정리하면 과거 신기능주의나 상호의존론 등 자유주의 이론들이 협력의 문제를 경제적 차원에 국한시켰고 이것은 협력이 쉽게 발생할 수 있는 분야에만 관심을 둠으로써 국가 간 협력의 가능성에 대한 왜곡된 결론을 도출할 가능성을 가졌다는 것이다. 결과적으로 자유주의자들은 정치적 차원에서 발생하는 갈등과 주권국가 간의 권력의 문제에 소홀했다고 생각한다. 신자유주의적 제도주의의 관심은 국가라는 행위자들이 무정부 상태하에서 이해가 상충되는 가운데 협력할 수 있을까이다. 로버트 액셀로드(Robert Axelrod)의 표현에 의하면 "이기적 행위자들의 세계에서 중앙의 권위가 부재한 가운데 어떻게 협력이 일어날 수 있을까? 그리고 국가 간 협력에 있어 제도가 갖는 역할 등 두 가지에 집중되어 있다.

신자유주의적 제도주의가 신현실주의와 구별되는 결정적인 차이는 국제기구나 국제레짐과 같은 국제제도(international institution)가 국가의 행동에 독립적인 영향을 미칠 수 있다고 보며 이런 국제제도에 의해 무정부 상태에서도 국가 간 협력은 가능하다고 보는 데 있다.

국제제도의 중요성을 강조하는 신자유주의의 한 갈래인 신자유주의적 제도주의자들은 국가 간 협력이 가져다주는 상호이익(절대적 이익)으로 인해 국가 간 협력이 가능하다고 본다. 여기에서 국제제도는 국가 간 협력을 어렵게 하는 배신의 문제를 배신(약속을 지키지 않는)에 대한 제재 수단의 제공을 통해 감소시킴으로써 국가들의 협력을 촉진하는 것이다. 이와 함께 국제제도는 협상·감시와 같은 거래비용의 감소, 정보 제공을 통한 불확실성의 감소, 협력적 국가행위에 대한 혜택 제공 등을 통해 각국이 서로 협력하고자 하는 동기를 높여주기 때문이다. 신자유주의적 제도주의는 국제제도의 형성에서 패권 국가의 힘에 대한 중요성은 인정하지만, 일단 국제협력이 제도화되면 강대국의 역할 없이도 국가 간 협력은 지속될 수 있다고 주장한다. 국제제도가 제공하는 이익들을 계속 누리기 위해 국가들이 국제제도를 유지하는 비용을 기꺼이 지불하게 된다는 것이다.

2) (신)현실주의

현실주의는 국제관계를 힘(power)의 관점에서 설명한다. 국제정치에서 가장 중요한 행위자는 국가이고 국가들은 국력의 극대화를 목적으로 행동한다. 따라서 초기 현실주의의 대표적 학자인 한스 모겐소(Hans J. Morgenthau)는 국제정치를 "국가이익의 관점에서 정의된 권력을 위한 투쟁"이라고 정의하고 있다. 현실주의에서 볼 때 국제체제는 무정부적이다. 즉, 국제체제에는 국가들의 행동을 규제할 수 있는 국가 위에 있는 권위체가 존재하지 않는다는 것이다. 무정부 상태의 국제체제에서 각국은 자신의 안전과 생존에 대한 두려움을 가지게 되고 생존을 위해 자국의 힘을 극대화하기 위해 행동하게 된다. 이러한 국가들의 행동은 결국에는 국가 간 갈등을 초래하게 된다. 결론적으로 현실주의에서 보면 국제체제에서 국가 간의 갈등은 불가피하며, 모든 국가는 무정부 상태하에서는 스스로 자기의 생존을 지켜(self-help, 자조)야 한다는 것이다. 따라서 현실주의 입장에서 보면 도덕적으로 좋고 나쁜 정책의 구분은 의미가 없고 국가이익의 측면에서 좋은 결과를 보장하는 정책, 즉 옳은(right) 정책과 틀린(wrong) 정책만이 존재한다는 것이다. 여기서 옳은 정책과 틀린 정책은 오로지 정책의 결과가 국가이익에 도움이 되었는가가 기준이 되며, 도덕적인 옳고(good) 그름(bad)은 중요치 않다.

이상주의가 국제평화를 위해 국제기구와 국제법의 중요성과 집단안보체제의 필요성을 강조하고 있지만, 현실주의에서 국제평화를 달성할 수 있는 길은 국가의 힘을 극대화하여 적이 자신을 공격할 수 없게 하는 것이라고 본다. 따라서 현실주의에서는

❧ 세력균형의 실제 ❧

세력균형이란 특정 지역에 위치한 국가들 사이에 힘의 균형이 이루어져 어떠한 국가도 전쟁에 대한 승리의 확신이 희박하기 때문에 전쟁을 기도하지 못하여 평화가 유지되는 상태를 말한다. 정책으로서의 세력균형은 그런 힘의 균형을 유지하여 평화를 보장하는 정책으로서 현실주의자들이 주장하는 가장 핵심적인 평화 보장의 방법이다. 가장 일반적인 세력균형정책의 수단은 동맹 체결이다. 19세기 영국의 대외정책은 세력균형정책의 고전적인 예인데, 영국은 대륙에서 강대국이 등장해 대륙을 지배하고 영국에까지 영향력을 확대하는 것을 두려워했고, 따라서 영국 대외정책의 핵심은 대륙에서 세력균형이 이루어져 어떠한 나라도 대륙을 지배하지 못하도록 하는 것이었다. 이런 목적하에 영국은 중부유럽을 강화시켜 러시아와 프랑스의 강화를 견제하는 정책을 폈다. 영국은 러시아의 남하를 막고 세력이 커지는 것을 견제하기 위해 프랑스와 협력하기도 했고(크림전쟁), 또 프랑스를 견제하기 위해 프러시아·오스트리아와 손을 잡기도 했다(유럽협조체제). 제1차 세계대전이 일어나기 전, 영국은 독일의 힘이 증가하는 것에 대응해 러시아·프랑스와 동맹을 맺었고(3국협상), 이러한 움직임에 두려움을 느낀 독일은 오스트리아·헝가리와 유대를 강화하고 이탈리아와 함께 이에 대항했다(3국동맹).

힘을 통해 힘을 견제하는 세력균형이 평화를 보장하는 중요한 체제로 인식되고 있다. 세력균형(balance of power)이란 어떤 한 국가나 국가들의 집합이 지배적인 힘을 갖게 되면 다른 나라들에 폭력의 위협이나 혹은 실질적 폭력으로 그들이 원하는 바를 강요하게 될 위험이 있기 때문에 이에 대응하는 힘을 통해 이를 억지하는 체제이다. 세력균형은 여러 가지 방법으로 이루어질 수 있는데 제3자에 의해 힘의 균형이 이루어지기도 한다. 이때 힘의 균형을 맞추어주는 세력을 균형자(balancer)라고 한다. 19세기 유럽에서는 영국이 대륙에서 강대국이 출현하는 것을 방지하기 위해 균형자 역할을 했다. 독일의 세력이 강해지면 프랑스와의 동맹을 통해 독일의 세력을 견제하는 방식으로 영국은 유럽에서 세력균형을 유지했다.

현실주의에서는 모든 국가가 자국의 이익(권력의 극대화)을 위해 행동하므로 국가 간의 협력은 불가능하다고 본다. 현실주의에서 협력이 불가능하다고 믿는 것은 크게 두 가지 때문이다. 하나는 상대적 이익 문제이고, 다른 하나는 배신의 문제이다. 첫째, 상대적 이익 문제는 국가들은 국가 간의 협력이 자기에게 이익이 되는 것을 알지만(절대적 의미에서) 상대방의 이익이 자기의 이익보다 더 크지 않을까를 염려하게 되면서 발생한다. 상대방이 더 큰 이익을 얻게 되면 그 이득은 국력으로 전환되며 두 국가가 적대적인 관계로 변했을 때 자국에게 불리하게 작용할 것을 두려워해 협력을 꺼리게 된다는 것이다. 둘째, 배신의 문제란 국가 간의 관계에서 한 국가가 배신을 할 경우 이를 제재할 권위체가 존재하지 않기 때문에 국가들은 배신을 하는 것이 더 이익이 될 수 있다고 생각할 수 있으며, 이러한 배신의 위험성 때문에 국가들은 협력을 꺼린다는 것이다.

현실주의는 제2차 세계대전 이후 국제정치학의 주된 접근법으로 주도적 위치를 점해왔다. 미국과 소련을 정점으로 하는 냉전하에서 현실주의는 현실을 보는 매력적인 렌즈를 제공했고 그 처방 역시도 매우 명확하고 설득력을 가지고 있었다. 이후 구조적 현실주의라 부르는 신현실주의는 1970년대 말에 등장해 국제정치학 이론에서 중요한 위치를 차지하고 있다. 구조적 현실주의의 핵심 주장은 국제정치의 현상을 설명하기 위한 국제적 차원의 이론은 인간성이나 국가의 속성이 아닌 국제체제의 특성에 기초를 두어야 한다는 것이다. 이러한 측면에서 국제정치에서 지도자의 역할, 도덕이라는 요소, 세력균형이 국가의 선택에 의해서 만들어진다고 보았던 고전적 현실주의와 차별성을 갖는다. 국가의 속성이 국가의 행동에 영향을 미친다고 본 자유주의자들의 생각과도 다르다. 신현실주의자들의 생각을 간단히 말하면 국가의 행동에 영향을 미치는 가장 중요한 요인은 국제체제의 구조(국제체제에서 국가 간 힘의 분포 형태)라는 것이다. 즉, 국제체제의 구조가 양극체제인가, 다극체제인가 혹은 단극체제인가에 따라 그 안에 속하는 국가들의 행동 방식이 결정된다는 것이다. 또한 그러한 행동 방식은 국가들이 어떠한 속성을 가지고 있는가에 관계없이 나타난다는 것이다. 이러한 이론에 따라, 케네스 왈츠(Kenneth N. Waltz)는 냉전을 미·소의 상반된 이념과 같은 국가적 속성에 의한 것이 아니고 제2차 세계대전 이후 생겨난 미·소 양극체제의 결과로 본다. 따라서 이들의 논리는 만일 제2차 세계대전 이후 등장한 2개의 강대국이 미국과 소련이 아닌 미국과 영국이었다 하더라도, 즉 비슷한 이념을 가진 나라들이라 하더라도 냉전은 생겨났을 것이라고 주장한다. 왜냐하면 국제체제가 2개의 강대국으로 구성되어 있을 때 이들 간의 의심, 갈등은 불가피하고 따라서 상대를 불신하고 견제하는 방향으로 행동하게 될 수밖에 없다는 것이다. 신현실주의는 냉전 시대가 가장 안정적이고 평화로운 시기라고 주장한다. 냉전 시대의 국제체제는 양극체제이고 이러한 힘의 분포에서 각 진영 내 동맹관계가 안정되고 강대국들이 전쟁의 파국적 결과를 두려워하여 서로 간에 충돌을 피하는 방향으로 행동하게 되기 때문에 가장 안정적이라는 것이다. 여기에 냉전 시대에는 핵무기라는 모두를 공멸시킬 수 있는 무기의 존재로 인해 강대국들이 전쟁을 피하는 방향으로 행동했다는 것이다.

신현실주의 국제정치이론은 이후 국가의 의도를 구분한 방어적 현실주의(국가는 기본적으로 자신의 생존에 대한 우려를 가지고 있고 자신의 안보를 극대화하려는 의도를 가지고 있다고 본다. 따라서 국가는 기본적으로 현상유지적이다) 그리고 공세적 현실주의(국가는 기본적으로 자기가 갖지 못한 이익이나 가치 등을 확보하고자 하며 자신을 방어할 힘을 추구하기보다는 힘을 극대화하려는 성향을 가지고 있으며 따라서 현상타파적이고 공세적이다) 등으로 세분화된다.

그러나 현실주의도 여러 가지 비판으로부터 자유롭지 못한 것이 사실이다. 우선, 현실주의에서 국제체제의 안정을 보장하는 세력균형이 실제로는 안정을 보장하기보다는 군비경쟁을 야기하고 갈등을 증폭시키는 결과를 가져온다고 비판받는다. 그 이유는 국가들은 세력의 균형보다는 자신들의 두려움을 극복하기 위해 세력의 우위를 추구하며, 이것은 다시 상대방의 두려움을 증폭시키고 이를 극복하기 위한 힘의 확대를 불러와 결국 군비경쟁이 생겨나기 때문이다. 세력균형은 결국 강자에게 유리한 상황을 유지시키는 현상유지정책이고, 약자의 입장이 반영되지 않는다. 또한 현실주의의 주장과는 달리 국가 간의 협력은 실제로 일어나고 있으며 국가의 생존이 첨예하게 걸린 안보 분야에서도 협력은 일어나고 있다. 그리고 국가가 국제정치에서의 유일한 행위자라는 주장과 달리 국제기구나 비정부기구의 역할이 점차 증대되는 것도 현실주의의 약점으로 지적되고 있다.

3) 구성주의

구성주의(constructivism)는 국제관계에서 힘이나 이익 등과 같이 눈에 보이는 요인들을 강조하는 실증주의적 이론에 대한 대안의 성격을 가지고 있다. 현실적으로는 기존 이론들이 탈냉전과 글로벌화 같은 현실적 변화를 설명하지 못하면서 새로운 이론의 필요성이 대두했다고 볼 수 있다.

　구성주의는 영어 'construct', 즉 만들어진다는 의미가 핵심이다. 무엇이 만들어진다는 것일까? 구성주의의 핵심적 주장 두 가지를 살펴보자. 구성주의의 핵심적 논의는 사회적 현실을 주어진 것으로 간주하지 않고 행위자의 속성, 제도, 구조 등의 사회적 현실이 행위자 간의 상호작용에 의해 만들어지는 것으로 파악한다. 현실주의에서 국가의 행동을 결정하는 무정부 상태라는 국제체제의 구조 역시 애초에 하늘에서 떨어져 우리에게 주어진 것이 아니라 국가 간의 상호작용에 의해 만들어진 현실이라는 것이다. 따라서 국제체제가 무정부 상태인 것은 사실이지만 무정부 상태도 현실주의자들이 인식하는 것처럼 애초에 국가 간의 적대적 관계로 규정지을 필요는 없다. 왜냐하면 무정부 상태 역시 구성된 현실이기 때문이다. 구성주의자인 알렉산더 웬트(Alexander Wendt)는 무정부 상태를 국가들이 어떻게 행동하느냐에 따라 상대방을 적의 이미지로 보는 홉스적 무정부 상태, 상대방을 경쟁자로 보는 로크적 무정부 상태, 상대방을 친구로 보는 칸트적 무정부 상태로 구분할 수 있다고 말했다. 따라서 국제체제는 무정부 상태이지만 국가들이 어떻게 행동하느냐에 따라 평화적으로 공존할 수 있는 무정부 상태를 포함한 다양한 형태의 무정부 상태가 만들어질 수 있다는 것이다. 남한과 북한 간의 적대적 관계도 애초에 주어진 것이 아니라 남북 간의 역사적 상호작용 속에서 만들어진 현실이며 이러한 현실은 얼마든지 변화할 수 있다는 것이 구성주의적 접근이다. 구성주의의 두 번째 핵심은 물질적 요인이 아닌 문화, 인식, 정체성과 같은 관념적 요인을 중요하게 다루는 것이다. 즉, 현실주의는 힘의 분포라는 물질적 구조를 중요시하지만 구성주의자들은 인식과 같은 요소들로 구성된 관념적 구조를 더 중요시한다. 관념적 구조는 누가 누구를 위협적으로 또는 협력적으로 보느냐와 같은 상호 간 인식으로 구성되어 있다. 국가가 어떠한 방향으로 행동하는 것은 국제체제의 구조적 힘에 의한 또는 이익 추구에 따른 것이 아니라, 국가가 자신을 또는 상대방을 어떻게 인식하느냐가 더 큰 영향을 미친다는 것이다. 한국은 왜 미국의 핵폭탄 수만 개는 전혀 두려워하지 않지만 북한의 핵무기 몇 개에는 큰 위협을 느끼는가? 그것은 우리가 미국을 인식하는 것과 북한을 인식하는 것이 다르기 때문이다. 여기서 '핵무기의 수'라는 물질적 요인은 중요하지 않다. 우리가 미국을 위협으로 인식하지 않기 때문에 한국은 미국의 수많은 핵무기를 두려워하지 않고 동맹관계를 유지하는 것이다. 정체성 역시 매우 중요한 요소이다. 즉, 자신을 어떻게 인식하느냐는 것이 국가의 행동에 영향을 미친다. 예를 들어 어떤 구성주의자들에 따르면 유럽통합이 가능했던 것은 유럽 국가들이 가지고 있던 유럽은 하나라는 집합적 정체성이 존재했기 때문이다. 구성주의에서 행위자의 정체성과 이익 역시 애초에 주어진 것이 아니라 만들어진 것이다. 국익이라는 것 역시 현실주의자들의 생각과 달리 고정된 것이 아니고 다른 국가와의 관계 속에서 얼마든지 새롭게 규정될 수 있는 것이다. 남북관계에서도 북한을 압박하는 것이 국가이익이 될 수도 있고 북한에 대한 지원을 통해 북한을 발전시키는 것이 국가이익이 될 수도 있다.

4) 비판이론들(마르크스주의적 국제정치이론들)

현실주의 계통 그리고 자유주의 계통의 이론들과 다른 성격을 가진 국제정치이론들이 있다. 여기서는 비판이론이라는 용어로 정리하고자 하는데 비판이론에는 마르크스의 영향을 받은 국제정치이론들을 비롯해 다양한 대안적 이론들이 있다. 여기서 말하는 비판이론은 콕스적 분류를 차용한 것이다(Cox, 1981). 콕스에 따르면 이론은 크게 문제해결이론과 비판이론으로 나뉘며 문제해결이론은 현실을 주어진 것으로 보고 현실에서 생기는 문제를 해결하려는 목적을 가진다는 것이다. 국제정치의 주류 이론인 신현실주의나 신자유주의 이론은 미국과 소수의 강대국들이 헤게모니를 가지고 있는 현실을 유지하기 위한 현상유지적 문제해결이론의 전형적인 예라고 주장한다. 반면에 비판이론은 왜 지금의 현실이 만들어졌는가? 이 현실은 과연 정당한가? 이 현실은 개선될 수 없는가?라는 문제의식을 가지고 있는 변혁적·실천적 이론의 성격을 가지고 있다고 말한다.

마르크스(Karl Marx)를 비롯한 급진주의적 학자들의 영향을 받은 급진주의적 접근법은 국제관계를 결정하는 가장 중요한 동기를 경제적 이해관계로 보고 있다. 우선 국제관계에서 가장 중요한 행위자는 계급(class)이다. 국제관계에서 국가의 중요성은 부정할 수 없지만 국가는 자본가 계급의 도구일 뿐이며 따라서 가장 중요한 단위는 계급이다. 그러므로 국가 간의 관계에서도 국경을 뛰어넘는 계급 간의 협력관계가 존재하게 된다. 즉, 미국의 자본가 계급과 남미 국가의 자본가 계급 사이에는 공통 이익이 존재하며, 이들에게는 국경을 뛰어넘는 협력관계가 존재한다는 것이다. 국가란 사회의 지배적 경제 계급의 이익을 대변하는 도구이기 때문에 결국 국가의 행동은 지배 계급의 이익에 의해 결정된다.

급진주의적 관점에서 볼 때, 국제체제는 경제 이익을 둘러싼 계급 간의 투쟁에 의해 그 모습이 결정되기 때문에 기본적으로 갈등적이다. 그리고 현실주의자들과는 달리 국가의 행동 동기는 권력과 같은 정치적 동기보다는 경제적 동기가 더 우선한다. 이들은 국가의 정치적 행동은 결국 그 국가의 자본가 계급의 경제적 이해를 반영하는 것이라고 주장한다. 이러한 주장의 좋은 예는 제국주의적 정책에 대한 설명이다. 강대국의 제국주의 정책의 근저에는 강대국 자본가 계급의 경제적 이해관계가 자리 잡고 있다는 것이다. 레닌(Vladimir Lenin)은 제국주의를 자본주의의 최고 단계인 독점적 자본주의하에서 불가피하게 일어나는 현상으로 파악했다. 그는 이 시기에 산업 강대국의 자본가들은 국내에서 판매하거나 사용할 수 없는 상품과 자본을 처리하기 위해 해외시장과 해외투자지를 추구하게 된다고 말한다. 이러한 설명은 제국주의 정책을 영토 확장을 통한 국력 증대를 추구했던 정책으로 파악하는 현실주의적 설명(중상주의)과는 대조되는 것이다.

급진적 시각에서 볼 때 국제체제에서의 가장 근본적인 갈등은 선진 산업국가와 제3세계 국가 간의 갈등인데, 이는 선진 산업국가의 자본가 계급이 자신들의 경제적 이득을 위해 제3세계 국가들을 수탈하는 데서 발생한다. 이 과정에서 선진 산업국가들은 이들 국가의 자본가 계급의 이익을 대변하고 정치적·경제적 지배관계를 통해 제3세계 국가들을 수탈하게 된다. 급진주의적 접근법은 국제관계에서 남북관계에 초점을 맞추고 있고, 강대국의 행동에 대해서도 현실주의, 이상주의와는 전혀 다른 해석을 제공한다.

급진주의적 접근법의 또 하나 특징은 국제관계에서 분석의 수준을 세계체제라고

▶ **제3세계**　원래 제3세계라는 용어는 자본진영인 제1세계와 공산진영인 제2세계에 속하지 않는 비동맹국가들을 일컫는 정치적 용어였으나, 이러한 나라들이 대부분 경제적으로 개발도상국가여서 현재는 개발도상국을 일컫는 용어가 되었다. 그리고 이러한 용어는 중국의 덩샤오핑(鄧小平)이 1974년 UN자원총회에서 미국, 소련 등 초강대국을 제1세계, 일본과 유럽을 제2세계, 중국을 포함한 개발도상국을 제3세계라고 칭한 데서 유래하기도 한다.

하는 전 지구적 차원으로 넓히고, 국제관계를 세계체제 안에서의 유기적 관계로 파악한다는 점이다. 예를 들어 한국과 같은 개발도상국가가 신흥공업국가로 발전하게 되는 과정을 단순히 리더십의 역할이나 경제정책의 결과로 파악하기보다는 중심 국가와 주변 국가로 이루어진 세계체제 속에서 주변 국가들이 세계체제의 변동을 기회로 중심 국가와 주변 국가의 중간 단계인 반주변 국가로 상승하는 현상으로 설명한다. 즉, 그 당시 세계 자본주의체제에서 선진국들이 생산 시설을 값싼 노동력이 풍부한 주변국으로 옮기는 변동이 일어나고 있었고, 한국은 이러한 기회를 잡아 부품이나 조립 완제품을 생산·수출함으로써 빠른 경제성장을 이룩했다는 것이다. 그러한 측면에서 급진주의적 시각으로 볼 때 1970년대 한국의 비약적 경제성장은 세계 자본주의 변동이 만들어낸 기회를 잘 잡아 활용한 결과라고 주장한다.

전쟁의 원인에 있어서도 급진주의자들은 세계 자본주의가 내재하고 있는 구조적 특성에 주목한다. 이들은 자본주의 경제체제가 전쟁을 만들어내는 메커니즘에 주목한다. 선진국에서 군수산업이 차지하는 엄청난 비중으로 인해 세계 자본주의는 군수산업과 운명공동체적 성격을 갖게 된다. 전쟁을 하기 위해 무기를 만든다기보다는 무기를 만들어 돈을 벌기 위해 전쟁이 필요하게 되는 구조적 문제가 존재한다. 군수산업과 운명을 같이하는 선진 자본주의 국가들은 군수산업의 활성화를 위해 안보위기를 과장하고 때로는 위기를 조성하기도 하며 불필요한 전쟁을 만들어 무기의 소비와 함께 무기의 새로운 수요를 인위적으로 창출한다는 것이다.

비판이론 성격의 국제정치 이론들 중 자본주의의 안정적 작동을 위한 지구적 차원의 노력들을 분석하고 현 체제에 대한 대안을 제시하려는 시도들도 있다. 국제관계에서 이탈리아의 공산주의자 안토니오 그람시(Antonio Gramsci)의 헤게모니의 개념을 도입한 비판이론의 주요 학자인 로버트 콕스(Robert Cox)와 스티븐 길(Stephen Gill)을 비롯한 그람시주의자(Gramscian)들은 글로벌 거버넌스 개념이 가지고 있는 정치적·이념적 성격에 주목하고 현재 글로벌 거버넌스의 등장 배경과 새로운 대안적 거버넌스 메커니즘 창출에 관심을 보이고 있다. 콕스의 경우 현재의 글로벌 거버넌스를 초국적 신자유주의 연합으로 파악한다(Cox, 1987). 이러한 초국적 신자유주의 연합은 초국적 자본가들의 이해를 대변하며 이들은 '워싱턴 컨센서스(Washington Consensus)'와 같은 비공식적 기제, IMF와 세계은행(World Bank)과 같은 국제경제기구들 그리고 다보스

포럼과 같은 신자유주의 이념의 재생산 구조를 통해 세계경제를 지배하고 있다고 지적한다. 이들은 단순히 시장에 대한 영향력 행사를 넘어서서 신자유주의적 이데올로기를 정당화하고 이를 확산시키는 헤게모니적 지배를 주도한다고 본다. 이러한 초국적 신자유주의 연합의 출현은 글로벌화를 가속화시킨 주범이기도 하지만 그러한 변화로 인해 강화되기도 한다. 스티븐 길은 이러한 신자유주의 연합을 지구적 엘리트(globalizing elites)로 표현하며 이러한 그룹은 G-7 선진국에 의해 주도되며 1970년대 이후 그 영향력을 강화해 왔다고 지적한다. 다보스 포럼, **삼극위원회**(Trilateral Commission) 그리고 G-7 회의는 이들 사이의 합의를 만들어내는 제도적 뒷받침을 하고 있다. 콕스와 길 같은 학자들은 현재의 글로벌 거버넌스의 성격을 이들 초국적 신자유주의 연합의 지배 메커니즘으로 이해하며 바람직한 글로벌 거버넌스는 신자유주의 이데올로기의 헤게모니에 대항하는 대항 헤게모니(counter-hegemony)의 성격을 띠어야 한다는 것을 강조한다(Gill 1994). 이러한 대항 헤게모니를 만들어 나가는 데 있어서 중요한 것은 지구시민사회(global civil society)의 역할이다. 국제적·지구적 성격을 가진 NGO들은 신자유주의를 바탕으로 하는 기존의 글로벌 거버넌스의 비민주성, 현상유지적·친자본적 성격을 극복하기 위해 노력하고 있으며 이러한 노력들이 성공할 때 바람직한 글로벌 거버넌스가 확립된다는 생각이다. 현실에서 보자면 반세계화 시위를 주도하는 시민사회단체들 그리고 그들의 초국적 네트워크가 이들이 말하는 지구시민사회의 핵심으로 볼 수 있다.

2. 네 가지 접근법의 적용 미·중관계와 2022년 러시아의 우크라이나 침공

제1절에서는 국제정치를 보는 네 가지 접근법에 대해서 알아보았다. 이것들이 현실에 어떻게 적용될 수 있는지 미·중관계 및 동아시아의 평화와 러시아의 우크라이나

▶**삼극위원회**　1973년 발족된 미국, 유럽, 일본의 경제계, 학계 대표들의 정치·경제문제 토의기구이다. 이 시기에 미국은 국제수지 악화와 막대한 재정적자를 겪고 있었고 결국 1971년 미국의 달러화 금태환이 정지되었다. 이러한 미국발 국제경제적 쇼크는 자본주의 경제의 안정성에 위협이 되었고 이러한 위기를 극복하기 위한 국제적 협력을 촉진하기 위한 목적으로 민간 차원의 삼극위원회가 창설되었다.

침공 사례를 통해 알아보자.

1) 미·중 경쟁과 동아시아의 미래

동아시아에서는 중국의 부상으로 인해 주변 국가들의 안보상의 우려가 커지고 있
다. 특히 미국과의 지역패권 경쟁은 동아시아의 안정에 가장 큰 위협이 되고 있다. 현
실주의자들은 그동안의 동아시아의 안정은 중국의 부상에 대응하는 미국 중심의 동
맹 및 협력 네트워크의 존재로 인해 힘의 균형이 유지되고 있는 덕분이라고 본다. 그
러나 지금처럼 중국의 국력이 빠르게 성장하여 기존의 세력균형을 깨트린다면 동아
시아의 질서는 매우 불안하게 될 것이다. 남중국해의 분쟁 또는 중·일 간의 영토 분쟁
과 같은 문제를 둘러싸고 군사적 갈등이 벌어질 수도 있다. 미국은 일본, 호주와의 동
맹관계 그리고 인도와의 협력을 통해 중국과의 힘의 균형을 유지하려는 개입을 강화
할 것이다.

자유주의자들은 현실주의자들보다는 훨씬 낙관적인 전망을 할 것이다. 우선 두 나
라는 경제적 상호의존 관계에 있으므로 전쟁으로 얻는 이익보다 평화를 유지하면서
얻게 되는 이익이 훨씬 클 것으로 믿기 때문에 군사적 충돌을 자제하게 될 것이다. 트
럼프 정부하에서 벌어지는 미·중 간의 첨예한 갈등에도 불구하고 미·중이 서로 의존
관계에 있기 때문에 군사적 충돌은 벌어지지 않을 것으로 보는 학자들이 자유주의적
시각을 가진 사람들이다. 또 아세안지역안보포럼(ASEAN Regional Forum: ARF)과 같은
이 지역의 다자안보협력체는 두 나라가 갈등을 평화적으로 해결할 수 있는 장을 마련
해 주고 또 오해에 의한 군사적 충돌을 막는 기능을 하고 있다. 자유주의자들이 두 나
라 간의 분쟁 가능성에서 우려하는 점은 중국의 정치체제가 비민주주의적이라는 점
일 것이다. 이러한 정치체제하에서는 중국 지도부가 국내문제를 해결하기 위해 외부
에서 군사적 행동을 할 가능성이 늘 상존하기 때문이다. 자유주의적 입장에서는 중국
의 정치체제 변화와 함께 동아시아의 평화를 위해 지역 차원의 다자안보체제가 필요
하다. 유럽안보협력기구(Organization for Security Cooperation in Europe: OSCE)와 같은
안보협력체를 구성하여 공동안보 개념을 바탕으로 안보협력을 통해 평화를 유지할
수 있을 것이다.

급진주의자들은 미·중관계를 예측하는 데 있어 미국의 자본주의 경제체제의 군수산업에 대한 의존에 주목할 것이다. 군수산업과 관련된 기업들은 미국의 군부와 공동의 이해를 갖고 있으며 이들은 평화로운 시기보다는 적이나 안보위기가 존재하는 시기가 자신들의 영향력이나 경제적 이익에 훨씬 더 부합한다는 인식을 하게 된다. 이들은 중국위협론을 과장·확산시키며 중국의 위협에 대응하는 군비 강화의 필요성을 강조하게 된다. 미국 경제의 활력 역시 군수산업의 호황과 밀접한 관련이 있다. 이러한 구조적 힘이 동아시아에도 영향을 미치며 미·중 간의 군비경쟁과 전쟁을 부추기게 될 위험이 있다. 급진주의자들의 입장에서는 자본주의 경제체제의 구조적 모순으로 인해 미·중관계의 미래를 매우 부정적으로 볼 수밖에 없다.

구성주의자들은 미국과 중국의 현재 경쟁관계를 불변의 것으로 보지 않는다. 현재의 갈등관계는 역사적으로 두 나라의 상호관계가 만들어낸 현실이며 양 국가가 어떻게 행동하느냐에 따라 얼마든지 평화로운 공존관계가 가능하다고 본다. 구성주의자들은 아마도 동아시아의 안정에 대해 부정적인 전망을 할 것이다. 중국은 최근 국제적 규범 등을 수용하고는 있지만 남중국해 문제에서 나타나듯이 국제규범을 선택적으로 수용하는 모습을 보이고 있다. 다만 중국과 미국이 자국의 이익보다는 지구촌의 운명을 짊어진 국가들이라는 집단적 정체성을 가지고 있다면 긍정적인 전망을 할 수도 있다. 미국과 중국이 군사적 충돌을 피하고 협력하는 것이 지구촌의 이득이라는 점에 대해서는 양국 간 이익의 공유가 존재하는 것이 확실하다. 만일 중국이 책임대국이라는 정체성을 갖게 된다면 중국은 평화라는 인류의 보편적 규범을 수용하고 세계평화를 위해 공헌하는 국가로 변화하게 될 것이고 미·중관계에도 긍정적인 변화가 생길 가능성이 있다.

2) 러시아-우크라이나 전쟁(2022~)

러시아-우크라이나 전쟁은 2022년 2월 24일 러시아가 우크라이나에 대한 '특별 군사작전'을 선언하며 침공하면서 시작되었다. 러시아는 이 전쟁이 우크라이나로부터 독립을 선언한 친(親)러시아 공화국들에 대한 한정적 군사작전이라고 주장하지만 수도 키이우와 남부 지역을 폭격하는 양상은 이 군사작전이 우크라이나에 대한 전면적 침공이라고도 볼 수 있는 증거가 되고 있다.

이 전쟁을 보는 가장 설득력 있는 접근법은 현실주의적 접근법이다. 러시아는 NATO의 동진, 즉 러시아와 인접해 있는 우크라이나가 NATO에 가입하려 하는 상황을 자신에 대한 안보적 위협이라고 인식하고 이에 대해 선제적으로 대응한 것이라는 것이 현실주의적 해석이다. 우크라이나가 친미국가가 되고 NATO의 회원국이 되면서 NATO군이 우크라이나에 주둔하며 군사적으로 러시아를 압박하는 상황은 러시아로서는 심각한 군사적 위협일 수밖에 없다. 우크라이나 전쟁은 또 국가들이 경제적 상호의존이나 국제법, 국제규범들의 존재에도 불구하고 자신의 주권을 위협하는 경우 언제든지 전쟁을 할 수 있다는 현실주의의 기본 문법이 아직도 유효함을 명확히 보여주었다.

우크라이나 전쟁에 대한 현실주의적 해석이 가장 설득력이 있는 것은 사실이지만 러시아가 많은 비용과 위험 요소에도 불구하고 이 전쟁을 시작한 것은 여러 가지 다른 요인들이 설명할 수 있을 것이다. 러시아의 국내정치적 요인을 강조하는 학자들은 2014년 크림반도 강제 합병 후 내려진 미국과 EU의 경제제재로 인한 러시아의 경제적 어려움, 푸틴의 장기 집권으로 인한 리더십의 약화 등의 정치적 위기가 푸틴으로 하여금 이 전쟁을 감행한 요인이 되었다고 설명한다. 하지만 경제적 요인이나 국내정치적 요인 등 자유주의적 이론들이 강조하는 요인들과 관련해서 우크라이나 전쟁이 우리에게 주는 시사점은 그동안 미국의 자유주의적 국제질서가 근거해 온 민주주의나 시장경제의 힘과 중요성이 우리가 생각했던 것보다 훨씬 약할 수도 있다는 사실이다. 미국과 EU는 NATO의 확장이 유럽에서 평화를 정착시키고 러시아 역시 이러한 평화의 수혜자가 될 수 있다고 생각했다. 경제적 상호의존의 심화와 관련해서는 독일은 러시아와의 경제관계 심화를 통해 러시아의 전쟁 가능성을 낮출 수 있다고 생각했다. 그러나 이러한 자유주의적 시각들은 러시아가 우크라이나를 침공함으로써 그 설득력이 심각하게 훼손되었다. 푸틴은 분명히 우크라이나에 대한 침공이 심각한 경제적 제재를 불러올 것이라는 것을 예상했지만 그럼에도 불구하고 침공을 감행했다. 경제적 상호의존의 단절이 주는 피해가 국가의 힘의 추구나 안보의 확보 의지를 억제하기 위해서는 우리가 생각했던 것보다 훨씬 더 압도적이어야 한다는 생각이 든다.

마지막으로 구성주의자들이 강조하는 정체성의 정치가 이번 우크라이나 전쟁에 영향을 미쳤을 가능성도 있다. 러시아가 권위주의적 정치체제이기 때문에 여론조사의 결과에 대한 신빙성을 확보할 수는 없지만 우크라이나 침공이 시작된 지 2년이 지난 지금, 그리고 전쟁의 양상도 러시아에게 그다지 유리하지 않게 진행되고 있는 지금에도 이 전쟁에 대한 러시아 사람들의 지지도는 매우 높다. 2022년 한 여론조사에 따르면 우크라이나 전쟁에 대한 러시아인들의 지지도는 81%였다. 이런 러시아인들의 지지는 크림 지역과 우크라이나 동쪽 끝 돈바스 지역이 친러시아 지역이고 다수의 러시아인들이 거주하고 있기 때문이고 이들이 우크라이나로부터 독립을 쟁취하고 러시아에 합병되어야 한다고 믿기 때문이다. 더 중요한 것은 2014년 이 두 공화국이 독립을 선포했을 때 내전이 발생했고 러시아, 우크라이나 그리고 두 공화국은 두 공화국을 우크라이나의 영토로 인정하는 대신 이 두 공화국의 주민들에게 고도의 광범위한 자치권을 보장하는 특수 지위를 부여하는 민스크 협정을 2014년 9월 5일 체결했다. 그러나 우크라이나는 이를 이행하지 않았고 2015년 2차 민스크 협정도 이행되지 않았다. 이로 인해 내전이 진행되어 왔기 때문에 러시아 사람들은 이들 두 인민공화국의 독립과 러시아 합병을 위한 전쟁이 정당하다고 믿는다. 다시 말해 러시아인들은 우크라이나 동부 지역을 자국의 영토로 생각하고 있다. 러시아는 민족적 정체성을 바탕으로 이들을 친서방 우크라이나로부터 구하고 러시아로 합병시키려는 사명을 느끼고 전쟁을 시작했을 수 있다.

우크라이나 전쟁의 양상이 미국과 EU를 비롯한 서방 선진국들과 러시아를 지원하는 북한, 중국 등의 대결로 나타나는 것 역시 가치와 규범이라는 구성주의적 요인이 이 전쟁에 영향을 미치는 것을 보여주고 있다. 민주주의와 시장 경쟁, 인권, 법에 의한 지배 등을 강조하는 나라들은 러시아의 우크라이나 침공이 이러한 가치들에 대한 침해로 보고 경제적·국내정치적 비용에도 불구하고 러시아에 대한 대응에 참여하는 명분으로 강조하고 있는 것이다.

■ ■ ▥ 참고문헌

나이, 조지프(Joseph S. Nye). 2000.『국제분쟁의 이해: 이론과 역사』. 양준희 옮김. 서울: 한울.

박경서. 2000.『지구촌 정치학』. 서울: 법문사.

박재영. 1996.『국제정치 패러다임』. 서울: 법문사.

이삼성. 1997.「전후 국제정치이론의 전개와 국제환경」. ≪국제정치논총≫, 제36집, 3호.

이상우·하영선 공편. 1992.『현대 국제정치학』. 서울: 나남.

하영선 엮음. 1991.『현대 국제정치 이론』. 서울: 나남.

02

국제정치의 역사

Understanding International Relations: The Crisis of Liberal International Order and Global Relations

우리가 사는 21세기의 국제정치는 빠르게 변화한다. 변화의 속도는 너무나도 빨라 어쩌면 수백 년 동안 경험했던 모든 변화보다 더 큰 변화가 수십 년 사이에 일어날지도 모른다. 사실 우리가 사는 현재의 국제체제, 즉 주권을 가진 국가들이 국제법을 통해 서로의 주권을 보장하면서 모든 관계의 주인공으로 살아가는 체제는 그리 오래된 체제가 아니다. 근대적 국제체제의 등장 이후 세계는 많은 변화를 겪어 왔다. 현재의 변화를 이해하고 앞으로 올지도 모를 새로운 국제체제의 모습을 이해하기 위해서는 현재 우리가 사는 이 현실이 어떠한 과정을 통해 오게 되었는지 이해해야 한다. 이 장에서는 근대 국제체제의 등장 이후 현재까지의 국제체제의 변화에 대해서 알아볼 것이다.

1. 근대 국제체제의 등장 웨스트팔리아체제

지금 우리가 사는 세계는 안으로는 절대적 권위(대내적 절대성)와 밖으로는 주권을 인정받는(대외적 독립성) '국가'라고 부르는 단위로 구성되어 있다. 소위 웨스트팔리아(Westphalia)체제라고 하는 주권국가로 구성된 국제체제의 모습은 그리 오래된 현상은 아니다. 1648년 이후, 그러한 성격의 국제체제가 나타나기 전에는 다양한 성격의 정치적 단위들(도시국가, 성, 공국, 왕국 등등)이 존재했고 지금 국가들 사이에 존재하는 국제관계의 규범이나 원칙도 확립되지 않았었다. 근대적 국제체제의 시작인 웨스트팔리아체제의 기원에 대해서 알아보자.

1648년 웨스트팔리아 조약으로 인해 근대적 의미의 국가가 탄생하기 전까지 유럽에는 교회와 교황을 중심으로 하는 종교적 권위가 정치적 단위의 상위에 있었다. 봉건제도하의 봉건영주가 정치적 권위로 존재했던 왕에게 충성을 바치고 있었지만 왕 역시 교황의 권위 아래에 있었으며 교황은 봉건제 국가의 왕들의 갈등을 중재하는 역할을 할 만한 권위를 가지고 있었다. 그러나 종교개혁으로 인해 기독교를 중심으로 하는 질서는 가톨릭과 프로테스탄트 공동체들로 분열되었다. 유럽에서 가톨릭의 기독교 제국을 꿈꾸던 합스부르크가(家)는 유럽 지배를 노렸고 결국 30년 전쟁(1618~1648)이 일어난다. 이 전쟁은 합스부르크가의 패배로 끝났고 그 결과 웨스트팔리아(혹은 베스트팔렌) 조약이 체결되었다. 이 조약으로 교황의 종교적 권위는 더 이상 세속적 권위 위에 존재하지 않게 되었으며 대내적으로 독점적이고 절대적인 권한을 가진 주권국가들이 탄생한다. 이러한 주권국가들에 대해 종교적 이유에 의한 개입을 포함한 어떠한 간섭도 불가하다는 원칙이 세워지게 되었다. 이것은 주권에 대한 국제법적 보장이라는 것으로 제도화된다. 이러한 웨스트팔리아 조약 이후의 국제체제를 우리는 웨스트팔리아체제라고 부른다. 웨스트팔리아체제에서 국가 간의 관계는 국제법에 의해 관할되며 현실에서는 조약과 같은 공식적 약속이 국가 간 관계를 관리한다.

2. 유럽협조체제의 등장

웨스트팔리아 조약 이후 왕이 모든 정치적 권력을 행사하는 독립적 주권국가들이 유럽 국제체제의 주인공이 되었다. 유럽 밖에서는 유럽의 강대국들이 식민지를 개척해 나가는 제국주의의 팽창이 이루어지고 있었으며 그로 인한 전쟁들도 일어났다. 유럽에서의 중요한 정치적 변화는 프랑스에서 혁명이 일어나면서부터이다. 프랑스 혁명이 일어나자 혁명의 기운이 전파될 것을 두려워한 주변 국가들은 반(反)프랑스 동맹

> ### ✎ 비엔나 회의 ✎
>
> 1814년 9월부터 1815년 6월까지 계속된 비엔나 회의는 회의외교의 시초로 여겨진다. 국제회의를 통해 외교를 수행하는 회의외교로서 비엔나 회의는 전통적인 궁정외교의 분위기 속에서 화려한 연회나 무도회와 함께 진행되었다. 회의를 주최한 오스트리아는 이 길고 화려한 회의외교의 막대한 경비를 부담했고 결국 오스트리아 제국의 재정이 흔들릴 정도로 막대한 경제적 부담을 지게 되었다. 그러나 회의 자체는 매우 지지부진했으며 많은 나라가 참여했음에도 실제로 중요한 결정은 영국·러시아·오스트리아·프로이센, 그리고 1815년 1월부터는 프랑스가 참여하는 4개국위원회나 5개국위원회에서 이루어졌다. 비엔나 회의는 "춤은 추나 회의가 진행되지는 않는다"라는 유명한 평을 받게 된다.

을 결성하고 프랑스와 전쟁을 하게 된다. 나폴레옹을 영웅으로 만든 나폴레옹 전쟁은 어떤 의미에서는 프랑스 혁명의 이상을 전파하려는 혁명전쟁의 성격이 강했다. 프랑스는 반프랑스 동맹국들을 제압하고 대륙에서의 패권을 장악하기도 했지만 결국 전쟁에서 패하고 만다. 1814년 프랑스가 전쟁에서 패하면서 전쟁 처리를 위한 회의가 비엔나에서 열리고 나폴레옹을 격퇴한 유럽의 강대국(영국·오스트리아·프러시아·러시아) 등은 유럽의 안정과 강대국 간의 갈등 방지를 위한 유럽협조체제(Concert of Europe)를 만들게 된다. 유럽협조체제는 유럽의 강대국들이 모여(나중에는 프랑스도 포함하여) 공동의 목적(반왕정 혁명의 재발 방지, 프랑스의 또 다른 전쟁 방지, 해외에서의 식민지 갈등의 정리 등)을 위해 협력하는 다자적 협력 시스템이었다. 이러한 협조체제는 독일의 통일 이전까지 유지되었고 이로 인해 유럽에서는 1914년 제1차 세계대전이 발발할 때까지 강대국 간의 본격적인 전쟁이 없는 오랜 평화의 시기가 오게 된다. 강대국들이 힘의 균형과 함께 다자적 협력에 의해 100년간의 평화를 유지한 것은 역사상 드문 사례라고 볼 수 있다.

3. 19세기 동아시아의 국제질서[1]

19세기에는 서양에서의 강대국들의 협력에 의한 협조체제와 서유럽 이외 지역에서의 제국주의 질서가 공존하고 있었다. 서유럽의 제국주의 질서는 서유럽 밖으로 확산되어 19세기 중반에 오면 비서유럽 지역의 기존 질서를 해체하기 시작했다. 인도에서는 1857년 세포이(Sepoy) 반란의 진압을 통해 영국의 식민통치가 시작되었고 오스만투르크 제국은 크림전쟁을 계기로 붕괴되어 서유럽 주권국가체계에 편입된다. 파리조약을 통해 오스만투르크는 서유럽 주권 개념을 인정하고 재정권을 상실하는 등 제국의 붕괴를 맞는다. 동아시아 지역 역시 이러한 변화에서 벗어날 수 없었다. 중국은 아편전쟁 이후 구미 열강의 통상과 선교의 자유를 인정하고 조약에 의해 항구를 개방하게 된다. 1860년 영·프 연합군에 의해 베이징이 함락되었고 베이징에 서유럽 강대국의 외교사절이 상주하기 시작했다. 중화질서가 붕괴되기 시작한 것이다. 전통적인 중화질서는 그 안에 속한 나라들이 조공과 책봉을 통해 중국을 섬기고 중화질서의 중심인 중국은 작은 나라를 돌보는 사대자소(事大字小)를 중심으로 한 국가 간의 질서였다. 이 국가 간 질서의 유지에는 단순히 군사력이 아닌 예의를 기반으로 하는 문화주의적 성격이 포함되어 있었다. 이러한 국가 간 질서는 양측 모두에게 정치적 권위와 체제의 정당성을 강화하는 기능을 했다. 아편전쟁 이후 유럽 제국주의는 동아시아로 밀려들어 왔으며 1842년 난징 조약을 시작으로 톈진 조약(1858년), 베이징 조약(1860년) 등 서유럽의 조약체제라는 새로운 국가 간의 교제 및 교섭 방식에 따라 서유럽과의 관계가 형성되었다.

이러한 서유럽으로부터의 외압은 19세기 동아시아 질서를 조공과 책봉의 중화질서에서 근대 국제질서로 변환시키기 시작했다. 이 과정에서 동아시아 국가들은 외압의 강도와 성격에 따라 서로 다른 전환 과정을 경험하게 된다. 중국은 중화질서를 포기하고 만국공법의 근대적 국제질서를 받아들이는 데 매우 큰 어려움을 겪는다. 이에 반해 일본은 근대 국제질서의 성격을 간파하고 그 안에서 자국의 생존과 권리를 지키기 위해서는 국력을 키워야 한다는 인식을 갖게 된다. 1853년 페리 함대의 흑선(黑船) 등장으로 1854년 화친조약을 맺고 개항을 하게 되고 1858년 미·일 수호통상조약을

---

1 이 절은 강상규·이혜정, 「근대 국제정치질서와 한국의 만남」, 하영선·남궁곤 편저, 『변환의 세계정치』, 48~58쪽의 내용을 정리·보완한 것이다.

✎ 구한말의 역사는 되풀이되는가? ✎

　　미·중 간 경쟁이 심화되면서 한국의 대외정책 위기, 선택의 기로에 선 한국 외교 등 외교적 위기론과 구한말의 역사가 되풀이된다는 전문가들의 칼럼을 흔히 보게 된다. 구한말과 지금 한반도의 상황이 유사하다는 것은 아주 틀린 말은 아니나 그 위기의 정도로 보자면 명백한 과장이다. 한반도는 항상 열강의 각축장 속에 있었다는 것이 보다 정확한 말이라고 생각한다. 일본, 중국, 러시아 그리고 이 지역에 전략적 이해를 가지고 있는 미국과 같이 살아야 하는 대한민국은 늘 세계질서 그리고 지역질서의 변화에 민감해야 하며 또 변화에 맞추어 전략적 선택을 고민해야 한다. 한국의 국력이 구한말과 비교될 수 없으며 미국, 일본, 중국, 러시아와의 상대적 국력 역시 구한말과 같을 수 없다. 무엇보다 구한말은 제국주의가 국제정치의 주류였던 시기이고 지금은 주권원칙과 국제규범, 국제법이 국제정치의 상당 부분을 규율하고 있는 21세기이다. 국력이 약해 주권을 빼앗긴 구한말을 지금에 비교하는 것은 항상 변화하는 세계질서에 눈을 부릅뜨자는 뜻이 아닌가 한다.

맺게 된다. 일본은 1867년 메이지유신〔明治維新〕을 통해 중앙집권적인 국가체계를 갖추게 되고 부국강병과 문명개화를 통해 근대적 국제질서에 적극적으로 편입하려는 노력을 했다.

　　중화질서가 붕괴되는 과정에서 일본은 조선과의 관계를 조약에 근거한 근대 국제체제의 방식으로 재편하려 했고, 서유럽 강대국 역시 조선을 근대 국제체제에 편입시키려고 했다. 일본의 운요호 사건과 1876년 조선이 일본과 맺은 강화도 조약은 이러한 변화를 상징한다. 이후 조선은 간섭과 압박을 강화하는 중국, 제국주의적인 팽창을 시도하는 일본 그리고 서유럽 제국주의라는 3중의 압박에 놓인다. 동아시아에서의 중화질서는 청일전쟁에서 일본의 승리로 완전히 붕괴하며, 일본은 제국주의적 확장을 계속하여 그 후 러일전쟁의 승리(1905년)와 함께 조선을 식민지화하고 아시아의 지도 국가로서 위치를 확립한다.

▶ **만국공법**　이 용어는 국제법(international law)의 중국어 번역에서 유래한다. 헨리 휘턴의 *Elements of International Law*가 중국에 소개되면서 만국공법이라는 용어로 번역되었다. 이 책을 통해 주권에 기초한 근대적 국가관계가 아시아에 소개된다.

4. 제1차 세계대전과 베르사유체제

유럽협조체제는 강대국들 간의 협의를 통해 유럽의 안정과 평화를 유지해 왔다. 이러한 유럽의 평화에는 강대국들 간의 협조 이외에 강대국들 사이에 이루어졌던 세력균형이 커다란 역할을 했다. 유럽 대륙에서 절대적 강대국이 등장하지 못하도록 영국은 세력균형을 맞추어주는 균형자 역할을 했고, 이러한 세력균형의 결과 유럽에서는 독일 통일 이전까지 절묘한 세력균형이 이루어지면서 평화가 유지될 수 있었던 것이다. 1871년의 독일 통일은 유럽 대륙의 세력균형에 중대한 변화를 가져왔다. 독일 통일로 인해 유럽 대륙에는 거대한 힘을 가진 강대국이 등장했고 이로 인해 주변의 국가들은 불안을 느끼게 되었다. 세력균형이 흔들린 불안한 유럽을 안정시킨 것은 통일독일의 수상이었던 비스마르크(Bismarck)의 동맹정책이었다. 비스마르크의 동맹정책은 복잡한 비밀동맹을 통해 절묘한 세력균형을 유지하여 통일독일의 안정과 안전을 보장하고자 했다. 이러한 동맹정책의 핵심은 프랑스를 고립시키는 동맹의 형성과 프랑스가 이에 대항하는 동맹을 맺지 못하도록 하는 것이었다. 그러나 이러한 세력균형은 점차 무너지게 되고 제국주의적 경쟁과 민족주의적 갈등 등 여러 가지 복잡한 요인으로 유럽에서 대전쟁이 일어나게 된다.

1914년 오스트리아의 프란츠 페르디난트(Franz Ferdinand) 황태자가 세르비아계 민족주의자의 손에 암살당한다. 세르비아와 오스트리아의 갈등은 유럽에 존재하던 복잡한 동맹들에 의해 순식간에 유럽 전체의 전쟁으로 확대된다. 오스트리아가 세르비아에 선전포고를 하자 세르비아와 동맹을 맺고 있던 러시아는 군 총동원령을 내려 오스트리아에 대항했다. 러시아는 또 독일과의 전쟁을 위해 총동원령을 내렸고, 독일은 이에 대응하여 러시아에 대한 선전포고를, 얼마 후에는 프랑스에 대해 선전포고를 했다. 영국은 독일이 벨기에를 침공하자 독일과 단교하고 전쟁에 참여한다. 전쟁은 오스트리아·헝가리·독일이 한편, 영국·프랑스·러시아가 다른 한편이 되어 벌어졌다. 결국 유럽의 모든 나라가 전쟁에 뛰어들면서 유럽은 제1차 세계대전의 소용돌이에 휘말린다.

제1차 세계대전은 유럽 대륙의 전쟁으로 시작했다. 미국은 먼로 독트린(Monroe Doctrine) 이후 표방해 왔던 고립주의를 내세우며 유럽의 전쟁에 거리를 두었다. 그러나 독일 잠수함들이 미국 상선들을 공격하자 미국은 결국 참전하게 되고 전쟁은 세계대전으로 확대된다. 전쟁은 오스트리아·헝가리·독일의 패전으로 끝났다. 전쟁의 결과 오스트리아·헝가리 제국과 오스만투르크 제국은 붕괴되었고 전쟁의 와중에 제정 러시아도 볼셰비키(Bol'sheviki) 혁명으로 무너졌다. 전쟁의 뒤처리를 위해서 베르사유 강화회의가 열렸고 패전국인 독일을 어떻게 처리할 것인가와 전후 평화로운 국제질서를 만들기 위한 논의가 이루어졌다. 베르사유 강화회의를 주도한 것은 뒤늦게 참전한 미국의 우드로 윌슨 대통령이었다. 윌슨 대통령은 전후 평화를 건설하기 위한 원칙으로서 14개 조항을 제시했다. 이러한 14개 조항을 근거로 전후 평화를 건설하기 위한 구체적인 조치가 시행되었다. 한국에서 3·1 만세운동을 촉발시켰던 민족자결원칙 역시 14개 조항의 하나이며 집단안보구상을 바탕으로 국제연맹이 창설되었다. 그러나 베르사유 조약을 미국이 국내정치적 사정으로 비준하지 못하면서 국제연맹에 참여하지 못하게 되어 국제연맹의 의미가 크게 퇴색되었다. 베르사유체제의 중요한 과제는 패전 국가인 독일을 처리하는 것이었다. 승전 국가들의 요구에 의해 독일은 전쟁범죄를 일으킨 전범 국가로 베르사유 조약에 명시되었으며 알사스-로렌을 비롯한 영토의 13%와 국민 700만 명이 다른 나라로 편입되었다. 독일은 또 엄청난 전쟁배상금을 지불해야 하는 처벌을 받았다. 이러한 문제 해결 방식은 독일 민족의 분노와 불만을 야기했으며 훗날 히틀러와 나치의 등장 그리고 독일이 새로운 전쟁을 일으키는 빌미를 제공했다고 볼 수 있다.

5. 20년간의 평화와 제2차 세계대전

베르사유 조약이 체결된 1919년부터 제2차 세계대전이 시작된 1939년까지 20년간의 시기(흔히 전간기라고 부른다)는 짧은 평화의 시기이지만 E. H. 카에 의하면 위기의 시기이기도 하다. 경제적으로 1929년 미국에서 시작된 대공황은 미국은 물론 전 세계에 막대한 영향을 미친다. 국가들은 경제적 어려움을 극복하기 위해 외국으로부터 수입을 제한하는 근린궁핍화 정책(이웃 국가들을 가난하게 만듦으로써 자국의 경제적 이익을 도모하는)을 펴게 되고 이것은 국가 간 교역을 급격히 감소시켜 전 세계를 더욱더 심각한 위기로 몰아넣었다. 전간기의 이러한 경제적 위기는 정치적 파장을 낳게 된다. 독일에서

히틀러(Adolf Hitler)의 등장, 이탈리아에서 무솔리니(Benito Mussolini)의 파시즘(fascism) 등장 등이 단순히 대공황으로 인한 것은 아니지만, 경제위기로 인한 심각한 정치 불안이 이와 같은 극단적인 정치체제들이 등장하는 좋은 토양을 제공했다고 볼 수 있다.

히틀러는 1933년 정권을 잡는다. 독일은 베르사유 조약을 무시하기 시작한다. 제네바 군축회의에 불참하고 국제연맹에서 탈퇴한다. 그리고 베르사유 조약에 의해 비무장지대가 되었던 라인란트를 재점령하고 1938년 오스트리아를 합병한다. 1938년 5월 독일이 체코의 수데텐란트를 점령했고 이러한 일련의 움직임이 주변 국가들의 우려를 낳았으나 프랑스와 영국은 이에 대해 독일 달래기로 일관했다. 이것이 소위 '유화정책'인데 프랑스와 영국은 독일이 베르사유체제 자체를 깨트리려는 것이 아니고 그 체제 안에서 자신들이 움직일 공간을 넓히고자 하는 것으로 인식했다. 이러한 인식하에 1938년 9월에 열린 뮌헨 회의에서 영국과 프랑스의 지도자들은 독일의 수데텐란트 점령을 인정했고, 독일은 영국의 체임벌린(Chamberlain) 수상에게 영국과 전쟁을 하지 않겠다고 약속했다. 그러나 이러한 약속과는 달리 1939년 9월 독일은 폴란드를 침공했고 이에 대해 영국과 프랑스가 대독일 선전포고를 하면서 제2차 세계대전이 시작된다. 독일에 대한 승전국들의 유화정책의 실패였다.

제2차 세계대전은 유럽에서 시작되었지만 시간이 지나면서 2개 전선에서 전쟁이 진행되었다. 1941년 일본이 진주만을 기습적으로 공습하면서 미국이 전쟁에 참전하고 태평양 전선이 형성된 것이다. 일본의 진주만 공습은 왜 일어난 것일까? 여기서 이 시기 아시아에서의 국제정치 전개에 대해 설명할 필요가 있다. 19세기 말에 이르러 대제국이었던 중국은 심각하게 약화되어 연안 도시들의 관할권이 외국에게 강제로 할양되었다. 1911년 마지막 황제가 축출되고 중국은 내전 상황으로 빠져든다. 1949년 마오쩌둥(毛澤東)이 이끄는 중국공산당이 장제스(蔣介石)의 국민당에 승리할 때까지 중국은 강력한 중앙정부가 없는 상황에서 국내적 혼란을 겪는다. 반면 일본은 메이지 유신 이후 급격한 산업화와 근대화를 이루고 제국주의적 팽창을 꾀한다. 일본은 팽창의 공간적 대상으로 중국을 넘보았고 만주 지역을 놓고 러시아와 충돌하여 러일전쟁에서 승리함으로써 중국에서의 영향력을 강화했다. 일본은 제1차 세계대전에서 독일과 싸웠으나 전쟁 중 맡았던 역할에 합당한 영토를 획득하지 못했다는 점에 불만을 가지고 있었다. 거기에다 1920년대가 되면서 일본의 팽창을 우려한 미국과 영국이 워싱턴 조약을 통해 일본의 해군 건설을 제한하고 중국이 더 이상 일본의 유효한 지배 아래 놓이지 않도록 한 것에 대해서도 강하게 항의했다. 한편 일본 내부에서는 군국주의와 천황 중심의 민족주의가 강화되었다. 1931년 일본은 만주를 점령하고 만주국이라는 괴뢰국가를 건설하면서 제국주의적 팽창을 본격화했다. 이러한 문제를 해결해야 할 국제연맹은 일본에 대해 어떠한 강압적 제재도 집단안보체제도 발동하지 못했다. 일본이 중국에서 전면적인 전쟁을 하면서 중국에 대한 독점적 지위를 강화해 나가자 미국은 1939년 일본과의 무역협정을 파기하고 경제제재와 무역봉쇄를 가했다. 이 결과 일본은 석유 공급과 전략물자의 수급에 심각한 문제가 생겼다. 일본은 이런 문제를 해결하기 위한 돌파구로 미국과의 전쟁을 택하게 된다. 일본의 진주만 공습 이후 영국과 미국은 일본에 선전포고를 했으며 그로부터 사흘 후 독일과 이탈리아는 미국에 선전포고를 하면서 유럽에서 시작된 전쟁은 태평양으로 확대되어 세계대전으로 발전되었다.

6. 제2차 세계대전의 마무리와 얄타체제

제2차 세계대전은 미국·영국·소련 연합국의 승리로 끝났고 독일과 일본은 패전국이 되었다. 제2차 세계대전의 마무리를 위한 여러 가지 국제회의가 열리게 되는데 그중 1945년 2월에 열린 얄타 회담은 전후의 국제질서를 만들어나가기 위한 승전국들의 회의였다. 얄타 회담에서는 전범국가 독일에 대한 처리 문제, 극동전선에서 소련의 참전 문제, 한국과 폴란드 문제 등이 논의되었다. 제2차 세계대전이 끝난 후 나타난 국제체제는 미국·영국·소련이 세계의 주요한 사안을 결정하는 지도체제의 성격과 국제연합(United Nations: UN)을 통한 집단안보체제, 그리고 미국과 소련을 중심으로 하는 2개의 세력이 등장하는 동맹체제 등의 다양한 성격을 지니게 된다.

승전국인 연합국은 국제연맹을 계승하는 국제연합(UN)을 만들어 집단안보체제를 구축하고 독일을 분단시켜 유럽에서의 세력균형을 회복하며, 전범국가 일본을 완전히 무장해제 시켜 아시아에서의 세력균형을 확보하는 전후 국제질서 재편을 결정한다. 더불어 1930년대의 국제적 경제위기가 세계대전의 중요한 원인이었다는 인식하에 국제무역(GATT체제)과 국제통화(브레턴우즈체제)를 관리하게 될 국제적 협력체제를 수립한다.

7. 냉전의 시작

냉전은 말 그대로 '차가운 전쟁(cold war)', 즉 실제적 전투 행위가 없는 전쟁 상태를 의미한다. 즉, 1945년 제2차 세계대전이 끝난 후 미국을 중심으로 하는 자유진영과 소련을 중심으로 하는 공산진영 간에 형성된 50여 년간의 갈등 상황으로 설명할 수 있다. 냉전은 자유민주주의와 공산주의 간 이념 갈등이라는 성격을 띠며 세계가 미국과 소련이라는 양대 강대국을 중심으로 나뉘어 작동하는 양극체제가 그 기반이었다.

냉전은 제2차 세계대전의 종전과 함께 서서히 형성되기 시작한다. 제2차 세계대전 이전의 국제정치는 영국이 패권적 위치를 차지하던 팍스 브리태니카(Pax Britannica, 영국 지배하의 세계평화)의 시대였다. 그러나 제2차 세계대전을 겪으면서 전쟁의 주무대 였던 유럽은 철저히 파괴되었고, 영국 역시 심각한 전쟁의 피해를 입으면서 패권 국가로서의 위치를 상실하게 된다. 반면에 제2차 세계대전에서 승리한 연합국의 주역인 미국과 소련은 새로운 강대국으로 떠오른다. 두 나라는 제2차 세계대전에서 연합국의 일원으로 싸웠으나 전쟁이 끝나고 공동의 적이 사라지자 서서히 경쟁관계가 되었다. 1945년부터 1947년까지 미국과 소련은 적어도 표면적으로는 우호적인 관계를 유지한다. 이 시기에는 세계대전을 겪은 후 평화에 대한 갈망과 그를 위한 노력이 존재했었고, 미국의 핵무기 보유로 인한 군사력 우세로 양국 간의 갈등이 표면화되지 않았었다. 하지만 냉전은 그리스와 터키에서의 내전을 계기로 그 모습을 드러낸다. 당시 그리스와 터키에서는 공산 게릴라와의 내전이 일어나고 있었는데, 미국은 이러한 내전

▶**양극체제**　국제체제에서 힘이 어떻게 분포되어 있는지에 대한 논의를 통해 국제체제의 구조적 특성을 설명할 수 있다. 양극체제(bipolar system)는 2개의 강대국을 중심으로 대립하고 있는 질서를 말한다. 냉전기는 양극체제가 견고하게 이루어지던 1971년까지와 양극체제가 와해되어 다극체제로 변화하는 1972년부터로 나뉜다. 또한 탈냉전기는 미국의 군사적 패권이 확립되고 경제적으로는 미국·일본·독일 세 나라가 중요 세력을 형성한 단-다극체제(uni-multipolar system)로 볼 수 있다.

> ❧ **미국 외교정책에서의 고립주의와 국제주의(또는 개입주의)** ❧
>
>   영국의 식민지에서 독립한 미국은 전통적으로 대륙의 문제에서 자신을 고립시키는 고립주의적 외교정책을 펴왔다. 미주(America)에 대한 유럽의 간섭을 배제하고 유럽의 일에 대한 미국의 불(不)간여를 선언한 먼로 독트린은 이러한 고립정책의 대표적인 예이다. 그 후 제1차 세계대전이나 제2차 세계대전에서 모두 미국은 대륙의 문제에 개입하지 않겠다는 정책을 취했으나 제1차 세계대전 때는 독일 U보트의 무차별 공격 그리고 제2차 세계대전 때는 일본의 진주만 기습으로 인해 어쩔 수 없이 참전하게 된다. 그러나 제2차 세계대전이 끝나고 미국이 새로운 패권 국가로 떠오르면서 미국은 더 이상 고립주의를 고수할 수 없게 되었고, 트루먼 독트린은 미국 외교정책의 기조 변화를 상징한다고 할 수 있다.

의 배후에 영향력을 확대하려는 소련이 있다고 믿었다. 1947년 미국의 대통령 트루먼(Truman)은 유명한 트루먼 독트린을 발표한다. 트루먼 독트린은 미국이 앞으로 공산주의자들이나 외부의 지원을 받는 반란 세력과 싸우는 자유진영의 국가들을 지원할 것이라는 내용이 주를 이룬다. 이는 미국이 전통적인 고립주의에서 벗어나 국제주의로 전환한 것이며, 앞으로 자유진영의 대부로서 국제문제, 특히 이념 갈등과 관련한 문제에 적극적으로 개입할 것임을 의미한다.

사실 미국이 소련의 팽창을 저지하기 위한, 봉쇄정책을 기조로 하는 냉전적 외교정책을 채택하게 된 것은 갑작스러운 일이 아니었다. 제2차 세계대전이 끝나기 전부터 미국과 소련 간에는 상호불신이 싹트기 시작했다. 예를 들어 미국이 비밀 핵개발 계획인 맨해튼 프로젝트(Manhattan Project)를 동맹국인 소련에게 숨겨왔던 것이나 핵무기를 히로시마와 나가사키에 투하한 일 등으로 인해 소련은 미국에 대해 의구심을 가지게 되었고, 종전 이후에도 미국이 폴란드 같은 동유럽권 국가들의 자유선거를 지원하는 등 소련을 위협하고 있다고 인식했다. 미국 역시 소련이 전쟁이 끝난 후에도 탈무장을 거부하고, 동유럽에서 소련군을 철수하지 않으며, 종전과 함께 독립한 국가들의 자유선거를 허용치 않고 소련의 괴뢰정부를 세우는 것 등을 보면서 팽창주의적 의도를 의심하게 되었다.

모스크바 주재 외교관이었던 조지 케넌(George Kennan)은 본국에 보낸 전문을 통해 소련이 역사적으로 가지고 있는 팽창주의적 성향을 경고하고 미국이 소련의 팽

❧ NATO와 바르샤바조약기구의 형성 ❧

　　1948년 영국과 프랑스는 베네룩스 3국에 대해 정치조약의 체결을 제의했고, 베네룩스 3국은 이 조약에 군사협정이 들어가야 한다고 주장해 결국 1948년 3월 브뤼셀 조약을 체결하게 된다. 이 조약 국가들은 미국과의 방위동맹 필요성을 느껴 결국 영국과 프랑스가 미국에 이것을 제안, 1948년 3월 8일 파리에서 대서양동맹조약이 완성되었다. 그 후 유럽 5개국과 미국·캐나다·노르웨이·아이슬란드·포르투갈·이탈리아가 조약에 가담해 1948년 4월 4일 북대서양조약이 체결되었으며, 이 결과로 NATO가 탄생되었다.

　　바르샤바조약기구는 소비에트 및 동유럽 7개국 우호협력 상호 원조조약으로서 NATO에 대항하기 위해 소련을 중심으로 형성된 군사동맹체이다. 1955년 5월 14일 바르샤바에서 소련·폴란드·헝가리·루마니아·불가리아·알바니아 및 동독이 가입했다.

창에 대비해야 한다는 의견을 제시한다. 이 전문은 1947년 7월 미국의 저명한 시사지 ≪포린 어페어스(Foreign Affairs)≫에 'X'라는 가명의 필자가 쓴 「소련 행동의 기원(The Sources of Soviet Conduct)」으로 발표되어 미국 냉전기 외교정책의 이론적 기반이 된다. 케넌은 소련 공산주의의 위협과 그 팽창에 대항하기 위해서는 소련의 주변을 군사기지망으로 포위·봉쇄해야 한다고 주장한다. 이러한 주장은 트루먼 대통령에 의해 봉쇄정책으로 구체화되며, 냉전기 미국 외교정책의 기조가 된다.

　　냉전은 몇 시기로 나누어볼 수 있다. 첫 번째는 1945~1955년의 기간으로, 냉전의 분위기가 형성되기 시작해 서독의 북대서양조약기구(North Atlantic Treaty Organization: NATO) 가입과 바르샤바조약기구(Warsaw Treaty Organization)의 설립으로 냉전적 분위기가 하나의 체제로 성립되어 가던 시기이다. 두 번째는 1956~1970년의 기간으로 냉전이 심화되고 냉전체제가 중·소 분쟁, 프랑스 자주외교, 비동맹 세력의 부상 등으로 인해 다극화되는 시기이다. 세 번째는 1971~1979년의 기간으로 냉전의 해빙기이다. 즉, 닉슨 독트린과 미·중 간의 **핑퐁외교** 및 화해, 베트남 전쟁의 종결, 카터 행정부의

▶**핑퐁외교**　1971년 일본 나고야에서 열렸던 세계탁구선수권대회에 중국 선수단이 참가하고, 뒤이어 이 대회에 참가했던 미국 선수단과 기자들이 중국을 친선 방문한 것이 계기가 되어 오랫동안 적대적으로 대립해 왔던 미·중관계가 개선되면서 핑퐁외교라는 말이 탄생했다. 영화 〈포레스트 검프〉에서 톰 행크스(Tom Hanks)가 미국 대표 탁구선수로 중국에 가는 장면이 등장하는데 검프는 핑퐁외교의 한가운데에 있었던 것이다.

❧ 냉전의 사회적 영향, 매카시즘 ❧

미·소 간의 냉전이 시작되면서 미국 내에서는 체제의 유지·강화를 위한 사상투쟁이 나타나게 되는데, 1950년 2월 당시 공화당 상원의원인 국내 치안분과위원장 조셉 매카시(Joseph McCarthy)가 국무부의 진보적 성향을 띤 100명에 대해 추방을 요구했으며 많은 사회지도층 인사를 공산주의자로 몰아 공격했다. 이 사건 이후 미국에는 반공산주의 선풍이 불어닥쳤으며, 정치계는 물론 연예계까지도 공산주의자에 대한 검거·추방 선풍이 일어났는데, 이를 '매카시 선풍'이라고 부른다. 이 '공산주의자 사냥'은 미국 국내외로부터 그리고 공화당 내에서도 심각한 비판에 부딪혔고 국제관계에서의 긴장완화와 더불어 진정되었다. 매카시는 1954년 분과위원장직에서 해임되었다. 레이건 전 미국 대통령도 영화배우로 활약하던 당시 할리우드의 진보적 동료 배우들을 공산주의자로 몰아세웠던 경력을 가지고 있다.

이상주의적 정책으로 인해 해빙무드가 조성된 시기이다. 마지막 시기는 1979~1989년의 기간으로 제2의 냉전기이다. 이 시기는 소련의 아프가니스탄 침공(1979년 12월), 폴란드 무력 개입(1980년 12월), 대소 강경 성향의 레이건·부시 정부의 등장, 미국의 전략방위구상(Strategic Defence Initiative: SDI) 발표 등으로 새롭게 냉전이 강화된 시기이다.

우리가 냉전을 이해할 때 알아야 할 것이 있다. 우선 냉전은 단순히 미국과 소련의 국가 간 대결이 아니라는 것이다. 즉, 냉전은 전 세계가 이념을 축으로 해서 두 진영으로 나뉘어 대결을 벌인 것이다. 서방은 정치적으로 다원적 민주주의를 표방하면서 경제적으로는 자본주의 시장경제, 국가 간의 군사관계는 NATO와 같은 다자적 동맹과 그 외 많은 쌍무적 동맹의 망으로 연결되어 있었다. 국가 간 경제관계는 관세 및 무역에 관한 일반협정(General Agreement on Tariffs and Trade: GATT)을 중심으로 시장원리에 따른 자유무역체제를 지향하고 있었다. 반면에 공산진영은 일당독재의 정치체제와 사회주의식 계획경제를 중심으로 하고 정치군사적으로는 바르샤바조약기구를 중심으로 하는 군사동맹 형성, 경제적으로는 사회주의식 분업구조와 각 국가 사이의 쌍무적인 거래를 특징으로 하는 '상호경제원조회의(COMECON)'를 위주로 사회주의권 내부의 경제체제를 형성했다. 이러한 냉전구도로 미국과 소련은 더 많은 국가를 자신들의 영향력 아래 두기 위해 군사적·경제적 원조, 때로는 군사적 실력 행사나 전복

❧ 쿠바 미사일 위기 ❧

1962년 10월, 소련 흐루쇼프(Khrushchyov) 수상은 쿠바에 미사일 기지를 건설했다. 이 것은 쿠바 카스트로(Castro)의 요청에 의한 것이기도 했지만 미국에 비해 절대열세에 있는 소련의 전략미사일 불균형을 시정하고자 하는 의도, 그리고 터키에 있는 미국의 미사일 기지에 대한 소련의 대응으로 볼 수 있다. 쿠바의 미사일 기지는 미국 플로리다에서 90마일밖에 떨어지지 않은 곳에 위치했고, 여기서 발사된 미사일은 8분이면 미국 본토에 도착하는 등 미국 안보에 심각한 위협을 가하게 되었다. 1962년 10월 14일 미국의 U2 정찰기가 이 미사일 기지의 존재를 확인했고 핵탄두를 적재한 소련 선박이 대서양을 통해 쿠바로 접근하고 있다는 정보가 입수되었다. 만일 핵탄두가 장착된 미사일이 쿠바에 실전 배치된다면 이것은 미국에 치명적인 것이 아닐 수 없었다. 케네디 대통령은 즉시 국가안보회의를 소집하고 대응책을 논의하게 된다. 소련 선박이 쿠바를 향하고 있는 상황에서 열린 이 회의는 위기 시 정책결정 연구에 중요한 사례를 제공하게 된다. 이 회의에서 미 육군은 특수 낙하산 부대를 쿠바에 투입해 미사일 기지를 파괴할 것을, 해군은 해안 봉쇄를, 공군은 미사일 기지에 대한 폭격을 건의했다. 케네디는 해상 봉쇄를 선택했고 10월 22일 쿠바 내의 미사일 기지의 존재와 해상 봉쇄 그리고 미사일이 철수되어야 한다는 것을 공식적으로 발표했다. 10월 24일 봉쇄가 시작되었고 쿠바로 향하던 소련 선박은 되돌아갔다. 그리고 10월 28일 소련이 쿠바 미사일 철수에 동의했다고 케네디가 발표하면서 쿠바 미사일 위기는 종결되었다. 미국은 소련이 양보한 대가로 쿠바를 침공하지 않겠다는 것과 터키에 있는 미국의 미사일 철수를 약속했다. 이 사건을 계기로 전 세계는 핵전쟁과 제3차 세계대전의 가능성을 실감하게 되었고 미·소는 위기 시 의사소통을 위한 직통 전화(핫라인)를 개설하게 된다.

활동(covert action) 등을 펼쳐왔다. 제2차 세계대전 이후 유럽과 일본을 복구하기 위해 만든 마셜 플랜(Marshall Plan)도 경제적 폐허 상황에서 공산주의 세력이 성장할 수 있는 가능성을 봉쇄하기 위한 정치적 목적을 가지고 있었던 것이 사실이다. 두 번째 냉전은 두 강대국의 갈등이 아니라 자본주의와 공산주의라는 두 사회체제의 대결이다. 단순한 국가 간 이해관계의 갈등이 아니라 이념 간의 대결이기 때문에 그 차이는 더욱 해소하기 어렵고 뿌리가 깊은 것이다. 두 국가의 상대방에 대한 이념적 혐오는 미·소 지도자들의 언급에서 자주 나타난다. 아이젠하워(Eisenhower) 대통령은 "미국은 적대적인 이념과 대결하고 있는데, 그 이념은 범위에서 세계적이고 성격상으로는 무신론적이고 목적상으로는 무자비하며 방법상으로는 교활하다"고 말한 바 있으며 1983년 3월 레이건(Reagan) 대통령은 소련을 '악의 제국'이라고 칭하는 연설을 했다.

그러나 무엇보다도 냉전을 특징짓는 것은 미·소 간의 군비경쟁이다. 미·소는 군사적 우위를 점하기 위해 군사비로 엄청난 지출을 하면서 서로 경쟁하게 된다. 양 국가가 스스로의 안보를 확보하기 위해 벌이는 군비경쟁은, 그러나 양국 모두 안보적으로 더욱 불안을 느끼게 되는 안보 딜레마(security dilemma)를 부른다. 안보 딜레마는 다음과 같다. 어떤 국가가 심리적으로 안전함을 느끼기 위해 군비를 증강하면 그것이 다른 국가들에게 두려움을 주게 되고 다른 국가들도 자신들의 안보를 확보하기 위해 다시 군비를 증강하게 된다. 군비를 증강한 국가들은 심리적 안전감을 얻게 되지만 그것이 다른 국가에게는 안보적 위협으로 다가가게 되어 다른 국가들이 다시 안보를 확보하기 위해 군비를 증강하게 한다. 이러한 연쇄반응이 결국 애초보다 훨씬 강화된 군비의 증강과 계속적인 안보불안을 가져오는 결과를 초래한다는 것이다. 즉, 애초에 방어적 입장에서 자신의 안보를 확보하기 위해 취한 노력이 결국 상대방의 안보에 대한 위협을 가중시키고 결국 상호 간의 더욱 심한 안보불안으로 귀결된다는 것이다.

8. 냉전의 종식

1989년 12월 조지 H. W. 부시(George H. W. Bush) 미국 대통령과 소련 공산당 서기장 고르바초프(Gorbachev)는 몰타(Malta) 해역의 배 위에서 열린 정상회담에서, 미국과 소련은 더 이상 적대국이 아니며 냉전이 끝났음을 선언한다. 좀처럼 끝나지 않을 것 같았던 미·소를 중심으로 한 이념 대결은 이렇듯 갑작스럽게 막이 내리고, 결국 소련 붕괴 및 냉전 종식과 더불어 새로운 시대를 열게 되었다. 소련이 붕괴하기 얼마 전까지도 소련 붕괴나 냉전 종식을 예견한 사람은 아무도 없었다. 그만큼 소련 붕괴와 냉전 종식은 갑작스러운 사건이었다. 냉전 종식을 가져온 소련 붕괴에 대해서는 여러 가지 설명이 있다. 정치지도자 개인의 역할에 초점을 맞춘 설명은 고르바초프의 개혁·개방정책, 그가 내린 정치적 결단의 중요성을 지적하고 있다. 고르바초프는 1985년 3월 소련 공산당 서기장에 취임하면서 페레스트로이카(개혁), 글라스노스트(개방)

를 슬로건으로 내걸고 전면적인 개혁을 단행했다. 개혁과 개방이라는 기치 아래 소련은 정치적으로는 공산당 1당 독재 조항의 폐지와 강력한 권한의 대통령제 도입, 그리고 경제적으로는 시장경제원칙을 도입하는 획기적인 개혁을 추진한다. 또한 대외정책적으로는 글라스노스트의 기치 아래 '신사고(新思考)'로 대표되는 새로운 국제정치에 대한 인식을 바탕으로 냉전 종식의 기반을 마련하게 된다.

이러한 고르바초프의 개혁, 특히 경제적 개혁으로서의 시장원리 도입은 이념이라는 끈으로 가까스로 봉합되고 있었던 문제투성이의 소련을 서서히 붕괴시키는 결과를 가져왔다. 또 고르바초프의 혁명적인 외교정책들, 예를 들어 폴란드의 자유노조가 이끄는 연립정부가 들어서는 것을 승인한다든지, 동독 공산당 지도자들에 대한 지원을 거부한 것 등은 냉전이라는 대결 상황을 종식시키는 관건이 되었다. 고르바초프는 서방국가들로부터 엄청난 찬사를 받았으며 냉전 종식의 영웅으로 떠오른다. 냉전 종식에서 고르바초프라는 지도자의 개인적 역할은 매우 중요하다. 그러나 이러한 견해와는 상반된 견해를 가진 학자들도 많다.

미국의 보수적 성향을 가진 학자들은 냉전 종식을 조지 케넌 이후 끈질기게 추진된 미국의 봉쇄정책이 결국 성공한 것이라고 본다. 이러한 측면에서 볼 때, 냉전의 패자인 소련의 지도자 고르바초프는 무너지는 소련의 실체를 정확히 이해하고 지도자로서 해야 할 적절한 정책을 펼친 것으로 평가된다. 냉전 종식의 공헌자는 냉전을 승리로 이끈 미국의 지도자, 특히 대소 강경노선을 견지해 온 레이건이나 부시 같은 지도자들이라고 이러한 학자들은 주장한다. 이들의 견해는 냉전 종식의 국내적 요인을 강조하는 학자들의 견해, 즉 소련 붕괴가 공산주의 경제체제와 전체주의 정치체제의 자체 모순에 의한 것이라는 견해와 상반된다. 피터 시바이처(Peter Schweizer) 박사는 소

▶**신사고**   1984년 말 영국을 방문한 고르바초프의 의회 연설에서 처음 사용되었다. 그는 "핵 시대는 불가피하게 새로운 정치적 사고를 요구하고 있다"고 언급했다. 신사고는 대체로 다음과 같은 요소를 포괄하고 있다. 첫째, 자본주의체제와 사회주의체제 간의 전쟁은 불가피하다는 레닌·스탈린의 전쟁불가피론을 기초로 하는 세계관을 수정해, 세계는 단순한 헤게모니의 분화가 아니며 동시에 통합되어 가는 상호의존적 관계로 진행되고 있다고 파악했다. 둘째, 상호안전이라는 개념을 도입하고 보복위협에 의한 억지로부터 최저 수준으로의 핵 감축과 모든 측면에서의 군비삭감을 통한 군사균형을 기초로 하는 방어적 억지라는 개념으로 핵전략을 수정했다. 마지막으로, 인류가 직면하고 있는 전 지구적 문제, 즉 핵전쟁, 기아문제, 생태계 문제, 제3세계 빈곤문제 등을 제시하면서 계급적 이해관계를 넘어서는 전 인류적 가치의 존재를 강조했다.

련의 붕괴가 소련 자체의 모순 때문이 아니라 미국의 주도면밀하고 집요한 소련 붕괴 전략의 결과라고 주장한다. 그에 따르면, 미국은 소련을 붕괴시키기 위해 경제전·외교전·군사전 등 총력전을 펼쳤다. 미국은 소련 경제의 취약점을 파악하고 미국이 우위에 있는 과학기술, 발전된 경제 등을 이용해 소련이 붕괴할 수밖에 없도록 소련을 압박했다는 것이다. 소련의 주요 외화획득 품목인 석유와 천연가스 수출을 통제하고 유가를 통제함으로써 소련 경제에 심각한 타격을 주었고, **전략방위구상**을 추진함으로써 서방과의 군사적 대등성을 확보하려는 소련에 군사비 출혈을 유도함으로써 결국 소련 붕괴를 촉진했다는 것이다. 그 외에 폴란드 자유노조 지원 등과 같은 외교전도 결국 소련을 궁지로 모는 데 일조했다는 것이다.

어떤 현상을 설명하는 데 있어 구조적 원인의 중요성을 강조하는 학자들은 앞에서 제시된 것과는 또 다른 이유들을 제시한다. 그중 하나는 1990년대에 들어와 본격화된 세계경제의 글로벌화, 즉 시장경제의 전 지구화 추세가 공산주의 경제체제를 견지해온 공산국가들을 심각하게 압박했고, 이것이 결국 동유럽의 몰락과 소련의 붕괴로 이어졌다는 것이다. 실제로 붕괴 직전 동유럽 공산국가들과 소련은 심각한 경제위기에 봉착하고 있었다. 소련은 시장경제를 도입한 후에도 예산적자가 GNP의 12%까지 치솟았고 국민들은 엄청난 소비재 부족에 시달렸다. 또 하나의 견해는 민주화 물결에 관한 것이다. 동유럽 폴란드에서 시작한 민주화 물결은 점차 동유럽 여타 국가들로 확산되었고, 이것은 결국 소련 내 개혁파의 입지를 강화시키고 공산당이 이끄는 소련을 해체시키는 도화선이 되었다는 것이다. 이러한 민주화는 단순한 독립된 사건이 아

▶ **전략방위구상**(SDI) 미국의 레이건 대통령은 1983년 3월 소련의 대륙 간 탄도미사일(ICBM)을 비롯한 핵미사일을 우주에 배치한 위성을 통해 비행 단계에서 격추시키는 연구계획을 발표한다. SDI는 이러한 방위계획의 가능성을 10년간에 걸쳐 300억 달러를 들여 연구하는 구상이었다. 소위 별들의 전쟁(star wars)이라 부르는 이 구상은 소련의 엄청난 반발을 불러왔고 미국 내에서도 그 실현 가능성과 막대한 투자에 반대하는 움직임이 거세게 일어났다. 소련의 핵 우위를 단번에 역전시킬 수 있는 이 계획에 대해 소련은 대응 연구를 추진하게 되고 이는 결국 소련에 엄청난 경제적 부담으로 작용해 소련 붕괴의 한 원인이 되었다고 평가되고 있다. SDI는 부시 대통령 때에 와서 미국은 물론 미국의 동맹국에 대한 제한적 미사일 공격에 대한 방어를 목적으로 하는 제한적 탄도미사일 방위전략(Global Protection Against Limited Strike: GPALS)으로 변화했고, 1993년 클린턴 정부는 소련 붕괴와 함께 존재 이유가 없어진 우주전쟁계획을 대폭 축소하고 새로운 탄도미사일 방어계획(BMD)을 발표하게 된다.

니고 하나의 도도한 흐름으로서 새뮤얼 헌팅턴(Samuel Huntington)은 이것을 '제3의 물결'로 지칭한 바 있다.

1991년은 소련이 지구상에서 사라지면서 냉전이 종식된 역사적인 해이다. 냉전의 해체는 이미 1989년부터 시작되었지만 1991년에 와서야 비로소 탈냉전의 시대가 열린 것이다. 1991년에 발생한 두 사건은 매우 중요하다. 1991년 8월 19일 소련 공산당 내의 보수파가 쿠데타를 강행해 고르바초프 대통령을 감금하고 국가비상사태를 선언하는 사건이 일어났다. 이 쿠데타는 결국 옐친(Yeltsin) 대통령과 시민들의 저지로 8월 21일 진압되었다. 이 사건을 계기로 공산당이 해산되고 개혁파가 정국을 장악하게 된다. 1991년 12월 고르바초프의 신연방조약구상이 거부되고 소련 내 11개 공화국이 참가한 독립국가연합(CIS)이 출범했다. 25일 고르바초프는 소련의 해체를 선언하고 스스로 대통령직을 사임했다.

9. 탈냉전의 시대 문명충돌?

탈냉전기의 세계는 냉전기와는 구별되는 몇 가지 특징들을 갖고 있다. 우선 탈냉전기의 가장 큰 특징은 탈이념의 시대라는 것이다. 구소련의 붕괴와 자유시장경제의 전 세계적 확산은 냉전기의 특징이었던 이념 간 대결을 종식시켰다. 국가들은 이제 자국의 이해관계에 따라 자유로운 협력과 상호의존이 심화된 시대를 맞이하게 되었다. 이러한 변화는 탈냉전기의 또 하나의 특징과도 관계가 있다. 즉, 이념 대립과 군사안보 우선주의가 경제 우선주의로 급격히 변화했으며, 경제력이 군사력 못지않은 중요한 국력의 요소로 떠올랐다는 것이다. 그러나 이러한 변화가 군사력의 무용성과 국가 간 분쟁의 소멸을 의미하는 것은 결코 아니다.

냉전 시기 인류의 가장 큰 소망은 미·소 간 대결이 종식되어 인류가 핵전쟁의 위협에서 벗어나 자유롭게 사는 것이었을 것이다. 동독과 서독이 통일되고 미국과 소련이 냉전 종식의 축배를 들 때, 인류는 이제 전쟁이 없는 평화의 시대가 올 것을 기대했다. 그러나 냉전이 종식된 탈냉전의 시대는 당시 사람들이 기대했던 평화의 시대는 아니었다. 오히려 냉전 기간보다 더 많은 분쟁이 인류를 괴롭히고 있다. 냉전기의 양극체제가 가장 안정적인 시스템이라는 학자들의 견해를 증명이라도 하듯이 탈냉전 후에는 인종 분쟁, 종교 분쟁, 심지어 고전적인 영토 분쟁까지 다양한 분쟁이 끊임없이 일어나고 있다.

탈냉전기에 들어와서 국제적 분쟁이 증가하는 이유는 어쩌면 간단한 것인지도 모른다. 이념이라는 덮개로 덮여 있던 갈등의 잠재 요인들이 이념 대립이 사라진 후 밖으로 표출되고 있는 것이다. 냉전 기간 중 적과 동지를 가르는 유일한 잣대는 이념이었다. 어떠한 잠재적 갈등이 있든 간에 같은 이념을 신봉하면 동지이고, 같은 민족이라도 이념이 다르면 적이 되는 것이 냉전의 논리였다. 미국이 늘 민주주의의 수호자 역할을 자처하면서도 필리핀의 마르코스(Marcos) 정권이나 한국의 유신정권 같은 비민주적 정권을 맹방 혹은 우방으로서 지원해 준 오직 하나의 이유는, 이 두 정권이 철저한 반공정권으로서 공산주의가 확산하는 것을 막는 방패 역할을 했기 때문이다. 그러나 소련의 붕괴로 이념 간 갈등이 사라지면서 기존의 적과 동지는 더 이상 의미가 없어졌다. 예전의 이념 동지 간에도 경제적·민족적·종교적 이유로 인한 갈등이 생겨나기 시작한 것이다.

탈냉전기의 또 다른 변화는 국제체제의 구조상 변화이다. 냉전기의 양극체제, 즉 미국과 소련이 국제체제의 두 중심을 이루고 있던 국제체제는 구소련의 붕괴와 함께 심각한 변화를 겪게 된다. 탈냉전기 초기 국제체제의 구조에 대해서 일치된 의견은 없었다. 탈냉전기 초기에 미국과 소련의 양극체제가 무너지고 독일과 일본 그리고 미국이 주축을 이루는 다극체제로 전환하고 있다고 보는 의견과 미국이 월등한 국력을 통해 단일한 패권을 형성해 가고 있다고 주장하는 의견이 맞섰다. 그러나 국제체제를 좀 더 세분해서 파악한다면 탈냉전기 초기는 군사적인 측면에서는 미국의 헤게모니가 확립되었고, 경제적으로는 EU·일본·미국이 세 축을 이루는 다극체제가 형성된 단-다극체제라고 규정할 수 있을 것이다. 2000년대에 들어와서 국제질서는 중국의 부상과 함께 새로운 변화를 겪게 된다. 중국은 GDP 차원에서 일본을 제치고 세계 2위의 경제대국이 되었다. 흔히 'G2 시대'로 불리는 초강대국 미·중의 경쟁구도는 21세기 국제질서의 특징이다.

탈냉전기에 대한 흥미 있는 분석을 제공한 새뮤얼 헌팅턴의 문명충돌론은 탈냉전의 시대가 과연 어떠한 모습으로 전개될 것인가에 대해서 하나의 단초를 제공해 준다. 헌팅턴 교수는 이념으로 인한 분쟁이 사라진 앞으로의 세계에서 분쟁의 원인은 이념도, 경제적인 것도 아닌 문명 간의 갈등이 될 것이라고 주장한다. 즉, 다른 문명을 가진 나라 혹은 집단 간에 분쟁이 일어날 가능성이 크다는 것이다. 헌팅턴은 세계를 7~8개의 문명권으로 나누고(서유럽, 유교, 일본, 이슬람, 힌두, 슬라빅-정교, 라틴, 아프리카), 앞으로 세계에서 가장 치열한 분쟁은 이러한 문명의 경계에서 일어날 것이라고 주장하고 있다. 헌팅턴은 특히 유교 문명과 이슬람 문명이 연합해 서유럽 문명과 대결할 가능성에 대해 경고하고 있다. 헌팅턴의 문명충돌론은 미국의 외교정책에 중요한 방향 제시를 하는데, 그것은 미국이 탈냉전기를 맞아 소련이라는 적이 사라진 상황에서 탈무장과 같은 정책을 펴는 것은 탈냉전기를 갈등이 사라진 시대로 판단한 데서 오는 오류이며, 오히려 미국은 문명적으로 다른 중국과 아랍 국가들의 연합 세력 도전에 대해 군사적으로 대비해야 한다는 정책적 함의를 가지고 있다. 문명충돌론은 중국이 미국의 패권에 가장 중요한 도전이 될 것이라는 중국위협론의 이론적 근거를 제공하고 있다. 냉전이 끝난 후 미국의 군사적 막강함을 보여준 걸프 전쟁이나 코소보 분쟁 등을 모두 문명충돌로 볼 수 있으며, 이러한 두 전쟁에서 중국이 보여준 반패권주의적 태도는 헌팅턴의 견해에 무게를 실어주고 있다. 그러나 중국과 아랍 국가들은 이러한 헌팅턴의 견해가 존재하지도 않는 위협을 기정사실화해 미국의 군사적 팽창과 군사적 헤게모니 유지를 정당화하려는 음모라고 반박한 바 있다. 헌팅턴이 문명충돌론을 주창한 지 30년이 지난 후 지금 세계는 극단 이슬람 테러집단인 IS(Islamic State)의 등장과 함께 테러와의 전쟁을 벌이고 있다. 극단 이슬람 세력이 미국을 중심으로 한 서구 헤게모니에 반기를 들며 성전을 외치고 있지만 이것이 헌팅턴이 말한 문명 간의 충돌이었다고 생각하기는 어렵다. 온건 이슬람 세력 역시 IS와의 전쟁에 나서고 있으며(아랍연맹 26개국이 IS에 공동 대응을 결의했었다), 이슬람과 기독교 문명의 전쟁이라기보다는 이슬람 내 종파 분쟁과 권력 투쟁의 모습이 더 강했기 때문이다.

10. 탈근대 국제관계? 9·11 테러와 국제관계의 변화

2001년 9월 11일 두 대의 미국 여객기가 뉴욕세계무역센터 건물에 충돌한 전대미문의 테러는 미국은 물론 전 세계를 충격에 휩싸이게 했다. 2003년 3월 20일 반테러 전쟁의 일환으로 대이라크 전쟁이 일어났고 공식적으로는 그해 5월 전쟁이 종료되었으며 이후 미국이 이라크에서 철수했지만 이 지역에서는 이슬람 수니-시아파의 종파 간 전투와 시리아 내전 등이 복잡하게 얽혀 극도의 혼란이 벌어지고 있었고 알카에다에 충성하는 세력들이 2014년에는 IS라는 이름으로 국가를 선포했다. 이 테러집단은 세계 곳곳에서 무차별 테러를 자행하고 있으며 소셜 미디어를 통해 자생적 테러리스트를 양성하면서 전 세계를 테러의 공포에 떨게 했다. 이들 테러집단들은 이제 국제정치에 중대한 영향을 미치는 존재로 등장했다. 국가를 기본 단위로 하는 웨스트팔리아적 국제정치는 중대한 변화를 겪고 있는 것이다.

1) 웨스트팔리아체제의 변화

9·11 테러는 미국과 미국인들에게만 영향을 미친 단순한 사건이 아니다. 9·11 테러는 기존의 국제정치와는 근본적으로 다른 새로운 국제정치가 등장하는 전환점이라는 점에서 더욱 중요하다. 9·11 테러는 380여 년간 존속해 왔던 웨스트팔리아체제라고 하는 국제질서에 중대한 변화를 가져왔다. 주권국가로 구성된 웨스트팔리아체제에서는 각국의 주권을 인정하고 국가 간에 만들어진 규범을 준수하는 그 나름의 작동원리가 존재했다. 그러나 9·11 테러는 그러한 국제체제의 작동원리를 완전히 무시하는 세력이 존재하며 그와 같은 세력들이 향후 국제정치에 중대한 영향을 미칠 것임을 보여주었다. 기존의 국제체제에서는 전쟁을 하더라도 지켜야 할 기본적인 규범들이 있다. 예를 들어 선전포고를 할 의무, 전쟁포로에 대한 대우, 민간인 공격 금지, 반인도적 무기 사용 금지 등이 그것이다. 이런 규범들을 위반할 경우 국제체제의 일원인 주권국가는 국제적 비난과 제재의 대상이 된다. 그러나 9·11 테러에서 나타난 것처럼 테러집단은 민간 항공기를 납치해 인구가 밀집한 건물에 충돌시키는 비인도적 테러를 자행했다. 이것은 테러집단이 주권국가와는 달리 국제체제의 규범이나 국가 간 약속에 전혀 구속받지 않으며 국제적 비난이나 제재에도 개의치 않는다는 것을 보여준다. 9·11 테러는 이러한 테러집단이 국제체제의 중요한 일원으로 등장한 것을 상징하며 그로 인해 기존의 웨스트팔리아적 국제질서는 중대한 기로에 서게 되었다.

둘째, 9·11 테러는 안보(security)라는 개념에 중대한 변화를 가져왔다. 기존의 국제질서에서 안보에 대한 가장 중대한 위협은 또 다른 주권국가였다. 모든 국가의 안보정책은 주적(主敵)으로 상정된 또 다른 주권국가에 대한 대응의 성격을 가지고 있는 것이다. 그러나 9·11 테러는 국가안보에 대한 위협의 주체가 반드시 주권국가만은 아니며 전혀 새로운 성격을 가진 테러집단이 될 수도 있다는 것을 보여준다. 이러한 집단은 앞서 지적한 바와 같이 국제적 규범도 지키지 않으며 국제적 비난도 두려워하지 않는다. 또한 이들은 전통적 형태의 군사적 공격에만 의지하지 않으며 민간인에 대한 무차별적 테러를 통해 자신들의 목적을 달성하려고 한다. 이들 집단은 영토성을 가지지 않고 세계 곳곳에 퍼져 있거나 계속적으로 이동하기 때문에 공격하기 어려우며 완전히 굴복시키는 것도 불가능하다. 아프가니스탄에 있는 알카에다의 본거지를 섬멸한다 하더라도 미국을 비롯한 전 세계에 퍼져 있는 알카에다 세력을 완전히 제거하기란 불가능하다. 그러므로 이러한 테러집단으로부터 자국을 보호하기 위한 수단도 전혀 달라야 한다. 미사일 요격체제는 소수 테러리스트가 자행하는 테러에 대한 방어수단으로서는 부적절하다. 간단히 말해서 세계 최강의 군사력을 자랑하는 미국도 9·11 테러로부터 자국민을 보호하지 못했다. 테러집단과 같은 적으로부터의 안보상 위협을 전문용어로 비대칭적 안보위협이라고 부른다. 이것은 예상치 못했던 방법으로 상대방의 취약점을 이용해 안보에 위협을 가하는 것이다. 테러나 암살, 생화학무기 공격, 폭파 등이 주된 수단이다. 비대칭적 안보위협은 특히 전통적 군사력으로는 열세에 있는 쪽이 취하는 위협이다. 이에 대해서는 기존의 안보위협과는 다른 방식으로 대응할 수밖에 없다.

마지막으로 이러한 새로운 안보위협 세력의 등장은 향후 전쟁의 양상도 심각하게 변화시킬 것이다. 물론 기존의 전쟁 양상도 존속하겠지만 테러집단과 같은 전혀 새로운 형태의 적과 싸우기 위한 전쟁 형태가 나타날 것이다. 대테러전쟁이라고 명명할 수 있는 이러한 전쟁은 기존의 전쟁과 달리 새로운 목표와 전략 그리고 수단을 통해서 수행될 것이다. 이러한 전쟁에서 적은 영토 점령과 같은 목표가 아닌 건물 폭파와 같은 제한된 목적만을 가지고 있기 때문에 대응하기 어려우면서도 완전한 승리를 거두기가 거의 불가능하다. 문제는 테러집단의 성격상 완벽한 섬멸이 아니면 승리의 효과도 그리 크지 않다는 것이다. 따라서 전쟁의 양상은 영토 점령을 위한 물리적 전투를 넘어서서 정보전과 (도덕적 정당성을 확보하기 위한) 이념전을 포함하는 탈근대적 양상으로 변화하게 될 것이다.

2) 탈근대 국제체제로의 변화

9·11 테러는 분명히 웨스트팔리아적 국제체제와 국제정치에 중대한 변화를 가져왔다. 특히 근대 국제체제의 균열과 변화 측면에서 주목할 만하다. 이러한 변화를 탈근대로의 전환으로 이해하는 학자도 많다. 그러나 탈근대로의 변화는 9·11 테러 이외의 여러 가지 현상이 복합적으로 작용하여 일어나고 있다고 보는 것이 더 정확할 것이다. 예를 들어 글로벌화라는 현상은 근대 국제체제의 핵심인 국가의 물리적 경계를 허물어뜨리고 주권이 미치는 범위를 점차 축소시키는 결과를 가져왔다. 결과적으로 국제체제에서의 국가 역할을 약화시키고 국제관계가 국가가 아닌 초국가적 행위자들을 포함한 다양한 행위자의 관계를 통해 이루어지는 새로운 현상을 만들어내고 있다. 정보화 역시 이러한 변화를 가속화하는 기술적 기반을 제공하고 있다. 정보화는 글로벌화를 촉진시키는 기술적 요인이기도 하지만 국가의 주권이 미치지 못하는 영역을 만들어내고 국경을 초월하는 소통의 수단을 제공하며 지리적 위치나 물리적 거리를 무의미하게 만듦으로써 국가의 영토성을 약화시키는 결과를 가져온다. 비국가행위자의 등장도 국가 중심의 근대체제에 균열을 만드는 요인 중 하나다. 국경에 얽매이지 않고 국가적 정체성을 갖지 않으며 지구적으로 활동하는 초국가적 행위자들이 나타나고 있다. 지구적 시민사회를 구성하는 다양한 초국적 단체는 그 영향력을 확대하면서 국가를 중심으로 하는 근대 국제체제의 게임 룰에 도전하고 있다. 국제정치의 전개에 중요한 영향을 미치고 있는 테러집단들 역시 웨스트팔리아체제의 균열에 한몫을 하고 있다.

이러한 현상적 특징으로서의 탈근대의 등장과 함께 이론적 차원에서 탈근대로의 전환을 이야기하는 논의들이 등장하고 있다. 근대국가의 핵심적 특징인 주권과 관련해서 탈근대론자들은 근대 국제체제의 핵심으로 받아들여지던 주권이라는 개념 자체에 대한 새로운 인식과 주권 개념의 변화에 주목하고 있다. 스티븐 크래스너(Stephen Krasner)는 근대국가가 주권을 가지고 있다는 생각, 그리고 주권이 신성불가침한 원칙이라는 생각 자체가 만들어진 위선(organized hypocrisy)이며 상호승인을 통해 국제적 독립을 유지하면서 영토 내에서 자율성과 통제력을 갖는 주권과 근대국가는 이념형으로만 존재할 뿐이고 현실에서 주권은 편의에 의해 존중되거나 혹은 무시되기도 했다고 주장하고 있다. 구성주의자들의 경우 무정부 상태나 안보 딜레마처럼 주권도 외생적으로 존재하는 것이 아니라 관념적 실재이며 국가 간의 상호관계에 의해 만들어진 현실이라고 주장한다. 국가들은 자신의 필요에 따라 주권평등의 원칙에 합의하고 이 원칙에 따라 상호관계를 조정해 오면서 근대 국제체제를 형성시켰다는 것이다. 구성주의적으로 볼 때 근대 국제체제 역시 절대불변이 아닌 역사적으로 만들어진 현실일 뿐이다. 따라서 국가들이 주권을 대체하는 새로운 규범을 만들어내고 내면화한다면 근대 국제질서를 대체하는 새로운 질서가 생겨날 수도 있다.

11. 중국의 부상과 탈냉전기 국제질서의 변화 자유주의적 국제질서의 위기

탈냉전기의 국제질서를 한마디로 규정하기는 어렵다. 냉전이 끝나고 승리자가 된 미국은 여러 가지 선택의 기로에 서게 된다. 소련이라는 적이 없는 국제질서에서 미국의 대외정책은 어떠한 목표를 가져야 하는가? 미국은 오랜 개입주의를 마무리하고 고립주의로 돌아가야 하는가? 당장 소련과 공산권을 상대로 유지되었던 안보적 수단들, 예를 들어 양자동맹이나 집단안보·방어 체제(NATO)는 어떻게 처리해야 하는가? 이러한 질문들이 소련을 중심으로 한 공산권과의 냉전이 끝났을 때 미국 앞에 놓이게 되었다. 헌팅톤의 '문명충돌론'은 고민에 빠진 미국에게 주는 하나의 해답으로 볼 수 있다. 소련이 없는 세계 역시 미국에게는 더욱 위협적일 수 있으며 그러한 문명 간의 충돌과 같은 새로운 위협에 대응하기 위해 미국은 대비해야 한다는 것이 냉전을 끝내고 돌아온 미국에게 헌팅턴이 주는 제언이었던 것이다.

냉전 이후 미국의 대외정책의 방향은 곧 개입주의, 즉 세계의 문제에 대한 미국의 역할과 개입으로 나타났다. 동아시아의 경우 냉전 직후에 미군의 철수가 이루어졌지만 1992년이 되면 이러한 미국의 세계 곳곳에서의 군사적 퇴장은 중단되었다. 클린턴 정부에 와서 미국은 자신의 국가안보전략으로서 '개입과 확산'을 천명하면서 미국이 탈냉전기에도 군사력을 바탕으로 한 세계 문제에의 적극적 개입과 민주주의와 자유무역의 확산을 추진하기 시작했다. 깡패국가들에 대한 대응, 9·11 테러 이후의 "테러와의 전쟁 등을 통해 미국은 탈냉전기 패권 국가의 위상을 확고히 했다. 하지만 탈냉전기 국제질서가 단순히 미국의 군사적 우위에 근거한 것은 아니었다. 미국은 시장경제와 민주주의 그리고 법에 의한 지배 등을 근간으로 하는 '자유주의적 국제질서'를 세계적 차원으로 정착시키고 이를 통해 미국에 대한 위협과 도전을 통제하며 국제질서의 안정을 확보하는 전략을 추구했다. 적어도 이러한 미국의 패권전략은 도널드 트럼프(Donald Trump) 대통령이 들어서기 전까지는 안정적으로 유지되었다.

트럼프 대통령은 그동안의 미국의 자유주의적 국제질서가 미국의 국익에 반한다고 주장하고 자유주의 국제질서의 근간이 되었던 다자주의적 국제제도(국제기구)에 대한 지원 철회, 민주주의 국가 간의 협력에 대한 재검토 그리고 자유무역정책을 무시한 미국 중심의 보호무역적 조치들을 시행하기 시작했다. 트럼프 대통령의 이러한 대외정책 기조의 전환을 트럼프 개인의 특성에서만 찾는 것은 무리가 있다. 몇 가지 요인이 탈냉전기 시기를 특징짓던 미국의 자유주의적 국제질서의 약화에 기여한 것으로 보인다. 첫 번째로 미국은 2008년 미국발 금융위기 이후 국력의 쇠퇴를 경험하게 된다. 미국의 경제적 어려움과 이로 인한 국력의 약화는 미국 중심의 자유주의적 국제질서 유지를 위한 '공공재의 공급', 즉 미국의 비용 부담에 문제를 가져왔다. 두 번째는 중국의 부상이다. 미국은 중국을 WTO에 가입시키면서 중국을 자유무역질서로 끌어들였고 국제규범과 국제기구에서의 중국의 역할을 강조하면서 자유주의적 국제질서 속에서 중국을 관리하고자 했다. 이러한 미국의 패권전략은 중국의 경제적 부상이 미국을 위협할 수준이 되면서 흔들리게 된다. 중국은 자신의 경제적 성취를 바탕으로 미국식 자본주의 모델을 비판하고 대안적 국제질서를 제안하기 시작했다. 중국이 2010년 '21세기 신형대국관계'를 제안하며 미국 중심의 질서를 무조건 수용하는 것을 거부하고 자신들의 위상과 중국의 이익을 확보하겠다는 의사를 분명히 전달한 것이다. 자유주의적 국제질서로는 더 이상 중국의 도전을 관리하기 어려워진 것이다. 미어샤이머(John Mearsheimer)가 지적한 것처럼 미국과 중국의 국력 차가 좁혀진 상황에서 더 이상 중국은 미국 중심의 자유주의적 질서를 받아들이지 않으며 강하게 저항할 것이라는 것이다.

중국은 본격적으로 미국 중심의 질서에 대한 대안적 질서를 추진하기 시작했다. 일대일로 프로젝트를 지원하는 금융기관인 아시아인프라투자은행(Asia Infrastructure Investment Bank: AIIB)을 만들어 그동안 아시아 지역의 개발금융을 독점해 왔던 미국과 일본 중심의 아시아개발은행(Asia Development Bank: ADB)과 경쟁하기 시작했다. 이 외에도 원유를 위완화로 거래하는 페트로위안(petroyuan) 도입, 브릭스(BRICS)를 통한 탈달러화 추진 등 달러의 패권에 대한 도전을 시작했다. 미국의 자유주의적 국제질서에 도전장을 던진 중국. 과연 탈냉전기의 국제질서는 어떻게 전개될 것인가?

12. 신냉전은 시작되었는가?

2021년 바이든 정부의 등장과 함께 미국과 중국의 갈등은 더욱더 심화되었다. 특히 코로나 바이러스(Covid-19)의 발생 원인을 둘러싼 갈등 그리고 트럼프 정부 때부터 시작된 미·중 간의 무역 갈등은 이제 기술패권전쟁, 공급망을 둘러싼 대결로 점차 심화되었다. 미국의 바이든 정부는 2017년 수립된 인도-태평양 전략을 본격적으로 추진하기 시작했는데 이를 위해 트럼프 정부 때 훼손된 양자동맹 관계를 복구하는 한편 새로운 다자협력 메커니즘들을 만들어내면서 중국에 대한 포위를 강화했다. 쿼드(QUAD) 정상회의, IPEF(인도-태평양 경제 프레임워크), 오커스(AUKUS), 글로벌 공급망 회의, CHIP-4, 핵심광물파트너십(Mineral Security Partnership) 등은 군사, 경제, 기술, 자원, 공급망 등 여러 분야에서 중국의 포위 혹은 압박을 위한 미국의 수단으로 볼 수 있다. 민주당 정부인 바이든 정부가 트럼프 정부의 중국 견제정책을 더욱 체계적으로 강화한 것은 미국의 대중 강경정책이 초당적 지지를 받고 있음을 보여주고 있다. 바이든 정부는 트럼프 정부가 세운 인도-태평양 전략의 뼈대에 구체적 수단과 목표들을 더해 미국의 대외전략을 완성해 가고 있다. 또 하나 강조할 점은 인도-태평양 전략은 단순히 지역전략이 아니라 전 세계의 동맹국들 그리고 지역을 가로지르는 협력 메커니즘으로 구성된 글로벌 전략이고 패권전략으로 이해해야 한다.

미국과 중국의 본격적 갈등을 신냉전이라고 규정하는 전문가들이 생겨나기 시작했다. '신냉전'에 대한 명확한 규정이나 기준이 있는 것이 아니기 때문에 2024년의 국제질서가 신냉전인가에 대해서는 논란이 있을 수 있다. 하지만 냉전이라는 개념을 다시 사용하기 위해서는 냉전의 몇 가지 특징들이 현재에도 나타나야 한다. 우선 냉전은 세계적인 현상이었다. 단순히 미·소의 대결이 아니라 전 세계가 미국을 중심으로 하는 서방과 소련을 중심으로 하는 공산권으로 나뉘어져 대치했었다. 현재 미국과 중국의 대결은 점차로 이러한 냉전적 진영 대결로 발전되고 있다. 중국은 북한, 일부 아프리카의 저개발 국가, 동남아 국가들 이외에도 남태평양 도서 국가들에 대한 포섭과 같은 지지 국가 규합에 나서고 있으며 러시아의 우크라이나 전쟁을 계기로 러시아와 밀착하면서 미국과의 대결에서 집단적으로 대응하고 있다. 미국 역시 양자동맹의 강화, EU의 세계적 차원의 안보 역할 강화, 글로벌 NATO로 상징되는 NATO의 글로벌 차원의 역할 강화 그리고 2023년 히로시마 G7 정상회의에서 나타난 바와 같이 G7의 재블록화를 통해 대중국 포위에 나서고 있다. 둘째, 냉전은 이념적 요인이 중요한 역할을 했다. 공산주의와 자본주의의 이념의 대결이 냉전이 쉽게 해결되기 어려운 대결 관계로 만들었다. 현재 벌어지고 있는 미·중 간의 대결과 경쟁에서도 미국은 규범, 가치 등을 강조하고 있다. 미국이 추구하는 보편적 가치 그리고 민주주의, 시장경제, 법치와 같은 규범들에 대해 중국은 수용을 거부하고 있으며 베이징 컨센서스(Beijing Consensus), 다자주의, 공동번영 등 자신만의 이념을 대안으로 제시하며 이를 전파하고 있다. 셋째, 냉전은 전쟁은 없었지만 군비경쟁을 통한 군사적 대결이 계속적으로 이루어졌다. 냉전이 미국의 승리로 끝나기 직전까지 미국과 소련은 미사일방어계획과 그것에 대응하기 위한 소련의 대응과 같은 군비경쟁을 계속했었다. 현재의 미국과 중국의 군사적 대결이 핵 경쟁을 하던 냉전 시기 정도의 심각성을 갖고 있는지는 정확히 판단할 수 없지만 현재의 미·중 경쟁이 미래전쟁을 위한 경쟁의 모습을 가지고 있는 것을 강조할 필요가 있다. 미·중은 인공지능 기술, 우주 기술, 로봇 기술 등에서 군사적 능력을 개발하는 대결을 강화하고 있다.

이러한 평가에도 불구하고 아직도 현재의 상황을 신냉전이라고 규정하는 것에 대해 반대하는 의견들이 있다. 그중 미·중의 경제적 상호의존 관계를 지적하는 의견은 현재 미·중은 경제적으로 여러 측면에서 상대에게 의존하고 있기 때문에 완전한 디커플링(decoupling, 탈동조화)은 불가능하며 이것은 냉전기 서방과 공산권이 완전히 폐쇄적인 두 경제체제를 운영하고 있었던 것과 근본적으로 차이가 있다고 지적한다. 실제로 미국은 중국에 대해 디커플링에서 디리스킹(derisking)으로 전략을 선회했고 2023년 5월 G7 정상회의는 중국과의 디커플링을 추구하지 않는다는 것을 공식 천명했다. 2023년 5월 미국이 거의 5년 만에 토니 블링큰(Tony Blinken) 국무장관의 중국 방문을 통해 중국과의 대화를 통한 접근을 시도했고 마침내 시진핑(習近平) 주석이 APEC 정상회의를 계기로 미국을 방문하여 바이든 대통령과 정상회담을 가졌다. 이 정상회담은 그 자체가 두 강대국이 파국적 결과를 원치 않는다는 의지를 보여준 것이다. 그러나 두 나라는 여러 예민한 주제에 대해서 자신들의 입장을 분명히 했다. 시진핑은 미국에 도전할 생각이나 미국을 밀어낼 생각도 없다고 말했으나 경제와 무역의 문제를 정치화·무기화하고 국가안보의 개념을 확대 해석하는 것에 반대했고 미국의 경제안보 그리고 공급망 관련 무역정책 등에 대한 반대를 분명히 했다.

미국과 중국의 패권 경쟁은 어떠한 결과를 낳게 될 것인가? 우리는 여기서 그레이엄 앨리슨(Graham T. Allison)의 '투키디데스의 함정' 논의를 다시 한 번 생각해 보아야 한다. '투키디데스의 함정'이란 부상하는 도전 세력에 대한 지배 국가의 두려움 그리고 도전 국가의 잘못된 판단으로 인해 두 국가가 서로가 원하지 않는 전쟁을 하게 되는 현상을 말한다. 펠로폰네소스 전쟁(기원전 431~404)은 급격히 부상하던 아테네와 이를 견제하려는 스파르타 사이에 벌어진 전쟁으로 '투키디데스의 함정'의 결과이다. 앨리슨은 지난 500년간 16차례의 투키디데스의 함정이 있었고 그중 12번이 전면전으로 이어졌다고 말한다. 그리고 현재 미국과 중국이 겪고 있는 17번째의 투키디데스의 함정은 그 구조적 원인과 시진핑과 트럼프라는 지도자 요인으로 인해 전면전으로 귀결될 가능성이 커지고 있다고 주장한다. 무역 분쟁, 사이버 공격, 해상에서의 충돌 등이 전면전으로 확대될 가능성이 크다는 것이다. 이러한 주장의 실현 가능성은 미지수이지만 미국 국내정치의 변화 가능성, 미·중의 공멸에 대한 분명한 인식, 그리고 아직도 중국의 오판의 가능성이 낮다는 측면에서 본격적인 무력 충돌의 가능성은 낮다는 생각이 든다. 최근 중국 내부에서 나오는 중국의 오판에 대한 반성과 미국과 정면 대결해서는 안 된다는 목소리, 미국의 대중관계 개선을 위한 노력은 두 나라가 투키디데스의 함정을 벗어날 가능성이 있음을 보여주고 있다.

■ ■ ■ 참고문헌

강상규·이해정. 2007. 「근대 국제정치질서와 한국의 만남」. 하영선·남궁곤 편저. 『변환의 세계정치』. 서울: 을유문화사.

김우상. 2000. 「2020~2030년 국제체제 및 지역체제 안보질서 전망」. 한국국제정치학회 추계학술회의 발표논문.

배진수. 2000. 「세계패권 향방」. ≪한국군사≫, 통권 10호.

시바이처, 피터(Peter Schweizer). 1998. 『냉전에서 경제전으로』. 한용섭 옮김. 서울: 오롬시스템.

유현석. 2023. 동아시아 지역안보제도의 변화 연구: 미국의 인도–태평양 전략과 샌프란시스코체제의 변화. ≪동서연구≫, 35권 2호

이기택. 1993. 『국제정치사』. 서울: 일신사.

이상현. 2011. 「중국의 부상과 미국의 대응」. ≪국가전략≫, 17권 1호.

이혜정. 2000. 「단극시대 미국패권전략의 이해」. ≪한국과 국제정치≫, 16권, 제2호.

전기원. 2000. 『미국과 국제정치경제』. 부산: 세종출판사.

_____. 1996. 「미국 헤게모니의 지속: 미국경제의 회복과 헤게모니 유지패턴의 변화」. ≪한국정치학회보≫, 제30집, 3호.

전혜원. 2022. 「2022년 NATO 신전략개념 및 정상회의 분석과 향후 전망」. ≪IFANS 주요 국제문제분석≫, 2022–22

최종철. 2000. 「미·중 패권경쟁과 한국의 안보선택」. 한국국제정치학회 추계학술회의 발표논문.

Allison, Graham. 2017. *Destined for War: Can America and China Escape Thucydides Trap?* Boston: Houghton Milfflin Harcourt.

Huntington, Samuel P. 1996. *The Clash of Civilization and the Remaking of World Order*. New York: Simon & Shuster.

Mearsheimer, John J. 2018. The Great Dillusion: Liberal Dreams and International Realities. New Haven: Yale University Press.

Nye, Jr. Joseph. 1990. *Bound to Lead: The Changing Nature of American Power*. New York: Basic Books.

_____. 1990. "Soft Power." *Foreign Policy*, vol.80, no.3.

03

중국의 부상과 인도-태평양 질서의 등장

Understanding International Relations: The Crisis of Liberal International Order and Global Relations

21세기의 동아시아는 정치적으로나 경제적으로 가장 역동적인 지역이다. 자카리아 (Fareed Zakaria)가 "the rise of the rest"로 표현한 것처럼, 유럽 중심의 세계질서와 미국의 패권 시대를 지나 이제 "나머지"의 부상이 시작되었다. 그리고 그 "나머지"의 핵심이 아시아다. 중국의 부상은 아시아 부상의 상징이다. 그러나 중국뿐 아니라 한국의 부상과 인도의 경제적 성장 그리고 인도네시아와 같은 신흥경제국(emerging economies)들의 부상은 동아시아가 세계 경제의 중심축 역할을 하고 있다는 것을 보여주고 있다. 국제정치적 측면에서 동아시아의 전략적 중요성 역시 점차로 커지고 있다. 오바마 집권 이후 미국이 아시아 중시 정책을 시작하면서 동아시아는 미국과 중국의 경쟁이 가장 첨예하게 나타나는 지역이 되었고 인도, 호주를 포함하여 아세안(ASEAN), 베트남, 한국, 일본의 전략적 가치도 새롭게 평가되기 시작했다. 미국과 중국의 경쟁이 격화되면서 미국은 인도-태평양 전략을 통해 동아시아에 인도를 포함시키는 새로운 지역 개념과 지역 전략을 세우고 미국 대외전략의 핵심축으로 추진하고 있다. 동아시아 국제정치는 인도-태평양 국제정치로 전환하고 있으며 사실상 인도-태평양은 미국 패권전략의 핵심적 위치를 차지하게 되었다.

1. 미국과 동아시아 전략

1) 동아시아의 중요성

2008년 미국발 금융위기가 전 세계를 강타하기 전까지 동아시아는 가장 빠르게 성장하는 지역이었고 이러한 위기를 가장 빨리 극복한 지역도 동아시아 지역이다. 2008년 G20 정상회의의 출범은 어떤 면에서는 아시아 경제의 성장을 상징적으로 보여주는 사건이라고 할 수 있다. G20이 정상회의로 격상되어 출범한 것은 기존의 G7/8만으로는 더 이상 세계금융체제를 관리해 나갈 수 없다는 것을 보여준다. G20에는 한국을 비롯해, 일본, 중국, 인도, 인도네시아 등 5개 동아시아 국가가 참여하고 있으며 호주를 동아시아권 국가에 포함시킨다면 6개 나라가 G20에 포함되어 있는 것이다.

동아시아의 경제적 중요성과 함께 동아시아는 국제정치적 측면에서도 그 전략적 중요성이 매우 큰 지역이다. 가장 큰 요인은 물론 중국의 부상이다. 중국은 소위 'G2'라는 용어가 대변해 주듯이 미국과 어깨를 나란히 하는 대국으로 성장했다. 단순히 경제적 강대국이 아니라 미국 중심의 국제질서에 도전하는 '도전 국가'의 위상을 확보했다. 많은 국제정치학자가 미·중관계를 세력전이(power transition)의 틀에서 분석하려는 경향은 중국이 그저 또 하나의 강대국이 아니라 미국의 패권에 도전할 수 있는 국가라고 생각하기 때문이다. 실제로 중국은 미 달러화 중심 그리고 IMF 중심의 국제금융체제에 문제를 제기하고 이란 핵개발에 대한 미국의 정책에 정면으로 반대하며 미국 중심의 국제질서에 대한 저항을 계속하고 있다. 중국의 부상으로 인해 동아시아는 미국의 전략적 이해가 걸린 가장 중요한 지역이 되었다. 2010년 이후 미국의 외교정책, 국방정책은 동아시아에 대한 중요성을 그대로 반영하고 있다.

중국의 부상과 함께 동아시아의 부상을 이끄는 또 하나의 요인은 ASEAN의 부상이다. ASEAN은 싱가포르와 말레이시아, 태국 이외에도 인도네시아, 베트남을 선두로 빠른 경제성장을 기록하고 있으며 이미 ASEAN의 경제적 중요성을 인식한 강대국들은 ASEAN과의 경제적 관계를 강화하기 위한 노력들을 강화하고 있다. 중국, 일본, 한국 등이 ASEAN과의 자유무역협정을 체결했고 미국 역시 ASEAN 4개국을 포함한 12개 나라가 참여하는 환태평양경제동반자협정(TPP)을 추진했었다. 또 중국 역시

ASEAN 10개국과 한국·중국·일본·호주·인도·뉴질랜드를 포함하는 무역블록인 역내 포괄적 경제동반자협정(RCEP)을 추진하여(인도 제외) 2020년 출범했다.

ASEAN의 전략적 중요성 역시 커지고 있다. 특히 미국은 아시아로 회귀하면서 ASEAN과 동남아우호협력조약(TAC)을 2009년 체결했고 2010년 ASEAN의 초대를 받아들여 동아시아정상회의(EAS)에 가입했다. ASEAN은 이러한 외부적 환경 변화와는 별개로 ASEAN의 강화를 위한 노력들을 지속적으로 기울이고 있다. ASEAN은 2015년까지 ASEAN 공동체(경제, 정치, 사회문화)를 건설한다는 선언을 통해 ASEAN을 좀 더 결속력 있는 공동체로 만들기 위한 노력을 기울였고 2015년 아세안경제공동체(ASEAN Economic Community)가 출범했다.

이미 ASEAN은 동아시아 지역협력에서 중추적 역할을 담당하고 있다. 현재 동아시아에 존재하고 있는 대부분의 다자협력체는 ASEAN이 그 중심에 있다. ASEAN+3 프로세스는 그 이름에서도 볼 수 있듯이 ASEAN이 핵심이고 2005년 창설한 EAS도 ASEAN 국가에서만 개최되고 새로운 회원국도 ASEAN의 초대를 통해서만 가입할 수 있는 등 ASEAN이 그 중심에 있다. 이 지역의 유일한 다자안보대화체인 아세안지역안보포럼(ARF) 역시 2004년 ASEAN에 의해서 만들어진 것이다. ASEAN은 이러한 협력체 안에서 계속적으로 ASEAN의 중심적 역할을 유지하기 위한 노력들을 하고 있다. 이러한 상황으로 인해 동아시아 지역에서 ASEAN의 도움이 없이는 다자적 제도를 만들거나 유지할 수 없기 때문에 ASEAN의 전략적 중요성과 영향력은 계속 커지고 있다. 특히 중국의 부상과 함께 ASEAN이 중국의 영향력하에 놓이게 되는 것을 막기 위한 미국의 노력으로 인해 ASEAN의 가치는 더욱 커지고 있다. 미국은 이 지역의 다자협력에서 ASEAN의 핵심적 역할을 인정하는 ASEAN 중심성(ASEAN Centrality)을 수용하고 일관되게 지지를 보내고 있다. 또한 미국의 인도-태평양 전략에 대한 ASEAN의 공식적 입장인 2019년에 채택한 '인도-태평양에 대한 아세안의 전망(ASEAN Outlook on the Indo-Pacific: AOIP)'에 대해 지지를 보내고 있기도 하다.

한국에게도 ASEAN은 중요한 외교 파트너이다. ASEAN은 경제적으로 한국에 매우 중요하다. ASEAN은 중국에 이어 한국의 제2대 교역 상대이며 중동에 이어 해외건설 제2위의 수주처이다. 이러한 경제적 중요성을 반영하여 한국은 2009년 한-ASEAN 특별 정상회의를 통해 ASEAN과의 관계 강화에 나섰고 2010년 전략적 동반자 관계로 관계를 격상했으며 2012년에는 주ASEAN 대표부가 자카르타에 개설되었다. 문재인 정부가 들어서면서 ASEAN 국가들과 인도와의 관계를 강화하는 '신남방정책'을 펴면서 한국과 ASEAN 관계가 강화되었고 윤석열 정부 들어서는 '한-ASEAN 연대구상 (Korea-ASEAN Solidarity Initiative)'을 발표하며 아세안과의 전략적 협력관계를 격상하려는 움직임을 보이고 있다.

2) 탈냉전기 미국의 동아시아 안보전략

동아시아는 미국의 국익에 매우 중요한 지역이다. 냉전기 이 지역의 중요성을 새삼 강조할 필요는 없다. 이념을 축으로 소련이나 중국과 대결하고 있는 상황에서 동아시아는 공산주의의 봉쇄에 핵심적인 지역이었다. 그러나 소련의 붕괴와 함께 미국의 주적이 사라지면서 이 지역의 전략적 중요성은 시험대에 오르게 된다. 사실 동북아시아에 대한 재검토는 냉전이 끝나면서 미국이 세계전략을 전반적으로 검토하게 된 측면에서 이해해야 한다. 냉전 이후 미국은 선택의 기로에 놓이게 되었다. 하나는 냉전이 자신들의 승리로 끝난 이상 전통적인 고립주의로 돌아가 세계 문제에 대한 불간섭원칙을 고수하는 것이다. 다른 하나는 냉전이 끝났는데도 세계의 리더로서의 주도권을 계속 행사하는 것이다. 미국 정책서클 내에서 벌어진 논의의 결론은 미국이 계속적으로 리더십을 발휘해야 한다는 것이었다. 이러한 결론은 현상유지적 정책으로는 미국이 현재 누리는 패권을 계속 유지할 수가 없다는 판단에서 나온 것이다.

동아시아에서는 냉전이 끝나면서 미국의 군사전략에 대한 재검토가 이루어졌다. 미 국방부는 1990년 4월 「21세기 아·태전략 개요(A Strategic Framework for the Asia Pacific Rim: Looking Toward the 21st Century)」라는 보고서를 제출했다. 동아시아 전략구상(East Asia Strategic Initiative: EASI)이라고 부르는 이 보고서의 주요 내용은 동아시아에 주둔하고 있는 미군의 3단계 철수 계획을 제시했고 실제로 1992년 12월까지 총 15만 250명의 병력 철수가 완료되었다. 그러나 이러한 EASI는 새로운 전략구상인 EASI Ⅱ(1992년)에 의해 중단되었다. EASI Ⅱ는 아·태 지역에서 북한의 핵문제와 같은 새로운 상황 변화를 반영하여 군사력 철군을 재조정하고 군사력이 아시아 지역에 계속 주둔하는 것이 미국의 국익에 중요하다는 것을 명시했다. 그 후 미국은 1994년 7월 「백악관 미국의 국가안보전략: 개입과 확산」이라는 보고서를 내놓는데 이 보고서에서 미국의 전략은 개입(engagement)과 확산(enlargement), 즉 일본·한국에 대한 개입과 중국·베트남·러시아에 대한 시장민주주의 확산이라는 국가안보전략을 수립했다. 이 보고서를 근거로 1995년 「동아시아 전략 보고서(East Asia Strategic Report: EASR)」 혹은 국방차관 조지프 나이(Joseph Nye)의 이름을 따서 나이 보고서(Nye Report)가 발표되는데, 이 보고서의 핵심은 탈냉전기 미국의 동아시아 전략에서 동아시아 국가와의 책임 분담이 미국의 철수를 의미하는 것이 아니고, 아시아에 파견한 10만 명의 병력을 계속 주둔시키며, 아시아 지역에서의 개입과 확대, 즉 기존 우방인 일본·한국·ASEAN 국가들과 남태평양 지역에 대한 지속적인 개입, 그리고 중국과 러시아에 대한 민주주의와 시장경제 확산정책을 추진한다고 선언한 것이다. 이 보고서는 또 미국과 일본의 관계가 가장 중요하다는 것을 천명했다. 그리고 마지막으로 다자간 안보체제에 대해서도 미국의 동맹관계를 보완하는 측면에서 중요하다고 선언했다(이춘근, 1998: 50~53). 1998년에 새로 나온 「동아시아 전략 보고서(EASR 98)」의 내용은 동아시아 지역에 분쟁이 발생할 때 동아시아 주둔 미군 10만 명을 그 지역에 투입할 수 있도록 함으로써(예를 들어 주한미군의 타 지역 투입) 동아시아 주둔 미군의 신축적 운용을 강조하고 있으며, 중국과 러시아는 더 이상 동아시아 지역의 위협 요인이 아니라고 선언했다.

클린턴 정부에 들어와서 동아시아 지역에서 새롭게 쟁점으로 떠오른 문제는 바로 전역미사일 방어체제(Theater Missile Defense: TMD)이다. 레이건 행정부 시절에 전략방위구상(SDI)으로 시작된 미사일 요격망 계획은 클린턴 정부에 와서 스커드 미사일과 같은 단거리 탄도미사일에 대한 방어와 장거리 미사일에 대항할 지상방위체제 구축으로 그 목표가 바뀌면서 국가미사일 방어계획(National Missile Defense: NMD)과 전역미사일 방어계획(TMD)이 등장했다. 즉, 북한·이란과 같은 '불량국가'에 의한 미사일 공격을 방어할 목적으로 미사일 방어계획이 등장한 것이다. 미 국방부는 2001년 5월 1일부로 기존의 NMD와 TMD를 통합한 미사일방어체제(Missile Defense: MD)라는 용어를 사용할 것이라고 밝혔다. MD는 미국을 중심으로 우방과 동맹국들이 참여하는 다국 방어망으로 NMD와 TMD를 포괄하는 개념이다.

2016년 한국은 주한미군의 고고도미사일방어체계인 THAAD를 도입하기로 결정했

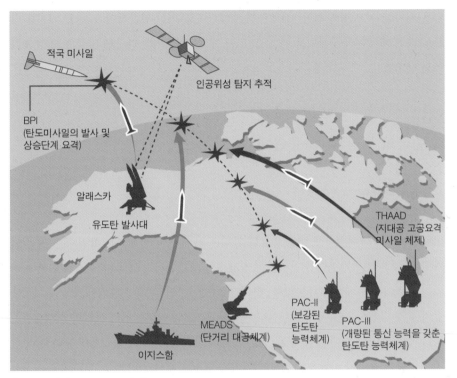

〈그림 3-1〉 국가미사일 방위체제(NMD) 개념도

적국 미사일

인공위성 탐지 추적

BPI
(탄도미사일의 발사 및
상승단계 요격)

알래스카

유도탄 발사대

THAAD
(지대공 고공요격
미사일 체제)

PAC-II
(보강된
탄도탄
능력체계)

PAC-III
(개량된 통신 능력을 갖춘
탄도탄 능력체계)

MEADS
(단거리 대공체계)

이지스함

자료: ≪중앙일보≫(2000.1.19) 참조.

다. 정부는 북한의 점증하는 미사일 위협에 대한 대응이라는 배경 설명과 그럼에도 불구하고 한국은 미국의 MD체제에 편입된 것은 아니라는 입장을 내놓았다. 그러나 한국은 이미 저층 방어 목적의 미사일 요격 무기를 도입(PAC-3 시스템과 전술 레이더 기지)했고 한국형 미사일 방어계획을 추진하고 있기 때문에 한국이 결정만 한다면 미국의 MD체제에 쉽게 편입될 수 있는 상태라고 볼 수 있다.

미국이 추진하는 MD는 러시아와 미국이 체결한 ABM 조약에 대한 위반이라는 측면이 있다. 미국과 러시아는 1972년 탄도요격미사일제한조약(Anti-Ballistic Missile Treaty: ABM Treaty)을 체결하여 상대방 미사일을 요격하겠다는 명분으로 미사일 배치를 확대하지 않겠다고 약속했다. 이 조약은 상호 미사일 전진 배치를 막고 미사일 방어망 구축을 내세워 미사일 수가 증가하는 것을 막기 위한 조치였다. 미국의 NMD는 요격미사일의 수를 100기로 제한하고 수도나 대륙 간 탄도미사일(ICBM) 기지에만 요격미사일을 배치할 수 있도록 하는 ABM 조약에 대한 근본적인 위반이며 또 관련 기지를 다른 나라에 배치하지 못하도록 한 ABM 조약 9조에 위배되기 때문에 미국은 ABM 조약에서 탈퇴했다.

2. 중국의 부상과 미·중관계

1) 중국의 부상

탈냉전기의 국제질서에 대한 중요한 관심은 과연 미국의 패권이 확립·유지될 것인가였다. 많은 연구기관이나 학자들은 경제적인 측면에서는 미국이 중국의 도전에 곧 직면할 것이라는 예측을 내놓았다. 하지만 2030년이면 GDP 순위에서 중국이 미국을 앞지를 것이라는 유의 예측은 실현되지 못할 것으로 보인다. 최근 중국의 경제성장의 둔화, 중진국의 함정에 빠진 중국, 중국 경제의 불균형, 미국의 셰일혁명 등의 여러 가지 요인들이 중국이 미국을 추월하기 어려운 이유로 제시되었다.

이보다 더욱 근본적으로 미국이 중국의 추월을 허용하지 않는 이유들에 대한 논의들이 있다. 미국을 국제질서의 기본 축으로서 '디폴트 파워(default power)'로 규정하는 시각도 그중 하나이다. 하버드 대학교 행정대학원장으로 미 국방부 차관보를 지낸 조지프 나이는 미국이 "미래의 위협을 감소시키도록 환경을 형성하는 능력을 보유"하고 있다고 주장하면서, 미국의 패권이 도전받기 어려울 것이라는 견해를 밝히고 있다. 이러한 견해는 미국이 단순히 군사력이나 경제력 같은 물리적 힘이 아닌 지구적 규범이나 기준, 문화를 만들어가는 능력을 통해 미국에 대한 도전을 근원적으로 봉쇄할 수 있다는 것이다. 기술적으로 미국이 그 기준과 운영을 장악하고 있는 인터넷, 혹은 윈도우라고 하는 컴퓨터 운영체계를 통해 세계를 지배하고, 국제무역에 대한 기준과 규범을 만들어내고 집행함으로써 세계경제를 자신의 영향력 아래 두고 있으며, 또한 민주주의라는 규범을 전 세계에 확산시킴으로써 미국이 원하는 모습으로 전 세계를 변화시키는 것들이 좋은 예라고 할 수 있다. 최근에 유명 칼럼니스트 토머스 프리드먼

(Thomas Friedman)은 미국의 계속적 우위를 예측하면서 미국은 중국이 가지지 못한 세 가지를 가지고 있다고 지적했다. 그것은 이민, 동맹국, 그리고 가치(소프트파워)이며 이로 인해 중국이 미국을 앞지를 수 없다고 주장했다. 최근 미·중 간의 갈등이 격화되면서 중국 내부에서 중국의 오판을 자성하는 목소리가 나오고 있는데 그중의 하나가 중국에게 친구가 없다는 것이다. 중국이 그동안 많은 돈을 써가며 중국 편을 만들기 위해 노력했지만 트럼프의 미국이 중국에 대해 무차별적 공격을 퍼붓는데도 중국 편을 들어주는 나라가 하나도 없다는 것이다.

그러나 이러한 주장들의 타당성과는 관계없이 미국이 중국의 부상에 대해 느끼는 위협은 현실적이고 또 엄중하다. 중국의 경제적 힘 그리고 첨단 기술에서의 성장은 미국의 패권적 위치를 도전하기에 충분하다는 인식이 미국 내에서 나타나기 시작한 것이다. 2023년 3월 호주의 호주전략정책연구소 보고서에 따르면 중국이 미래기술 연구·개발 44개 분야 중에 37개에서 미국을 앞서고 있다고 주장했다. 중국이 우위를 점한 분야는 나노 물질 제조, 수소 전략, 합성 생물학, 우주 항공, 항공 엔진, 인공지능, 로봇공학 등이 포함되어 있으며 이 기술들은 군사적 잠재력도 매우 큰 것으로 나타났다.

2) 남중국해에서의 갈등

남중국해는 중국 남쪽의 바다로서 대만, 필리핀, 베트남, 말레이시아, 브루나이 등에 둘러싸여 있어 영유권 분쟁이 계속되고 있다. 6개 영유권 분쟁 당사국이 인접한 이 바다는 풍부한 어족자원과 석유 및 가스 등 양질의 천연자원이 매장되어 있어 에너지 자원 확보를 둘러싼 경쟁이 치열해지고 있다. 이 바다는 또 매우 중요한 해상 교통로로서 걸프만, 말라카 해협, 동중국해로 이어지는 해로의 중간 지점에 위치해 있어 중동의 원유 수입에 의존하는 국가들에게는 전략적으로 매우 중요한 지역이다. 중국은 역사를 근거로 남중국해 대부분에 대한 영유권을 주장하고 있다. 즉, 한나라 시대 역사적 문헌 등을 근거로 동남아 4개국의 배타적 경제수역과 상당 부분 겹치는(대만은 아예 이 9단선 안에 들어가 있다) '남해 9단선'을 임의로 긋고(1953년) 자국의 영해 경계로 주장하고 있다. 특히 문제가 커지게 된 것은 중국이 이 해역에 인공섬을 건설하고 군

〈그림 3-2〉 남중국해 주변 지도

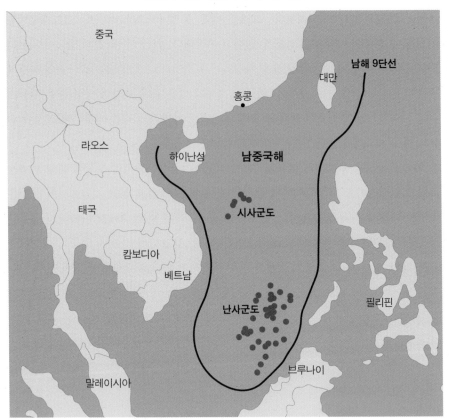

사시설을 세우기 시작하면서부터이다.

2000년대 전까지 주로 중국과 베트남 그리고 중국과 필리핀 등과의 영유권 분쟁
이 있어 왔다. 1992년에는 '남중국해에 관한 아세안 선언'을 채택해 남중국해 문제를
ASEAN 차원에서 다루어야 한다는 입장이 채택되었다. 2000년대 들어와서 영유권 분
쟁을 평화적으로 해결하려는 노력들이 산발적으로 있어 왔다. 특히 2002년 11월 중국
과 ASEAN은 '남중국해 당사국 행동선언(Declaration on the Conduct of Parties in South
China Sea)'을 채택했다. 이러한 선언은 남중국해 문제를 ASEAN 차원에서 집단적으로
다루었다는 점에서 의미가 있으나 구속력을 갖는 것이 아닌 단순한 선언이라는 한계
를 갖는다.

남중국해가 본격적인 국제적 문제로 발전하게 된 것은 오바마 행정부가 들어서면서 미국이 아시아에 대한 관여를 강화하면서부터이다. 2010년 7월 베트남 하노이에서 열린 ARF에서 클린턴 국무장관은 "남중국해 영토 분쟁 해결이 해당 지역 안정의 중심"이라고 말했고 다른 연설에서 "미국이 남중국해에서 자유롭게 항해하고 아시아 공동수역에 제한 없이 접근하는 것이 미국의 국가이익에 중요하다"라고 언급했다. 이에 대해 양제츠(杨洁篪) 중국 외교부장은 미국에 대해 "영토 분쟁 지역인 남중국해를 국제 이슈화하려 들지 말라"고 경고했다. 2011년 6월 미국의 로버트 게이츠(Robert Gates) 국방장관은 샹그릴라 대화에서 남중국해에서의 자유통항권이 보호되어야 함을 강조하면서 미국이 이 영유권 분쟁에 개입할 의지가 있음을 분명히 했다. 중국은 이러한 미국의 개입에 반발하면서 남중국해에 대한 자국의 주권을 계속 주장하고 있다. 중국의 남중국해에 대한 입장은 크게 두 가지로 볼 수 있다. 하나는 남중국해 문제는 중국 주권의 문제라는 것, 둘째는 남중국해의 영유권 문제는 분쟁 당사국들 간에 해결할 문제라는 것이다. 중국은 주권의 문제에 대해서는 타협하지 않기 때문에 이 지역의 영유권 문제는 계속적으로 갈등의 불씨가 될 것이다. 중국은 남중국해 문제를 당사국 간의 문제로 보기 때문에 제3자의 개입이나 국제문제화 그리고 ASEAN 차원의 집단적 대응 및 해결에 대해 강하게 반대하고 있다.

ASEAN의 경우 2002년의 선언이 구속력이 없기 때문에 구속력을 갖는 새로운 행동지침(Code of Conduct)을 마련해야 한다는 입장으로 행동규칙의 채택을 추진했다. 미국 역시 이러한 행동원칙이 필요함을 강조하면서 중국을 압박했다. 2011년 ASEAN 국가들은 ASEAN의 단결된 입장을 마련하기 위한 협의를 했으나 미얀마, 라오스, 캄보디아 등이 영유권 문제는 당사국 간에 해결해야 할 문제라는 중국의 입장에 동의하면서 ASEAN의 단일한 입장을 만들어내지 못했다. 결국 2012년 ASEAN 외교장관회의에서는 남중국해 영유권 분쟁에 대한 ASEAN의 입장을 성명에 넣는 문제로 의견이 갈려 최초로 공동성명을 채택하지 못하는 일이 발생했고 2012년 4월의 ASEAN 정상회의에서도 행동원칙에 관한 내용은 포함되지 못했다. 이 사건은 단순히 ASEAN이 집단적으로 남중국해 문제를 다루는 데 실패했다는 점이 아니라 중국의 외교적 개입(의장국 캄보디아를 움직임으로 해서)으로 인해 ASEAN의 단결 행동이 무산되었다는 점에서 매우 중요한 의미를 갖는다. 2016년 중국에서 열린 ASEAN 외무장관회의 등에서는

2012년 이후 또다시 공동성명의 채택을 둘러싸고 갈등이 벌어져 결국 말레이시아가 일방적으로 언론에 공개한 공동성명이 철회되고 결국 인도네시아, 싱가포르, 베트남만이 개별적으로 성명을 발표하는 일이 벌어졌다.

2013년 1월 필리핀은 중국을 상대로 남중국해 문제에 대한 중재재판을 청구했다. 중재재판부는 2016년 7월 12일 필리핀의 주장을 대부분 인용한 최종 결정을 발표했다. 각각의 요청에 대해서 ① 중국이 UN해양법협약(UNCLOS)이 허용하는 범위를 넘어 9단선 내 자원에 대한 역사적 권리를 주장할 법적 근거가 없다. ② 스카버러 암초 등과 인공섬들은 섬의 지위를 갖지 못하며 영해를 가질 수 없다. ③ 중국이 남중국해에서 필리핀의 석유 시추 및 탐사 방해, 배타적 경제수역(Exclusive Economic Zone: EEZ)에서의 필리핀의 어업 방해, 시설물 및 인공섬 건설로 필리핀의 EEZ와 대륙붕에서의 주권적 권리 침해, ④ 중국의 매립 및 건설행위가 해양환경 보호·보전의무 위반, 그리고 매립으로 인해 분쟁이 악화되었다고 판정했다.

이러한 판정 이후 중국과 남중국해 당사국인 베트남, 필리핀, 말레이시아, 브루나이 등은 ASEAN 차원에서 논의를 계속했지만 이 4개국을 포함한 다른 나라들도 국가이익에 따라 이 중재판정을 전혀 언급하지 않거나 단순히 중재판정의 존재만을 인정하는 성명을 발표했다. 미국이나 호주, 일본 등 몇몇 나라가 중국이 이 판결에 따라 향후 남중국해 문제를 다루어야 한다는 성명을 냈을 뿐이다. 한편으로는 이 중재재판의 결과가 중국의 남중국해에 대한 정책에 일정한 영향을 미칠 것으로 예상했지만 2016년 ASEAN 및 ASEAN 관련 회의들(ARF, ASEAN+3)의 논의 과정에서 보이는 것처럼 국가들은 중국과의 관계를 고려해 이 판결에 대한 언급을 자제하거나 판결 결과를 전혀 언급하지 않았다. 다만 중국은 ASEAN을 무마하는 방안으로 남중국해 행동규칙(CoC)의 조속한 체결이라는 카드를 제시했다. 중국은 2017년 중반까지 CoC의 기본 틀을 마련키로 ASEAN과 합의했다. 이미 초안은 마련된 상태이지만 중국은 계속적으로 규칙 제정을 미루고 있다. 2023년 중국과 아세안은 3년 내에 남중국해 행동규칙을 제정하는 데 합의한다는 약속을 했지만 2023년 9월 5일 개최된 아세안 정상회의에서는 여기에 대한 논의가 전혀 이루어지지 않았다.

최근 중국의 남중국해 관련 전략은 '하이브리드 전략'으로 전환하고 있는 것으로 보인다. 하이브리드 전략은 전쟁을 초래하지 않는 다양한 행동을 통해 목적을 달성하는 전략으로 특히 해안경비대, 해상민병대 등을 활용한 저강도의 점진주의적 접근, 기정사실화 전략 등을 복합적으로 사용하는 것이다. 중국은 영유권을 기정사실화하려는 전술과 함께 중국이 해상민병대를 조직하여 보조금을 제공하고 유니폼을 착용하게 하면서 영유권 분쟁 해역에서 어업 행위를 핑계로 상대 당사국 해군과 해경 함정들의 접근을 저지하는 활동을 하고 있다. 남중국해 행동규칙을 도출하려는 움직임 역시 하이브리드 전략의 일환으로 파악하는 전문가들도 있다.

한국은 남중국해 문제 그리고 중재재판소 판정에 대해서 원칙적인 입장을 내놓고 있다. 남중국해에 대한 그동안의 한국 입장은 남중국해 문제의 평화적 해결, 남중국해에서의 항행과 상공 비행의 자유, 남중국해의 군사화 반대, 행동선언(DoC)의 완전하고 효과적인 이행, 행동규칙(CoC)의 조속한 제정 등이다. 윤석열 정부에 들어와서는 보다 적극적인 입장을 채택했는데 힘에 의한 현상 변경에 반대한다는 입장을 거듭 밝히면서 대만 해협이나 남중국해에서 중국의 군사력에 의한 일방적 현상 변경에 대한 반대를 명확히 하고 있다.

3) G2 시대? 협력과 경쟁의 미·중관계

1990년대 미·중관계는 미국의 패권질서 속에서 중국이 자국의 국력과 영향력을 확장하는 형태였다. 대만 해협에서의 위기가 터진 1995~1996년 이후 이러한 중국위협론이 등장하기도 했지만 그 이후 중국은 2003년 화평굴기(A Peaceful Rise)를 시작으로 2005년 조화세계(A Harmonious World) 등 중국 부상에 대한 부정적 인식을 불식하기 위해 노력했다. 그리고 이 시기는 미국 중심의 기존 질서에 편입하여 그 안에서 안정적이고 지속적인 발전을 이어간다는 전략을 실행하고 있었다. 2001년 중국의 세계무역기구(World Trade Organization: WTO) 가입은 그러한 중국의 대외전략을 상징하는 대표적인 사건이라고 볼 수 있다.

그러나 2000년대 중반이 되면서 미국은 중국의 성장을 현실로 받아들이고 이에 대응하기 시작한다. 미국은 자국의 경제발전과 글로벌 현안들의 해결을 위해 중국과의 협력이 필요하다는 인식을 분명히 하는 동시에 중국의 부상에 적절한 대응을 해야 한다는 인식도 갖기 시작했다. 이때부터 미국은 다양한 차원에서 '협력과 견제'의 대중

전략을 구사하기 시작한다. 이런 움직임을 '신냉전' 혹은 '봉쇄적 개입(congagement)'이라는 새로운 용어로 규정하기도 한다. 'congagement'는 봉쇄의 'containment'와 개입·관여의 'engagement'를 합성한 말로서 중국을 협력의 동반자로 인정하면서도 군사적인 팽창은 봉쇄한다는 의미이다. 빌 클린턴(Bill Clinton)이 중국을 전략적 동반자로 규정한 반면 부시는 전략적 경쟁자로 규정했다. 그러나 부시 정부도 중국의 동아시아에서의 영향력이나 정치적 힘을 부인할 수 없으며, 특히 북핵 문제에서는 중국의 협력이 간절히 필요하다는 인식을 가지고 있었다. 따라서 부시 행정부에 들어와서도 중국과 미국은 사안별로 협력적 관계를 유지했다.

대략 2000년대 후반부터 G2(Group of 2)라는 용어가 빈번하게 사용되기 시작했으나 이러한 용어는 시사용어이고 미국이나 중국 어느 쪽도 G2라는 용어와 개념을 공식적으로 천명하거나 사용한 적이 없다. 언론에서는 미국과 중국이 세계 문제 해결에 있어 협력을 해야 하는 정도로 중국의 국력이 신장된 상황을 G2로 규정했을 것이다. 그러나 G2라는 용어에 대해서 중국은 중국에게 책임을 요구하려는 서구 국가들의 의도가 숨어 있다고 생각한다. 중국이 G2의 한 축으로서 대국이 수행해야 할 역할들을 해야 한다는 새로운 책임을 부과하고 있다는 것이다. 이러한 책임들은 국제사회에서의 보편적 규범이나 약속들을 준수하는 것이고 또 하나는 선진대국으로서 지구촌의 의무를 다하는 것이다. 이산화탄소 배출도 줄여야 하고 개발도상국에 대한 원조도 늘려야 하는 다양한 의무가 G2의 하나인 중국에게 부여되는 것이다.

사실 이 시기(클린턴과 부시 정부) 미국의 대중국 전략은 중국을 국제체제 속으로 더 깊이 끌어들여 여러 가지 어젠다에서 중국과 공동의 목표를 추구하는 것이었다. 부시 정부 2기가 중국을 '책임 있는 이해상관자(responsible stakeholder)'로 본 것이 그러한 시각이다.

이 시기 중국 역시 전면적 소강사회(小康社會)를 달성하기 위해 안정된 주변 환경을 필요로 하며 그를 위해 가장 중요한 것이 미국과의 평화로운 관계 설정이라고 보고 있다. 다시 말해 중국은 미국과의 전략적 협조가 자신의 국익에 부합하는 것으로 보았다(이러한 상황은 미국의 트럼프 당선 이후 미국의 정책 변화로 급격한 변화를 겪게 된다). 이러한 양국의 이해관계가 반영된 것이 양국 간의 전략대화이다. 미국과 중국은 2005년 처음으로 전략대화를 시작했고 2006년부터는 미·중 전략경제대화로 이름을 바꾸어 추진했다. 미국과 중국은 2009년 4월 G20 정상회의에서 "21세기에 적극적·협력적·전면적 관계'를 수립하기로 합의하고 기존의 고위급 대화와 경제전략대화를 결합하여 제1차 '전략경제대화'를 출범시켰다.

중국을 협력이 필요한 동반자로 보는 견해는 약간의 정도 차이는 있지만 오바마 정부에 와서도 계속되었다. 오바마 대통령 역시 중국에 대해 21세기 미국의 가장 중요한 양자관계라고 강조했다. 그러나 이러한 인식은 오바마, 트럼프 대통령 시기에 와서 변화가 생겨 미국은 중국을 전략적 경쟁자로 규정하고 대응하기 시작했다.

2010년경이 되면 미국 중심의 질서 속에서 성장을 도모하는 중국의 전략에 변화의 모습들이 나타난다. 2010년 제2차 미·중 전략경제대화에서 당시 중국 외교 담당 국무위원인 다이빙궈(戴秉国)는 '21세기 신형대국관계(a new type of relationship between major countries in the 21st century)'를 제안했다. 다이빙궈는 미·중관계가 제로섬이 아닌 윈-윈 관계이며 양국이 경쟁자가 아니라 파트너임을 강조했다. 그러나 이러한 레토릭(rhetoric) 뒤에는 중국이 미국에게 자신을 파트너로 인정하고 중국의 핵심이익을 존중해 달라는 구체적 메시지가 숨어 있다. 2012년 국가 부주석 시진핑의 미국 방문 때도 21세기 신형대국관계가 강조되었으며 제4차 미·중 전략경제대화 개막연설에서 후진타오(胡錦濤) 주석이 신형대국관계를 재천명했다. 중국은 그 후에도(2016년 제8차 미·중 경제전략대화) 계속 신형대국관계를 강조하고 있다. 그러나 미국은 신형대국관계에 대해 한 번도 공식적으로 언급한 적이 없다. 중국 정부가 전략대화, 정상회담의 성과로서 신형대국관계에 대한 미국과의 공감대 형성을 홍보하지만 실제로 미국의 언급이 나온 적은 없다. 일반적으로 이러한 미국의 태도는 오바마 정부가 중국의 '신형대국관계'를 거부한 것이라고 보고 있다. 이러한 거부의 가장 큰 이유는 중국이 말하는 신형대국관계가 미국이 생각하는 인권, 항행의 자유와 같은 국제규범의 준수 문제, 해킹과 같은 중국의 대(對)미국 비대칭전략, 남중국해 문제, 대만·티베트 문제 등에 대해 중국의 이익을 존중해 달라는 요구이기 때문이다.

2016년 중국의 위안화가 IMF 특별인출권(Special Drawing Rights: SDR) 바스켓에 포함되어 사실상 기축통화(基軸通貨)의 지위를 얻게 된 것 역시 의미심장하다. 이미 중국은 IMF 개혁으로 쿼터 3위의 지분을 갖게 되었고 아시아인프라투자은행(Asia Infrastructure Investment Bank: AIIB)과 같은 IMF·세계은행(World Bank)과 경쟁하는 대안적 금융기구를 출범시켰다. 중국은 그 객관적 국력과 관계없이 이미 미국과 동등한 입장에서 세계 문제를 다루려고 하는 의지를 가지고 있는 것이 분명하다.

이와 함께 중국은 위안화의 국제화를 추구하면서 동시에 달러의 기축통화로서의 위상을 위협할 만한 탈달러화 프로젝트를 적극적으로 추진하고 있다. 중국 자체의 국제결제체제의 설립, 원유를 위안화로 거래하는 상하이 국제에너지 교환시장 개장으로 페트로위안 도입, 브릭스를 통한 탈달러화 노력 등이 이루어지고 있다. 물론 현재까지 중국이 미국의 달러 패권을 위협하지는 못하지만 장기적으로는 무역전쟁과 함께 통화패권을 향한 통화전쟁이 될 가능성이 있다.

3. 미·중 패권 경쟁 전략적 경쟁의 본격화

1) 미국의 아시아 중시 정책

2010년경부터 중국은 미국 질서 속에서 벗어나 독자적인 목소리를 내기 시작했다. 이러한 경향은 시진핑의 집권과 함께 더욱 심화된다. 그리고 이러한 중국의 세계전략의 변화는 오바마 집권 이후 아시아 중시 정책(Pivot to Asia)을 펴기 시작한 미국과 충돌하게 된다.

미·중 간 경쟁은 2009년 오바마 정부가 들어서면서부터 강화되기 시작했다. 미국은 오바마 정부에 들어와서 아시아 중시 정책을 펴기 시작했다. 오바마 행정부 출범 후 힐러리 클린턴(Hillary Clinton) 국무장관은 첫 순방지로 동아시아를 선택했고 일본을 첫 방문지로 정했다. 힐러리 국무장관은 하와이에서의 연설에서 미국의 동아시아 지역기구(regional architecture)에 대한 참여를 언급했다. 미국은 2009년 ASEAN과 동남아우호협력조약(TAC)을 체결했고 2010년 ASEAN의 초대를 받아들여 동아시아정상회의(East Asian Summit: EAS)에 가입했다. 오바마 대통령은 2010년 일본 도쿄 산토리홀에서의 연설에서 자신을 태평양의 대통령(pacific president)이라고 지칭하며 미국이 아시아와 연결되어 있으며 미국은 아시아의 동맹국들을 중시한다는 것을 명확히 했다. 그 후 미국은 일련의 구체적 조치를 통해 아시아 중시 정책을 실행했다. 2010년 9월에는

❧ Rebalancing to Asia: 왜 재균형인가? ❧

오바마 행정부의 아시아 중시 정책을 아시아에 대한 '재균형'이라고 하는 이유는 무엇일까? 일부 학자들은 미국이 결코 아시아를 떠난 적이 없기 때문에 '재균형'이라는 표현은 옳지 않다고 주장하기도 한다. 그러나 빌 클린턴 대통령이 '태평양의 세기(Pacific Century)'를 강조하며 일본 중시 정책, 그리고 중국에 대한 관여정책을 편 데 반해, 부시 행정부에 와서 미국의 지역정책은 9·11 테러의 여파로 인해 중동에 초점이 맞추어졌다. 특히 부시 행정부 8년 동안 동아시아, 특히 동남아시아는 미국의 관심에서 멀어져 있던 것이 사실이다. 미국이 동남아시아에 관심을 보인 것은 인도네시아 발리 테러 이후 동남아시아가 테러집단들의 거점이라는 인식 아래 대테러전쟁을 준비하기 위해서였을 뿐이다.

새로 출범한 오바마 정부는 부시 정부가 펼친 중동 중심의 외교전략에서 벗어나 아시아에 대한 중요성에 대한 인식을 바탕으로 새로운 아시아 전략을 펼치게 된다. 미국이 잠시 관심을 돌린 사이에 중국은 동아시아에서 외교적으로 약진했고 인도 역시 중국과 함께 빠르게 성장했다.

미국 역사상 처음으로 미국 영토에서 미국과 ASEAN 정상들과의 정상회의가 열렸고 2011년에는 오바마 대통령이 인도네시아에서 열린 EAS에 참석했다.

미국이 아시아로 회귀한 가장 큰 이유는 중국의 부상과 아시아에 대한 영향력 확대 움직임이 명확해졌기 때문이다. 냉전 종식 이후 동아시아에서 눈을 돌린 미국이 부시 정권기까지 중동과 북한에 관심을 기울이는 틈을 타 중국은 이른바 중국기회론으로 동남아시아에 대한 접근을 강화했다. 국경을 접하고 있는 동남아시아 국가들과 국경 무역을 확대하고, 1997년 아시아 외환위기 당시 태국에 10억 달러의 차관 지원을 약속한 데 이어 그해 12월에는 위안화를 평가절하하지 않을 것이라고 약속하는 등 리더십을 발휘했다. 대부분의 동남아시아 국가들은 미국과의 안보협력 관계를 유지하면서도 중국이 주는 경제적 이익들로 인해 중국과 친밀한 관계를 유지하려 했다. 중국은 2005년 ASEAN과 상품 분야의 자유무역협정을 타결하면서 경제관계를 강화했다. 이와 함께 중국은 중국·아세안 투자협력기금과 중국·아세안 은행 컨소시엄 등을 설립하고 동남아시아의 저개발국가들에 인프라를 구축해 주고, 자원개발 분야에서 공적개발원조(Official Development Assistance: ODA)를 적극적으로 제공하면서 동남아 국

❧ 미국의 군사적 접근을 차단하라: 중국의 A2/AD 전략 ❧

중국의 군사력 강화에서 추구해 왔던 것은 접근차단(anti-access: A2)과 지역거부(area-denial: AD)전략이다. 중국의 방어전략이 연안 방어를 중심으로 하던 연해방어전략에서 보다 먼 수역을 대상으로 하는 '적극적 근해방어전략'으로 변화하면서 접근차단전략에 대한 중요성이 커졌다고 볼 수 있다. *접근차단*은 3000km급 장거리 미사일을 통해 중국을 중심으로 한 먼바다에 대해서 적의 접근을 차단하는 전략이다. 애초에 적이 작전 지역으로 들어오지 못하게 막기 위한 것으로, 미국의 해상전력이 한반도 근해와 일본 동쪽, 태평양 남쪽에 접근하지 못하게 차단하는 전략이다. *지역거부*는 1500km급 중·단거리 미사일로 적의 중국 근해 진입을 막는다는 전략이다. 이것은 적의 접근을 막는 것이 아니라 작전 지역에서 적의 작전을 제한하는 것이 목적이다. 중국은 일차적으로는 접근차단전략을 구사하고 그다음에는 지역거부전략을 구사하는 군사전략을 가지고 있다. 이러한 전략은 중국과 대만과의 양안(兩岸)관계 악화 시 미국의 개입을 차단하고자 하는 것이며 한반도 유사시 미국의 접근을 봉쇄하고자 하는 전략이다. A2/AD 전략을 수행하려면 기술적 뒷받침이 있어야 한다. 수천 기의 정확한 탄도미사일·순항미사일·대함미사일 장착, 최신 제트기와 잠수함, 장거리 레이더와 감시 위성 그리고 사이버 무기와 우주 무기 배치계획이 그것이다. 특히 A2/AD 전략의 대표적인 무기는 DF-21D 대함탄도미사일이다. 이것은 미국의 항공모함을 겨냥한 장거리 탄도탄이다. 이와 함께 공격잠수함, 유도미사일 구축함, 대함 공격용 미사일을 장착한 해상 공격용 전투기 등을 집중해서 개발하고 있다.

가들에 대한 경제적 영향력을 강화했다. 안보적인 측면에서도 중국은 남중국해에 대해 매우 공격적인 정책을 펴면서 관련 국가들과 마찰을 빚어왔다. 2007년 4월 남중국해에서 베트남과 영국의 브리티시 페트롤륨(British Petroleum: BP) 간의 천연가스 파이프라인 계획을 방해했고 같은 해 11월에는 중국 하이난성이 동사군도, 서사군도 및 남사군도를 합하여 새로운 행정단위로서 싼사시(三沙市)를 만들어 외교 마찰을 빚었다. 이러한 영유권을 둘러싼 갈등에도 불구하고 중국은 동남아 국가들에 대해 적극적인 외교 공세를 펴왔다. 중국은 캄보디아에 대한 경제 지원과 원조를 늘리면서 미국에 기울어 있던 캄보디아의 대외정책 기조를 중국 쪽으로 돌려놓았다. 중국은 캄보디아의 400개 품목에 대해 무관세 혜택을 주고 있고 국가 부채의 상당 부분을 탕감해 준 바 있다. 캄보디아는 2009년 위구르 탈출자들을 중국에 인도해 주면서 중국과 밀접한

⚓ 미국은 왜 중거리핵전략조약에서 탈퇴했을까? ⚓

미국이 2019년 8월 2일 소련과 1987년에 맺은 중거리핵전략조약(Intermediate-Range Nuclear Forces(INF) Treaty)을 공식 탈퇴했다. 이것은 중국의 증대된 미사일 전략에 대한 대응의 필요성에서 기인한다. 중국이 상당한 A2/AD 능력을 발전시킨 상황에서 미국이 서태평양 지역에서 효과적인 작전을 수행하기 위해서는 지상 배치 중거리 핵미사일의 보유가 필요하다고 판단한 것이다. 또 미국이 중거리미사일을 개발·보유하게 됨으로써 중국이 작전과 예산 면에서 보다 큰 비용을 부담하도록 하는 경쟁전략의 성격도 가지고 있다. 이것은 레이건 정부 시절 SDI(전략방위구상)가 소련으로 하여금 이에 대응하기 위한 막대한 군사비 지출을 하도록 하여 경제적으로 또 군사전략 면에서 소련에 큰 타격을 준 것을 떠올리게 한다. 중국은 다양한 미사일 요격 시스템을 개발해야만 할 것이고 위기 시 불확실성을 증가시켜 억제력으로 작용할 수 있다는 것이다. 미·중의 군사력 균형 면에서도 INF 사거리 미사일 확충을 통해 중국이 유일하게 우위를 유지하던 분야였던 재래식 미사일 전략의 우위를 상쇄하면서 재래식 군사력 균형을 보다 유리하게 변화시킬 것으로 전망된다.

관계를 유지하기 시작했다. 캄보디아는 미국과 중국 사이에서 더 많은 지원을 받기 위한 줄다리기 외교를 했었지만 현재는 라오스와 함께 동남아에서 가장 친중적인 국가로 자리 잡았다. 미얀마에 대한 중국의 지원도 주목할 만하다. 미얀마는 UN에서 미얀마의 인권문제가 제기될 때마다 중국을 방어막으로 활용하는 등 중국의 '강력한 실리 추구'를 위한 동반자가 되었다. 중국은 서방의 계속된 제재 조치 속에서 계속적으로 미얀마 군부를 지원해 왔다. 미국은 오바마 정부가 들어서고 미얀마의 자유화 조치가 이루어지면서 관계를 개선했다. 그리고 2016년 10월 드디어 미국은 미얀마에 대한 제재를 해제했다. 하지만 중국은 2017년 로힝야 난민 사태 시 학살을 주도한 군부 세력을 옹호하면서 군부지도자의 국제형사재판소 회부 유엔 결의안에 거부권을 행사해 미얀마 군부와 친밀한 관계를 유지했고 2021년 군사 쿠데타 이후에도 여전히 미얀마 군부를 지지하고 있다.

2) 시진핑의 중국몽

시진핑 시대에 와서 중국의 외교는 크게 미국과의 관계를 다루는 대국외교, 중국의 경제발전을 위한 안정된 환경 조성과 주변국을 우방으로 만들려는 주변국 외교 그리고 개도국 외교, 다자외교 등으로 집약된다. 시진핑은 특히 주변국 외교에 대해 많은 노력을 기울였다. 시 주석은 2013년 3월 취임 이후 동북아시아는 물론 남미, 유럽, 중앙아시아, 서남아시아, 아프리카 등 곳곳을 방문하며 경제적·정치적 연계를 강화하고 있다. 주변국 외교와 관련해서는 '일대일로 구상'과 주변국에 중국의 발전을 공유할 수 있는 기회를 더 많이 제공하여 함께 발전하는 운명공동체를 만들자는 '운명공동체'론이 기본에 깔려 있다. 이러한 주변국 외교는 개도국 외교 그리고 다자외교와 연결되어 정치·안보 분야 협력의 성격을 갖고 있다. 중국은 '아시아 교류 및 신뢰구축 회의(Conference on International and Confidence-Building Measures in Asia: CICA)'를 중심으로 아시아의 안보협력기구를 통해 아시아의 안보는 아시아인이 해결해야 한다는 '아시아 신안보관'을 주장하고 있다. CICA를 통해 시진핑이 시도한 것은 아시아 지역에 미국이 참여하지 않는 안보협력기구를 만들어 중국이 이 기구를 주도함으로써 지역 안보 문제에서 미국의 입김을 차단하고 견제하려는 것이었다. 다시 말해 아시아 지역에서 중국의 외교적 굴기를 위한 기반으로 CICA를 활용하고자 한 것이다.

2013년 9월 시진핑 국가주석은 중앙아시아 및 동남아시아 순방에 나섰다. 이 순방에서 시 주석은 중앙아시아와 유럽을 잇는 실크로드 경제벨트(一帶, one-belt)와 동남아시아, 유럽, 아프리카를 연결하는 해상 실크로드(一路, one-road)를 건설하는 대규모 프로젝트 구상〔일대일로(一帶一路) 구상〕의 추진을 발표했다. 이 프로젝트는 국내적으로는 서부 지역의 발전을 통한 지역 균형발전, 성장동력 발굴, 과잉생산 문제의 해소 및 세계 최대 규모인 외환보유액의 효과적 활용 같은 복합적 목적을 가지고 있다고 볼 수 있다. 2015년 6월에는 아시아 지역 개발도상국의 인프라 구축을 목표로 다자간 금융기구인 AIIB가 설립되었다.

이러한 대규모 인프라 건설 프로젝트는 물론 경제적인 성격이 강하지만 미국의 환태평양경제동반자협정(Trans-Pacific Partnership: TPP) 추진이 그러했듯이 일대일로 역시 전략적 함의를 가지고 있다. 중앙아시아를 포함한 유라시아에 대한 연계 강화는

✿ 중국의 핵심이익 ✿

 중국의 핵심국가이익(core interest)이라는 개념이 자주 등장하고 있다. 이 개념이 중요한 이유는 이것이 중국의 대외정책의 지향점이나 방향 등과 관련이 있기 때문이다. 핵심이익 개념의 정확한 의미에 대해서는 논란이 계속되고 있기도 하다. 논란의 가장 큰 이유는 중국 지도자들의 발언에 따라 상이한 '핵심이익'이 등장하고 있기 때문이다. 핵심국가이익 개념은 2009년 다이빙궈 국무위원이 제1차 미·중 전략경제대화에서 핵심국가이익을 구체적으로 정의하면서 사용되기 시작했다. 그는 ① 중국 기본제도의 유지 및 국가안보, ② 영토 및 주권 보호, ③ 지속적인 경제 및 사회의 안정 발전을 중국의 3대 핵심이익으로 제시했다. 미국은 2009년 미·중 정상회담에서 양국의 핵심이익을 상호존중해 주기로 하는 내용을 공동성명에 넣는 것을 합의해 주었다. 2011년 시진핑 주석도 바이든 부통령 방중 시 회담에서 중국의 핵심이익은 발전이익과 대만 및 신장문제라고 매우 축소해서 규정하기도 했다. 그러나 중국은 경우에 따라 보다 구체적인 핵심국가이익을 언급하기도 했다. 량광례(梁光烈) 국방장관의 경우는 대만, 티베트, 신장 위구르 자치구, 남중국해를 중국의 핵심이익이라고 말한 바 있다. 결론부터 말하자면 중국 내부에서도 핵심국가이익에 대한 합의가 존재하지 않는다는 것이다. 김흥규 교수에 의하면 핵심이익을 국제사회가 받아들일 수 있는 티베트, 신장, 대만 등으로 최소화하자는 의견과 중국의 영토, 영해, 주권과 관련한 모든 사안으로 보고 남중국해, 동중국해까지도 핵심이익으로 규정하는 확대론자들의 의견이 혼재하고 있다. 군 지도자들은 대부분 핵심이익을 구체적으로 또 광범위하게 규정하는 경향을 보인다. 중국의 최고지도자들은 남중국해 문제를 중국의 핵심이익이라고 공식적으로 언급하지는 않지만 군 지도자들의 언급과 남중국해에 대한 주권 천명 등의 언급을 볼 때 실제적으로는 중국이 남중국해를 중국의 핵심이익으로 인식하고 있다는 것이 옳은 판단일 것이다.

물론이고 TPP를 비롯한 미국의 아시아 재균형(rebalancing to Asia) 전략에 대한 대응 및 견제라는 측면도 가지고 있다. 중국은 미국의 재균형 전략과 함께 미국·일본·호주·인도를 잇는 미국의 군사외교적 움직임, 그리고 동남아시아에서 필리핀, 베트남 등과의 군사협력 강화를 미국의 중국 봉쇄로 보고 있다. 일대일로 구상은 이러한 미국의 중국 봉쇄 움직임을 서쪽으로의 진출을 통해 유럽·아프리카·중앙아시아와의 연계 및 상호의존을 강화함으로써 벗어나려는 시도로 볼 수 있다. 동남아시아 국가들과의 경제적 연계 강화를 통해 이 지역에서 강화되고 있는 중국위협론을 완화시키는 효과도 기대할 수 있다. 또 AIIB를 통해 미국과 일본이 장악하고 있는 아시아 금융체제에 대한 대안적 제도를 만들어 글로벌 금융 거버넌스에서 중국의 역할과 영향력을 강화하는 측면도 강하다고 할 수 있다.

일대일로 구상이 발표된 지 10여 년이 지난 지금 일대일로 구상에 대한 여러 가지 비판들이 있다. 중국이 경제적 능력이 안 되는 나라에 차관을 제공해 무리하게 대형 인프라 공사를 진행했고 스리랑카나 아프리카 몇몇 나라들이 채무를 갚을 능력이 없어 국가 부도 위기에 처하게 된 것이다. 이들 나라와 중국과의 계약에는 채무불이행 시 공항이나 항구 등 인프라의 운영권을 중국이 갖도록 하는 내용이 들어 있어 문제가 되기도 한다. 물론 이들 나라의 국가 부도 위기가 전적으로 중국의 일대일로 관련 차관 때문인 것은 아니다. 그러나 애초에 상환 능력이 안 되는 나라에 차관을 제공해 대형 인프라 사업을 추진하면서 이 나라들의 재정 위기가 오고 채무 상환에 대한 유예 조치에 대해서도 중국이 거부하는 경우가 많기 때문에 일대일로 사업에 대한 부정적 여론은 매우 높다. 두 번째로 일대일로의 인프라 사업은 수혜자 중심이 아니라 중국의 전략적 이익이 최우선시 되고 있다. 그 나라가 꼭 필요로 하는 인프라보다 중국의 물류 수송, 해양 수송 및 향후 군항으로 전용할 수 있는 항만, 도로, 철도 등이 중국이 원하는 위치 및 지역에 집중적으로 건설되고 있다. 마지막으로 중국으로서는 기대했던 성과이겠지만 일대일로 도로나 고속철도가 건설된 나라들에서 중국인과 중국 기업의 진출이 무서운 속도로 늘어나고 있다. 중국이 건설한 고속철도로 라오스는 중국의 쿤밍과 수도 비엔티엔을 연결하는 고속철도를 갖게 되었다. 라오스가 중국으로부터 5억 달러를 3% 이자로 빌려 전체 사업비의 30%를 부담했다. 라오스로는 큰 국가 채무를 지게 되었고 이 철도 개통 이후 라오스의 상권이 빠르게 중국인들에게 넘어가고 있다.

3) 오바마의 대중국 전략

중국의 강화되는 아시아 외교에 대응하는 미국의 아시아에 대한 접근은 네 가지 차원에서 파악해 볼 수 있다. 첫째는 양자적 관계, 둘째는 지역기구를 중심으로 하는 다자적 관계, 셋째는 군사전략적 차원, 그리고 마지막으로 경제적 차원이다. 우선 양자

관계에 관해서 알아보자. 미국은 '아시아로의 회귀'와 함께 전통적인 우방국들과의 관계를 강화하는 동시에 새로운 파트너들과의 협력관계를 추진하고 있다. 여기에 속하는 것이 인도·인도네시아·싱가포르·베트남·중국 등이다. 미국은 동남아의 주요 국가들과 전략적 동반자 관계를 맺고 군사적 지원과 경제 지원 등으로 중국의 영향력을 차단 내지 최소화하려는 전략을 펴왔다. 인도네시아·베트남 등은 중국과의 경제적 관계를 중시하면서도 중국의 군사적 영향력이 강화되는 것에 두려움을 느끼고 있기 때문에 미국의 이러한 접근을 환영했다. 미국과 인도의 접근도 눈여겨볼 만하다. 인도는 전통적으로 비동맹의 지도국가로 미국과 일정한 거리를 두어왔다. 그러나 나렌드라 모디(Narendra Modi) 총리가 집권한 이후 인도는 미국과의 관계를 급격히 강화했다. 모디는 취임 2년 만에 네 차례나 미국을 방문했고 2015년에는 두 나라가 군수지원 협정을 맺고 군사기지를 함께 사용하고 남중국해를 합동 순찰한다는 협약도 맺었다. 같은 해 인도·일본·미국 3국 해군이 합동훈련을 했고 미국과 인도군은 인도·중국 국경 지역에서 합동군사훈련을 하기도 했다. 모디 집권 이후 양국의 방위 관련 교역도 증가해 2015년 140억 달러 규모의 방위산업 관련 교역이 이루어졌다. 두 나라는 항공모함 및 제트엔진 공동개발 프로젝트도 진행하고 있다. 인도의 미국 접근은 한편으로는 중국이 파키스탄에 접근하면서 인도를 압박하는 것에 대한 대응으로 볼 수 있다. 중국은 인도가 48개국으로 구성된 원자력공급그룹(Nuclear Suppliers Group: NSG)에 가입하는 것을 막고 있다. 미국이 인도의 가입을 위해 애쓰는 것과 상반된 모습이다. 미국은 필리핀과도 군사적 관계를 강화했다. 2014년 미국과 필리핀은 군사협정(방위협력확대협정)을 체결하고 필리핀에 미군을 주둔시키기로 했다. 이것은 1992년 필리핀에서 미국이 완전히 철수한 지 22년 만에 미군의 필리핀 복귀를 의미한다. 이 협정에 따라 미군은 필리핀군의 모든 기지를 사용할 수 있으며 보급, 장비, 물자를 상비하는 시설 건설과 항공기와 함선의 순회 파견도 가능해졌다. 이 협정에 대해 남중국해 문제로 필리핀과 갈등을 겪던 중국은 강하게 반발했다.

미국의 두 번째 전략은 지역기구와의 연계를 강화하는 것이다. 미국이 2010년 ASEAN의 EAS 가입 초대를 받아들인 것은 오바마 정부가 아시아의 지역기구들에 적극 참여하겠다는 전략 기조를 반영한 것으로 볼 수 있다. 미국은 EAS가 단순한 담화장으로 끝나는 것이 아니라 동아시아 지역의 전략적 이슈를 다루는 의미 있는 지역기구로 발전하기를 원하고 있다. 또 2010년 미국에서 열린 미국·아세안 정상회의도 미국이 ASEAN을 얼마나 중요하게 생각하고 있는지를 잘 보여준다. 2010년 창설된 아세안 확대 국방장관회의(ASEAN Defence Ministers' Meeting Plus: ADMM Plus)는 ASEAN 10개국과 미국·중국·한국·일본을 포함한 8개 국가의 국방장관이 참여하는 국방장관회의다. 미국은 ASEAN 역외 국가로는 처음으로 ADMM Plus 포럼에 참가해 달라는 초청을 수락하여 중국과 함께 가입했다. ADMM Plus는 3년에 한 번씩 만나던 것을 2년마다 열기로 2012년 합의했다. 이러한 조치는 이 지역의 안보 현안인 남중국해 영유권 갈등 등에 좀 더 신속하게 대응하기 위한 조치로 해석되고 있다. 중국은 이러한 미국의 움직임에 대해 중국을 전략적으로 포위하려는 시도로 이해하고 경계하고 있다. 중국이 ASEAN+3 등을 통해 동아시아에서 자국의 영향력을 강화하려는 움직임에 대응하여, 창설 과정에서 중국의 반대가 있었음에도 회원국이 16개국으로 확대된 EAS를 되살려 중국을 견제하는 수단으로 활용하려는 것이 미국의 의도라고 전문가들은 보고 있다. 이러한 미국의 전략은 T. V 폴(T. V. Paul) 교수가 언급한 연성균형전략의 하나로 볼 수 있을 것이다. 연성균형전략은 군사력을 통한 본격적인 균형전략(balancing strategy)이 아닌 국제기구나 국가 간 협력 메커니즘 등을 통해 잠재적 적국의 영향력을 견제하려는, 본격적인 군사적 분쟁의 가능성이 적어진 21세기에 나타나는 새로운 형태의 균형전략을 말한다.

세 번째로 미국의 군사·전략적 차원의 대응이다. 2010년 힐러리 클린턴 국무장관이 남중국해가 미국의 국익이 걸린 지역임을 분명히 한 이후 미국은 이 지역에서 군사적 활동을 강화했다. 중국이 남중국해에 대한 제해권을 장악한다는 것은 미국의 에너지 수입 통로가 중국의 영향력하에 놓인다는 뜻이고, 또 군사적으로는 중국이 '해양 2차 공격 능력'을 획득하여 미군이 한국과 일본에 제공하는 확장 억지의 신뢰성이 떨어진다는 것을 의미하기도 한다. 이에 대해 미국은 미·일 2+2(국방·외무장관 회의)에서 양국의 해양안보 유지와 공동의 전략을 목적으로 하는 ASEAN·호주·인도 등과의 협력 강화를 주요 어젠다로 다루고 있다. 오바마 대통령은 아시아·태평양 지역 미군 증강계획의 일환으로 호주 북부 다윈 미군 기지에 2500명을 순환 주둔시키고 호주군과의 합동군사훈련을 실시할 것이라고 발표했다. 2012년 6월 1~3일 싱가포르에서 열린 아시아 지역 국방 관련 관료·전문가 회의인 '샹그릴라 대화'에 참석한 미국의 리온 파네타(Leon Panetta) 국방장관은 "2020년까지 아시아·태평양 지역에 배치되는 미국 군함의 비율을 현재의 50%에서 60%로 늘리겠다"라고 말했다. 새로운 전략의 중심축이 '아시아와 태평양'이라는 점을 분명히 한 것이다. 피벗(Pivot) 전략으로 명명되는 태평양 중심의 군사전략은 미군의 전략, 미사일방어전략이 중국을 대상으로 하고 있고 원자력 잠수함 역시 대서양이 아닌 중국을 고려해 태평양에서 활동을 펼치고 있는 것이 핵심이다.

마지막으로 동아시아에서 중국과 미국의 경쟁은 경제적 차원에서도 진행되었다. 미국은 '아시아로 회귀'하면서 자신이 포함된 무역블록을 형성하기 위한 움직임을 강화했다. 미국이 추진했던 TPP는 FTA로 미주와 태평양, 그리고 동남아시아를 포괄하는 12개 나라가 협상에 참여했었다. 그러나 2016년 미국 대선에서 공화당 후보 트럼프가 당선되면서 TPP에서 미국이 탈퇴하겠다는 의사를 공식화했다. 결국 미국을 제외한 11개국이 2018년 명칭을 CPTPP(Comprehensive and Progressive Agreement for Trans-Pacific Partnership)으로 바꾸어 출범시켰다.

이와 달리 중국은 역내 포괄적 경제동반자협정(Regional Comprehensive Economic Partnership: RCEP)에 적극 참여했다. RCEP은 ASEAN이 주도하는 자유무역협정으로 EAS 회원국 중 미국과 러시아를 제외한 16개국이 참여했다. ASEAN+3 참여 국가와 인도·호주·뉴질랜드가 참여하고 있기 때문에 사실상 동아시아 국가들이 모두 참여하는 셈이다. 결국 2019년 11월 4일 인도를 제외한 15개국이 RCEP 협정문을 타결했고 2020년 11월 최종 서명하여 RCEP이 출범했다. 인도는 관세 인하와 철폐에 반대하며 불참하기로 했지만 참가국들은 인도의 참여를 독려하기로 했다. 인도가 참여하지 않을 경우 중국의 영향력이 더욱 커질 것이지만 인도가 빠진 RCEP은 결코 중국이 원하는 모습은 아니다.

4) 미·중 대결의 시작: 중국 부상에 대한 미국의 대응

트럼프가 미국 우선주의를 내세우며 당선되면서 미국은 이전과는 차별되는 공격적인 대외정책을 추진하기 시작했다. 공격적 대외정책은 동맹국에게도 예외는 아니었지만 중국에 대한 새로운 평가와 그에 대한 대응이 세계질서에 중대한 변화를 가져오

게 된다. 미국은 시진핑 주석의 '대국굴기', '일대일로', '중국제조 2025' 등 중국의 국가
전략이 미국 주도의 질서하에서 중국이 파트너로 남아 있는 것을 거부하며 미국을 대
체하는 패권을 추구하는 것으로 파악하고 이에 대한 대응을 시작한 것이다. 중국의
도전에 직면한 미국은 중국의 포용이 아닌 중국의 고립과 포위, 압박의 전략을 택할
수밖에 없게 되었다. 인도-태평양 전략은 러시아와 중국을 미국 중심의 질서 속에서
수용하려는 전략에서 벗어나 해양 세력을 통한 러시아와 중국의 포위와 압박이라는
새로운 패권전략으로 이해하여야 한다.

중국과의 무역전쟁은 트럼프의 이러한 공세적 대중정책의 한 축으로 볼 수 있다.
TPP 협상에서의 탈퇴도 이러한 맥락에서 이해할 수 있다. 트럼프는 미국에 대한 중국
의 무역흑자(2017년 3756억 달러, 미국 총무역적자의 63%)를 문제 삼아 중국에 대한 압박
을 시작했다. 2018년 7월 6일 미국은 미·중 간 무역을 바로잡기 위해 예고한 대로 340
억 달러의 중국산 제품에 25% 추가 관세를 부과했다. 이에 대해 중국도 같은 규모의
상품에 대한 보복 관세를 부과했다. 양국이 휴전을 선언하고 협상을 재개하기로 한
그날 미국은 화웨이(Huawei)와 전체 자회사에 대한 제재를 시작했다. 이러한 미국의
태도는 미국의 중국에 대한 무역전쟁의 시작이 단순한 무역 분쟁이 아니라 미국의 패
권에 위협이 되는 중국의 도전에 대한 선제적 대응이라고 볼 수 있을 것이다. 트럼프
는 "Make America Great Again"이라는 기치 아래 중국이 미국의 기술을 도둑질해 간
다고 언급하면서 지적재산권에 대한 미국의 이익을 침해하고 국가안보에 위협이 된
다며 중국 IT 기업들에 대한 제재를 가했다. 미국 행정부는 2019년 5월 15일 "정보통
신기술 및 서비스 공급망 확보에 관한 행정명령"을 발동했다. 이 결과 구글은 화웨이
에 공급하던 안드로이드 운영체제 계약을 철회했고 퀄컴(Qualcomm)이나 인텔(Intel)도
화웨이에 부품 공급을 중단하기로 했다. 이러한 미·중 간의 기술전쟁은 미국이 '중국
제조 2025'라는 첨단산업 육성정책을 중국의 기술패권을 위한 전략으로 파악하고 이
에 대한 대응이 필요하다는 인식에 의해 시작된 것으로 볼 수 있다. 이후 미국은 2019
년 8월 중국을 환율 조작국으로 지정하고 환율전쟁에 나섰다. 미국은 중국이 대중 추
가관세 부과에 대한 보복으로 위안화 가치 하락을 용인하면서 환율을 무기화하고 있
다고 판단하고 이에 대한 대응을 시작한 것이다.

미국의 대중 전선 확대는 무역과 관계된 경제 영역에만 머무르지 않고 중국이 주권

의 영역으로 보고 있는 남중국해 문제, 대만에 대한 정책에서도 중국에 대한 압박을 강화하고 있다. 미국은 무역전쟁의 시작과 함께 시작된 중국 압박의 일환으로 남중국해에 대한 강경한 입장을 명확히 했다. 2020년 7월 마이클 폼페이오(Mike Pompeo) 국무장관은 '남중국해는 중국의 해상 제국이 아니다'라며 중국이 주장하는 해양자원에 대한 권리 주장은 완전히 불법적인 것이라고 선언했다. 그다음 날 미국은 항공모함 나미츠호와 레이건호를 남중국해에 진입시켜 해상 훈련을 실행했다. 대만 문제와 관련해서는 미·중 무역전쟁이 한참이던 2019년 6월 1일 발간된 미 국방부의 「인도-태평양 전략 보고서(Indo-Pacific Strategic Report)」에서 대만을 싱가포르, 뉴질랜드, 몽골과 함께 인도·태평양 지역의 '민주국가'로서 미국의 파트너라고 명시했다. 미국이 정부 보고서에서 대만을 '국가'로 지칭한 것은 1979년 미·중 수교 이후 처음 있는 일이다. 트럼프 대통령은 2019년 11월 28일 중국이 맹렬히 비난해 온 홍콩인권법에 서명했는데 이 안에는 홍콩에서 인권침해를 저지르는 사람들에 대해 미국이 제재를 가할 수 있도록 하고 있다. 또 대만과 홍콩, 신장 위구르 자치구 문제와 관련된 조항이 담긴 2020년도 국방수권법(NDAA)에 서명하면서 미·중의 무역전쟁은 기술에 이어 인권까지 전선이 확대되고 있는 것이다.

2020년 4월 미국은 반중국 경제블록인 '경제번영 네트워크(Economic Prosperity Network)' 구상을 내놓았다. 이 구상의 배경은 전 세계 공급망에서 중국에 대한 의존을 줄이는 것이지만 그 이전부터 미국이 가지고 있던 중국의 일대일로에 대한 견제, 그리고 우방국의 네트워크 구축을 통해 중국을 압박하는 의도가 구체화된 것이다. 미국은 일본, 인도, 호주는 물론 한국, 뉴질랜드와 베트남에도 참여를 요청하고 있다. 이와 함께 미국은 G7을 확대하여 G11 혹은 G12〔혹은 D10(Democracy 10)〕를 만들어 다층적인 대중 견제 네트워크를 만들려고 하고 있다. 미국은 중국의 홍콩 국가보안법 통과 이후 그동안 홍콩에 제공해 온 관세, 무역, 투자, 비자 발급 등에 대한 특혜를 제공하는 특별 지위를 박탈하고, 미국의 지적재산권을 도둑질하는 소굴이라며 주휴스턴 중국 영사관을 폐쇄하면서 중국에 대한 공세를 전방위로 확대시킨 바 있다. 일부 전문가들은 남중국해 중국의 인공섬에 대한 미국의 군사적 조치까지도 걱정할 정도로 미국의 중국에 대한 견제가 예방전쟁을 향해 치닫는 양상으로 전개되었다.

많은 전문가들은 미국이 미·중 수교 이후 유지해 왔던 대중정책, 즉 중국을 미국 중심의 질서 속에 끌어들여 개방시키고, 법에 의한 지배, 민주주의 가치를 수용하는 나라로 만들려는 지난 40년간의 정책이 실패했다는 것을 깨닫고 새로운 대중정책을 시작하고 있다고 보고 있다. 중국이 미국이 제공한 국제제도의 보호막 속에서 성장하여 기술, 공급망 등에서 미국에게 위협적 존재가 되었고 이러한 자국의 위상을 미국과의 경쟁에서 활용하기 시작했다. 중국은 미국의 바람대로 기존의 국제체제의 룰을 따르는 것이 아니라 미국의 관여정책하에서 WTO 가입과 같은 최대의 혜택을 받으며 성장하여 미국을 몰아내고 자신이 주도하는 새로운 질서를 만들려고 하고 있다고 보는 것이다. 따라서 이에 대응하기 위해 '경쟁적 접근'을 통해 중국의 패권 구상을 저지시키겠다는 정책을 수립한 것이다. 물론 이것은 트럼프 정부의 특성을 반영한 정책이기도 하지만 민주당 역시 이러한 접근에 동의하고 있는 것으로 보인다. 2020년 5월 21일 트럼프 행정부는 「미국의 대중국 전략적 접근(United States Strategic Approach to the Peoples' Republic of China)」을 발표했다. 이 보고서는 미국의 지난 40년의 대중정책이 실패했다고 평가하고 미국과 중국은 전략적 경쟁관계이며 중국은 미국에 경제적·가치적·안보적 측면에서 도전이 되고 있다고 평가했다. 중국을 독재정권으로 표현하고 중국인들과 중국공산당을 분리 구별하고 있다. 그리고 '일대일로'에 대한 위험성을 강하게 비판했다. 중국에 대한 미국의 군사적 대응도 매우 강경하다. 예를 들어 중국의 안보적 도전에 대응하기 위해 3대 핵전력의 현대화 , 사이버 우주 능력에 대한 투자를 늘리고 남중국해에서의 항행의 자유를 지속적으로 행사할 것을 명시하고 있다.

4. 미국의 인도-태평양 전략 중국 봉쇄와 신냉전의 가능성?

미국의 인도태평양 개념과 전략은 2017년 11월 트럼프 대통령의 다낭 APEC 정상회의 연설, "A Vision for a Free and Open Indo-Pacific" 이후에 본격적으로 논의되었다. 그 후 미국의 인도-태평양 전략은 2019년 발간된 미 국방부의 「인도-태평양 전략 보고서(Indo-Pacific Strategic Report)」를 통해 공식화되었다. 인도-태평양 전략의 추진은 이 지역에서의 새로운 전략 환경에 대한 대응이다. 물론 여기서 말하는 전략 환경 변화는 이 지역에서 중국의 부상과 공세적 영향력 확대 전략의 등장이다. 중국은 남중국해에서의 군사화를 가속화했고 2013년 시작한 일대일로(Belt and Road Initiative)를 통해 인도양, 아라비아해, 페르시아만을 연결하는 해상 네트워크를 건설하기 시작했다. 미국은 이 지역에서 중국을 견제할 수 있는 전략 계획이 필요해졌고 기존의 동맹들과의 공조 이외에 이미 다양한 방식으로 미국과의 군사적 협력을 시도해 왔던 인도를 끌어들여 이 지역에서 점차 강해지는 중국의 도전을 견제하려는 전략을 수립했다. 미국은 이러한 전략을 구체화하기 위해 2018년 5월 기존의 태평양 사령부를 인도-태평양 사령부로 개편했고 기존에 미국 혼자 수행했던 '항행의 자유 작전(freedom of Navigation Operation)'을 다국적 작전으로 확대해 수행하기 시작했다. 이미 2007년 일본의 제안으로 시작되어 2008년까지 지속된 미·일·인도·호주의 4자 안보대화체인 QUAD가 2017년 필리핀 아세안 정상회의를 계기로 다시 복원되었다.

트럼프 행정부 시기의 인도-태평양 전략이 구체적 프로젝트들을 결여하고 있고 군사적으로 태평양과 인도양에서 중국을 견제하는 성격이 강했기 때문에 동맹국들의 참여와 지지 역시 그리 강하지 못했다. 그럼에도 불구하고 트럼프 행정부의「인도-태평양 전략보고서(Indo-Pacific Strategy)」는 향후 미국이 취할 구체적 인도-태평양 전략의 청사진을 포함하고 있었다.「인도-태평양 전략보고서」에 따르면 인도-태평양 전략은 세 가지 핵심 요소를 포함하고 있는데 그중 파트너십과 지역 네트워크의 촉진은 그후 바이든 행정부의 인도-태평양 전략의 뼈대를 이루게 된다. 여기서 파트너십은 기존의 동맹국과의 협력을 강화하는 것을 말하며 지역 네트워크 부분은 동맹국이 이 지역에서 동맹과 파트너 국가들과의 네트워크를 확대해서 소다자주의를 확립하는 것을 의미한다.

중국이 미국과의 군사, 무역, 기술, 공급망 차원에서 다차원적인 경쟁을 시작하면서 미국의 대중국 전략에도 변화가 오기 시작했다. 트럼프 행정부는 중국산 제품에 대한 추가관세 부과나 화웨이와 자회사에 대한 제재를 통해 중국이 '중국제조 2025'와 같은 첨단산업 육성정책을 통해 미국에 가하는 중국의 기술 측면에서의 도전에 대응했다. 트럼프는 2019년 5월 15일 '정보통신 기술 및 서비스 공급망 확보에 관한 행정명령'을 발동했다. 이 조치로 구글은 화웨이에 공급하던 안드로이드 운영체제 계약을 철회했고 퀄컴이나 인텔도 화웨이에 부품 공급을 중단했다. 트럼프 행정부에서 시작된 무역전쟁으로 인해 중국과의 전선이 경제, 기술, 자원 등으로 확대되면서 바이든

정부에서는 이러한 상황을 반영한 인도-태평양 전략이 추진되었다. 따라서 인도-태평
양 전략으로 상징되는 새로운 미국의 패권전략 혹은 대중국 대외전략은 군사적 측면
에서의 대응과 함께 중국이 가하는 경제와 기술 영역에서의 새로운 형태의 안보위협
에 대응하기 위한 성격을 지니며 이러한 대응에서 여전히 중요한 것은 동맹국의 역할
과 그들과의 협력관계이다.

바이든 정부에 와서 미국의 대중국 정책은 더욱 체계적이고 구체적인 모습을 갖추
었다. 기존의 동맹국들에게 대중 압박과 관련한 새로운 역할을 요청하기 시작했고 세
부적 어젠다별로 관련 국가들이 참여하는 소다자 협력 메커니즘들을 만들어내기 시
작했다. 또 기존의 미국과 우호적인 관계에 있는 다자적 메커니즘들을 인도-태평양
전략과 연결하는 반중국 네트워크의 글로벌 확장 역시 추진되고 있다. NATO와 EU
그리고 G7과 같은 다자적 메커니즘들이 중국을 견제하는 목표를 어젠다로 채택하기
시작했다. 2022 마드리드 NATO 정상회의에서 채택된 NATO의 2022 '전략적 개념
(Strategic Concept)'은 처음으로 중국을 NATO의 전략적 우선순위에 언급하고 중국의
군사적 야망, 대만에 대한 대결적 언사 그리고 러시아와의 계속적인 관계 강화가 체
계적인 도전이라는 것을 분명히 했다. NATO는 중국이 NATO의 적이 아니라는 것을
분명히 했지만 동시에 중국으로부터의 도전이 NATO에 미치는 영향도 분명히 지적
했다.

바이든 정부는 특히 기술, 공급망 등을 포함한 중국의 기술패권 도전을 저지하는
것을 핵심 목표로 삼았다. 바이든 정부의 국가안보 및 대외정책의 최고 실무자인 제
이크 설리번(Jake Sullivan) 백악관 국가안보 보좌관은 2021년 1월 29일 미국 평화연구
소(USIP) 주최 화상 세미나에서 대중국 접근법을 제시했는데 그것들은 체제경쟁을 위
한 내부 문제 해소, 동맹 규합, 기술 경쟁, 행동 준비의 네 가지 해법이다. 여기서 세
번째 기술 경쟁은 인공지능, 양자컴퓨팅, 생명공학, 청정에너지 등 핵심 최첨단 기술
에서 우위를 유지하도록 미국이 공격적으로 투자해야 한다는 것이다. QUAD는 정상
회의로 승격하여 2021년 3월에 첫 화상 정상회의를 가졌으며 2021년 9월에는 두 번째
쿼드 정상회의가 대면 회의 형식으로 열려서 5G와 반도체 공급망 관련 협력 강화 방
안이 발표되었고 위성 데이터를 활용한 우주 분야 협력도 논의되었다.

인도-태평양 전략의 또 다른 한 축인 경제 차원의 메커니즘은 IPEF(Indo-Pacific

Economic Framework)이 핵심적 역할을 하고 있다. 쿼드 참여국, 동남아 7개국, 한국, 뉴질랜드 등 14개국이 참여하는 이 경제협력 프레임워크는 2022년 5월 23일 미국의 주도로 출범하고 공동성명을 발표했다. 바이든 대통령은 "인도태평양 지역 국가들의 강력하고 공평한 경제성장을 위해 21세기 경제 규칙(rule)을 만들어가겠다"고 말했다. 미국은 IPEF를 통해 규칙과 표준의 차원에서 중국의 경제적 영향력에 대응하려고 한다. 기존의 동맹 네트워크와 AUKUS가 인도-태평양 전략의 군사적 측면을 담당하고, QUAD는 새로운 복합적 신안보위협 관련 대응을 위한 틀로 만들고, 나머지 한 축인 경제 부분은 IPEF를 통해 전체 인도-태평양 전략을 완성하려는 의도를 가지고 있다. 이러한 의도는 이미 2022년 「인도-태평양 전략보고서」의 10개 행동 계획에 IPEF가 포함된 것에서 잘 나타난다.

더 중요한 점은 IPEF가 안보에 대한 새로운 인식을 바탕으로 하고 있다는 것이다. 좀 더 쉽게 말하면 경제 사안을 안보와 연계시키는 21세기의 흐름이 반영된 것이 IPEF라는 틀이다. 신기술, 데이터 관리, 공급망 회복력과 같은 IPEF의 주요 의제들이 가지고 있는 안보적 중요성을 중국의 도전을 통해 명확히 인식하게 되었고 이러한 경제안보적 목표들을 추구할 틀로서 IPEF를 추진하고 있는 것이다. 따라서 IPEF는 경제적 성격이 강하지만 단순한 경제적 틀이 아니며 AUKUS, QUAD와 마찬가지로 인도-태평양에서 중국의 도전에 효과적으로 대응하기 위한 다자적 틀의 하나로 인식해야 한다. 따라서 IPEF는 중국을 배제하면서 믿을 수 있는 유사 입장국들과 새로운 국제 공급망을 구축한다는 의미를 가지고 있다는 점을 주목해야 한다.

바이든 정부는 중국에 대한 의존 축소, 중국을 제외한 공급망 구축, 중국과의 무역 축소 등을 통해 소위 디커플링(decoupling, 탈동조화) 전략을 구사해 왔다고 볼 수 있다. 이러한 중국에 대한 탈동조화 전략은 신냉전의 실질적 증거로 제시되기도 했다. 그러나 이러한 디커플링은 과장된 측면이 있다. 신냉전의 도래에 반대하는 사람들이 주장하듯이 미·중 간의 상호의존의 수준은 너무 높기 때문에 양국이 이 상호의존을 끊는 것은 불가능하다. 또 하나의 측면은 미국의 동맹국들 특히 유럽 국가들은 중국과의 무역과 의존관계가 자국 경제에 매우 중요하며 따라서 탈동조화를 받아들이기가 어렵다는 것이다. 이러한 현실은 결국 디리스킹(derisking)이라는 새로운 전략의 출현으로 나타났다. 디리스킹은 중국과의 무역거래는 계속하지만 군사적 용도로 사용될 수 있는 첨단기술 및 핵심 분야의 보호 및 탄력적인 공급망 확보 등을 통해 중국에 대한 의존을 줄인다는 것이다. 이 개념은 2023년 3월 우르줄라 폰데어라이엔(Ursula von der Leyen) 유럽연합(EU) 집행위원장이 마크롱(Macron) 프랑스 대통령과 방중했을 당시 사용했던 것으로 그는 중국으로부터의 디커플링이 가능하지 않고 유럽의 이익에도 부합하지 않으며 따라서 디커플링이 아닌 디리스킹에 초점을 맞추어야 한다고 강조했다. 이후 바이든 정부는 디리스킹 개념을 수용하는 언급을 하기 시작했다. 2023년 4월 제이크 설리번 백악관 안보 보좌관은 '우리는 중국으로부터 디커플링을 추구하는 것이 아니라 디리스킹을 추구한다"고 한 강연에서 언급했다. 제이크 설리번의 그 후 언급들을 종합해 보면 대중국 리스킹은 군사적 용도로 사용할 수 있는 첨단기술을 보호하며, 이를 위해 핵심 품목에서 탄력적인 공급망을 확보하고 국내 산업 원천에 투자하여 핵심 분야 관련 미국 내 생산 및 성장 역량을 확충하는 것을 의미한다. 결국 이 개념은 2023년 5월 일본 히로시마에서 개최된 G7 정상회의에서 회원국들이 중국에 대한 디리스킹을 추구하기로 합의하면서 미국과 동맹국, 파트너 국가들의 대중국 전략으로 자리 잡게 되었다. 이것은 중국과의 무역이 중요한 유럽 국가들이나 친서방 국가들이 겪고 있는 현실적인 문제들을 고려해야 하는 미국의 입장이 반영되어 있고 미국의 대중국 견제정책의 범위를 보다 구체적으로 명시해 줌으로서 이 국가들의 어려움을 해소해 준다는 함의를 갖는다.[1]

미국의 디리스킹으로의 전환 그리고 2023년 6월 19일 미 국무장관 토니 블링큰의 방중 그리고 2023년 샌프란시스코 APEC 정상회의에서의 시진핑과의 미·중 정상회담은 미국의 대중국 압박정책이 변화를 보이고 있다는 것을 상징적으로 보여주며 또 세계질서가 이미 다극질서로 재편되었고 이러한 국제질서 속에서 미·중 양국의 협력 필요성을 미국도 받아들일 수밖에 없다는 것을 보여준다. 미국의 강력한 대중 봉쇄는 중국과 러시아의 전략적 협력을 강화시키고 있으며 중국이 글로벌 사우스(Global South: 아프리카, 남미, 중동, 중앙아시아 등)를 결집해 탈달러화를 비롯한 여러 분야에서

---

1 디리스킹 관련 내용은 민정훈, 「바이든 행정부의 대중국 '디리스킹(derisking)의 의미와 함의」, *IFAN Focus*(2023.6.27) 부분을 참조, 정리한 것이다.

미국의 기득권에 도전을 강화하고 있는 점, 대만 해협에서의 군사적 충돌 가능성의 고조 등을 초래하고 있기 때문에 동맹국들의 경제적 어려움을 고려하고 이러한 압박의 부작용들을 처리하기 위한 전략의 변화가 필요한 것으로 보인다. 물론 대선을 앞두고 있는 미국의 국내정치적 상황도 이러한 정책 변화의 중요한 요인일 것이다.

5. 미·중경쟁의 심화와 한국의 외교전략

미국과 중국의 패권 경쟁은 단지 두 나라 간의 문제가 아니다. 이 과정에서 많은 나라들의 운명, 나아가서 세계의 운명이 영향을 받을 수밖에 없다. 세력전이론의 관점에서 보면 A. F. K. 오간스키(A. F. K. Organski)가 세력전이론을 처음 내놓은 시점(1958)과는 전혀 다른 세상에 우리는 살고 있다. 세력전이를 막기 위한 도전 국가에 대한 예방전쟁은 더 이상 선택지가 되기는 어렵다. 그보다는 다양한 수단을 보유한 패권 국가가 그러한 수단을 통해 도전 국가의 위협을 약화시킬 수 있는 선제적 조치들을 할 수 있을 것이다. 그동안 미국은 중국과의 패권 경쟁에서 민주주의국가의 불리(democratic disadvantage)를 감수해 왔다. 민주주의 국가는 다양한 국내 이익집단의 압력, 민주적 제도를 통한 정책의 도출 그리고 국제적 규범이나 규칙을 지켜야 하는 의무 등의 부담을 지고 있기 때문에 그런 요인들에 구애받지 않는 비민주국가와의 경쟁에서 불리한 위치에 서 있었다. 그러나 미국은 더 이상 그러한 약점들을 수용하지 않으려는 것으로 보인다. 미국은 거세게 도전하는 중국에 대응하기 위해 트럼프 정부의 미국이 그러했듯이 미국 제일주의를 내세우면서 기꺼이 국제적 약속을 깨고 행정명령 등으로 의회를 우회하며 국내 이익집단들의 불만과 압력을 효과적으로 처리하면서 중국 길들이기에 전념하고 있다. 바이든 정부에 와서도 미국은 자국의 무역적 이득을 위해 자유무역질서 규범에 반하는 보호무역 조치들을 펴거나 반도체 공급망과 관련해서 반도체 지원법이나 인플레이션 감축법(IRA: Inflation Reduction Act) 등으로 외국 기업에 보조금 차별 조치를 취하면서 중국 의존의 축소 그리고 미국 전기차 업체의 이익을 지원하고 있다.

미국의 인도-태평양 전략이 구체적인 모습을 갖추어가면서 이에 대한 한국의 기본 입장은 신중한 지지였던 것으로 보인다. 문재인 정부에서는 인도-태평양 전략의 근간에 깔려 있는 중국 견제에 적극적으로 참여하는 것은 부담스럽지만 동맹국인 미국의 새로운 지역 전략에 등을 돌릴 수는 없는 동맹국으로서의 어려운 입장이 반영된 미국의 인도-태평양 전략과 한국의 신남방정책을 연계하는 해법을 내놓았다. 2021년 한미정상회담의 공동성명에서도 두 나라는 "인도 태평양 지역에서 민주적 규범, 인권과 법치의 원칙에 대한 비전을 공유하면서 신남방정책과 미국의 자유롭고 개방적인 인도-태평양 구상을 연계하여 지역의 안전, 번영 및 역동성 강화를 위해 협력"한다는 문항으로 기존 한국의 입장을 재확인했다.

그러나 이 공동성명이 중요한 이유는 인도-태평양 전략과 신남방정책 연계를 재확인했다는 점이 아니라 사실상 이런 수사적 차원을 넘어서서 '규칙 기반 국제질서 저해 활동에 대한 반대', '남중국해 항행의 자유', '대만 해협에서의 평화와 안정 유지' 등 사실상 중국을 염두에 둔 미국의 인도-태평양 전략의 핵심 내용을 한국이 공유한다는 점을 명문화한 점이다. 이와 함께 한미동맹이 글로벌 차원의 새로운 도전에 대응하기 위한 글로벌 역할을 수행할 것이라는 것을 강조하고 공급망, 첨단기술, 백신, 기후변화 등에서의 협력 강화를 명문화했다. 다시 말해 한국은 미국의 인도-태평양 전략에서 중국 견제에 대한 적극적 참여를 피하면서도 사실상 미국의 인도-태평양 전략에 적극적으로 참여하는 외교적 해법을 보여주었다. 이러한 행보는 윤석열 정부에 와서는 보다 적극적인 형태의 참여로 변화하고 있다. 2022년 5월 21일 한미정상회담 공동성명에서 나타난 바와 같이 한국의 QUAD에 대한 관심을 명문화했고 또 IPEF 참여, NATO 정상회담 참석, 그리고 CHIP 4 참여 등 한국은 미국의 중국 견제 행보들에 사실상 협력하고 있다고 보아야 한다. 이러한 한국의 정책은 인도-태평양 전략이 추구하는 동맹의 변화(군사적 역할을 넘어서는 새로운 이슈 영역으로의 확대, 글로벌 성격)가 한미동맹에서도 이루어지고 있고 한국이 이러한 변화를 수용하고 있다는 것으로 이해해야 한다.

2022년 11월 프놈펜 한-아세안 정상회의 계기에 발표한 '한국의 인도-태평양 전략'(이하 '인태전략')의 내용은 이러한 한국의 정책적 선택을 다시 한 번 확인시켜 주었다. 한국도 한국의 인태전략을 추진해 나갈 것을 천명했고 그 핵심 목표로 '보편적 가치에 기초한 규칙 기반 질서의 강화'를 제시했다(대한민국 정부, 2022). 한국의 인태전략에 강조된 '보편적 가치에 입각한 대외전략과 가치를 공유하는 국가 간 연대와 협력'은 미국의 인도태평양 전략과 궤를 같이하는 것으로 볼 수 있다. 물론 윤석열 정부는 인태전략의 첫 번째 원칙으로 포용을 제시함으로서 한국이 특정국을 배제하거나 겨냥할 의도가 없다는 것을 분명히 하고 있다. 그러나 윤석열 정부의 인태전략 발표에 대한 중국의 반응이 한국의 인태전략이 배타적인 소그룹을 조장하는 것을 견제하는 내용인 것을 보면 한국의 인태전략의 방점은 미국의 인태전략과의 동조화에 있다고 보는 것이 더 정확하다.[2] 이러한 한국의 대외전략의 방향은 한국의 외교전략에 중대한 도전이 될 것이다. 우선 인태 지역에서의 소다자·다자간 협력을 추진함에 있어서 예상되는 중국과의 마찰과 갈등을 관리해 나갈 외교적 수단과 방안들을 마련해야 할 것이고 또 미국의 인태전략 추진 과정에서 한국에게 요청되는 역할을 동맹국의 입장에서 어느 정도 그리고 어떻게 수용할 것인지도 한국의 대외정책적 과제이다.

한국의 윤석열 정부가 전략적 모호성을 버리고 소위 '전략적 명확성'이라고 하는 미국의 인도-태평양 전략과 상당 부분 궤를 같이 하는 대외전략을 채택하면서 한국에 대한 중국의 압박이 강화되고 있다. 윤석열-바이든 정상회담의 공동성명 내용이라든지 한국의 인태전략의 내용 그리고 한미동맹의 확장억제 강화 및 제도화 등 한국의 대외전략 선택에 대해 중국은 협박에 가까운 압박을 구사했다. 이러한 상황이 한국의 대외전략에 큰 도전이 되고 있다. 하지만 한국이 자신의 안보를 위해 한·미 간 또는 한·미·일 차원에서 군사적 협력을 강화하는 것 역시 당연한 일이며 중국의 눈치를 볼 필요도 없는 부분이다. 한국은 여러 가지 사안에서 중국의 요구에도 불구하고 국익을 고려해서 우리의 입장을 정해왔다. 특히 THAAD 도입 문제에서도 중국 측의 오랜 견제와 반대에도 불구하고 2016년 10월 도입을 결정했다. THAAD가 방어용 무기이고 대한민국의 국가안보에 중요하다는 점이 중국에 전달한 설명이었다. 미·중관계가 너무 가까워지든 또는 갈등이 심화되든 한국의 외교적 딜레마는 항상 존재한다. 양국 사이에서의 적절한 스탠스는 전 세계 대부분의 국가들이 갖는 외교적 과제이다. 한국

---

2 중국이 왕원빈(汪文斌) 외교부 대변인을 통해 발표한 공식 반응은 "인태전략이 지역의 평화, 안정, 발전 및 번영을 촉진하기 위해 함께 노력하고 배타적인 소그룹에 반대하는 것이 지역 국가의 공동 이익에 부합한다"이다.

이 미·중 사이에 등거리 외교(균형외교)를 택한 적도 없고 그럴 필요도 없다. 외교에서 어느 한쪽을 버리고 다른 편에 서는 경우는 흔하지 않다. 협력, 타협, 거래를 통해 모든 나라와 최대한 좋은 관계를 유지하는 것이 외교의 본질이다. 사안에 따라 국익이라는 큰 원칙을 가지고 상대방을 설득하는 외교를 하면 된다.

■ ■ ■ 참고문헌

강선주. 2022. 「미국의 인도―태평양 경제프레임워크(IPEF): 국제정치경제적 함의와 전망」. 외교안보 연구소. ≪IFANS 주요국제문제분석≫, 2022-17.

김기석·최운도. 2012. 「미국의 귀환과 동아시아 지역협력 아키텍처: 동아시아 지역주의 협력의 G2화?」. ≪동아연구≫, 62권.

김성한. 2011. 「미국 오바마 행정부의 아태정책: 아시아로의 귀환?」. ≪국제관계연구≫, 16권, 2호.

김한권. 2015. 「중국의 주변외교에서 본 일대일로의 전략적 의미」. ≪정책연구과제≫, 2015-11.

김흥규. 2009. 「미중전략·경제대화 분석: 한반도 현안에 대한 함의와 더불어」. 외교안보연구소. ≪IFANS 주요국제문제분석≫, 2009-27.

배긍찬. 2016. 「2016년 ASEAN 관련 정상회의 분석결과: ASEAN, ASEAN+3, EAS를 중심으로」. 외교안보연구소. ≪IFANS 주요국제문제분석≫, 2016-38.

유준구. 2016. 「필리핀 VS. 중국 남중국해 중재재판의 내용과 시사점」. 외교안보연구소. ≪IFANS 주요국제문제분석≫, 2016-30.

유현석. 2023. 「동아시아 안보제도의 변화 연구: 미국의 인도―태평양 전략과 샌프란시스코체제의 변화」. ≪동서연구≫, 제35권 2호.

이남주. 2020. 「동아시아 질서의 변화와 새로운 지역협력의 모색: 샌프란시스코체제의 동학을 중심으로」. ≪경제와 사회≫, 2020년 봄호(125호).

이상현. 2020.8.1. "안미경중 외교, 더는 유지할 수 없다". ≪동아시론≫.

_____. 2011. 『새로 그리는 동아시아 안보지도: 중국 부상의 안보적 함의』. 성남: 세종연구소.

이재현. 2022. 「신남방정책과 인도―태평양 전략. ≪이슈브리프≫, 2022.1.14. 아산정책연구원

이지용. 2014. 「중국 일대일로 전략의 정치경제적 함의와 시사점」. 외교안보연구소. ≪IFANS 주요국 제문제분석≫, 2014-38.

전재성·이동률·박원곤. 2019.11.5. 「미중 전략 경쟁과 한국의 대미전략, 대중 전략」. 동아시아 연구원. EAI 정책토론회 "문재인 정부 중간평가: 여론 조사 및 후반기 정책과제 발표"(서울).

전재성·주재우. 「미·중관계의 변화와 한국의 미래 외교 과제」. 『EAI 국가안보패널 보고서: 2020 한국외교 10대 과제』.

전혜원. 2022. 「2022년 NATO 신전략개념 및 정상회의 분석과 향후 전망」. 외교안보연구소. ≪IFANS 주요국제문제분석≫, 2022-22.

_____. 2010. 「NATO 신전략개념 평가와 전망」. 외교안보연구소. ≪IFANS 주요국제문제분석≫, 2010-33.

최우선. 2016 「미중관계와 한국의 전략」. 외교안보연구소. ≪IFANS 주요국제문제분석≫, 2015-50.

최원기. 2020. 「미국 바이든 행정부의 아태전략 전망: 미·일·인도·호주 4자 협의체(QUAD)를 중심으로」. 외교안보연구소. ≪IFANS 주요국제문제분석≫, 2020-54.

Beckley, Michael. 2011. "China's Century? Why America's Edge Will Endure." *International Security*, vol.36, no.3.

Binnendijk, Hans and Daniel S. Hamilton. 2022. "Commentary: Face it, NATO: The North Atlantic and Indo–Pacific are linked." *DefenseNews*, June 21.

Calder, Kent. 2004. "Securing Security Through Prosperity: the San Francisco System in the Comparative Perspective." *The Pacific Review*, vol.17, no.1.

Campbell Kurt M. and Rush Doshi. 2021. "How America Can Shore up Asian Order." *Foreign Affairs*, January 2021.

Demir, Emre. 2018. "Fragmented or Integrated Asia: Competing Regional Visions of the US and China." *Rising Powers Quarterly*, vol.3, no.2.

Hemmer, Christopher and Peter J. Katzenstein. 2002. "Why is there no NATO in Asia? Collective Identity, Regionalism and the Origins of Multilateralism." *International Organization*, vol.56, no.3.

Ikenberry, John. G. 2000. *After Victory: Institutions, Strategic Restraint, and the Rebuilding of order after Major Wars*. Princeton, NJ: Princeton University Press.

Jung, Sung Chul, Jaehyon Lee and Ji–Young Lee. 2021. "The Indo–Pacific Strategy and US Alliance Network Expandability: Asian Middle Power's Position on Sino–US Geostrategic Competition in Indo–Pacific Region." *Journal of Contemporary China*, vol.30, no.127.

Mearsheimer, John J. 2019. *The Great Dillusion: Liberal Dreams and International Realities*. New Haven: Yale University Press.

NATO. 2022. "NATO 2022 Strategic Concept." https://www.nato.int/assets/pdf/2022/pdf (검색일: 2022.12.10).

_____. 2020. "NATO 2030: United for a New Era." 25, November 2020.

Paik, Wooyeal and Park, Jae Jeok. 2021. "The Quad's Search for Non–Military Roles and China's Strategic Response: Minilateralism, Infrastructure Investment, and Regional Balancing." *Journal of Contemporary China*, Vol.30, no.127.

Teo, Sarah. 2022. "The More Things Change⋯ How Regional Security Multilateralism in the Asia–Pacific is Evolving." *Melbourne Asia Review*, March 1.

Wallender, A Celeste and Robert Keohane. 2002. "Risk, Threat, and Security Institutions." in Robert Keohane(ed.). *Power and Governance in Partially Globalized World*. London: Routledge.

Wang Jisi. 2011. "China's Search for a Grand Strategy: A Rising Great Power Finds Its Way. *Foreign Affairs*. March/April.

04

인도─태평양 국제정치: 주요 양자·다자 관계

Understanding International Relations: The Crisis of Liberal International Order and Global Relations

동아시아는 역동적인 지역이다. 이 지역에는 중국·일본·러시아 등 군사적 강대국들이 위치해 있으며 남북한 문제, 중국과 대만 간의 양안(兩岸) 문제 그리고 여러 가지 영토 분쟁 등이 복잡하게 얽혀 있다. 미국의 트럼프 정부가 인도-태평양 전략을 추진하면서 이 지역의 질서에 중대한 변화가 오기 시작했는데 특히 미·중관계는 본격적인 대결 양상을 보이기 시작했다. 역사 문제 등으로 갈등을 빚어왔던 한일관계도 윤석열 정부의 등장 이후 긍정적 변화가 일어나고 있고 그로 인해 한·미·일 안보협력도 힘을 받고 있다. 2019년을 마지막으로 중단된 한·중·일 정상회담도 중국 측의 태도 변화로 2023년 재가동을 탐색하고 있다. 한미관계는 확장억제 이슈를 중심으로 한미 간의 동맹이 강화되고 업그레이드되는 모습을 보이고 있다. 반대로 한중관계는 한국의 미국 인도-태평양 전략에 대한 동조화로 갈등이 심화되고 있다. 이 장에서는 동아시아 지역의 양자관계, 다자관계의 변화 그리고 주요 현안들에 대해서 알아볼 것이다.

1. 미·중 경쟁의 심화와 일본 외교안보 전략의 변화

제2차 세계대전 이후 일본은 미국의 핵우산 아래서 자국의 안보를 미국에 맡기고 경제발전에 주력해 왔다. 일본은 평화헌법에 의해 국가 목적의 달성을 위한 수단으로서의 무력 사용을 포기하며 전수방어의 원칙 아래 자국의 방위를 위한 최소한의 군사력인 자위대만을 유지해 왔다. 그러나 일본의 경제력이 커지면서 일본 내에서는 정상국가론, 즉 일본이 보통의 다른 주권국가들처럼 경제력에 걸맞은 적절한 군사력을 보유해야 한다는 목소리가 등장했고 자민당 정부는 일본의 군사력 강화를 추진해 왔다.

일본의 군사력 증강은 미국의 군사전략 그리고 주변 지역의 안보환경과 연결되어 있다. 1997년 9월 23일 '신(新)미·일 방위협력지침(신지침 혹은 신가이드라인)'을 책정했다. 신가이드라인에서는 '아시아·태평양 지역'에서 일본의 안전보장에 중대한 영향을 미치는 분쟁이 발생하는 경우를 상정하고, 그 경우에 대한 미·일 공동작전 및 일본의 대미 병참 지원, 자위대가 주가 되어야 하는 임무, 자위대 혼자서 해야 할 일, 미국에 대해 협력해야 할 분야 및 방법을 모색하는 데 초점을 맞추었다.

신지침은 미·일 안보조약을 자위를 목적으로 하던 냉전형 조약에서 지역적 안전보장에 초점을 맞춘 협정으로 전환한 것이다. 즉, 신지침의 전면적인 개정 목적은 '일본 유사시'가 아니라 '주변 유사시'에 일본과 미국이 어떻게 대응할 것인가를 규정하는 것이다. 일본 주변의 사태가 일본의 안보와 평화에 영향을 미칠 경우에 대비하여 일본이 어떻게 조치해 나갈 것인가를 규정한 것이 바로 '주변사태조치법'이다. '주변사태조치법'에 의해 일본의 자위대는 전투에 임하는 미군을 따라다니면서 병참 지원을할 수 있게 되었다. 이것은 그동안 일본이 추구해 온 전수방위(專守防衛)를 위한 기반적 방위력 정비에서 벗어나 자위대를 해외에 내보낼 수 있는 수송 장비의 준비, 체계화된 지위체계, 탐지와 정보 능력을 필요로 하게 되었다.

일본의 자위대는 9·11 테러 이후 아프간에서의 대테러전쟁을 지원하기 위해 인도양에 해상자위대를 파견했다. 이것은 태평양전쟁 후 일본 함정이 해외 전투 지역에 파견된 첫 사례로 일본의 전통적 전수방위 원칙이 흔들리고 있음을 의미한다. 2010년대에 들어와 일본이 집단적 자위권을 보유해야 한다는 주장이 계속 나오고 있다. 2012년 7월 일본 총리 직속 정부위원회가 집단적 자위권을 행사해야 한다는 주장을 담은 보고서를 출간했다. 그 이후 자민당의 주요 정치인인 아베(安倍晋三)를 비롯한 우파 정치인들은 집단 자위권 행사를 공약으로 내놓았다.

아베가 두 번째로 집권한 이후 일본은 대외정책에서 좀 더 적극적이고 공세적인 모습을 보였다. 아베는 국제사회에서 일본이 좀 더 적극적인 군사적 역할을 하는 것을 목표로 '적극적 평화주의'를 주창했다. 아베 총리는 2013년 9월 UN 총회 연설에서 일본이 세계평화와 안전에 좀 더 적극적으로 기여할 것이며 이를 위해 UN 평화유지활동(peace keeping operations: PKO)과 같은 UN의 집단안보활동에 적극 참여할 것임을 밝힌 것이다. 이러한 아베의 새로운 대외군사정책 기조는 그 명분이 무엇이든 간에 사실상 일본의 정상국가 그리고 전수방위가 아닌 집단적 자위권의 행사를 공식적으로 선언한 것으로 해석되기도 했다. 아베 총리는 또 안보법제의 개정과 국가안전보장위원회 신설, 종전의 무기 수출 3원칙을 방위장비 이전 3원칙으로 개정해 무기 수출은 가능케 하는 등 적극적 평화주의를 법적으로 뒷받침하면서 군사적으로 보통국가화에 적극적으로 나섰다. 2016년 3월 29일 발효된 안보법제(안전보장법제)는 미국을 포함해 자국과 밀접한 관계에 있는 나라에 군사적 공격이 발생하고 이로써 일본의 존립까지도 위험을 받는 상황이 되면 '존립위기 사태'로 규정하고 집단적 자위권을 행사할 수 있게 했다. 또 기존의 '주변사태법'을 개정한 '중요영향사태법'에서 자국의 평화·안전 등에 '중대한' 영향을 미칠 수 있는 사태가 발생했을 경우엔 미국뿐 아니라 다른 외국군에도 탄약, 유류 제공 등 후방 지원을 할 수 있도록 했다. 이 외에도 평화유지활동을 위해 해외에 파견된 자위대가 현지에서 위험에 처한 UN 및 비정부기구 직원을 구출하는 임무를 수행할 수 있는 근거 규정도 만들었다.

일본은 2022년 국가안전보장전략을 개정했는데 여기에서는 중국과 러시아를 중대한 위협이자 전략적 도전으로 명시하고 이에 대한 대응을 담고 있다. 가장 관심을 끄는 점은 '반격 능력의 보유'와 2027년까지 방위비를 GDP의 2% 수준까지 증액한다는 내용이다. 이것은 어떻게 보면 전수방위 원칙의 위반으로 보이지만 일본 정부는 헌법과 전수방위를 지키는 가운데 적 기지를 공격할 수 있도록 하는 전수방위 원칙의 재해석이라고 주장하고 있다. 그동안 일본은 상대방이 무력 공격에 '착수'했는데 이를 막을 수 있는 다른 수단이 없을 경우 적기지 공격이 가능하다는 해석을 제시해 왔다. 일본의 군비증강과 적기지 공격능력 옵션의 확보는 중국의 무력 공격에 의한 한국, 대만의 유사시와 연계되어 일어날 가능성이 크기 때문에 지역 분쟁에 대한 일본의 군사적 역할이 확대될 가능성을 의미한다. 일본은 중국의 군사적 부상과 러시아의 대외정책의 최근 움직임을 일본 안보에 대한 심각한 위협으로 보고 이러한 상황에서 자조 능력을 강화하려는 움직임을 보이고 있는 것이다.

안보협력 측면에서 일본은 새롭게 모멘텀(momentum)을 얻은 한·미·일 안보협력과 기존의 미·일동맹 그리고 호주와의 협력을 강화하고 있다. 호주와는 2022년 10월 22일 신안보선언을 통해 '안보상의 긴급사태 시 상호협의하고 대응 조치를 검토할 것'에 합의하면서 양국 관계는 상호방위조약 바로 전 단계까지 진전되었다.

한·미·일 안보협력은 미국이 이 지역에서 중국을 견제하는 메커니즘으로 매우 큰 중요성을 부여해 왔다. 그러나 역사 문제로 갈등이 심화되면서 한일 간의 안보협력에 제동이 걸리고 진전을 보지 못하고 있었다. 한일은 북한의 핵미사일 위협에 놓여 있다는 공통점이 있고 미국의 입장에서는 한반도 유사시에 일본의 군사적 도움이 미국의 작전에 중요하기 때문에 한일 사이의 안보협력은 양국 간의 중요한 협력 어젠다이다. 또 미국은 전시에 주한미군과 주일미군을 통합적으로 지휘해야 하며 따라서 양국 간의 협력은 매우 중요하다. 한일 간에는 이명박 정부 시기 안보협력을 강화하는 움직임들이 있었다. 두 나라는 군사정보보호협정 체결을 추진해 2012년 6월 한국의 국무회의를 통과했으나 밀실 추진이라는 여론에 막혀 무산되었다가 박근혜 정부에서 다시 추진되어 체결되었다. 그러나 문재인 정부에서 한일관계가 악화되면서 기존 협정을 연장하지 않는다는 한국 정부의 발표 이후 종료 유예 상태가 되었다. 윤석열 정부에 들어와서 한일관계가 정상화되고 양국의 정상 셔틀 외교가 복원되면서 양국의 안보협력도 진전을 보이기 시작했다. 조건부 종료 유예 상태였던 한일군사정보보호협정(GSOMIA)이 정상화되었고 2023년 국장급 외교안보대화도 2018년 이후 5년 만에 재개되었다. 이러한 한일 간의 안보협력을 바탕으로 한·미·일 간의 안보협력 역시 강화되고 있다. 2023년 7월 14일 워싱턴에서는 2020년 화상회의 이후 중단되었던 한·미·일 안보회의가 열렸다. 이 회의에서는 미사일 방어훈련과 대잠수함훈련을 정례화하기로 했고 북한의 미사일 경보 정보를 실시간으로 공유하는 방안도 논의되었다. 일본은 특히 한미가 2023년 「워싱턴 선언」에서 창설을 발표한 한미핵협의그룹(Nuclear Consulation Group)에 일본이 참여하여 한·미·일 3국 NCG로 확대하는 것에 관심을 가지고 있다.

2. 미·중 경쟁과 한미동맹의 변화

한국과 미국의 동맹관계는 국제정세의 변화와 미국의 군사전략의 변화와 함께 계속적인 변화를 겪어왔다. 한국과의 동맹 재조정 문제는 2006년 전략적 유연성(strategic flexibility) 문제에 대한 한미 간의 합의에 의해 일단락된 것으로 보였다. 전략적 유연성이란 미군을 붙박이처럼 한 장소에 주둔시키는 것이 아니라 필요에 따라 이동시켜 임무를 수행하도록 하는 것이다. 한반도와 관련해서는 주한미군이 한반도에서의 분쟁뿐만 아니라 주변 지역의 분쟁 시(예를 들어 중국과 대만의 분쟁 등)에 이동하여 작전을 수행하는 것을 말한다. 주한미군은 2006년 육군 2만 8300명, 공군 8706명, 해군 및 해병대 483명 등 모두 3만 7489명 중에서 제2사단 2여단 병력 3600명은 이라크로 차출했고 2008년 9월까지 이 병력을 포함해 총 1만 2500명을 연차별로 감축했다. 2023년 현재 주한미군은 2만 8500명을 유지하는 것으로 되어 있다. 한편 주한미군의 성격 변화는 한미동맹의 성격 변화와도 깊은 관련이 있다. 한미동맹이 단순히 한반도의 안전을 보장하는 성격의 방어동맹이 아니라 동아시아 지역의 안전과 평화를 위한 동맹으로 전환해야 한다는 '동맹의 지역동맹화'를 미국이 추구했다. 2006년 한미 전략대화의 공동성명에는 한미동맹이 "지역 및 범세계적으로 당면한 도전을 극복하는 것을 지향한다"고 명시함으로써 한미동맹이 새로운 성격의 동맹으로 발전해야 한다는 데 합의했다.

이명박 정부에 들어와서 한미동맹 관계는 한층 더 강화되었다. 한미 FTA의 발효와 함께 안보와 경제를 아우르는 포괄동맹으로 발전한 것이다. 미국은 한국에 대한 확장억지를 공식적으로 천명했고 이것은 미국이 한국의 안보에 책임이 있음을 다시 한 번 강조했다는 차원에서 중요한 의미가 있다. 이명박 정부하에서 한미 간의 가장 중요한 현안은 한미미사일협정의 개정과 한미원자력협정의 개정이었다. 한미원자력협정은 결국 박근혜 정부에 와서 협상이 마무리되었고(2015년 6월 15일) 미사일협정은 2012년 10월 개정되었다. 전시작전권 환수 문제는 노무현 정부에서 미국과의 합의가 이루어졌고 2014년 박근혜 정부에 와서 '조건에 기초한 전작권 환수' 원칙에 한미가 합의했다. 전작권 전환 조건은 ① 한국군의 연합방위 주도 핵심 군사능력 확보, ② 북한 핵, 미사일 위협 대비 초기 필수 대응능력 구비 ③ 안정적인 전작권 전환에 부합하는 한반도 및 지역 안보환경 관리 등 세 가지이다.

1979년 미사일협정을 통해 한국은 미국으로부터 미사일 부품과 기술을 제공받는 대가로 사거리 180km 이상의 어떠한 미사일도 개발이나 획득을 하지 않기로 했다. 이후 2001년 한국은 국제미사일 통제기구(MTCR)에 가입해 사거리를 연장할 수 있게 되었다. 북한의 미사일 위협이 커지면서 한국은 미사일 능력을 확장해야 한다는 인식 하에 미사일협정 개정을 추진했다. 2012년 10월 8일, 한미미사일협정의 두 번째 개정이 타결되었으며 사거리가 최고 800km로 기존 거리보다 약 세 배까지 타격 가능한 미사일 개발이 허용되었다. 2017년 미사일 지침 개정에서는 한국의 미사일 탄두 중량 제한을 완전히 해제했으며 2020년 7월의 지침 개정에서는 우주발사체(미사일)에 고체연료 사용 제한을 해제했다. 그리고 2021년 5월 21일 미국 워싱턴에서 개최된 한미 정상회담을 계기로 한미 미사일 지침 종료를 선언하여 미사일 개발, 민간 고체연료 로켓(우주선 관련) 개발에 대한 제한이 사라지게 되었다.

트럼프 대통령은 집권 후 '미국 우선주의(America First)'의 기치 아래 대외관계의 조정을 시작했다. 이웃 국가들과 기존 동맹국들, 미국이 헌신해 왔던 국제기구들이 새로운 미국 정책의 피해자가 되었다. 트럼프는 해외주둔 미군에 대한 부정적인 인식을 바탕으로 미군 주둔비용 분담문제 그리고 주둔 자체에 대한 검토를 시작했다. 한국에게는 주한미군 주둔비용을 더 분담하라는 압박을 가하기 시작했다. 그 결과 2020년에는 2019년 9600억 원에서 8.2% 증가한 1조 389억 원을 부담하게 되었다. 그리고 2020년 열린 분담금 협상에서 미국은 기존 분담금의 네 배에 달하는 5조 2500억 원을 한국에 요구하기도 했다. 2021년 3월 협상 1년 만에 2020년 분담금보다 13.9%를 인상하기로 합의했다.

미·중 간의 경쟁이 심화되면서 미국의 동맹정책 그리고 그에 따라 한미동맹에도 변화가 나타났다. 동맹관계를 신뢰하지 않던 트럼프 정부와는 달리 바이든 정부에 들어서면서 중국과의 경쟁에서 동맹국들의 협력을 중시하는 정책으로 전환했다. 한미 정상회담에서 나타난 동맹국의 역할에 대한 기대 변화는 중국의 부상으로 인해 등장

> ❧ **전략자산** ❧
>
> 핵 무기를 탑재할 수 있는 전폭기, 항공모함 등을 말하며 그 파괴력으로 인해 전쟁에 큰 영향을 미치는 무기체계들이다. 대표적인 미국의 전략자산으로는 핵폭탄 16발이 탑재 가능하고 적의 레이더를 피해 침투할 수 있는 스텔스 기능이 있는 B-2 전폭기, 이라크 때 맹활약한 크루즈 미사일이 탑재 가능한 B-52 폭격기, 정밀유도폭탄 탑재가 가능하고 스텔스 기능을 가진 F-22 랩터, 60톤에 가까운 폭탄을 탑재할 수 있는 B-1B 랜서 전략폭격기, SLBM 발사가 가능한 핵추진 공격형 항공모함 등이 있다.

한 새로운 안보환경 그리고 안보 도전의 성격에 대한 미국의 인식을 극명하게 보여준다. 21세기 중국의 도전은 단순히 군사적인 것이 아니라 기술·경제가 복합적으로 결합된 훨씬 다차원적인 것이며 이 지역에서 이러한 새로운 도전에 대응하는 데 기존 동맹의 역할로서는 한계가 있을 수밖에 없다. 따라서 기존 동맹과의 관계는 강화하지만 그 내용과 방향은 동맹국에 새로운 역할과 의무를 부여하는 방향으로 양자동맹 역할이 변화하고 있는 것이다.

한국과 미국은 2021년(문재인-바이든)과 2022년(윤석열-바이든)의 정상회담을 통해 대중 견제에서 한국의 군사적 역할을 강화한다기보다는 한국이 기여할 수 있는 분야에서의 한국의 역할을 극대화하는 방향으로 동맹관계를 조정했다. 2021년 문재인-바이든 정상회담에서는 한국이 인권, 법치, 항행의 자유 등 가치를 공유하는 가치동맹임을 명시하고 모든 수단을 통한 확장억제 제공을 재확인했고 전략자산의 시의적절한 전개 확인, 한미외교·국방 차관급 확장억제전략합의체(Extended Deterrence Strategy and Consultation Group)의 재가동 등 한미동맹 차원에서 한국의 방위에 관한 내용이 집중적으로 논의되었다. 2022년 5월의 윤석열-바이든 한미정상회담에서 나타난 미국의 동맹국 한국에 대한 기대 역시도 군사적인 차원보다는 가치동맹과 경제동맹, 기술동맹으로서의 역할이었고 공동성명에도 기술협력, 경제안보 관련 협력 어젠다들이 우선순위를 차지했다. 그리고 한국이 미국의 인도-태평양 전략을 지지하고 중국의 남중국해, 영토 분쟁에서 국제법 존중 촉구, 양안관계에서의 국제법 존중 촉구 등 중국과 관련된 규칙에 기반한 국제질서의 존중, 인권 증진 등을 바탕으로 국제사회에서의 역할과 책임을 강화하는 내용이 강조되었다. 2023년 4월 26일에 열린 한미정상회담에서 「워싱턴 선언」을 통해 차관보급 수준의 한미핵협의그룹의 창설로 확장 억지의 보장성이 강화되었다. 이것은 나토식 핵 공유 수준으로 미국의 핵우산에 대한 보장을 강화하기 위한 한국의 외교적 노력의 첫 번째 성과로 볼 수 있다. 핵 협의 그룹은 미국이 어떻게 핵무기 사용을 결정하고 운용하는지 한미 양국의 실무급 군 관계자들이 소통하고 의견을 공유하는 협의체를 말한다. 물론 미국이 자국의 핵 정보를 동맹국과 공유하는 것에 대해 소극적이기 때문에 한미핵협의그룹이 기대하는 성과를 얻기 위해서는 '핵작전계획의 공유'가 이루어져야 할 것이다. 그 외에도 「워싱턴 선언」에는 미국 전략자산의 정기적 한반도 전개, 한국의 NPT 의무 및 한미원자력협정 준수 의지 재천명 등의 내용이 들어 있다.

3. 미·중 경쟁 시대의 한중관계

1992년 한국은 중국과 수교했다. 냉전이 끝난 이후 한국의 북방정책의 일환으로 중국과의 관계 정상화가 이루어진 것이다. 그 이후 한중관계는 큰 어려움 없이 발전을 거듭해 왔다. 두 나라 간의 보완적 경제구조는 양국 간의 경제협력이 활성화되는 데 크게 기여했다. 중국의 급속한 경제성장으로 인해 중국은 한국의 가장 중요한 시장으로 떠올라 현재 한국의 제1의 수출대상국이 되었다. 정무적으로도 한중관계는 '선린우호관계'에서 출발하여 '협력동반자 관계', '전면적 협력동반자 관계', 그리고 '전략적 협력동반자 관계'로 격상되어 왔다. 북한 문제에서도 양국이 완벽하게 같은 목표를 추구한 것은 아니지만 북한 문제를 안정적으로 관리하고 북한의 핵개발을 저지해야 한다는 공동의 이해관계를 가지고 있었고 6자회담을 주도하고 미국 주도의 유엔 대북제재에 동참하는 등 북핵 문제 해결을 위한 중국 나름대로의 역할을 해왔다. 상대적으로 한미동맹을 중시했던 이명박, 박근혜 정부에서도 중국과의 관계는 안정적으로 발전했고 경제적 상호의존도 강화되었다. 하지만 2008년 이후 중국의 부상이 명확해지고 미국 중심의 질서에 대한 도전을 시작하면서 한중관계도 긴장이 발생하기 시작했다. 중국의 새로운 대외정책이 미국의 동맹 파트너 한국의 대외정책에 선택을 요구하기 시작한 것이다. 특히 시진핑이 등장한 2013년 이후부터 한중관계는 보다 복잡한 양상을 보이기 시작했다.

한국은 남중국해 문제, 일대일로에 대한 입장, AIIB 참여, TPP 참여 문제 등에서 중국과 충돌을 피하고 한국 경제에 중대한 영향을 미치는 중국과 안정적 관계를 갖기 위해 노력했다. 이러한 한국의 입장으로 인해 미국과 일본은 한국이 중국에 기울어져 가고 있는 것이 아닌가 하는 우려를 하기도 했다. 한중관계의 터닝 포인트는 박근혜 정부 시절 결정한 미국의 고고도미사일체계(THAAD) 한국 배치였다. 중국은 사드 배치를 막기 위해 많은 외교적 노력을 했지만 한국은 북한의 미사일로부터 한국의 안보를 확보해야 한다는 명분으로 사드 도입을 결정했다. 이후 중국의 경제적 보복이 시작되었고 그 여파는 아직도 계속되고 있다. 이 사건 이후 한국인들의 반중 정서는 급격히 악화되었고 한중관계는 긴장기에 접어들었다. 특이 이 사건은 한중관계가 미·중 관계에 종속되기 시작한 것을 알리는 상징적 사건이 되었다. 미국과 중국이 본격적으로 충돌하기 전까지는 중국은 동아시아에서 미국의 역외균형자로서의 역할을 인정했고 미국의 그런 역할 속에서 중국이 안정적으로 경제적 성장을 추구하면서 강대국으로 부상하는 전략을 폈다.

미국은 트럼프 후반에 들어 중국과의 무역전쟁을 시작하면서 본격적으로 중국을 경쟁자로 보고 중국을 견제하기 위한 다양한 수단들을 시도하기 시작했고 동맹국 한국에게 미국의 대중 견제에 협조할 것을 명시적으로 때로는 암시적으로 요청하기 시작했다. 미국은 한·미·일 삼각안보협력의 중요성을 강조하고 한국이 일본과의 관계를 개선할 것을 압박했고 자국의 인도-태평양 전략에 참여하고 중국이 자국에 대한 포위망으로 생각하는 쿼드(QUAD)에 대한 참여를 타진해 왔다. 바이든 정부에 들어서서 미국이 대중 견제를 위한 동맹 네트워크와 다자협력체를 적극적으로 활용할 것을 천명하면서 한국의 부담이 더욱 커졌다. 문재인 정부에서 한국은 중국의 남북관계에서의 전략적 역할, 경제적 중요성 등을 이유로 중국과의 관계 개선을 위해 많은 노력을 기울였다. 가장 상징적인 것이 2017년 10월, 한국 정부의 소위 사드 관련 3불 입장

▶**역외균형자** 미국은 동아시아에서 힘의 균형을 유지하면서 안정에 기여하는 역할을 수행했다. 구체적으로는 중국과 일본이 충돌하는 것을 막고 남북 간의 군사적 충돌을 억제하는 역할을 말한다.

표명이다. 중국 측 요구에 대한 한국의 답변에서 한국은 사드가 북핵 위협을 막기 위한 방어용 무기라는 것을 재차 강조하면서도 한국이 이미 한국형 MD를 추진하고 있으므로 미국의 미사일방어체계에 편입되지 않을 것, 사드 추가 배치는 여러 여건상 어려우므로 추가 배치에 대해 우려하지 않아도 되고, 한·미·일 군사협력을 군사동맹으로 발전시키는 것은 일본의 헌법 개정이 전제되어야 하므로 고려하지 않고 있다고 중국에 설명했다. 그리고 2017년 12월 한중정상회담을 통해 한중관계를 정상화하고 경제, 무역, 에너지, 보건 등 7개 분야의 양해각서를 교환하는 등 중국과의 관계정상화를 추진했다. 그러나 미국의 중국 압박이 거세지고 새로 등장한 바이든 정부의 대중정책 역시 한국의 더 많은 협력을 요구하면서 한국은 선택을 해야 하는 입장에 처하게 되었다.

한국의 입장을 어렵게 하는 또 다른 요인은 한국이 북·미 간의 대화 유지를 간절히 원한다는 점이었다. 문재인 정부는 미국과 북한의 대화가 진전을 보아야 남북관계의 개선과 한반도에서의 평화와 안정이 가능하다는 인식을 가지고 있고 이러한 고려로 인해 미국의 요구를 심각하게 고려해야 할 입장이 되었다. 2021년 문재인 대통령의 바이든 대통령과의 첫 번째 정상회담은 한국이 미국이 원하는 많은 것을 수용하면서 중국이 불편하게 생각할 수밖에 없는 결과를 가져왔다. 특히 중국이 민감하게 생각하는 대만 해협에서의 평화와 안정 유지의 중요성, 남중국해 문제 등이 명시되었고 쿼드 등 개방적이고 투명하며 포용적인 다자주의와 한·미·일 협력의 중요성을 인식한다는 내용도 합의했다. 또 미·중 간의 중요 현안이 된 공급망 재편 문제에 있어서도 반도체 등 미국 중심의 공급망 재편에 한국이 참여하기로 했다. 한국이 미국의 동맹국으로서 미국의 기대에 부합하는 방향으로 행동했다고 해서 한국이 중국에 등을 돌린 것은 아니었다. 여전히 한국은 베이징 동계 올림픽에서의 남북 정상회담 개최, 시진핑 주석의 방한에 큰 기대를 걸고 있고 이를 위해 중국에 대한 외교적 노력을 계속했다.

우리가 한중관계에 대한 전략을 고민할 때 제일 먼저 인식해야 하는 것은 미·중 간의 대결이 본격화한 2018년을 전후해서 중국의 대외정책은 중요한 변화를 겪었고 한중관계에서도 그런 새로운 중국의 모습이 그대로 투사되었다는 것이다. 새로운 중국의 대외정책을 한마디로 표현한 용어가 전랑외교이다. 전랑은 늑대 전사를 의미하고 중국의 애국주의 영화 〈특수부대 전랑(Wolf Warriors)〉에 등장하는 중국군 특수부대를 말한다. 전랑외교는 중국의 강화된 경제력과 군사력을 바탕으로 보복과 무력시위를 불사하는 공격적 성격의 대외 행태를 말한다. 남중국해에서의 무력시위, 코로나19 바이러스 확산에 대한 중국 책임을 언급한 호주에 대한 경제 보복, 대만에 대한 무력 위협 등이 대표적 사례이다. 한국의 사드 배치에 대한 보복도 같은 맥락에서 보아도 무방하다고 생각한다. 이제 도광양회(韜光養晦, 재능을 감추고 때를 기다린다), 유소작위(有所作爲, 적극적으로 참여해 해야 할 바를 한다)의 중국은 없다. 후진타오 시대의 화평굴기(和平崛起, 다른 나라에 위협이 되지 않는 방향으로 강대국으로 부상한다)도 옛날이야기가 되었다. 요즘 중국 지도자들은 '중국을 건드리면 누구든 대가를 치를 것이다'라는 협박조의 언급을 하는 데 주저하지 않는다.

한중관계에서 한국의 대응의 첫 번째 과제는 미·중 신냉전 시대 한국이 상대하는 중국이 어떻게 변했으며 어떤 대외전략의 특성을 가지고 있는가를 이해하는 것이다. 그동안 한국은 힘을 키운 중국을 두려운 눈으로 보며 우리의 국익을 중국에게 분명히 하지 못하고 임기응변적으로 한중관계의 문제들을 얼버무려왔다. 중국의 공세적 외교를 목격하면서도 바뀐 중국에 대한 새로운 대응책을 만들지 못했던 것이다. 명확한 원칙과 규범 및 가치에 입각한 대중정책 말고는 전랑외교로 무장한 중국에 맞설 수 있는 방법은 없다. 한국은 민주주의적 가치와 인권을 중시하고 기존의 국제규범을 존중하는 국가이며 한미동맹을 근간으로 하는 안보정책을 가지고 있는 나라이다. 한중관계에 대한 한국의 원칙은 한미동맹을 근간으로 중국과의 전략적 협력동반자 관계를 유지하는 것이다. 이것을 중국에 계속 주지시켜야 한다. 국제규범을 무시하거나 민주적 제도나 절차를 무시하거나 인권을 침해하는 중국의 행위에 대해서는 분명히 반대의 입장을 표해야 한다. 이와 동시에 전략적 협력동반자 관계인 중국의 핵심적 국익을 존중한다는 것을 분명히 해야 한다. 중국이 우리 국익을 침해하는 행위(예를 들어 사드 보복, EEZ와 KADIZ 침범, 문화공정) 등에 대해서 문제를 회피하거나 묵인하거나 소극적으로 처리하는 태도를 버려야 한다. 원칙에 입각한 대중정책은 5년마다 단기적 시각과 당파적 시각에서 만들어지고 시행되고 또 바뀌는 그동안의 대중정책에서 벗어나 상대의 본질을 이해하고 장기적으로 한국의 이익을 확보하기 위한 전략이다.

중국과의 건강한 공존을 하려면 대중국 견제 움직임에 참여 가능성을 열어두어야 한다. 어정쩡하게 양쪽 눈치를 보는 전략이 결국 중국으로부터 속방 대접을 받는 최악의 선택이라고 생각한다. 중국의 공세적 외교에 대응하기 위한 다양한 네트워크를 만들거나 참여해야 한다. 사실 중국이 가장 두려워하는 것은 한·미·일 삼각협력이다. 중국이 동북아에서 마음대로 행동하지 못하게 하는 수단이며 중국의 군사적 확장을 견제하는 가장 중요한 수단이기 때문이다. 한·미·일 협력 이외에도 아세안과의 협력 체계, 2014년 포럼 형태로 시작된 Democracy 10(G7 7개국에 한국, 호주, 인도를 포함), 경제번영 네트워크(Economic Prosperity Network) 등 다양한 협력체에 참여해서 다방 면에서의 중국의 압력을 혼자 맞서지 않도록 해야 한다.

마지막으로, 한중관계의 관리에 있어 중요한 원칙은 우리가 중국의 핵심이익을 존중해야 한다는 것이다. 동시에 중국에 한국의 핵심이익을 존중해 줄 것을 분명히 요구해야 한다. 중국이 핵심이익으로 생각하는 것 중 대만 문제 등 주권에 관한 문제에서 중국의 입장을 존중해 주어야 한다. 중국의 인권문제에 대해서도 한국이 큰 목소리를 낼 필요는 없다. 우리의 국익과 충돌하지 않는다면 상대방의 아픈 곳을 건드릴 필요는 없다. 이 원칙은 상대가 우리의 핵심이익을 존중하도록 하기 위해서는 우리도 그래야 한다는 측면에서 이해하면 된다. 하지만 미·중관계의 예민한 현안에 대해서는 우리의 입장을 정해야 한다. 문재인 정부는 바이든 대통령과의 첫 번째 정상회담에서 대만 해협에서의 평화와 안정, 남중국해 문제, 쿼드와 한·미·일 협력의 중요성, 반도체를 포함한 글로벌 공급망 협력에 등을 공동성명에 포함시켰기 때문에 윤석열 정부의 부담이 크게 줄어들었다. 그러나 선언 차원의 언급보다 중요한 것은 한국의 행동이다. 한·미·일 안보 협력의 강화, 쿼드 플러스에의 참여, 글로벌 공급망 재편 참여 등은 한중관계에 즉각적 영향을 미칠 것이다.

4. 한·미·일 협력의 진전 캠프 데이비드 선언

2023년 8월 한·미·일 3국 정상은 미국 바이든 대통령의 초청으로 대통령 별장 캠프 데이비드(Camp David)에서 한·미·일 3국 정상회의를 갖고 한·미·일 3국 안보협력을 새로운 수준으로 끌어올릴 것을 천명했다. 한·미·일 정상들은 이 정상회의에서 '캠프 데이비드 정신', '캠프 데이비드 원칙', 그리고 '한·미·일 협의 공약' 3개 공동 문서를 채택했다. 이 세 문서를 통해 한·미·일 정상회의 최소 연 1회 이상 정례화, 북한 핵미사일 위협에 대응하여 미사일 경보정보 실시간 공유체계 연내 가동, 한·미·일 공동훈련 강화 등을 합의했다. 또 남중국해에서의 중국의 불법행위에 대한 우려를 공유하고 일방적 현상 변경 시도를 강하게 반대한다는 내용 그리고 대만 해협의 평화와 안정 유지, 그리고 양안 문제의 평화적 해결 촉구 등을 합의했다. 3국은 이것이 새로운 동맹이 아니며 구속력 있는 문서라기보다는 정치적 합의의 성격이며 또 기존의 한미, 미·일 양자동맹을 대체하거나 영향을 미치는 것이 아니라는 것을 분명히 했다. 하지만 중국은 이 회담에 대해 강력히 반발하며 대만 인근 해역에서 군사훈련을 실시했다. 일부 전문가들은 이를 정례화하기로 했기 때문에 QUAD나 AUKUS와 같은 미국의 인태전략하의 동북아 다자안보협력체의 성격을 갖는다고 지적한다. 더욱 중요한 것은 한·미·일 3국 협력은 재무장관 간의 회의 정례화, 산업·상무 장관 간 연례 협의체 발족 등을 합의해 3국 협력이 단순한 안보협력을 넘어서 에너지, 기술, 공급망을 망라한 전략적 협력 메커니즘의 성격을 지니고 있다. 분명한 것은 향후 한·미·일 3국 협력은 인태전략하의 다른 소다자협력체와 함께 미국의 인태전략의 실행에 중요한 역할을 하게 될 것이라는 점이다.

5. 미·중 경쟁 시대의 중·일관계 갈등과 협력의 공존

중·일관계는 중국의 부상과 함께 변화를 겪어왔다. 한때는 중국과 일본은 세력균형을 통해 동북아시아에서의 안정을 확보할 정도의 라이벌 관계에 있었다. 그 후 중국의 부상과 함께 중국의 군사력이 우위를 차지하면서 중·일관계는 미·일동맹의 맥락 속에서 중요성을 갖기 시작했다. 중·일관계는 미·일동맹의 재조정 및 강화와 함께 새로운 양상으로 발전했다. 미·일동맹이 대만을 전략적 목표의 하나로 규정하면서 일본과 중국 사이의 갈등이 심각해졌다. 2005년 2월 19일 워싱턴에서 열린 미·일 간의 안보협의위원회(Security Consultative Committee), 소위 2+2 회담에서 발표된 공동성명은 처음으로 대만 문제를 공동의 안보 관심사로 문서화했다. 중국은 이러한 미·일동맹의 강화와 일본의 군사대국화 그리고 우경화가 중국 견제, 나아가 중국 봉쇄를 지향하고 있다고 인식하고 있다.

중국의 부상과 함께 중·일관계는 더욱 빠르게 변화하고 있다. 우선 일본은 중국 견제를 위해 호주와의 접근을 강화했다. 아베 총리는 2007년 3월 도쿄에서 열린 정상회의에서 양국 간 '안전보장협력에 관한 공동선언'을 발표했다. 일본이 미국 이외의 국가와 안전보장에 관한 포괄적 공동선언을 발표한 것은 처음이다. 이 선언에서 양국은 핵과 미사일 등 대량살상무기 차단과 테러에 대한 공동 대응, 초국경 범죄예방 공조 등에 합의하고 구체적 실행 방안으로 일본 자위대와 호주군의 공동훈련 그리고 양국의 외무·국방장관이 참석하는 안전보장협의 위원회(2+2) 설립에 합의했다. 이러한 호주와 일본과의 전략적 관계 강화는 단순히 호주·일본 간의 양자관계 강화의 의미를 넘어 아시아 지역에서 미국을 중심으로 한미·일본·호주 간 3각 협력이 본격화된 것을 의미한다.

사실 아베 총리의 구상은 3국 협력체제를 넘어서는 것이었다. 아베는 향후 인도를 포함한 4개국 간의 전략대화를 창설하고 4국 간 군사협력을 통해 중국을 견제하려는 복안을 가지고 있었다. 2007년 아베 총리의 인도 방문 시 미국, 호주를 포함하는 4국의 비공식 전략안보대화 모임을 제안하여 2008년까지 계속되었던 적이 있다. 인도 역시 이러한 구상에 흥미를 가질 만한 환경에 놓이게 되었다. 2005년 미국 하원 중국위원회에서 중국 당국이 군사적·외교적·경제적 목적을 가지고 투자, 항만개발, 외교 수단으로 해상 루트를 확보하려는 '진주 목걸이 전략(the string of pearls strategy)'을 추진하고 있다는 보고가 나왔다. 이 정책은 남중국해, 인도양, 아라비아해, 페르시아만 등으로 세력 확대를 도모하는 중국의 정책이다. 이러한 정책은 불가피하게 인도를 포위하는 형태를 취하게 되고 이 지역의 해상 교통로를 둘러싼 긴장을 촉발했다. 중국은 인도 동쪽의 미얀마, 서쪽은 파키스탄, 남쪽의 스리랑카에 항만 시설을 건설하기 시작했고 이 밖에 네팔, 방글라데시에 대한 접근도 강화하고 있다. 이러한 상황에서 인도의 모디 총리는 2014년 집권 이후 적극적인 외교 행보를 통해 이러한 움직임에 대응했다. 한편 일본은 아베 총리의 2012년 2차 집권 이후 '아시아의 민주주의 안전 다이아몬드'를 주창했다. 이것은 중국의 진주 목걸이 전략에 대한 대응으로 미국, 일본, 호주, 인도를 연결하는 다이아몬드 형태의 안보협력을 통해 남중국해와 인도양 등에서의 중국 확장을 저지하고 해상 교통로를 지키겠다는 의지를 담고 있다. 2014년 8월

30일 아베 총리와 인도의 모디 수상은 도쿄에서 열린 회담에서 일본·인도 간 외무·방위각료 협의(2+2) 검토에 합의했다. 정상회담 후 발표된 양국 공동성명에는 '특별한 전략적 파트너십'이라는 문구가 들어갔다. 같은 해 7월에 열린 호주 수상과의 정상회담에서도 일본과 호주는 공동성명에 '특별한' 전략적 파트너라는 문구를 사용했다. 9월 오바마 대통령은 모디 총리를 초청해 미국·인도 간의 협력을 강화했다. 미국은 이미 2007년 이후 인도와 해상 훈련을 해왔고 2007년, 2009년, 2013년에 인도와의 해상 훈련에 일본 자위대를 초청하기도 했다. 인도를 적극적으로 중국 견제에 끌어들이려는 미국과 일본의 이해관계는 정확히 일치하는 것으로 보인다. 2015년 「미국 국가안보전략 보고서(National Security Strategy)」에서도 미국은 인도와 전략적·경제적 파트너십을 강화할 것이며 인도의 동방정책(Act East Policy)과 미국의 재균형정책에는 전략적 일치가 있다고 언급했다.

모디 총리가 이끄는 인도의 움직임은 기존의 정책노선과는 차별된 모습을 보이고 있다. 인도는 2015년부터 일본·호주·인도 외교차관급 협의회를 갖고 있다. 여기에서는 인도양에서의 안보협력이 주요 의제로 다루어지고 있다. 미국과 인도는 2002년 군사정보보안협정을 체결했지만 군수지원협정에 대해서는 군사적 자율성 훼손과 비동맹노선에 끼칠 영향 문제로 인도가 소극적으로 임해왔다. 그러나 인도는 2016년 8월 29일 12년 동안 논의해 온 미국과의 군수지원협정을 마침내 체결했다. 이러한 인도의 행보가 좀 더 제도화된 모습으로 4국 간 안보협력체제로 나타난 것이다.

중·일관계가 미·중관계의 악화로 인해 갈등 요인이 확대된 것은 사실이다. 일본이 미국의 인도-태평양 전략에 동조하면서 미국의 대중 압박 전략에 적극적으로 참여하면서 중·일관계는 긴장이 심화될 수밖에 없다. 특히 미국이 인도-태평양 전략에서 대만 문제를 직접적으로 거론하면서 대만 해협 유사시 자위대의 역할을 확대해 온 일본과의 관계가 악화될 가능성이 크다. 그럼에도 불구하고 중·일관계가 갈등 일변도라고 생각하는 것은 잘못된 인식이다. 중·일 양국은 서로의 경제적·안보적 중요성을 잘 인식하고 있고 안정적인 관계를 유지하는 것이 국익에 유리하다는 것을 잘 알고 있다. 일본과 중국의 경제관계는 높은 상호의존성을 보이고 있어 안정적인 관계가 매우 중요하다. 사실 시진핑 이후 중·일관계는 커다란 갈등 요인 없이 잘 관리되어 왔다. 중국은 일본에게 중·일 4대 문건의 존중을 요구하고 있는데 그것들은 1972년 수교 때

〈그림 4-1〉 중국의 진주 목걸이 전략과 미국의 다이아몬드 전략

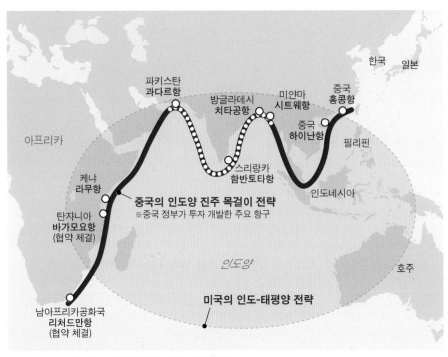

자료: ≪중앙일보≫(2017.12.22) 참조.

발표한 중·일 공동성명, 1978년 양국 외교장관이 서명한 중·일 평화우호조약, 1998년 양국이 발표한 '중·일 평화와 발전의 우호협력 동반자 관계 수립 노력을 위한 공동선언', 그리고 2008년 양국 정상이 서명한 '중·일 전략적 호혜관계 전면 추진에 관한 공동성명'을 말한다.

일본의 동아시아 지역전략에서 가장 중요한 부분이 중국과의 건설적이고 안정적인 관계를 구축하는 것이다. 2022년 11월 17일 중·일 정상회담에서 기시다 총리와 시진핑 국가주석이 양국의 의사소통을 강화하고 방위 당국 간 해공연락 메커니즘과 안보대화를 개시하기로 합의한 것은 양국이 공유하는 상호이익이 안정적 양자관계라는 것을 잘 보여준다.

6. 인도-태평양 전략과 지역 다자안보협력

일반적으로 다자안보협력이란 셋 이상의 국가가 정책의 조정을 통해 안전을 보장하기 위해 협력하는 것을 말한다. 이러한 다자안보협력은 한 국가가 다른 국가에 대해 일방적으로 안보적 편의를 제공하는 일방주의(unilateralism)나 군사동맹과 같은 쌍무적 양자주의(bilateralism)와 구별되는 개념이다. 다자간 안보협력체의 대표적인 예는 유럽의 유럽안보협력기구(OSCE)를 들 수 있다. 안보에서 다자주의적 협력체는 다음과 같은 세 가지 원칙을 기본으로 한다. 첫째, 집단안보와 유사하게 다자간 협력체제 내의 어느 일국의 공격은 모든 체제 참여국에 대한 공격으로 간주한다는 불가분성(indivisibility), 둘째, 모든 참여국이 동일하게 대우받는다는 비차별성(non-discrimination), 마지막으로 일대일의 쌍무적인 관계를 여러 나라와 체결하는 것과

▶ **유럽안보협력기구** 유럽에서 동서진영이 위협을 감소시켜 우발적인 군사충돌을 사전에 방지하기 위해 처음으로 합의하게 된 안보협력체이다. 이 협력체의 구성은 1966년 소련에 의해 최초로 제안되었고 서방진영이 닉슨 대통령의 모스크바 방문을 계기로 적극적으로 검토하기 시작해, 1975년 8월 1일 유럽안보 문제에 대한 최종 합의서가 헬싱키에서 채택됨으로써 다자간 협의체(Conference for Security Cooperation in Europe)로 정식 발족되었다. 1995년부터 그 명칭을 OSCE(Organization for Security Cooperation in Europe)로 바꾸었고 2009년 현재 56개 회원국을 두고 있다.

✦ 현실주의자들이 보는 다자간 안보협력 ✦

현실주의자들은 기본적으로 국가 간의 협력이 일어나기 어려운 것으로 가정한다. 이러한 입장은 현실주의자들의 기본 가정인 국제체제가 무정부 상태라는 것, 따라서 모든 국가는 자신의 생존에 대해 스스로 책임을 져야 한다는 가정에 의해 도출된 결론이다. 현실주의자들이 볼 때 국가 간의 협력이 일어나지 않는 이유는 첫째, 배신의 문제 때문이고, 둘째는 상대적 이득의 문제 때문이다. 배신의 문제란, 국제체제는 무정부 상태이기 때문에 어떤 국가가 배신을 하더라도 그것을 처벌할 (정부와 같은) 권위체가 존재하지 않는다는 것이다. 따라서 국가들은 협력을 하던 상대에게 배신당할 위험이 있기 때문에 협력을 하지 않는다는 것이다. 상대적 이득 문제란, 협력은 분명히 이득을 가져다주지만 그 이득이 협력의 당사자들에게 늘 고르게 가는 것은 아니라는 것이다. 만일 한 나라가 다른 나라보다 이득이 더 많을 경우 두 나라가 얻는 이득의 차이만큼 한 나라의 국력은 상대방보다 커지게 되고 그러한 국력 차이는 언젠가 자신을 공격하는 힘의 원천이 될 수 있다는 것이다. 이러한 상대적 이익의 문제 때문에 국가들은 협력을 하지 않는다는 것이다. 이러한 배신의 문제와 상대적 이득의 문제는 특히 안보와 관련된 협력에서 더욱 민감해지며 그 결과 역시 국가의 존립에 치명적 영향을 미쳐 안보협력은 더욱더 이루어지기 어렵다. 다자간 안보체제와 같은 안보협력은 국제제도를 통해 협력을 도모하는 것이다. 이에 대한 현실주의자들의 입장은, 이러한 국제제도의 등장이 오직 강대국이 원할 때에만 가능하다는 것이다. 즉, 다자간 안보협력체의 등장은 강대국의 이해와 부합할 때만 존재할 수 있다는 것이다.

같은 효과를 갖게 하여 장기적인 균형 보장을 추구한다는 **확산된 상호주의**(diffuse reciprocity)가 그것이다.

동북아시아에서는 전통적으로 양자 간 안보협력(동맹)이 안보협력의 주된 형태를

▶**확산된 상호주의(포괄적 상호주의)**　확산된 혹은 포괄적 상호주의는 시간적·공간적·사안적 차원에서의 엄격성을 요구하는 구체적 상호주의와는 달리 유연성을 허용하는 상호주의를 말한다. 예를 들어 다자간 틀 속에서는 A 국가가 B 국가에게 혜택을 제공했을 때 B가 다른 사안에서 혜택을 주더라도 상호성이 확보된 것으로 보며, 시간적으로 당장 혜택에 상응하는 혜택을 주지 못하더라도 미래에 줄 수 있다면 그것도 상호성이 확보된 것으로 본다. 공간적인 측면은 A가 B에게 혜택을 주었을 때 B가 A에게 혜택을 주지 못하더라도 B가 C에게 유사한 가치의 혜택을 줄 수 있다면 상호성이 확보된 것으로 본다. 특히 공간적 측면에서의 유연성은 다자주의적 제도를 가능케 하는 핵심적 요소이다. 이러한 원칙을 받아들임으로써 국가들은 좀 더 쉽게 다자적 틀에서 협력할 수 있게 된다.

이루어왔다. 미국이 소위 샌프란시스코체제라고 부르는 아시아에서의 안보협력체제는 1951년 미국 샌프란시스코에서 체결된 일련의 쌍무동맹조약들, 즉 미·일 상호안보조약, 미·필리핀 상호방위조약 그리고 한국(1953)·대만(1954)·태국(1962)과의 동맹 네트워크를 통해 이 지역에서의 안정과 미국의 패권을 유지해 왔다. 이러한 동맹 위주의 안보협력구상은 지금도 미국의 기본적 안보전략으로 볼 수 있다. 그러나 미국은 동아시아 전략구상을 통해 이러한 기존의 동맹체제를 보완하는 성격의 다자간 안보협력의 필요성을 제기하기 시작했다. 이러한 변화는 탈냉전이라는 새로운 환경이 동북아에서 다자간 안보협력체가 형성될 수 있는 공간을 열었다고 볼 수 있다.

그러나 이러한 국제 구조의 변화보다 더욱 중요한 요인은 미국이 다자주의적 안보체제에 대한 입장을 바꾼 것이다. 미국은 부담을 줄이면서 이익을 극대화할 수 있는 방안으로 다자주의적 안보체제를 양자적 안보체제의 보완적 성격으로서 고려하고 있다. 이와 함께 또 하나의 변화는 양극체제의 변화로 인해 지역 내 중진국의 부상이 가능해지고, 이에 따라 호주·일본·ASEAN 국가들이 이 지역에서 주도권을 잡기 위해 자국의 이익에 맞는 다자주의적 제도를 추진하고 있다는 것이다.

오바마 정부에 와서는 동아시아 지역에서의 세력균형 중심의 지역전략에서 벗어나 지역다자주의 강화정책을 추진하겠다는 구상을 밝혔다. 기존의 양자동맹이나 6자회담을 넘어서는 새로운 '효율적 인프라'를 구축하겠다는 것인데, 다자적 수단을 통해 미국이 지속적으로 아시아에 개입하겠다는 것이다. 실제로 미국은 APEC을 다시 활성화하고·EAS에 가입하는 등 다자적 제도들에 대한 참여를 높였다. ARF 차원에서는 2010년 ADMM(ASEAN Defence Ministers' Meeting)을 확대한 ADMM Plus를 구축하여 현재 EAS 참여국인 한·중·일·호주·뉴질랜드·인도·미국·러시아가 참여하는 다자안보 대화체를 출범시켰다. 미국은 또 ASEAN을 중심으로 형성된 다자협력 메커니즘들을 동아시아 지역의 지역협력의 구심체로서 인정하고 지지를 보내왔다. 이러한 미국의 지지는 이들 협력체(ASEAN+3, EAS, ARF, ADMM plus 등)가 동아시아 지역에서 중국의 영향력 확대에 대응할 수 있는 기반이 될 수 있다고 보았기 때문이다.

다자적 안보협력체에 대한 미국의 관심은 미·중의 전략적 경쟁이 본격화된 트럼프 정부 후반기부터 더욱 강화되었다. 미국은 중국과의 경쟁에서 다양한 수단들을 동원하게 되는데 첫 번째는 기존 동맹들과의 협력을 강화하는 것이고 또 하나는 어젠다별로 소다자협력체를 구축하는 것이다. 2007년 일본의 제안으로 시작되어 2008년까지 지속된 미·일·인도·호주의 4자 안보대화체인 QUAD가 2017년 필리핀 아세안 정상회의를 계기로 다시 복원되었다. 2021년 9월 워싱턴에서 열린 QUAD 첫 대면 정상회의에서 QUAD 정상 및 외교장관 회의를 정례화했고 2022년 2월 11일에 발표된 미국 백악관의 「인도-태평양 전략보고서」에서는 QUAD의 강화와 QUAD를 활용하여 유연하고 임의적인 소다자협력을 추진할 것을 명시하고 있다. 현재까지의 진전으로 보면 이러한 '쿼드 플러스(QUAD plus)'는 사안에 따라 추가로 다른 나라들을 초청하여 협력을 도모하는 비공식성과 유연성을 바탕으로 하는 협력 메커니즘으로 보인다. 예를 들어 QUAD 4개국과 한국, 베트남 등 7개국은 2020년 코로나19 대응을 위해 차관급 화상 협의를 13차례 개최했는데 QUAD 국가들은 이러한 협력을 쿼드 플러스의 한 형태로 인식하고 있다는 것이다(최원기, 2020.12). 이러한 구상은 바이든 행정부에서 새로 신설된 '인도-태평양 조정관(Coordinator for the Indo-Pacific)에 임명된 커트 캠벨(Kurt Campbell) 전 국무부 동아시아태평양 담당 차관보의 언급에서 이미 예견된 것이었다. 캠벨 조정관은 ≪포린 어페어스≫ 기고문〔러시 도시(Rushi Doshi)와의 공저〕에서 민주주의 10개국의 협의체(D-10)와 같은 중국 견제를 위한 포괄적 연합체는 한계가 있기 때문에 "구체적인 이슈별로 유연하고 상황 대응적인 협력체"를 만들어 대응하는 것이 바람직하다고 밝힌 바 있다. 따라서 QUAD는 인도-태평양 지역에서 동맹 및 파트너 국가들과의 협력의 토대로서 이를 바탕으로 사안별로 다양한 소다자협력체들이 시도될 것으로 보인다(Campbell and Doshi, 2021). 인도-태평양 차원에서 군사적 성격의 소다자협력체는 2019년 출범한 AUKUS가 대표적이다. 2021년 9월 미국은 호주, 영국과 함께 AUKUS를 출범했다. 공동성명에서 AUKUS는 인도-태평양 지역을 위한 '새로운 안보협력체(a new security partnership)'이며 정보와 기술 공유, 방어 능력 그리고 이와 관련한 산업 기반의 강화와 공급망 이슈들에 집중할 것이라는 것을 천명했다. 이러한 안보협력체의 등장은 2022년 미국의 인도-태평양 전략 보고서에 명시된 "점증하는 중국의 도전에 맞서서 인도-태평양에서 영향력 균형(balance of influence)"을 만들기 위한 것이다. 전문가들의 견해는 AUKUS가 QUAD와 공존하며 군사적 측면을 보완하게 될 것이라는 것이다.

　미국의 인도-태평양 전략이 본격적으로 추진되면서 QUAD를 비롯한 다양한 소다자 협력 메커니즘들이 등장했다. 이러한 변화는 ASEAN을 중심으로 하는 기존의 다자협력체에 영향을 미치게 된다. QUAD와 AUKUS 등 이 지역에서 다자안보제도의 등장은 ARF를 주도하는 ASEAN에게는 중대한 도전이 되고 있다. QUAD가 이 지역에서의 미국의 관여를 확보할 수 있는 장치가 될 수가 있다는 기대도 있지만 우려 또한 크다. 미국의 인도-태평양 전략의 추진과 QUAD의 등장에 대한 ASEAN의 입장을 정리한 '인도-태평양에 대한 아세안의 전망(AOIP)'의 핵심은 ASEAN 중심성을 원칙으로 하고 ASEAN이 중심이 된 플랫폼들을 통해 인도-태평양 지역에서 대화와 협력을 추진해나가야 한다는 입장이다. 이러한 희망과는 별개로 ASEAN 전체의 입장에서는 인도-태평양 전략의 토대인 QUAD가 이 지역에서 주도적 다자안보제도의 역할을 하게 되면서 ASEAN의 중심성이 위협받는 상황을 가장 우려하고 있다(Teo, 2021). ASEAN의 중심성이 흔들리는 것은 여러 가지 형태로 전개될 수 있는데 예를 들어 QUAD가 중심이 되어 이 지역의 주요 전통, 비전통안보 이슈들을 위한 협력을 추진하게 되면 ARF의 역할과 위상은 약화되며 지역 현안에 관한 ASEAN의 발언권 역시 축소될 수밖에 없다. 그렇다고 ASEAN이 폐쇄적 성격을 가진 QUAD와의 협력을 배제한다면 아마도 ASEAN의 이 지역안보제도에서 고립되거나 밀려나게 될 수도 있다.

이러한 상황에서 ASEAN의 선택은 몇 가지로 생각해 볼 수 있다. 첫째는 QUAD 중심의 인도-태평양 전략을 수용하고 기존 ASEAN 중심의 안보제도를 활용하여 QUAD의 보완 역할을 하는 것이다. 이미 ASEAN은 ARF나 ADMM+, EAS와 같은 제도적 틀을 통해 지역의 다양한 비전통안보 이슈들을 다뤄본 경험을 가지고 있다. QUAD 역시 현재의 계획으로 보면 지역의 비전통안보와 새롭게 안보 이슈로 떠오른 전염병, 에너지, 기후변화, 사이버 안보, 신기술 분야에서의 협력을 주요 협력 사안으로 상정하고 있기 때문에 ASEAN을 중심으로 하는 기존의 지역협력 메커니즘이 QUAD의 이런 노력을 지원하면서 공존할 수 있을 것이다. 하나의 예를 들자면 ADMM은 사이버안보에 관한 협력을 강화하는 노력을 해왔고 그 성과로 'ASEAN Cyber Defence Network와 Cybersecurity and Information Center of Excellence'를 설립했다. 둘째, 기존의 ASEAN 중심의 다자안보제도가 QUAD와 달리 포용성을 강조하는 지역안보제도로서 자신의 효용성과 정체성을 찾는 것이다. 아세안 국가들의 대부분은(QUAD에 우호적인 베트남과 필리핀 정도를 제외하고는) 중국을 견제하는 폐쇄적인 지역안보제도가 결국 아세안 국가들에게 미·중 사이의 선택을 강요하고 그로 인한 아세안의 분열 그리고 이 지역에서 대결적인 구도를 형성하게 될 것을 경계하고 이 지역에서 포용성을 바탕으로 하는 안보제도의 필요성을 강조하고 있다. 결국 이것은 현재 ASEAN을 중심으로 운영되고 있는 ARF와 같은 지역협력체를 중심으로 ASEAN이 이 지역의 핵심적 안보제도로서 계속적으로 역할을 하는 것을 의미한다. 그것이 미·중 간의 전략적 경쟁 속에서도 ASEAN이 적실성과 영향력을 가질 수 있는 방법이라고 생각하는 것이다.

■ ■ ■ 참고문헌

김민석. 2017.12.22. "중국의 진주목걸이냐 미국 다이아몬드냐… 한국의 선택은". ≪중앙일보≫.

김성한. 2011. 「미국 오바마 행정부의 아태 정책: 아시아로의 귀환?」. ≪국제관계연구≫, 16권, 2호.

김창수. 1999. 「동북아 전역미사일 방위망 구축의 전개과정」. ≪통일맞이≫. 4월호.

김현욱. 2015. 「2015 미국 국가안보전략보고서 분석」. ≪IFANS 주요국제문제분석≫, 봄호.

나카니시 히로시(中西寬). 1998. 「냉전 후 일본의 안전보장정책의 전개」. 이면우 엮음. 『동북아 지역안보와 일본의 역할』. 성남: 세종연구소.

박건영. 2000. 「동북아 다자간 안보협력의 현실과 전망」. ≪한국과 국제정치≫, 제16권, 2호.

신상진. 2000. 「2020~2030년 중국의 동북아전략과 한·중 안보관계」. 한미안보연구회. 한국국제정치학회 주최 학술회의 발표논문.

윤덕민. 2001. 「미국의 NMD 구상과 한반도」. 한국정치학회 춘계학술회의 발표논문.

이삼성. 2000. 「미국의 아태전략과 미사일 방어체제」. 동아일보 21세기 평화연구소 한미포럼.

이혜정. 2000. 「2020~2030년 미국의 동북아전략과 한·미 안보관계」. 한미안보연구회. 한국국제정치학회 주최 학술회의 발표논문.

최원기. 2020. 「미국 바이든 행정부의 아태전략 전망: 미·일·인도·호주 4자 협의체(QUAD)를 중심으로」. ≪IFANS 주요국제문제분석≫, 2020-54.

하영선. 2002. "9·11 테러가 남긴 것". ≪중앙일보≫, 2002년 9월 9일 자.

홍규덕. 2000. 「21세기 동북아 안보협력체 구상에 대한 전망과 과제」. ≪외교≫, 제53호.

Campbell, Kurt M. and Rush Doshi. 2021. "How America Can Shore up Asian Order." Foreign Affairs, January 2021.

Teo, Sarah. 2022. "The More Things Change… How Regional Security Multilateralism in the Asia-Pacific is Evolving." Melbourne Asia Review, March 18, 2022.

05

글로벌화

Understanding International Relations: The Crisis of Liberal International Order and Global Relations

1. 글로벌화란 무엇인가?

'글로벌화(Globalization)는 우리 시대를 특징짓는 중요한 현상임에 틀림없다. 글로벌화는 세계가 하나의 경제적 단위가 되어 자본, 상품, 노동이 더 자유롭게 이동하는 현상 또는 세계가 하나의 지구적 규범과 기준, 나아가 이념·기호·가치관 등을 갖게 되는 현상을 가리킨다. 글로벌화의 본질은 개방적인 지구경제의 등장과 개개 국가가 가지고 있던 기준·가치관 등이 지구적 기준이나 가치관 등에 의해 대체되는 것이다.

글로벌 스탠더드의 예를 들어보자. 한국은 농민을 지원하기 위해 정부가 쌀을 수매하고 있다. 시장가격보다 높은 값으로 농민에게서 쌀을 사들여 일종의 보조금을 지급하는 것이다. 이러한 관행은 세계를 단일한 시장으로 만들려는 무역자유화기구, 즉 WTO의 관점에서는 시장의 쌀값을 낮추어서 국내산 쌀의 가격경쟁력을 갖게 하는 보호무역적 조치로 보일 수밖에 없다. 글로벌화는 이러한 우리의 관행이 세계적인 기준 (자유로운 경쟁의 보장)으로 대체되는 것이다. 따라서 글로벌화가 진행되면서 국내적 기준을 만들고 집행하는 국가의 역할과 권한이 점점 제약을 받는 현상이 나타난다. 글로벌화에 따른 국가의 권위 약화를 우리는 흔하게 볼 수 있다. 국가의 손을 떠나 결정되는 지구적 차원의 규범, 규칙, 약속 등에 의해 국내법이 종속되며 국가의 정책결정 영역에서의 권위가 약화되는 것이다. 물론 글로벌화에 의해 피해를 받는 국민을 보호하고 보상하기 위한 국가의 새로운 역할이 강조되면서 그러한 측면의 국가의 역할이 강화되는 측면도 분명히 있다.

2. 글로벌화의 모습들

1) 기업 활동(생산과 판매)의 글로벌화

그렇다면 우리가 느낄 수 있는 글로벌화란 어떤 것들일까? 우선 경제적인 측면에서의 글로벌화를 생각해 보자. 이제 어떤 상품이 어느 나라의 제품인지를 따지는 것은 별 의미가 없다. 예를 들어 미국의 GM사에서 생산되는 자동차가 반드시 미국산인 것은 아니다. 한국과 중국의 공장에서 GM 계열사들의 자동차가 생산된다. 자동차에 들어가는 부품 역시 미국이나 한국, 중국이 아닌 다른 나라에서 생산된 경우가 많다. 이처럼 지금은 글로벌 생산 네트워크를 통해 전 세계적인 수준에서 생산이 일어나고 있다. 기업들은 가격경쟁에서 승리하기 위해 생산 거점을 임금이 싼 국가로 옮기고, 비핵심부품은 아웃소싱(outsourcing)을 통해 해외에서 조달해 오는 추세이다. 우리가 과거 흔히 말하던 'Made in USA', '일제'라는 표현은 이제 더 이상 의미가 없어진 것이다. 또 하나의 예를 들어보자. 현재 대우그룹은 해체되었지만 대우는 한때 한국에서 두 번째로 큰 재벌기업이었으며 세계경영의 결과로 전 세계 40개국에 사업장(지사, 공장, 사업장 등) 589개를 보유한 글로벌 기업이었다. 대우 국내 직원이 10만 명 정도였을 때 해외 직원은 20만 명 정도였다. 이러한 상황에서 대우가 한국의 기업인지 아닌지는 의미가 없다. 그저 대우는 생산 공장이 소재하는 국가의 국민을 고용하고, 그 국가의 정부에 세금을 납부하는 회사일 뿐이다. 국경을 초월한 생산이 일반화되면서 세계 경제에서 초국적 기업의 비중은 계속 커지고 있다. 사실 이제 웬만한 대규모 기업의 대부분은 생산이 글로벌 아웃소싱을 통해 이루어지거나 전 세계에 생산 네트워크가 퍼져 있는 초국적 기업이라고 보는 것이 옳을 것이다.

초국적 기업의 빠른 성장은 점차 기업의 활동(생산, 판매 등)이 국경을 초월해 세계를 무대로 이루어진다는 것을 보여준다. 기업들은 이제 전 세계를 무대로 기업 활동을 펴나가고 있다. 제품의 개발과 기획 등 핵심 활동은 모국에서 하고, 전 세계적 차원에서 부품을 조달하고 생산은 인건비가 낮은 국가에서 하는 등 국경을 넘어 전 세계가 기업 활동의 무대가 된 것이다. 이러한 생산의 글로벌화는 글로벌 공급망 네트워크(global supply network) 등장의 토대가 되었다.

2) 금융의 글로벌화

글로벌화가 더욱 극명하게 나타나는 분야는 금융 분야다. 금융은 이제 국경을 넘어 세계적으로 이루어지고 있다. 일단 국제금융거래가 양적으로 엄청나게 성장했다. 이러한 증가세는 자본의 이동에 대한 국가의 통제가 느슨해졌음을 나타낸다. 한국의 ○○○ 씨는 홍콩의 은행에 있는 자신의 구좌에서 돈을 찾은 후 영국의 증권시장에 보내 프랑스 기업에 투자할 수 있다. 이러한 현상은 자본의 이동에 대한 국민국가의 통제가 느슨해지고 있다는 것을 극명하게 보여준다. 과거 자본의 이동이 국가에 의해 철저히 통제되던 것과 비교하면 혁명적인 변화이다. 1980년대 초까지만 해도 한국에서 외국에 돈을 송금하려면 많은 제한이 따랐다. 그러나 지금은 외국에 있는 친척이나 가족에게 송금하는 데 별다른 제약이 없다.

그렇다면 1990년대 이후 금융의 글로벌화가 나타나게 된 이유는 무엇일까? 앞에서 언급한 것처럼 가장 중요한 요인은 1980년대부터 주요 선진국에서 나타난 금융 및 자본의 자유화일 것이다. 금융업에 대한 통제가 약해져서 은행들이 전통적인 여신·수신 업무에서 증권이나 보험 등의 업무까지 진출하고, 금융기관에 의한 해외증권 발행과 국제적 거래도 증가하게 되었으며, 1970년대부터 선진국에서 진행된 자본시장의 자유화가 1990년대에 들어와서 개발도상국에서도 급속히 진행되었다. 이러한 요인 외에 정보통신 분야에서의 혁명적 기술 발전은 글로벌 금융거래를 가능케 했다. 현재와 같은 정보통신망이 없었더라면 컴퓨터 키보드를 통해 수억 달러가 왔다 갔다 하는 국제금융거래나 금융의 글로벌화도 불가능했을 것이다.

금융의 글로벌화에서 보다 극적인 현상은 소위 초국적 자본이라고 일컬어지는 거대한 투기성 자본이 좀 더 높은 이윤을 찾아 전 세계를 돌아다니고 있는 것이다. 이러한 초국적 자본들은 1970년대 이후 세계자본시장에 중대한 세력으로 떠올랐다. 1973년과 1979년의 석유파동에 의해 유럽의 민간은행을 중심으로 오일달러라는 대규모 달러가 모여들면서 이러한 자본들은 보다 높은 이윤을 찾아 이동하기 시작했다. 특히, 자본에 대한 국민국가의 통제가 점차 약해지면서 이 같은 자본은 높은 투자이윤을 얻을 수 있는 지역으로 빠르게 이동이 가능해졌다. 이와 함께 총자산이 4조 달러에 이르는 미국의 뮤추얼펀드나 연기금, 헤지펀드들도 초국적 자본에 속한다. 초국적 투기자본의 존재는 안정적 국제금융질서에 커다란 위협이 되고 있다. 거대한 자본이 통제를 받지 않고 빠른 속도로 이동한다는 것은 대부분의 국가에는 매우 심각한 위협이 될 수 있으며, 현재와 같이 국가와 국가가 금융거래를 통해 긴밀하게 연결되어 있는 현실에서는 전 세계 금융위기로 확대될 수 있는 것이다. 실제로 1997년의 아시아 금융위기, 1998년 러시아 금융위기, 1999년 브라질의 금융위기는 금융 글로벌화의 부정적 결과가 현실화된 것이었으며, 금융의 글로벌화 시대에 그것을 관리할 수 있는 국제체제가 존재하지 않는 현실을 보여준다.

이러한 문제에 대한 대응 방식은 크게 두 가지로 나눌 수 있다. 첫째, 자본이동에 대한 통제 방안을 마련하는 것이다. 이 방안은 주로 투기성 단기자본에 대한 통제가 목적인데, 1997년 아시아 금융위기 직후 말레이시아의 수상 마하티르(Mahathir Mohamad)는 아시아 금융위기의 원인을 투기성 자본이라고 주장하면서 자본통제를 강하게 주장했다. 통제 방법은 다양한데, 자국에 들어온 자본에 대해 일정 기간 이동을 금지하는 방안이나 자본이 이동할 때마다 세금을 부과함으로써 단기이동을 억제하는 방안 등이 있다. 이러한 자본통제는 자본의 이동 자체를 억제함으로써 자본의 흐름을 왜곡한다는 문제점과 통제에 관련된 기술적 문제 등이 따르지만, 말레이시아에서 성공을 거둔 이후 많은 지지를 얻은 바 있다. 둘째, 국제금융관리체제를 만드는 방안이다. 즉, 금융의 글로벌화는 거스를 수 없는 대세이므로 이것의 위험을 최소화시키는 국제적 체제를 마련하는 것이 중요하다는 것이다. IMF·세계은행이 제안해 온 신브레턴우즈체제의 구성이나 서방 선진 11개국의 중앙은행 총재와 재무장관으로 구성된 G10 등이 내놓은 국제금융질서에 관한 보고서들이 그러한 노력의 결과이다. 2008년 미국발 글로벌 금융위기 이후에는 글로벌 금융위기를 해결하기 위한 G20 정상회의가 출범하여 글로벌 금융체제의 안정화와 달러화의 기축통화 문제, 양극화 문제 등 글로벌 금융위기를 근본적으로 해결해 보려는 지구적 노력이 계속되고 있다.

3) 문화의 글로벌화

정보통신기술의 발달은 또 다른 측면의 글로벌화를 촉진시켰다. 국제위성 네트워크, 인터넷, CNN 같은 전 세계적인 통신매체들은 지구상의 모든 사람이 지구 도처에서 일어나는 중요한 사건들을 실시간(real time)으로 접할 수 있게 만들었다. 이러한 통신매체의 혁명적 발전은 전 세계의 인구가 유사한 관심, 기호, 문화를 공유할 수 있게 하는 기반을 제공했다. 인터넷을 통해 세계의 네티즌들은 미국에서 유행하는 음악, 패션, 음식 등을 시간차 없이 그대로 받아들일 수 있게 되었다. 이제 지구적 차원의 문화적 공감대가 형성될 수 있는 시대가 온 것이다. 이러한 문화의 글로벌화에서 핵심적 역할을 하고 있는 것은 다국적 미디어들이다. 이들을 통해 영화나 TV 프로그램의 초국적화가 진행되고 있다. 할리우드 영화가 프랑스 극장가를 지배하고 있는 현상이나 〈섹스 앤드 더 시티(Sex and the City)〉, 〈빅뱅이론(The Big Bang Theory)〉과 같은 미국 드라마가 한국 젊은이들에게 엄청난 인기를 얻고 있는 것, 2000년대 들어와서 확산되고 있는 한국 대중문화(한류) ― 단순히 케이팝(K-pop)과 케이드라마(K-drama)를 즐기는 것이 아니라 가수나 배우들의 헤어스타일과 옷차림을 따라 하고 드라마 속에 등장한 '치맥'을 즐기는 문화가 아시아를 넘어서 세계 전반에 퍼져나가고 있다 ― 도 문화의 글로벌화 현상으로 볼 수 있다. 이러한 문화적 글로벌화는 더 나아가서 기호, 소비 유형, 가치관의 동질화 현상을 가져온다. 인터넷과 할리우드 영화, 미국의 시트콤은 지구인들이 유사한 기호나 소비 유형을 갖게 한다. 이제 지구인들은 같은 음식(코카콜라, 빅맥 등)을 즐기고, 같은 상품(유니클로, ZARA 등)을 소비하며, 비슷한 가치관을 갖게 된 것이다. 문제는 때로 이러한 문화의 글로벌화가 미국과 같은 강대국의 주도로 이루어지면서 문화제국주의라 부르는 문화의 종속 현상으로 나타난다는 점이다. 문화의 세계화는 콘텐츠를 생산하는 강대국의 영향력을 강화시키며 강대국의 가치관·규범·기준이 문화적 약소국에 강요되는 부작용을 가져온다. 한국과 그다지 나쁜 관계에 있지 않은 아랍 국가들과 아랍인들에 대한 한국인들의 부정적 인식은 상당 부분이 할리우드 영화가 그려낸 아랍인들에 대한 부정적 이미지(주로 잔인한 테러리스트)에 기인한다. 글로벌화를 개별 국가의 기준·가치관·문화 등이 세계적 기준·가치관·문화 등으로 대체되는 과정으로 본다면, 불행하게도 그 세계적 기준·가치관·문화 등은 세계인들이 공유하고 동의함으로써 합의를 이룬 것이 아니라 전파력이 강한 미디어를 장악할 수 있는 강대국의 기준·가치관·문화일 수도 있는 것이다.

3. 글로벌화의 도전 글로벌화의 정치적 영향

글로벌화라는 현상은 모든 국가에게 중대한 도전이다. 경제적 측면에서 볼 때 경제의 개방화를 근간으로 하는 글로벌화는 국가경제가 보호막 없이 외부의 충격에 노출된다는 것을 의미한다. 따라서 경제적 약소국들은 이런 충격을 수용하는 데 어려움이 있다. 한국이 외환위기를 겪게 된 이유 중 하나가 취약한 금융구조에도 불구하고 경제협력개발기구(Organization for Economic Cooperation and Development: OECD)나 미국의 압력 아래 외환시장의 자유화를 서두른 것이었음을 생각할 때, 글로벌화라는 추세가 개별 국가에 가하는 압력과 그 파장의 강도를 짐작할 수 있다. 또 후진국들은 세계경제의 주기에 국내 경기가 크게 좌우되고 경제주권을 행사하기 어려운 경우들을 경험하게 된다. 또한 글로벌화는 국가라는 존재에 중요한 위협이 되고 있다. 국가는 영토와 그에 대한 침해할 수 없는 권리인 주권을 가진 정치적 존재로서 근대적 의미의 국민국가가 나타난 이후 확고한 위치를 유지해 왔다. 그러나 글로벌화라는 추세는 이러한 국가의 위치에 심각한 위협이 되고 있다. 범지구적 수준의 상호종속 증대는 국가가 담당했던 국경 내 활동을 통제할 수 있게 해주던 정책 수단을 무력화한다. 특히 초국적 자본의 흐름은 전통적으로 국가경제를 운용하던 효과적 수단인 환율, 물가정책 등에 관한 정부정책의 효과를 크게 감소시킨다. 예를 들어 무역적자를 줄이기 위한 환율의 평가절하는 자국 통화에 대한 초국적 자본의 투기를 초래하기 때문에 더 이상 효과적인 정책이 되지 못하거나, 국내 경기를 부양하기 위한 임금인상 등의 경기부양책은 개방적 경제체제하에서는 국산품에 대한 수요를 증대시키기보다는 수입품에 대한 수요를 증가시키는 결과를 가져옴으로써 별로 효과적이지 못하다.

글로벌화된 세계체제에서는 국가 외의 새로운 행위자들이 중요한 위치를 차지하고 있다. 국제비정부기구(international non-governmental organization), 초국적 기업, 국제기구 등의 역할이 증가하고 환경이나 국제적 범죄(예를 들어 마약 거래), 문화 등 범지구적 쟁점이 등장하면서 국가들은 다른 국가들은 물론이고 이들 비국가적 행위자와의 협력 없이는 해결할 수 없는 일련의 정책 문제에 직면하게 된다. 이러한 국민국가 위축론 혹은 쇠퇴론은 그 설득력에도 불구하고 아직은 전적으로 받아들여지기 어려운 것이 사실이다. 아직까지 국민국가들은 안보 그리고 다른 중요한 쟁점에서 확고히 주권을 지키고 있고, 초국가적 행위자로부터 정책적 자율성을 확보하기 위해 새로운 수단을 모색하고 있다.

글로벌화는 사회적·정치적으로도 중요한 도전이 되고 있다. 그 근본적인 이유는 글로벌화가 시장논리를 신봉하고 경쟁이 최대의 효율성을 담보한다는 신자유주의적 이데올로기를 근간으로 하고 있기 때문이다. 글로벌화의 추세는 국가 간 경쟁을 강화시키고 무한경쟁에서 살아남기 위한 정책의 이론적 근거를 신자유주의라는 이데올로기에서 찾는다. 실제로 대부분의 국가들이 신자유주의적 정책을 채택하고 있으며, 학자들은 현재의 글로벌화를 신자유주의의 글로벌화로 부르는 데 망설임이 없다. 이러한 정책의 결과는 신자유주의가 주장하는 것처럼 장밋빛 결과를 가져오지는 않는다. 신자유주의적 경제정책은 교역의 증가와 경제적 성과를 내기도 하지만 사회적 불평등, 실업, 사회적 안전망이 사라진 양극화 사회를 만들기도 한다. 『세계화의 덫(Die Globalisierungsfalle: Der Angriff auf Demokratie und Wohlstand)』의 저자 한스-페터 마르틴(Hans-Peter Martin)과 하랄트 슈만(Harald Schumann)은 세계가 '20 대 80의 사회'로 행진하고 있다고 말한다. 지구촌의 20%만이 좋은 일자리를 가지고 안정된 생활을 할 수 있으며, 나머지 80%는 실업자, 또는 불안정한 고용 상태에서 소수가 생산해내는 부에 빌붙어 먹고살아야 한다는 것이다. 이러한 글로벌화의 사회적 결과는 정치적으로도 부정적인 영향을 미치고 있다.

▼**신자유주의** 케인스적 복지국가에 반대하고 국가의 개입이 없는 자유시장이 국부를 증대하고 사회적 후생을 극대화한다는 19세기의 고전적 자유주의로 복귀하려는 경제 이데올로기를 말한다. 이러한 이념을 가장 잘 구현한 정부는 영국의 대처 정부와 미국의 레이건 정부였다. 신자유주의의 주된 정책으로는 규제 타파, 임금 인하, 세금 인하, 노동시장의 유연성 강화, 복지와 보조금의 삭감, 무역자유화 등이 있다.

글로벌화가 민주주의에 어떠한 영향을 미칠 것인가에 대해서는 상반된 견해가 존재한다. 그중 글로벌화가 주권국가의 영향력을 감소시킴으로써 권력의 국가 집중을 완화하고 사회 세력의 영향력을 증대시킴으로써 민주주의에 긍정적인 영향을 미칠 것이라는 견해가 있다. 이러한 견해는 현재의 글로벌화가 기본적으로 정치·사회를 비롯한 전 분야에 시장원리를 확대시키는 과정이기 때문에 그와 같은 과정에서 독점적 권력구조가 와해되고 정치권력이 좌지우지하던 분야가 축소되는 반면, 시민들은 보다 많은 정보를 가지고 자국의 정부를 다른 정부들과 비교하여 정부에 올바른 역할을 다할 것을 요구하게 된다고 본다. 또 글로벌화가 정보의 자유로운 유통과 접근의 다양한 통로를 제공함으로써 대중이 새로운 힘을 갖게 하고, 시민단체들은 인터넷이라는 매체를 통해 정보를 습득하며 그들의 주장을 알리고 정부에 자신들의 요구사항을 효과적으로 전달할 수 있다고 본다. 아울러 전 세계의 동일한 관심을 가진 사람들과 네트워크를 형성하고 초국가적 시민운동을 이끌어내기도 한다고 본다. 이러한 변화를 민주주의의 질적 변화로 볼 수 있다는 것이다.

그러나 지금 진행되고 있는 글로벌화, 특히 경제적으로 시장의 우월성과 시장논리의 신봉을 바탕으로 하는 신자유주의 이념의 글로벌화는 적어도 경제적 민주주의에 중대한 도전이 되고 있는 것으로 보인다. 신자유주의적 글로벌화는 국제자본의 영향력을 강화시키면서 반대급부로서 시민들의 권리를 위협하고 있다. 각국의 정부와 중앙은행은 시민들의 사회적·경제적 복지를 위한 정책을 세우기보다는 세계적 금융시장의 구미에 맞는 정책들을 내놓고 있다. 또 시장원리를 신봉함에 따라 사회적·경제적 약자에 대한 국가의 보호가 점차 사라지면서 정치적·경제적 불평등이 심화되고 있다. 이러한 국가적 보호 기능의 약화와 초국적 행위자의 이익을 보호하는 국가행위는 필연적으로 사회적 약자들의 저항을 가져온다. 글로벌화의 사회적 결과에 대한 하층계급(노동자·빈민·농민 등)의 저항을 봉쇄하기 위해 권위주의적 정책 수단들이 동원되며 이들의 권리가 무시되는 경향들이 나타나고 있다. 간단히 말해, 외국자본을 유치하기 위해 요구되는 퇴직금의 폐지, 기업의 복지의무 축소 등은 노동자들의 반발을 불러일으키고, 이를 통제하기 위해 정부는 노동자들의 파업권을 제한하거나 노동조합의 권한을 제한하기도 한다. 또한 정책결정 과정이나 집행에서도 의회나 선거와 같은 절차가 무시되고, 대통령이 집중된 힘을 가지고 긴급명령·대통령령, 행정명령 등

― 의회의 법안 통과가 필요 없는 ― 을 통해 정책을 펴나가는 통치 형태가 나타나기도 한다. 글로벌화가 민주주의라는 측면에서 하나의 결과만을 가져오는 것은 아니지만, 우리가 기대하는 긍정적인 측면만큼이나 부정적인 측면들이 현실로 나타나고 있는 것이 사실이다.

실제로 신자유주의에 기반을 둔 글로벌화는 2000년대 초 시작된 남미 좌파 정부가 등장할 수 있는 토양을 제공한 것으로 보인다. 1999년 베네수엘라의 우고 차베스(Hugo Chavez) 집권으로 시작된 남미 좌파 정부의 등장은 거대한 물결이 되어 2015년 초까지 남미 12개국 중 콜롬비아와 파라과이 두 나라를 제외하고 10개국 모두에서 좌파 정권이 집권했다. 이들 좌파 정부의 집권은 1990년대 남미를 휩쓴 신자유주의 정책으로 인한 불평등의 심화, 복지 삭감 등으로 인한 빈곤층의 정치적 불만이 폭발한 것으로 볼 수 있다. 2010년대에 들어와 유럽의 스페인과 그리스 등에서 경제위기 이후 좌파 정부의 집권 혹은 기존 신자유주의 연합에 반대하는 제3의 정당 등장 현상이 나타났다. 2008년 금융위기로 EU 차원의 긴축정책 요구가 거세졌고 이로 인한 저소득층의 불만이 커졌으며 이것이 결국 그리스 좌파 정권 등장과 유럽 신자유주의 지배연합에 균열을 가져왔다.

2016년은 신자유주의적 글로벌화에 대한 불만이 전 세계를 휩쓴 것으로 보인다. 자유무역은 곳곳에서 반대에 부딪치고 있다. 2016년 미국 대선의 양당 후보자들 모두 자유무역정책을 손보겠다고 공약했다. 프랑스에서는 EU와 미국과의 자유무역협정에 대한 반대 목소리가 높다. 선진국에서는 소득 불평등, 일자리 감소, 이주 노동자로 인한 일자리 경쟁의 심화 등이, 특히 젊은 세대의 불만을 불러오고 있다. 이러한 현상은 곧바로 국내정치에 영향을 미쳤다. 2016년 미국 대선을 움직인 커다란 주제 중 하나가 무역자유화 같은 경제개방, 금융자본주의이다. 값싼 중국산 제품에 의해 경쟁력을 잃은 미국산 제품, 그로 인한 일자리 감소, 월가로 대표되는 초국적 자본들의 투기적 행태, 이러한 것들이 백인 중산층으로 하여금 도널드 트럼프를 지지하게 만들었다. 영국의 EU 탈퇴 원인 중 높은 비중을 차지한 것이 이민자들에 대한 반감인데 영국인들은 이민자 문제를 글로벌화의 한 결과로 보고 영국의 EU 탈퇴를 지지한 것이다. 실제로는 이민이 영국의 경제에 기여하고 있다는 많은 연구 결과가 있지만 영국인들은 경제위기와 긴축정책을 겪으면서 이민에 대한 반대의 목소리가 커진 것이다. EU 잔류파들은 유럽통합을 통해 영국은 더 큰 시장을 가질 수 있고 영국의 주력 산업인 금융산업도 혜택을 누릴 수 있다고 주장했지만 영국 국민들은 그런 주장을 받아들이지 않았다.

돌이켜보면, 글로벌화가 어떤 결과를 가져오는가는 신자유주의와 같은 정책이념 자체가 아니라 이와 같은 경제이념을 뒷받침하는 실질적 정책의 성공 여부로 보인다. 반(反)신자유주의가 반드시 불평등을 개선하고 빈곤층의 삶을 개선해 주는 것은 아니다. 신자유주의적 정책이 저소득층을 위한 사회보장정책 그리고 적극적인 고용정책 등으로 보완된다면 신자유주의 정책이 반드시 소득 불균형을 가져오지 않을 수도 있다.

글로벌화에 찬성하는 신자유주의적 성향의 경제학자들은 글로벌화가 중단되면 개도국 빈민층의 삶이 더 나아지기는커녕 외국 기업의 투자 및 수출 감소 등으로 인해 일자리 상실이 확대된다고 주장한다. 글로벌화가 중단되어 인도네시아의 나이키 공장이 사라지면 인도네시아 빈곤층의 삶이 나아지기는커녕 국내 기업보다 높은 임금을 제공하는 일자리가 없어져서 이들 계층이 더욱더 심각한 빈곤에 시달리게 된다는 것이다. 연구 결과에 따르면 보호무역의 가장 큰 피해자는 저소득층이다. 미국에서 보호무역이 시행된다면 그동안 싼값의 중국 공산품을 소비해 왔던 미국의 저소득층은 엄청난 물가상승으로 고통받아야 할 것이다. 일자리 감소 문제를 봐도 주된 요인은 자유무역이 아니다. 신기술 도입으로 인한 일자리 감소가 만만치 않다. 영국 ≪이코노미스트(Economist)≫는 2016년 10월 1일 자 이슈에서 "글로벌화 반대론자들이 왜 틀렸는가(Why they're wrong: A special report in defence of globalization)"라는 특집기사를 통해, 글로벌화 반대론자들은 글로벌화가 소수에게만 혜택을 가져온다고 주장하지만 덜 개방된 세계경제에서 가장 큰 피해자는 가난한 사람들이고 현재 세계 각지에서 글로벌화에 대한 합의(consensus)에 균열이 생기고 있다며 개방된 세계경제는 결코 해로운 것이 아니라고 주장했다.

반글로벌화운동을 주도하는 세력들은 주장한다. 지금 필요한 것은 민주적이고 효율적인 글로벌 거버넌스(Global Governance)체제를 만드는 것이라고. 2000년 5월 UN이 주최하는 NGO들의 포럼인 밀레니엄 포럼에 제출된 보고서 「밀레니엄 포럼 선언(Millennium Forum Declaration)」은 경제적 글로벌화가 초래하는 위기와 폐해를 '글로벌 거버넌스'를 통해 조정·관리·결정하기 위한 '정치적' 차원의 글로벌화가 필요하다는 것을 강조하고 있다. 여기서 정치적 차원의 글로벌화는 글로벌 거버넌스체제를 구축하기 위한 국제적 협력을 말하는 것으로 보인다. 글로벌 거버넌스란 지구적 차원에서의 통치를 의미한다. 즉, 한 국가의 국경을 초월한 지구촌의 공동 관심사와 문제 해결을 위해 각국 정부나 UN, 국제기구, 초국적 기업, 그리고 국제 NGO와 같은 새로운 초국가적 행위자들이 참여하는 관리체제를 말한다. 여기에는 중앙집중적 권위가 존재하지 않으며, 전 지구적 쟁점들을 해결하는 데서 공동의 실천과 목표를 추구하는 참여자들 사이의 공조와 협력이 핵심이다. 글로벌 거버넌스체제에서 국제 NGO들은 글로벌 거버넌스의 민주성과 정통성, 그리고 투명성 등을 제고함으로써 효율적이고 민주적인 글로벌 거버넌스체제 구성에 중요한 역할을 한다. 이전까지 주요 경제기구들은 국가의 전문 관료들만이 참여하는 폐쇄적인 성격을 가졌지만 이제 NGO들의 참여로 더 민주적이고 투명한 기구로 발전할 수 있게 된 것이다. WTO와 IMF는 NGO의 참여를 보장하기 위한 여러 가지 노력을 기울이고 있다. 세계은행과 WTO는 홈페이지에 시민사회와 NGO 독립 사이트를 개설해 이들이 참여할 수 있도록 했으며, IMF 역시 시민사회 관련 정책과 프로그램을 도입해서 시행하기 시작했다.

4. 글로벌화, 상호의존 그리고 국가안보

글로벌화의 추세가 가장 극명하게 나타나는 분야인 국가 간 경제관계에서 제일 핵심적인 변화는 상호의존이 엄청나게 심화되었다는 것이다. 이제 어떤 나라도 세계경제로부터 고립해서는 생존하기 어려운 상황을 맞게 되었다. 우리는 쿠바나 북한처럼 상호의존의 세계경제에서 고립되어 있는 나라가 어떤 경제적 곤란을 겪고 있는지 잘 알고 있다. 구소련이나 동유럽권 국가들이 자본주의 시장경제에 편입할 수밖에 없었던 이유도 상호의존이 심화된 세계경제로부터의 압력 때문이다. R. O. 코헤인(R. O. Keohane)과 조지프 나이에 따르면 상호의존은 민감성(sensitivity)과 취약성(vulnerability)의 관점에서 파악될 수 있다. 상호의존은 세계의 한쪽에서 발생한 일이 다른 쪽에 있는 누군가 또는 모두에게 영향을 미칠 수 있는 상황을 만듦으로써 모든 나라가 다른 나라의 행동에 영향을 받는 현상을 말한다. 상호의존은 생산기술·교통수단의 발달과 자유무역체제로 인해 상품·서비스·자본·노동 등과 같은 생산요소의 국경 이동이 용이해짐에 따라 복잡한 상호의존 네트워크가 생기고, 그 결과 국가가 수출시장의 접근과 주요 수입품의 수급 확보에 점차 의존하게 되는 것이다. 이미 옛날이야기가 되었지만 베네수엘라에 들어선 반미 정권이 미국에 대한 석유 수출을 줄이겠다고 발표하자 한국의 주식시세는 곧바로 하락했다. 이것은 베네수엘라 석유에 대한 미국의 의존, 한국 경제의 미국 시장에 대한 의존 등으로 민감성이 나타난 것이다. 다른 나라의 행동에 얼마만큼 영향을 받느냐가 *민감성*의 문제라면 그에 의한 결과를 극복할 수 있는 능력에 관한 것이 *취약성*의 문제이다. 국제유가의 급격한 인상에 대해 한국과 미국 모두가 민감하지만 취약성의 측면에서 보면 미국은 그 정도가 덜하다. 왜냐하면 미국은 그러한 결과에 대처할 수 있는 수단이 많기 때문이다. 미국 내의 원유를 채굴할 수도 있고 대체에너지 공급을 늘릴 수도 있다. 그러나 한국은 별다른 대안이 없기 때문에 취약성이 매우 크다.

우리가 관심을 가져야 할 또 하나의 주제는 글로벌화와 안보이다. 과연 글로벌화라는 추세는 세계평화에 어떠한 영향을 미칠 것인가? 유명한 세계화론자인 토머스 프리드먼은 그의 저서 『렉서스와 올리브 나무(The Lexus and the Olive Tree)』에서 골든 아치(Golden Arch) 이론을 제시했는데 여기서 골든 아치는 햄버거 프랜차이즈 맥도널드의 로고를 말하는데 프리드먼은 맥도널드가 입점해 있는 국가끼리는 전쟁을 하지 않는다는 주장을 했다. 그 이유는 맥도널드 매장이 있다는 것은 시장이 개방되어 있다는 것이고 이러한 나라들끼리는 상업적 교류가 형성되어 있어 이들 나라의 국민들은 전쟁을 원치 않고 따라서 전쟁 위험이 줄어든다는 것이다. 맥도널드가 상징하는 글로벌화가 국가 간 경제적 연계를 강화하고 그것을 지키기 위한 전쟁 회피로 나타난다는 것은 꽤 설득력 있는 주장이다. 우리는 이러한 문제를 상호의존의 심화가 안보에 어떠한 영향을 미치는가에 대한 측면에서 분석해 볼 수 있다. 우선, 글로벌화는 상호의존의 심화를 가져오고 이것은 국제관계의 갈등 요인을 완화해 국가 간 협력과 평화를 정착하는 데 기여할 것이라고 보는 낙관론이 있다. 낙관론자들은 국가 간의 경제적 관계가 증진되고 심화될수록 개방적 교역질서를 선호하는 세력과 이러한 경제관계에서 이익을 얻는 세력이 증가하게 된다고 본다. 이들은 갈등으로 인한 교역의 단절이 가져오는 경제적 손해를 피하려고 하기 때문에 협상 같은 평화적 방법으로 그것을 해결하는 경향이 강해진다. 미·중 간의 상호의존을 넘어서는 공생관계, 차이아메리카(Chimerica)를 강조하는 사람들은 미·중은 서로가 절대적으로 필요하기 때문에 미·중 간의 갈등이 절대 무력 충돌로 확대되기는 어렵다는 주장을 한다. 다른 한편으로는 상호의존의 진전 자체가 정치적·군사적 측면에서 호혜적이고 안정적인 국제관계를 필요로 한다. 상호적대적인 국가들 사이에 상호의존이 심화될 수 없다. 그러므로 경제적 상호의존의 심화와 정치적·군사적 차원의 협력적 국제관계는 상호보완적이고 서로를 강화해 주는 방향으로 진전된다고 볼 수 있다. 이러한 견해와 관련하여 상호의존이 평화를 가져오는 것은 아니지만 국가들의 취약성을 증가시킴으로써 국가 간 무력 사용을 제한한다는 견해도 있다. 이와 같은 견해는 첫째, 국가의 취약성이 경제적 자급 능력의 결여로 인해 생기기 때문에 군사적 수단보다는 경제적 수단이 국제관계에서 더욱 효과적이고 적절하다고 본다. 둘째, 복잡한 상호관계 아래에서는 국가가 무력을 사용할 경우 상대에게 미치는 효과 못지않게 자신도 피해를 입게 된다고 주장한다. 군사력 사용은 무역이나 투자의 중단 등을 유발해 공격 국가에게도 경제적 타격을 주기 때문에 제한된다는 것이다.

그러나 비관론자들은 이와는 전혀 상반된 주장을 편다. 비관론자들은 첫째, 상호의존의 심화는 국가 간의 접촉과 이해관계의 증가를 의미하며 이것은 결국 갈등의 소지가 더 커진다는 의미라고 주장한다. 전혀 관계가 없는 나라와의 관계와 비교해 볼 때 상호의존이 심한 국가끼리는 갈등이 일어날 소지가 더욱 크다. 둘째, 그들은 현실에서 상호의존이 늘 불균형하게 일어난다고 말한다. 한 국가가 다른 나라에 더 많이 의존하는 불평등한 상호의존관계에서는 갈등의 소지가 크다. 미국과 일본의 무역관계를 예를 들어보면 미국에 대한 일본의 지나친 무역흑자가 일본에 대한 미국의 적대감을 심화시켜 양국 간의 무역 분쟁, 나아가서는 외교 분쟁으로 발전된 것처럼 불평등한 상호의존관계는 오히려 갈등을 일으키는 원인을 제공한다. 2011년에는 중국과 일본의 영유권 분쟁 중에 중국이 일본에 대한 보복으로 희귀자원인 희토류 수출중단 조치를 취한 바 있다. 일본은 중국에 대한 희토류 의존이 자국에 불리하게 작용할 수 있다는 것을 인식하고 희토류 확보선의 다양화 등 이에 대한 대응 조치를 취한 바 있다. 이 사례는 국가들이 마음만 먹으면 비대칭적 상호의존 상황을 자신의 국익을 위해 활용할 수 있다는 것을 보여준다(상호의존의 무기화).

글로벌화의 결과로 나타난 상호의존의 심화가 국제안보에 기여하는가는 상당히 복잡한 문제이다. 그러나 분명한 것은 글로벌화는 국제안보에서도 새로운 기회이자 도전이 될 것이라는 사실이다.

5. 글로벌화는 역전될 것인가? 미·중 중심의 진영화와 글로벌화의 미래

2019년 말부터 시작된 코로나 바이러스의 확산으로 인한 바이러스 대유행은 지구촌의 작동에 중대한 영향을 미치고 있다. 이미 많은 전문가가 코로나19 이후의 세계가 코로나 이전의 세계와 다를 것이라는 예측들을 제시하고 있다. 토머스 프리드먼의 B.C.(before Corona 19)와 A.C(after Corona 19) 논의가 대표적이며 스티븐 월트(Stephen Walt)는 향후의 세계가 "덜 개방화되고, 덜 번영하며, 덜 자유로워질 가능성이 커졌다"고 말한 바 있다. 중대한 변화를 겪는 대표적인 지구촌의 작동이 바로 글로벌화이다. 코로나19가 이러한 트렌드를 역전시킬 것이라는 예측들이 유행처럼 나타나고 있다. 소위 탈글로벌화는 과연 진행될 것인가? 학자들이 주목하는 부분은 인간 이동의 제한과 글로벌 공급망의 타격과 재편, 국내생산화(reshoring) 등이다. 이러한 문제 제기들의 적실성에는 공감하지만 이러한 움직임들이 탈글로벌화로 부를 수 있는 구조적 변화를 가져오기는 어려워 보인다. 사실 글로벌화에 대한 문제 제기와 저항은 이미 글로벌화의 사회경제적 결과 때문에 시작되었었다. 글로벌화는 많은 나라에서 사회경제적 불평등을 만들고 중산층을 붕괴시켰으며 국민의 후생 증진이라는 국민국가의 역할에도 부정적 변화를 가져왔다. 그러한 결과는 '분노의 시대'를 가져왔다. 세계 곳곳에서 촉발 요인은 제각각 다르지만 불만의 폭발에 기본 연료를 제공한 것은 글로벌화가 가져온 결과에 대한 좌절과 불만 그리고 분노이다. 정치가들은 이러한 분노를 민족주의라는 손쉬운 동원이념을 통해 정치적 동력으로 만들기에 분주했다. 영국에서 브렉시트(Brexit), 미국에서의 '트럼프 현상'이 이러한 과정을 상징적으로 보여준다고 생각한다. 사실 이러한 과정이 우리가 가진 궁금증에 답을 제공한다고 생각된다. 글로벌화에 대한 불만에 직면한 국가는 과연 탈글로벌화를 하나의 옵션으로 고려했는가? 글로벌화의 속도를 조절하거나 탈글로벌화에 대한 그림을 그리기보다 글로벌화의 불만을 정치적으로 이용하기 바빴던 것이 아닌가?

누군가는 트럼프의 TPP 탈퇴, 파리 협약 탈퇴, 리쇼어링(reshoring), 중상주의적 무역정책 등이 미국의 탈글로벌화라고 답할 수 있다. 그러나 그러한 움직임은 구조적 흐름을 바꾸는 변화라기보다 트럼프 현상으로 보는 것이 옳다. 2021년 1월 취임한 새로운 미국의 대통령 바이든(Biden)이 그러한 정책을 지속·심화시킬 수는 없다고 본다. 리쇼어링 역시 이미 글로벌화된 국제분업체계에서 어느 정도 이상 진행되기 어렵다. 글로벌화에 대한 문제점들을 경험하면서도 대부분의 국가들은 글로벌화를 역전시키려는 모습을 보이지 않았다. 국가들은 과연 글로벌화를 역전시킬 수 있을까? 글로벌화의 최대 수혜자인 글로벌 기업들의 모든 전략, 생산, 마케팅, 유통 등이 글로벌화되어 있는 상황에서 그것은 불가능한 것으로 보인다. 리쇼어링 역시 이미 글로벌 생산 생태계가 탄탄히 구축된 상황에서 여기서 벗어나는 기업은 원가경쟁에서 탈락하게 된다. 어떤 기업이 이런 선택을 할 수 있을까?

우리가 말하는 탈글로벌화는 설사 이루어진다 해도 글로벌화의 한 부분, 즉 생산의 탈글로벌화를 말하는 것으로 보인다. 금융의 글로벌화, 문화와 인식의 글로벌화는 아예 건드릴 수도 없는 부분이다. 그리고 그 한 부분, 생산의 글로벌화 자체도 근본적인 변화가 오기는 어렵다. 글로벌 공급망은 붕괴되는 것이 아니라 재편될 것이고 리쇼어링은 미국과 같이 내수시장이 큰 나라들의 옵션일 뿐이다.

마지막으로 코로나19는 이미 진행되고 있는 디지털화를 가속화할 것이다. 더 많은 일들이 사이버 공간상에서 이루어질 것은 분명하다. 디지털화의 가속은 국가 국경의 무력화를 의미하며 탈글로벌화가 아닌 글로벌화의 심화를 의미한다. 국제여행이 줄어들고 미국의 몇몇 회사가 다시 본토로 돌아간다고 글로벌화가 뒤집히지 않는다.

■ ■ ■ 참고문헌

김경원·임현진 공편. 1995. 『글로벌화의 도전과 한국의 대응』. 서울: 나남.

김세균. 1996. 「신자유주의 정치이론의 연구 경향과 문제점」. ≪이론≫, 여름·가을.

김태현 엮음. 1997. 『신동아시아 안보질서』. 서울: 세종연구소.

마르틴, 한스-페터(Hans-Peter Martin)·하랄트 슈만(Harald Schumann). 1997. 『세계화의 덫: 민주주의와 삶의 질에 대한 공격』. 강수돌 옮김. 서울: 영림카디널.

문정인. 1995. 「글로벌화의 위협구조와 국가전략」. 김경원·임현진 공편. 『글로벌화의 도전과 한국의 대응』. 서울: 나남.

박복영. 1999. 「금융의 글로벌화와 금융안정을 위한 국제협력」. ≪정치비평≫, 제6호(봄·여름).

백진현. 1995. 「글로벌화와 한국의 안보전략」. 김경원·임현진 공편. 『글로벌화의 도전과 한국의 대응』. 서울: 나남.

손호철. 2000. 「한국의 신자유주의와 민주주의」. 안병영·임혁백 공편. 『글로벌화와 신자유주의』. 서울: 나남.

이수훈. 1994. 「전지구화, 지역주의화 그리고 국지화의 특징과 내용」. ≪경제와 사회≫, 제22호.

이찬근. 1998. 『투기자본과 미국의 패권』. 서울: 연구사.

임혁백. 2000. 「글로벌화와 민주주의: 기회와 제약」. 안병영·임혁백 공편. 『글로벌화와 신자유주의』. 서울: 나남.

전창환. 2000. 「금융글로벌화와 화폐주권의 동요」. ≪경제와 사회≫, 제45호(봄).

정진영. 1998. 「세계금융과 민주주의: 공존이 가능한가?」. ≪사상≫, 여름.

_____. 1995. 「글로벌화: 개념적·이론적 분석」. 정진영 편. 『글로벌화 시대의 국가발전전략』. 서울: 세종연구소.

주성수. 2000. 『글로벌 거버넌스와 NGO』. 서울: 아르케.

Keohane, Robert, and Joseph S. Nye, Jr. 1989. *Power and Interdependence: World Politics in Transition*. Little, Brown.

06

지역주의와 지역통합

Understanding International Relations: The Crisis of Liberal International Order and Global Relations

I. 지역주의

글로벌화와 함께 관찰되는 지구촌의 주요 추세 중 하나는 지역주의(regionalism)이다. WTO의 출범이 상징하는 범지구적 단일시장 건설을 위한 노력이 있는 한편으로 지역적 차원에서 국가들의 조직화 움직임이 1980년대 후반부터 본격화되고 있다. 이런 움직임은 EU의 출범과 함께 더욱 가속화되었으며, 유럽뿐만 아니라 전 세계적인 차원에서 이루어지고 있다. 유럽에서의 마스트리히트 조약(Maastricht Treaty), 북미자유무역협정(North America Free Trade Agreement: NAFTA)의 조인과 비준, 아·태 지역에서의 아시아태평양경제협력체(Asia-Pacific Economic Cooperation: APEC), 남미에서의 남미공동시장〔Mercado Comun del Sur(Common Market of the South): MERCOSUR〕 등 초기의 지역경제협력체부터 CPTPP(Comprehensive and Progressive Agreement for Trans Pacific Partnership)와 RCEP(Regional Comprehensive Economic Partnership) 같은 거대 지역무역 블록의 추진은 전 세계적인 지역주의의 물결이 계속되고 있음을 보여주고 있다.

1. 지역주의란 무엇인가?

지역주의의 개념을 말하기에 앞서 지역주의의 개념만큼 혼란스러운 것은 '지역'의 개념이다. 일반적으로 지역은 지리적 개념이지만 적어도 현재 국제관계에서 볼 때 지리적 근접성을 기초로 한 '지역' 개념 이상의 의미를 지니고 있다. '지역'을 사회적 개념으로 본다면 같은 문화나 역사, 언어 등을 공유하는 국가들의 포괄이라 할 수 있을 것이고, 경제적 개념으로 본다면 상당한 수준의 경제적 교류가 있는 국가들은 지리적 근접성에 상관없이 지역을 구성할 수 있을 것이다. 이러한 지역의 다양한 해석을 넘어서서 지역이라는 개념을 더 깊이 들여다보면 이 개념 자체가 인위적으로 만들어지는 것임을 이해할 수 있다. 애초에 특정한 지역이라는 것은 존재하지 않고 우리가 무엇을 염두에 두고 생각하느냐에 따라 전혀 다른 지역이 만들어지는 것이다. 예를 들어 지리적으로 볼 때 한국과 호주는 하나의 지역으로 묶기 어려울 수 있지만 경제적 측면에 초점을 맞추어 본다면 태평양 경제권이라는 지역 개념으로 묶을 수 있다. 좀더 근본적으로는 아시아든 유럽이든 모든 '지역'은 인간이 만들어낸 창조물이다. 구성주의적 용어를 사용한다면 '지역'은 사회적 구성물이고 따라서 정치적으로 논쟁적인 개념이다. 우리가 흔히 쓰는 극동(Far East)이라는 지역 개념은 다분히 유럽적인 지역 개념이다. 유럽의 관점에서 보았을 때 중국·일본·한국은 동쪽 맨 끝에 위치한 나라들이기 때문이다. 터키는 EU에 가입하려 하고 있지만 터키가 과연 유럽 국가인가에 대해서는 아직도 논쟁이 끝나지 않았다. 유럽이라는 지역 개념이 정치적 개념이기 때문이다. 한국이 속해 있는 아시아·태평양이라는 지역 개념 역시 매우 인위적이며 정치적이다. 지역이라는 개념이 이렇게 혼란스러운 것이라면 지역주의 역시 매우 혼란스러운 개념일 수밖에 없다.

지역주의는 국제관계에서 흔히 사용하는 개념이지만 매우 다양한 의미를 가지고 있다. 무역을 공부하는 사람들은 지역주의라는 개념이 지역무역블록이 늘어나는 현상을 의미한다고 생각할 것이고 국제정치에서 정체성이나 인식의 역할을 중요시하는 학자들은 지역적 정체성이 생겨나고 강해지는 현상으로 볼 것이다. 지역주의가 반드시 지리적 근접성을 바탕으로 할 필요는 없으며 자유무역협정과 같은 경제적 통합과 무관할 수도 있다. 다시 말해 지역주의가 다양한 현상을 표현하는 개념으로 사용되고 있다는 것이다. 지역주의의 여러 가지 용례를 이해하는 것은 지역주의에 대한 불필요한 오해를 막는 방법이기도 하다.

여기에서는 앤드루 허렐(Andrew Hurrell)이 분류한 지역주의의 다섯 가지 유형을 소개하기로 한다. 첫째는 지역주의를 지역화(regionalization)로 이해하는 것이다. 지역화란 지역 내에서 사회·경제적 상호작용의 증가와 그로 인한 사회적 통합을 말하는 것이다. 이러한 지역화는 대부분 경제적 동기에 의해 자연적으로 일어나며 따라서 투자와 상품의 교역 증가, 생산 네트워크의 형성 등을 통해 가시화된다. 또 자연스럽게 사람들 간의 교류와 사회적 네트워크의 증가, 지역 차원의 시민사회 등장 등을 가져오게 된다. 둘째는 지역주의를 지역에 대한 의식과 지역정체성의 형성으로 이해하는 것이다. 이매뉴얼 애들러(Emanuel Adler)의 '인지적 지역'이라는 개념이 이러한 지역주의 개념을 대변하고 있다. 이 현상은 공통의 문화와 역사, 종교적 전통과 같은 내적 요소에 의해서 만들어지기도 하고 또 '타자'의 존재와 같은 외부적 요인에 의해 강해지기도 한다. 유럽이라는 지역적 정체성은 상당 부분 소련의 존재에 의해 또 나중에는 미국이라는 나라의 존재에 의해 강해졌다고 볼 수 있다. 아시아에서 1997년 아시아 경제위기 이후 아시아라는 정체성이 강해지는 현상도 이 같은 형태의 지역주의로 볼 수 있을 것이다. 셋째는 지역 국가들 간의 협력을 지역주의로 보는 것이다. 이런 현상은 지역 국가들의 공동의 목적을 위해 공식적·비공식적 협력을 강화하는 것이다. 지역 국가들 사이의 통화 협력, 안보 강화를 위한 안보기구의 창설 등이 이런 의미의 지역주의다. 이런 지역주의는 지역통합과는 달리 국민국가의 보호나 이익 추구를 위한 국가 중심적 성격이 강하다. 넷째는 지역주의를 지역통합으로 이해하는 것이다. 대개 유럽통합을 모델로 한 이 같은 지역주의의 이해는 주로 지역적 차원의 경제적 통합을 의미하는 것이다. 마지막으로 지역적 응집이다. 이것은 이제까지 언급한 네 가지의 현상이 결국 하나의 응집되고 공고화된 지역적 단위를 만들어내는 것을 말한다. 이렇게 되면 내부의 국가들은 이 지역적 단위에 포함되지 않을 경우 비용을 치러야 하고 외부의 국가들은 그들의 정책을 지역단위 중심으로 만들어내야 한다.

지역주의에 대한 개념에서 언급해야 할 사항은 지역주의라는 현상이 꽤 오랜 역사를 가졌으며 그 긴 역사에서 중요한 변화들이 있어 왔다는 것이다. 다시 말해 제2차 세계대전 이후부터 싹트기 시작한 유럽의 지역주의 움직임부터 현재의 지역주의 사이에는 상당한 차이가 있다는 것이다. 따라서 지역주의 개념을 이해하는 데 이러한 지역주의의 역사적 변천을 고려하는 것이 중요하다고 생각하는 학자들의 견해가 제시되기 시작했다. '신지역주의(new regionalism)'라는 개념을 도입하여 지구화(globalization) 시대 이후의 지역주의를 그 이전의 지역주의와 구분하기 시작한 것이다. 두 지역주의를 구분하는 시점은 탈냉전 그리고 그것과 때를 같이하는 지구화의 진전으로 볼 수 있다. 냉전기 유럽의 지역통합 움직임이 구지역주의(old regionalism)의 대표적인 사례라고 할 때 탈냉전기 이후 전 세계적으로 진행 중인 지역주의 움직임이 신지역주의를 상징한다고 볼 수 있다. 신지역주의는 다음과 같은 특징을 갖는다. 첫째, 시기적으로 볼 때 구지역주의가 냉전이라는 정치적 공간에서 형성된 것이라면 신지역주의는 1989년 이후 다극화된 국제질서를 배경으로 하고 있다. 둘째, 구지역주의가 초강대국의 주도하에 이루어진 것이라면 신지역주의는 지역 내부로부터 자발적인 과정을 통해 이루어졌다. 이런 자발적 움직임은 지구화라는 전환에 대한 국가 차원의 대응이 어려운 상황에서 지역적 협력을 모색하다가 나오는 것이다. 셋째, 구지역주의는 경제적 측면에서 보호주의적 성격을 띠지만 신지역주의는 개방적인 지역주의를 추구하며 이는 상호의존하는 세계경제의 특성에 부합하는 것이다. 넷째, 구지역주의는 특정 목적을 추구하는 형태로 발전했지만(경제적 지역기구, 안보를 위한 지역기구 등) 신지역주의는 다양한 어젠다를 포괄하는 다차원적인 형태로 나타나고 있다. 다섯째, 구지역주의는 국가가 주요 행위자가 되는 국가 중심적 형태를 갖고 있지만 신지역주의는 다양한 비국가적 행위자들, 국가 하위 수준의 행위자들이 참여하는 형태로 이루어지고 있다.

지역주의는 다양한 하위 유형을 포함하는 포괄적인 개념이다. 관심 영역에 따라 경제적 지역주의에서부터 정치적·군사적 의제까지를 다루는 포괄적 지역주의까지 여러 가지의 하위 유형이 존재하고, 통합 및 제도화의 정도에 따라 지역협력체의 결정이 강제성을 갖지 않는 단순 지역협의체부터 국가들이 상당한 권한을 지역협력체에 양도한 초국가적 연합체까지 다양한 형태가 존재한다. EU는 경제적 공동체에서 출발해 현재는 정치적·군사적 통합체를 지향하며 발전한 초국가적 연합체이다. 초국가적이라는 의미는 EU에 참여하는 국가들이 주권의 일부(예를 들어 경제정책에 관한 주권 등)를 EU에 양도한 것을 말한다. 따라서 단순히 국가 간의 협력체가 아니라 국가주권을 넘어서는 단일한 정치경제 사회조직의 성격을 갖는다.

지역통합에 대한 기능주의 이론에 따르면 경제적 사안 같은 간단한 수준의 국가 간 협력은 다시 다른 분야의 협력으로 발전한다. 다양한 정책 영역이 복잡하게 얽히고설킨 상황에서는 어느 한 분야만을 떼어내 해답을 모색하는 것이 불가능하기 때문이다. 이런 과정을 거쳐 손쉬운 분야에서의 지역협력은 결국 정치적 분야에서의 협력으로 발전한다. EU를 제외하고 현재의 지역주의는 아직 경제적 지역협력의 수준(주로 자유무역지대)에 머물러 있다.

경제통합은 일반적으로 다음 다섯 단계를 거친다. 1단계는 자유무역지대의 창설이다. 이것은 지역 내 회원국 간 상품교역의 장벽(주로 관세)을 제거하는 단계이다. 2단계는 관세동맹이다. 이것은 역내 관세장벽의 철폐는 물론 역외 지역의 국가들에 대해 공동의 관세정책을 추진하는 단계이다. 즉, 관세정책에 대한 국가의 자율성을 포기하고 공동의 관세정책을 갖는 것이다. 3단계는 공동시장의 구성이다. 공동시장은 자유로운 상품교역과 공동 관세정책뿐만 아니라 역내 회원국 간의 노동과 자본의 자유로운 이동 및 기타 경제거래의 장벽을 제거하는 단계이다. 4단계는 경제동맹의 구성이다. 이 단계에서는 조세정책, 복지정책을 비롯한 역내 국가 간 주요 경제·사회정책에 대한 조정이 이루어진다. 마지막 단계는 통화동맹의 구성이다. 이 단계에서는 역내 주요 국가 간 공동통화와 단일 중앙은행을 창설해 금융 및 통화체제의 통일을 추진한다. 현재 EU는 경제통합의 마지막 단계까지 발전한 상태이며, 정치적 통합을 위해 노력하고 있다.

2. 지역주의의 확산 요인

지역주의가 전 세계적으로 확산되어 가는 이유는 무엇인가? 우선 국제환경이 변화함으로써 냉전이 종식되었다. 냉전의 종식은 국가 간 협력에 대한 국가의 인식을 바꾸어놓았다. 냉전의 종식은 국가 간 반목의 분위기를 완화시킴으로써 지역협력을 비롯한 전반적인 국가 간 협력에 대한 관심을 제고시켰다. 예전의 적이 더 이상 적이 아니라 새로운 이해관계에 따라 협력할 수 있는 가능성이 열린 것이다. 냉전의 종식은 또 국제체제의 분산화(decentralization)를 가져왔다. 다극화 시대는 양극화 시대와는 전혀 다른 게임의 규칙이 적용된다. 냉전기에는 이념에 따라 국가 간 협력과 반목이 결정되었다. 특별한 공통의 이익이 없다 하더라도 이념의 동지라면 경제적·군사적 지원을 받을 수 있었다. 그러나 이와 같이 다극화된 탈냉전기의 시대에는 실질적 이해관계를 가진 지역 내의 국가들과의 협력관계가 더 중요시된다.

지역주의 대두의 두 번째 중요한 요인은 경제적 변화이다. 우선 글로벌화로 인한 세계시장에서의 경쟁 심화와 세계경제의 자유화는 국가들이 지역주의에 대한 관심을 제고하는 중요한 동인이 되었다. 경쟁 심화로 인해 서유럽 시장에 대한 접근이 어려워지면서 비서유럽 국가들이 그들만의 무역블록을 형성하기 시작한 것이다. 그와 함께 결정적으로 유럽단일시장의 출현은 유럽 외의 지역 국가들에게 위협으로 다가왔다. 미국이 GATT와 WTO를 중심으로 하는 다자주의에 대한 전적인 의존에서 벗어나 지역주의를 추구하여 NAFTA를 체결한 것은 이러한 위협에 대한 대응으로 볼 수 있다. 세 번째 원인은 제3세계주의의 종말이다. 1970년대 이후 제3세계는 자신들의 목소리를 높이기 시작했다. 신국제경제질서(New International Economic Order: NIEO)에 대한 요구, 서유럽 석유 메이저들의 영향력을 거부하고자 석유수출국기구(OPEC)가 추진한 자원민족주의, UN에서 후진국들이 수적 우세를 이용하여 GATT체제에 대한 대안으로 추진한 UN 무역개발회의(UNCTAD), G7(서방 선진 7개국)에 대항한 G77 등 1970년대에 정점을 이루었던 제3세계주의는 1980년대에 들어오면서 급속히 쇠퇴하게 된다. 이러한 제3세계 간의 협력을 위한 시도들이 대부분 단명하거나 실패로 끝나면서 제3세계 국가들은 자신들의 생존을 위해 새로운 방향을 모색하게 되는데, 지역

▶ **석유 메이저**　세계 원유시장에서 개발·정제·수송·판매 등을 장악하고 있는 거대 석유회사들을 일컫는 말이다. 흔히 세븐 시스터즈(Seven Sisters)라고 부르는 미국·영국·네덜란드 등의 초국적 기업들을 가리키는데 우리에게 익숙한 스탠더드 오일 오브 캘리포니아(Standard Oil of California), 엑슨 모빌(Exxon Mobil), 걸프 오일(Gulf Oil), 브리티시 페트롤륨(BP), 로열 더치-셸(Royal Dutch-Shell) 등이 그러한 기업들이다. 이들은 상호담합을 통해 생산과 공급을 통제하면서 시장을 독점하고 가격을 조작하여 다른 기업의 참여와 경쟁을 배제하는 전형적인 독과점 전략을 추구해 왔다. 이들의 독점 유지를 위해 모국의 정부들은 정치적 지원을 하기도 하는데, 1950년대 이란의 모사데크(Mosaddeq) 정권이 이란에 투자하고 있던 영국석유회사(브리티시 페트롤륨의 전신)를 국유화하려 하자 영국과 미국이 개입하여 모사데크를 축출하고 샤(Shah) 정권을 수립한 것이 그 예이다. 석유 메이저(Major)의 영향력은 1973년 제1차 석유위기 이후 급속히 쇠퇴한다.

주의도 그러한 대안 중 하나로 볼 수 있다. 남미에서 지역주의의 성공은 이러한 측면을 반영한다고 할 수 있다.

네 번째 요인으로 정치적 민주화를 들 수 있다. 비민주적 정권은 대체로 폐쇄적이며 따라서 타 국가와의 협력에 부정적이다. 반면 민주적인 정치체제에서는 국가 간 협력을 선호하는 국내 세력이 존재하고 민주적 정권은 여러 가지 이유에서(국제사회에서 인정받기 위해 혹은 국민들에게 경제적 성과를 가져다주기 위한 하나의 노력으로) 지역주의에 관심을 가지고 그러한 방향으로 정책을 추진하게 된다. 즉, 정치적 자유화와 민주화는 지역주의와 같은 국가 간 협력이 일어날 수 있는 토양을 제공한다. 남미에서의 메르코수르(MERCOSUR)의 출범은 아르헨티나(1983년)·브라질(1985년)의 민주화와 무관하지 않다. 또한 칠레에서 피노체트(Pinochet) 정권이 등한시하던 지역주의는 아일윈(Patricio Aylwin)과 프레이(Eduardo Frei Ruiz-Tagle) 정권에 와서 APEC에 적극적 관심을 보이고 MERCOSUR에 준회원으로 가입하는 등의 변화를 겪는다. 민주화가 반드시 지역주의의 필요조건인 것은 아니다. 비민주적인 국가들도 지역적 협력을 이루어온 사례가 많다. 그러나 지역주의가 성공적으로 이루어진 나라의 대부분이 자유민주주의 국가라는 것을 부정하기는 어렵다. 민주화와 지역주의의 관계는 상호보완적이다. 민주화가 지역주의를 심화시키는 반면, 지역주의의 물결이나 지역통합체의 존재는 그 지역 내 국가들의 민주화를 촉진하는 역할을 하기도 한다. 새뮤얼 헌팅턴은『제3의 물결』에서 1970년대 이후 유럽 국가들의 민주화는 유럽공동체라는 존재의 도움을 크게 받았다는 견해를 피력하고 있다. 헌팅턴에 따르면 스페인·그리스·포르투갈 등은 유럽공동체의 일원으로서 얻을 수 있는 경제적 이득을 위해 민주적 정치체제를 확립하는 것이 필요하다고 인식함으로써 민주화를 촉진시킬 수 있었다는 것이다.

마지막으로 2000년대 이후의 경제적 지역주의의 활성화는 WTO로 상징되는 다자무역질서가 진전을 보지 못하고 있기 때문이다. WTO체제의 새로운 다자간 무역협정인 도하개발어젠다(뉴라운드)가 타결을 보지 못하고 교착 상태에 빠지게 되면서 많은 국가가 무역자유화를 위해 양자 혹은 소규모 다자 차원의 무역협정을 맺고 있다. 대부분 지역 차원에서 이루어지는 FTA들은 경제적 지역주의를 가속화하고 있다. 동아시아에서도 지역무역협정들이 빠른 속도로 늘어가고 있는데 한국도 RCEP, 한·중·일 FTA, 한국·이스라엘, 한국·에콰도르 등의 양자 혹은 소규모 다자 FTA가 협상 중에 있다.

또 하나 최근의 트렌드는 전략적 함의를 갖는 무역블록이 추진되고 있는 것이다. 현재는 트럼프 대통령이 탈퇴를 결정해서 미국을 제외한 11개국이 CPTPP로 명칭을 변경해서 타결하고 2018년 12월 30일 발효한 TPP는 미국이 주도적으로 추진했던 미국의 아시아 중시 정책의 핵심으로 볼 수 있으며 중국의 주도하에 2019년 타결한 RCEP은 TPP에 대한 전략적 대응으로 볼 수 있다.

3. 글로벌화와 지역주의 갈등적인가 아니면 보완적인가?

무역이라는 관점에서 볼 때 현재 진행되는 글로벌화가 전 세계를 하나의 자유로운 시장으로 만들려는 방향성을 가지고 있다고 한다면, TPP나 RCEP과 같은 무역블록이 계속적으로 등장하는 것은 매우 흥미로운 일이다. 세계를 WTO와 같은 단일한 시장으로 만들려는 다자주의적 자유무역질서 창설에 주도적 역할을 해온 미국이 폐쇄적 지역주의인 NAFTA에, 그리고 굳이 아시아·태평양이라는 지역적 연계를 이유로 TPP라는 무역블록을 주도했던 행태는 설명이 필요한 문제이다. 글로벌화와 지역주의의 관계에 대해서는 많은 논의가 있어 왔다. 가장 일반적인 견해는 지역주의가 글로벌화라는 거대한 변화에 대한 대응으로 나타났다고 보는 것이다. 글로벌화로 인한 경쟁의 심화가 유럽에서의 지역경제통합을 가속화했고, 유럽에서의 폐쇄적 경제블록의 탄생에 대응해 NAFTA가 결성되었다는 것이다. 따라서 지역경제블록의 등장은 결국 다자간 자유무역질서에 부정적으로 작용할 것이라고 본다. 기본적으로 다자간 무역질서인 GATT체제는 관세동맹이나 지역자유무역협정이 범세계적 무역자유화에 위배된다고 본다. 그러나 GATT 출범 시 이미 존재하던 지역블록들의 참여를 이끌어내기 위해 GATT의 원칙에 대한 예외로서 지역블록을 인정하게 된다(GATT 24조). 그리고 WTO에 와서도 이러한 지역주의에 대한 예외는 계속 유지되고 있다. WTO에서는 지역무역협정이 WTO의 정신에는 위배된다고 보지만 지역무역협정이 역외국에 대해 배타적이지 않고 교역장벽을 높이는 방향으로 나아가지 않는 한 그 존재를 인정하고 있다. GATT의 규정에 따르면 상품 및 서비스 분야에서 자유무역협정이나 관세동맹 그리고 이런 성격의 잠정 합의가 있었을 경우 즉시 이사회에 통보해야 한다고 되어 있다. WTO 출범 이후에 오히려 지역무역협정의 수가 늘어나 2024년 1월 현재 361개의 자유무역협정이 존재한다. 이 중 200건 이상이 1995년 WTO 출범 이후 체결된 것이다.

이와 비슷한 것은 어떤 한 국가가 지구적 규칙에 대한 준수를 강제할 수 없는 헤게모니 공백(hegemonic vacuum)의 결과로 지역경제블록이 등장한다는 로버트 길핀(Robert Gilpin)의 견해이다. 그는 자유주의적 질서를 바탕으로 한 무역질서를 형성·유지할 강대국이 없는 상황에서 폐쇄적 지역경제블록이 등장한다고 주장하는데, 이는 모든 지역주의의 등장이 글로벌화가 추구하는 자유무역질서의 확립에 부정적인 역할을 할 가능성이 있다는 생각을 담고 있다. 이상의 견해들은 미국의 NAFTA 결성과 APEC 참여 등을 미국의 다자주의 정책에서 다자주의와 지역주의를 병행하는 이중전략으로의 변화로 파악하거나, 다자주의적 정책이 성공을 거두지 못할 경우 지역주의 정책을 통해 자신의 이익을 확보하려는 정책으로 파악하고 있다.

이와 반대로 지역주의를 글로벌화 전략의 하나로 보는 견해가 있다. 이 견해는 지역주의를 글로벌화가 추구하는 전 세계 자유시장에 도달하기 위한 중간 단계로 파악한다. 또한 이러한 견해는 다양한 이론적 논의들에 의해 뒷받침되는데, 예를 들어 협력이론가들은 참여국의 수가 적을수록 협력이 잘 일어나며 비관세장벽의 철폐가 지역적 협력을 통해 잘 해결된 유럽의 예에서 보듯이 지역적 협력을 통해 무역자유화가 원활하게 진전될 수 있다고 주장한다. 미국이 NAFTA를 확대시켜 중남미를 포함한 미주 전역을 하나의 자유무역지대로 묶는 미주자유무역지대(Free Trade Area of the Americas: FTAA)를 추진하고 있다는 사실은 NAFTA가 결국은 전 세계 자유무역화의 디딤돌 역할을 할 것으로 기대하고 있음을 보여준다.

글로벌과 지역주의를 갈등적인 관계로 보는 견해와 지역주의를 글로벌화로 가는 과도기적 성격으로 보는 견해가 존재하지만, 중요한 것은 지역주의의 성격에 따라 글로벌화와의 관계도 달라진다는 것이다. 즉, 지역주의의 성격 혹은 지역주의를 주도하는 국가의 의도에 따라 지역주의가 세계적 자유무역질서에 긍정적 또는 부정적 영향을 미칠 수 있다. 에드워드 맨스필드(Edward Mansfield)는 미국 헤게모니의 쇠퇴, 지구적 수준의 경기 후퇴, 보호무역주의에 대한 방어전략의 필요가 지역적 성격의 특혜적

(preferential) 무역블록의 확산을 가져온다고 주장하는데 이러한 성격의 지역주의는 자유무역질서 확립에 부정적일 수밖에 없다. 그러나 APEC과 같이 개방적 지역주의를 표방하고 이를 통해 전 세계의 무역자유화를 추구하는 지역주의는 글로벌화가 추구하는 다자주의적 자유무역질서로 가는 중간 단계로 볼 수 있을 것이다. 지역경제블록의 형성이 자유무역질서와 모순되는 것이 아닌 자유무역질서의 완성으로 가는 디딤돌이라는 견해가 가장 잘 적용되는 지역경제협력체가 APEC일 것이다. 미국은 APEC에 참여하면서 APEC의 출범 때부터 표명해 온 개방적 지역주의 원칙을 재천명했다. 미국이 주도적으로 만든 저명인사그룹(Eminent Persons Group)은 이 같은 원칙을 천명한 보고서를 1994년 제출했고, APEC의 개방적 지역주의를 통해 아시아의 자유무역화는 물론 전 세계의 자유무역화를 달성할 것을 분명하게 나타내고 있다.

현재 글로벌화를 주도적으로 이끌어나가는 나라가 미국이라면 지역무역블록을 적극적으로 추진하는 나라도 미국이다. 미국이 주도하는 WTO도 지역무역블록이 WTO가 추구하는 목적에 위배되지 않는 한 그 존재를 인정하고 있다. 즉, 현재의 미국이 주도하는 지역주의의 추세는 글로벌화로 가는 과도기에 나타나는 현상으로 볼 수 있을 것이고 특히 미국이 참여하는 지역공동체나 협력체들은 그러한 성격을 강하게 가지고 있다고 보아야 할 것이다. 특히 WTO를 중심으로 하는 다자적 무역체제가 오랫동안 교착 상태에 빠져 있는 상황에서 미국을 비롯한 주요 국가들은 지역적 특혜적 무역블록에 눈을 돌리고 있는 것이다.

▶ **개방적 지역주의**(open regionalism)　　지역주의는 원래 역내 국가들에만 혜택을 제공하는 차별적 블록이다. EU와 같이 회원국의 상품에 대해서는 무관세 혜택을 주기 때문에 비회원국의 상품은 가격경쟁력이 떨어지는 차별을 당하게 된다. 이와는 반대로 개방적 지역주의는 참여국뿐만 아니라 비참여국에 대해서도 지역주의에 의한 시장 개방에 따른 혜택을 제공한다는 것이다. APEC은 NAFTA나 EU와 달리 개방적 지역주의를 표방하고 있다.

4. 지역협력 사례

1) 아시아·태평양

지역협력, 나아가 지역통합과 같은 지역주의가 성립하기 위해서는 공통의 관심사나 이해 외에 여러 가지 조건이 필요하다. 아시아 지역은 여러 측면에서 지역주의가 등장하기 어려운 지역이었다. 우선 이 지역은 인종·문화·언어적으로 다양한 국가로 구성되어 있다. 이것은 우선 아시아가 전 세계 인구의 60%를 차지하는 광활한 지역으로서 유교·불교·이슬람교를 비롯한 다양한 종교와 수십 가지 언어가 혼재하고 전혀 다른 인종이 모여 살고 있기 때문이다. 게다가 이 지역 국가들의 경제적 수준 역시 편차가 심하기 때문에 공통의 관심사나 이해관계가 존재하기 어렵다. 아시아 내 하부지역(동북아시아·동남아시아·서남아시아 등)에서의 여러 가지 역사적 갈등관계, 즉 일본 제국주의에 대한 경험, 서남아시아에서의 종교적 갈등 역시 이 지역에서 지역주의가 성립하기 어려운 조건이 되어왔다. 그러나 이 지역에서도 앞에서 언급한 환경적 변화로 인해 지역주의가 발전할 가능성이 점차 커지고 있다.

(1) 아세안(ASEAN, 동남아시아국가연합)

아세안(이하 ASEAN)은 1967년 말레이시아·인도네시아·싱가포르·필리핀·태국 5개 회원국으로 출범했다. ASEAN은 출범 당시 방콕 선언에서 지역 내의 경제적·사회적·문화적 발전에 설립 목적이 있음을 밝히고 있다. 그러나 ASEAN의 출범 배경에는 정치적 동기가 중요한 역할을 했다. 당시 인도차이나에서는 베트남 전쟁이 확전 일로에 있었고, 미·소 간의 대립 또한 첨예화되고 있었다. 동남아 국가 간의 영토 분쟁도 완전히 해결되지 않은 상태였다. 따라서 ASEAN은 당시 갈등관계로 점철되어 있는 동남아 지역에 강대국의 개입과 지배를 극소화하면서 지역의 평화와 안정을 정착시킬 유일한 대안으로서 나타난 것이다. ASEAN은 1976년 2월 인도네시아 발리에서 열린 제1차 정상회담을 통해 재도약의 기반을 다지게 된다. 베트남에서 시작되어 캄보디아, 라오스로 이어졌던 공산화 충격 가운데 개최된 발리 회담에서 ASEAN은 동남아우호협력조약(Treaty of Amity and Cooperation: TAC)과 ASEAN 협력선언을 채택함으로써 지역협력체의 제도적인 틀을 마련했다. ASEAN의 목표는 대내외 공산주의의 도전에 회원국이 공동으로 대처해 나가는 데 집중되어 있었으며, 1970년대 후반 이후 베트남의 캄보디아 점령, 중국·베트남 갈등, 인도차이나 난민문제 해결 등 지역안보 문제의 해결을 위해 공동으로 노력을 기울였다.

ASEAN이 정치적 목표를 추구하는 성격이 강했기 때문에 역내 경제협력은 상대적으로 부진했다. 이는 역내 국가들의 상호 경쟁적 산업구조, 선진국에 대한 과다한 자본 및 기술 의존 등으로 인해 경제협력의 동기가 크지 않았기 때문이다. 그러나 ASEAN은 1980년대 이후 회원국의 역동적 경제발전에 힘입어 지역협력을 가속화하고 있다. 1993년 1월 아세안자유무역지대(ASEAN Free Trade Area: AFTA)를 출범시켰고, 1994년 7월에는 아세안지역안보포럼(ASEAN Regional Forum: ARF)을 출범하여 아시아·태평양 지역에서의 다자간 안보협력체제를 주도하고 있다.

ASEAN은 2003년 발리 정상회담에서 채택된 '아세안화합선언 II'을 통해 지역공동체로의 비전을 제시했다. 이 선언의 주된 내용은 2020년까지 ASEAN은 EU 수준에 버금가는 지역공동체로 완성해 나갈 것이며 이를 위해 정치·경제·사회·문화 등 다양한 분야에서 보다 강력한 유대관계를 형성해 나간다는 것이다. 특히 이 선언은 2020년까지 '아세안경제공동체', '아세안정치·안보공동체', 그리고 '아세안사회·문화공동체'로 구성되는 '아세안공동체'를 구축하기로 했다. 또한 2003년 발표된 화합선언의 내용 중에는 앞으로 ASEAN이 안보공동체를 구축해 나가는 데 기존의 'TAC'가 공동체 내의 평화적 관계를 구축하기 위한 주요 원칙으로 활용될 것임이 포함되어 있다. ASEAN은 2007년 '세부 선언'을 통해 아세안공동체를 2015년까지 앞당기기로 했다. ASEAN은 2007년 아세안정상회의에서 아세안 헌장을 채택하고 1년 후인 2008년 12월 15일 발효시킴으로써 보다 제도화된 협력체로 진전하고 있다. 아세안 헌장에서는 아세안정상회의를 아세안 최상위 정책결정기구(supreme policy making body)로 규정하고 1년에 두 차례의 정상회의를 개최하기로 했다. 2015년 ASEAN은 아세안경제공동체를 출범시킴으로써 경제 규모 3조 달러, 인구 6억 4000만 명의 거대한 경제블록이 된 것이다. 그러나 실제로 아세안경제공동체는 회원국 간의 경제 수준 차이가 커서 매우 느슨한 형태의 공동체를 목표로 하고 있고 경제공동체가 건설되었다기보다 실질적 내용을 채워가는 시작에 나섰다고 보는 것이 옳다.

오바마 정부가 들어서면서 미국이 아시아에 대한 관심을 강화함으로써 ASEAN은 그 정치적 중요성이 더욱 커지게 되었다. 2010년 미국에서 열린 미국·아세안 정상회의도 미국이 ASEAN을 얼마나 중요하게 생각하고 있느냐를 잘 보여준다. 동아시아 안보 분야에서도 ASEAN의 역할은 크다. 2010년 창설된 ADMM Plus는 ASEAN 10개국과 미국·중국·한국·일본을 포함한 8개국의 국방장관이 참여하는 국방장관회의로서 3년에 한 번씩 만나던 것을 2년마다 열기로 2012년 합의했다. ASEAN은 동아시아 지역협력체에서도 핵심적 위치를 차지하고 있다. 특히 ASEAN은 ASEAN+3, EAS 등의 운영에서 주도적 역할을 하고 있다.

(2) 한국의 대ASEAN 접근: 신남방정책과 한-아세안 연대구상

문재인 대통령은 2017년 11월 9일 한-인도네시아 비즈니스 포럼 기조연설에서 신남방정책을 천명했다. 신남방정책은 정치·경제적 측면에서 영향력이 커지고 있는 아세안 10개국과 인도에 대한 접근을 강화함으로써 주변 4강 그리고 한반도 중심의 지역 외교의 한계를 극복하려는 시도였다. 신남방정책의 등장은 한국을 둘러싼 변화하는 국제환경과 밀접한 관계가 있다. 경제적으로 볼 때 아세안 그리고 인도의 경제적 중요성이 커지는 경제환경의 변화 속에서 이러한 변화에 대응하는 지역 전략이 필요하게 된다. 특히 한국 경제의 중국에 대한 의존도가 지나치게 높은 상황에서 주한미군이 한국에 사드를 배치하면서 시작된 중국의 보복은 경제적으로 큰 압박으로 작용했고 이에 대한 적절한 대응이 필요한 상황이었다.

이러한 상황에서 신남방정책은 4강 일변도의 대외정책을 넘어서 새로운 돌파구를 찾고 중국에 대한 경제적 의존도를 줄이는 위험회피 전략의 성격을 가지고 있었다. 이러한 경제적 차원의 목표는 문재인 정부의 '한반도 신경제지도' 구상에서 더 전략적 차원의 구상으로 표현되어 있다. 신남방정책은 러시아, 몽골 등 유라시아 협력 강화를 위한 '신북방정책'과 함께 한반도의 '신경제지도' 완성을 위한 핵심이라고 규정되어 있다(신남방정책특별위원회, 2018.11.8). 신남방정책의 '평화' 부분은 남북한 관계에 있어 아세안의 지지를 얻고 남북관계에 있어 아세안의 역할을 기대하는 것이 핵심이다.

신남방정책은 동남아에 대한 한국의 기존 인식이나 관심 그리고 외교 방향에 대한 반성을 바탕으로 하고 있다는 측면에서 기존의 대동남아 정책과 차별성을 갖는다. 신

남방정책은 일방적인 경제적 이익 확보가 아닌 상생, 공동번영이라는 원칙 그리고 북핵, 한반도 문제를 넘어서는 공통의 관심사를 아세안과의 주요 외교 어젠다로 삼겠다는 차원에서 그동안의 대동남아 정책으로부터 방향 전환을 꾀하고 있다. 문재인 정부는 신남방정책 발표 3년 후인 2020년 11월 22일 한-아세안 21차 정상회담에서 '신남방정책 플러스'를 발표했다. 코로나19로 인한 새로운 협력 수요의 등장, 보호무역주의 심화, 글로벌 공급망 재편, 디지털 경제로의 전환 촉진이라는 국제환경 변화에 대응하기 위한 기존 신남방정책의 업그레이드 성격이었다. 7대 협력 분야는 사람(보건, 교육, 문화) 상생번영(무역투자 확대, 인프라 개발, 미래산업 육성), 평화(비전통안보 협력)으로서 기존 신남방정책의 틀 속에서 협력 어젠다를 확대하는 성격으로 볼 수 있다.

윤석열 대통령은 2022년 11월 캄보디아 프놈펜에서 개최된 한-아세안 정상회의 모두 발언을 통해 '한-아세안 연대구상(Korea-ASEAN Solidarity Initiative)'을 천명했다. 이 새로운 아세안 전략이 이전 정부의 아세안 전략과 가장 구별되는 점은 이 전략이 한국의 '인도-태평양 전략'이라는 더 높은 층위의 대외전략의 틀 안에서 만들어진 지역 전략이라는 것이다. 윤석열 대통령도 '한-아세안 연대구상'을 발표하는 자리에서 한국의 인태전략에 대해 먼저 설명했다. 한국의 인태전략은 '인태 지역의 규칙 기반 질서'를 강화하고 인태 지역에 대한 관여와 협력을 증대하기 위해 "경제와 안보를 어우르는 포괄적 지역 전략"의 성격을 가지고 있다(대한민국 정부, 2022: 5). 이에 따라 아세안에 대한 지역 전략에서도 포괄 안보협력의 확대와 전략적 공조 활성화 등이 중점 추진 과제로 선정되었다. 둘째로 윤석열 정부의 '한-아세안 연대구상'은 아세안에 대한 새로운 인식을 바탕으로 하고 있다는 것이다. 이전 정부들의 아세안에 대한 인식은 아세안의 증대하는 경제적 중요성에 방점이 맞추어져 있다. 그래서 대(對)아세안 전략의 주요 어젠다들도 기능적 협력의 성격을 띠고 있고 교역·투자 분야가 강조되어 왔다. 그러나 윤 정부의 아세안 인식은 '아세안 중심성'에 대한 강조, 전략적 협력 어젠다의 강조 그리고 안보협력의 강조에서 나타나는 바와 같이 아세안을 한국의 인태전략을 실행하는 데에 있어 매우 중요한 전략적 파트너로 인식하고 이에 따라 "아세안에 특화된 포괄적이고 전략적 협력을 추진해나가겠다"는 의지를 밝히고 있다(대한민국 정부, 2022: 12).

아세안에 대한 전략적 중요성을 강조하게 된 것은 윤석열 정부가 인태 지역의 평화와 안보 분야에서 한국의 기여를 확대해 나가겠다는 대외전략을 수립했기 때문이다. 이에 따라 아세안과의 안보협력 강화와 전략적 공조를 강화하는 방향으로 대아세안 정책을 만들었다. 구체적으로는 '아세안을 역내 평화와 공동번영을 가꾸기 위한 주요 파트너로 간주'하며 '변화하는 안보 환경을 고려하여 한반도와 남중국해의 전통안보 뿐 아니라 경제안보, 해양안보 분야에서의 아세안과의 전략적 소통과 협력을 강화'해 나가겠다는 점을 명시했다. 이런 차원에서 한국은 2024년 한·아세안 대화관계 수립 35주년을 계기로 양자의 관계를 포괄적 전략적 동반자 관계로 격상할 것을 공식 제안 했다. 또 외교 당국 간의 전략대화 활성화, 한·아세안 국방장관회의 정례화 제안, 해양 법 협력 강화, 해양안보 역량 제고, 아세안과의 방산·군수 기술 협력을 통한 역량 지 원 등의 구체적 협력 어젠다 등을 제시했다(대한민국 정책브리핑, 2022.11.11).

(3) 아세안지역안보포럼(ASEAN Regional Forum: ARF)

ARF는 ASEAN 내의 안보협의체이다. 1990년대에 들어 탈냉전기의 안보환경이 변 화하면서 미국은 동아시아 전략을 수정하고, 동아시아에서 유럽안보협력회의(CSCE) 를 모델로 한 다자간 안보협력기구인 아시아 지역안보기구의 설립을 주장하게 되었 다. 미국 전략가들의 견해는 미국이 아시아 지역에 대한 개입을 점차 줄이면서 쌍무 적 안보협력조약을 보완할 다자간 안보협력기구가 필요하다는 것이었다. 일본 역시 이러한 구상에 동조했다. 1991년 7월 나카야마(中山 太郎) 외상은 아세안 확대외무장관 회의(ASEAN Post Ministerial Conference: ASEAN-PMC)를 아시아·태평양 지역의 정치·안 보·대화의 장으로 활용할 것을 제의하기도 했다. 1993년 7월 ASEAN 6개국은 싱가포 르 제26차 외무장관회의 및 확대외무장관회의(한국·미국·일본·캐나다·호주·뉴질랜드·유 럽공동체)를 개최하고, '역내 정치·안보 문제 논의를 위한 아세안 대화 상대국 등 18개 국을 포함한 안보협의체(ARF) 창설'에 합의했다. 그에 따라 ASEAN-PMC 구성국 13개 국과 중국·러시아·베트남·라오스·파푸아뉴기니(5개 옵서버 국가)를 포함한 18개국 대 표가 참석하는 제1차 회의를 1994년 7월 방콕에서 개최했다. 1994년 초 고위실무자 회의(ARF-SOM)를 네 차례 개최하여, 의제를 아시아·태평양 안보정세(예방외교 차원에 서의 신뢰구축)로 정하고 회의는 일정한 형식 없이 운영하며 결과는 참가국 합의에 의 한 '의장성명' 형식을 채택하기로 합의했다.

ARF는 아시아·태평양 지역의 안보와 관련하여 미국·일본·러시아·중국 4강이 모두 참석한 유일의 정부 간 협의체라는 의의가 있으며, 냉전 이후 아시아·태평양 지역에서의 사전대립 요인을 제거하는 예방안보(preventive security)·집단안보(collective security)라는 새로운 국제 안보장치를 실현했다. ARF는 특히 ASEAN 국가들의 주도로 주변국들의 거부감을 감소시키고 기존 쌍무동맹의 틀을 깨지 않으면서도 이 지역에서의 안보협력체제를 발전시킬 수 있는 가능성을 열었다는 데 의의가 있다.

2009년 오바마 정부가 등장한 이후 미국의 동아시아에 대한 관심이 커지면서 ARF의 역할도 확대되고 있다. 2010년 창설된 ADMM Plus는 ASEAN 10개국과 미국·중국·한국·일본을 포함한 8개국의 국방장관이 참여하는 국방장관회의로서 2012년 회의에서는 3년에 한 번씩 만나던 것을 2년마다 열기로 합의했다. 미국은 특히 남중국해 영유권 갈등 문제를 다루는 데 ARF를 활용하려는 모습을 보이고 있다.

그러나 ARF는 풀어야 할 수많은 과제를 안고 있다. 우선 ARF 내 미·중·일·러시아 4강의 영향력을 어떻게 견제해 나가느냐가 중요한 숙제이다. 그리고 종족·문화·언어·역사 등 회원국 간의 다양성 극복과 캄보디아·미얀마·인도네시아의 국내문제, 인도와 파키스탄 간의 핵실험 대립, 남중국해 영유권 주장에 따른 중국을 포함한 관련국 간의 갈등을 어떻게 해결하느냐도 ARF의 성공적 작동에 중요한 과제이다. 그 외에 회원국의 확대 문제에 따른 결속력 약화, 기존의 쌍무동맹관계 등도 해결해야 할 과제이다.

2) 동아시아 지역주의의 등장

1990년대 말에 들어와 동아시아 지역주의에 중요한 변화가 일어나기 시작했다. 이러한 변화를 가져온 가장 중요한 원인은 1997~1998년의 아시아 경제위기이다. 아시아 경제위기 이후 기존의 경제협력체에 대한 회의적 시각이 대두하고 경제협력의 필요성에 대한 인식이 제고됨에 따라 새로운 대안적 협력체에 대한 모색이 나타났다. 프레드 버그스텐(Fred Bergsten)은 아시아에서 지역주의가 태동하고 있으며 그러한 변화에서 아시아 경제위기는 중요한 계기가 되었다고 지적한다. 그에 따르면 아시아 경제위기에 대한 서유럽(좀 더 정확하게는 서유럽의 은행과 투자자들)의 책임에 대한 비판과

위기극복 과정에서 나타난 IMF 처방에 대한 반감, 미국의 태도에 대한 반감 등으로
인해 기존의 서유럽 중심적인 다자적 기구에 대한 의존을 줄이고 자신들의 발언권이
보장되는 '자기 자신들의' 기구를 만들려는 움직임이 생겨났다는 것이다. ASEAN+3,
아시아통화기금(Asia Monetary Fund: AMF)에 대한 재논의, 그리고 각종 자유무역지
대(한국·일본, 한국·칠레 등)에 대한 논의들은 이러한 측면에서 이해되어야 한다는 것
이다.

아시아 금융위기가 제공하는 모멘텀이 사라진 이후에도 지역 차원의 협력, 그리고
제도화는 계속되고 있다. 2008년 G20 정상회의가 출범하면서 글로벌 차원의 금융협
력과 함께 지역 차원의 금융협력도 계속 진전을 보이고 있다. 근본적으로 아시아 국
가들의 경제적 성장과 규모의 확대로 인해 더 이상 글로벌 차원의 금융협력 제도만으
로는 다양한 문제를 해결할 수 없다는 인식이 자리 잡았고 중국과 같은 지역의 강대국
들은 자국 중심의 협력 메커니즘을 구축하려는 노력을 계속하고 있기 때문에 앞으로
도 동아시아 차원의 지역경제협력은 지속될 것이다.

(1) 동아시아 경제위기 이전

APEC에 대한 회의적 인식이 대두되면서 APEC의 대안에 대한 논의들이 활발해지
기 시작했다. 우선 EAEC에 대한 관심이 부상했다. EAEC는 1990년 말레이시아의 마
하티르(Mahathir Mohamad) 총리가 제안한 아시아 국가들만의 협력체이다. 애초에는
EAEG(East Asian Economic Grouping)로 제안되었으나 미국과 비아시아 국가들의 강력
한 반발에 부딪히는 바람에 조직적 성격을 약화시켜 EAEC 구성으로 다시 제안되었
다. EAEC(East Asian Economic Caucus)는 1993년 7월 아세안 확대외무장관회의(ASEAN-
PMC)에 앞서 열린 말레이시아·인도네시아 정상회담에서 APEC 틀 안의 협의체로 추
진해 나갈 것을 합의한 바였다. EAEC는 아시아 국가만을 회원국으로 하기 때문에 일
본의 경제적 리더십이 매우 중요하다. 그러나 일본은 APEC과 대립되는 협력체를 형
성함으로써 미국과 갈등이 일어나는 것을 원하지 않았기 때문에 리더십 제공을 거부
했다. 미국의 압력과 한국을 포함한 여타 아시아 국가들의 미온적인 태도로 EAEC 구
상은 실질적으로 무산되었지만 이 EAEC 구상은 결국 아시아 금융위기 이후 등장한
ASEAN+3의 태동에 중요한 기반을 제공하게 된다.

(2) 아시아금융위기와 아시아만의 금융협력체의 모색

아시아 경제위기가 발생하면서 금융위기 해결을 위한 지원에 IMF의 역할이 충분치 못하다는 의견이 대두되었고 IMF의 역할을 보조할 기금의 필요성이 제기되었다.

일본은 1997년 9월 IMF·세계은행 연차총회에서 AMF의 창설을 제안했다. 중국은 일본이 주도하는 안에 대한 거부감을 보였고 한국과 동남아 국가들은 긍정적 입장을 보였다. 그러나 미국과 IMF의 관리들은 강하게 반발했다. 스탠리 피셔(Stanley Fischer) IMF 수석부총재는 AMF가 IMF의 권위와 효과를 심각하게 위협할 것이라고 경고했다. 미국과 IMF의 논리는 AMF의 도덕적 해이 문제, 대출 조건에서 동일한 기준을 유지하는 것의 어려움 등으로 인해 또 하나의 통화기금 창설은 득보다 실이 많다는 것이었다. 이러한 미국의 강력한 반대로 AMF 구상은 큰 진전을 보지 못했다.

(3) 동아시아 지역협력의 제도화: ASEAN+3와 동아시아 정상회의(EAS)

아시아 경제위기 이후 동남아와 동북아의 경제협력에 대한 움직임이 활발해졌다. 1998년 ASEAN 정상회담이 열린 베트남 하노이에서 ASEAN 9개국과 한·중·일 3국 간의 9+3 정상회의가 열렸고, 여기서 ASEAN+3 회의를 상설화하기로 함으로써 동남아와 동북아의 협력이 제도화되기 시작했다. 한국은 역내 교역 및 투자의 활성화와 산업 및 자원 분야의 협력 강화 등을 통해 아시아 경제에 활력을 부여하는 방안을 논의하는 장이 필요하다는 취지 아래 ASEAN과 한·중·일의 기업계 및 학계 대표 등이 참여하는 민간 주도의 '동아시아 지역 비전그룹' 구성을 제안했다. 2001년 ASEAN+3 정상회의에서 채택된 동아시아 비전그룹(East Asian Vision Group: EAVG) 보고서는 동아시아 지역협력의 궁극적인 목표가 동아시아 공동체(East Asian Community: EAC)의 형성이라는 점을 강조하고 있으며 이를 위해 기존의 ASEAN+3 정상회의체제를 동아시아 정상회의(East Asian Summit: EAS)로 전환해 나가야 한다고 제안했다. 이러한 제안에도 불구하고 동남아 국가 대부분은 자신들이 주도하고 있는 ASEAN+3 체제를 유지하면서 EAS로의 전환에 소극적인 입장을 보이고 있었다. 2004년 11월 제8차 ASEAN+3 정상회의에서는 2005년 12월 쿠알라룸푸르에서 개최될 예정인 차기 ASEAN+3 정상회의를 계기로 제1차 EAS를 개최하기로 전격 합의했다. 이렇게 빠른 진전이 이루어진 것은 말레이시아와 중국이 적극적으로 EAS의 개최를 추진했기 때문이다. 이들 국가는 인도네시아·싱가포르 등 유보적 입장을 보이는 국가들을 설득하여 제1차 EAS의 출범을 성사시켰다. 그러나 인도네시아는 ASEAN+3 국가 외에 인도·호주·뉴질랜드 등의 참여가 필요하다는 입장을 견지했고 결국 제1차 EAS에서는 이들 세 나라가 참여하는 ASEAN+3+3의 형태로 첫 회의가 열리게 되었다. 첫 회의에서는 '쿠알라룸푸르 EAS 선언'이 채택되었다. 이 선언은 향후 EAS는 참여국 간의 폭넓은 정치적·경제적·전략적 쟁점 등 공동의 이해와 관심사를 다루는 포럼이 될 것이며 이 과정에서 ASEAN이 주도적 역할을 담당해 나가야 한다는 점을 분명히 했다. 또한 EAS의 참여국 확대는 ASEAN이 제시한 기준에 따른 것이며, 매년 개최될 EAS는 당해 연도 ASEAN 의장국에서 개최할 것임을 명기했다.

 EAS의 출범 과정에서 동아시아의 지역협력을 둘러싼 국가들의 첨예한 이해 갈등이 노출되었다. 가장 핵심적인 쟁점은 EAS의 회원국 문제였다. 말레이시아와 중국이 EAS를 적극적으로 추진한 것은 미국이 배제된 동아시아 국가만의 협력체에서 주도권을 차지하기 위한 중국의 의도와 1990년 EAEC 제안을 통해 아시아 국가만의 협력체를 만들고자 했던 말레이시아의 전략적 이해관계 때문이었다. 그러나 일본은 미국의 참여 필요성을 주장하며 이러한 중국의 시도에 제동을 걸었고, 인도네시아 역시 호주·뉴질랜드·인도와 같은 비동아시아 국가들을 참여시키자는 안을 내세움으로써 중국을 견제하고, 동아시아만의 지역협력이라는 EAS의 성격을 희석시키는 전략으로 대응했다. 결국 EAS는 동아시아 국가들의 지역협력체라는 애초의 의도에서 벗어나 범아시아 정상회의의 성격을 띠게 되었다. 이렇게 되자 중국과 말레이시아는 회원국 완전 개방이라는 카드를 들고 나왔다. 마침 미국은 2009년 오바마 대통령이 당선되면서 아시아에 대한 접근을 강화했다. 미국은 2009년 EAS 가입 조건인 TAC에 가입함으로써 EAS 가입의 장애물을 해소했다. 결국 2011년 미국과 러시아가 가입하면서 EAS는 18개국의 협력체로 발전했다. 미국은 성과 지향적인 어젠다와 실질적인 성과를 내는 지역협력 메커니즘을 선호하기 때문에 중장기적으로 EAS의 운영 방식을 '아세안 방식(ASEAN Way)'이 아닌 다른 방식으로 만들어가려는 충분한 동기를 가지고 있다. 2005년 쿠알라룸푸르 선언에서 EAS가 회원국의 공통의 이익과 관심이 반영된 전반적인 전략적·정치·경제적 이슈들을 다루도록 했다. EAS가 확대된 이후 미국은 지정학적 측면에 초점을 맞춘 전략적 어젠다들을 EAS에서 다루려고 했다. 이에 따라 미국은

> ❧ **아세안 방식(ASEAN Way)** ❧
>
> 아세안 방식은 ASEAN의 운영 방식 및 의사결정 방식을 말한다. ASEAN은 합의와 협의 같은 느슨한 방식의 의사결정 방식을 선호하고 공식적인 것보다는 비공식적 접촉을 선호하며 조직에서도 최소한의 제도화, 일의 추진에서도 모두가 편안한 속도, 내정 불간섭 등 회원 국가들의 주권을 침해하지 않고 불편하지 않도록 운영하는 방식을 말한다. 이러한 아세안 방식은 한편으로는 다양한 발전 수준과 정치체제 등을 가지고 있는 ASEAN 국가들이 오랫동안 협력체를 유지할 수 있는 요인이 되었지만 또 한편으로는 ASEAN의 중요한 문제에 대해서도 의미 있는 결정을 할 수 없게 만들어 ASEAN의 비효율성의 가장 큰 원인이기도 하다.

EAS의 5대 어젠다(교육, 재정, 기후변화, 재난관리, 전염병) 이외에 해양안보, 인도적 대응, 비확산 등의 새로운 의제를 더하고자 했고 2011년 발리 정상회의에서는 그러한 문제들이 실제로 논의되었다. 결론적으로 미국은 EAS를 통해 중국을 견제하고 EAS를 보다 성과 위주의 지역협력체로 발전시키고자 하는 것이다. 이렇게 된다면 ASEAN 관련한 대화체 중에서는 ARF, ADMM plus, 그리고 EAS가 정치안보 문제를 다루게 되는 것이어서 ASEAN+3와 EAS 간의 역할 중복의 문제가 대두하게 된다. EAS가 우선 협력 분야를 선정하고 추진함으로써 기존 ASEAN+3 협력 사업과 중복 문제가 생긴 것이다. 이에 따라 ASEAN 내부에서는 EAS가 전략적 이슈를 다루는 본연의 기능에 집중하는 것이 옳다는 목소리가 나오고 있다.

II. 지역통합: EU의 사례

1999년 1월 유로(EURO)의 출범과 함께 EU는 단일통화를 사용하게 되었다. 2002년부터 각국의 화폐는 사라지고 유로만이 유일한 법정통화가 되었다. 단일통화동맹을 이룩함으로써 유럽은 경제통합의 완성을 보게 되었고 국민국가의 소멸을 통한 유럽의 정치통합에 한 발 더 다가섰다.

유럽통합은 여러 가지로 국제관계에서 매우 중요한 사건이다. 유럽통합은 지역통합(regional integration)의 이론과 현실을 생생하게 보여주는 사례일 뿐만 아니라 세계 정치·경제에도 중요한 역할을 미치게 될 중대한 사건이기 때문이다. EU의 등장으로 세계는 미국과 유럽 그리고 아시아의 세 축을 중심으로 움직이게 되었고, 패권 국가인 미국은 정치·경제적으로 큰 도전에 직면하게 되었다. 여기서는 우선 지역통합에 대한 이론적 논의들에 대해 간단히 살펴보고 지역통합의 대표적 사례인 유럽통합의 역사 적 전개와 현실에 대해서 알아볼 것이다.

1. 지역통합에 대한 이론적 설명

지역통합은 지리적으로 인접한 2개 이상의 국가가 하나의 정치적·경제적 단일체로 합쳐지는 과정을 말한다. 이러한 과정에서 참여 국가들의 주권 일부 혹은 완전한 포 기(자국 국민들에게 영향을 미치는 정책이 자국 내에서 이루어지는 것이 아니고 통합된 조직체에 서 이루어지는 것)가 수반된다. 이러한 지역통합은 국가와 주권의 절대성을 강조하는 현실주의적 입장에서는 이해하기 어려운 현상이다. 왜 국가들은 자신의 주권을 포기 하면서 초국가적 연합체를 형성하게 되는 것일까?

1) 자유주의적 설명

(1) 기능주의적 설명

지역통합에 대한 기능주의적 설명은 한 분야에서의 협력 혹은 통합이 다른 분야로 확대되어 가고 그러한 파급효과가 확산되면서 통합이 심화되어 간다는 것이다. 따라 서 일단 통합이 시작되면 점진적이지만 후퇴 없이 앞으로 나아간다는 낙관적인 전 망을 하고 있다. 유럽통합의 사례를 보면 그 시작은 프랑스·독일·이탈리아·베네룩 스 3국의 특정 산업에서 부분적 통합인 유럽석탄철강공동체(European Coal and Steel Community: ECSC)부터였다. 이러한 특정 분야에서의 통합은 그 효과를 극대화하기 위 해 더 발전된 단계의 통합(예: 철강·석탄산업의 발전을 위한 자유무역지대 구성)을 필요로 하게 되고 이러한 통합이 계속되면 경제공동체가 탄생하며 궁극적으로는 정치적 통합이 이루어지는 것이다. 이와 같은 기능주의적 설명은 유럽통합의 진전을 잘 설명하고 있는 것 같지만 이 설명에 대해 여러 가지 비판이 있는 것도 사실이다. 가장 핵심적인 비판은 통합이 진전된다 하더라도 개별 주권국가들이 주권을 완전히 양도하는 정치적 통합으로는 진전되지 않았다는 것이다.

이러한 기능주의 이론은 후에 신기능주의로 계승되는데, 신기능주의는 한 분야에서의 협력이 타 분야로 전이되는 확산이 자동적으로 이루어지는 것이 아니라 정치적 행위자들의 바람이나 의지를 필요로 한다고 가정한다. 통합에 의해 그들의 이익에 영향을 받는 압력단체·정당·정부기관 등과 같은 공적·사적 엘리트의 실리에 기초한 의도적인 정치적 선택이 통합의 진전에 중요한 역할을 한다는 것이다. 따라서 사적이고 자발적인 비정치적 그룹을 통합의 주된 행위자로 보는 기능주의와는 달리 신기능주의는 공적·정치적·관료적 성격을 가진 그룹을 통합의 주인공으로 본다.

(2) 제도주의적 설명: 초국가적 기구의 중요성

자유주의자들은 비국가행위자의 역할을 강조한다. 유럽통합의 경험에서 초국가적 기구의 역할을 간과해서는 안 된다는 것이다. 유럽공동체는 1980년대에 이미 자신의 정책적 권한과 개입 영역을 상당히 확대해 왔기 때문에 통합에 중요한 역할을 담당할 수 있었다. 즉, 유럽통합의 시작과 발전에서 강대국의 영향력이 큰 것은 인정하지만 일단 통합이 진행되어 초국가적 기구가 생겨나면 이것은 개별 국가의 이해와는 전혀 다른 자신만의 이해가 생기고 초국가적 기구 자체의 이해를 위해 통합의 진전에 적극적인 역할을 한다. 이러한 측면에서 유럽 여러 공동체(예: EEC, EC 등)의 고위관료들은 출신 국가의 이해관계와는 상관없이 유럽공동체의 확대·발전을 위해 더 높은 단계의 통합을 추진했다. 이러한 초국가적 기구의 중요성을 강조하는 시각은 유럽통합이 회원국 정부와 초국가적 기구의 상호관계 속에서 이루어졌다는 인식을 낳았다. 소위 다층적 거버넌스(multi-level governance)는 유럽의 경우 초국가적 기구로서의 EU와 개별 국민국가라는 이중적인 통치단위가 존재한다는 것을 강조하고 있다. 개별 국가들은 자국 국민의 생활에 영향을 미치는 정책의 결정과 집행 분야에서 주요한 행위자이지만 동시에 유럽연합집행위원회(European Commission), 유럽연합사법재판소(Court of Justice of European Union), 유럽의회(European Parliament) 등 초국가적 기구의 활동에

의해서도 상당한 영향을 받는다. 이러한 관점에서 보면 국가와 초국가적 단위가 상호
종속되어 있고 상호보완적인 기능을 행사하며 중복되는 권한을 가지고 있는 것이다.

2) 현실주의적 설명

(1) 연방주의

연방주의적 관점에서의 통합은 주권국가가 연방국가와 같은 초국가적 제도를 수립
하는 과정이다. 통합의 가장 중요한 부분은 법적·제도적 방법이다. 정치엘리트는 정
치적 결단에 의한 헌법적 조치를 통해 초국가적 연방기구를 만들어간다는 것이다. 따
라서 통합의 주된 행위자는 정부이다. 연방주의의 관점에서 보면 연방정부의 중앙정
부에 해당하는 유럽연합집행위원회가 아직도 연방정부의 정책을 대표한다기보다는
각 가입국의 다변적인 외교적 타협물에 지나지 않는다는 측면에서 유럽에서의 통합
은 성숙한 연방제도가 아니라 초기의 연방제도로 볼 수 있다.

(2) 정부간주의

기능주의적 해석에 대한 가장 중요한 대안적 설명은 지역통합 과정이 개별 국가의
정책 선택이라고 보는 것이다. 즉, 개별 국가들은 자신들의 국익을 위해 유럽통합을
지원·추진했다는 것이다. 그러한 측면에서 소수 강대국의 역할은 상당히 중요하다.
그러므로 유럽통합의 귀결은 초국가적 단일체라기보다는 국가 간의 협력을 제도화한
국제기구라고 할 수 있다. 따라서 이런 입장은 유럽통합이 주권국가의 쇠퇴를 가져오
는 것이 아니라 오히려 그 보존에 기여한다고 본다. EU는 영국·독일·프랑스 등의 이
익을 침해할 수 없으며 이들 강대국의 선택에 의해 탄생했다고 보는 것이다. 이 현실
주의적 통합 이론의 핵심은 지역통합이 국가, 특히 지역 강대국들의 의사가 반영된 것
이라는 점이다. 결국 통합의 속도나 방향, 나아가 통합의 추진 자체가 회원국들의 이
해관계에 따라 결정된다는 것이다. 이러한 이론의 대두는 유럽공동체의 집행위원장
이었던 발터 할슈타인(Walter Hallstein)에 의해 시도된 유럽의회의 기능과 권한 강화
시도를 무산시키기 위해 프랑스가 EEC의 모든 각료이사회에서 자국의 대표단을 철수
시킴으로써 EEC의 업무가 마비되는 사태가 발생한 데 기인한다. 즉, 프랑스와 같은

지역 강대국의 의사는 지역통합 과정에서 중요한 영향력을 갖는다는 것이다. 이렇게 통합의 진전이 국가의 이해와 배치되는 경우 그 진전이 어렵다는 현실을 통해, 지역통합이 자연스럽게 이루어지는 것이 아니라 회원국 정부들이 그것을 원하기 때문이라고 보는, 국가의 역할을 중시하는 정부간주의라는 이론이 대두하게 된다.[1] 이러한 설명의 가장 큰 문제점은 유럽통합이 통합을 주도한 주요 국가의 의도와는 전혀 다른 방향으로 발전할 가능성을 간과했다는 것이다. 통합이 진전되고 심화될 경우 장기간 추진되어 온 공동의 정책은 스스로 관성을 갖게 되며 정책도 개별 국가의 이해를 넘어서는 방향으로 나타날 수 있다.

3) 구성주의적 설명: 문화와 정체성의 정치

지역통합에서 구성주의적 설명은 문화적 공통점 혹은 동일한 정체성 보유의 중요성을 강조하는 입장이다. 이러한 시각은 앞서 소개한 설명들에 대한 보완적인 성격을 갖는다고 보는 것이 옳다. 즉, 유럽이라는 정체성은 유럽통합에서 중요한 요인이라는 것이다. 유럽의 문화적·인종적·종교적 측면에서의 정체성과 미국에 대한 유럽이라는 집단적 정체성 등은 유럽통합의 진전에 중요한 역할을 했다는 것이다. 특히 유럽 화폐통합의 경우는 미국 달러의 독주가 유럽 국가들의 집합적 정체성 형성에 중요한 요인으로 작용했고 그로 인해 화폐통합에 긍정적으로 작용했다는 해석들도 존재한다. 또 구성주의적 접근에 따르면 유럽통합 이후에도 EU는 유럽 국가들의 선호와 선택에 의해 좌우되는 수동적 존재가 아니라 유럽 국가들의 선호와 행위가 EU의 규범과 행위 유형에 의해 구성된다고 본다. 이러한 시각은 EU와 같은 국제제도가 국가들에 의해 좌지우지된다고 보는 현실주의 그리고 국가들의 행동에 영향을 미친다는 신자유

---

1 정부간주의에서 중요한 것은 회원국의 이해관계이다. 이해관계는 국내정치적 과정을 통해서 결정되기 때문에 국제정치이론의 측면에서 보면 정부간주의는 신현실주의보다는 국가 내부의 요인을 중시한다는 차이점을 보여준다. 앤드루 모라브직(Andrew Moravcsik) 같은 학자의 입장은 국익의 규정이 국내정치 과정에서 결정되는 것으로 봄으로써 자유주의적 정부간주의라고 부르기도 한다.

주의적 제도주의를 넘어서서 EU가 국가들의 정체성과 국가이익에 대한 규범을 구성하는 구성적 효과를 갖는다고 보는 것이다.

2. 유럽통합의 역사

1) 유럽석탄철강공동체(ECSC)의 탄생

유럽통합의 씨앗을 어디서부터 찾을 것인가에 대한 문제는 쉽지 않다. 어떤 학자는 30년 종교전쟁의 결과 웨스트팔리아 조약에 의해 국민국가가 등장한 때부터 이미 유럽에서는 하나의 유럽을 향한 움직임이 시작되었다고 주장하기도 한다. 그러나 유럽통합의 움직임이 구체화되기 시작한 것은 양차 세계대전을 겪고 난 후부터라는 것이 현실적인 판단일 것이다. 물론 그 이전부터 유럽 각국의 민족적 자부심에 근거한 민족주의가 유럽에서 수많은 전쟁의 원인이었다는 인식하에 유럽을 하나의 이해관계 속에 묶어놓음으로써 평화를 보장하고 안정과 번영을 추구하자는 인식이 존재했던 것은 사실이다. 그러나 유럽통합에 결정적 자극으로 작용했던 것은 제2차 세계대전으로 유럽은 어느 나라를 막론하고 폐허가 되었으며 예전의 강대국 자리에서 물러나 미국과 소련이 주도하는 세계에서 이류로 전락했다는 사실이다. 유럽이 세계사의 중심무대에서 밀려난 현실을 자각하면서 유럽인들은 새로운 세계질서 속에서 독자성과 일체감을 유지하기 위한 방안을 모색하게 되는데, 유럽통합은 바로 이에 대한 현실적인 대안이었다.

그런 인식의 첫 번째 구체화는 1950년 프랑스 외상이었던 로버트 슈만(Robert Schuman)이 프랑스와 독일의 석탄·철강산업을 통합시키기 위해 ECSC를 출범시킨 것이다. 1952년 유럽의 3대 산업국가인 프랑스·독일·이탈리아에 벨기에·네덜란드·룩셈부르크 3국이 함께해 6개국으로 구성된 ECSC는 전후 유럽경제의 복구와 성장을 위해 이들 국가의 산업자원을 효율적으로 관리할 필요가 있다는 인식을 공유하고 있었다. 또 정치적으로는 유럽에서의 분쟁 원인, 좀 더 정확하게는 프랑스와 독일이 마찰을 빚는 주요인이었던 석탄과 철을 공동으로 관리하는 것이 유럽의 평화에 도움이 된다는 인식도 있었다. 이 공동체는 최고위원회(high Authority)를 구성했는데, 그것은 회원국 정부의 지휘를 받는 것이 아니고 ECSC의 활동을 위해 회원국들의 회사나 노동조합, 개인 사업가들과 직접 접촉함으로써 초국가적 기능을 수행했다. 이처럼 국민국가의 통제에서 벗어나 스스로의 이해관계를 갖는 초국가적 기구의 등장은 훗날 유럽통합에 매우 중요한 역할을 하게 된다. 이 시기에 유럽통합을 꿈꾸던 사람들이 생각한 것은 단순히 경제적 통합은 아니었다. 초기 유럽통합의 선구자였던 프랑스의 장모네(Jean Monnet)가 생각한 것도 결국 주권의 자발적 양도를 통해 달성되는 초국가적 공동체였던 것이다. ECSC의 초기 6개국은 통일된 유럽을 건설하려는 이상에 따라 1952년에 유럽방위공동체(European Defence Community)를 제안하고 유럽의 군사력을 단일예산과 지휘체제 아래 통합시키려 했지만, 프랑스 의회가 비준에 실패하고 영국이 이에 참여하기를 거부함으로써 무산되었다. 1953년에는 유럽정치공동체(European Political Community)의 제안도 부결됨으로써 정치적·군사적 통합의 어려움을 보여주었다.

2) 기능주의적 통합: 로마 조약

ECSC로 시작한 유럽통합은 1957년의 로마 조약을 통해서 유럽원자력에너지공동체(Euratom)와 유럽경제공동체(European Economic Community: EEC)라는 새로운 기구를 창설했는데, 이것은 석탄과 철강에서의 기능적 통합이 모든 경제 부분으로 확대된다는 의미를 갖는다. 유럽공동시장이라 부르는 EEC는 이후 자유무역지대의 출범과 관세동맹 등으로 발전하게 되는데, 1960년 5월에 스톡홀름 협정이라 부르는 유럽자유무역연합(EFTA) 창설에 대한 공식적 서명이 이루어졌으며, 공동체 내의 관세 및 수량에 대한 규제를 철폐하고 공동체 밖의 국가에 대해서는 공동대외관세를 부과함으로써 관세동맹이 출범했다. 이와 함께 EEC의 가장 중요한 성과는 공동농업정책(Common Agricultural Policy)의 수립이다. 공동농업정책의 출범으로 농산물에 대한 공동가격 설정 및 생산량, 가격 조절을 위한 중앙통제정책이 도입되었으며 농업생산에 대한 보조금 지급을 위한 유럽농업지도보장기금이 설치되었다. 그리고 유럽원자력에너지공동체는 공동 에너지 시장의 창설, 핵 원료의 균형공급 보장, 핵에너지의

❧ 관세동맹과 자유무역지대의 차이점 ❧

관세동맹과 자유무역지대는 둘 다 역내무역에 대해서는 관세를 적용하지 않는다는 공통점이 있다. 그러나 역내무역이 아닌 역외무역에서의 관세는, 관세동맹에서는 공통되게 적용되는 반면 자유무역지대에서는 각 회원국의 재량에 달려 있다. 즉, 자유무역지대는 관세에 관한 각 국가의 정책적 자율성을 인정하는 반면 관세동맹은 역외무역에 대해 같은 관세를 적용하기 때문에, 공동의 대외통상정책을 수립해야 할 필요성이 생긴다.

안정 및 인간과 환경의 보호를 위한 특별계획 등을 추진하기 위해 창설되었다.

로마 조약으로 인해 생겨난 EEC와 유럽원자력에너지공동체는 ECSC와 함께 6개국만의 유럽통합기구로 활동하게 된다. 각 공동체는 각기 상이한 분야에서 통합의 추진체로 기능했으나 유사한 기능과 성격을 지니는 기구가 중복해서 존재했기 때문에 이들 기구의 통합이 추진된다. 먼저 의회와 법원이 통합되었으며, 1967년 7월에는 '유럽공동체의 단일 이사회·집행위 설립에 관한 조약(Merger Treaty)'에 의해 세 공동체의 각료이사회가 통합되고 집행기구가 유럽연합집행위원회로 일원화되었다. 이로써 유럽통합기구는 유럽공동체(European Community: EC)로 단일화되었다. 1973년에 영국·아일랜드·덴마크 등이 EC에 가입했고, 1981년에는 그리스, 1986년에는 포르투갈과 스페인이 참여함으로써 EC의 회원국 수는 12개국으로 확대되었다.

3) 유럽통합의 심화: 마스트리히트 조약

EC 회원국들은 EC 역내 시장을 완성하기 위해 EEC 조약을 보장하는 단일유럽의정서(the Single European Act)를 1985년 채택하고(발효는 1987년 7월) 유럽중앙은행과 단일통화 및 통화체계를 포함하는 완전한 유럽공동시장의 구축을 1992년까지 완성하기로 합의한다. EC의 성장과 발전 그리고 역내 단일시장의 완성으로 인해 심화된 유럽경제통합의 성과를 바탕으로 일정 분야에서 정치통합을 실현하고, 궁극적인 단일경제통화권을 건설하기 위한 유럽통합의 논의는 더욱 심화되었다. 그 논의는 경제통화동맹(Economic and Monetary Union: EMU)으로의 전환을 통한 경제적 통합의 완성, 공동외교

❧ 유럽통합 과정의 어려움 ❧

유럽통합은 쉽게 말해서 각자의 기준에 따라 살던 사람들이 'EU라는 초국가적 통합체의 기준 아래 살게 되는 것이다. 따라서 통합에는 쉽지 않은 여러 가지 어려움이 도사리고 있었다. 예를 들어 노동기준과 노동자의 권리라는 측면에서 매우 기준이 높은 사민주의 성향의 국가들(스웨덴을 비롯한 북유럽 국가들)과 대처(Thatcher) 정부하의 영국, 슈미트(Schmidt) 수상하의 독일같이 보수적인 국가들은 EU의 통합된 노동기준을 마련하는 데 많은 갈등을 나타냈다. 또 환경기준도 타협하기 힘든 문제였다. 스페인에서 만드는 잔디 깎는 기계는 독일에서 만든 동일 기계보다 소음이 훨씬 더 심하다. 이것은 독일의 잔디 깎는 기계에 대한 소음기준이 더 엄격하기 때문이다. 통합된 유럽에서 잔디 깎는 기계에 대한 소음기준을 정하는 데 스페인과 같은 상대적 후진국과 독일과 같은 기술 선진국 간에는 갈등이 있을 수밖에 없다. 환경기준이 독일이 원하는 수준으로 정해지면 스페인의 잔디 깎는 기계는 환경기준을 통과하지 못해 판매가 불가능해지고 스페인의 잔디 깎기 기계 시장은 독일제 기계가 장악하게 될 것이기 때문이다. 잔디 깎는 기계에 대한 소음기준 문제가 이렇게 복잡한 것을 보면 유럽통합이 얼마나 복잡하고 어려운 과정을 겪었는지 짐작할 수 있을 것이다.

안보정책(Common Foreign and Security Policy: CFSP)과 내무·사법 분야(Justice and Home Affairs)에서의 협력을 통한 정치적 통합의 실현이라는 세 가지 핵심 사항으로 정리되었다. 이러한 통합의 노력에 대한 논의는 1991년 12월 네덜란드의 마스트리히트에서 열린 유럽이사회(European Council)에서 합의가 이루어짐으로써 흔히 마스트리히트 조약이라고 부르는 '유럽연합 조약(Treaty on European Union)'이 체결되었다. 마스트리히트 조약의 체결로 유럽통합은 이제 '공동체'에서 '연합'으로 질적 전환을 이루게 되었다. 이것은 또 오랫동안 경제적 영역에 국한되어 있던 유럽의 통합이 국내정치 및 외교 분야로까지 확대되었다는 것을 의미하기도 한다.

그러나 이러한 통합의 과정이 순조로웠던 것은 아니다. EU라고 하는 유럽통합은 각 국가의 통화관리나 외교·국방 등 주권의 일부를 EU라는 공동체에 이양하는 의미를 갖기 때문에 조약의 인준 과정에서 국가별로 적지 않은 논란이 있었다. 예를 들어 덴마크에서는 국민투표의 결과 마스트리히트 조약이 50.7%의 반대로 일단 부결되었고 재협상을 통해 일부 조항에 대한 양보와 선택적 탈퇴를 보장받음으로써 1년 뒤인

1993년 56.8%의 찬성을 얻어 인준될 수 있었다. 프랑스에서도 1992년 9월 51.05%라는 근소한 차이로 간신히 마스트리히트 조약이 통과되었다. 이후 가입국의 확대가 일어나게 되는데 오스트리아는 1989년, 스웨덴은 1991년, 핀란드·스위스·노르웨이는 1992년에 각각 가입을 신청했다. 1994년 6월 그리스에서 열린 유럽이사회에서 이들 국가의 가입이 정식으로 서명된 데 이어 각국별로 실시된 국민투표에서 노르웨이를 제외한 세 나라의 가입이 확정되어, 1995년 1월부터 유럽연합 가입국은 15개국으로 확대되었다. 2002년 유럽연합 정상회담에서 폴란드·체코·헝가리·키프로스·슬로베니아·슬로바키아·에스토니아·몰타·라트비아·리투아니아 10개국의 가입이 결정되어 2004년부터 유럽연합 회원국은 25개국이 되었다. 2007년 불가리아와 루마니아가 가입함으로써 27개국이 되었고, 2013년 크로아티아가 회원국이 되어 28개국이 되었다(영국 포함).

3. 화폐통합 유럽경제통합의 완성

1) 마스트리히트 조약

1999년 1월 영국·덴마크·스웨덴·그리스를 제외한 11개국이 유로-랜드(Euro-land)라는 유럽 단일화폐권을 출범시켰다. 통합 과정으로 볼 때 이미 단일시장을 형성한 EU가 15개의 화폐를 사용하는 것은 경제적으로 비효율적이었기 때문에 이러한 진전은 자연스러워 보인다. 그러나 이 같은 화폐통합이 순조롭게 이루어진 것은 아니었다. 유럽단일시장이 출범하면서 통화통합이 적극적으로 추진되었다. 1989년 유럽이사회는 들로르 보고서(Delors Report)를 채택했고 경제통합과 화폐통합의 동시 추진을 강조하게 되었다. 프랑스와 독일의 주도로 유럽공동체 회원국들이 정부 간 회의에서 준비한 조약을 1992년 2월 채택함으로써 유로-랜드가 출범하게 된다.

마스트리히트 조약은 통화통합을 다음의 3단계로 나누어서 추진하도록 했다. 1990~1993년 말의 제1단계에서는 자본의 자유로운 이동을 완전히 보장하고, 모든 유럽공동체 회원국의 통화가 ERM에 참여하도록 하며, 회원국 간 거시경제정책 조정을 강화한다. 제2단계는 1994년부터 1996년 또는 1998년 말까지인데 이 기간에는 유럽중앙은행의 전신으로서의 유럽통화기구(European Monetary Institute: EMI) 설립, 통화정책을 통한 정부 재정적자 지원 금지, 각국 중앙은행의 독립성 확보, ECU를 구성하는 각 통화의 비중 확정 등이 이루어지며, 유럽경제재정이사회는 1996년 말 과반수의 회원국이 수렴 조건을 충족시켰을 경우 제3단계로의 진입을 결정하거나 최소한 2개국 이상이 수렴 조건을 충족시켰을 경우 1999년부터 제3단계로 진입하도록 하고 1998년 7월에는 유럽중앙은행 설립 등의 조치를 취한다. 제3단계에서는 유럽중앙은행제도(European System of Central Bank: ESCB)를 창설하고, 환율을 완전히 고정시키며, ECU를 실질적으로 사용하고, 회원국 간 재정경제정책의 방향을 공동으로 결정한다는 것이다. 이러한 마스트리히트 조약은 각 회원국의 비준 과정에서 어려움을 겪었다. 덴마크는 국민투표에서 반대를 결정했고 프랑스에서도 반대파의 승리가 예측되었다. 이 같은 상황에서 국제투기자본이 ERM의 환율변동 폭을 공격하는 현상이 나타났으며, 결국 이 과정에서 1992년 9월 영국과 이탈리아가 ERM에서 탈퇴했고 1993년 8월에는 ERM의 환율변동 폭을 +/-15%로 확대함으로써 사실상 ERM의 환율안정 기능을 포기하는 결과가 초래되었다.

ERM의 위기는 화폐통합에 대한 비관론을 불러왔지만 1993~1998년 유럽 국가들은 ERM의 위기를 극복하고 통화동맹의 마지막 단계에 동참하고자 노력을 기울였다. 그 결과 1997년 경제지표에서 그리스를 제외하고는 모든 국가가 재정적자 수준을 3% 내외로 줄이는 데 성공했다. 결국 유럽 정상들의 모임인 유럽이사회는 1998년 5월 1~2일 브뤼셀 회담에서 독일·프랑스·베네룩스 3국, 오스트리아·이탈리아·스페인·포르투갈·아일랜드·핀란드 등 총 11개국이 1999년 1월부터 EMU의 최종 단계에 돌입하기로 결정하고, 2002년 1월에는 유로 지폐와 동전을 도입하여 같은 해 7월까지는 유로화가 기존 10개 통화를 완전히 대체할 것이라고 선언했다. 1999~2002년의 이행 기간에는 은행 간 결제, 정부예산이나 기업의 회계, 상품과 용역의 매매 등 모든 분야에서 유로화와 기존의 통화를 병행해서 사용할 수 있게 되었다.

화폐통화의 경제적 이득은 우선 환율의 변동에서 오는 불확실성을 축소함으로써 모든 경제 행위자가 보다 정확한 정보를 가지고 시장에서 활동할 수 있으며, 또 기존에 형성된 단일시장의 혜택을 완벽하게 누릴 수 있게 된 것이다. 단일화폐권의 형성으로 환율방어를 위한 막대한 외환보유고를 유지할 필요가 없기 때문에 자원을 보다 효율적으로 이용할 수 있다. 게다가 유로-랜드에 참여한 국가들은 물가안정정책에 대한 국제적 신용을 얻을 수 있다는 이점도 있다. 그러나 부정적인 효과도 무시할 수 없다. 가장 대표적으로는 각국 정부가 환율을 단기적인 경기조정의 정책 도구로 사용하지 못하게 되었다는 것이다. 이러한 점에서 유럽통화동맹의 출범은 불확실한 모험이었다고 볼 수 있다. 이 불확실한 모험을 가능케 한 동기는 과연 무엇일까? 여기에 대해서는 여러 가지 견해가 존재한다. 통일을 원했던 독일과 유럽통합을 적극적으로 추진했던 프랑스 간의 타협 결과라는 견해, 단일통화가 가져다주는 안정성과 확실성을 통해 이득을 얻는 세력들이 정치적으로 노력한 결과라는 견해 등이 있다. EU의 화폐통합을 정확히 이해하기 위해서는 이런 통합을 장기적인 통합 과정 결과로 파악해야 한다는 점과 각국의 이익을 초월하는 초국가적 공동체의 영향력이 이미 커져 있었다는 점, 그리하여 국가의 경제정책 도구를 상실하는 어려운 결정을 하게 만들 수 있었다는 점, 마지막으로 유럽의 화폐통합이 미국 달러의 독주에 대한 유럽 국가의 반발에 의해 상당히 촉진되었다는 점 등을 고려해야 할 것이다.

2) 유로존 위기와 유럽통합의 미래

2009년 시작된 그리스의 재정 위기는 2010년부터 본격적으로 유로화와 유럽금융시장의 위기로 확산되었다. 그리스의 채무불이행 가능성이 커지면서 그것이 결국 유로화의 위기 그리고 유로존의 붕괴로 이어질 것이라는 우려가 확대되었다. 그리스의 위기는 스페인, 이탈리아 등 재정이 열악한 나라들로 번져나갔다. 이러한 상황을 어떻게 헤쳐 나갈 것인가에 대해서 유럽의 주요 국가들 간에 이견이 있었다. 특히 독일은 그리스의 재정 위기에 EU가 나서거나 독일과 같은 부국들이 지원함으로써 문제를 해결하는 데 강하게 반대했다. 유럽중앙은행(European Central Bank: ECB)이 유로존 국가들의 채권을 매입하기 위해 220억 유로를 투입하는 등 나름대로 노력했지만 유로존 위기에 대한 불안감은 계속되고 있다.

유로존의 위기는 물론 2008년 미국발 금융위기로 인한 경제환경의 악화, 그리스·스페인·포르투갈 등 재정을 방만하게 운용한 나라들에 의해 초래된 위기이지만 근본적으로는 유럽의 경제통합이 가지고 있는 구조적 문제점에 기인한 바가 크다. 유럽의 통화통합은 초국가 차원에서 ECB이 통화정책을 맡고 재정정책은 여전히 각 국가의 소관이기 때문이다. 따라서 통합된 유럽경제를 안정적으로 유지하기 위해서는 유로존 국가들의 재정정책을 일정한 범위 내로 수렴해야 하는 것이다. 그러나 이러한 제도적 개혁은 각국의 서로 다른 이해관계 그리고 주권문제에 대한 국가들의 거부감 때문에 이루어지기 어려울 것으로 보인다. 그럼에도 불구하고 유로존의 위기 상황에서 유럽 국가들은 유로존의 붕괴보다는 통합을 강화함으로써 문제의 근본적 원인을 해결하려는 방향으로 움직이고 있다. 2012년 6월 유로존 정상들은 EU의 4개 기구 책임자(유럽연합 의장, 유럽연합 집행위원장, 유로그룹 의장, 유럽중앙은행 총재)에게 역내 금융동맹과 예산 및 경제정책 통합 등 연합 강화를 위한 로드맵을 마련하도록 요청했다. 이러한 조치들이 현실화된다면 EU는 단순한 단일통화동맹에서 '재정·은행동맹' 쪽으로 발전하게 될 것이다. 이것은 통화통합 이후 지난 10년간 논의해 왔던 은행동맹의 실현을 의미하며 유럽의 통화통합이 한 단계 진전되는 것을 의미한다. 유로존의 위기가 보여주는 것은 결국 통합의 심화는 위기의 존재와 위기 극복에 대한 공동의 인식이 있어야 가능하다는 것이다. 또 하나, 유로존 위기는 유럽의 다층적 거버넌스가 자연스럽게 작동하는 것은 아님을 보여준다. 각 층위 간의 조화와 연계, 조정이 적절하게 이루어지지 않으면 다층적 거버넌스의 작동에는 언제나 위기가 올 수 있다. 경제 영역에서 유럽의 국가들, 특히 강대국들이 EU 차원의 통화정책하에서 국가 차원의 재정주권을 지나치게 고집할 경우 충돌과 위기는 언제든지 올 수 있는 것이다.

4. EU의 조직 및 기구

유럽연합(European Union)은 주권을 가진 27개(영국의 탈퇴로 인해) 개별 국가들로 구성되어 있다. 회원국으로 가입하기 위해서는 코펜하겐 기준이라고 알려진 경제적·정치적 기준을 만족시켜야 한다. 가입 후보국은 비종교적이고 자유와 제도가 조화로운 민주적인 정부 구조를 갖추어야 하고 헌법의 규정을 존중해야 한다. 회원국이 되기 위해서는 회원국의 동의와 유럽의회의 승인을 받아야 한다. EU는 회원국들의 연합체

성격을 띠고 있지만 그와 동시에 EU 자체가 하나의 정치적 단위로 기능하고 있다. 따라서 EU 내 회원국이 공동정책을 추진하기 위해서는 정책을 결정하고 실행하며 이를 감독하는 기구가 필요하다. 이 절에서는 EU의 기구와 기능 등을 알아볼 것이다. 현재는 유럽의회, 유럽연합각료이사회(European Parliament Council of Minister), 유럽연합집행위원회의 세 가지 핵심 기구가 EU를 운영해 나가고 있다. 여기서 유럽의회는 EU의 시민들에 의해 선출되며 그들을 대표하는 기능을 한다. 유럽연합각료이사회는 개별 회원국을 대표하고, 또한 각 회원국들의 정책을 조율하며 EU가 다른 나라와 맺은 조약을 최종화(서명)하는 권한을 갖는다. 유럽연합집행위원회는 EU 전체를 대표하는 성격을 갖는다. 유럽연합집행위원회가 법안을 제안하며 유럽의회와 유럽연합이사회(Council of the European Union)가 법률을 제정한다. EU의 예산 역시 유럽의회와 유럽연합이사회가 공동으로 결정한다.

1) 유럽연합집행위원회(European Commission)

집행위원회는 한 국가로 보자면 행정부에 해당하지만, EU 내에서 결정된 정책의 집행은 각 회원국 정부를 통해 실행되므로 집행위원회가 실제로 정책 집행의 기능을 하는 것은 아니다. 집행이사회는 대외협상에서 EU를 대표하며(유럽대외관계청이 신설되면서 이 기능은 다소 축소되었다) 행정관리 및 정책 및 법안의 개발 및 제안 역할을 한다. 집행위원회는 EU에서 사실상 최고정책결정기구인 각료이사회나 유럽이사회에서 논의될 의제를 준비하고 거기서 결정된 사항의 집행을 감독하는 기능을 한다. 집행위원회는 법안을 제안하며 이 제안을 받아 유럽의회와 각료이사회가 법률을 제정한다. 그리고 제정된 법안이 각국에서 제대로 적용되고 있는지 여부를 감시·감독하는 일이 집행위원회의 중요한 임무 가운데 하나이다. 마스트리히트 조약 이후, 집행위원회는 공동체의 법안을 준수하지 않는 회원국을 발견할 시 그 국가를 유럽연합사법재판소에 제소할 수 있으며 위반 사실이 확인되면 법원은 해당 국가에 벌금을 부과할 수 있게 되었다. 이런 점에서 집행위원회는 '조약을 지키는 수호자'의 역할을 하고 있는 것이다. 집행위원회의 가장 중요하고 독점적인 기능은 정책 관련 법안을 제안하는 것이다. CFSP와 내무·사법 분야의 협조라는 두 분야에서는 집행위원회가 법안을 제안할 수 있으나 여전히 각국 정부의 역할과 입장이 보다 중요하며 따라서 유럽이사회가 더 큰 권한을 가진다. 집행위원회의 또 다른 기능은 예산 관리·집행 기능과 대외적으로 외국 및 국제기구와의 교역·협력 조약에 대해 EU의 국가들을 대표하는 기능이다.

집행위원회는 집행위원들로 구성된 상층 조직(각국의 내각과 같은 형태)과 각 집행위원이 관장하는 부서의 관리들로 구성되어 있다. 현재 약 3만 2000명 정도의 유럽 공무원이 근무하고 있다. 이들은 40개의 총국(Directorates General: DG)과 9개의 지원기구(service)로 나뉘어 업무를 담당하고 있다. 2003년 2월 1일부터 효력을 발휘한 니스 조약에 의해 집행위원은 각 회원국에서 1명씩 지명하게 되었고 집행위원장은 유럽이사회에서 회원국 정상들이 다수결로 후보자를 결정하면 유럽의회가 승인을 통해 선출한다. 집행위원 27명과 집행위원장 1명이 집행위원단을 구성한다. 2009년 리스본 조약의 발효로 집행위원회의 부위원장이 외교안보정책 고위대표를 겸하게 되었다. 이 직책은 EU의 외무장관 역할을 한다.

2) 각료이사회 / EU이사회

각료이사회(Council of Minister)는 각 회원국을 대표하여 EU의 모든 사안을 심의·확정하는 EU의 최고의결기구이다. EU이사회(Council of the European Union)라고도 한다. 각 회원국 담당 장관들의 모임으로 EU의 입법(혹은 정책결정) 기구이다. 집행위원회가 스스로 정할 수 있도록 권한을 부여받은 조례나 규칙 등을 제외하면 모든 법안은 각료이사회에서 결정하도록 되어 있다. EU 공동정책의 범위와 대상이 확대됨에 따라 각료이사회의 역할 역시 대단히 중요해졌다. 여러 각료이사회 가운데 외무장관들의 각료이사회는 일반이사회(General Affairs Council)라고 부르며 현안이 되는 외교적 사안뿐만 아니라 EU와 다른 나라와의 조약 등 보다 전반적인 문제를 다루고 논의한다. 각료이사회에서는 농업, 환경, 마약 등 범죄 예방, 경제·재정 분야의 각료이사회가 중요한데, 특히 유럽 단일화폐의 출범 이후 이코핀(Economic and Financial: Ecofin)이라고 부르는 경제·재정 담당 장관들의 각료이사회가 외무장관들의 각료이사회보다 우월한 지위를 갖게 될 것이라는 예측도 있었다.

각료이사회의 결정은 만장일치에 의한 것이 대부분이었지만 점차 다수결에 의한 결정이 늘어나고 있다. 그동안 정치적으로 민감한 쟁점인 과세·노동 분야에서는 개별 국가가 거부권(veto)을 행사할 수 있었으나, 시장·환경·연구개발 분야와 같은 보다 가벼운 사안에 대해서는 다수결이 이용되곤 했다. 그러나 집행위원회가 제출한 법안에 대해 각료이사회가 수정을 원할 경우에는 만장일치에 의해서만 가능하다. 각료이사회에서의 다수결 결정은 일반적인 투표 방식과는 다르다. 각 국가는 인구 규모를 감안하여 행사할 수 있는 표수가 각각 다르다. 인구 규모가 큰 나라들은 상대적으로 과소 대표되고 있고 반대로 인구 규모가 작은 나라들은 과대 대표되고 있다(예를 들어 EU 전체 인구의 1% 정도인 아일랜드는 7표를, 22%인 독일은 29표를 행사한다). 만장일치 결정의 대상이 아닌 의제에서는 대부분 충족다수결제(Qualified Majority Voting: QMV, 이중다수결제)가 사용된다. 리스본 조약에 의해 각료 이사회 총투표수의 55% 이상의 찬성과 EU 전체 인구 기준 65% 이상의 찬성이 통과 조건이다.

각료이사회의 결정은 몇 가지 제약을 받는데, 우선 그 결정은 언제나 각국 정상들이 서명하고 각국 의회의 인준을 받은 로마 조약, 마스트리히트 조약 등의 규정 내에서만 허용될 수 있다. 조약의 규정을 벗어난 결정은 유럽연합사법재판소의 사법적 판단 대상이 된다. 둘째, 각료이사회는 자체적으로 의안을 상정할 수 없으며 집행위원회가 제출한 의안에 대해서만 논의할 수 있다. 법률안을 상정할 수 있는 권한은 집행위원회에 있기 때문이다. 셋째, 각료이사회 활동 중 일부는 유럽의회의 제약을 받도록 되어 있는데, 이는 마스트리히트 조약 이후의 일로 비교적 최근에 이루어진 변화이다. 이전에는 각료이사회의 결정 사항이 유럽의회에 의해 거부될 수 없었다.

3) 유럽이사회

유럽이사회(European Council)는 유럽 27개국의 정상으로 구성되며 유럽연합의 정상회의의 성격을 갖는다. 언론에서는 유럽정상회담으로 부른다. 유럽이사회는 EU의 장기적인 정책 방향을 결정하고 EU의 확대와 같은 정치적으로 민감한 사항이나 경제통합의 심화 등 주요 쟁점에 대한 입장을 정하고 국가별로 이견이 있는 경우 입장을 조율하는 기능을 수행한다. 여기서 결정된 사항은 추후 각료이사회 등을 통해 구체화된다. 유럽이사회에는 각국 정상 외에 외무장관들도 함께 참석하는 것이 보통이며 집행위원회에서도 집행위원장을 포함한 2명이 참석한다. 유럽이사회와 각료이사회의 의장은 6개월마다 각국이 순번대로 번갈아 맡으며 의장국의 수상은 유럽이사회의 모임을 주재하고 그 기간에 대외적으로 EU를 대표하는 역할을 맡는다. 그러나 보다 중요한 역할은 국가 간에 발생하는 이견을 내부적으로 조율하여 합의에 이르도록 하는 타협의 중재 역할이다. 유럽이사회가 각국의 현직 수상이나 대통령으로 구성되기 때문에 종종 국내 선거를 의식한 개별 국가의 국내 쟁점이 유럽이사회 모임에서 제기되어 협상에 어려움으로 작용하기도 한다. 존 메이저(John Major) 영국 수상이 1997년 영국 총선거를 앞두고 유럽이사회에서 강경한 태도를 보인 것도 그러한 맥락에서 이해될 수 있다. 2009년 리스본 조약의 발효로 임기 2년 6개월의 유럽이사회 상임의장직이 신설되었다.

4) 유럽의회

유럽의회(European Parliament)는 EU의 회원 각국에서 선거로 선출하여 구성되는 세계 유일의 초국가적 의회이다. 오랫동안 유럽의회는 각국의 국내 의회에서 파견된 의원 대표로 구성되어 있었고 이들이 서로 의견을 교환하는 W데 필요한 공간을 제공하는 상징적 역할에 머물렀다. 그러나 1979년 6월 7~10일 실시된 직접선거를 통해 의원을 선출하면서 그 위상이 높아지기 시작했다. 그러나 EU의회 의원들은 자국을 대표하는 것이 아니라 EU 공동이익의 정파적 대변자 역할을 한다. 유럽의회는 단일유럽의정서 발효와 마스트리히트 조약 이후 실질적인 영향력이 증대되었는데, 실질 입법 권한은 없지만 마스트리히트 조약 이후 일부 정책에 대한 공동결정권을 갖게 되었다. EU에서 입법권은 집행위원회(법률제안권)와 각료이사회(최종의결권)가 가지고 있다. 예산의 편성 역시 집행위원회에서 이루어지며 편성된 예산에 대한 통제는 실질적으로 각료이사회가 한다. 유럽의회는 다만 예산안에 대한 거부권이 있으며 제한된 분야에서 예산을 수정할 수 있는 권한을 가지고 있다. 인사 문제에 대해서 유럽의회는 집행위원회 전원에 대한 불신임권을 가지고 있다. 그러나 새 집행위원의 선출과 관계되는 권한은 없었다. 그리고 마스트리히트 조약 이후 새롭게 5년 임기로 집행위원들이 지명되었을 때 유럽의회의 동의를 얻는 절차가 추가되었다. 신규 가입국에 대한 비준권한도 가지고 있다. 또 리스본 조약 발효에 따라 EU 집행위원회의 위원장 선출권도 갖게 되었다.

1979년 유럽 시민들의 직접선거에 의해 의원들이 선출된 이후 유럽의회의 활동이 활발해졌지만 선거 투표율은 점차 낮아지고 있다. 1979년 63%에 달했던 평균 투표율은 1994년 56.4%로 낮아졌다. 이는 유럽 시민들의 유럽의회에 대한 무관심을 반영하는 것이다. 유럽 선거의 결과는 종종 국내정치와 연계되어 나타난다. 대부분의 국가에서 유럽 선거의 주요 쟁점은 유럽적인 것이 아니라 국내정치와 관련된 경우가 많아서 유럽 선거는 기존 집권당에 대한 중간 평가의 의미를 갖는 편이다.

유럽의회의 의석수는 회원국 수의 증가에 따라 늘어나 1995년 626석에서 2004~2009년 회기에는 785석이 되었으나 리스본 조약으로 751명으로 줄었다. 브렉시트 이후 다시 705명으로 축소되었으며 영국에게 주어졌던 의석 73석 중 46석은 미래 EU 회원국 확대를 위해 축소하고 나머지 27석은 재분배했다. 인구가 많은 국가들이 과소 대표되고 있고 반대로 인구 규모가 작은 국가가 과대 대표되고 있다. 유럽의회 의원은 대개 비례대표제 방식으로 선출되며 마스트리히트 조약 이후 EU 시민들은 자국이 아닌 곳에서도 유럽의회 선거에 출마할 수 있게 되었다. 그 결과 프랑스의 유명한 정치학자인 모리스 뒤베르제(Maurice Duverger)가 이탈리아 공산당 소속으로 당선되기도 했다. 현재 유럽의회를 강화하기 위한 여러 가지 논의가 있는데 그중 유럽의회를 양원제 방식으로 발전시키자는 논의가 활발하다. 이는 현재의 유럽의회가 하원이 되고 각국의 각료로 구성되는 각료이사회를 상원으로 구성하는 것이다. 그러나 유럽의회의 권한을 강화하기 위한 논의들은 자국의 주권이 약화되는 것을 두려워하는 국가들의 반대로 인해 진전을 보지 못했으나 최근 수차례에 걸친 조약 개정을 통해 감독, 통제기능 그리고 입법, 예산안 작성 등의 분야에서 영향력을 확대했다.

5) 유럽연합사법재판소

룩셈부르크에 있는 유럽연합사법재판소(Court of Justice of European Union)는 EU의 법률을 해석하고 법적 규정을 회원 국가에 적용시키도록 하는 사법기구이다. 유럽연합사법재판소의 구성원인 판사들은 모두 27명(한 회원국에서 1명씩)이고 이들의 임기는

6년이며 재임도 가능하다. 이들의 공정성과 독립성을 보장하기 위해 심리는 비공개로 열리며 반대 의견을 기록하지 않는다. 유럽연합사법재판소는 각 회원국 정상들의 합의와 각국 의회의 인준을 통해 확정된 조약의 기본 정신과 내용이 제대로 지켜지고 있는지를 판정한다. 유럽연합사법재판소가 수행하는 역할은 조약 위배 시 또는 조약 내용에 대해서 서로 다른 해석이 있을 시 이에 대한 의미를 명확하게 밝히는 것이다.

유럽연합사법재판소의 한계는 우선 형법에서 대체로 국내법이 우위에 있다는 것이다. 또 유럽연합사법재판소의 판결에도 불구하고 판결을 집행할 수 있는 강제적 권한을 가진 기구가 존재하지 않아 회원국의 협조가 없으면 사실상 집행은 불가능하다. 마스트리히트 조약 이후에야 유럽연합사법재판소는 자신들의 판결에 따르기를 거부하는 각 회원국에 벌금 부과가 가능한 권한을 부여받았다. 또 하나의 문제점은 조약 중 일부 조항의 적용을 선택적으로 면제받는 경우가 있다는 것이다. 즉, 각국 간의 조약이 EU의 방향을 규정하는 공동의 법률인데도 정치적인 이유로 일부 국가에서 적용되지 않는다는 점도 법 적용에 어려움을 초래하는 부분이다.

6) 유럽중앙은행

유럽중앙은행(European Central Bank)은 유럽 화폐통합과 관련하여 가장 중요한 역할을 하는 기구이다. 유럽중앙은행이 출범하기 전 유럽 화폐통합과 관련된 업무는 단계별로 각각 상이한 조직이 담당해 왔다. 제1단계에서는 각 회원국의 중앙은행 총재로 구성된 중앙은행총재위원회에서 공동화폐 문제를 협의했고 제2단계가 시작된 1994년 1월부터는 EMI가 화폐통합 문제를 논의했으나 이 기구는 EU의 통화정책을 독자적으로 추진할 수 있는 권한을 부여받지 못했고 외환시장에 개입할 능력도 없었기 때문에 통화정책은 여전히 개별 회원국 정부의 권한으로 남아 있었다. 그보다 이 기구는 유럽중앙은행 수립을 위해 준비 작업을 하기 위한 사전기구로서의 성격이 강했다. 1996년 12월 EMI는 새로운 ERM에 대한 기본 원칙과 주요 내용을 기초로 했는데 이 유럽 화폐교환체제는 1997년 6월 유럽이사회에서 채택되었다.

유럽중앙은행은 이러한 EMI의 활동에 기초하여 출범했다. 불참을 선언한 영국·덴마크·스웨덴과 가입 요건에 아직 도달하지 못한 그리스를 제외한 11개국은 1998

년 5월 25일 유럽중앙은행의 총재와 부총재, 그 밖에 4인으로 구성된 집행부를 선출했다. 유럽중앙은행은 독일의 중앙은행인 분데스방크(Bundesbank)를 모델로 통화정책에 대한 독립성을 보장받고 있다. 단일화폐권에 불참한 국가들도 유럽중앙은행의 일반이사회를 통해 EU의 공동통화정책 결정에 참여할 수 있도록 되어 있다. 이것은 단일화폐권 불참국이라고 하더라도 EU 11개 단일통화국가의 화폐정책에 큰 영향을 받을 수밖에 없다는 현실적 판단과 이들 국가의 향후 단일화폐권 참여를 위한 배려라고 이해할 수 있다. 1998년 6월 9일 결정된 유럽중앙은행의 자본금에 대한 각국 중앙은행의 지분 역시 단일화폐권 불참국을 포함하고 있다.

이 밖에 EU는 예산의 집행 내용을 감사하는 유럽감사원(European Court of Auditors), 각종 경제적·사회적 이익단체들을 공동시장 건설에 참여시키고 집행위원회와 각료이사회에 이들의 의견을 전달할 수 있는 제도적 장치인 경제사회위원회(Economic and Social Committee), 자문기구로 EU 내의 지방 혹은 지역 당국 대표로 구성된 지역위원회(Committee of the Regions), EU 내의 공공사업에 대한 투자를 제공하는 유럽투자은행(European Investment Bank) 등의 기구가 중요한 역할을 하고 있다.

5. EU의 확대와 제도화 리스본 조약을 향한 여정

1) 공동외교안보정책?

유럽통합의 심화는 유럽통화동맹으로의 전환을 통한 경제적 통합의 완성과 공동외교안보정책(CFSP)과 내무·사법 분야에서의 협력 등 세 가지 방향으로 추진되었다. 이중 유럽통화동맹이 출범하면서 EU의 미래는 CFSP와 내무·사법 분야에서의 진전에 달려 있다고 해도 과언이 아니다. CFSP는 외교·안보에 대해 단일한 입장을 취함으로써 EU의 국제적 위상을 높이고 경제력에 걸맞은 정치적·외교적 영향력을 행사하는 것이 목적이다. 동유럽 공산정권의 붕괴와 독일 통일 이후 CFSP의 필요성이 증대되었고 마스트리히트 조약은 이와 같은 필요성을 반영하여 CFSP를 제도화했다. 이에 따라 EU는 회원국 외교·안보정책의 모든 분야에서 공동 입장의 도출을 의무화하고 있으며 상황이 무르익으면 공동방위정책으로 발전시킬 것이라고 명시하고 있다. 유럽 차원의 공동정책은 실질적으로는 '공동행동'이라는 형식으로 표현되는데, 특정 외교·안보 사안에 대해서 EU의 공동행동을 결정하려면 회원국 만장일치의 찬성이 필요하다. 마스트리히트 조약은 일단 결정된 공동행동의 절차나 집행에 관련된 세부 사항에 대해서는 다수결에 의한 결정을 가능하게 함으로써 개별 국가의 권한을 강화했지만, 어떤 절차나 세부 사항이 다수결에 의해서 정해져야 한다는 것조차 만장일치로 결정되어야 한다. 결국 CFSP의 경우 EU는 만장일치의 원리로 운영되는 것이다.

이와 함께 1950년대 유럽방위공동체 실패 이후 논의조차 금기시되어 오던 방위 분야를 다시 유럽통합의 대상으로 공식화했다. EU는 마스트리히트 조약에서 서유럽동맹(West European Union: WEU)을 EU의 군사적 조직으로 명시함으로써 실질적인 방위정책의 수단을 확보했다. 이러한 과정에서 영국·네덜란드·포르투갈 등은 유럽의 방위는 NATO에 의해 이루어지기 때문에 WEU의 역할은 제한되어야 한다는 주장을 폄으로써 회원국 사이의 갈등을 노출시켰다. 이와 반대로 독일과 프랑스는 유럽 외 지역이 아니라 서유럽 내에서의 방위정책에 대한 권위를 가져야 한다고 주장했다. 이러한 진전에도 불구하고 EU가 CFSP를 실질적으로 시행하는 데는 많은 장애가 있다는 것이 전문가들의 전망이다. 각 국가의 대외관계에서 상이한 이익과 주권에 대한 집착은 이런 장애 가운데 가장 중대한 장애일 것이다.

2) 유럽통합의 완성?: EU의 확대와 유럽연합헌법의 추진

2000년 12월 EU는 프랑스 니스에서 유럽연합 회원국을 기존 15개국에서 27개국까지 확대할 수 있도록 규정했다. 이에 대비해 유럽의회 의석을 626석에서 732석으로 늘리고 유럽연합 집행위원을 국가별로 1명씩 두도록 했다(결과적으로 집행위원의 수는 28명이 되었다). 또 유럽연합 각료회의에서 인구가 많은 국가에 더 많은 투표권한을 주는 규정도 포함되어 있다. 이러한 니스 조약은 2002년 10월 19일 아일랜드가 국민투표에서 니스 조약 비준안을 통과시켜 15개 회원국 모두가 찬성함으로써 효력이 발생하게 되었다.

EU의 확대와 함께 EU의 제도적 통합의 심화도 이루어졌다. 첫째, 2004년 6월 유럽연합 정상회의에서 유럽연합헌법안이 최종 채택되었으며 2004년 7월 유럽의회가 이를 비준했다. 유럽연합헌법이 효력을 발휘하기 위해서는 25개의 모든 회원국이 의회 비준이나 국민투표를 거쳐 이를 찬성해야 했으나 비준 과정에서 프랑스와 네덜란드가 헌법안을 국민투표로 부결시켜 유럽연합헌법을 만들려는 시도는 무산되었다.

유럽연합헌법의 정식 명칭은 '유럽헌법제정조약(The Treaty Establishing Constitution Europe)'이다. 새로운 헌법안의 주요 내용은 다음과 같았다. 첫째, 유럽연합 대통령과 외무장관직의 신설이다. EU의 정치력을 강화하기 위해 현행 6개월 임기의 순번제인 유럽이사회 의장을 상임의장으로 바꾸어 대통령을 겸임하도록 했다. 대통령의 임기는 2년 6개월이다. 둘째, 5년 임기의 상임외무장관을 신설하여 외교·안보 문제에서 대표 역할을 하도록 했다. 외무장관은 집행위원회의 부회장을 맡으며 회원국이 합의한 정책에 대해서만 대표성을 갖는다. 셋째, 현재 집행위원회의 규모가 축소된다. 이는 의사결정의 효율성을 높이기 위한 것으로, 기존의 모든 회원국이 1명씩을 보유하는 제도에서 임기 5년의 집행위원 수를 회원국 수의 3분의 2로 축소하기로 조정했다. 헌법이 발효되면 2014년부터는 27개국의 3분의 2인 18명이 집행위원으로 선출되게 했다. 넷째, 유럽의회의 의석수는 회원국 확대에 따른 지나친 확대를 막기 위해 750석 이내로 제한한 반면 인구 소국의 의석수는 최소 4개에서 6개로 상향 조정했다. 마지막으로 의사결정 방식에서 이중다수결제도를 수정·도입했다. 새 헌법안은 25개 회원국 중 15개국 이상이 찬성하고, 역내 인구 중 65%가 찬성해야 중요 정책이 결정되도록 했다. 또 전체 인구의 35%, 4개국 이상의 동의로 의제 채택을 기각할 수 있게 했다. 이 밖에 유럽연합 시민들이 자신의 국가 국적과 유럽 국적을 동시에 갖는 이중국적제도 권리와 회원국의 유럽연합 탈퇴 권리를 부여하는 조항도 담았다.

이 새로운 헌법안에 대해서 많은 논란이 있었다. 특히 대통령직 신설에 대해 영국·독일·프랑스·스페인 등은 찬성했으나 베네룩스 3국·핀란드·오스트리아 등 작은 나라는 결국 대통령직은 강대국에서 차지할 것이기 때문에 자신들의 영향력이 약화될 수 있다며 반대했다. EU의 명칭에 대해서도 '유럽합중국' 안에 대해서는 이것이 개별 국가의 주권을 침해하는 인상을 줄 수 있다며 영국 등이 강력히 반대했다.

3) 리스본 조약과 유럽의 정치통합

유럽헌법안은 비준 과정에서 프랑스와 네덜란드가 유럽헌법안을 국민투표로 부결시키면서 사장되고 말았다. 1958년 로마 조약 이후 유럽이사회에서 각국 대표가 조인한 조약이 개별 국가의 비준 과정에서 부결되어 폐기된 것은 유럽헌법이 최초의 경우였다.

유럽헌법을 만들려는 시도가 좌절되면서 새로운 대체 조약의 필요성이 대두되었다. 오랜 숙고기를 거쳐 2007년 독일이 유럽이사회 의장국이 되면서 새로운 EU의 조약을 만들기 위한 움직임이 본격화되었다. 집행위원 수는 27명에서 18명으로 줄이기로 했고 유럽연합집행위원회의 명칭은 유럽집행위원회(European Commission)로 개칭하기로 했다. 유럽이사회나 각료이사회에서의 의사결정 방식 역시 유럽헌법안에서 결정한 대로 가중다수결에서 각국 투표의 55% 이상, 그리고 EU 전체 인구 규모의 65% 이상을 대표한다는 조건이 충족되는 경우에 통과되는 것으로 하기로 했다. 그리고 15개국 이상이 반드시 찬성 의사를 표시해야 하며 부결을 위해서는 최소 4개국 이상이 포함되어야 하는 것으로 규정했다. 유럽이사회의 의장도 유럽헌법에서와 마찬가지로 2년 반의 임기에 재임이 가능하도록 하며 이사회에서 선출하기로 했다. 유럽헌법의 유럽연합 외무장관직은 외교 담당 고위대표로 바뀌었지만 이 직책을 집행위원회 부위원장으로 둔다는 유럽헌법 조항은 유지되었다. 유럽의회의 의원 수는 의장은 투표권을 행사하지 않는다는 전제하에 751명으로 확정했고 한 국가가 최대로 선출할 수 있는 유럽의회 의원 수도 이전의 99명에서 96명으로 낮추었으며 최소 선출 의원 수도 5명에서 6명으로 늘렸다. 리스본 조약은 또 WEU을 EU 내의 기구로 통합했고 ECB와 유로화를 EU의 공식적 중앙은행과 화폐로 규정했다. 이러한 논의 사항은 2007년 12월 31일 리스본에서 최종적으로 합의·조인되었다. 이 때문에 리스본 조약이라고 부르지만 개혁조약(Reform Treaty)이라고 부르기도 한다. 리스본 조약은 2008년 6월 12일 아일랜드에서 실시된 국민투표에서 부결되면서 발효에 제동이 걸렸다가 2009년 10월 3일 실시된 재투표에서 통과되었다. 이후 체크공화국이 2009년 11월 3일 27개국 중 마지막으로 비준하면서 2009년 12월 1일 리스본 조약이 발효되었다. 리스본 조약은 EU의 정치적 통합을 가속화하는 의미를 갖는다. 언론에서는 유럽합중국

☙ 유럽연합 이중의장제 ☙

  유럽연합 최고행정집행관인 집행위원회와 최고정책결정기구인 이사회에 각각 의장을
두는 것으로 집행위원회 의장은 유럽의회에서, 이사회 의장은 이사회에서 선출된다. 이중
의장제는 EU를 연방제체제로 만들어 집행위원회 중심으로 끌고 나가겠다는 독일의 입장
과 EU보다는 개별 회원국의 주권 행사를 우선시하기 위해 이사회를 강화하겠다는 프랑스
의 구상이 절충된 형태라고 할 수 있다.

의 탄생, 유럽 대통령직의 신설 등의 용어를 사용하면서 리스본 조약이 가지는 유럽의
정치통합에 대한 영향력을 강조하고 있다. 리스본 조약이 실제로 유럽합중국의 탄생
이나 유럽 대통령직의 신설로 이어진 것은 아니지만 EU의 정치통합에 큰 진전을 가
져온 것은 분명하다.

  첫 번째로 유럽이사회(정상회의)의 상임의장직이 창설되었다. 속칭 유럽연합 대통
령으로 불리는 이 직책은 2년 6개월의 임기로 정상회의를 주관하게 되며, 어떤 결정
권을 갖는다기보다는 회원국 간의 이견을 조정하고 타협안을 제시하는 역할을 하게
된다. 이전까지는 회원국들이 6개월마다 돌아가면서 맡았었다. 두 번째로는 외교·안
보정책 고위대표의 신설이다. 이 직책은 유럽연합의 외교정책을 총괄하는 외무장관
격으로 유럽집행위원회의 부위원장을 겸하고 있다. 세 번째로 리스본 조약은 회원국
들의 거부권을 축소했다. 지금까지는 주요 사안에 대해 만장일치를 채택하여 회원국
들에게 거부권을 주었으나 리스본 조약에서는 회원국의 만장일치를 요구하는 사안을
축소하고 다수결 결정 사항을 대폭 늘렸다. 만장일치를 요구했던 40여 개의 사안들이
다수결 결정으로 바뀌었다. 그러나 개별 국가들의 외교 문제는 여전히 만장일치의 원
칙을 유지하고 있다. 이렇게 개선된 운영 방식에 의해 의사결정이 더 신속하게 이루
어져 EU가 보다 효율적으로 운영될 것 같다. 마지막으로 리스본 조약은 유럽의회의
권한 강화와 시민발의제 도입 등 민주주의 원칙을 확대했다. 결과적으로 EU의 정치
적 통합 기구들의 권한 및 국제적 위상이 강화될 것으로 보인다.

6. 유럽통합의 위기 유로존 위기와 브렉시트

1) 유로존 위기

2009년 발효된 리스본 조약은 유럽통합의 진전을 상징한다. 이러한 큰 흐름에도 불구하고 유럽통합 회의론은 언제나 존재했으며 새로운 상황 전개에 따라 더 강해지거나 약해지기도 한다. 2010년 초 촉발된 그리스·포르투갈·스페인 등의 재정 위기는 유로존의 붕괴 우려까지 불러일으키며 유럽통합 낙관론자들을 당황케 했다. 유로존 위기는 결국 유로존 국가들이 국가재정은 각자 운영하면서 통화는 통합하는 부조화의 문제, 그리고 유로존 국가 간에 존재하는 경제격차가 그 원인이다. 그리스를 시작으로 아일랜드, 포르투갈이 구제금융에 손을 내밀었고 2012년에는 스페인이 구제금융을 신청했다. 게다가 이탈리아까지 심각한 상황에 처하면서 유럽재정안정기금을 증대해야만 하는 상황에 이르렀다. 그리스 같은 나라는 엄격한 긴축정책을 요구하는 EU의 요구에 반발하여 유로존 탈퇴를 들먹였지만 결국 잔류하게 된다. 이러한 위기에 대해 EU는 17개 유로존 국가와 8개 비유로존 국가를 포함하는 '신재정협약(fiscal compact)'을 체결했다. 이 협약의 핵심은 참여국들의 재정정책에 대한 EU 차원의 통제 강화이다. 이와 함께 유럽연합정상회의는 EU의 상설 재정안정기금인 '유럽안정메커니즘(European Stability Mechanism: ESM)'의 출범 시기를 2012월 7월로 앞당기는 데 합의했다. 영국은 이 재정협약에서 빠졌지만 자신이 빠진 EU의 재정통합에 대해서는 반대하지 않았다. 이러한 노력으로 유로존 위기는 최악의 상황을 피했지만 2013년 미국의 양적완화 축소 발표 후 이들 국가에서 다시 국채금리가 빠르게 상승한 것처럼 유로존 위기의 재발 가능성은 상존하고 있다. 국가 간 경제격차가 존재하는 한 그리고 방만한 재정 집행, 대중영합적 정책에 집착하는 정부가 존재하는 한 유로존 위기는 언제든 다시 불거질 수 있다.

2) 브렉시트(Brexit)

유럽통합을 위협하는 보다 더 중요한 사건은 영국의 EU 탈퇴 결정이다. 2016년 6

월 24일 영국의 EU 탈퇴를 묻는 국민투표가 실시되고 탈퇴 의견이 51.9%로 EU 탈퇴가 결정되었다. 영국은 1973년 EU의 전신인 EEC에 가입한 지 43년 만에 EU에서 탈퇴하기로 한 것이다. 영국은 세계 5위의 경제대국이고 국제사회에서 갖는 외교적·안보적 영향력이 크기 때문에 이 같은 결과는 큰 충격이 아닐 수 없다. 특히 영국이 빠진 EU가 향후 어떠한 방향으로 가게 될지 많은 불확실성이 존재하고 있다.

영국이 EU 탈퇴 국민투표를 실시하게 된 가장 큰 이유는 영국 내에 존재하는 뿌리 깊은 반(反)유럽연합 정서이다. 영국에서는 유럽통합 초기부터 유럽통합 찬성론과 회의론이 끝없는 논쟁을 벌여왔다. 영국의 국내정치 역시 이러한 유럽통합 어젠다에 영향을 받아왔다. 2014년에는 영국 독립당이 반유럽연합 정서에 편승하여 유럽의회 선거에서 약진하기도 했다. 반EU 정서는 2000년대에 들어와서 경기침체, 긴축재정, 이민자 증가 등으로 크게 높아졌다. 또 유럽통합의 진전과 함께 개별국의 주권이 EU로 이양되면서 영국의 주권이 제약받는 것에 대한 반대도 커지고 있었다. 특히 이민 문제처럼 EU의 결정으로 인해 영국의 주권이 제약받는 것에 대한 비판이 컸다. 탈퇴파들은 영국이 EU를 탈퇴함으로써 주권을 회복하고 예산이 절감되며 EU에 얽매이지 않는 독자적 규제와 이민 통제 등이 가능해진다고 선전했다. 잔류파들은 EU 탈퇴로 인해 영국은 EU에서의 영향력을 상실할 것이며 파운드화 하락과 자본 이탈 등 영국 경제에 부정적 영향이 있을 것이고 EU에서 지역발전 보조금을 받고 있는 북아일랜드와 웨일스 등은 예산 공백과 같은 문제가 생길 것이라고 반격했다. 이런 상황에서 선거에서 승리한 보수당의 캐머런(Cameron) 총리는 EU와의 협상을 통해 영국이 만족할 수 있는 EU 개혁을 달성하고 개혁된 EU에 영국이 잔류하는 방안을 국민투표로 승인받으려는 승부수를 던진다. 그러나 일반의 예상과 달리 결과는 탈퇴파의 승리로 끝났다. 캐머런 총리는 결국 이를 책임지고 사퇴하게 된다.

EU는 영국 측의 개혁안을 대부분 수용했음에도 불구하고 탈퇴안이 가결되자 불확실성을 최소화하기 위해 빠른 시일 내에 탈퇴 절차를 마치라고 영국에 요구했다. 프랑스와 독일 등 EU의 지도국들은 영국이 EU를 탈퇴하여 이민 수용과 같은 의무는 지지 않으면서 EU로부터 경제적 이득은 계속해서 얻으려는 움직임에 대해 강한 반감을 표시했다. 이에 대해 영국도 2017년 3월 유럽집행위원회에 탈퇴 협상을 요청했다. 그후 영국과 EU는 탈퇴 협상을 계속해 2018년 11월 협상을 마무리하고 합의안을 도출했다. 그러나 영국에서 이 합의안이 잇따라 부결되면서 테리사 메이(Theresa May) 총리가 사퇴하는 등 어려움이 있었으나 브렉시트 강경파인 보리스 존슨(Boris Johnson) 총리가 취임하고 조기 총선에서 승리하면서 브렉시트가 동력을 얻게 되었다. 이후 영국 내부의 법안 통과 절차와 EU 유럽의회, 유럽이사회의 승인 절차가 완료되어 마침내 2020년 1월 31일 브렉시트가 단행되었다. 그리고 2020년 말까지 현재의 관계를 그대로 유지하면서 무역협정 등 미래 관계에 대한 협상을 계속하기로 합의했다. 협상에서 영국과 EU는 유럽사법재판소의 역할 제한을 요구한 영국의 제안 등에는 의견 접근을 이루었지만 영국 수역 접근권이나 공정경쟁환경 등의 쟁점에서는 합의를 이루지 못하고 있다.

영국의 EU 탈퇴로 영국은 EU 시장에 특혜적 접근을 할 수 없어졌고 대(對)영국 투자도 적어도 당분간은 감소할 가능성이 크다. 또 파운드화의 가치 하락은 이미 현실화되고 있고(브렉시트 이후 달러화 대비 17% 가치 하락) 글로벌 금융회사들이 EU 내부 거래가 가능한 유럽 대륙으로 이동할 가능성도 크다. 영국은 이제 브렉시트가 가져온 경제적 충격들을 최소화하고 앞으로 EU와 새로운 관계를 설정함으로써 EU와의 경제적 관계를 계속 유지시켜야 하는 과제를 안고 있다. EU 역시 영국과의 관계가 중요하기 때문에 꾸준한 협상을 통해(자유무역협정 등) 연계를 지속해 나가려 할 것이다. 그러나 이렇게 될 경우 EU의 의무는 지고 싶지 않고 경제적 이득만 얻으려고 하는 제2, 제3의 영국이 나올 가능성이 크다는 문제가 있다.

마지막으로 브렉시트 사태는 국내정치가 어떤 대외정책적 결과를 가져오는지 생각해 보게 한다. 실제 EU 탈퇴가 결정된 이후 파운드화 하락과 같은 우려하던 충격이 현실이 되자 많은 영국인이 "우리가 무슨 일은 저지른 것인가?"라고 탄식했다고 한다. 개개인들 차원의 합리적 선택이라 생각한 결정이 국가라는 전체의 합리적 선택과 일치하는 것은 아니다. 개인들은 자신의 단기적 이익(때로는 이것도 잘못된 정보나 부족한 정보에 의한 계산일 경우가 많다)만 볼 수 있을 뿐 자신의 이익을 위한 선택이 전체에게 어떤 결과로 나타날지 모르거나 또는 개의치 않는다. 탈퇴파들은 자기들의 정치적 승리를 위해 탈퇴의 긍정적 측면만 부각하고 선전해 왔다. 이민이 영국 경제에 기여한 부분은 와 닿지 않고 이민자들이 끼치는 불편과 일자리 상실에 대한 두려움을 더 쉽게 느끼는 국민들의 입장에서는 객관적인 판단이 어려웠을 것 같다. 국민들의 두려

> ### ❧ 브렉시트와 북아일랜드 문제 ❧
>
> 만일 영국이 EU에서 탈퇴하다면 아일랜드와 북아일랜드 사이에 심각한 문제가 생긴다. 1948년 아일랜드가 영국에서 독립할 때 신교도들이 많은 북아일랜드는 영국에 잔류했다. 아일랜드 섬 안에 아일랜드 공화국과 영국령 북아일랜드가 공존하게 된 것이다. 1960년대부터 북아일랜드를 영국으로부터 독립시키려는 무장 세력인 IRA가 무장투쟁을 벌이면서 북아일랜드 문제는 영국의 가장 큰 골칫거리였다. 1998년 영국과 아일랜드는 벨파스트 평화협정을 맺어 유혈 분쟁을 종식하고 아일랜드와 북아일랜드 사이의 자유로운 통행과 통관을 보장했고 아일랜드는 북아일랜드에 대한 영유권을 포기했다. 그러나 영국이 EU를 탈퇴하게 되면 EU회원국 아일랜드와 북아일랜드 사이에는 국경이 그어져야 하고 사람과 상품의 출입을 통제하는 통관 절차가 생기게 되어 아일랜드 경제에도 타격이 오게 된다. 또 실질적으로 두 나라가 국경으로 분리되면서 잠잠했던 IRA가 다시 준동할 가능성도 무시할 수 없다. EU는 영국 영토 중 북아일랜드에 한해서 EU 관세동맹에 잔류시킬 것을 제안했지만 영국은 국가 통합 이슈를 내세워 이에 반대했다. 전환기간이 끝나는 2020년 말까지는 관세나 통관 절차에서 아일랜드와 북아일랜드의 국경을 현재와 같이 느슨하게 유지하고 법적으로는 영국 관세, 실질적으로는 EU 관세를 적용(통관 절차를 북아일랜드 항구에서 진행하는 방식으로)하며 북아일랜드와 아일랜드 사이의 통행·통관 절차는 적용되지 않는다. 2020년 말 이후에는 북아일랜드 의회의 투표를 통해 이 체계를 유지할지 EU 혹은 영국의 관세 중 하나를 선택할지 결정하고 4년마다 다시 투표하기로 했다.

움을 자극하여 정치적 승리를 거둔 탈퇴파들은 영국이 치러야할 대가에는 관심이 없다. 국내정치의 희생양이 된 대외정책은 결국 국민에게로 그 모든 결과가 돌아간다. 향후 영국의 미래가 어떻게 될지는 모르지만 그 미래가 과연 국민들의 합리적 선택에 의해 선택된 것인지는 의문이다.

7. EU와 미국

유럽통합은 사실상 미국의 묵인 내지 동의 아래 진행되어 왔다. 미국의 묵인 없이는 유럽통합이 지금만큼 진전될 수 없었으리라는 것이다. 미국은 냉전기에 소련을 중심으로 결성된 동유럽의 동맹체제에 대응하는 강력한 결속체를 서유럽에 구축했고 이를 통해 유럽에 영향력을 행사해 왔다. 1966년 프랑스가 NATO의 군사조직에서 탈퇴함으로써 미국과 유럽 국가 간의 갈등이 노출되었지만 미국과 유럽이 긴밀한 협조 관계를 유지해 온 것은 사실이다. 미국과 유럽의 관계 변화는 경제적인 부분에서 극명하게 나타났다. 유럽이 EEC의 창설과 함께 지속적인 고도성장을 계속한 반면, 미국 경제는 상대적으로 어려움을 겪게 되었다. 미국은 자신들의 국제경제적 지위가 위협받게 되자 GATT체제를 통해 유럽 시장의 개방을 시도한 한편, 미국의 최대 동맹국인 영국을 통해 유럽통합의 속도와 과정을 방해하려는 정책을 폈다. 유럽과 미국은 무역 갈등, 특히 공동농업정책에 의한 보조금 문제 등을 둘러싸고 첨예한 갈등을 빚어왔는데, 미국은 유럽의 경제블록에 맞서기 위해 북미자유무역지대를 창설하기도 했다.

EU의 출범과 함께 유럽의 부상은 미국에게 더욱더 커다란 위협으로 다가오게 된다. 특히 1999년 유럽 단일화폐권의 등장으로 미국의 무역수지 불균형이 더 이상 유지하기 어려운 상황으로 치달았다. 미국은 그동안 달러의 국제 기축통화 지위를 이용하여 경상수지적자를 국제자본을 통해 메워왔다. 그러나 유로라는 기축통화가 등장하게 되면 미국의 경제지표로는 더 이상 누적되는 적자를 메우기 어려울 전망이다. 유럽통합의 발전은 미국의 묵인이나 지원하에 시작되고 진행되어 왔으나 결과적으로는 미국이 원하지 않는 방향으로 전개되어 미국의 이익을 위협할 지경에 이르렀다. 군사적으로도 미국과 유럽의 관계에 변화가 올 조짐이 보이고 있다. 아직까지는 미국이 NATO를 통해 유럽에 대한 영향력을 계속 유지하고 있지만 유럽에서는 자체적인 방위 능력을 키우려는 움직임들이 나타나고 있다. 마스트리히트 조약에 나타난 유럽 방위정책 개념이 그러하며, 프랑스와 독일이 설립한 유럽군단이 그러하다. 또 유럽에서는 소련이 사라진 상황에서 안보 문제의 성격이 변했다. 현재 유럽에서 가장 중요한 안보위협은 인종 분규, 대량 난민, 테러리즘, 국제범죄 등이며 이러한 유럽의 안보위협은 성격상 유럽 내부의 문제이므로 더 이상 미국이 유럽의 안보에 개입하거나 중심적 역할을 해서는 안 된다는 논리가 전개되고 있다.

이러한 갈등 요소에도 불구하고 미국과 EU는 대부분의 국제 이슈에서 협력해 왔다. EU는 미국의 중요한 파트너이고 브렉시트 과정에서도 미국은 EU가 통합체로서 계속 유지되기를 원한다는 것을 분명히 했다. 특히 미국이 중국에 대한 견제를 강화하기 위한 인도-태평양 전략을 추진하면서 EU의 협력이 필요한 미국의 협력 강화 움직임이 있었다. EU는 중국을 자극하지 않으면서도 중국의 영향력 확대가 가져오는 EU에 대한 영향에 관심을 확대해 왔다. 다만 안보 차원의 협력에 대해서는 회원국들의 상이한 이해관계에 따라 조심스러운 접근을 하고 있다.

8. 유럽과 북대서양조약기구(North Atlantic Treaty Organization: NATO)
새로운 역할을 위한 변화

북대서양조약기구(NATO)는 1949년 4월에 조인하고 같은 해 8월 24일부터 효력이 발생한 북대서양조약에 의해 탄생했다. NATO는 소련의 위협으로부터 유럽을 방어하기 위한 자유진영국가의 집단방위체였다. 최초 회원국은 벨기에·캐나다·덴마크·아이슬란드·이탈리아·룩셈부르크·네덜란드·노르웨이·포르투갈·영국·미국·프랑스이며, 1952년에 그리스와 터키, 1955년에 서독, 1982년에 스페인이 가입했다. 냉전이 끝나고 나서는 1999년에 구 공산권 국가였던 체코·폴란드·헝가리가 가입했다. 프랑스는 드골(De Gaulle) 대통령 시기에 NATO에서 탈퇴했으나 2009년 복귀했다.

소련의 붕괴로 소련으로부터의 군사적 위협이 사실상 사라지게 되면서 NATO의 위상과 역할에 대한 논의가 계속되었다. 이러한 논의는 기본적으로 NATO가 유럽에서 미국의 영향력을 유지하는 중요한 도구라는 사실과 밀접한 관계가 있다. NATO의 애초의 목적(소련의 위협으로부터 유럽 보호)이 없어진 상황에서 NATO 무용론이 대두했으며 이러한 경향은 특히 EU가 출범하고 외교·안보 분야의 통합이 점차 진전되면서 더욱더 심해지고 있다. 유럽의 안보에서 EU의 역할을 강조하는 국가들은 EU의 군사조직과 NATO의 기능이 중복되며 유럽의 안보는 EU 차원에서 해결할 수 있다는 입장을 피력해 왔다. EU는 유럽안보국방정책(European Security and Defense policy)을 앞세워 방위력을 강화하고 2009년에는 소말리아 해적에 대한 군사작전을 전개하는 등 역내·외에서 활발하게 군사 활동을 하고 있다.

체코의 프라하에서 열린 2002년의 NATO 정상회의는 매우 중요한 의미를 갖는다.

이 회의는 '변화를 위한 정상회의'라 부를 만큼 NATO에 중대한 변화를 가져왔다. 첫째, 새로운 방위 개념의 도출이다. NATO는 21세기의 새로운 안보위협을 국제테러로 상정하고 테러에 대한 방위를 NATO의 새로운 역할로 상정했다. 이에 따라 미국은 NATO가 재래식 전쟁이 아닌 테러대응 능력을 갖출 것을 주장했다. 이 정상회의의 주요한 결과인 NATO 신속배치군(NATO Rapid Deployment Force: NRF) 창설, NATO 외 지역으로 작전지역 확대, NATO의 현대화, NATO 지휘체계 간소화, 미국 중심의 NATO 전략지휘권 일원화 등은 국제테러를 상정한 새 방위 개념의 도입과 맥을 같이한다.

둘째, 회원국의 확대이다. 과거 적대국이었던 구소련·동유럽 공산국 7개국(라트비아·리투아니아·에스토니아·불가리아·루마니아·슬로베니아·슬로바키아)의 회원가입을 승인했다. 이것은 러시아나 동유럽 국가들이 더 이상은 서유럽 안보에 위협이 되지 않는다는 것을 다시 한 번 확인시킨 것으로 볼 수 있다. 2009년에는 크로아티아와 알바니아가 가입했고 우크라이나와 그루지야(조지아)가 우선가입 협상국으로 가입을 기다리고 있다. 러시아는 NATO가 동방으로 확대되는 것을 반대해 왔으나, 2002년 5월 NATO·러시아 협의회를 설치하기로 합의하여 러시아를 사실상 준회원국으로 받아들임으로써 NATO와의 협력관계가 이루어졌다. NATO·러시아 협의회는 NATO의 모든 의사결정 논의에서 러시아를 참여시키기 위해 구성된 것이다.

셋째, NRF의 창설이다. 2002년 정상회의에서는 테러리스트나 '불량국가'들의 신종 위협에 민첩하게 대처하기 위해 NRF 창설에 합의했다. 약 2만 1000명 규모로 예상되는 NRF는 공산권의 위협에 대응하는 방위공동체에서 탈피해 전 세계적으로 전개되고 있는 대테러전쟁의 중추 세력으로 탈바꿈하는 데 중요한 역할을 할 것으로 기대된다. 그러나 NRF는 EU가 구상 중인 또 다른 형태의 신속대응군과는 조율을 거쳐 발족해야 한다고 지적되었다. EU는 2003년 6만 명 규모의 신속대응군을 발족하여 평화유지활동 등을 수행하며 2003년 민주콩고공화국과 2004년 보스니아와 헤르체고비나에서 군사작전을 수행한 바 있다. 시라크(Jacques Chirac) 프랑스 대통령은 NRF에 원칙적으로 찬성하지만 EU 신속대응군의 임무와 양립할 수 있도록 발전해야 한다고 강조했다.

넷째, NATO는 2002년 회의를 통해 중국 측의 전략대화 제의를 받아들임으로써 중국과 군사외교를 시작하게 되었다. 중국이 이러한 대화를 제안한 표면적인 이유는 테러리즘과 중앙아시아의 안전보장 등을 협의하기 위해서다. 그러나 중국이 그동안 거리를 두어왔던 NATO에 전략적 대화를 제의하게 된 배경은 NATO가 1994년 '평화를 위한 동반자' 계획을 통해 카자흐스탄·키르기스스탄·타지키스탄 등 중앙아시아 국가를 대화 상대국으로 받아들였고, 2002년 러시아를 준회원국으로 가입시킴으로써 사실상 중국 변경까지 안보 영역을 넓히게 되었기 때문이다. 이러한 변화는 중국으로 하여금 서쪽은 NATO에 의해, 동쪽은 미·일동맹에 의해 군사적으로 포위되는 것이 아닌가 하는 우려를 갖게 했다. 중국은 전략적 대화를 통해 이 같은 상황에 대처하려는 의도를 가지고 있다. 또 중국으로서는 NATO의 새로운 존재 이유가 된 대테러전쟁에 동참한다는 명분을 얻을 필요가 있다. 특히 신장 위구르 자치구 일대에서 분리 독립을 벌이고 있는 이슬람 단체를 테러집단으로 규정하고 있는 만큼 NATO에 접근하여 대테러전쟁에서 NATO의 이해와 협조를 구할 필요가 있다. 이와 함께 서유럽 국가들과의 양자적·다자적 대화를 통해 미국의 패권전략에 제동을 걸 수 있다는 계산도 포함되어 있다.

이러한 성과에도 불구하고 2002년 NATO 정상회의에서 NATO 무용론에 대한 논의가 계속된 것을 주목할 필요가 있다. 이러한 논의들은 NATO의 적이 사라진 상황에서 안보군사기구인 NATO가 계속 존재할 필요가 있는가 하는 회의와 현재 미국이 독주하는 세계안보 상황에서 NATO가 어떤 역할을 할 수 있는가에 대한 회의에서 나온 것으로 보인다. 기본적으로 유럽은 NATO가 미국의 대외정책 수단으로 변질되는 것을 우려하고 있다. 회원국 확대도 유럽의 독자적 행동을 견제하려는 미국의 의도가 숨어 있으며 중동, 중앙아시아 진출을 위한 발판을 마련하려는 것으로 보고 있다. NRF도 EU가 추진하는 신속대응군을 방해하려는 것으로 보는 견해도 만만치 않다.

2010년 11월 리스본 정상회담에서 채택된 NATO의 신(新)전략 개념은 1999년 전략 개념 이후 10여 년의 국제안보환경 변화에 대한 대응이며 향후 NATO의 정체성을 정립한다는 점에서 중요하다. 2010년 신전략 개념의 핵심은 '적극적 관여와 현대적 방위'이다. 이러한 기조하에 NATO는 2010년 신전략 개념을 통해 회원국의 영토방위를 위한 방위동맹에서 위기관리 및 협력안보를 위한 안보제도로의 전환을 시작했다. NATO의 영토 중심의 집단방위는 미사일 방어를 통해 강조되고 있는데 이것은 전통적 안보위협이 부재하고 지속적인 군사력 감축의 압박에 직면한 NATO의 선택이라고 볼 수 있다. 신전략 개념에서는 NATO의 활동 무대가 지구적 차원으로 확대되었다고

☙ 중국은 NATO에게 위험한가? ☙

한스 비넨데이크(Hans Binnendijk)와 다니엘 해밀턴(Daniel S. Hamilton)은 중국이 NATO의 적은 아니지만 왜 중국이 NATO 국가들에게 도전이 되는지를 다섯 가지로 제시했다(Binnendijk and Hamilton, 2022). 첫째는 중국의 기술적 발전과 인프라 투자가 중국에 대한 의존을 높이며 이것은 NATO에 대한 부정적 안보적 함의를 갖는다. 둘째, 중국의 해양에서의 영유권 주장과 관련한 활동은 NATO 국가들의 자유롭고 개방된 해양, 항행의 자유에 대한 헌신에 도전이 되고 있다. 셋째, 중국의 독재적인 행태는 중국의 관할 범위를 벗어나 규칙에 기반한 국제질서를 위협하고 있다. 인권침해, 외교적 강제 행위, 가짜뉴스의 전파, 불공정 무역 및 투자 행태, 유라시아와 아프리카에서의 경제적·기술적 의존관계 형성 등이 그러한 위협의 원천이다. 넷째, 중국과 러시아의 군사적 협력 강화는 NATO 동맹국에 대한 심각하고 현존하는 위협이다. 마지막으로 중국의 남중국해에서의 영유권 주장, 대만에 대한 위협 등은 중요한 해로의 안정에 위협이 되며 이것은 NATO 동맹국의 인도-태평양 지역에서의 이익에 위협이 된다.

볼 수 있다. NATO의 지구적 역할에 대해서는 유럽 국가들의 신중한 태도와 러시아 등의 반대를 감안하여 보다 '신중한 지구적 야망'이라는 절충을 택하고 있다. 또한 NATO의 정치적 기능 역시 강화될 조짐이다. 신전략 개념에서 강조하고 있는 포괄적 접근 방법은 위기관리와 개입 같은 작전을 펼칠 경우 관련된 모든 행위자 간의 협력과 조정을 증진시킨다는 의미이며 이것은 NATO가 EU 및 UN 등과 보다 밀접한 협력을 취할 것이라는 의미이다.

2020년대에 들어와 NATO는 인도-태평양 지역과의 연계 강화를 통해 인도-태평양 지역에서 새로운 역할을 하려는 준비를 마친 것으로 보인다. 가장 중요한 것은 NATO가 중국의 존재를 체계적인 도전(systemic challenge)으로 상정했다는 것이다. NATO의 2010년 '제7차 전략 개념'에서는 기존의 역외국과의 파트너십 개념을 협력안보로 재개념화했다. 이러한 전략 개념은 기존에 유라시아 및 지중해 연안 국가들과의 협력 그리고 한국, 일본, 호주, 뉴질랜드를 접촉 국가(Contact countries)로 분류해 협력관계를 구축하고 있던 것들을 넘어서서 유연한 틀(flexible format)을 통해 "어떠한 국가나 관련 기구"와도 평화로운 국제관계를 위한 실질적 협력을 할 수 있는 가능성을 열어놓았다는 의미를 갖는다.

2022 마드리드 NATO 정상회의에서 채택된 NATO의 2022 '전략적 개념(Strategic Concept)'은 처음으로 중국을 전략적 우선순위에 언급했다. 중국의 군사적 야망, 대만에 대한 대결적 언사 그리고 러시아와의 계속적인 관계 강화가 체계적인 도전이라는 것을 분명히 한 것이다. NATO는 중국이 NATO의 적이 아니라는 것을 분명히 했지만 동시에 중국으로부터의 도전에 대해 명확히 인식해야 한다는 것도 분명히 했다. 2022 전략적 개념의 13번째 문단은 "중국이 유럽-대서양 안보에 대해 가하는 체계적인 도전에 대한 동맹으로서 함께 대응할 것이며 동맹국의 안보와 방어를 보장하는 NATO의 능력을 확고히 할 것이다"이다(NATO 2022). 2022 NATO의 전략적 개념이 NATO와 인도태평양 전략과의 공식적 연계를 담고 있지는 않지만 NATO 회원국의 안보에 대한 도전의 하나가 중국이며 대만 해협, 남중국해 등 인도-태평양에서의 중국의 공세적 행동이 NATO의 안보에 대한 중대한 도전이라는 것을 분명히 했다. 이것은 향후 NATO 활동 범위가 NATO의 핵심 국가이고 인도-태평양 전략을 적극적으로 추진하고 있는 미국을 연결고리로 해서 인도-태평양까지 확대될 수 있는 전략적 토대가 마련되었다는 것을 의미한다. 그리고 이미 2020년에 나온 'NATO 2030'에서 제시된 비전과 개별 아시아-태평양 국가들과의 협력이 이루어지고 있는 상황에서 '글로벌 NATO'가 인도-태평양의 다자적 안보 제도로서의 제한되지만, 의미 있는 역할을 하게 될 것이 분명하다.

■ ■ ■ 참고문헌

I. 지역주의

곽재성. 2000. 「남미공동시장(MERCOSUR)의 현황과 전망: 새로운 기회를 향한 통합」. ≪세계지역연구논총≫, 제14집.

구갑우. 2001. 「세계무역기구 지역주의 조항의 기원」. ≪국제정치논총≫, 41집, 2호.

김병국. 1995. 「지역주의」. 김경원·임현진 공편. 『글로벌화의 도전과 한국의 대응』. 서울: 나남.

김석수. 2000. 「ASEAN의 경제위기와 ASEAN 역내 경제 협력」. 한국정치학회 춘계 정기학술회의 발표논문.

김성한. 1994. 「세계질서하의 미국외교정책: 미주지역의 '거시적 지역주의'」. ≪한국과 국제정치≫, 제10권, 1호.

김원중. 1998. 「일본과 동아시아 경제통합: APEC과 EAEC를 둘러싼 갈등」. ≪경제와사회≫, 통권 제39호(가을).

대한민국 정부. 2022.12. 「자유, 평화, 번영의 인도-태평양 전략」, 5, 12쪽.

대한민국 정책브리핑. 2022.11.11. 「제23차 한-아세안 정상회의 결과」. https://www.korea.kr/news/policyNewsView.do?newsId=148908240 (검색일: 2023.7.5).

송주명. 1998. 「일본의 APEC 정책, 1988～1996: 신중상주의적 지역주도」. ≪경제와사회≫, 통권 제39호(가을).

신남방정책특별위원회. 2018.11.8. 「신남방정책추진전략」.

유현석. 2000. 「APEC의 전망과 한국」. ≪외교≫, 제53호.

_____. 1998. 「APEC을 중심으로 하는 아태지역경제협력의 가능성: 제도주의적 접근」. ≪한국과 국제정치≫, 제14권, 1호.

이동휘. 2000. 「21세기 ASEM의 발전 전망과 한국」. ≪외교≫, 제53호.

이연호. 1998. 「APEC 및 ASEM 외교」. 『한국의 외교정책』. 서울: 오름.

장행훈. 2000. 「동아시아 협력체제 구축의 의미와 전략」. ≪아태평화포럼≫, 통권 44호.

전 웅. 1994. 「NAFTA의 형성과 한국」. ≪국제정치논총≫, 34집, 1호.

조홍식. 1998. 「유럽의 신아시아전략」. 조홍식·김기수 공저. 『동아시아와 유럽』. 세종연구소.

최대석. 1996. 「ASEAN의 지역협력전략」. 경남대 극동문제연구소 편. 『동아시아 신질서의 모색』. 서울: 서울 프레스.

Bergsten, Fred. 2000. "Towards a Tripartite World." *The Economist*, July, 15th.

Bjorn Hettne, Andras Inotai and Osvaldo Sunkel(eds.). *Studies in the New Regionalism*, Vols I-V(Macmillan, 1999/2001); Fredrik Soderbaum and Timoty M. Shaw(eds.), *Theories of New Regionalism: A Palgrave Reader* (Palgrave, 2003); Marry Farrell, Bjorn Hettne and Luk Van Langenove. *Global Politics of Regionalism* (Polity, 2005).

Fawcett, Louise and Andrew Hurrell(eds.). 1995. *Regionalism in World Politics: Regional Organization and International Order*. Oxford: Oxford University Press.

Inoguchi, Takashi. 2000. "Possibilities and Limits of Regional Cooperation in Northeast Asia: Security and Economic Areas." in Tai-Joon Kwon & Dong-Sung Kim(eds.). *World Order and Peace in the New Millennium*. Seoul, Korea: KNC for UNESCO.

II. 지역통합: EU의 사례

강원택. 2000. 「유럽통합과 다층 통치체제: 지역의 유럽 혹은 국가의 유럽?」. ≪국제정치논총≫, 제40집, 1호.

강원택·조홍식. 2009. 『하나의 유럽: 유럽연합의 역사와 정책』. 서울: 푸른길.

_____. 1999. 『유럽의 부활: 유럽연합의 발전과 전망』. 서울: 푸른길.

고상두. 1999. 「미국의 군사적 리더쉽에 대한 도전: 탈냉전 유럽의 안보정책」. ≪평화논총≫, 제3권, 2호.

김계동. 2001. 「지역통합이론 연구: 유럽통합을 중심으로」. 한국정치학회 춘계학술대회 발표논문.

김기수. 1999. 「유럽의 통합과 국제정치경제질서: 체제적 분석을 중심으로」. ≪IRI 리뷰≫, 제4권, 1호.

유현석. 2023. 「동아시아 지역안보제도의 변화 연구: 미국의 인도-태평양 전략과 샌프란시스코체제의 변화」. ≪동서연구≫, 35권 2호

이상균. 1999. 「미국과 유럽통합: 대서양 협력의 동인과 쟁점」. ≪IRI 리뷰≫, 제4권, 2호.

이수형. 2011. 「21세기 새로운 안보위협과 NATO의 변화」. ≪국방연구≫, 54권, 2호

_____. 2000. 「유럽연합의 공동외교안보정책(CFSP): 대서양주의자와 유럽주의자의 논쟁을 중심으로」. ≪세계지역연구논총≫, 제14집.

임종헌. 2001. 「유럽연합의 공동외교안보정책: 암스테르담조약의 내용과 그 이후의 발전」. 한국정치학회 춘계학술회의 발표논문.

장 훈. 2000. 「유럽통합과 다층적체제의 등장」. ≪한국과 국제정치≫, 제16권, 1호.

전혜원. 2022. 「2022년 NATO 신전략개념 및 정상회의 분석과 향후 전망」. 외교안보연구소. ≪IFANS 주요국제문제분석≫, 2022-22.

_____. 2021. 「NATO 신전략개념 평가와 전망」. 외교안보연구소. ≪IFANS 주요국제문제분석≫ 2021 10-33.

_____. 2016. 「브렉시트(Brexit) 동향과 향후 전망」. 외교안보연구소. ≪IFANS 주요국제문제분석≫, 2016-08.

Binnendijk, Hans and Daniel S. Hamilton. 2022. "Commentary: Face it, NATO: The North Atlantic and Indo-Pacific are linked." *DefenseNews*, June 21.

07

국제정치와 안보

Understanding International Relations: The Crisis of Liberal International Order and Global Relations

1. 안보란 무엇인가?

우리는 '안보'라는 말을 흔히 듣는다. '우리의 안보를 굳건히 해야 한다'라든지 '북핵 문제가 우리의 안보를 위협하고 있다'처럼 안보라는 단어는 일상생활에서 자주 사용되고 있다. 안보라는 개념은 어쩌면 매우 이해하기 쉬운 개념일 수도 있지만 조금만 더 생각해 보면, 깊이 있는 이해가 필요하며 조금 더 신중히 사용해야 한다는 것을 깨닫게 될 것이다.

우선 '안보'의 교과서적 정의부터 알아보자. 가장 쉽게 말해서 '안보'란 위협이 없는 상태를 말한다. 따라서 '안보'를 굳건히 해야 한다는 말은 위협이 없이 편안한 상태를 계속 유지해야 한다는 말일 것이다. '안보'에 대한 위협이라 함은 편안한 상태가 위협받는다는 말일 테고, 조금 더 정교하게 정의해 보면 개인 및 집단의 중요한 가치에 대한 위협이 없는 상태일 것이다. 이 정의는 누구의 무엇에 대한 위협인가라는 부분이 더해진 것임을 쉽게 알 수 있다. 중요한 가치라는 것은 생명·재산·행복·안전 등 여러 가지가 될 수 있을 것이다. 또 누구의 중요한 가치인가라는 측면에서 보면 개인이나 집단, 즉 국가·사회·민족 등이 될 수 있을 것이다. 이러한 안보 개념에 대한 논의를 따라가다 보면 문득 뭐가 이렇게 복잡한가라는 의문을 갖게 될 것이다. 우리가 안보라는 개념을 별 고민 없이 사용할 수 있는 이유는 안보라는 개념을 단순화해서 국가안보와 동일시하고 있기 때문이다. 우리가 일반적으로 생각하는 안보는 자국을 침략으로부터 지키는 것, 국방력을 강화하여 적이 침략하지 못하도록 하는 것, 다시 말해 국가안보인 것이다. 다만 우리는 안보의 대상을 당연히 대한민국이라는 국가라고 생각하기 때문에 국가안보라는 말을 쓰지 않고 그냥 안보라는 말을 사용하는 것이다. 우리가 흔히 아무런 생각 없이 사용하는 '안보'라는 개념은 군사적 관점에서 정의된 국가안보를 말하는 것이다. 그러나 안보는 그 대상과 위협의 종류에 따라 다양한 '안보'가 존재한다.

2. 안보 개념의 변화

1) 안보 대상의 다양화

가장 일반적인 국가 중심의 안보 개념은 중요하기는 하지만 그 나름대로 한계가 있다. 우선 안보의 대상이 꼭 국가이어야 하는가를 생각해 보자. 어떤 국가가 외부의 위협으로부터 자유롭다고 가정하자. 국가안보가 확보된 것이다. 그런데 그 안에 살고 있는 국민들이 범죄·질병·기아와 같은 위협에 시달리고 있으며 많은 수의 국민이 그로 인해 죽어간다면 그 국민들에게 확보된 국가안보는 도대체 무슨 의미가 있을까? 국민의 입장에서는 외부의 침략에 의해 죽으나 굶어 죽으나 죽는 것은 마찬가지다. 이러한 상황에 대한 인식은 우리가 안보의 대상을 국가에 한정 지어서는 안 되며 가장 중요한 안보의 대상은 어쩌면 국가가 아니라 국민 개개인일 수도 있다는 생각으로 발전되었다. 누구의 안보인가라는 측면에서 인간안보라는 개념이 나타난 것이다. 안보의 대상을 국가가 아닌 인간으로 전환하게 되면 안보위협은 매우 다양해진다. 앞서 말한 테러·질병·기아·마약·범죄·경제위기 등이 모두 인간에 대한 안보위협이다. 이렇게 안보위협의 형태가 달라지기 때문에 인간안보는 국가안보와는 다른 수단을 통해서 확보되며 때로는 국가안보와 충돌을 빚기도 한다. 예를 들어 전쟁이 끝난 캄보디아 같은 나라에서 대인지뢰는 인간안보를 심각하게 위협한다. 대인지뢰금지조약은 인간안보를 개선하겠지만 여러 나라에서는 국가안보에 부정적으로 작용한다. 미국이나 한국과 같이 대인지뢰금지조약에 서명을 하지 않은 나라들은 인간안보를 위한 대인지뢰금지조약이 국가안보에 악영향을 미치기 때문에 서명을 하지 않는 것이다(휴전선 주변에는 수많은 대인지뢰가 매설되어 있다).

안보의 대상을 국가가 아닌 국제체제로 넓혀보자. 국제체제 역시 위협으로부터 자유롭지는 못하다. 국제안보는 한 국가가 아닌 국가들로 이루어진 국제체제의 안녕과 평화를 말한다. 국제안보에 대한 위협은 여러 차원으로부터 온다. 환경과 관련된 위협, 즉 수자원·석유자원 등의 결핍이나 편중, 핵무기의 확산 등은 국제체제에 대한 중대한 위협이다. 또한 특정 국가의 정치이념이나 정치체제가 국제체제의 안정을 위협하는 경우도 있다. 국제안보는 국제적인 노력, 규제·중재·평화유지활동 등을 통해 이루어질 수 있다.

안보의 대상이 지역이 될 수도 있다. 만일 중국이 심각한 내부적 위기를 맞게 된다면 이를 해결하기 위해 대만을 침공하게 될지도 모른다. 그렇게 된다면 미국과 일본이 개입하게 될 것이고 동북아 지역 전체의 안보가 위협받게 될 것이다. 유럽에서는 EU라는 초국적 공동체가 생겨남으로써 국가안보 외에 유럽이라는 지역에 대한 안보 역시 중요한 관심거리가 되었다. EU 회원국에서의 인종 분쟁과 그로 인한 대량의 난민 발생 등은 해당 국가만의 문제가 아니라 지역적 안보위협이 되는 것이다. 1990년대 유고슬라비아의 붕괴는 결국 발칸 지역과 주변 지역의 안정까지 위협했다. 이렇게 안보의 대상이 국가로 한정되는 것이 아니라 사회나 특정 민족, 집단, 지역, 국제체제 등 다양할 수 있다는 것을 이해해야 한다. 그리고 대상에 따라 안보위협의 성격 또한 달라질 수 있다는 데 주목해야 한다.

2) 포괄적 안보: 안보위협의 다양화

전통적으로 국가안보에 가장 중요한 위협은 군사적 위협이었다. 그래서 국가안보는 종종 군사안보와 동일시되었다. 그러나 무기체계가 점점 고도화되면서 군사적 충돌의 가능성은 점차 감소하고 있는 것이 사실이다. 그와 함께 국가안보에 대한 위협의 종류는 보다 다양해지기 시작했다. 군사적 위협뿐만 아니라 다른 종류의 위협들도

> ## ❧ 한국의 포괄적 안보 개념에 의거한 국가위기관리 지침 ❧
>
> 한국은 2005년 11월 국가안전보장회의(NSC) 산하 위기관리센터가 포괄적 안보 개념에 의거해 272개의 국가적 위기 유형을 상정하고 이에 대한 유형별 위기관리 표준 매뉴얼을 작성했다. 272개의 국가적 위기 유형은 94개의 안보위기, 119개의 재난위기, 국가 핵심 기반 시설과 관련한 55개의 위기, 기타 4개의 위기로 구성되어 있다. 여기에는 지진 재난, 풍수해, 항공 마비, 금융전산망 마비, 원유 수급 등 다양한 분야의 국가위기 상황에 대한 대응 지침이 수록되어 있다.

국가의 안보를 심각하게 위협하기 시작한 것이다. 가장 극적인 예는 소련의 붕괴를 들 수 있을 것이다. 소련은 국가안보라는 측면에서는 미국과 더불어 엄청난 자원을 투자하면서 세계 최강의 군사력을 자랑하던 나라였다. 그러나 소련을 붕괴시킨 것은 외부의 적이 아니라 경제적 위기와 같은 내적인 원인이었다. 경제적 위기가 심각해질 경우 내전이나 폭동으로 인한 무정부 상태, 나아가 국가의 붕괴로 이어질 수 있으며 간접적으로는 국가의 군사안보에 심각한 타격을 줄 수도 있다. 환경 재앙 역시 국가의 안위를 위협할 수 있다. 쓰나미나 핵물질 유출 등으로 인한 피해는 국가 자체를 붕괴시킬 수도 있다. 이 밖에 대부분의 국가에서 산업화가 성숙 단계에 접어들면서 에너지 확보가 국가경제의 사활을 좌우했다. 에너지 공급에 차질이 생긴다면 엄청난 경제적·사회적 위기를 겪게 될 나라들이 대부분이다. 포괄적 안보란 안보를 군사적 차원에 한정해서 보는 것이 아니라 경제안보·에너지안보·환경안보 등을 포함한 포괄적 차원에서 이해해야 한다는 개념이다. 한국도 2004년 3월 발표한 안보정책구상에서 포괄적 안보 개념을 도입해 과학기술과 경제·환경·보건 등 비군사적 분야에서의 다양한 위협 요인을 안보 차원에서 다루기로 했다.

3) 관계적 개념으로서의 안보: 공동안보와 협력안보

전통적인 안보 개념은 일방적인 성격이 강했다. 즉, 자국이 위협으로부터 자유로우면 그것을 안보로 보는 것이다. 그러나 안보는 일방적이라기보다는 관계적인 개념이다. 안보 개념에는 위협의 대상이 되는 상대의 존재가 전제되어 있으며 관계 속에서 의미를 갖는 것이다. 그래서 안보는 상대의 존재를 고려해야 한다. 만일 내가 첨단무기의 개발로 인해 적국의 위협으로부터 자유롭다고 하면 내 안보는 확보되는 것이지만, 잠재적 적국의 경우 그 나라는 나의 첨단무기 도입으로 인해 자국의 안보에 대해 두려움을 갖게 될 수도 있다. 현실주의적 측면에서 볼 때 모든 국가는 무정부 상태에 대한 두려움을 가지고 있고 자신의 생존을 확보하기 위해 노력하게 된다. 그러나 무정부 상태에서는 자국의 안보를 확보하려는 방어적 노력이 그 의도와 상관없이 상대방의 불안을 증대시키고 위협으로 작용한다. 즉, 내가 충분한 군사적 능력을 확보해 잠재적 적국으로부터의 위협에서 자유롭게 되면 내 안보는 확보되지만 나의 잠재적 적국은 내 군사적 능력의 우위에 위협을 느끼고 안보불안을 느끼게 되는 것이다. 이 때 잠재적 적국은 안보를 확보하기 위해 군사력을 보강하게 되며 그에 따라 안보를 확보한다. 이 방어적 행위는 나에게 위협으로 인식되며 나의 안보불안을 가져와 나의 안보 확보를 위한 행동을 이끌게 된다. '안보 딜레마'라고 부르는 이 구조는 자국의 안보를 확보하기 위한 방어적 조치가 상대의 안보불안을 초래하여 결국 계속적인 군사력 증강 경쟁이 일어나고, 궁극적으로 양쪽 모두 안보를 확보하지 못하고 긴장 상태만 고조시키는 결과를 가져온다. 다시 말해 내 안보만을 생각하는 일방적인 안보 개념으로는 진정한 안보가 달성될 수 없음을 보여주고 있다. 안보 개념의 관계성이란 나의 안보는 상대와의 관계 속에서 이해되어야 하며 나의 안보와 내 상대의 안보가 모두 확보되어야만 진정한 안보가 달성된다는 것이다.

여기서 등장하게 된 것이 공동안보(common security)의 개념이다. 공동안보의 개념은 "어떤 한 국가도 그 자신의 군사력에 의한 일방적 결정, 즉 군비증강에 의한 억지만으로 국가의 안보와 평화를 달성할 수 없으며, 오직 상대 국가들과의 공존·공영을 통해서만 국가안보를 달성할 수 있다는 것"이다. 즉, 안보란 상호의존적이며 다른 국가의 안보 우려를 고려해서 행동해야만 서로의 안보가 확보된다는 것이다. 따라서 나와 적의 공동의 안보를 위해 협력해야 하며 군사적 억지력을 통해 평화를 확보하는 것이 아니라 군축 같은 수단을 통해 상호안보를 확보하는 것이다. 공동안보는 탈냉전 이후 협력안보라는 개념으로 발전되었는데 협력안보는 신뢰구축을 바탕으로 안보 문제들을 관리·해결하려는 좀 더 실천적인 성격이 있다고 볼 수 있다. 협력안보는, 전쟁

회피와 상호생존이라는 점에서 안보상의 공동이익이 존재한다는 '안보이익의 공동성', 안보목표는 상대방을 안보적 동반자로 인식하고 상호협력을 통해서만 달성될 수 있다는 '안보 달성에서의 협력성'을 강조한다. 현실에서는 군사적 수단보다는 정치·외교적 수단을 통해 분쟁을 예방하고 상대방과의 대립(confrontation)보다는 협의(consultation), 투명성 확보 등을 통해 분쟁을 예방하는 실천적 안보 방안이다. 궁극적으로는 군축과 같은 군사적 긴장 완화 조치들을 통해 군사적 충돌을 사전에 감소시키는 것을 목표로 한다.

4) 경제안보: 경제와 안보의 불가분성의 시대 등장

사실 경제안보는 새로운 개념은 아니다. 국가안보에서 경제는 매우 중요한 수단이기 때문에 국가의 군사적·외교적 역량을 갖기 위해서는 경제적 번영이 필요하다는 생각은 오래전부터 있어 왔다. 국가 부도 상황이라든지 심각한 경제위기는 정치·사회적 혼란을 초래하여 국가 존립에 영향을 미치기 때문에 경제의 안정적 관리와 번영이 국가안보와 연계되는 것이다. 자유주의적 시각에서 경제는 국가의 국력에 필수적이며 경제적 이해관계가 국가 간 안보관계에도 영향을 미칠 수 있으며 국가들 간의 갈등이 경제적 관계를 악화시킬 수 있다는 '경제' 요인의 중요성을 강조하는 경제안보라는 안보 개념을 제시했던 것이다.

하지만 2000년대 이후 그리고 특히 중국 부상과 함께 미·중 갈등이 심화되면서 등장한 경제안보 개념은 이전의 자유주의적 경제안보 개념과는 다른 성격을 가지고 있다. 이러한 새로운 경제안보 개념은 경제와 안보는 분리해서 생각할 수 없다는 '경제-안보 불가분성'에 근거한다. 이러한 개념은 몇 가지 현실세계의 변화에 의해 등장하게 된다. 첫째는 그동안 효율성의 상징으로 여겨지던 글로벌 가치사슬(global value chain), 글로벌 공급망이 외부 충격에 매우 취약하며 또 비대칭 의존 관계에 따라 어떤 국가에는 안보 측면에서의 취약성으로 작동할 수 있다는 사실이 드러난 것이다. 코로나19 사태나 미·중 간의 갈등 심화는 그런 현실을 인식하는 중요한 계기가 되었다. 둘째, 지정학적 요인, 특히 미·중 간의 갈등 심화는 상호의존 관계가 무기로 이용될 수 있는 '상호의존의 무기화' 가능성을 현실화시켰다. 미·중은 예전처럼 전략적으로 경쟁하면서도 경제적으로는 깊숙한 상호의존을 통해 경제적 이득을 챙기기 어려워졌다. 양자 간 관계가 갈등관계로 접어들면서 특정 분야나 제품에서의 상대에 대한 의존이 언제 든 전략적 취약성으로 전환될 수 있다는 것을 인식하게 된 것이다. 마지막 요인은 첨단기술이 안보적으로도 매우 중요한 성격을 갖기 시작했다는 점이다. 4차 산업혁명의 시대가 되면서 핵심 기술인 AI, 첨단 정보기술, 로봇 기술, 생명공학, 나노 기술 등은 대부분 군사적 목적으로도 이용될 수 있는 '이중 용도(dual use)'의 성격을 지니고 있고 이 때문에 민간의 기술개발과 수출 등 경제적 활동이 군사적·안보적 사안이 되었다. 소위 '기술의 안보화(securitization)'가 이전보다 더 심각하게 이루어진 것이다. 이러한 첨단 기술의 안보적 중요성으로 인해 이들에 대한 통제와 관리가 국가안보 차원에서 다루어지게 된 것이다.

새로운 경제안보의 등장 이후 또 하나의 현상은 경제적 자원과 능력들을 전략적· 안보적 목적으로 사용하는 정책들이 등장한 것이다. 경제적 통치술로 번역할 수 있는 'economic statecraft'는 경제제재, 수출통제 등 경제적 수단들을 통해 상대국에 영향 력을 행사하거나 정치적 목적을 달성하기 위한 극가의 행동을 말한다. 이러한 경제적 통치술은 오래전부터 관세 혹은 비관세 장벽을 통한 보호무역적 조치, 경제제재 등을 통해 사용되어 왔고 최근 미·중 간의 전략적 경쟁이 격화되면서 보다 다양한 형태의 수단을 통해 이루어지고 있다. 미국은 수출통제(예를 들어 중국에 대한 반도체 생산 장비 수출 금지), 수입규제 조치와 같은 전통적인 경제적 통치술과 함께 국내생산자에 대한 보조금〔예를 들어 인플레이션 감축법(IRA)〕, 공급망 재편, 외국인 투자규제(예를 들어 외국 기업의 인수합병 등 투자행위에 대한 심사 강화) 등을 활용하여 중국의 기술패권 도전에 대 응하고 있다.

최근의 경제안보 전략의 가장 큰 특징은 첨단기술이 경제안보의 핵심적 사안으로 등장했다는 것이다. 첨단 기술은 산업 분야에서의 경쟁력뿐만 아니라 군사 분야에서 의 역량에 있어서도 핵심적 부분이다. 특히 5G, 인공지능(AI) 등의 첨단기술은 국가안 보에 중요하기 때문에 이를 관리하기 위한 수출관리체제가 강화되고 있다. 미국의 트 럼프 행정부에서 만들거나 개정한 '수출통제개혁법' 및 외국인 투자심사현대화법 등 이 첨단기술의 유출을 관리하기 위한 조치들이다. 여기서 반도체 생산기술 및 역량은 5G나 AI 등 첨단기술의 기반이 되는 핵심적 전략물자로서 그 중요성이 매우 커지므로 안정적인 반도체 공급을 위한 반도체 생산능력 확대를 추진하고 있다.

첨단기술의 중요성 그리고 5G 기술의 기반인 반도체의 중요성은 공급망을 둘러싼 미·중 간의 경쟁을 촉발시켰다. 미국은 반도체나 희토류 같은 전략 광물 등의 공급망에서 중국에 대한 의존이 심각하다는 인식을 하게 되었고 핵심 물자들에 대한 공급망을 재편하기 위한 노력을 강화하고 있다. 기존의 글로벌 공급망을 상징하던 오프쇼어링(offshoring)에서 미국이 신뢰할 수 있는 나라(동맹국이나 파트너 국가들)에서의 생산을 의미하는 프렌드쇼어링(friend shoring)이나 동맹쇼어링(ally-shoring)을 통해 신뢰가치사슬(Trusted value Chain)을 구축하려 하고 있다. 미국이 믿을 만한 나라들만으로 공급망을 구성하겠다는 의미이다. 미국은 QUAD, 미-EU 무역기술위원회(TTC), 인도-태평양 경제프레임워크(IPEF), 글로벌 공급망 회의를 통해 전반적인 공급망 재편을 추진하고 있고 CHIP 4(반도체), Minerals Security Partnership(MSP, 핵심광물)과 같은 특정 품목에 특화된 공급망 재편도 추진하고 있다.

미국과 같은 초강대국의 경제안보 전략 그리고 공급망 재편이나 수출통제와 같은 경제통치술의 강화는 국제경제체제와 다른 국가들에게 새로운 도전으로 작용하고 있다. 우선 경제안보 전략 차원에서 투입되는 국내 산업에 대한 보조금, 공급망 재편의 일환으로 이루어지고 있는 수입기준 강화, 또 환경, 기후변화, 인권문제를 공급망 참여 조건으로 적용하는 관행들은 WTO 다자무역체제의 규범과 충돌하는 것이다. 기본적으로 신뢰가치망으로 상징되는 미국 주도의 공급망 재편 조치는 특정 국가를 배제하는 성격이 있기 때문에 WTO의 비차별 원칙에 위배되는 것이다. 하지만 현재 WTO의 분쟁해결제도가 마비 상태이기 때문에 이러한 무역관행에 대한 이의를 제기하기 어려운 상황이다.

미국의 이러한 경제안보 전략은 한국에도 큰 도전이 되고 있다. 미국의 반도체 수급 안정화를 위한 조치들, 예를 들어 미국이 동맹국과 파트너 국가들에게 요구하는 대중국 반도체 수출 금지, 반도체 장비 대중수출 금지 등은 한국의 반도체 산업에 부정적 영향을 미칠 수밖에 없다. 중국과 경쟁하는 미국의 경제안보는 미국에게 매우 중요하고 동맹국에도 잠재적으로 중요성을 갖지만 미국의 경제안보가 늘 한국의 경제안보와 같이 가는 것은 아니다. 이런 상황에서 어떠한 대응을 할 수 있을 것인가에 대한 고민과 외교적 노력이 필요할 것이다.

3. 어떻게 안보를 얻을 수 있는가? 평화를 위한 처방

1) 현실주의적 관점에서의 평화를 위한 처방

현실주의가 그리는 세상은 국가 간 갈등의 가능성이 상존하는 우울한 곳이다. 모든 국가는 자신들의 힘을 극대화하려고 행동하며 그렇게 행동하는 이유는 아무도 자신을 지켜주지 않는 무정부적 국제체제에서 생존할 수 있는 유일한 방법이 자신의 힘을 키움으로써 자신을 보호하는 길뿐이기 때문이다. 현실주의자들은 힘을 제어할 수 있는 유일한 수단은 '더 강한 힘'이라고 생각한다. 이상주의자들이 주장하는 국제제도(집단안보 등)나 다자안보는 자신의 생존을 (호시탐탐 약한 나라를 넘보는) 다른 나라들의 손에 맡기는 위험천만한 일이라는 것이다. 현실주의자들의 국가안보를 위한 처방은 기본적으로 힘을 키움으로써 또 다른 힘을 견제하고 그를 통해 자신의 생존을 확보하는 것이다.

(1) 세력균형

현실주의자들이 제시하는 평화를 이룩하는 가장 중요한 방법은 세력균형이다. 세력균형은 힘을 통해 힘을 제어하는 것이다. 세력균형의 방법에는 여러 가지가 있다. 가장 기본적인 방법은 힘이 약한 국가가 군비증강을 통해 세력균형을 도모하는 것이다. 반대로 세력균형을 위해 상호 간 군비축소를 하는 경우도 있다. 둘째, 잠재적인 적대국이나 경쟁국을 분할·약화시켜 세력균형을 유지하는 방법이 있다(분할과 지배). 제2차 세계대전 이후 독일의 분할은 독일의 세력을 약화시켜 유럽 대륙에서 세력균형을 이루려는 연합국(승전국)의 세력균형 전략이다. 셋째, 영토의 보상 등을 통해 인위적으로 세력균형을 이루는 방법이 있다(보상). 넷째, 세력균형이 파괴될 때 약한 쪽을 도움으로써 세력균형을 유지하는 균형자의 역할을 통한 세력균형이 있다. 마지막으로 다른 나라와 동맹을 맺음으로써 힘을 강화해 세력균형을 이루는 방법이 있다(동맹). 한국전쟁 이후 한미 간 동맹은 중국과 북한의 위협에 대해 세력균형을 이루어 한반도의 평화를 이루기 위한 전략으로 볼 수 있다.

세력균형의 유형은 F. H. 하르트만(F. H. Hartmann)의 분류를 통해 알아보기로 하

자. 하르트만은 네 가지 유형을 제시하고 있는데, 이것들은 모두 역사적으로 실제 존재했던 유형들이다. 첫째는 균형자형(The Balancer Form)인데, 대립되는 두 세력에 제3세력으로서의 균형자가 개입해 두 세력 중 어느 세력도 다른 쪽을 압도하지 못하도록 힘을 보탬으로써 균형을 유지하는 것이다. 19세기 영국은 대륙에서 프랑스와 독일(프러시아) 어느 한쪽도 대륙에서 패권을 갖지 못하도록 힘이 강해지는 반대편에 서서 균형을 유지하는 역할을 함으로써 대륙에서의 세력균형을 유지해 왔다. 여기서 균형자는 어느 쪽과도 영구적인 동맹을 맺지 않는 신축적인 정책을 가지고 있어야 한다.

둘째는 비스마르크형이다. 이 유형은 예상되는 침략국을 둘러싼 모든 국가가 이해관계에 따라 몇 개의 복합적 동맹을 형성해 예상 침략국을 고립시켜 견제하는 것이다. 이 유형의 성공 관건은 예상 침략국과 동맹을 맺고 있거나 맺으려는 나라에 동맹 포기를 결심하게 할 이익을 제공함으로써 예상 침략국을 완전히 고립시켜 안정을 깨지 못하게 하는 데 있다. 따라서 고도의 외교 역량이 요구되며 끊임없는 균형을 이루기 위한 노력이 필요하다. 19세기 독일의 비스마르크는 프랑스가 힘을 키워 대륙의 균형이 깨지는 것을 막기 위해 주변 강대국들과 동맹정책을 통해 대륙의 균형을 이루었다.

셋째, 뮌헨시대형은 히틀러의 대두를 막지 못한 영국과 프랑스 등의 협력 실패에서 기인한 것으로, 예상되는 현상유지 파괴 국가보다 월등한 힘을 가진 현상유지 국가들의 이해가 엇갈리면서 협력을 하지 못해 힘이 미약한 침략국과 힘의 균형을 이루는 정도로 약해지는 세력균형을 말한다.

넷째, 빌헬름형 또는 냉전형으로 적대 당사국 간의 힘의 균형으로 이루어지는 세력균형이다. 제3의 균형자가 개입하지 않는 단순형으로서 1907~1914년(제1차 세계대전 발발), 즉 비스마르크가 실각한 이후 빌헬름 2세 시기의 유럽과 같이 3국동맹과 3국협상의 두 세력이 균형을 이루고 있는 상황을 말한다.

(2) 동맹

자국의 생존을 지키기 위해 협력할 국가를 찾는 행위인 동맹은 매우 오랜 역사를 가진 국가들 간의 생존을 위한 행동양식이다. 동맹은 또한 세력균형의 매우 중요한 방법이기도 하다. 자국 내에서 스스로 힘을 키우는 것이 불가능할 때 동맹은 매우 매력적인 세력균형의 수단이 될 수 있다. 동맹은 기본적으로 군사적·안보적 목적을 가진 국가협력이다. 스티븐 M. 월트(Stephen M. Walt)의 정의에 의하면 동맹이란 '2개 이상의 국가들 간의 안보협력을 위한 공식적·비공식적 협정'을 의미한다. 보통 동맹은 상호방위조약이나 상호군사협정 등의 형태를 띠게 된다. 글렌 스나이더(Glenn Snyder)의 정의는 동맹의 군사적 성격을 더 강조하고 있다. 동맹은 명시적인 적이나 잠재적인 적에 대해 국가들이 무력을 통해 동맹국들의 안보나 군사력 강화를 꾀하는 정식의 집합체라는 것이다. 가장 일반적인 형태의 동맹은 상호방위조약이다. 한미동맹도 한미상호방위조약에 근거하고 있는데, 그것은 조약 서명국 가운데 일국이 공격을 받으면 상호 방어해주기로 약속하는 것이다. 따라서 이러한 조약을 맺게 되면 동맹국이 공격을 받을 시 동맹국을 돕기 위한 전쟁을 수행해야 할 의무를 가지게 된다. 이보다 동맹국 간의 구속력이 낮은 동맹 형태도 있다. 중립조약이나 불가침조약을 기초로 한 동맹이 그것인데, 이 경우 동맹국이 제3국과 전쟁을 할 경우 동맹국을 공격하지 않기로 약속하는 것이다. 즉, 자신의 선택에 따라 지원할 수도 있고 아니면 중립을 지켜야할 의무가 있다. 역사적으로 보면 독·소 불가침조약은 독일이 다른 나라와 전쟁을 할 때 소련이 적어도 독일을 공격하지 않기로 하는 조약이었다. 이 밖에 서명국 가운데 한 나라가 제3국으로부터 공격을 받을 경우 공동행동에 대해 상호협력하기로 약속하는 협상(entente)의 형태도 있다.

동맹에는 동맹국의 수에 따라 양국 간에 맺는 양자동맹(한미동맹, 미·일동맹 등)과 다수의 국가가 맺는 다자동맹(NATO 등)이 있다. 또 양자동맹은 그 성격에 따라 서로에게 의무를 가지는 쌍무동맹(bilateral alliance)과 한 국가가 다른 국가에 일방적 지원을 하는 일방동맹(unilateral alliance)으로 나눌 수 있다. 미·일 간의 동맹은 일본이 헌법상 집단적 자위권을 보유하지 못하기 때문에 미국에 대한 공격에 일본이 군사적으로 지원할 수 없다. 따라서 미·일동맹은 미국이 일본의 안보를 책임지는 일방동맹의 성격

▶**집단적 자위권** 집단적 자위권이란 제3국에 대한 침략 사태가 발생할 경우 자국이 직접적으로 피해를 입지 않더라도 이를 자국에 대한 위협이라고 간주하여 실력 저지하는 것을 뜻한다. 일본은 헌법 9조에 의해 집단적 자위권 행사는 허용되지 않는다는 것이 공식 입장이다. 따라서 해외에서 동맹국인 미국에 대한 공격이 일어난다 하더라도 일본에 대한 직접적 공격이 아니면 군사행동에 나설 수 없다. 그러나 최근 들어 일본 내에서 집단적 자위권 행사를 인정하자는 목소리가 높아지고 있다.

이 강하다고 볼 수 있다.

동맹의 행태에는 크게 두 가지가 있다. 하나는 힘이 약한 쪽과 동맹을 맺어 균형을 이루는 균형(balancing)이고, 다른 하나는 힘이 강한 쪽과 동맹을 맺는 편승(band-wagoning)이다. 균형은 강력한 지배 국가의 등장을 견제하기 위해 약한 편과 힘을 합하는 것으로서, 19세기 영국이 프랑스가 유럽 대륙을 지배하는 것을 견제하기 위해 독일(프러시아)을 지원한 것에서 잘 나타난다. 편승은 힘이 강하거나 위협적인 세력의 편에 서는 것을 말한다. 이 경우는 힘이 강한 쪽에 섬으로써 자신의 안전을 보장받기 위한 것이다. 미국과 이라크의 전쟁에서 많은 국가가 미국의 편에 섰던 것도 이런 측면에서 설명할 수 있다.

세력균형은 힘이 약한 쪽에 힘을 보태어 힘의 균형을 이루는 동맹의 형태인데 국가들이 꼭 힘의 강약을 고려해 동맹을 맺을 국가를 선택하는 것은 아니다. 『동맹의 기원 (The Origin of Alliance)』이라는 책을 쓴 스티븐 월트(Stephen M. Walt)는 국가들이 반드시 힘이라는 기준에 의해 동맹관계를 수립하는 것이 아니라 위협(threat)이라는 기준에 근거해, 즉 어느 쪽이 더 나에게 위협적인가에 대한 판단에 의거해 동맹행위를 한다는 위협균형론(balance of threat)을 주장한다. 즉, 객관적으로 힘은 약하더라도 그 나라가 자국에 더 위협적이라면 그 나라와 동맹을 맺기보다는 덜 위협적인 상대와 동맹을 맺음으로써 자신의 안전을 보장받으려 한다는 것이다. 예를 들어 제1·2차 세계대전에서 많은 국가가 군사적으로 월등한 힘을 가지고 있던 연합국 편에 선 것은 독일이 힘은 약하지만 더 위협적이라고 판단했기 때문이라는 것이다. 냉전 시기에 전략적으로 중요한 거의 모든 나라가 더 힘이 강한 미국에 대항해 소련과 동맹을 맺기보다 미국 편에 선 이유도 소련이 자신들에게 더 위협적이라고 파악했기 때문이라는 것이다.

미국과 같은 강대국의 측면에서 어떠한 동맹전략을 취할 것이냐는 국제체제에서 지배적인 경향이 무엇인지를 파악한 후 결정해야 한다. 만일 균형이 국제체제의 지배적인 경향이라면 강대국은 반대 동맹이 형성되는 것을 막거나 적어도 억제하기 위해 위협적으로 보이지 않도록 주의해야 하며 위협을 최소화하는 대외정책과 국방정책을 펴야 한다. 지배적인 경향이 균형인데도 위협적으로 보이게 되면 자신에 대항하는 압도적인 동맹의 형성을 촉진해 어려움에 빠지게 된다. 반대로 편승이 지배적인 경향이라면 강대국은 자국의 힘을 과시하여 위협적으로 보일 필요가 있다. 그렇지 않고 온

순한 정책을 고수한다면 경쟁하는 강대국으로 다른 국가들이 모여들어 연합을 형성하게 될지도 모른다. 국가들이 편승을 하게 되는 경우는 일반적으로 국가의 힘이 약한 경우가 많다. 약한 국가가 균형을 선택해 약한 국가 편에 서서 방어적 동맹을 형성하는 데 참여한다 하더라도 별 도움이 되지 않으며 또한 강대국에 대한 반대 동맹에 가담함으로써 강대국의 분노를 사게 되기 때문에 대체로 강대국의 편에 서는 편승을 선택하게 되는 것이다. 힘이 강한 국가는 약한 국가의 편에 섬으로써 승패에 결정적 역할을 할 수 있기 때문에 약한 국가로부터 가세에 대한 보상을 충분히 받을 수 있도록 균형을 취하는 것이 합리적이다. 또 동맹국이 존재하지 않을 경우 또는 전쟁의 일방적 승리가 가까울 경우 국가들은 편승을 택할 가능성이 높다.

동맹은 힘이 약한 나라에게 자신의 안전을 보장받을 수 있는 매우 유용한 전략인 반면, 매우 위험하고 많은 비용이 드는 전략이다. 우선 동맹의 비용에 대해서 생각해 보자. 동맹에 따른 비용은 크게 물질적 비용과 비물질적 비용으로 나눌 수 있다. 물질적 비용은 동맹 체결에 따른 군사기지의 유지 등에 소요되는 비용을 말한다. 한미동맹의 경우 주한미군에 대한 분담금, 기지제공 비용 등이 여기에 해당된다. 비물질적 비용은 첫째, 동맹관계로 인한 외교정책의 자주성 문제를 들 수 있다. 특히 약한 나라일 경우 이 문제는 심각하다. 이 경우 동맹은 안보와 자주성을 맞바꾸는 성격을 갖게 된다. 한국은 미국과의 동맹관계로 인해 경제적으로 가까운 관계였던 리비아와 같은 중동 국가와 우호적인 관계를 유지하기 어려웠다. 미국이 리비아를 적대 국가로 규정했고 한국은 동맹국과 보조를 맞춰야 했기 때문이다. 둘째, 동맹은 버려지기(abandonment)와 끌려들어 가기(entrapment)의 위험성을 가지고 있다. 이러한 문제는 특히 동맹을 맺은 두 국가가 국력 면에서 비대칭적이어서 한쪽이 다른 한쪽에 의존하는 경우에 심각하게 나타난다. 약한 동맹 파트너가 동맹을 맺었더라도 필요 없는 분쟁에 말려들지 않기 위해 강한 동맹국과 거리를 두게 되면, 최악의 경우 강한 동맹국으로부터 버림받을 위험이 있다. 약한 나라의 경우 강한 동맹국가가 동맹관계를 단절할 경우, 즉 강한 나라로부터 버림받을 경우 엄청난 안보상의 위험에 빠지게 된다. 따라서 강한 동맹국가로부터 버림받지 않기 위해 강한 동맹 파트너의 이해관계를 충실히 반영하다 보면 버림받을 위험은 줄어들지만 원하지 않는 전쟁에 끌려들어 갈 위험성이 커지게 된다. 이러한 버려지기와 끌려들어 가기의 위험 때문에 약한 동맹 파트너는 딜레마를 겪게 된다. 이러한 동맹의 안보 딜레마는 약한 동맹 파트너가 치러야 하는 동맹관계의 비용을 잘 보여준다.

꼭 약한 국가가 아니더라도 동맹은 역사적으로 볼 때 매우 위험한 전략이다. 현실주의자들도 꼭 필요한 경우가 아니면 동맹전략을 맺지 않는 것이 좋다고 지적한다. 동맹은 다음 다섯 가지 면에서 위험하다. 첫째, 동맹은 동맹국의 군사적 능력을 추가로 갖게 함으로써 호전적인 국가를 더욱 호전적이고 모험적으로 만든다. 둘째, 동맹은 상대방이 반동맹(counter-alliance)을 형성하게 함으로써 양쪽 모두의 안보를 위협한다. 셋째, 동맹의 형성은 애초에 그럴 의도가 없는 국가에게 두려움을 주어 상대편이 동맹에 가담하게 한다. 미국이 중동에서 이라크와 동맹을 맺게 되면 이란은 어쩔 수 없이 소련에 접근하게 되는 경우가 좋은 예이다. 넷째, 동맹에 가담하게 되면 동맹국의 행동에 자신의 운명이 영향을 받게 된다. 따라서 동맹 상대국이 쓸데없는 공격적 행동을 함으로써 자신을 전쟁에 끌고 들어가지 못하게 해야 하며 자신과의 약속을 충실히 지킬 것인지를 늘 감시해야 한다. 히틀러는 제2차 세계대전 직전 소련과 불가침 조약을 맺었지만 곧 배신하고 소련을 침공했다. 마지막으로 오늘의 동맹국이 내일의 적국이 될 가능성이 크다. 동맹국끼리 전쟁을 하는 경우가 많다. 역사적으로 볼 때 동맹국들의 25% 이상이 서로 전쟁을 벌인 것으로 나타난다.

(3) 억지 및 핵 억지

억지(deterrence)는 재래식 군사력 혹은 핵전력의 보유와 사용 위협을 통해 상대 국가가 공격적 행동을 하지 못하도록 하는 전략이다. 억지는 방어와는 달리 심리적 방안이며 만일 억지가 실패하여 적의 침략이 일어나게 되면 '방어'를 통해 물리적으로 적의 공격을 저지해야 한다. 재래식 무기의 양적 확대나 첨단무기의 확보를 통해 상대방이 침략을 할 동기를 줄임으로써 전쟁을 방지할 수 있다. 하지만 재래식 전력만으로의 억지는 쉽지가 않다. 보복 공격이 초래할 수 있는 피해가 핵 보복과는 달리 극복할 수 있는 수준일 수 있기 때문에 억지력이 작동하지 않을 가능성이 크다. 핵 억지(nuclear deterrence)는 핵무기를 통해 상대방의 공격·침략을 사전에 저지하는 전략이다. 핵 억지는 핵무기가 가진 가공할 파괴력으로 인해 효과적이다. 특히 약소국가의 경우 강대국의 공격을 억제하기 위해 핵무기를 개발하고자 하는 유혹을 받게 된다.

북한의 핵개발 역시 미국으로부터의 공격에 대한 억지력을 확보하고자 하는 동기가 있을 것이다. 북한은 핵무기가 없을 때 리비아나 이라크가 어떠한 운명에 처하게 되었는지를 보면서 더욱더 핵 억지력을 갖고자 노력했다고도 해석할 수 있다. 그러나 핵 억지가 늘 작동하는 것은 아니다. 핵 억지가 작동하기 위해서는 상대방이 나의 핵 보복공격 능력을 막을 만한 능력이 없어야 한다. 나의 핵 보복공격 능력을 차단할 수 있다면 상대방은 나의 핵무기를 두려워하지 않고 선제공격을 할 수 있기 때문이다. 핵 억지는 종종 핵 군비경쟁을 초래한다. 상대방의 선제공격을 받더라도 충분한 수의 핵무기가 남아 있을 수 있도록 핵무기의 수를 늘리거나 2차 공격 능력(보복공격 능력)을 확보하기 위한 무기개발 등이 일어나게 된다.

억지는 대표적인 현실주의적 안보전략이지만 적을 늘 고정적인 이미지로 보고 그에 대응하는 현상유지적 안보전략으로서 진정한 안보를 확보하기는 어렵다는 비판이 있을 수 있다(억지전략의 문제점에 대해서는 제8장 1. 핵무기와 국제정치 참조).

(4) 세력우위론 및 패권안정론

세력균형론이 제시하는 평화를 위한 방책의 핵심은 힘의 균형이 잠재적 침략자가 승리에 대한 확신을 갖기 어렵게 하기 때문에 전쟁을 시작할 동기가 약해진다는 논리적 근거에 기반을 두고 있다. 그러나 이와는 다른 논리적 근거를 제시하는 현실주의자들도 있다. 이들은 힘의 팽팽한 균형보다는 힘의 압도적 우위 상태에서 전쟁이 일어나기 어렵다는 주장을 편다. 오간스키의 세력전이론이나 세력우위론, 로버트 길핀의 패권안정론 등은 힘의 균형보다는 압도적 힘을 가진 국가가 존재할 때 국제평화가 가능하다는 함의를 담고 있다. 길핀은 국제체제가 네 단계를 거치며 지속적으로 변하는 것으로 파악한다. 그중 가장 안정적인 상태는 패권국이 국제질서를 확립하는 데 필요한 공공재와 체제 내 게임의 법칙을 제공하면서 체제질서를 유지해 나가는 것이다. 국제체제의 전쟁 위기는 패권국에 도전할 만한 강대국의 급속한 성장으로 패권국과 강대국의 힘의 격차가 적어질 때 가장 크다. 오간스키의 세력전이론은 국가들의 힘의 변화를 담아내지 못하는 정태적인 세력균형론을 비판하면서 동적인 국제체제에서 일어나는 국가 간 관계를 파악하려고 한 이론이다. 그의 이론은 전통적 현실주의와 힘을 강조한다는 측면에서 동일하지만 몇 가지 다른 가정을 하고 있다. 그는 우선 국제체제가 무정부적이라기보다는 위계적이라고 파악한다. 국제체제는 지배 국가-강대국-중진국-약소국-식민지의 피라미드형으로 구성되어 있으며 국제체제의 안정과 평화는 지배 국가의 국력이 도전국의 국력을 압도하고 국제질서를 지배하는 규칙과 이익의 분배에 만족하는 강대국들이 지배국을 지지함으로써 보장된다. 여기서 오간스키는 세력균형론과는 달리 국제체제에서 힘의 균등한 분배보다는 힘의 격차가 체제의 안정을 가져온다고 생각하는 입장을 함축하고 있다.

세력전이는 강대국의 세력이 성장해 지배 국가의 힘을 능가하는 과정을 말한다. 세력전이의 과정에서 도전 국가가 만족 국가인가 불만족 국가인가의 문제는 세력전이의 형태를 결정짓는 데 매우 중요하다. 세력전이가 평화적으로 이루어지느냐 아니면 전쟁을 수반하느냐를 결정짓는 또 다른 요소는 도전 국가의 잠재적 힘의 크기이다. 예를 들어 도전 국가가 아주 작거나 또 아주 큰 경우 전쟁이 발발할 가능성은 적다. 그러나 도전 국가의 힘이 최고조 상태에서 지배 국가의 그것과 *비슷할 때* 전쟁의 가능성은 가장 크다. 둘째, 도전 국가가 부상하는 속도도 매우 중요하다. 속도가 빠를 경우 지배 국가가 어떠한 평화적 조정을 하기 어려우므로 전쟁의 가능성이 크다. 셋째, 도전 국가로 인해 초래된 변화에 대해 지배 국가가 적용하는 유연성도 전쟁 발발에 영향을 준다. 마지막으로 도전 국가와 지배 국가의 친밀도도 전쟁 발발에 영향을 준다. 제1차 세계대전 이후 미국이 영국의 국력을 추월하는 세력전이가 일어났지만 두 나라의 우호적인 관계로 인해 세력전이 전쟁은 일어나지 않았다는 것이다. 아주 오래된 이론인 세력전이론이 다시 주목을 받게 된 이유는 중국의 국력이 빠르게 성장하면서 1990년대에는 일본을 추월할 가능성 그리고 21세기에는 미국을 추월하는 세력전이가 일어날 가능성이 대두되었기 때문이다. 그러나 21세기는 세력전이론이 처음 등장한 1958년과는 다르다. 세력전이 과정에서 무력을 통한 전쟁이 일어날 수 있다는 주장은 더 이상 현실성을 갖기 어려운 것이 사실이다.

세력전이론은 오래된 이론이기 때문에 계속적인 수정과 보완을 거쳐왔다. 세력전이론을 동북아에 적용한 김우상 교수의 경우, 세력전이론에 국제체제의 구조라는 변수를 더함으로써 좀 더 정교한 이론을 만들 수 있다고 주장한다. 그가 주장하는 국제구조적 변수는 냉전 시기에 나타났던 양극체제 혹은 국제체제가 미·소 2개의 영향권으로 나누어진 구조적 변수이다. 김우상은 동북아가 양극체제하에 있을 경우 양극체제의 결속 수단인 동맹관계로 인해 세력전이가 전쟁으로 귀결되지 않는다고 주장한다. 그러나 그런 양극체제가 사라진 지금이 오히려 세력전이로 인한 전쟁 발발의 가능성이 훨씬 크다는 것이다.

압도적 힘을 가진 국가의 존재가 국제체제의 안정을 가져온다는 이론들은 많다. 패권안정론은 원래 국제정치·경제 분야에서 발전된 이론으로, 국제체제에서 패권적 국가가 존재할 경우 국제체제가 더욱 안정적이라는 것이다. 국제정치·경제 분야에서 국제무역체제나 국제금융·통화체제는 미국이 패권적 위치를 확고히 하고 있었을 때 가장 안정적이었으며, 국제무역체제의 위기나 국제통화체제의 붕괴는 모두 미국의 경제력이 더 이상 패권적 역할을 수행하지 못했을 때 생겨났다는 것이다. 이러한 패권안정론은 국제정치 분야에서 세력우위론의 형태로 나타난다. 패권을 가진 국가가 존재했을 때 국제체제는 가장 안정적이고 평화로울 수 있다는 것인데, 패권은 안정된 국제체제로부터 가장 큰 이익을 얻기 때문에 패권 국가는 국제체제의 안정을 위한 비용을 기꺼이 지불해야 한다. 미국이 세계의 경찰 역할을 하려는 것은 패권안정론·세력우위론을 통해 가장 잘 설명될 수 있다.

2) 자유주의적 관점에서의 평화를 위한 처방

자유주의자들은 국가 간 평화가 국제기구나 국제법 그리고 세계정부와 같은 제도들을 통해 이루어질 수 있다고 보았다. 전간기의 자유주의적 국제주의자들인 이상주의자들은 세계정부를 통해 평화를 확보할 수 있다고 믿었다. 제1차 세계대전 이후 등장한 국제연맹은 그러한 믿음을 반영하고 있다. 국제제도를 통한 평화라는 그들의 이상은 집단안보라는 제도를 만들어낸다. 집단안보체제는 각국이 협력하여 그것을 구성하고 체제 내의 한 국가에 대한 공격을 체제 내 모든 국가에 대한 침략으로 간주하여 침략자에 대해 공동으로 대항하는 것으로서, 잠재적 침략자에게 전쟁의 승리에 대한 기대를 낮추어 전쟁을 방지하게 된다. 신자유주의적 제도주의자들은 다수 국가들이 안보 문제에서 협력하는 다자안보제도를 통해 국가 간 평화를 유지할 수 있다고 본다. 이들은 기본적으로 국제제도가 국가 간의 협력을 촉진함으로써 국가 간의 갈등을 평화적으로 해결하는 역할을 할 수 있을 것이라고 생각한다. 국제제도를 통해 정보를 제공하고 배신을 처벌함으로써 배신의 동기를 줄이며 협력의 상대적 이득과 관련한 우려도 감소시킬 수 있으리라고 본다. 자유주의자들이 주장하는 다자안보협력은 서로의 군사 능력과 군사훈련에 대한 정보를 공유하여 다른 나라가 가질 수 있는 오해와 잘못된 판단의 가능성을 미리 없애고 군사적 갈등의 원인이 될 수 있는 문제들을 논의할 수 있는 장을 제공함으로써 이를 사전에 방지하는 역할을 한다.

자유주의자들은 국가라는 것이 하나의 단일체가 아니고 다양한 국내의 집단과 제도로 구성된 것이라고 파악하고 이들로 인해 결정되는 국가의 속성이 국가의 행동에 영향을 미친다고 본다. 따라서 국가의 속성을 전쟁을 꺼리고 평화를 원하는 것으로 바꿈으로써 국가 간 평화가 이루어질 수 있다는 것이다. 국가의 어떤 속성이 전쟁을 피하고 평화를 원하게 할까? 어떤 자유주의자들은 국가 간의 무역이 활발해지면 그로 인해 이득을 보는 사람들의 수가 늘어나고 이들은 전쟁이 발발하면 바로 경제적 피해를 입기 때문에 전쟁에 반대하고 평화를 원하는 세력이 된다고 주장한다. 결국 전쟁을 피하고 평화를 확보하기 위해서는 국가 간 교역을 증대하면 된다는 것이다(통상 자유주의). 어떤 자유주의자들은 국가의 속성 중 민주주의라는 요인에 주목한다. 이들에 따르면 민주주의 국가에서는 삼권이 분립되고 국민의 의견이 정책결정에 반영되기 때문에 독재·권위주의 국가보다 참전 결정이 훨씬 어렵게 내려질 수밖에 없다. 따라서 지도자의 독단적·감정적 결정에 의한 전쟁의 발발이 민주주의 국가에서는 훨씬 줄어들 수 있다는 것이다. 즉, 모든 국가가 민주주의적 정치체제를 가지게 된다면 전쟁이 훨씬 줄어들 것이다. 소위 '민주평화론(democratic peace)'이라 부르는 이 자유주의적 이론은 이마누엘 칸트(Immanuel Kant)의 저서 『영구적 평화(Eternal Peace)』에 그 사상적 기원을 두고 있으며, 역사적으로 볼 때 민주주의 국가끼리는 전쟁을 잘 하지 않는다는 증거를 토대로 국가들이 민주주의적 정치체제를 갖는 것이 국제평화를 이루는 길이라 주장한다. 이러한 민주평화론은 미국의 개입주의적 외교정책의 이론적 토대를 제공하기도 한다. 즉, 미국이 이라크나 북한과 같은 나라들에게 민주주의를 강요하고 압박하는 것은 미국의 국익을 위해서가 아니라 이들 나라를 민주적으로 바꿈으로써 국제평화를 달성하기 위해서라는 것이다.

최근에는 자유주의자들이 중요하게 생각하는 세 가지 변수들, 즉 민주주의, 경제적 상호의존, 국제기구 사이의 상호작용과 이 세 가지 변수와 평화의 상호영향을 강조하는 의견들이 제시되고 있다. 소위 평화의 삼각구도(triangulating peace)라고 부르는 이러한 구도는 민주주의, 경제적 상호의존, 국제기구가 서로 상승작용을 하며 각 요인들이 평화를 강화하고 동시에 평화는 이 세 요인들을 강화시키기도 한다는 것이다. 이러한 요인들을 강화함으로써 국제정치의 무정부성으로 인한 안보 딜레마라는 악순환이 방지되고, 세 요인들이 평화를 강화하고 평화가 세 요인들을 강화하는 선순환이 가능하다는 것이다.

3) 구성주의적 관점의 국가안보를 위한 처방

구성주의자들은 국가들이 서로를 적으로 인식하고 힘을 통해 자신의 생존을 확보하려는 무정부 상태를 주어진 구조로 보지 않는다. 구성주의적 관점에서는 약육강식의 무정부 상태 역시 사회적 구성물이며 국가들이 서로를 어떻게 인식하느냐에 따라 전혀 다른 성격의 무정부 상태도 가능하다고 본다. 안보 딜레마도 원래부터 정해진 구조가 아니라 국가들이 서로를 불신하기 때문에 서로의 의도에 대해 항상 최악의 경우를 가정하고, 그 결과 그들의 국익을 자조(self-help)라는 차원에서 군사력의 우위를 차지하는 것으로 정의하게 되는 것이다. 국가들이 서로를 신뢰하고 상대방을 안보 확보에 긍정적 역할을 하는 것으로 인식한다면 안보 딜레마와는 전혀 다른 국가 간의 관계 구조가 형성될 수 있다. 이러한 구성주의자들의 생각을 국가안보에 적용해 보면, 평화는 국가들이 국제정치를 힘의 추구로 보는 것이 아니라 협력과 공존이 가능한 것으로 생각하고 약육강식의 국제체제 속에서와는 다른 방식으로 자신들의 이익을 정의하며 다른 국가들을 보는 인식 자체도 달라질 때 가능하다. 이러한 구조 속에서 국가들은 협력이나 평화적 공존이 자신의 이해와 부합한다고 볼 것이며, 국제체제의 기본적인 속성은 갈등이 아닌 협력이 될 수 있을 것이다. 국가안보는 잠재적 적국과의 상호관계 속에서 서로에 대한 정체성을 적이 아닌 공존의 대상으로 바꾸는 노력을 통해 확보될 수 있다. 마찬가지로 한반도에서 남북관계의 평화는 남과 북이 서로 적의 정체성이 아닌 민족의 정체성을 갖도록 하는 노력과 평화의 필요성 및 이득에 관한 인식·지식을 공유할 때 가능하다.

4. 군축과 군비통제

1) 개념의 이해

국제적 평화를 이룩하기 위해 많은 논의가 있었지만 그중에서 군비축소는 가장 중요한 개념이다. 전쟁을 하기 위해서는 무기가 필요하기 때문에 무기를 없애는 것은 평화를 확보할 수 있는 가장 근본적인 방법이다. 그러나 우리가 억지(deterrence)라는 개념을 생각해 보면 군사력(무기)은 또 전쟁을 억지하는 중요한 수단이기도 하다. 여기서 군축 문제의 복잡성을 이해할 수 있을 것이다. 현실주의의 입장에서 군축은 택하기 어려운 선택이다. 군축은 현실주의적 안보관보다는 공동안보나 협력안보와 같은 대안적 안보관에서 평화를 위한 처방으로 받아들이고 있다.

군비축소와 함께 군비통제라는 개념이 있다. 군비축소(disarmament, 군축)는 말 그대로 현존하는 무력의 수단을 절대적으로 축소하거나 궁극적으로 철폐하는 것이다. 군비경쟁을 중단하는 것은 물론이고 기존에 보유하고 있는 무기체계나 병력을 일정 수준 혹은 완전히 감축·폐기하는 것을 말한다. 이러한 방법으로 평화를 이루려는 생각은 제1차 세계대전 이후의 이상주의에서 잘 나타난다. 이에 비해 군비통제(arms control)는 군축이 불가능할 경우 군사력의 보유를 인정하되 무모한 군비경쟁을 방지하고 적절한 힘의 균형을 이루어 평화를 확보하려는 보다 전략적이고 현실주의적인 개념이다. 군비통제는 운용적(operational) 군비통제와 구조적 군비통제로 나눌 수 있는데, 여기서 구조적 군비통제는 군비제한 및 군축을 의미한다. 따라서 군비통제는 군축을 포함하는 보다 포괄적인 개념이다. 군축이 군사력의 감축에 초점이 맞추어져 있는 반면, 군비통제는 모든 종류의 군사적 협력과 협조를 포함한다. 운용적 군비통제는 군사력의 규모, 구조, 무기체계를 그대로 두고 군사력의 운용(훈련, 기동, 작전, 배치 등)에 대한 통제를 의미하는 것으로서 주로 군사적인 신뢰구축과 군사적 제한 조치(군사훈련 규모 제한 및 중지, 병력 배치 제한 등) 등을 의미한다. 신뢰구축은 군사력에 대한 정보를 공개하고 투명성과 예측가능성을 높임으로써 국가 간 군사관계에서의 신뢰를 증진하는 행위이다. 운용적 군비통제에는 특정 군사행위의 금지, 완충지대 설치, 공세적 배치 해제 등이 포함된다. 군축의 대표적 예는 냉전기 미국과 소련의 전략무

> ### ❧ 헬싱키 프로세스에서의 운용적 군비통제 ❧
>
> 1975년 타결된 헬싱키의정서는 신뢰구축 조치와 군축을 통해 냉전기 유럽에서 평화를 증진하기 위한 노력의 결과이다. 헬싱키의정서는 2만 5000명 이상의 병력이 참가하는 군사훈련을 21일 이전에 통보하기로 했다(1세대 CBM). 그러나 참관단 초청은 회원국의 자발적 의사에 맡겨두었고 이러한 군사적 신뢰구축 조치는 강제성이 없었기 때문에 큰 의미가 없다는 비판을 받았다. 1986년 스톡홀름에서 열린 유럽안보협력회의(Conference of Security Cooperation in Europe: CSCE)에서 신뢰 및 안보구축 조치(Confidence and Security Building Measures: CSBM)가 서방 측의 주도로 합의되었다. 여기서는 1만 3000명 이상의 병력과 300대 이상의 전차가 참가하는 군사훈련은 42일 전에 통보하도록 했으며 통보 국가는 매년 세 차례 이상의 참관단을 초청하도록 의무화했다(2세대 CBM). 냉전이 끝나면서 1990년 스톡홀름 합의에서 한 단계 더 진전된 훈련제한 조치가 비엔나에서 합의되었다(3세대 CBM).

기감축협정(START I)과 1987년 미국과 소련이 중거리 및 핵미사일 전체의 5%를 폐기하기로 한 중거리 및 핵미사일폐기협정(INF)을 들 수 있다. 운용적 군비통제의 예는 1959년 남극 대륙의 비무장화를 규정한 남극조약 그리고 1972년 미·소 간의 전략무기제한협정(SALT I) 등이 있다. 남북 간에 2018년 9월 19일 체결된 9·19 군사합의도 운용적 군비통제의 좋은 예이다. 이 합의는 감시초소 폐쇄 및 철수, 지상·해상·공중에서의 적대행위 금지, 판문점 공동경비구역 비무장화, 군사분계선 일정 지역 비행금지구역 설정 등으로 운용적 군비통제 중에서 군사적 제한 조치가 대부분이다.

군축은 모든 국가가 참여하는 일반 군축(1922년 워싱턴 해군군축협정)과 제한된 국가가 참여하는 지역 군축〔1817년 5대호의 비무장을 위한 영·미 간의 러시-베이고트(Rush-Bagot) 협정〕으로 구분되며, 군비의 양에 초점을 맞추는 양적 군축과 특정한 형태의 무기감축에 초점을 맞추는 질적 군축으로 나눌 수 있다. 또 재래식 무기의 감축을 의미하는 재래식 군축과 핵무기의 감축을 의미하는 핵 군축으로 구분되기도 한다. 북한은 미국에 핵 동결이나 폐기 협상이 아닌 핵 군축 대화를 주장하고 있다(이는 북한이 자신을 핵보유국으로 선언했기 때문이다).

군비통제는 수직적 통제와 수평적 통제로 구분한다. 수직적 통제는 핵무기나 재래식 무기의 양적 및 질적 강화를 제한하는 것이다. SALT I, 1963년 핵실험일부제한협정, ABM(Anti-Ballistic Missile) 조약 등이 수직적 통제의 예다. 반면에 수평적 통제는 예방적 군비통제로서 특정한 무기체계의 활용이나 특정 지역 및 공간에 배치·활용을 금지하는 것이다. 1969년 핵비확산조약(Nuclear Nonproliferation Treaty: NPT), 1967년 우주에서의 군사행동제한협약 등이 그 예이다.

2) 군축의 조건

군축은 자신의 군사적 능력을 약화시키는 성격이기 때문에 현실적으로 매우 이루어지기 어려운 사안이다. 따라서 군축이 이루어지기 위해서는 다음과 같은 조건이 전제되어야 한다. 첫째, 정치적으로 관계 개선이나 긴장 완화의 의지가 있어야 한다. 둘째, 군사력이 균형 상태에 있어야 한다. 군사력이 불균등한 상황에서 약한 쪽은 군축을 할 동기가 없다. 셋째, 경제적으로 국방비를 절감할 필요가 있어야 한다. 넷째, 상호 간에 신뢰가 있어야 한다. 상대가 군축의 약속을 지킬 것이라는 신뢰가 있어야만 군축이 가능하다. 군축을 어렵게 만드는 많은 제약 요소가 존재한다. 첫째는 국제적 요인으로서 국가 간의 군비경쟁이 있는 경우, 핵전략에서 2차 공격 능력을 확보함으로써 상대방의 핵공격으로부터 취약하지 않은 경우, 국가들의 안보전략상 강압적 정책을 사용하며 상호불신이 존재하는 경우에 군축이 어렵다. 둘째는 국내적 요인으로서 국가의 성격 자체가 군사화된 병영국가이거나 군국주의적인 성격을 가진 국가, 군산복합체의 영향력이 강한 경우에도 군축은 현실적으로 어렵다. 셋째는 기술적 요인으로서 군축의 사찰·검증이 기술적으로 힘들고, 무기기술이 계속 발전하고 있으며, 민군겸용기술의 발전으로 무기개발을 통제하기가 힘들기 때문에 군축이 어렵다.

3) 한반도의 군축과 군비통제

남북 간의 전쟁가능성을 줄이고 한반도의 평화를 보장하기 위한 방법으로 군축과 군비통제에 대한 남북의 제안들이 계속적으로 있어 왔다. 한국은 3단계에 걸친 단계적·점진적 방식을 제시하고 있는데, 이것은 정치적 신뢰구축 조치→군사적 신뢰구축 조치→군비감축의 3단계에 의한 선(先) 신뢰구축, 후(後) 군비감축의 방식이다. 여기서 군사적 신뢰구축은 운용적 군비통제를 말하며 3단계의 군비감축은 구조적 군비통제를 말한다. 따라서 한국의 접근은 군비통제의 성격이 강하며 군비의 실질적 감축보다는 군사적 균형을 통한 군사적 안정 도모와 군사적 투명성 증대를 통한 기습공격 및 우발전쟁 방지를 강조하는 데 주안점을 두고 있다. 반면 북한의 군축에 대한 접근 방식은 군축론의 입장에서 동시적이고 포괄적인 것이었다. 군축 문제에서 남북 간의 가장 중요한 합의는 '남북기본합의서'를 통해 대규모 군사이동과 군사연습의 통보 및 통제 문제, 군 인사교류 및 정보교환 문제 등과 같은 군사적 신뢰구축과 대량살상무기(Weapons of Mass Destruction: WMD)의 공격 능력 제거를 비롯한 단계적 군축실현 문제를 '남북군사공동위원회'에서 함께 협의·추진하기로 한 것이다. 북한은 또 2005년 제6자회담을 군축회담으로 이용해야 한다고 주장한 바 있다.

남북 간의 실질적 군비감축 문제에서 주요 쟁점은 군축을 무기를 중심으로 할 것인가, 아니면 병력을 중심으로 할 것인가이다. 한국은 무기감축에 우선을 두어왔고 북한은 병력감축에 우선권을 두어왔다. 북한은 1990년 5월 31일 '조선반도의 평화를 위한 군축제안'에서 병력을 3단계에 걸쳐 10만 명으로 감축하고 병력감축에 상응하여 군사장비도 축소·폐기하며 제1단계 감축 시 민간군사조직과 민간무력의 해체를 주장하고 있다. 물론 이러한 제안은 진실성이 없어 보이며 대상이 되는 병력의 분류와 선정 자체도 쉽지 않다. 병력감축 방법에서도 한국은 상호 동등한 수준을 먼저 달성한 후 동수의 균형감축을 주장하고 있다. 무기감축에서는 무기의 질적 개선과 외부로부터의 신형무기 도입을 허용할 것인가의 문제가 쟁점이 될 수 있다. 이것을 허용할 경우 북한 입장에서는 불리하다고 인식하기 때문에 북한은 반대하고 있고, 현실적으로도 이런 규제는 실현될 가능성이 희박하다.

2018년의 9·19 남북군사합의는 운용적 군비통제 중 군사제한 조치들을 중심으로 만들어졌다. 보통 군비통제는 신뢰구축, 군사적 제한 조치, 그리고 군축 등 3요소로 이루어져 있고 이 순서에 의해 단계적으로 이루어진다. 그러나 9·19 합의의 경우 신뢰구축 조치는 시도되지 않았고 군사적 제한 조치 위주로 이루어졌다. 군축은 북한의 비핵화가 해결되어야만 진전이 있을 수 있는 상황이다. 이렇게 군사적 제한 조치부터 시작하게 된 것은 북한이 핵문제에 대해서는 미국과만 협상하고 재래식 군사적 긴장

해소는 남한과 협상하려고 하기 때문이다.

그러나 북한이 2020년 6월 17일 개성 남북공동연락소 건물을 폭파하고 다음 날 비무장지대 내 감시초소에 군부대를 다시 전개하고 서해상 군사훈련 재개를 발표함으로써 사실상 9·19 군사합의가 무의미하게 되었다. 2023년 10월 우리 정부가 북한의 군사위성 발사에 항의하며 9·19 군사합의 일부 조항 효력 정지를 발표했고 북한은 이에 대해 11월 23일 자로 9·19 군사합의 파기를 선언했다.

■ ■ ■ 참고문헌

김양희. 2022. 「한국형 경제안보전략의 모색과 IPEF」외교안보연구소. ≪IFANS 주요국제문제 분석≫, 2022-21

김우상. 2001. 「세력전이와 동아시아 안보질서에 관한 경험적 연구」. ≪한국정치학회보≫, 35집, 4호.

이 근·전재성. 2001. 「안보론에 있어 구성주의와 현실주의의 만남」. ≪한국과 국제정치≫, 17권, 1호.

이수형. 1999. 「동맹의 안보 딜레마와 포기-연루의 순환」. ≪국제정치논총≫, 39집, 1호.

이호철. 2004. 「민주평화론」. 우철구·박건영 공편. 『현대 국제관계이론과 한국』. 서울: 사회평론.

전 웅. 2004. 「국가안보와 인간안보」. ≪국제정치논총≫, 44집, 1호.

한용섭. 2019. 「군비통제 관점에서 본 9·19 남북군사합의의 의의와 전망」. ≪국가전략≫ 25집 2호.

_____. 2004. 「동아시아 안보공동체 구성을 위한 조건, 과제와 전망」. 한국국제정치학회 하계학술회의 발표논문집 『동아시아 안보공동체』.

함택영. 2002. 「21세기 한반도 평화전략: 군사력 균형과 군비통제, 군축전망」. ≪동북아연구≫, 7권.

08

핵무기와 국제정치

Understanding International Relations: The Crisis of Liberal International Order and Global Relations

1. 핵무기와 국제정치 핵이 평화를 가져오는가?

1945년 8월 히로시마와 나가사키에 핵폭탄이 투하되면서 끈질기게 저항하던 일본 제국주의는 무조건 항복을 선언했다. 그만큼 핵폭탄의 위력은 가공할 만했으며 이 새로운 무기는 국제정치의 판도를 완전히 바꾸어놓았다. 핵무기는 그 가공할 파괴력으로 인해 인류의 생존을 위협하는 무서운 존재이지만, 많은 학자들은 미국과 소련의 갈등이 첨예하던 냉전 시기에 양국 간의 핵전쟁이 일어나지 않고 냉전이 종식될 수 있었던 것은 역설적이게도 핵무기의 존재 때문이라고 주장한다. 즉, 핵무기가 전쟁을 억지하는 역할을 했다는 것이다. 이러한 견해를 이해하기 위해서 우리는 핵무기가 가진 무기로서의 특징을 알아보아야 한다.

우선, 핵무기는 기본적으로는 공격용 무기가 아니다. 핵무기가 개발된 이후 이제까지 핵보유국이 포함된 많은 전쟁이 있었지만 핵무기가 사용된 것은 일본에 대한 두 차례의 핵폭탄 투하가 전부이다. 누구도 핵무기를 공격용 무기로 사용한 적이 없다는 의미이다. 핵무기는 상대방이 자신을 공격하지 못하도록 하는 억지력(deterrence)을 제공하는 무기이다. 핵무기가 가지는 억지력은 핵무기의 가공할 만한 파괴력에 기인한다. 핵보유국을 공격할 경우 침략국은 핵무기를 사용한 보복을 각오해야 하며 그것은 치명적인 피해를 의미하는 것이기 때문에 선제공격에 신중할 수밖에 없다.

군사적 공격에는 1차 공격 능력(first-strike capability)과 2차 공격 능력(second-strike capability)이 있다. 1차 공격 능력이란 공격국가가 상대방을 선제공격하여 최소한의 피해만으로 상대방의 2차 공격 능력, 즉 보복공격 능력을 상당 부분 파괴할 수 있는 능력을 말한다. 반면에 2차 공격 능력은 적의 선제공격으로 인한 심각한 피해에도 불구하고 보복공격을 가할 수 있는 능력을 의미한다. 핵 억지력이 작용하기 위해서는 어떤 국가도 1차 공격 능력을 갖지 못하거나 또는 모든 국가가 확실한 2차 공격 능력을 가져야 한다. 이러한 2차 공격 능력은 선제공격을 가하는 국가도 보복공격에 의해 공멸하게 됨으로써 선제공격을 가하려는 국가의 공격 의도를 저지시키고 그로 인해 전쟁 발발을 억지하게 되는 것이다. 즉, 양쪽 모두 2차 공격 능력을 가졌을 때만 상호 확증파괴(Mutually Assured Destruction: MAD)의 상호억지 시스템이 작동되는 것이다. 따라서 국가들의 군비경쟁은 결국 2차 공격 능력을 유지·강화하기 위한 데 집중되어 있다. 2차 공격 능력을 유지하기 위한 전략으로는 많은 수의 핵무기를 생산하거나, 미사일을 분산 배치하거나 숨기거나(지하 기지나 핵잠수함 등에) 핵미사일 발사 장치를 이동 가능하게 함으로써 적의 1차 공격이 나의 모든 핵미사일을 한꺼번에 파괴할 수 없도록 하는 것이 있다. 이러한 억지력에 의한 전쟁 억지 장치는 재래식 무기(conventional weapon)로는 작동하지 않는다. 왜냐하면 재래식 무기에 의한 2차 공격 능력은 선제공격을 한 국가에 치명적 타격을 가하기 어렵기 때문이다. 억지력이 완벽하게 작동하려면 분쟁 당사국 모두가 핵무기를 가지고 있어야 한다. 왜냐하면 핵무기만이 MAD의 상호억지 시스템을 작동시킬 수 있기 때문이다. 양 국가가 핵무기를 보유하고 있을 경우, 2차 공격 능력을 보유했다는 것은 선제공격 국가 역시 상대의 보복공격으로 인해 파멸하고 만다는 것을 의미한다. 적국의 핵무기 공격을 감지한 국가가 적의 선제공격에서 살아남아 핵미사일을 발사함으로써 양국이 모두 공멸하게 되는 것이다. 이 경우 선제공격이라는 것은 별 의미가 없고 선제공격 국가나 공격을 받은 국가나 모두 멸망하게 된다는 것을 인식하고 있기 때문에 핵전쟁이 억지되는 것이다. 실제로 냉전 기간 중 강대국 간의 분쟁이 없었던 이유는, 핵을 보유한 강대국 간의 전쟁은 곧 인류의 멸망이라는 판단과 핵무기를 보유한 국가끼리의 전쟁은 어느 한쪽이 승리할 수 없다는 인식이 있었기 때문이다.

냉전기에 미·소 양국은 2차 공격 능력을 강화하기 위한 군비경쟁을 벌였다. 제2차 세계대전이 끝났을 때 미국은 원자탄 하나를 가지고 있었다. 미국은 1988년 군사력이 최고조에 달했을 때 1만 3000개의 핵탄두를 보유하고 있었고, 소련은 1989년 군사력이 최고조에 달했을 때 1만 1000개의 핵탄두를 보유하고 있었다.

이렇게 핵의 억지력을 강조하는 견해는 결국 핵을 옹호하는 논리이다.[1] 즉, 미국을 포함한 핵 강대국들의 핵전략은 선제공격이 아닌 적의 선제공격에 대한 보복에 역점을 두는 방어적 성격을 갖고 있고, 핵무기가 갖는 가공할 파괴력으로 인해 전쟁을 억제하는 효과를 가져와 평화를 보장할 수 있다는 견해이다. 그러나 핵을 반대하는 견해는 이러한 억지전략이 가지고 있는 이중성에 대해 비판한다. E. P. 톰슨(E. P. Thompson)은 핵 억지라는 전략적 개념이 방어적 성격과 함께 공격적 요소를 갖고 있다고 지적한다. 강대국들이 핵무기가 서로를 파멸시킬 것이라는 공포에 의해 평화를 보장하지만 다른 한편으로 핵전력에서 상대방에 대한 전술적·전략적 핵 우위를 확보함으로써 승리 가능한 핵전쟁을 상정하고 이에 대비해 왔다는 것이다. 미국과 구소련이 냉전 이후 핵무기의 생산과 현대화에 노력을 기울여온 것이 이에 대한 방증이라는 것이다. 특히 강대국의 핵전략 중 제한 핵전쟁(limited nuclear war) 개념과 유연 대응(flexible response)은 핵전쟁은 공멸을 가져온다는 핵 억지 이론의 기본 가정을 위배한 것이다.

구소련은 1982년에 핵의 선제사용을 포기한다고 선언한 바 있고 미국도 핵무기 선제사용을 상정하지 않고 있다. 그러나 핵 보유 강대국들은 핵 선제사용을 전제로 한 핵무기 고도화를 계속 진행해 오고 있다. 미국의 경우 다른 나라와 재래식 전쟁이 일어났을 때 전황이 불리하면 핵을 사용하여 전쟁을 승리로 이끌겠다는 군사전략을 모색했던 적이 있다. 특히 NATO는 1960년대부터 유럽에서 소련과의 분쟁 때 핵의 선제사용 방안을 고려해 왔으며, 이것은 NATO가 1977년 실시한 윈텍스(WINTEX) 군사훈련에서도 입증된 바 있다. 그리고 미국은 이와 같은 핵의 선제사용 전략을 한반도에도 적용시켜 왔다.

핵 억지론의 또 다른 문제점은 핵이 지금까지 전쟁을 억지하는 역할을 해왔기 때문

---

1 이후 서술되는 억지론의 허구성에 대한 논의는 이삼성(1998: 248~261)의 논의를 요약·보완했다.

에 앞으로도 인류를 전쟁으로부터 지켜줄 평화의 수단으로 본다는 것이다. 이러한 견해에 대한 논리적 비판은 그간 핵전쟁이 없었다는 사실이 앞으로 핵전쟁이 없을 것임을 보장하지는 않는다는 것이다. 핵무기가 존재하는 한 그 가능성이 아무리 적더라도 핵전쟁의 가능성은 존재하는 것이며, 그 결과는 되돌릴 수 없을 만큼 치명적이라는 것이다. 이렇게 소극적인 의미에서 핵 억지전략에 대한 비판 외에 핵무기와 핵 억지전략이 오히려 전쟁유발 요인을 내포하고 있다는 견해도 있다. 우선 강대국의 핵전략이 보복 능력 확보를 통한 전쟁 억지에 그치지 않고 핵전쟁이 일어났을 때 승리할 수 있는 능력 확보의 측면을 가지고 있다는 사실은 핵전쟁의 가능성을 인정하는 것이고 따라서 유사시 아예 적의 핵무기 능력을 미리 공격·파괴함으로써 상대방의 핵공격 가능성을 미연에 제거해 버릴 수 있는 능력을 키워야 한다는 논리로 발전한다. 그리하여 핵 억지전략은 현실적으로는 상대방의 군사력을 선제 파괴할 수 있는 대군사전략(counterforce strategy)으로 연장되는 것이다.

핵 옹호론의 또 다른 줄기는 핵미사일에 대한 완벽한 방어체계를 건설함으로써 핵을 제거하지 않고도 핵으로부터 안전할 수 있다는 견해이다. 이러한 생각은 미국의 전략방위구상(Strategic Defense Initiative: SDI)에 반영되어 있다. SDI는 우주에 떠 있는 위성을 통해 날아오는 적의 핵미사일을 파괴시킴으로써 핵미사일로부터 자국의 영토를 방어하는 미사일 방어계획이다. 이 전략은 안보를 위한 최선의 방책은 일단 공격을 받은 후 보복에 의존하는 것이 아니라 적극적인 방위라는 점, 그리고 서로가 상대방의 인구를 볼모로 하는 공포의 균형이 아닌 자기 방위에 초점을 두고 있다는 점에서 다른 전략들보다 더 도덕적이라며 정당성을 주장한다. 그러나 이 전략계획의 문제점은 이것이 '공포의 균형(balance of terror)'을 깨트린다는 것이다. 이 계획이 성공적으로 수행될 경우 미국은 보복공격에 대한 불안 없이 선제공격을 가할 수 있게 되므로 핵전쟁의 수행이 가능해지며 이것은 핵 억지력을 통한 평화의 보장이 더 이상 불가능

▶ **유연 대응** 기존의 MAD에서 벗어나 적의 태도에 맞추어 핵전략에 유연하게 대응하는 것을 말한다. 1976년 NATO는 전쟁확대 억지를 위해 재래식 전력, 전역 핵, 전략 핵 등 세 가지 전략을 상대방의 태도, 전황에 맞추어 사용하는 전략을 채택했다. 이러한 전략의 변화는 핵을 실제로 사용할 수 있는 무기로 활용한다는 의미로 볼 수 있다.

하다는 것을 의미한다. 또 이러한 계획은 이러한 방어망을 깨트리기 위한 정교하고 공격적인 무기체계의 개발경쟁을 촉발시킴으로써 군비경쟁을 가속화한다.

핵무기의 존재가 핵전쟁 발발 가능성을 높인다고 보는 또 다른 이유는 핵 시대의 전쟁이 컴퓨터화를 초래했다는 것이다. 상대방의 공격에 대한 대응과 보복의 결정은 불가피하게 컴퓨터의 기계적 신속성에 의지하게 되며 이러한 전쟁 발발과 수행의 컴퓨터화는 잘못된 정보에 의한 핵전쟁의 발발 가능성을 높인다. 즉, 컴퓨터가 실제로는 상대방으로부터의 핵공격이 아닌데도 잘못된 공격 정보를 띄움으로써 전쟁 상태로 자동 돌입할 가능성이 높다. ≪뉴욕타임스(The New York Times)≫의 보도에 따르면 미국의 북아메리카 항공방위사령부의 컴퓨터 경보체제는 1979년 1월부터 1980년 6월까지 소련의 핵공격 가능성을 경고하는 잘못된 정보를 무려 3804회나 내보냈다고 한다. 현재는 컴퓨터의 경보를 인간이 개입하여 검토할 시간적 여유가 있지만, 무기체제의 발전 속도를 고려할 때 정보와 보복 결정 사이의 시간적 여유는 줄어들 수밖에 없고 그럴수록 자동화된 컴퓨터에 의한 전쟁 발발 가능성은 높아지게 된다. 또 컴퓨터는 인간의 감성을 가지고 있지 않기 때문에 인간적인 정서나 두려움으로 인한 핵무기 사용의 주저 따위는 있을 수 없다. 컴퓨터화된 위기관리체제에서 있을 수 있는 무자비하고 기계적인 핵공격 가능성은 인간에 의한 결정체제에서보다 더 높아진다는 것이다. 또 핵무기의 등장 이후 공격 결정의 시급성으로 인해 전쟁 결정권이 대통령으로부터 소수의 군부지도자들에게 위임되는 결과를 가져왔다. 유사시 급박한 상황에서 상대방과의 전쟁 돌입 문제가 대통령에게까지 보고되어 그의 결정을 기다릴 여유가 없게 되고 정보를 먼저 접한 주요 군사지도자들에게 전쟁권이 양도되는 경향이 생긴다는 것이다. 미국의 경우 1950년대부터 이러한 전쟁권의 위임이 이루어져 왔다. 그리고 이러한 위임 현상은 위기 시에 우발적이든 광기에 의해서든 핵전쟁을 몰고 올 중요한 결정이 보다 쉽게 내려질 가능성이 증가했다는 것을 의미한다. 핵무기가 전쟁을 억지하기보다는 전쟁 촉발의 가능성을 높인다고 볼 수 있는 또 하나의 이유는 핵경쟁 역시 군비경쟁의 한 형태이며 군비경쟁은 곧 전쟁 발발의 환경을 조성한다는 일반론에서 찾을 수 있다. 군비경쟁과 전쟁과의 관계에 대해서는 아직도 논쟁이 계속되고 있지만 많은 연구가 군비경쟁이 가속화된 상태에서 전쟁 발발의 가능성이 높다는 지적을 하고 있다.

2. 핵 억지

1) 억지

억지(deterrence)는 방어와는 달리 사전에 어떤 행동을 하려는 상대의 의도를 포기하게끔 하는 것을 말한다. 따라서 억지는 물리적인 수단을 사용하기보다는 심리적인 차원에서 공포심이나 좌절을 통해 목적을 달성하는 방법이다. 이에 비해 방어는 억지가 실패할 경우 상대방의 행동에 대한 대응, 즉 사후적 성격이 강하다. 잠재적인 적대 국가가 침략을 할 의도 자체를 포기하도록 하는 것은 억지의 차원이고, 적대 국가가 침략을 했을 경우 그에 대응하는 것은 방어의 개념이다. 군사력은 억지 능력과 방어 능력, 두 가지 측면이 있다. 특히 핵무기가 등장함으로써 군사력을 억지와 방어로 구분하여 생각하게 되었다. 따라서 국제정치학에서 억지 이론은 주로 핵 억지를 의미한다. 일반적으로 재래식 군사력은 억지력을 갖기가 어려운데, 그 이유는 상대방이 자신들도 재래식 군사력의 증대를 통해 침략 시 승리할 수 있다는 기대를 가질 수 있기 때문이다. 그러나 핵무기는 그것이 가지고 있는 특별한 성격(MAD)으로 인해 억지력을 갖게 된다. 북한이 핵무기 보유를 통해 미국으로부터 자신의 안전을 확보하려는 것은 핵무기가 가지고 있는 억지력을 상징적으로 보여주는 것이다.

2) 핵 억지의 조건

✓ 능력(capabilities): 억지는 의지를 뒷받침할 능력을 확보해야 가능하다. 나에게 상대방의 행동에 대한 대응을 할 능력이 없다면 상대는 나의 위협을 믿지 않을 것이고 결국 억지는 실패할 것이다. 즉, 보복공격 능력이 반드시 존재해야 한다.

✓ 의사전달(communication): 억지가 성공하기 위해서는 상대방의 행동에 대한 나의 대응과 그러한 대응을 실제로 집행할 의지 및 능력이 있다는 것을 알려야 한다. 나에게 아무리 큰 군사적 보복 능력이 있더라도 상대방에게 그것을 전달할 수 없다면 위협을 줄 수 없다.

✓ 합리성(rationality): 억지는 일종의 게임이다. 우리가 카드놀이를 할 때 플레이의 결과, 즉 손해나 이득 등에 대한 일정한 합리적 판단이 있어야만 카드놀이의 묘미가 존재할 수 있다. 내 패를 속여서 승리하는 기술(bluffing) 역시 카드놀이의 참가자들이 합리적일 때만 존재할 수 있다. 핵 억지 게임에서도 게임에 참가하는 국가들에게 합리성이 결여되어 있다면 억지 게임은 성립될 수 없다. 상대방의 군사적 능력을 합리적으로 판단하는 것, 자신의 행동이 가져올 잠재적 손실과 행동을 포기했을 때의 이익 등에 대한 합리적 계산이 없다면 억지는 성립될 수 없다. 너 죽고 나 죽자며 덤비는 상대에게 억지는 성공하기 어렵다.

✓ 신뢰성(credibility): 나의 핵 선제공격에 대해 상대방도 공멸을 각오하고 핵 보복 공격을 감행할 것이라는 것을 믿어야 한다. 상대방 역시 나의 의지에 대한 신뢰를 가져야 한다. '설마'라는 의심을 가지고 있다면 상대는 핵 선제공격이라는 자신의 의도를 포기하지 않을 것이다. 따라서 나는 상대방이 내 실천 의지를 신뢰하도록 하는 전략이 필요하다.

3) 억지와 핵전략

핵 억지의 대표적 전략은 MAD이다. 이것은 미국과 소련 간의 핵 억지로 두 나라가 모두 2차 공격 능력을 확보하고 상대방의 선제공격에 대한 대량보복을 공언함으로써 서로의 공격을 억지하는 것이다. 이러한 억지 게임에서는 2차 공격 능력이 중요하기 때문에 미·소는 ABM 조약을 통해 서로의 2차 공격 능력을 유지하도록 했다. 1954년 아이젠하워 대통령의 '뉴룩(New Look)' 정책은 소련에 대한 재래식 전력의 열세를 핵 우위로 상쇄하려는 전략이었다. 이에 따라 대량보복전략(massive retaliation)이 발표되

▶ **ABM 조약** 1972년 미국과 소련이 체결한 탄도요격미사일 설치에 관한 조약이다. 이 조약의 기본 아이디어는 어느 한쪽이 선제 핵공격을 가해오더라도 공격을 받은 쪽이 파괴되지 않은 핵무기로 상대방을 초토화할 수 있는 능력을 보유하게 되어 어느 한쪽도 선제공격을 가하지 못하도록 하는 상호확증파괴를 통한 핵 억지를 유지하고자 하는 것이었다. 따라서 상대방의 ICBM을 요격하고, 핵 억지력을 파괴하는 탄도요격미사일의 수와 배치 범위를 제한함으로써 핵전쟁의 가능성을 없애야 한다는 것이다. 구체적 내용은 탄도요격미사일의 배치를 양국 수도 및 ICBM 발사대 반경 150km 이내에 각 100기 이내로 제한하는 것과 전 국토에 대한 방위를 금하고 두 지역에 대한 방위만 허용한다는 것이다. 이러한 조항은 1974년에 두 곳 가운데 한 곳에만 배치하는 것으로 강화되었다.

었다. 이것은 소련이 재래식 무기로 공격한다 하더라도 대량 핵공격으로 보복한다는 것으로, 억지의 효과를 강화하기 위한 조치였다. 그러나 대량보복공격은 그 신뢰도가 떨어질 수밖에 없다는 단점이 있다.

핵 억지는 또 자국에 대한 공격을 억지하는 것 외에도 제3자에 대한 공격을 억지하는 확장 억지(extended deterrence)가 있다. 미국의 일본에 대한 핵우산이나 유럽에 대한 보호가 확장 억지의 좋은 예이다. 미국은 소련이 이들 나라를 공격할 경우 핵무기로 보복한다는 것을 공언함으로써 이 나라들에 대한 소련의 공격을 억지하는 것이다. 이명박 정부 들어서 미국은 한국에 대한 확장 억지를 공언했는데 이것은 한국이 공격 받을 시 미국이 핵무기를 통해 보복한다는 의미이다.

3. 핵 확산   왜 핵은 확산되는가?

맨해튼 프로젝트를 통해 비밀리에 핵무기를 개발하고 1945년 실제 전쟁에 사용한 미국은 소련이 핵개발에 성공하기까지 오랜 시간이 걸릴 것으로 예상했다. 그러나 1949년 소련은 시베리아에서 핵실험에 성공함으로써 핵보유국이 되었다. 그리고 1952년 10월 영국이 핵실험에 성공했고 1960년 드골 대통령의 주도하에 핵개발을 추진했던 프랑스는 사하라 사막에서 핵실험에 성공했다. 그리고 1964년 중국이 핵실험에 성공하고 1974년 인도가 핵실험에 성공함으로써 모두 6개국이 공식적인 핵보유국이 되었다. 그러나 이러한 공식적인 핵보유국 외에도 많은 나라가 핵무기를 보유하고 있거나 핵무기를 생산할 능력을 갖춘 것으로 파악된다. 1999년 핵실험에 성공한 파키스탄을 비롯해 이스라엘과 남아프리카공화국은 이미 오래전에 핵무기를 보유한 것으로 알려져 있고, 핵무기 개발 능력을 가지고 있는 나라로 시리아·아르헨티나·브라질·이란·이라크·리비아·한국·대만·일본 등을 들 수 있다. 북한은 2012년 개정된 헌법에 핵보유국임을 명시했다.

핵무기가 확산되는 이유는 간단하다. 안보위협을 느끼는 나라들은 자신의 생존을 위해 핵무기를 보유하려고 하기 때문이다. 그래서 적대적 경쟁 국가가 존재하는 국가들(이스라엘·팔레스타인, 브라질·아르헨티나, 남·북한, 인도·파키스탄, 대만·중국, 이란·이라

❧ 브로큰 애로우 ❧

〈브로큰 애로우(Broken Arrow)〉라는 영화에서 디킨슨 소령(존 트라볼타 분)은 남미의 테러분자들과 결탁하여 스텔스기에 장착된 핵미사일 2기를 탈취한 뒤, 미국의 주요 도시 공격을 빌미로 거액의 돈을 요구한다. 이 영화의 제목인 'Broken Arrow'는 부러진 화살이라는 뜻으로 중대한 핵무기 사고를 가리키는 미 국방성의 용어인데, 핵무기 혹은 그 구성 부분에 뜻밖의 사태가 발생해 다음의 결과가 생긴 경우를 말한다. ① 핵무기가 우발적으로 또는 허가 없이 발사되어 전쟁 발발의 위험이 있을 때, ② 핵폭발, ③ 핵무기의 비핵폭발이나 소실, ④ 방사능 오염, ⑤ 핵무기의 도난이나 분실, ⑥ 국민이 현실적·암묵적 위험에 처해 있을 때 등이다. 이와 같은 경우는 1950년부터 1980년까지의 30년 동안 32건이 보고되었다.

크)은 필사적으로 핵개발에 매달리는 것이다. 핵무기의 확산이 문제가 되기 시작한 것은 핵에너지의 사용이 보편화되면서부터다. 미국이 핵무기 개발에 성공한 직후 핵무기 기술은 일부 국가들만이 보유하고 있었고 핵무기 개발 비용도 많이 들었기 때문에 핵무기의 확산은 그다지 큰 문제가 아니었다. 그러나 핵에너지의 사용이 보편화되고, 특히 1972년 석유파동 이후에 핵에너지에 대한 연구가 급진전하면서 핵무기 확산의 기술적 기반이 조성되었다. 2020년 1월 기준으로 전 세계에 가동 중인 원자력 발전소는 441기이다. 미국이 96기의 원전을 가동 중으로 세계 최다이다. 그리고 2030년까지 최대 430기의 신규 핵발전소가 세워질 전망이다. 또 석유파동 이후 엄청난 달러를 보유하게 된 중동 국가들은 핵기술을 사들일 수 있는 경제적 여유를 갖게 되었다. 이러한 점도 핵 확산을 부추기는 원인이 되었다. 소련의 붕괴 또한 핵 확산에 유리한 조건이 되었다. 소련이 붕괴되면서 소련의 핵기술자들이 국외로 대거 스카우트되었고, 소련의 핵무기가 각 독립국가의 관할로 넘어가면서 핵무기 원료에 대한 관리 소홀로 인해 핵 원료의 해외 유출이 일어났던 것이다. 또 핵 군축의 결과로 핵무기가 해체되면서 생긴 핵무기 원료들이 국제 암시장에서 유통되고 있는 증거가 발견되었다. 이러한 상황에서 핵 비확산을 주도하고 있는 미국이 가장 걱정하는 것은 핵무기가 테러리스트나 '불량국가'의 손에 들어가는 것이다. 특히 핵무기 제조기술이 발전하면서 소형화가 가능해지고 테러리스트들이 이러한 소형 핵폭탄을 미국의 주요 도시에서 폭파시

251

🐚 미니 핵폭탄을 찾아내라: 핵폭탄 반입을 저지하기 위한 미국의 노력 🐚

필자는 1997년 가을 미국 하버드 대학교에서 열리는 세미나에 참석하기 위해 미국을 방문했다. 미국 공항의 입국 심사대에서 입국 심사를 마치고 비행기를 갈아타기 위해 수화물 검사를 받고 있는데 공항의 보안 요원이 나에게 '잠시 같이 가셔야겠다'는 것이 아닌가. 그런 일을 처음 겪은 나는 당황했고 같이 있던 일행들도 영문을 몰라 긴장했다. 보안 요원은 공항 구석에 있는 특별 검색대로 나를 데리고 가더니 서류 가방을 다시 검색하기 시작했다. 특이한 것은 조그만 천을 가지고 가방 구석구석을 닦더니 그 천을 작은 기계에 넣고 무언가를 검사하는 것이었다. 잠시 후 보안 요원은 협조해 주셔서 감사하다는 말을 하고 나를 다시 일행이 있는 검사대로 데려다주었다. 나는 보안 요원에게 방금 그 검사가 무슨 검사인지 물었고, 보안 요원은 최근 새로 생긴 검색 절차라고 말했다. 왜 나만 그 검사를 받아야 하냐고 물었더니, 무작위 추출 방식에 의해 내가 선택된 것이라는 답변이 돌아왔다.

하버드 대학교에 도착해 세미나에 참석하고, 미국인 친구에게 그러한 경험을 얘기했다. 그 친구는 그 검사가 핵물질을 찾아내기 위해 새로 고안된 검색 절차일 것이라고 알려주었다. 천으로 가방 구석구석을 닦아낸 것은 아마도 방사능 검사를 위한 절차 같다는 것이었다. 미국의 정보 당국은 테러리스트나 적성국가에서 서류 가방에 들어갈 만한 크기의 핵폭탄을 제조해 미국으로 반입할 수 있는 가능성에 대해 우려했고, 실제로 과학자들은 그러한 소형 핵폭탄이 기술적으로 가능하다는 견해를 밝혔다. 미 정보 당국은 모의 핵폭탄을 만들어 정보 요원이 그것을 소지하고 미국의 공항, 항만을 통해 입국하게 해보았는데 기존 검색체계로는 핵폭탄을 찾아내지 못했다는 것이다. 그 후 핵물질을 검색하기 위한 새로운 검색체계가 도입되었고 아마도 내가 그러한 검색을 받은 것 같았다. 왜 하필 내가 선택되었을까, 정말 무작위로 선택된 것일까라는 의문이 들었다. 그리고 입국 심사 때 심사대 직원과 나눈 얘기가 생각났다. 직원은 왜 미국에 왔냐고 물었고, 나는 세미나에 참석하기 위해 왔다고 했다. 무슨 세미나냐는 질문에 하버드 대학교에서 열리는 핵 관련 세미나라고 대답했다. 그렇다. 그 세미나는 핵개발에 관련된 세미나였다. 내가 핵 관련 세미나에 참석한 것과 검색을 받은 데는 어떤 관련이 있었던 것일까. 지금도 알 수 없는 일이다.

킬 경우 미국은 완전히 무력화될 수 있다는 것이다.

우리는 여기서 핵에너지 개발과 핵무기와의 관계를 이해하기 위해 핵발전에 대해 알아둘 필요가 있다. 〈그림 7-1〉과 같이 핵발전은 핵연료인 우라늄의 채광에서 핵폐기물 처리까지 7~11가지 과정을 거치게 된다. 이러한 과정 중에서 핵무기 개발과 직

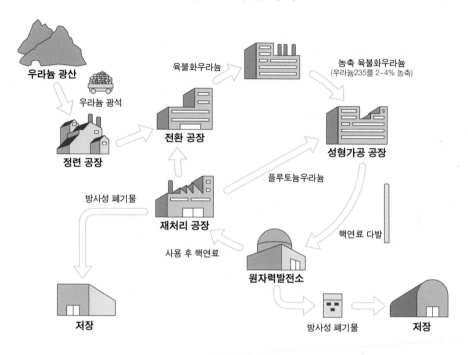

〈그림 7-1〉핵 연료주기

접적인 연관을 갖는 것은 우라늄의 농축 과정과 폐연료를 재처리하여 플루토늄을 분리해내는 과정이다. 그 이유는 순도 높은 농축 우라늄과 플루토늄이 핵무기의 원료가 되기 때문이다. 농축 과정은 기술적으로 복잡하고 비용이 많이 들지만, 재처리는 상대적으로 적은 비용을 가지고도 가능하다. 우라늄 농축 기술은 몇몇 핵보유국만이 가지고 있기 때문에 통제가 용이하다. 한국도 원자력발전의 원료인 우라늄을 남미 등지에서 수입하면 일단 미국으로 가져간 뒤 농축한 후에 한국으로 들어온다. 그러나 핵무기의 원료가 생산되는 또 다른 과정인 폐연료의 재처리 과정은 통제하기가 상당히 어렵다. 즉, 핵에너지를 얻을 목적으로 하는 핵발전과 핵무기 원료를 얻으려는 과정을 명확히 분리하기 어렵다는 것이다. 재처리 시설과 기술을 보유한다는 것은 곧 핵무기의 원료를 만들어낼 수 있다는 의미다. 재처리된 플루토늄을 다시 핵발전의 원료로 사용하지 않고 핵무기의 원료로 사용할 수 있기 때문이다.

핵무기가 전쟁을 억지하는 역할을 한다고 인식되지만 많은 나라가 핵을 보유하게

❧ 핵무기의 원료 ❧

핵무기를 만들기 위한 원료는 우라늄과 플루토늄이 있다. 우라늄 광석은 99.3%의 U-238과 0.7%의 U-235로 구성되어 있다. 여기서 U-235만이 핵무기에 사용된다. 농축 과정을 통해 U-235의 비율을 90% 이상까지 올려야 한다. U-235가 25kg이 되면 핵무기 하나를 만들 수 있는 양이 된다. 플루토늄의 경우 재처리 과정을 통해 폐연료에서 분리해낼 수 있다. Pu-239는 U-235보다 더 효율적이어서 6~8kg 정도면 핵무기 하나를 만들 수 있다.

되는 핵 확산은 오히려 핵전쟁의 가능성을 크게 할 수 있다. 핵 확산을 저지하려는 미국과 핵보유국의 노력은 이러한 전제하에서 이루어진다. 핵보유국이 많을 경우 다음과 같은 위험성이 있다. 첫째, 핵보유국이 많아지면 핵에 의한 전쟁 억지, 즉 '공포에 의한 균형'이 깨질 가능성이 커진다. 둘째, 연쇄반응이 일어날 가능성이 있다. 이스라엘이 아랍연합의 공격을 받을 경우 이스라엘이 핵무기를 조립하면 이에 대한 대응으로 러시아가 아랍 국가에 핵을 제공하게 된다든지, 북한이 핵을 보유하게 되면 일본과 한국이 핵을 보유하게 되는 경우를 생각할 수 있다. 셋째, 다수의 국가가 핵을 가지게 되면 핵무기의 관리가 어려워진다. 특히 정치적으로 불안하거나 경제적 어려움을 겪고 있는 나라가 핵을 보유할 경우, 핵무기가 범죄집단이나 게릴라의 손에 들어가거나 암시장에 유출될 가능성이 커진다. 넷째, 핵보유국이 증가하면 제3세계 국가끼리의 핵 연합이 이루어질 가능성이 있다. 이러한 연합은 제3세계 국가의 핵 보유를 급속도로 촉진시킬 가능성이 크다.

현재에도 핵 확산이 일어날 여러 조건이 성숙되어 있다. 첫째, 이제 핵기술은 일반화되었기 때문에 핵발전소가 가동 중인 나라는 쉽게 핵무기의 원료를 보유할 수 있게 되었다. 해외 토픽에서 보는 것처럼 대학원생들이 모의 핵폭탄을 제조할 수 있을 정도로 기술의 진보 속도가 빠르고 전 세계적으로 확산되어, 후진국들도 이러한 기술을 쉽게 보유하게 된 것이다. 둘째, 핵기술의 수출을 저지하기 어렵고 핵의 평화적 이용을 위한 기술을 군사적으로 전용하는 것도 쉽게 이루어질 수 있다. 셋째, 소련의 붕괴는 핵 확산을 부추기는 역할을 했다. 구소련의 핵무기는 현재 러시아·우크라이나·벨라루스·카자흐스탄 등 네 공화국이 분산 보유하고 있는데, 이들은 모두 계속적인 핵

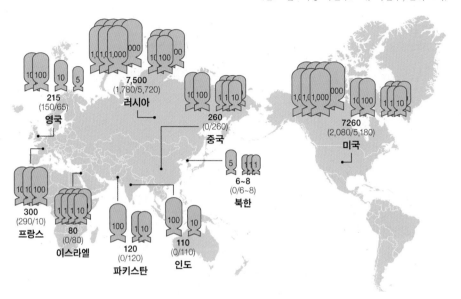

〈그림 7-2〉 세계 핵탄두 보유 현황

(괄호 안=가용 핵탄두/보유 핵탄두, 단위: 1기)

자료: *Financial Times*(2016.4.1).

보유를 원하고 있다. 또 경제적으로 어려움을 겪고 있는 구소련 공화국들이 경제적 목적을 위해 핵연료나 핵기술을 유출시킬 가능성도 큰 것이 사실이다. 1992년 북한은 구소련의 핵기술자 36명을 북한으로 데려오려다가 러시아 정보기관의 저지로 실패한 사례가 있다.

4. 핵 비확산을 위한 노력

기존의 핵보유국은 핵무기 확산 방지를 위한 노력을 줄기차게 기울여왔다. 1968년 NPT의 서명이 시작되어 1970년부터 발효되었다. NPT는 세 가지 중요한 목표를 가지고 있다. 첫째, 핵보유국은 핵 미보유국에 핵기술이나 핵무기를 제공하지 않는다. 둘째, 핵의 평화적 사용을 위해 핵보유국은 핵발전 기술과 정보를 제공한다. 이에 따라

NPT체제는 UN의 국제원자력기구(IAEA)의 감독하에 평화적 핵기술의 확산을 위한 안전장치를 마련했고, IAEA는 모든 핵 미보유국에 대해서도 핵발전 시설에 대해 정기적으로 감독할 권한을 갖게 되었다. 셋째, NPT는 핵보유국의 핵무기 군비경쟁을 중단하고 핵 군축을 추진하는 데 노력할 것을 규정하고 있다.

표면적으로는 NPT로 인해 공식적인 핵개발 국가가 증가하지 않았지만 실제로는 많은 나라가 핵보유국 바로 직전의 상태까지 도달해 있다. 이것은 NPT가 현실적으로 한계를 갖는다는 의미다. 우선 NPT는 대표적인 불평등조약으로 인식되고 있다. NPT는 핵을 이미 보유한 국가의 기득권을 보호하는 불평등한 조약이라는 것이 핵 미보유국의 주장이다. 국제정치는 힘의 논리가 지배하는 약육강식의 정글이다. 국제정치에서의 힘은 아직도 군사력을 의미하며 군사력에서 핵무기가 갖는 의미는 엄청나다. 많은 국가가 핵 보유를 자국의 생존 차원에서 추구하고 있는 것이다. 미국의 반대를 무릅쓰고 핵개발을 추진했던 프랑스의 드골 대통령은 독자적인 핵 능력 없이 프랑스는 자신들의 운명을 결정할 수 없다는 말로 핵무기의 중요성을 이야기했다. 결국 핵을 갖지 못하는 나라는 핵보유국에 종속되거나 그 보호를 받아야 하는데, NPT 조약은 핵 미보유국에게 그러한 약소국의 위치를 계속 유지하도록 강요한다는 비판을 받고 있다.

NPT체제와 IAEA에 의한 핵사찰은 현실적으로 결함이 많다고 지적된다. 파키스탄의 핵실험과 북한의 핵개발 프로그램에서 나타난 것처럼 IAEA의 핵사찰 효과에 대해서는 회의적인 목소리가 높다. 가장 근본적인 문제는 앞에서 지적한 대로 NPT 조약이 가진 불평등성이다. NPT의 2중 구조, 즉 1967년까지 핵실험을 마친 나라는 핵보유국

▼ **국제원자력기구(International Atomic Energy Agency: IAEA)**　　IAEA는 1957년 창설되어 핵무기 확산을 막는 조기경보체제를 운영해 왔다. UN의 준독립적 기술기구인 IAEA는 안전보장이사회의 지휘와 감독을 받지만 35개국 대표로 구성된 이사회에 의해 운영된다. 이사회에서는 미국을 포함한 몇몇 강대국이 강력한 발언권을 행사한다. 1991년까지 IAEA의 업무는 NPT 회원국들이 IAEA에 자진 신고한 민간 핵시설과 핵물질의 사찰에 국한되었다. 그러나 걸프 전쟁에서 '사막의 폭풍(Desert Storm)' 작전으로 NPT 회원국인 이라크가 IAEA의 사찰대상 시설에 인접한 비밀 공장에서 고성능 핵무기를 집중적으로 개발해 온 사실이 드러나면서 IAEA는 소극적인 활동을 자성하게 된다. 그 후 IAEA는 한스 블릭스(Hans Blix) 사무총장의 주도 아래 대대적인 인사 개편을 단행하고 방침을 혁신했다. 즉, 핵무기 개발 혐의가 있는 국가에 대한 방관적 태도를 버리고 적극적 조치를 취하기 시작했다. 이에 따라 IAEA의 조사에서 필요할 경우 미국 및 다른 회원국들이 제공하는 정보를 채택할 권리와 의심이 가는 시설에 대한 의무적 '특별사찰'을 통해 공개를 요구할 권리를 확립했다.

✎ 수평적 핵 확산과 수직적 핵 확산 ✎

수평적 핵 확산은 핵무기를 보유한 나라의 수가 늘어나는 것을 말하며, 수직적 핵 확산은 기존 핵보유국의 핵 능력이 강화되는 것, 즉 핵무기 보유 수가 늘어나는 것을 말한다.

✎ 핵무기 감축을 위한 노력 ✎

1972년 5월, 미국의 닉슨(Nixon) 대통령과 브레즈네프(Brezhnev) 소련 공산당 서기장은 SALT I을 체결했다. 이 협정으로 양국의 ICBM과 잠수함발사탄도탄(SLBM) 수가 당시 수준으로 동결되었다. 1979년 6월에는 카터(Carter) 대통령과 브레즈네프 사이에 SALT II가 체결되었으나 미국 의회가 비준을 거부하는 바람에 사문화되었다. 전략무기제한협정(SALT I, II)은 보유 무기 숫자의 상한을 정하는 협정이지만 1991년 조지 H. W. 부시(George H. W. Bush) 대통령과 고르바초프 대통령이 서명한 START I은 핵무기 수를 줄이는 더 진전된 핵무기감축협정이다. 이 협정에 따라 양국은 향후 7년에 걸쳐 보유 핵무기를 각각 6000~7000기 수준으로 줄였다. 1993년 1월 조지 H. W. 부시 대통령과 옐친 대통령이 START II를 체결했고, 2003년까지 전략핵무기 수를 각각 3000~3500기 수준으로 감축하는 데 합의했다. 그러나 START II는 러시아 의회가 비준 시 조건을 단 것에 미국이 반발해 실행에 옮겨지지 않았다. 2002년 5월 조지 W. 부시(George W. Bush) 대통령과 푸틴 대통령이 핵무기감축협정에 서명했다. 양국은 2002년 기준으로 보유한 6000~7000기의 핵탄두를 10년에 걸쳐 1700~2200기 수준으로 대폭 감축하는 데 합의했다. 이 협정은 9·11 테러 이후 미·러 간의 협력관계를 상징적으로 보여주며, 이 협정으로 양국은 핵무기 보유에 따른 군사비 부담을 줄여 국방개혁과 경제성장에 몰두할 수 있게 되었다.

이 되고 그 외의 국가는 핵을 보유할 수 없다는 조약은 불평등하기 때문에 많은 나라가 이 조약 자체를 지켜야 한다는 데 대해 적극적이지 않다는 것이다. 게다가 중국이나 프랑스 같은 나라들의 계속적인 핵실험은 핵 미보유국들의 불만을 고조시키고 있다. 그리하여 핵 미보유국들은 호시탐탐 핵무기 개발을 노리는 것이다. 둘째, IAEA의 사찰 능력이다. 우선 사찰을 담당할 인력의 부족이 심각하다. IAEA는 핵시설 계획에 대한 평가, 핵물질의 이동 및 이용의 감시, 핵시설의 정기적 사찰 등의 임무를 수행하고 있는데 계속 늘어나는 핵발전소에 비해 이를 담당할 인력은 턱없이 부족한 실정이

다. 셋째, 기술적으로 핵물질이 에너지 목적이 아닌 군사적 목적으로 개발되고 있다는 것을 발견했을 때는 이미 너무 늦은 경우가 많다. 사찰을 시작했을 때는 이미 핵무기의 연료를 보유한 경우가 많다. 넷째, 위반 사실을 발견했다 하더라도 제재 수단이 제한되어 있다. 가장 효과적인 제재는 미국 같은 강대국의 제재인데 이러한 제재는 종종 수천 개의 핵을 가진 나라가 한두 개의 핵폭탄을 가지려는 약소국에 대해 압력을 가하는 것이 위선이라는 비난을 받게 된다. 다섯째, 제재국의 입장을 더욱 어렵게 하는 것은 미국·중국을 비롯한 핵보유국들이 핵실험을 계속하고 있고 인도·파키스탄·이스라엘 등 핵무기를 보유하고 있다고 여겨지는 국가들도 사찰을 피하기 위해 조약에 서명하지 않고 있다는 사실이다. 여섯째, IAEA의 목표, 즉 평화로운 핵에너지 이용의 확산과 핵무기의 확산 금지는 모순적일 수 있다. 핵개발이 처음부터 평화적인 목적으로 시작된 것인지, 아니면 군사적 목적에 의한 것인지 구별되지 않기 때문이다. 설사 평화적인 목적으로 시작했다 하더라도 군사적으로 이용할 의도가 있으면 쉽게 목표를 전환할 수 있다. 그리고 NPT의 조항은 90일 전에 통고만 하면 탈퇴할 수 있게 되어 있다. 따라서 핵기술 — 그것이 평화적인 목적을 위한 것이라 하더라도 — 을 전수받고 탈퇴한 후 군사적 목적을 위해 이용할 수 있는 허점을 가지고 있는 것이다.

이러한 문제점 때문에 비현실적인 핵비확산전략보다는 통제된 확산(controlled Proliferation)전략을 미국이 추구해야 한다는 주장도 대두되고 있다. 이는 미국이 NPT에서 탈퇴하고 다음과 같은 나라 — 미국과 오랜 기간 우방관계를 유지한 나라(캐나다·스위스·네덜란드 등), 핵에너지나 핵무기의 보유가 지역의 안정을 증대하고 전쟁 가능성을 낮추는 나라(대만·이스라엘·이집트·그리스 등), 인권이 보장되고 있거나 개선되고 있는 나라, 자신의 안보와 방어 목적으로만 사용한다고 서명한 나라, 핵무기의 수를 늘리거나 다른 나라로 이전하지 않는 나라 등 — 에 핵기술을 제공할 수 있다는 것이다.

▶ **포괄적 핵실험 금지조약**(Comprehensive Test Ban Treaty: CTBT)　　CTBT는 핵 확산 방지를 위해 1996년 6월 UN 총회에서 채택된 결의안으로 대기권은 물론이고 우주·수중·지하에서의 어떤 핵실험도 금지하고 있다. 미국·영국·프랑스·중국·러시아 등 5대 공식 핵보유국을 포함한 44개국이 비준해야 효력을 갖는다. 2016년 말 현재 183개국이 서명하고 166개국이 비준을 마쳤다. 핵보유국 중 중국과 미국이 비준을 거부함으로써 CTBT는 효력을 갖기 어려울 것으로 판단된다. 오바마 대통령은 CTBT 비준을 대선 공약으로 제시했으나 결국 비준 공약을 지키지 못했다.

그러나 미국의 이러한 핵 비확산 노력은 미국 상원이 포괄적 핵실험 금지조약의 비준을 거부함으로써 어려움에 봉착하게 되었다. 2016년 말 현재 183개국이 서명하고 166개국이 비준을 마쳤지만 미국 이외에도 중국·인도·파키스탄 등 핵보유국과 이스라엘과 같은 핵 보유 추정국, 이란과 같은 핵개발 의심 국가 등 총 8개국이 비준을 거부하고 있다. 이들 국가들이 조약 비준을 거부하고는 있지만 1996년 중국이 마지막 핵실험을 한 이후 21세기에 들어와 핵실험을 한 나라는 북한이 유일하다. 북한은 2006년에 첫 핵실험을 한 이후 2009년, 2013년, 그리고 2016년에 두 차례, 2017년 한 차례 등 여섯 차례의 핵실험을 실시했다.

미국은 조약의 미비준 국가이지만 오바마 정부는 비확산에 큰 관심이 있었고 2009년 프라하 연설에서 '핵무기 없는 세상'을 주창한 이후 핵 군축, 핵 안보, 핵 비확산 등에 많은 노력을 기울여왔다.

트럼프 대통령은 집권 이후 오바마 정부가 이란과 협상한 것을 비판하며 2018년 8월 이란과의 핵 합의에서 탈퇴하고 이란에 대한 제재 조치들을 재개한다고 선언했다. 바이든 정부는 집권 후 2021년부터 핵합의 복원회담을 시작했고 이란도 평화적 핵 활동이 보장된다면 서방과 핵 합의가 가능하다는 입장을 밝혔다.

5. 한국의 핵개발

한국은 박정희 정권 때 핵무기 개발을 추진했다. 당시의 국제정세는 닉슨 대통령이 1969년 닉슨 독트린을 발표하고 이에 따라 1970년 미 7사단이 한국에서 철수하는 등 급박했는데, 이 시기 북한의 군사력은 한국을 능가하는 것으로 평가되었다. 박 대통

▼ **닉슨 독트린** 1969년 7월 25일 닉슨 대통령은 아시아 순방길에 닉슨 독트린을 발표한다. 베트남 전쟁으로 만신창이가 된 미국은 '아시아인의 안보는 아시아인의 손으로'라는 구호를 앞세우며 미국은 이 지역의 안보를 위해 핵우산을 제공하고 경제적 원조, 군사고문단 등의 원조는 제공하지만 지상군은 제공하지 않을 것이며 아시아인들은 자조(self-help)의 원칙에 따라 스스로의 안보에 더 많은 역할을 담당해야 한다고 천명했다. 이러한 닉슨 독트린에 따라 이 지역에서 미군의 철수가 시작되었으며 미국의 안보 역할을 우방국이 나누어져야 한다는 요구가 시작되었다.

<blockquote>

✎ 한국도 핵실험을 한 적이 있다? ✎

2004년 9월 IAEA는 한국이 1982년 150kg의 금속 우라늄을 생산했고 이 중 3.5kg이 우라늄 분리 실험에 사용되었다고 밝혔다. 엘바라데이(ElBaradei) IAEA 사무총장은 한국의 우라늄 농축 실험(2000년) 및 플루토늄 추출(1982년) 실험에 대해 '심각한 우려'를 표명했다. 문제는 1982년 만들어진 금속 우라늄의 일부가 레이저 기술을 이용한 우라늄 농축 실험에 사용되었다는 데 있었다. 물론 한국은 이런 사실들을 IAEA에 보고하지 않았다. 외신들은 미국이 IAEA의 이 발표를 접하고 나서 한국에서 1970년대 말 추진되었던 핵개발 계획과 이번 핵실험의 관련성을 의심하고 있다고 보도했다. 또 미국의 바우처(Boucher) 국무부 대변인은 UN 안보리에서 한국의 핵실험 문제를 다루어야 한다고 언급하기도 했다. 이 사실이 공개된 것은 북한 핵 프로그램과 관련된 6자회담이 진행되던 시점(2004년)이었고 중국은 이 문제를 6자회담에서 다루어야 한다고 주장하기도 했다. 한국은 1982년 금속 우라늄 생산(변환) 실험이 학술적 차원에서 이루어진 것이라고 해명했다. 결국 이 문제는 IAEA 차원에서 한국의 해명을 받아들이는 것으로 마무리되었고 안보리 회부는 이루어지지 않았다.

</blockquote>

령은 자주국방의 필요성을 인식하고 핵무기 생산능력 보유계획을 추진하게 된다. 그리고 1972년 핵무기 원료인 플루토늄 제조용 재처리 공장을 건설하기 위해 미국 몰래 프랑스와 접촉했다. 1974년에는 한불협력의 결과 연 20kg의 플루토늄을 생산할 수 있는 공장의 기술 설계도가 완성되었다. 미국이 히로시마에 투하한 것과 마찬가지의 위력을 지닌 핵폭탄 2기를 만들 수 있는 양이었다. 1974년 인도가 핵실험에 성공하면서 미국은 핵 확산 문제의 심각성을 인식하게 되었다. 이에 미국 정보 당국은 핵무기 개발 관련 물질에 대한 각국의 수입 자료를 검토하기 시작했고, 한국의 핵무기 개발 착수에 대한 확증을 얻었다. 처음에 미국은 프랑스가 핵기술을 판매하지 않도록 하는 간접적인 방식으로 한국의 핵개발을 저지하려 했다. 그러나 프랑스는 이를 거부했고 그러자 한국에 직접 압력을 가하기 시작했다. 미국은 한국 국방장관에게 한국이 핵무기 개발을 고집하면 미국은 안보와 경제 문제를 포함해 "한국과의 모든 관계를 재검토할 것"이라고 경고했다. 이러한 미국의 반대에 부딪힌 박 대통령은 결국 프랑스와의 계약을 취소하게 된다. 그러나 박 대통령이 핵개발을 포기한 것은 아니었다. 한국

은 1978년 프랑스와 재처리 시설에 대한 협의를 재개했다. 미국은 이번에는 카터 대통령이 직접 나서서 발레리 지스카르 데스탱(Valéry Giscard d'Estaing) 프랑스 대통령과 담판을 지었다. 그럼에도 불구하고 박 대통령은 1981년이면 한국이 핵무기를 제조할 수 있을 것으로 믿었다는 증언들이 있다. 그러나 박 대통령의 사망 후 한국의 핵개발은 완전히 중단된다. 새로 정권을 잡은 전두환 정권은 미국과의 우호적 관계를 위해 그동안 추진해 오던 핵개발을 중단하고 대한민국에서 공식적으로 '핵'이라는 단어의 사용을 금지시켰다. 한국에서는 핵발전이란 용어는 공식적으로 사용되지 않으며 원자력발전이라는 말이 사용된다. 그리고 노태우 대통령은 1992년 한반도비핵화선언을 통해 한국은 핵개발의 포기는 물론 핵무기의 실험, 제조·생산, 접수, 보유, 저장, 배치, 사용을 하지 않고 핵 재처리 시설과 우라늄 농축 시설을 보유하지 않는다고 천명함으로써 핵 주권을 완전히 포기하게 된다.

그러나 한국 내에서는 아직도 한국이 경제적 이유에서 재처리 시설을 보유해야 한다고 주장하는 의견이 있다. 원자력에너지 관련 사항을 관할 중인 한국전력을 중심으로 한 이와 같은 견해는, 원자력발전의 원료인 우라늄 가격이 현재는 안정되어 있지만 어차피 유한한 자원이고 안정적 수급에 경제적 부담이 크기 때문에 폐연료봉을 재처리해서 플루토늄을 분리해 연료로 쓰면 원자력에너지 원료에 대한 수급 문제를 해결할 수 있을 것이라고 본 데서 나온 것이다. 그러나 미국은 재처리 비용보다 우라늄을 수입해서 쓰는 것이 훨씬 경제적이기 때문에 한국이 재처리 시설을 고집하는 것은 다른 의도를 가지고 있기 때문이라며 이에 반대하고 있다.

2009년 북한 핵실험 이후 한국에서는 핵 주권을 회복하자는 목소리가 다시 커지고 있다. 그러나 핵 재처리와 농축 시설의 보유는 주변 국가들의 핵 무장을 유발할 가능성이 있기 때문에 미국이 강하게 반대하고 있다.

한미 간에는 1972년에 맺고 1974년에 개정하여 2014년에 만료되는 한미원자력협정이 존재하고 있었다. 이에 따라서 한국은 핵 폐연료의 재처리와 우라늄 농축 능력을 갖지 못했다. 2014년 만료를 앞두고 한미 양국 간에 개정 협상이 시작되었다. 미국은 우라늄 농축과 재처리 권리를 한국에게 허용하는 것에 대해 매우 부정적이다. 가장 큰 이유는 한국의 재처리 능력이 한국의 핵 능력을 강화시키고 주변국들의 우려를 불러올 수 있다는 것이다. 한국은 핵의 평화적 이용 차원에서 농축을 통해 핵발전의 원료를 안정적으로 확보하고 재처리를 통해 핵 폐연료를 효율적으로 처리하고자 하는 목표를 가지고 있다. 개정 협상에서는 재처리 분야의 새로운 기술인 파이로프로세싱 공법을 재처리 기술로 허용할 것인가와 한국에게 농축할 수 있는 권리를 줄 것인가가 핵심이다. 2012년까지 협상을 마무리하고자 했던 의도와는 달리 협상은 2015년 6월 15일에 타결되었고 그해 11월 25일 발효되었다. 이 한미원자력협정으로 인해 그동안 완전히 제한되어 있던 원전용 연료 생산을 위한 우라늄 농축을 부분적으로 확보(미국산 우라늄을 20% 미만으로 저농축 가능)했고 사용 후 핵연료 재활용(재처리) 역시 부분적으로 확보했다. 이제 사용 후 핵연료 연구 등과 관련해 일일이 미국 측의 사전 동의를 얻지 않고 장기동의 형태로 바꾸어 자율성이 대폭 높아졌다. 또 파이로프로세싱 연구나 시험도 가능해졌다. 그러나 일본이 농축, 재처리에 대한 완전한 권리를 갖는 것에 비하면 한국은 파이로프로세싱이나 농축 추진도 미국의 동의하에서만 가능하기 때문에 한계가 있는 것은 사실이다. 2016년 북한의 제4차, 제5차 핵실험과 함께 한국 내에서 전술핵 재도입, 독자적 핵개발 추진 등의 논의가 다시 시작되었다. 그러나 두 가지 옵션 모두 우리가 치러야 하는 대가가 매우 크다는 것을 생각할 때 그리 가능성이 높지는 않다(8장 7. 한국의 핵 무장 논란 참조).

▶ **파이로프로세싱(Pyroprocessing)**   원자력발전소에서 연소되어 원자로 밖으로 꺼낸 핵연료, 즉 사용 후 핵연료에 포함된 우라늄 등을 회수하여 차세대 원자로인 고속로의 핵연료로 재활용할 수 있는 기술이다. 핵연료 건식재처리기술 또는 건식정련기술이라고도 불린다. 한국의 전문가들은 이 기술을 실용화하면 우라늄을 반복 재활용함으로써 우라늄 활용도를 획기적으로 높일 수 있고, 사용 후 핵연료의 부피는 현재의 20분의 1, 발열량은 100분의 1, 방사성 독성은 1000분의 1로 줄어 고준위폐기물 처분장 규모를 100분의 1로 줄일 수 있다고 주장한다. 사용 후 핵연료를 처리하는 또 다른 방법인 습식처리기술의 경우 핵무기의 원료가 되는 순수 플루토늄을 생산할 수 있다. 반면 파이로프로세싱은 공정의 특성상 플루토늄을 단독으로 분리할 수 없어 핵 비확산성이 보장된다는 주장이다. 하지만 미국은 파이로프로세싱에 대해 부정적이다. 미국이 한국과의 파이로프로세싱에 대한 공동연구를 제안한 것도 파이로프로세싱의 한계와 문제점을 확인시켜 주기 위한 의도라는 의견도 있다.

6. 북한의 핵개발[2]

1) 1994년 북핵 위기와 제네바 합의(기본합의문)

북한은 소련으로부터 경수로를 제공받으면서 NPT에 가입하라는 압력을 받고 1985년 12월 가입했다. 그러나 NPT 가입 이전부터 북한은 독자적 핵개발을 추진한 것으로 알려진다. 1986년 인공위성이 폭발 실험의 흔적들을 촬영하면서 북한의 핵무기 개발 의심이 가중되었고 핵연료 재처리 시설의 건설이 확인되었다. 그 후 북한은 미국의 압력으로 1992년 1월 30일 IAEA와 핵안전협정에 서명한다. 1992년부터 IAEA는 전면사찰을 요구했고 북한은 IAEA의 사찰 요구를 계속 거부했다. 1993년 2월 IAEA는 2개의 핵폐기물 저장소에 대한 특별사찰을 요구했고, 25일 대북 특별사찰 결의를 채택했다. 이 특별사찰 결의는 IAEA와 북한 모두에게 중대한 의미를 가진 사건이었다. IAEA로서는 이러한 특별사찰이 국제적 지지를 얻지 못하면 새로 행사하기 시작한 권위가 무용지물이 될 뿐 아니라 이라크 사찰 이후 추진 중이던 핵무기확산금지운동도 결정적으로 후퇴할 가능성이 있었다. 북한의 입장에서는 이번 사찰이 앞으로 더욱 심해질 간섭의 시작에 불과한 것으로 보였다. 북한은 1993년 3월 12일 NPT 탈퇴를 선언한다(NPT는 회원국의 중대한 국가이익 보호를 위해 탈퇴를 통보할 경우 이를 허용하도록 되어 있다). 탈퇴가 효력을 발휘하기까지는 3개월의 유예기간이 있는데 미국은 이 기간에 북한의 의사를 번복시키려고 외교적 노력을 기울였다. 만일 북한이 탈퇴하게 되면 NPT를 탈퇴한 최초의 나라가 되며 미국이 핵 확산을 막으려는 노력에 큰 상처를 주게 되기 때문이었다. 한국의 입장에서는 북한이 핵무기를 개발함으로써 한반도의 전략적 상황에 변화가 오는 경우, 미국을 비롯한 우방국이 북한 핵개발에 강력히 대처함으로써 한반도에 전쟁이 발발하는 경우, 한국 내에서 북한의 핵무기 개발에 대응해야 한다는 압력이 강해져 군비경쟁이 가열되고 일본까지 핵무기 개발에 나서는 경우

---

2 이 부분은 돈 오버도퍼(Don Oberdorfer)의 『두 개의 코리아(Two Koreas: a contemporary history)』 중 제11장 「북한의 핵개발 및 IAEA 사찰」을 정리·보완한 것이다.

등의 세 가지 가능성에 주목하고 대응 전략을 준비하고 있었다.

미국과 북한은 핵 위기를 해소하기 위해 뉴욕에서 예비 접촉을 시작했고, 1993년 6월 11일 공동선언문을 발표하게 되는데, 이 선언문의 요지는 미국이 제시한 북한의 안보보장, 공식 대화를 지속한다는 양측 합의, 그에 대한 보답으로 '필요하다고 생각하는 동안' NPT 탈퇴를 유보한다는 북한 측 결정 등이다. 이와 같은 핵 합의를 통해 미국은 NPT의 와해를 막았고 북한은 미국과 공식 대화를 하는 공식적 실체로 인정받았다. 그러나 한국의 보수층은 북·미관계의 개선에 대해 큰 충격을 받았다.

이러한 공동성명으로 북한의 핵 의혹이 사라진 것은 결코 아니었다. 미국은 특별사찰 문제를 해결하기 위해 1993년 11월 15일 일괄협상안을 마련하게 된다. 핵심은 북한은 IAEA의 정기사찰을 받아들이고 남북대화를 재개하며, 미국은 1994년 팀스피릿(Team Spirit) 훈련의 취소, 북·미 3차 협상의 재개를 약속하는 것이었다. 3차 협상의 논의 사항은 영변 핵폐기물 처리장에 대한 IAEA 사찰, 북한에 대한 국가 인정, 교역과 투자를 위한 한·미·일 3국의 양보 등이었다. 이 일괄협상안은 한국의 동의 없이 만들어져 한국을 들러리로 만들고 말았다.

하지만 한국에 패트리어트 미사일이 배치되고 북한이 핵사찰을 받아들이지 않을 경우 팀스피릿 훈련을 재개할 것이라는 성명이 발표되자 상황은 악화되어 북한은 강경 분위기로 선회했다. 북한은 1993년 특사교환 문제를 두고 판문점 회의에서 '불바다' 발언 파문을 일으킨다. 미국은 북한의 핵개발 의혹은 물론 과거 핵의 투명성 보장을 위해 노력을 기울였다. 그러나 북한은 IAEA의 참관이 없는 상황에서 핵 연료봉 교체를 강행했고, 1994년 6월 2일에 추후 계측 불능을 선언했다. 그리고 UN의 제재는 선전포고로 간주될 것이라며 전쟁불사 의지를 밝혔다. 이때부터 주한미군사령부는 북한의 도발 가능성에 대비해 군사적 대비를 시작했으며, 미군의 작전계획 5027이 구체적으로 검토되었다. 페리(Perry) 국방장관, 합참의장 등이 포함된 미국의 장성들이 전쟁계획을 논의했는데, 한반도 전쟁 시 미군 5만 2000명, 한국군 49만 명의 사상

▼**작전계획 5027** 공격적 성격의 대규모 한미연합군이 북한에 반격을 가해 평양을 접수하고 북한 정권을 무너트리는 시나리오로서 상황에 따라 중국 국경 인근까지 밀어붙여 한반도를 재통일하는 작전이다. 핵심은 도발 조짐이 보이는 전 단계에서 한미연합군이 군사적 조치를 미리 취한다는 선제공격 작전이다.

자가 나고 군비 610억 달러가 소요될 것이라는 예측이 나왔다.

1994년 6월 10일 IAEA 대북제재안(핵개발 계획에 대한 기술지원 중단)이 채택되었고, 북한은 IAEA에서 탈퇴하고 국제사찰단원을 추방할 것이라고 발표했다. 미국은 미 국방부가 클린턴 대통령에게 미군 증강안 승인을 요청했고, 북한은 이것을 선전포고로 받아들일 것이라고 발표했다. 1994년 6월 16일 게리 E. 럭(Gary E. Luck) 주한미군사령관과 제임스 레이니(James T. Laney) 대사는 미국인의 소개 작전을 결정했고, 레이니는 자신의 가족들에게 사흘 안에 한국을 떠날 것을 지시했다. 미국에서는 같은 날 UN의 대북제재 추진을 승인하고 한반도 주변 지역 미군증강계획을 검토하던 중 민간인 자격으로 특사 방문한 카터 전 대통령으로부터 김일성이 핵개발 동결, IAEA 사찰단의 북한 체류 계속 등을 허용하기로 했다는 통보가 왔다. 그러나 미국은 새로운 강력한 요구안을 카터를 통해 통보했다. 이러한 미국의 추가 요구에 카터는 반발했으나 결국 김일성이 미국의 추가 요구안을 받아들임으로써 북한의 핵개발 계획을 둘러싼 위기가 해소되었다.

1994년 10월 21일 미국과 북한은 제네바 합의를 통해 기본합의문에 서명한다. 기본합의문의 주된 내용은 다음과 같다.

✓ 미국의 경수로 발전소 제공. 그 대가로 모든 핵 원자로 및 연관 시설의 가동을 전면 중단, 그 시설에 대한 IAEA의 계속된 감시를 허용. 첫 번째 원자로의 연료봉은 국외로 선적.
✓ 경수로 건설 계획에 필요한 주요 장비가 5년 안에 인도되기 전까지 IAEA의 특별사찰을 포함하여 적극 협조. 기존 핵시설은 경수로 완료 시 완전 해체.
✓ 미국은 경수로 발전소 가동 전까지 매년 50만 톤 중유 공급.
✓ 미국은 북한에 대해 핵공격, 핵무기로 위협하지 않음.
✓ 북한은 한반도 비무장화에 관한 1991년 남북공동선언을 이행하고 남북대화를 재개함.

제네바 합의의 성과는 북한의 핵개발에 대한 투명성을 확보한 것이었다. 그러나 제네바 합의는 북한의 과거 핵, 즉 이미 북한이 보유하고 있을지도 모르는 핵폭탄의 원료나 핵무기에 대해서는 아무런 영향을 미치지 못하는 한계를 가지고 있었다. 한국은 제네바 합의에 반대했다. 김영삼 대통령은 북한과 타협해서는 안 되며 기본합의문에 남북대화에 대한 언급이 없다는 이유로 반대했고 미국은 김 대통령의 일관성 없는 대북정책을 불쾌하게 받아들였다. 결국 한국은 협상 과정에 참여하지 못하고도 경수로 지원에서는 가장 많은 비용을 지불하게 되었다.

북한의 금창리 핵시설 의혹과 1998년 8월 31일 대포동 1호 미사일 발사 실험 이후 기존의 대북정책을 재검토해야 한다는 목소리가 미국 내에서 제기되었다. 클린턴 대통령은 의회와의 조율을 거쳐 페리 전 국방장관을 대북정책 조정관에 임명했다. 페리는 한국·중국·일본을 순방하고 1999년 5월 25일 평양을 방문해 북한 측의 요구를 청취하고는 1999년 9월 페리 보고서를 미 의회에 제출했다. 페리 보고서는 기본적으로 북한에 대한 포용정책을 근간으로 한다. 미 정부에 대한 5대 정책 건의에서 페리는 포괄적 대북접근방식 채택, 미 대북정책조정 담당대사 임명, 한·미·일 고위조정감독기구 유지, 미 의회의 초당적 대북정책, 북한 도발 등 긴급 상황의 대비 등을 건의했다.

2) 2002년 북한의 핵개발 시인과 2차 북핵 위기

2002년 10월 17일 제임스 켈리(James Kelly) 미국 대통령 특사는 북한을 방문했을 당시 북한의 고위인사에게서 북한에 핵무기 개발 계획이 있다는 말을 들었다고 발언했다. 북한이 핵 프로그램을 진행하고 있다는 것을 시인했다는 것이었다. 2002년 10월의 핵 프로그램 보유 시인 발언은 북한이 우라늄 농축 시설을 가지고 있다는 것이었고 이것은 1994년 미국과의 기본합의문을 위반한 것이었다.

2002년 핵 프로그램 시인 발언의 배경을 살펴보자. 9·11 테러 이후 미국의 대테러 전쟁이 진행되었고 북한은 이라크와 함께 테러 지원국으로 지목되어 압박을 받아왔다. 특히, 북한은 이라크와 함께 '악의 축'으로 규정되어 미국과의 관계가 악화되었다. 미국의 이라크 공격이 기정사실화되면서 미국의 다음 목표가 북한이라는 예상이 나오기 시작했고 미국의 고위관리들이 북한의 핵 보유 사실을 언급하는 등 북·미 간 긴장관계가 고조되고 있었다. 특히 미국은 부시 대통령 집권 이후 한국의 햇볕정책에 대해 비판적 입장을 보이면서 북한의 WMD 개발·수출에 대해 반테러 전쟁의 차원에서 강경정책의 필요성을 시사하고 있었다. 여기에다 반테러 전쟁을 위해 선제공격도 가능하다는 새로운 독트린은 북한에게는 엄청난 압박으로 다가왔다. 이러한 상황에

> ### ❧ PSI의 실제: 리비아 작전 ❧
>
> 이 작전에는 4개국이 참여했다. 영국과 미국은 2003년 9월 독일 정부와 독일의 해운회사로부터 리비아행 화물선 1척이 핵무기 제조에 핵심 부분을 이루는 원심분리기 부품 수천 점을 적재하고 있다는 정보를 입수했다. 미국은 문제의 선박이 이탈리아 항구로 유인되도록 조치했고 이탈리아 정부는 이 배를 나포하고 수색했다.

서 북한의 핵개발 시인 발언은 미국의 압박정책으로부터 자신의 생존을 보호받을 수 있는 최상의 카드로서 나왔다는 것이다. 즉, 핵개발 계획을 시인하고 이를 통해 미국과의 협상을 이끌어내어 미국의 양보를 얻어내려는 외교적 협상 카드라는 것이다.

미국은 대테러전쟁의 일환으로 WMD의 확산을 막기 위한 노력을 기울였다. 북한의 핵개발 문제뿐만 아니라 북한의 WMD 수출도 미국의 주된 관심사가 되었다. 미국은 2003년부터 WMD 확산방지구상(Proliferation Security Initiative: PSI)을 통해 북한을 압박하고 있다. PSI는 지상, 바다, 하늘에서 WMD와 이동 수단(미사일), 관련 물질을 운송하는 것으로 의심되는 선박과 항공기 및 육상운송수단을 차단하는 것을 말한다. 2003년 6월 12일 스페인 마드리드에서 미국 주도로 호주·프랑스·독일·영국·이탈리아·일본·네덜란드·폴란드·포르투갈·스페인 등 11개 회원국이 첫 모임을 가졌고, 지금은 러시아를 포함한 17개국이 참여하고 있다. 이 외에도 약 60개국이 PSI에 대한 지지를 약속한 상태이다. 미국은 PSI 이후에 위조지폐나 마약 등의 이동을 차단하는 구상도 적극 검토하고 있다. 한국은 2009년까지 미국의 참여 요청을 받았지만 북한의 반발과 남북관계에 미칠 파장을 고려해서 PSI에 참여하지 않다가 2009년 북한의 핵실험 직후 입장을 바꿨다. PSI는 미국이 다자적 수단을 통해 WMD의 확산을 저지하려는 구상이지만 '자유 항행의 원칙'이라는 국제법과 충돌되는 측면도 가지고 있다. 미국은 이러한 문제점을 해결하고자 UN결의안을 통해 법적 정당성을 확보하려는 노력을 하고 있다.

북한의 핵개발 시인 발언 이후 사태는 급박하게 돌아갔다. 미국은 북한이 1994년의 기본합의문을 위반했다고 비난하고 평화적 해결이라는 원칙을 강조하면서도 이해가 걸린 국가들과의 공조를 통해 북한을 압박할 것임을 분명히 했다. 이와 함께 기본합의문에 의해 북한에 제공되던 중유 공급을 중단하기로 결정함으로써 북한에 대한 압박의 수위를 높였다. 미국은 북한과 어떠한 대화도 없을 것이며 오직 북한이 핵을 포기해야만 대화를 할 수 있을 것이라는 선(先)포기 후(後)대화 원칙을 고수했다. 여기에 대해 북한은, 기본합의문을 위반한 것은 중유 공급을 중단한 미국이며 북한은 에너지원 확보를 위해 핵발전소를 재가동할 것이라고 발표했다. 북한은 미국이 경수로 건설을 지연시키고 북한을 핵 선제공격 대상에 포함하는 등 기본합의문을 위반했다고 주장했다. 그리고 기본합의문에 따라 IAEA에 의해 봉인되었던 핵폐기물의 재처리를 다시 시작했고 나아가 기본합의문이 무효화되었기 때문에 더 이상 IAEA의 사찰을 받을 필요가 없다는 이유로 IAEA 감시단을 출국시켰다. 이후 북한은 미국에 북·미 불가침 조약 체결을 제의하고 2003년 1월 10일 NPT체제 탈퇴를 선언했다. 미국은 이러한 북한의 움직임에 대해 강력히 경고하면서도 이 문제를 평화적으로 해결한다는 원칙을 고수했으며 1월 14일 북한이 핵개발 계획을 폐기한다면 북의 체제 보장을 문서화할 수 있다는 협상안을 제시했다. 이와 함께 북한의 에너지 문제는 기존에 건설 중인 경수로가 아니라 화력발전소와 같은 다른 형태의 에너지 생산으로 해결해야 한다는 입장을 보였다. 미국은 또 북한이 핵을 파기한다면 북·미 간에는 기존의 제네바 합의가 아닌 새로운 협정이 필요하다는 것을 언급했다. 이것은 제네바 합의가 북한의 핵물질 생산능력을 차단하지 못했다는 미국의 인식을 보여준다. 사실 부시 행정부는 1994년 클린턴 행정부가 만들어놓은 제네바체제의 틀 안에서 북·미관계를 만들어나가는 것에 대해 불만을 가지고 있었고 북한이 제네바 합의를 내세우면서 미국에 대한 책임론을 주장하는 것에 대해 부담을 느꼈다.

3) 2차 북핵 위기(2002)의 다자적 해결 모색: 6자회담

북·미 간에 끊임없는 주도권 싸움이 지루하게 계속되는 가운데 2003년 4월 북핵 문제 해결을 위한 미·중·북 3자회담이 베이징에서 열렸다. 애초에 북한은 미국과의 양자 간 대화를 원했지만 중국의 중재를 북한이 수용하면서 3자회담이 성사된 것이다. 그러나 이 회담에서도 북한은 체제 보장과 핵 포기를 맞바꾸는 '일괄타결'을 제시한 반면 미국은 북한이 먼저 핵을 포기하고 "완전하고 불가역적이며, 검증 가능한 방법

(complete, irrevocable and verifiable)"으로 핵을 폐기하면 경제지원 재개와 북한의 생존 보장과 북·미관계 개선을 위한 협상을 시작할 수 있을 것이라는 종래의 강경한 입장을 천명했다. 이후 미국과 한국이 일본의 참가를 요청하고 북한도 러시아의 참여를 원하면서 2003년 8월 베이징에서 6개국이 참여한 제1차 6자회담이 개최되었다. 그 후 2004년 2월에 제2차 6자회담, 같은 해 6월에 제3차 6자회담이 열렸다. 그러나 제3차 6자회담 이후 북한의 핵무기 보유 선언으로 회담 분위기가 냉각되었고 2005년 7월 북한의 외무성 부상 김계관과 미국의 크리스토퍼 힐(Christopher Hill)이 베이징에서 접촉함으로써 6자회담의 재개가 합의되었다. 제4차 6자회담은 최초로 공동합의문이 채택되는 성과를 가져왔다. 9·19 공동합의문의 내용을 살펴보면 여섯 나라가 공약 대 공약, 행동 대 행동 원칙에 입각하여 단계적 방식으로 합의된 내용을 이행하기 위해 상호 조율된 조치를 취하는 데 합의했다. 북한은 모든 핵무기와 핵 프로그램을 포기하기로 약속했고 동시에 북한이 핵에너지를 평화적으로 사용할 권리가 있다고 밝혔다. 또 적당한 시점에 북한에 경수로를 제공하는 문제를 논의하기로 합의했다. 이 밖에 북한과 미국은 상호주권을 존중하기로 했고 한반도에서 영구평화체제를 위한 협상을 적당한 별도의 포럼을 통해서 논의하기로 했다.

한국은 이러한 공동합의문 채택이 그동안 우리 정부가 기울여온 외교적 노력의 성과임을 강조하고 긍정적으로 평가했지만, 동시에 많은 전문가는 이 공동합의문이 원칙을 천명한 것일 뿐 실제적 조치는 새로운 회담을 통해서 논의되어야 하는 것임을 강조했다. 특히 경수로 제공 문제는 문제의 씨앗을 애매한 문구로 덮고 넘어간 것이라는 지적이 나왔다. 실제로 6자회담 직후 북한은 경수로 제공이 우선되어야 핵을 폐기할 수 있다는 주장을 들고 나왔고 미국은 핵의 우선적 폐기를 주장함으로써 제4차 6자회담의 성과에 대한 부정적 평가가 옳았음을 보여주었다. 실질적 조치들을 위한 제5차 6자회담은 아무런 성과 없이, 2단계 제5차 6자회담의 날짜도 정하지 못한 채 폐회했다. 그 후 미국이 위조달러에 대한 북한의 책임을 거론하고 금융제재, 자산동결 등의 압박을 가하자 북한은 6자회담 참여를 거부했다.

4) 북한의 핵실험: 6자회담 틀의 붕괴

북한은 2006년 10월 9일 1차 핵실험을 했다. 애초에 의도했던 폭발력을 내지는 못했지만 핵실험은 부분적으로 성공했다고 볼 수 있다. 북한의 1차 핵실험은 6자회담의 성과인 9·19 공동합의문이 완전히 무용지물이 된 것을 의미했다. 또 북한이 이러한 합의 이후에도 계속적으로 핵무기 프로그램을 진행시키고 있음을 보여주었다. 이에 대해 국제사회는 미국과 일본의 주도로 10월 15일 UN 안보리 결의안 1718호를 채택했다. 주된 내용은 대량살상무기와 관련된 물품 및 사치품의 거래 금지, 안보리에서 지정한 단체나 개인에 대한 금융자산 동결, 금지 품목을 적재한 북한행 화물 검색 및 협조 조치 등이다. 노무현 정부는 초기에는 강경하게 대응하는 분위기였으나 결국 금강산 관광이나 개성공단 등에 대해 아무 조치도 취하지 않았고 대북포용정책에 대한 궤도도 수정하지 않았다.

2009년 5월 25일에 이루어진 북한의 2차 핵실험은 1차 핵실험보다 폭발력과 조종 기술이 고도화된 것으로 평가된다. 2009년 4월 북한의 장거리 미사일 발사에 대해서 UN 안보리가 대북제재결의안 1718호를 복원하는 의장성명을 발표한 후, 북한은 6자회담을 거부하고 미사일 발사를 계속할 것이며 불능화되었던 핵시설을 원상 복구함과 함께 "자위적 핵억제력을 백방으로 강화해 나갈 것"이라고 밝혔다. 2009년 5월의 핵실험은 북한의 이러한 위협이 현실화된 것이다. 북한의 2차 핵실험은 세 가지 배경에서 이해할 수 있다. 첫째, 김정일의 건강 악화로 인해 후계구도를 시급하게 확정할 필요가 생겼고 후계구도에 정당성을 부여하기 위해 주민들을 설득하고 결속시킬 무엇인가가 필요했다고 볼 수 있다. 핵실험의 성공은 이러한 목적을 충족시킨다. 둘째, 미국과의 협상용으로 볼 수 있다. 새로 집권한 오바마 행정부는 북한을 무시하는 태도로 일관해 왔고 북·미 대화에 관심을 보이지 않았다. 북한은 2차 핵실험을 통해 미국을 협상 테이블로 끌어내려고 시도한 것으로 판단된다. 셋째, 2차 핵실험은 오랫동안 계속되어 온 북한의 핵무기 보유 과정 중 일부라는 것이다. 이는 1차 핵실험과 마찬가지로 북한의 2차 핵실험이 단순한 협상 카드가 아니라 실제로 핵보유국이 되려는 목적 아래 차근차근 진행되어 온 과정의 한 단계로서, 가장 확실한 사실은 북한이 1990년대 초부터 지속적으로 핵무기를 보유하려는 노력을 멈춘 적이 없다는 것이다.

제네바 합의나 6자회담에서 나온 9·19 공동합의문에도 불구하고 북한은 핵무기 개발을 멈춘 적이 없다는 점이 1차, 2차 핵실험을 통해 명백히 드러났다.

북한의 2차 핵실험에 대해 UN 안보리는 강력한 대북결의안 1874호를 채택하고 금융제재, 무역제재, 무기수출 금지를 결의했다. 이에 대해 북한은 우라늄 농축을 할 것이며 이것을 무기로 사용할 것이라고 발표하면서 계속적으로 대결국면을 만들어나갔다. 북한은 김정은 정권 출범과 함께 2012년 4월 13일 개정된 수정헌법에 북한이 핵보유국임을 명시하고 있다. 북한이 핵을 폐기할 의사가 없음을 다시 한 번 확인한 것이다. 김정은은 집권 후인 2013년, 한국에 박근혜 정부가 들어서기 직전인 2월 12일 3차 핵실험을 실시했다. 이번에도 2차와 같이 미사일 발사 실험 이후 핵실험을 실시한 것이다. 이 핵실험으로 인해 오바마 정부의 '전략적 인내', 즉 북한의 위협에 대응하지 않겠다는 대북 핵정책은 원하던 결과를 얻지 못한 것으로 판명되었다. 북한은 2016년 1월과 9월에 4차·5차 핵실험을 실시했다. 1월 6일 실시된 4차 핵실험은 폭발력이 큰 수소탄 실험으로 드러났고 그 후 8개월 만에 5차 핵실험을 하는 등 북한이 보유한 핵폭탄 물질이 상당한 양이라는 것이 드러났다. 북한은 이제 자위 차원에서의 핵개발이 아니라 선제 핵공격 능력을 갖겠다는 의사를 김정은의 입을 통해 공식화했다. 북한의 여섯 번째 핵실험은 2017년 9월 이루어졌다. 국제사회는 UN 안보리를 통해 UN제재 2375호를 채택하고 북한의 외화수입원 중 하나인 섬유제품 수출금지 제재와 석유류 수입제한 조치를 추가했다.

지금까지의 북한 핵에 대한 대응은 UN을 통한 다자제재(UN제재 2270호, 2375호 등)와 미국·일본·한국 등의 양자제재로 요약될 수 있다. 그러나 그동안 UN 차원의 제재가 여러 차례 있었음에도 불구하고 북한의 핵 능력은 계속 고도화되었다. 미국과학자연맹이 2020년 4월에 발표한 추정치는 북한이 35개의 핵탄두를 보유했고 이제는 3~5년 내에 소형 핵탄두를 탑재한 ICBM을 미국 본토까지 발사할 수 있는 능력을 갖추게 된 것이다. 사실상 그동안의 북핵 문제에 대한 국제사회의 대응 전략이 실패한 것이다. 한국 내의 대화론자들은 압박이 능사가 아니며 대화를 통해 북핵 문제의 실마리를 풀어야 한다고 주문하고 있다. 그러나 1994년 이후 20년 이상의 역사가 보여주듯이 북한은 자신의 목표인 미국과의 수교, 미군 철수 등이 이루어지기 전에는 핵을 포기할 의사가 전혀 없으며 대화는 단지 북한에게 핵개발을 위한 시간을 벌어줄 뿐이었다.

북한의 핵 보유가 사실상 기정사실화되면서 북한 핵 폐기가 더 이상 실현 가능한 목표가 아니며 따라서 이제 북한 핵에 대한 정책을 핵 폐기에서 핵 비확산으로 전환해야 한다는 주장들이 나오기 시작했다. 이것은 북한의 핵 보유를 인정하는 것이고 그 바탕 위에 핵 군축과 핵 비확산을 논의하자는 것이다. 그러나 북한의 핵 보유를 인정하는 것은 한국으로서는 절대 받아들일 수 없는 것이기 때문에 한국은 북한 핵 폐기를 위한 새로운 전략을 고심하고 있다. 그러나 북한의 비핵화를 실현시킬 묘책을 찾기란 쉬워 보이지 않는다. 이런 상황에서 미국의 일부 전문가들은 핵 폐기 목표에서 북한 핵에 대한 억지력을 강화하는 전략 변경(game change)을 주장하고 있다. 한국과 미국은 2016년 7월 8일 북한의 핵, WMD, 탄도미사일로부터 국민의 안전보장과 한미동맹의 군사력을 보호하기 위해 THAAD 체계를 주한미군에 배치하기로 결정했다. 정확히 말하면 한국이 도입하는 것이 아니라 주한미군에 THAAD 체계를 배치하기로 한 것이다. THAAD 도입에 중국은 강력히 반대했고 러시아 역시 반대하는 입장이었지만 정부는 한국 배치에 동의했다. 중국은 THAAD 시스템의 레이더가 중국까지 미치기 때문에 미군이 중국의 움직임을 파악할 수 있다는 이유로 반대를 분명히 했다. 미국은 이 문제에 대해 설명하겠다고 중국에 여러 차례 제안했지만 거부당했다. 한국은 자국의 안보 문제를 타국의 압력에 따라 결정할 수 없다는 차원에서 배치를 최종 결정했다. 이와 함께 북한의 핵무기에 대한 억지력을 강화하기 위해 2016년 워싱턴에서 열린 2+2(한미 외교국방장관회의)에서는 '확장억제전략협의체'를 설립하여 확장억제의 신뢰성 및 실효성을 제고하기로 했다. 이러한 군사적 대응책과 함께 한국은 외교적으로 UN의 기존 제재를 강화하는 대북제재를 도출하고 있으며, 미국·일본 등과 함께 양자 제재를 통해 북한을 압박하고 북한에 대한 정보 유입을 강화하며, 북한 인권문제를 국제사회에서 거론하면서 북한에 대한 압박을 강화하고 있다.

문재인 정부가 들어서면서 남북관계의 개선 그리고 북·미관계 개선에 한국이 역할을 하려는 정책이 추진되었다. 북한이 북핵 문제를 북·미 사이의 문제로 보기 때문에 한국은 중재자, 촉진자 역할을 하고 있는 것으로 보인다. 북·미 간에는 두 차례의 정상회담이 열렸다. 2018년 6월 12일 김정일 국무위원장과 트럼프 미국 대통령이 싱가포르에서 역사상 최초의 북·미 정상회담을 갖고 완전한 비핵화, 평화체제 보장, 북·

미관계 정상화 추진, 6·25 전사자 유해송환 등에 합의했다. 이 정상회담의 성사 역시 한국 측이 2018년 3월 8일 트럼프 대통령을 면담하면서 김정은 위원장의 정상회담 의사를 전달하고 트럼프 대통령에게 김정은이 비핵화 의지가 확고하다는 것을 확인시켜 주면서 이루어진 것이다. 제2차 북·미정상회담은 2019년 2월 27~28일 베트남 하노이에서 열렸다. 이 회담은 북·미가 구체적 조치들을 놓고 협상을 벌이는 성격을 가졌다. 북한은 대북제재의 완전한 철회 조치(북한은 일부 제재 완화라고 주장, 일부지만 사실상 중요한 모든 제재로 보는 것이 옳음)를 요구하고 그 대가로 영변 핵시설의 폐기를 제시했지만 미국은 완전한 제재 철회는 불가능하며 영변은 물론 그 이상의 조치들을 통한 비핵화가 될 때 제재 완전 철회를 제시했다. 미국이 원하는 것은 대륙 간 탄도 미사일을 제조하는 시설들의 리스트, 모든 핵개발 계획의 포괄적인 신고와 미국과 국제사찰단에 의한 완전한 접근, 모든 핵 관련 활동 및 새로운 시설 건설 중단 등으로 알려졌다. 결국 두 정상은 이견을 좁히지 못하고 합의 없이 회담을 중단하고 오찬과 공동서명식을 모두 취소했다. 정상회담이 최악의 형태로 결렬된 것이다. 그 후 북·미 북핵 협상은 교착 상태에 빠졌고 북한은 미국이 국내정치적 위기를 해결하는 데 북·미회담을 도구로 사용하고 있다고 비난하면서 2020년 11월에 있을 미국 대선 전에 북·미정상회담이 없다는 입장을 거듭 밝혔다. 미국 측 역시 비핵화의 진정한 진전이 없으면 북·미회담은 없다며 북한의 협상태도 변화를 요구했다. 2020년 7월 김여정 노동당 제1부부장이 북한 영변 핵 폐기 대가로 대북제재 해제를 넘어서는 대북적대시 정책 철회를 요구하고 나섰기 때문에 북·미 협상의 가능성은 더 어려워지고 있다. 그러나 정상회담의 재개와 관계없이 북한이 미국이 요구하는 수준의 비핵화 실질 조치를 할 가능성은 적어 보인다.

북·미 간의 북핵 협상을 보면 북한 핵 문제가 단순한 핵 폐기 문제가 아닌 미국은 물론 북한의 국내정치 그리고 한국의 국내정치와도 연계되어 있고 미·중관계와 북중관계까지 연계되어 있는 복잡한 다차 방정식이라는 생각이 들게 한다. 모든 행위자가 어쩌면 북한이 절대로 핵을 포기하지 않을 것이라는 것을 알면서도 자신들의 정치적 목적을 위해 협상 게임에 참여하고 있는 것은 아닐까라는 느낌이 든다. 그러한 성격의 게임에서 나올 수 있는 최대의 가능성은 낮은 수준의 핵 합의를 통한 정치적 이익 챙기기, 2017년 이전으로 되돌아갔다는 비난 피하기 그리고 시간 벌기일 뿐일 것이다.

7. 한국의 핵 무장 논란

2006년 북한의 핵실험 이후 북한의 핵 보유 가능성이 커지면서 한국 사회에는 한국의 핵 무장에 관한 논의들이 재점화되었다. 2006년 이후 여러 가지 여론조사를 보면 한국이 핵무기를 자체 개발해야 한다는 의견이 60% 중반대를 차지하는 경우가 많다. 미국이 한국에 핵우산을 제공함에도 불구하고 이러한 핵 무장론이 등장하는 이유는 북한의 핵과 미사일 능력이 빠른 속도로 성장하면서 미국 본토까지 위협할 수 있는 가능성이 생기자 과연 미국이 본토가 공격받을 수 있는 상황에서 한국에 핵우산을 제공할 것인가에 대한 의문이 생기면서이다. 미국이 한반도에서 북한에 대해 핵공격을 할 경우 북한이 미국 본토에 보복공격을 할 수 있다면 미국은 북한에 대한 핵공격을 할 수 없게 된다. 이러한 시나리오가 차츰 현실성을 갖게 되면서 한국 스스로가 핵 능력을 가질 필요가 있다는 논리가 지지를 받게 된 것이다.

한국의 핵 무장은 두 가지 시나리오가 있다. 하나는 한국에서 철수한 미국의 전술핵을 재도입하는 것이고 다른 하나는 한국이 독자적으로 핵을 개발하는 것이다. 미국의 전술핵은 주한미군이 보유하고 있었고 1990년대 초 한반도비핵화선언에 따라 미국이 철수 결정을 내리게 된다. 그 전술핵을 재도입하자는 것이다. 이러한 견해에 대한 반론은 여러 갈래에서 나오고 있다. 전술핵 도입이 한반도비핵화선언의 위반이고 굳이 전술핵을 도입하지 않고도 주변의 미군 기지나 핵잠수함에서 전술핵을 전개할 수 있다는 것, 그리고 전술핵을 도입하면 북한의 핵개발에 대한 제재나 억제 등이 정당성을 상실하게 된다는 것 등이다. 그러나 가장 중요한 것은 미국이 한반도에 전술핵을 재도입하는 것을 반대하고 있다. 두 번째 시나리오는 한국이 자체적으로 핵무기를 개발하는 것이다. 기술적으로는 한국은 이미 핵무기를 개발할 수 있는 기술을 가지고 있다고 알려져 있다. 핵무기의 원료인 플루토늄도 재처리를 통해서 얻을 수 있기 때문에 기술적으로는 가능한 시나리오라는 것이다. 그러나 자체 핵 무장은 미국이 핵확산 금지 차원에서 절대로 허용하지 않을 것이고 만일 한국이 미국의 사전 동의 없이 강행한다면 NPT 조약 위배에 대한 문제 그리고 원자력협력협정의 위반 때문에 당장 핵발전의 원료 수급이 중단되며 또한 미국의 정치적·군사적·무역·금융제재를 각오해야만 한다. 또 한국의 핵개발은 일본의 핵개발에 빌미를 줄 수 있으며 이 지역의 핵 도미노를 불러올 수 있다. 이러한 이유로 한국의 자체 핵개발은 사실상 가능한 옵션이 아니라고 할 수 있다. 또 일부 전문가는 한국이 핵개발을 할 수 있는 기술적 기반이 되어 있지 않다고 지적하기도 한다. 한국의 핵개발은 결국 농축우라늄 프로그램만이 가능한 옵션인데 농축우라늄 기술을 한국이 단시간 내에 개발하는 것도 불가능한 일이라는 것이다. 어쨌든 전술핵 재도입이나 자체 핵개발이 현실적으로 어렵기 때문에 다른 의견이 나오고 있다. 이것은 나토식 핵 공유 모델로 핵이 없는 나토 국가들이 자체의 핵을 보유하지 않고 미국의 전술핵을 공동으로 운용하는 모델을 한국에 적용하자는 것이다. 이 프로그램은 독일, 이탈리아, 네덜란드, 벨기에, 터키 등 5개국의 공군기지에 미국의 전술 핵탄두 160~240기가 보관되어 있고 유사시에 5개국의 전투기에 탑재된다. 이러한 핵 공유를 위해 나토 국가들과 핵기획그룹(NPG)이 구성되었고 여기서는 핵무기 운용 의사 결정과 핵전략들을 논의한다. 미국 국방대 연구소의 보고서는 나토식 모델을 변형하여 유사시에는 한국이 핵무기를 투하하는 것이 아니라 미국이 투사하는 안을 제시했다.

한국에서 자체 핵개발 필요성의 목소리가 커지면서 한미 간에는 이 문제에 대한 논의가 시작되었다. 윤석열 정부에 들어와서 2023년 4월 워싱턴에서 열린 한미정상회담에서 확장억제 강화 차원에서 미국의 핵무기 사용 및 전략 기획을 토의하고 북한의 위협을 관리하기 위한 차관보급 상설협의체인 핵협의그룹(Nuclear Consultation Group)을 창설하기로 합의했다. 이것은 NATO의 핵기획그룹(NPG)에는 미치지 못하지만 한미가 미국의 핵 사용에 대한 토의를 할 수 있는 상설체를 만들었다는 점에서 의미가 크다. 2023년 7월 한국에서 1차 핵협의그룹(NCG)회의가 차관급으로 격상하여 열렸다.

■ ■ ■ 참고문헌

김용호. 1993. 「북한 핵에 대한 인식이론적 접근」. ≪한국과 국제정치≫, 제9권, 2호.

김학준. 1994. 「북한의 핵개발과 북한의 장래」. 한국정치학회 엮음. 『세계질서의 변화와 한반도 통일』. 서울: 오름.

손기웅. 1994. 「생태적 관점에서의 핵무기 감축을 위한 일고」. ≪국제정치논총≫, 제34집, 1호.

신성택. 2000. 「북한 핵개발의 현황과 아국의 대응방향」. ≪전략연구≫, 제7권, 3호.

오버도퍼, 돈(Don Oberdorfer). 1998. 『두 개의 코리아』. 서울: 중앙일보사.

윤덕민. 1994. 「김일성 이후의 북한 핵정책과 미북 회담」. ≪외교≫, 제31호.

이삼성. 1998. 「핵의 탄생과 핵숭배의 문명」. 『20세기의 문명과 야만』. 서울: 한길사.

이호재. 1981. 『핵의 세계와 한국 핵정책』. 서울: 법문사.

_____. 1977. 「동북아 국제질서, 핵무기 그리고 한국」. ≪국제정치논총≫, 제17권.

최경낙. 1977. 「핵무기와 국제체제의 변화」. ≪국제정치논총≫, 제17권.

한용섭. 2000. 「북한의 미사일 위협과 우리의 대응책」. ≪전략연구≫, 제7권, 3호.

09

국제기구와 글로벌 거버넌스

Understanding International Relations: The Crisis of Liberal International Order and Global Relations

I. 국제정치와 비국가행위자의 등장

국제정치를 현실주의적 관점에서 보는 학자들은 국제정치의 주인공은 결국 주권국가이고 국제정치 혹은 국제관계는 그 영어 단어의 어원, 즉 inter-national(국가 간의)처럼 국가 간의 갈등과 협력·교류·반목과 같은 상호작용이 핵심이라고 생각했다. 그러나 현재의 국제관계 그리고 국제정치는 국가들의 독점물은 아니다. 오히려 국가가 아닌 다양한 행위자가 국제관계의 행위자로서 국제관계와 국제정치에 활발히 참여하고 있다. 이러한 행위자들은 지구촌의 다양한 문제를 해결하는 데 참여하고 우리는 이러한 과정을 글로벌 거버넌스라고 부른다. 국가들과 함께, 국제기구, 국제 NGO 등은 지구촌의 다양한 문제를 관리하고 문제를 해결하는 데 각자가 가진 능력을 가지고 기여하고 있다. 이 장에서는 ① 이러한 비국가행위자들의 등장 배경, 이들의 역할 등을 글로벌 거버넌스 사례와 함께 알아보고 ② 대표적 국제기구이며 글로벌 거버넌스의 핵심적 행위자인 국제연합(United Nations: UN)에 대해서 알아볼 것이다.

1. 비국가행위자의 등장 배경

국제관계는 전통적으로 국민국가가 주인공이었다. 국제관계는 기본적으로 국가들 간의 공식적 상호작용, 즉 외교 혹은 외교정책을 통해서 이루어졌고 국가는 이러한 국제관계를 독점해 오고 있었다. 그러나 국가 간의 상호의존이 심화되면서 국가 간 다양한 접촉 채널이 생겨나기 시작했다. 전 세계를 무대로 생산 네트워크를 갖춘 기업이 생겨났으며 국경을 초월해서 공통의 목적을 위해 결성되는 국제단체가 생겨나기 시작했다. 특히 이러한 국제관계의 다양한 행위자는 비안보·군사 분야에서 두드러지게 나타났으며 국제관계(inter-national)가 아닌 초국가적 관계(transnational relations)를 형성하기 시작했다. 냉전 종식과 같은 변화는 비안보적 쟁점들이 국제적 쟁점으로 부상하는 계기가 되었다. 그리고 이런 쟁점들은 국가들의 노력만으로는 해결하기 어려운 성격을 가지고 있기 때문에 비정부기구의 역할이 필요하게 되었다. 이러한 추세는 글로벌화라는 커다란 물결과 함께 더욱 강화되었다. 기술적 진보에 의한 통신 수단과 정보 네트워크의 발달은 비국가적 행위자들이 활동할 수 있는 공간과 정보, 그리고 의사소통 수단을 가져다줌으로써 이들이 비약적으로 성장하고 영향력을 넓히는 데 중요한 계기를 제공했다. 예를 들어 이제 국제환경단체들은 인터넷을 통해 자신의 활동을 실시간으로 홍보하고 자신의 목적에 동조하는 회원을 전 세계적으로 모집하며 반환경적인 국가나 기업에 항의 메일을 보내거나 가상공간에서 시위를 주도하는 등 매우 효과적인 방법을 사용하여 국제관계의 주인공으로 활동하고 있는 것이다.

2. 비국가행위자의 종류

국제관계에서 중요한 행위자로 등장한 비국가행위자는 국제기구, 초국적 기업, 종교단체, 인종적 정치단체, 테러집단 등을 들 수 있다. 이들은 국가들로 구성된 국제체제에서 자신들의 역할과 영향력을 넓혀가고 있다. 최근에는 국가의 하부 단위인 도시나 주들이 국제관계에서 행위자로서 활발하게 활동하고 있다. 비국가행위자 중에서 가장 중요한 국제기구는 복수의 회원국으로 구성되고 공통의 목적을 위한 공식적인 조직과 규정을 가지고 있는 조직체를 말한다. 두 나라만이 참여하는 경우 이것은 국제기구라기보다는 양자적 혹은 상호협력체의 성격이 강하다고 볼 수 있다. 국제기구는 국가를 가입 단위로 하는 국제정부간기구(Intergovernmental Organization: IGO)와 비정부단체를 가입 단위로 하는 국제비정부기구(International Non-Governmental Organization: INGO)로 나눌 수 있다. UN이나 APEC처럼 국가 단위로 가입하는 기구들은 국제정부간기구의 예이며, 그린피스(Greenpeace)·국제올림픽위원회(IOC)·국제적십자사와 같이 비정부단체를 가입 대상으로 하는 기구들은 국제비정부기구의 예이다. 국제비정부기구는 그 활동 기반을 국내로 한정하는 비정부기구(NGO)와는 활동무대에 의해 구별되지만 국내의 비정부기구들이 종종 국제비정부기구의 회원 자격을 가지고 있기 때문에 이러한 구분은 큰 의미가 없다. 이들 비정부기구는 지구적 관심을 요하는 많은 쟁점에서 그들의 영향력을 발휘한다. 예를 들어 환경, 개발, 인권 등의 분야에서 이들의 영향력은 날로 커지고 있는 것이 사실이다. 최근에는 정부와 비정부기구가 같이 참여하는 국제기구도 많이 존재한다. 국제항공운송협회(International Air Transport Association), 국제노동기구(International Labor Organization: ILO) 등이 좋은 예이다. 국제정부간기구와 국제비정부기구는 회원 구성이 서로 다르지만 실제로 이 두 종류의 국제기구는 밀접한 연관을 가지고 있다. 국제정부간기구 사이에도 이러한 연결고리는 존재한다. 국제정부간기구들은 서로의 존재를 공식적으로 인정하고 또 서로서로 옵서버 자격을 부여하기도 하면서 관련된 쟁점 영역에서 협력하고 있다. 이러한 협력관계는 국제정부간기구와 국제비정부기구 사이에도 존재한다. 많은 국제정부간기구는 국제비정부기구에 협의적 지위(consultative status)를 부여하기도 한다. 또 국제비정부기구에서 만들어진 국제적 합의가 국제정부간기구의 중요한 의제가 되기도 한다. 실제로 UN 내에는 국제비정부기구와 국제정부간기구가 같이 활동하면서 협력관계를 형성하고 있다.

또 하나의 중요한 비국가행위자는 초국적 기업이다. 초국적 기업은 국가의 국경을 넘어 한 나라 이상의 나라에서 생산 및 판매 등 기업 활동을 하는 기업을 말한다. 초국적 기업은 기업의 본부는 모국에 존재하지만 생산이나 판매 등은 해외에서 이루어진다. 이러한 특성으로 인해 특정 국가의 기업으로 분류되기 어려운 특징이 있다. 따라서 복수의 국적을 가지고 있다는 의미인 다국적 기업보다는 최근에는 특정한 국가에 속하지 않는 초국적 기업이라는 용어를 사용한다. 이 외에도 비국가행위자에는 인종적 정치단체, 종교그룹, 국제 테러집단 등이 포함된다. 이들은 주권국가들의 대외정책에 중대한 영향을 미침으로써 국제정치에서 중요한 행위자로 부상하고 있다. 마지막으로 국가 하부단위의 행위자들, 즉 도시, 국가의 주 등이 국제적 행위자로 등장했다. 이들은 네트워크를 구성하고 연대를 통해 지구적 어젠다에 국가와 다른 독자적인 목소리를 내고 있다. 이들 비국가행위자들이 국제정치에서 비중을 확대하면서 국가중심적인 국제정치에 대한 이해는 그 효용성을 잃어가고 있다. 즉, 이들 행위자에 대한 이해나 고려 없이는 국제정치를 완전하게 이해하는 것이 불가능하다는 것이다.

3. 국제기구

1) 국제기구의 개념

국제정치 분야에서는 국제기구(International Organization)와 비슷한 다양한 개념이 사용된다. 국제제도, 국제레짐(international regime) 등이 그러한 개념이다. 이러한 용어들은 사용하는 사람에 따라 조금씩 다르게 사용되지만 중요한 것은 어떤 것이 더 포괄적인 개념인가 하는 점이다. 일반적으로 국제제도로 번역되는 'international institution'이 가장 포괄적인 개념으로 보인다. 국제제도는 국제기구, 국제레짐, 국제법, 그리고 국제적 규범 등을 포괄하는 개념이다. '제도'라는 것은 반복된 관행을 통해 정착되어 관련 행위자의 행위에 영향을 미치는 것들을 의미하며, 국제제도 중에서 국제적 규범 같은 것은 제도화의 수준은 매우 낮지만 그 자체로도 국가들의 행위에 영향을 미치므로 국제제도로 볼 수 있다. 이와는 달리 국제기구는 제도화의 수준이 매우 높은 국제제도이다. 국제기구는 국제규범과는 달리 공식적인 조직을 가지고 있고 많은 경우 행정을 담당하는 사무국이 있으며 회원이 되기 위한 자격과 절차도 있다. 회원국의 의무와 권리도 규정되어 있으며 제도화가 높은 국제기구의 경우는 의사결정 방식도 규정되어 있다. 우리가 일반적으로 생각하는 국제기구, 즉 UN이나 IMF, WTO 등이 일반적인 국제기구이다. 국제레짐이라는 개념은 '기구', '조직'의 측면에 대한 관심을 넘어서서 행위자들 간의 묵시적인 이해를 포함하는 좀 더 넓은 개념이 요구되면서 대두되었다. 다시 말해서 국제체제에는 눈에 보이는 국제법이나 국제기구가 존재하지는 않지만 특정한 목적을 위해 국가들 간의 행동의 조정을 이끌어내는, 눈에 보이지 않는 무엇인가가 존재한다는 문제의식이 등장하게 되고 그것들을 지칭하는 개념으로 국제레짐이 등장한 것이다. 국제레짐은 이슈 영역에서 국가들의 합의가 된 묵시적 또는 명시적 이해를 말하며, 이것은 원칙·규범·규칙 그리고 정책결정 절차들로 구성되어 있다. 환경이라는 이슈 영역에서 국제레짐은 교토의정서를 비롯한 각종 조약들, UN 산하의 환경 관련 기구, 환경에 관한 선언, 국제환경법 규범(완성된 국제법 체계는 아니다) 등을 포괄하고 있다. 이렇게 상당히 제도화되고 발전된 국제레짐들이 있지만 국제적 규범 정도만이 존재하는 국제레짐도 있을 수 있다. 공식적인 규칙이나 기구는 없지만 비공식적인 규범 등이 지켜질 것이라는 국가들의 공통의 기대가 존재하기도 하며, 이러한 국제레짐을 암묵적 레짐(tacit regime)으로 부르기도 한다.

2) 국제기구와 국제정치이론

국제정치의 주요 접근법들은 그 나름대로 국제기구에 대한 생각을 가지고 있다. 국가를 국제체제의 유일한, 의미 있는 행위자로 보는 현실주의에서는 국제기구의 독립적 역할을 인정하지 않는다. 국제기구는 결국 강대국의 의사에 의해 만들어지고 강대국의 도움을 통해 운영되며 따라서 강대국의 이해를 반영한다고 할 수 있다. 극단적인 현실주의자들은 국제기구는 결국 국제체제의 힘의 분포를 그대로 반영하고 있다고 본다. 만일 국제기구들이 강대국의 이익에 반하는 결정을 하고 강대국이 그것을 받아들이는 일이 있다면 그것은 강대국이 어떤 이유에서건 그것을 원했기 때문이라고 본다. 이와는 달리 자유주의자들이나 신자유주의자들은 국제기구의 독립적 영향력을 인정한다. 물론 국가라는 행위자가 가장 중요한 행위자이지만 국제기구 역시 국제정치의 중요한 행위자이며 국제기구를 통해 국가 간 협력이 촉진될 것이다. 특히 신자유주의적 제도주의자들은 국가 간 협력에서 국제제도의 역할을 매우 강조한다. 국제제도가 국가 간 협력을 촉진시키는 역할을 하기 때문이다. 국제제도는 강대국의 주도에 의해 만들어지는 것이 사실이지만 강대국의 역할이 사라지더라도 국제제도는 그 자체의 생명력으로 유지된다고 생각한다. 신자유주의가 국제제도에 대해 국가의 행동에 영향을 미치는 선에서 그 역할을 인정하는 반면, 구성주의는 국제제도가 단순히 국가의 행동에 영향을 미치는 데 그치지 않고 그 속에 속한 국가의 정체성을 변화시키는 구성적 효과를 가진다고 본다. 동시에 국가가 국제제도를 구성하는 상호 구성적 관계로 인식한다.

마르크스주의적 시각에서 보면 국제제도는 세계자본주의체제를 유지하기 위한 기능을 수행한다. 국제관계에서 헤게모니의 개념을 도입한 비판이론의 주요 학자인 로버트 콕스(Robert Cox)와 스티븐 길(Stephen Gill)을 비롯한 그람시주의자들은 글로벌 거버넌스 그리고 글로벌 거버넌스의 핵심적 역할을 하는 국제제도(기구)들의 정치적·이념적 성격에 주목한다. 콕스의 경우 현재의 글로벌 거버넌스를 초국적 신자유주의 연합으로 파악한다(Cox, 1983). 이러한 초국적 신자유주의 연합은 초국적 자본가들의 이해를 대변하며 이들은 '워싱턴 컨센서스'와 같은 비공식적 기제, IMF와 세계은행(World Bank)과 같은 국제경제기구들 그리고 다보스 포럼과 같은 신자유주의 이념의 재생산 구조를 통해 세계경제를 지배하고 있다고 지적한다. 이들은 단순히 시장에 대한 영향력 행사를 넘어서서 신자유주의적 이데올로기를 정당화하고 이를 확산시키는 헤게모니적 지배를 주도한다고 본다.

3) 국제기구와 국제법

국제기구의 국제법상의 지위를 알아보자. 국가는 상호인정을 통해 국제법상의 권리와 의무를 갖게 되지만, 국제기구는 당연히 이러한 것들을 갖는 것이 아니고 국가들의 의사에 기초하여 국제법상의 권리와 의무를 갖게 된다. 국제기구의 국제법적 주체성은 원칙적으로 국제기구의 설립 기본조약 혹은 특별조약이 명시적으로 규정한 범위 이내에서 인정되며, 예외적으로 명시된 규정 없이도 국제기구의 목적 및 기능과 관련된 임무를 수행하는 데 필요한 범위 내에서 묵시적으로 인정되기도 한다. 본질적으로 국제기구는 국가들의 약속을 통해 만들어지고 국가들이 부여한 권리만을 갖게 되는 것이다.

국제기구의 국제법상의 권리 역시 국가들의 약속에 의해 부여된 것이다. 국제기구가 그 창설 목적을 달성하기 위해 국제법적 권리가 필요하기 때문이다. 예를 들어 UN의 '국제연합의 특권과 면제에 관한 협약'을 통해 UN이라는 국제기구의 국제법적 권리가 확보되는 것이다.

첫째, 국제기구는 다른 국제기구 또는 국가와 조약을 체결할 수 있다. 많은 국제기구가 설립 헌장이나 기본조약에 국제기구의 조약체결권을 명시한다. UN은 UN 헌장 43조에 UN 안보리가 군사적 조치를 위한 특별협정을 회원국과 체결할 수 있다고 명시하고 있다. 둘째, 특권과 면제이다. 국제기구 자체 및 국제기구의 직원들은 임무를 독립적으로 수행하기 위한 특권과 면제를 누린다. 일반적으로 본부 구내 및 공문서의 불가침, 재판권과 과세권으로부터의 면제, 직원들이 공적 자격으로 한 행동에 관한 소송 절차로부터의 면제, 급여 및 수당에 대한 과세의 면제 그리고 국민적 복종의무의 면제 등이 있다. 셋째, 국제책임과 국제청구의 권리이다. 국가의 국제법상 의무 위반으로 국제기구 자체의 법익이 침해된 경우 그 임무의 달성에 필요하다면 국제적인 청구가 가능하다. 국제기구는 임무 수행 중 받은 손해에 대해서는 본국에 의한 외교적 보호와는 별도로 국제적 청구를 제기할 수 있다. 또한 국제법상의 위법행위에 대해서 국제기구는 책임을 진다. 분쟁이 발생할 경우 관계 국가의 국내재판소 혹은 국제재판소에 제소할 권리를 갖는다. 그 밖에 회원국으로부터 독립적으로 자산을 확보하고 자율적으로 지출을 집행할 수 있다.

일반적으로 국제기구의 결정은 법적 구속력이 없다. 어떤 국가도 국제기구의 결의안을 따를 의무는 없다. 국제기구 결정의 이러한 성격은 국제기구가 기본적으로 국가들의 자발적 참여의 결과로 만들어진 창조물이라는 데서 나온다. 국제기구 결정의 구속력은 국가들이 헌장이나 설립 문서 등에 그것을 명문화하고 거기에 서명함으로써 발생한다. 예를 들어 UN 회원국들이 안보리의 결정에 따라야 하는 이유는 안보리가 제재나 군사 활동의 개시 등을 결정하면 그것을 따라야 한다는 UN 헌장에 서명했기 때문이다. 국가들이 국제기구의 결정을 따르겠다고 약속한 경우가 아닌 경우 국제기구의 결정은 심리적·도덕적 압박의 효과만을 가질 수 있다.

4. 국제비정부기구의 역할

국제적으로 활동하는 비정부기구들의 목표는 자신들이 추구하는 가치나 목표 등을 성취하기 위해 자신들의 영향력을 이용해 주권국가의 정책에 영향을 미치는 것이다. 이러한 목적은 비정부기구가 직접적으로 정책적 대안을 제시하여 주권국가들이 그것을 받아들이도록 함으로써 또는 주권국가의 행동을 감시하고 국제적 약속의 준수를 감시함으로써 이루어진다. 비정부기구들의 주된 관심 영역인 개발·환경·평화·인권·아동·여성과 같은 쟁점들은 인류의 복지를 위해 모두 중요한 문제이지만 주권국가가 해결하기는 어려운 문제들이다. 왜냐하면 국가란 국가 내의 다양한 이해를 취합하고 반영해야 하는 입장에 있기 때문에 특정한 쟁점에 대해 주도적으로 해결을 도모하기는 현실적으로 매우 어렵다. 예를 들어 환경문제의 경우 지구환경의 보존을 위한 환경기준의 강화라는 정책은 국내 산업을 위축시키는 결과를 가져올 수 있기 때문에 국내 제조업체들의 반발을 가져오고, 이 때문에 국가는 환경 보존에서 주도적 역할을 하기 어렵다. 또 인권문제에서도 많은 나라에서 인권침해의 주범이 주로 국가 자체이기 때문에 국가가 나서서 이러한 문제를 해결하기가 쉽지 않다.

비정부기구들은 여러 가지 수단을 통해 국가의 정책을 자신들이 추구하는 방향으로 변화시키려 한다. 첫 번째 수단은 특정한 쟁점에 대해 문제를 제기하고 무관심한 대중을 교육·계몽시킴으로써 그 쟁점을 공론화·여론화하여 국가에 압력을 가하는 것이다. 이러한 수단은 국내에서 이루어지기도 하지만 지구적 수준에서 여론을 형성하는 작업으로 나타나기도 한다. 전쟁위안부 문제는 인권 및 여성단체들이 이를 쟁점화하면서 UN 인권위원회에서 다루어지게 되었으며 이러한 공론화 작업으로 인해 일본 정부는 위안부 문제에 대해 (국가 책임을 제외한) 많은 태도 변화를 보여주었다. 두 번째는 국제적 협력을 통해 국제적 규범을 만들고 나아가서는 국제적인 레짐을 형성함으로써 국가들의 행동에 영향을 미치는 방법이다. 다음에서 자세히 다룰 국제지뢰금지 운동은 대인지뢰의 사용에 대한 국제적 규범을 만들어 국가들의 정책에 영향을 미친 좋은 예이다. 세 번째 수단은 로비와 같은 방법을 통해 국가들의 행동에 직접적 영향을 미치는 방법이다. 비정부기구들은 자신들의 이해를 정부에 전달해 줄 로비스트를 고용해서 입법 과정에 영향을 미치거나 정부의 정책결정에 영향을 미친다. 미국의 환경단체들의 로비활동은 매우 활발하다. 마지막으로 비정부기구들은 감시자로서 국가의 행동(환경파괴, 인권침해 등)과 국제규범, 규약 등의 실천 여부를 감시하여 국가들의 행동에 영향을 미친다.

그렇다면 비정부기구들이 주권국가의 정책 변화를 이끌어낸 사례 중 하나인 국제대인지뢰금지운동(International Campaign to Ban Landmines: ICBL)에 대해 알아보자. 1980년 지뢰, 부비트랩(booby trap) 등 '비인도적 무기' 제한에 대한 국제적 관심이 고조되면서 이러한 종류의 무기 규제를 위한 국제 협상이 결실을 맺어 1980년 10월 체결한 특정재래식무기협약(International Convention on Certain Conventional Weapons: CCW)이 발효되었고, 1995년 지뢰의정서를 개정해 CCW 안에서 지뢰통제를 위한 노력이 계속되었지만 그러한 노력이 실질적 효과를 거두기 어렵다고 판단하면서 국제대인지뢰금지운동은 대인지뢰의 전면적 금지를 위한 캠페인을 전개했다. 대인지뢰금지운동은 미국에 본부를 둔 세계 60여 개국 1000여 비정부조직의 연합체로서 1997년 9월 오슬로 지뢰금지 국제회의에서 89개국의 지지를 얻어 대인지뢰전면금지조약을 이끌어냈다. 그 후 캐나다 등이 중심이 되어 그해 12월 오타와에서 대인지뢰전면금지협약(오타와 협약)이 서명되었다(121개국이 서명). 오타와 협약은 대인지뢰의 유형 및 조건부 사용에 관한 어떠한 예외도 인정하지 않고 특정 조항에 대한 유보를 허용하지 않음으로써 비교적 완벽한 군비통제협약의 모형을 따르고 있다. 오타와 협약은 또 비정부기구가 주도하고 국가들에게 압력을 가함으로써 짧은 기간 내에 타결을 이룬 상징적인 군비통제조약이다. 국제대인지뢰금지운동은 이러한 공로로 노벨평화상을 수상했다. 그러나 미국을 비롯한 한국·러시아·중국·인도·파키스탄·베트남 등이 참여하지 않아 그 실효성에 의문을 제기하는 시각도 있다. 국제대인지뢰금지운동의 사례는 비정부기구가 단순히 비군사적인 분야뿐만 아니라 주권국가들의 독점적 영역이라고 여겨지던 군사 분야에서도 국가의 행동에 영향을 미침으로서 중요한 변화를 만들어 낼 수 있다는 것을 보여주는 중요한 사례이다.

II. 유엔(UN)

1. 유엔의 역사

국제연합, 즉 유엔(United Nations: UN)의 기원은 그 전신인 국제연맹(League of Nations)으로 거슬러 올라간다. 제1차 세계대전이 끝나면서 전쟁의 처리를 위한 베르사유 조약에서 국제분쟁의 평화적 해결을 위한 국제적 노력으로서 국제연맹의 창설이 제안된다. 당시 미국 대통령 우드로 윌슨의 주도로 이루어진 국제연맹의 창설은 출범 전부터 여러 가지 어려움을 겪는다. 우선 국제연맹의 창설을 주도한 미국은 국내정치에서 윌슨 대통령과 의회의 갈등으로 베르사유 조약을 비준하지 않음으로써 국제연맹에 가입하지 못했고, 영국과 프랑스는 국제연맹이라는 국제기구에 미적지근한 반응을 보였다. 소련 역시 다른 회원국들에 의해 추방되었고, 독일·이탈리아·일본은 이 기구를 무시했다. 이러한 국제적 지원의 부족, 집단안보체제의 실패 등으로 인해 국제연맹은 결국 별다른 역할을 하지 못한 채 1945년 UN에 승계된 후 사라지게 된다.

국제연맹의 특징은 의사결정이 만장일치로 이루어진다는 것이다. 국제정치의 역사에서 보았을 때 국제연맹의 창설은 국제정치에서 국제문제를 관할할 국제기구를 통해 인류의 평화를 보장하려는 노력의 최초 결과이다. 이러한 목표 아래 제1차 세계대전의 주원인이라고 여겨지던 비밀외교나 동맹체제 그리고 이를 통한 세력균형에서 벗어나 집단안보를 통해 국제평화를 보장하는 것이 국제연맹의 핵심이었다. 다른 나라와의 동맹을 통해 힘의 균형을 유지함으로써 자신의 안전을 보장하는 세력균형체제와는 달리 집단안보는 그에 참여하는 모든 국가가 회원국의 안보에 책임을 지는 형태이다. 모든 국가는 집단안보 시스템에 속하는 다른 나라에 대한 침략을 자신에 대한 침략으로 간주하고 이에 공동으로 대항한다. 이렇게 함으로써 잠재적인 침략자는 쉽게 침략할 동기를 갖지 못하게 된다. 국제연맹의 핵심은 국제연맹 규약의 16조라고 볼 수 있는데, 이는 침략국가에 대해 경제적·군사적 제재를 가할 수 있는 권한을 부여하고 있다. 그러나 이러한 제재의 참여 여부는 각 나라의 결정에 달려 있다는 점, 이러한 집단안보가 자신들에게 불리하게 이용될 것에 대한 강대국들의 두려움, 침략행위에 대응하는 데 따른 비용과 위험의 불균등한 배분 등의 문제점으로 인해, 결국 1930년대 독일·이탈리아·일본의 침략행위를 저지하지 못하는 결과가 나타났다.

2. UN의 창설

1945년 제2차 세계대전이 끝나면서 집단안보에 대한 논의가 다시 시작되었다. 그러나 UN 창설을 주도한 사람들은 국제연맹의 실패를 교훈 삼아 현실적으로 작동할 수 있는 집단안보체제를 구상하게 된다. 그리하여 1945년 6월 26일 조인된 UN 헌장을 51개국이 비준했으며 1945년 10월 24일 발효했다. UN 헌장은 안전보장이사회의 상임이사국 5개국(미국·영국·소련·프랑스·중국)에 거부권을 부여했다. 이러한 거부권의 부여는 만장일치제를 채택했던 국제연맹의 의사결정 방식의 문제점을 개선하여 국제정치에서 강대국의 역할을 인정했다는 의미와 집단안보가 가지고 있는 현실적인 문제점을 보완한 것으로 볼 수 있다. 또 UN은 강대국의 영향력을 보장하기 위해 총회의 안보문제에 대한 권한을 상당히 제한하여 총회의 역할을 분쟁 상황의 조사, 평화유지 활동의 개시를 권고할 수 있는 데 그치게 했다.

UN은 창설 이후 몇 차례의 중요한 변화를 겪게 된다. 첫 번째 변화는 1950~1960년대에 일어난 신생독립국들의 대량 가입으로 회원 수가 두 배 이상 증가하면서 UN의 성격이 달라진 것이다. UN의 총회가 1국가 1표제를 채택하고 있기 때문에 총회에서 다수를 차지하는 제3세계 국가들이 총회를 장악하게 되고 미국의 영향력이 축소되는 결과를 가져왔다. 또 하나의 중요한 변화는 대만이 가지고 있던 중국의 대표권이 1971년 미국과 중화인민공화국의 관계 정상화와 함께 중화인민공화국으로 넘어간 것이다. UN에서 중공이 중국을 대표하는 정부로 가입하게 되어 안전보장이사회의 상임이사국 자격까지 갖게 되었다.

UN의 역할은 애초에 기대했던 것만큼은 미치지 못한 것이 사실이다. 1950년 한국전쟁은 당시 UN의 집단안보체제의 발동으로 UN의 평화보장의 역할을 기대하게 만들었으나, 결국 냉전 기간 중 UN의 역할은 제한적이었다. 냉전기의 미·소의 경쟁과 서로 간의 거부권 행사로 인해 국제적 갈등을 해소하는 데 실질적 역할을 하지 못한 것이다. 홀스티(K. J. Holsti)에 의하면, 냉전기 UN의 전쟁방지나 분쟁해결은 5건 중 2건 정도의 비율로 성공을 거둔 것으로 나타났다. 그 대신 UN은 제3세계 국가들이 수적 우세를 통해 지배하고 있던 총회에서 저개발국가들은 경제적·사회적 문제에 노력을 집중했고, 이것이 UN의 주된 역할이 되었다. 그러나 냉전이 끝나면서 미·소 간의 긴장관계가 종식되고 UN이 국제안보문제 해결의 장이라는 역할을 다시 수행하기 시작했고 제3세계도 미국을 소외시키는 정책을 지양하고 미국의 적극적 역할을 지지하기 시작하면서 UN은 국제안보문제를 중심으로 한 국제분쟁 해결의 주역이 되었다. 1980년대 UN의 주요한 성과로 엘살바도르·니카라과·도미니카 등 남미에서의 내전과 중동에서 이란·이라크전의 종전을 중재하고, 나미비아의 자유선거를 감시한 점 등을 들 수 있다. UN의 평화유지 임무는 1988년 UN이 노벨평화상을 공동수상하는 결과를 가져오기도 했다.

1990년대에 들어와 UN은 더욱 적극적인 활동을 하게 된다. 첫째, 집단안보의 행사이다. UN 안보리는 1950년 한국전쟁 이후 처음으로, 그리고 UN 창설 이후 두 번째로 헌장에 규정된 대로 걸프 전쟁에 대한 집단안보장치를 작동시켰다. 15개의 모든 안전보장이사회 결의안 대부분이 5개 상임이사국은 물론, 비상임이사국들의 전폭적인 지지 속에서 통과되었고 경제제재부터 해상봉쇄, 공중봉쇄, 무력제재에 이르는 일련의 조치들이 헌장 제7장의 규정에 의거하여 취해졌다. 둘째, 평화유지활동이다. 냉전 시대에 집단안보가 유명무실해지고 안전보장이사회가 실질적으로 마비된 상황에서 이에 대한 대안으로 발전된 것이 평화유지활동(peace keeping operations: PKO)이다. 평화유지활동이란, "적대국 사이에서 혹은 한 국가 내의 적대적 당사자 간의 분쟁을 통제하고 해결하기 위해서 당사자들의 동의와 국제적인 지휘체계 아래 무장 또는 비무장의 다국적' 군사, 또는 비군사 요원들을 사용하는 활동"이라고 할 수 있다. 탈냉전기에 와서는 UN의 평화유지활동이 양적·질적으로 변화했다. 질적 변화는 두 가지 측면으로 나타나는데 하나는 인도적 지원, 국경 획정, 선거 감시, 민간정부 관리 업무를 포괄하는 형태로 나타나고 있고, 또 다른 질적 변화는 평화강제활동이라 부르는 강압적·응징적 혹은 보복적 성격을 포함하는 것이다. UN이 소말리아나 구(舊) 유고연방의 분쟁에서 보여준 활동은 여기에 속한다. 셋째, 국제제재이다. 탈냉전기에 와서 UN의 제재는 더욱 강화되고 다양화되는 추세이다. 1990년 이라크의 쿠웨이트 침공에 대한 집단군사 조치와 병행하여 광범위하고 포괄적인 경제제재가 이루어졌고, 소말리아·리비아 등에 대해서도 인권유린이나 테러용의자 인도 거부 등을 이유로 제재가 이루어졌다. 북한의 대량살상무기 개발에 대한 유엔 제재 역시 유엔의 중요한 업적 중의 하나이다. 넷째, 평화조성(Peace Making) 및 예방외교(Preventive Diplomacy) 활동을 들 수 있다. 평화조성이란 헌장 제6장에 의거한 분쟁의 평화적 해결 방법, 즉 분쟁의 중재·조정·주선·교섭 등을 통해 분쟁을 억제하는 동시에 타협을 통한 분쟁의 정치적·외교적 해결을 위해 노력하는 활동이다. 예방외교는 평화조성과 밀접하게 관련된 활동으로서 '분쟁 발생을 방지하고, 현존하는 분쟁이 무력 충돌로 확대되는 것을 막고 충돌이 생기면 그 확산을 제한'하는 활동이다. 여기에는 신뢰조성 조치, 진상 조사, 조기 경보, 비무장지대 및 예방배치(Preventive Deployment) 등의 조치가 포함될 수 있다. 1995년 UN이 약 800명의 PKO 요원을 마케도니아 지역에 신속하게 배치함으로써 구유고연방의 분쟁이 이 지역으로 확산되는 것을 방지한 것은, 예방배치를 통한 분쟁예방 활동의 성공적인 경우로 여겨진다. 마지막으로 평화구축(Peace Building)이란 UN이 분쟁 후 '분쟁의 재발을 피하기 위해 평화를 증진하고 견고히 하는 제도를 만들어내고 지원하는' 활동이다. UN은 분쟁의 근원적 해결을 위해 국가 기간산업 구조의 재건, 민주적 정치·경제제도의 정착, 민간 및 경찰과 군대 요원의 훈련 등 국가의 재건을 위한 지원 활동을 하고 있다.

3. UN 체제의 조직 및 구성

UN은 총회, 안전보장이사회, 사무국과 사무총장, 경제사회이사회, 국제사법재판소, 신탁통치이사회의 등 6개 주요 기관과 전문기구, 기금 및 프로그램, 연관 기구 등을 가지고 있는 복잡한 조직이다. 이 중 여러 기구들은 UN 산하기구가 아닌 독립적인 기구로서 여러 가지 형태로 UN과 연계되어 있기 때문에 이들 모두를 통틀어 UN체제(UN System)라고 부른다. UN체제의 주요 기관에 대해서 알아보자.

1) 안전보장이사회(Security Council)

UN은 6개의 주요 기관으로 구성되어 있는데, 가장 중요한 기구는 역시 안전보장이사회이다. 안보리는 UN의 핵심적 임무인 국제평화와 안보의 유지를 위한 책임과 권한을 독점적으로 가지고 있다. 이런 기능은 UN 헌장의 6장과 7장에 근거해 이루어진다. 6장은 평화적 수단을 통한 해결을 명시하고 있고 7장은 제재나 군사적 개입 등 무력적 수단의 사용을 통한 해결을 명시하고 있다. 냉전 시기에는 주로 6장에 근거한 활동이 주를 이루었고 탈냉전 이후부터 7장에 근거한 활동들이 늘어나기 시작했다.

UN의 모든 군사행동은 안전보장이사회의 결의에 의해서만 이루어질 수 있다. UN은 집단안보의 발동을 결정할 때 분쟁 당사국 중 어느 쪽이 침략자인지를 규정해야 하는데 이것도 안전보장이사회의 임무이다. 그 외에 사무총장의 임명과 신입회원국의 가입을 위한 추천을 할 수 있다. 안전보장이사회는 15개국으로 구성되어 있고 미국·영국·프랑스·중국·러시아가 영구 상임이사국이다. 10개의 비상임이사국은 2년 임기, 순번제로 선임된다. 이들 비상임이사국은 총회에서 매년 5개국이 선출되며 지역적 대표성을 위해 지역별 대표들의 모임에서 후보를 선출하게 된다. 모든 회의에 비상임이사국도 참여하는 것이 아니라 상임이사국만 참여하는 회의가 더 많다. 안보리 회의의 약 30%만이 비상임이사국들도 참여하는 회의이다. 상임이사국만 참여하는 회의에서는 대부분 비공식적인 방법으로 의사결정을 하지만 비상임이사국이 참여하는 회의에서는 투표를 통해 의사결정을 한다. 하지만 상임이사국이 사안에 대해서 반대할 경우 모든 논의가 중단된다.

이사회의 의장국은 15개 이사국 중에서 매월 교체되며 때로는 중요한 결의안의 채택에 영향을 미치는 경우가 있지만 보통은 상징적 역할만을 수행한다. 5개 상임이사국은 거부권을 갖고 있어 그들이 원하지 않는 결정들은 절대로 내려질 수 없다. 이러한 거부권은 강대국이 자국의 이해를 보호할 수 있게 함으로써 강대국이 UN에 남아 있도록 하여 국제연합의 전신인 국제연맹의 실패가 되풀이되지 않도록 한 것이다.

안전보장이사회에서의 결정은 실질적 어젠다인 경우 전체 15개 이사국 중 5개 상임이사국을 포함한 9개국의 찬성으로 이루어지며 절차적 문제인 경우는 단순히 9개국의 찬성으로 결정된다. 하지만 어떤 것이 실질적 문제인가를 결정하는 데는 5개 상

〈그림 9-1〉 국제연합체제의 구조

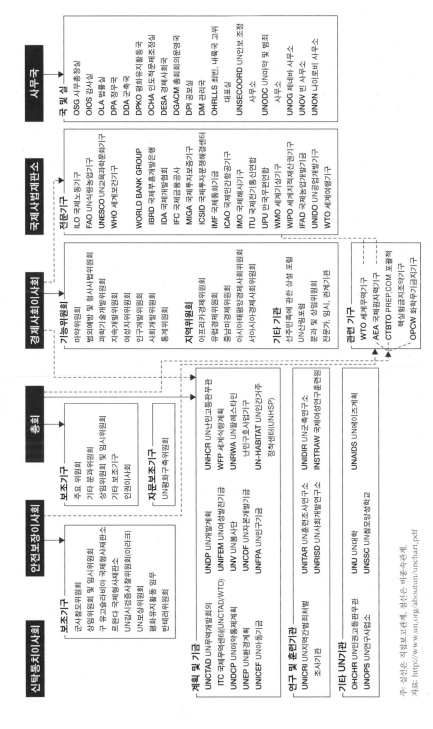

신탁통치이사회

안전보장이사회

총회

경제사회이사회

국제사법재판소

사무국

보조기구
- 군사참모위원회
- 상임위원회 및 임시위원회
- 구 유고슬라비아 국제형사재판소
- 르완다 국제형사재판소
- UN감시검증사찰위원회(이라크)
- UN보상위원회
- 평화유지활동 업무
- 반테러위원회

계획 및 기금
- UNCTAD UN무역개발회의
  - ITC 국제무역센터(UNCTAD/WTO)
- UNDCP UN마약통제계획
- UNEP UN환경계획
- UNICEF UN아동기금

- UNDP UN개발계획
  - UNIFEM UN여성개발기금
  - UNV UN봉사단
- UNCDF UN자본개발기금
- UNFPA UN인구기금

연구 및 훈련기관
- UNICRI UN지역간범죄처벌 조사기관
- UNITAR UN훈련조사연구소
- UNRISD UN사회개발연구소

- UNIDIR UN군축연구소
- INSTRAW 국제여성연구훈련원

기타 UN기관
- OHCHR UN인권고등판무관
- UNOPS UN연구사업소

- UNU UN대학
- UNSSC UN체계참모학교

- UNAIDS UN에이즈계획

보조기구
- 주요 위원회
- 기타 분과위원회
- 상임위원회 및 임시위원회
- 기타 보조기구
- 인권이사회

자문보조기구
- UN평화구축위원회

- UNHCR UN난민고등판무관
- WFP 세계식량계획
- UNRWA UN팔레스타인 난민구호사업기구
- UN-HABITAT UN인간거주 정착센터(UNHSP)

기능위원회
- 마약위원회
- 범죄예방 및 형사사법위원회
- 과학기술개발위원회
- 지속개발위원회
- 여성개발위원회
- 인구개발위원회
- 사회개발위원회
- 통계위원회

지역위원회
- 아프리카경제위원회
- 유럽경제위원회
- 중남미경제위원회
- 아시아태평양경제사회위원회
- 서아시아경제사회위원회

기타 기관
- 선주민족에 관한 상설 포럼
- UN산림포럼
- 분과 및 상임위원회
- 전문가, 임시, 관계기관

관련 기구
- WTO 세계무역기구
- AEA 국제원자력기구
- CTBTO PREP.COM 포괄적 핵실험금지조약기구
- OPCW 화학무기금지기구

전문기구
- ILO 국제노동기구
- FAO UN식량농업기구
- UNESCO UN교육과학문화기구
- WHO 세계보건기구

- WORLD BANK GROUP
- IBRD 국제부흥개발은행
- IDA 국제개발협회
- IFC 국제금융공사
- MIGA 국제투자보증기구
- ICSID 국제투자분쟁해결센터

- IMF 국제통화기금
- ICAO 국제민간항공기구
- IMO 국제해사기구
- ITU 국제전기통신연합
- UPU 만국우편연합
- WMO 세계기상기구
- WIPO 세계지적재산권기구
- IFAD 국제농업개발기금
- UNIDO UN공업개발기구
- WTO 세계여행기구

국 및 실
- OSG 사무총장실
- OIOS 감사실
- OLA 법률실
- DPA 정무국
- DDA 군축국
- DPKO 평화유지활동국
- OCHA 인도적문제조정실
- DESA 경제사회국
- DGACM 총회회의운영국
- DPI 공보국
- DM 관리국
- OHRLLS 최빈, 내륙국 고위 대표소
- UNSECOORD UN안보 조정 사무소
- UNODC UN마약 및 범죄 사무소
- UNOG 제네바 사무소
- UNOV 빈 사무소
- UNON 나이로비 사무소

주: 실선은 직접보고관계, 점선은 비종속관계.
자료: http://www.un.org/aboutun/unchart.pdf

임이사국을 포함한 9개국의 찬성이 필요하다. 총회의 결의안이 권고성에 지나지 않는데 비해 안전보장이사회의 결의안은 구속력을 갖고 있다. 북한 핵실험에 대한 안보리의 제재 결의안은 구속력이 있어 UN 회원국들이 제재를 이행했는지에 대한 보고서를 제출해야 한다.

냉전 종식 이후에는 UN 안보리의 권위가 더욱 강화되고 그 활동도 더욱 빈번해졌다. 냉전기에 존재했던 미국과 러시아의 대결 관계가 약화되었고 그로 인해 안보리가 지구촌의 안보문제 해결에 실질적 역할을 할 수 있게 되었다. 강대국들의 협력이 필요한 국제적 분쟁들도 크게 늘어났다.

2) 총회(General Assembly)

총회는 모든 회원국으로 구성되며 회원국들이 제안한 어젠다를 논의하고 결의안을 도출한다. 실질적으로는 UN의 예산을 결정하고 UN의 예산으로 운영되는 부속기구들에 대한 감독 및 조정기능을 수행한다. 총회는 모든 회원국이 자국의 의견을 제시하고 토론을 벌이는 장으로서의 역할을 하며 국제여론이 수렴되는 장이 되기도 한다. 국가들은 총회에서의 발언이나 결의안 제출, 채택 등을 통해 자신들의 의견, 불만 등을 표출한다. 1년에 300여 개가량의 결의안들이 총회에서 채택된다.

총회는 1국 1표의 원칙하에 운영된다. 총회의 의장은 총회에서 선출되지만 상징적인 역할만을 수행한다. UN 총회의 핵심적 권한은 평화유지활동을 포함한 UN의 모든 프로그램과 운영에 대한 재정의 통제권이라 할 수 있다. 물론 다양한 문제에 대해 결의안을 채택할 수 있지만 그것이 회원국에게 지켜야 할 의무를 부과하는 것은 아니다. 결의안은 권고적 성격이 강한 것이고 안전보장이사회에 참여하지 못하는 대부분의 제3세계 회원국들의 불만을 해소시켜 주는 상징적 행위에 지나지 않지만, 도덕적 구속효과가 있다. 총회는 또한 UN 산하기관의 회원국을 선출하기도 하고, 총회에 속한 각종 위원회, 위원단, 그리고 이사회를 통해 UN의 각종 프로그램과 기구들의 업무를 조정하기도 한다.

총회는 투표 방식이 1국 1표 원칙이기 때문에 수적으로 절대 우세한 저개발국가들의 연합이 강대국의 힘을 능가하는 경우가 많아, 안전보장이사회가 강대국의 무대라

면 총회는 약소국의 무대라고 할 수 있다. 1970년대에는 제3세계 국가들이 총회를 장
악하면서 총회의 감독을 받는 UN의 기구들이 제3세계의 영향력 아래에 들어가게 되
어 선진국, 특히 미국과의 갈등이 첨예화되었다. 미국은 UN의 기구 활동 방향에 대한
불만을 기구들로부터의 탈퇴나 분담금 지불 중단과 같은 방법을 통해 표출하면서 여
러 기구의 활동에 영향을 미치려 했다. 1970년대에 카터 정부는 국제노동기구(ILO)의
정책을 바꾸기 위해 잠시 동안 ILO에서 탈퇴했고, 아랍 국가들이 이스라엘을 유네스
코(United Nations Educational, Scientific and Cultural Organization: UNESCO)로부터 축출하
려는 움직임에 대한 항의로 유네스코에 대한 분담금의 지불을 중지하기도 했다. 미국
은 레이건 정부하에서 유네스코의 정치화와 서구적 가치에 대한 유네스코의 적대적
태도에 항의하며 유네스코에서 탈퇴했고, 그 결과 유네스코 재정의 4분의 1가량이 줄
어드는 일도 있었다. 미국은 트럼프 대통령 시절 2019년 다시 유네스코에서 탈퇴했다
가 2023년 6월 바이든 정부가 재가입을 결정했다. 이러한 결정은 유네스코에서 중국
의 영향력 확장을 견제하기 위한 것이라는 분석이 지배적이다.

총회는 6개의 기능위원회를 중심으로 운영된다. 예를 들어 인권문제는 제3위원회
에서 다루어진다. 이런 상설위원회 이외에도 긴급한 문제나 특별한 문제를 다루기 위
한 임시 위원회도 운영된다. 총회에는 다양한 비공식 그룹이 존재하고 이들 사이에
협력과 연합 등이 상시적으로 이루어진다. 거의 제도화된 비공식 그룹은 지역을 기반
으로 한 그룹이다. 서유럽(북미, 이스라엘 포함), 동유럽, 아프리카, 남미, 아시아의 5개
지역 그룹이 연합을 이루어 활동한다. 이런 비공식 연합이 생기고 강화된 이유는 UN
헌장이 안보리 비상임이사국 선출에서 지역적 안배를 명시하고 있지만 어떻게 그것
을 이룰지는 명시하지 않고 있기 때문이기도 하다. 이들 지역 그룹은 안보리 비상임
이사국 선출 그리고 경제사회이사회 이사국 선출 등에서 자기 지역을 대표할 국가를
결정한다. 이러한 지역 그룹 외에 선진국, 개도국 그룹, 종교적 그룹, 식민지 그룹 등
다양한 그룹이 필요에 따라 이합집산을 하며 총회에서 의사결정에 참여하고 있다.

3) 사무국(Secretariat)과 사무총장(Secretary General)

UN 사무국은 사무총장에 의해 통솔되는 UN의 집행부라 할 수 있으며, UN의 정책

과 프로그램을 집행하는 모든 행정을 담당한다. 사무총장(Secretary-General)은 안전보장이사회 상임이사국의 만장일치로 추천되고 총회에서의 승인을 거쳐 임명된다. 그렇기 때문에 강대국 출신보다는 비교적 중립적인 정치가나 외교관이 임명된다. 임기는 5년이며 재선될 수 있다. 사무총장은 단순한 UN 관료체제의 관리자일 뿐만 아니라 국제분쟁의 중재자이기도 하다. UN 헌장은 사무총장이 UN의 중재 역할을 담당해서 국제분쟁에서 중립적 조정자 역할을 하도록 규정하고 있다. 그러나 실제로는 UN 안보리의 상임이사국 중 어느 한 국가라도 거부권을 행사하면 어떠한 일도 할 수 없기 때문에 사무총장의 역할도 강대국에 의해 크게 제약을 받는다. UN의 제6대 사무총장 부트로스 부트로스 갈리(Boutros Boutros-Ghali)는 서방 강대국이 지배하는 안전보장이사회와 주도권 다툼을 벌이면서 사무총장의 권한을 확대하려고 노력했다. 그러나 미국은 사무총장의 역할은 협상가나 외교관 그리고 경영자에 머물러야 한다고 주장하며 갈리를 비난했다. 결국 그는 재임에 실패하고 UN을 떠나고 말았다. 갈리 사무총장의 후임인 코피 아난(Kofi A. Annan) 사무총장은 미국과의 관계 개선을 위해 많은 노력을 기울였다. 그렇지만 코피 아난 사무총장은 미국의 이라크 팔루자 공습에 대해 미국을 강력히 비난하는 등 미국과 마찰을 빚기도 했다. 미국은 아난 총장 아들의 '석유식량 프로그램' 비리 의혹을 기회로 삼아 코피 아난의 퇴진을 시도했으나 유럽 국가들이 아난 총장을 지원·지지하여 실패하고 말았다. 코피 아난 사무총장은 UN의 개혁과 UN과 NGO의 관계를 강화하기 위해 많은 노력을 기울였고 UN과 함께 노벨평화상을 수상하기도 했다. 코피 아난의 후임에는 한국의 반기문 전 외교부장관이 선출되었다. 반기문 사무총장은 기후변화, 지속 가능한 개발목표 등에 많은 노력을 기울였고 또 UN여성기구 신설 그리고 UN에서 여성 직원 수를 늘리기 위해 노력하는 등 양성평등과 성소수자 문제에서도 많은 기여를 했다. 시리아 등의 난민문제에 UN의 역할이 제한됨으로써 비판을 받기도 했다. 2017년 1월 UN 사무총장에는 난민문제 전문가인 포르투갈 출신의 안토니오 구테헤스(Antonio Guterres)가 선출되었고 연임되어 2022년부터 두 번째 임기를 수행하고 있다.

4) 경제사회이사회(Economic and Social Council)

UN 경제사회이사회(Economic and Social Council)는 UN에서 가장 복잡한 기관이고 가장 많은 영역의 활동을 포괄하고 있으며 가장 많은 예산을 사용하는 기관이다. UN 헌장에서는 경제사회이사회의 기능을 UN 전문기구들의 활동을 조율하는 것으로 규정한다.

경제사회이사회의 회원국은 18개국으로 시작하여 두 번의 UN 헌장 개정을 통해서 확대되어 54개 회원국으로 확대되었다. 회원국은 지역연합의 추천에 의해 3년 임기로 총회에서 선출된다. UN에 대해 재정적 지원을 할 수 있는 국가들이 지속적으로 대표되어야 한다는 인식에 근거하여 안보리 상임이사국 중 4개 국가(중국 제외)와 주요 선진국들은 정기적으로 재선출되고 있다. 경제사회이사회는 1년에 한 번 개최되는데 뉴욕의 UN 본부나 전문기구(specialized agencies) 및 다른 프로그램들이 소재한 제네바에서 번갈아 개최되며 의사결정은 합의제나 단순다수제로 이루어진다.

UN 헌장 61~66조에 의하면 경제사회이사회는 전문기구들에 대해 권고하고 보고서를 받을 권리를 가지고 있지만 이들 기구의 예산이나 사무국에 대한 통제권은 없다. 그리고 경제사회이사회에 의해 행해지는 권고와 다자간 협정은 총회의 승인을 받아야 한다. 이러한 제한된 권한과 함께 경제사회이사회가 관할하는 업무의 범위가 점차 넓어져 경제사회이사회의 효율성이 점차로 저하되는 문제점이 노출되고 있다.

경제사회이사회의 활동은 17개의 전문기구(specialized agencies), 그리고 기능위원회와 지역위원회를 통해 이루어진다. 이들 전문기구는 UN의 부속기구가 아닌 독립적인 기구이며 UN과의 협정에 의해 UN체제의 일부가 되었다. 경제사회이사회 산하의 전문기구들 중 몇 개(ILO, UPU, WMO)는 UN보다 먼저 만들어졌다. UN 헌장 57조는 이들 기구와 UN과의 관계를 어떻게 수립하는가 하는 일반 조건들을 명시하고 있는데 UN과 ILO의 협정이 모델이 되었다. 협정의 내용은 정보와 문서의 교환, UN기구들에 의한 권고의 처리, 인사, 통계와 예산에서의 협력 등이다.

경제사회이사회는 UN과 시민사회가 연결되는 통로이다. 경제사회이사회는 비정부기구들에게 협의적 지위(consultative status)를 부여하여 이들이 UN에 참여할 수 있는 제도적 장치를 제공하고 있다.

5) 국제사법재판소(International Court of Justice)

국제사법재판소(International Court of Justice)는 국제법에 따라 법적 분쟁을 해결하는 기능과 UN이 자신에게 의뢰한 법적 문제들에 대해 권고적 의견을 제시하는 역할을 한다. 임기 9년의 판사 15인이 총회와 안보리에 의해 공동으로 선출된다. 국제사법재판소의 기능은 국가들이 제소한 사건에 대해 법적 판단을 하는 것과 UN 자체 혹은 UN의 기구들(예를 들어 총회나 안전보장이사회)이 UN의 기능과 관련한 법적 사안에 관해 권고적 의견을 제공하는 것이다. 이러한 권고적 의견은 구속력을 갖지는 못하며 또한 국내법과는 달리 판례로서 추후 유사한 사건의 결정에 영향을 미치지 못한다.

국제사법재판소의 역할은 한계를 가지고 있다. 재판의 결과를 집행할 수 있는 수단이 없다는 것은 접어두고라도 국가들은 국제사법재판소에 별다른 기대를 하지 않는 것이 사실이다. 실제로 1946년부터 2003년까지 107개 정도의 소송을 다루었고 이 중 57개만이 판결을 받았다. 국제사법재판소가 재판을 할 수 있는 권한은 소송 당사자들이 국제사법재판소의 강제적 재판관할권을 받아들여야만 발생한다. 다시 말해 국가들이 국제사법재판소의 강제적 재판관할권을 명시적으로 인정하지 않는 경우 국제사법재판소가 재판을 할 권리를 가질 수 없으며, 사법적 결정을 내린다 하더라도 아무런 의미가 없다. 회원국의 3분의 1 정도만이 재판관할권을 인정하고 있다. 그러나 이러한 국가들도 유보 조항을 통해 국제사법재판소의 재판관할권을 제한한다. 예를 들어 미국은 국내문제라고 인정하는 사안에 대해서는 재판관할권을 인정하지 않는다는 유보 조항을 첨가하고 있다. 한국과 일본의 독도를 둘러싼 갈등에서 일본은 이 문제를 국제사법재판소에 제소해서 해결하자고 주장하고 한국에게 재판관할권을 받아들이라고 요청했지만 한국은 거부했다. 이 경우 일본이 단독 제소하더라도 한국은 강제적 재판관할권을 유보했기 때문에 재판은 열리지 않게 된다.

국제사법재판소는 종종 정치적 중립성이나 정치적 성격과 관련한 비판을 받아왔다. 국제사법재판소가 정치적으로 예민한 문제에서 자신의 권리를 포기하거나 소극적 태도를 보인다는 것이다. 최근에는 다양한 전문화된 국제사법기구들이 등장하기 때문에(예를 들어 무역 분야에서는 WTO의 분쟁해결 절차, 해양법재판소, 세계은행의 국제투자분쟁해결센터, 유럽사법재판소) UN 국제사법재판소의 역할은 더욱더 감소하고 있다.

6) 신탁통치이사회(Trusteeship Council)

UN 신탁통치이사회는 1994년 팔라우가 독립하면서 이미 활동을 중단한 기관이다. 그러나 UN의 기구를 없애기 위해서는 UN 헌장의 개정이 필요하기 때문에 현재 그대로 UN체제의 조직에 남아 있다. 신탁통치이사회는 1960년대 탈식민지화 과정에서 신탁통치 지역에 대한 행정감독 기능을 수행하며 많은 역할을 했다. 그러나 지구상에 더 이상의 식민지가 남지 않게 되면서 그 임무를 종결하게 된 것이다. 현재 신탁통치이사회를 없애지 말고 새로운 기능을 주자는 논의들이 있다. 신탁통치이사회에 지구공동자원, 해양, 해저, 우주에 영향을 미치는 요인들을 감독하는 책임, 또는 실패 국가들을 돕는 기능, 소수민족과 토착민족을 위한 논의의 장으로서 기능을 부여하자는 의견들이 있다.

4. UN의 문제점과 개혁

UN의 개혁은 영원한 화두이다. 모든 회원국과 NGO가 UN의 개혁 필요성에 대해 강조하고 있지만 목적·방법에 대해서는 모두 다른 의견들을 제시한다. 미국처럼 상당 부분의 재원을 담당하고 있는 국가들은 UN 예산집행의 원칙, 투명성, 책임성, 관리 능력의 강화, 사무국 개혁, 자원의 효율적 사용 등을 강조하지만 개도국 그룹은 개발 이슈의 강조, 총회권한 축소 반대, MDGs(새천년개발목표) 달성을 위한 조정기능 강화 등에 관심이 있다. 개혁 어젠다도 시기별로 강조점이 변화하고 있다. 1990년대 초반까지는 재정과 UN 구조 개혁이 주를 이루었고 2000년대 초반까지는 평화유지활동 강화, 사무국 비용 절감 및 관리 개혁, 시민사회 역할 강화 등이 주로 다루어졌다. 2000년대 중반 이후에는 책임성 강화와 예산의 효율적 사용 그리고 관리기능 강화 등이 강조되었다.

1) UN의 재정 위기

UN이 당면한 여러 가지 문제 중 가장 시급한 문제는 재정 위기이다. UN의 재정은 기본적으로 정규 예산, PKO 예산으로 구분되어 편성되며 정규 예산은 국가들의 의무 분담금과 산하기구(주로 프로그램과 기금들)에 대한 자발적 기여금(사업분담금)으로 이루어진다. 경제사회이사회 산하 전문기구들의 예산은 사업분담금을 통해 유엔 예산과 관계없이 독립적으로 조성·집행된다. 2022~2024년 UN의 정규 예산은 약 40억 달러이고 각 회원국의 정규 예산 부담률은 기여금 위원회가 지불 능력, 즉 국내총생산(GDP), 국민 개인소득, 대외부채 등을 고려하여 3년 단위로 결정하는 방식을 취하고 있다. 분담률은 총예산 중 최하 0.001%에서 최고 22%까지인데 2021년 분담금은 미국이 22%, 중국 12.005%, 일본 8.564%, 독일 6.091%, 영국 4.567%, 프랑스 4.427% 순이었다. 한국은 2.267%였다. 중국은 2012년까지도 3%대의 분담률에 머물렀으나 10년 사이에 네 배가량 분담률을 늘려 현재 세계 2위의 분담금을 납부하고 있다. 1% 이상의 분담금을 내는 나라는 18개국에 불과하다. 한국은 2022년 2.574%로 9위(PKO 분담금도 9위)이며 북한은 0.006%로 193개 회원국 중 134(2019년 통계)번째이다. 한국은 2023년 7월 UN 무역개발회의(UNCTAD) 선진국 그룹으로 지위가 격상되었는데 한국의 유엔 기여 역시 G7 국가들과 중국에 이어 세계 10위권 안에 들게 되었다.

PKO 분담금은 정규 예산과는 달리 회원국을 그룹으로 나누어 부과한다. 2000년 전까지는 회원국을 네 그룹으로 나누어 차등 분담했으나 2000년 UN 총회에서 PKO 분담금 제도를 개편하여 국가들을 소득기준에 따라 10개 그룹으로 구분하여 분담금을 산정한다. 2019~2020년 PKO 예산은 65억 달러이며 미국이 28% 정도를 부담하고 중국이 15.2%, 일본이 8.56%, 독일이 6% 정도를 부담한다. 한국은 2.57%로 9위에 해당한다. UN의 전문기구들은 독자적인 예산을 편성하고 있으며 자체적으로 국가들의 분담금을 통해 예산을 조달한다.

UN의 재정 위기는 크게 두 가지 원인이 있다. 하나는 UN이 탈냉전 이후 활발한 활동을 벌이면서 제한적 규모의 UN 예산으로는 이러한 활동을 지원하기가 벅차다는 것이다. 특히 탈냉전 이후 평화유지활동을 벌이면서 재정 수요가 크게 늘어났는데, 예를 들어 유고 내전에서 4만 명의 평화유지군을 파견하면서 연 1억 달러가 넘는 경비

> **☙ UN에서 일하는 직원들의 월급은 얼마나 될까? ❧**
>
> UN 직원의 월급을 일률적으로 말하기는 어렵다. 2016년 사무총장의 공식 연봉은 19만 4000달러 정도이다. 전문직(P1~P5) 이상의 UN 직원의 경우, 보통 회원국 정부 중 가장 봉급이 많은 국가공무원에 상당하는 보수를 받는다. UN의 국장급(D-2)은 14만~16만 달러, 과장급(P-4)은 9만~12만 달러 정도의 급여를 받는다. 여기서 부과금을 제한 금액을 수령한다. 부과금을 내는 대신 세금은 없다(미국의 경우 세금을 부과하지만 부과금에서 환불해 준다). 여기에 지역조정금(근무지 수당)을 추가로 받게 된다. 미혼자는 조금 적은 연봉을 받는다. UN 직원에 대한 복지 혜택은 매우 좋은 편이다. 혜택으로는 1년에 30일의 휴가와 2년에 한 번씩 가족 동반 모국 방문비용 지원, 25세까지 자녀교육 지원, 자녀수당, 교육수당, 위험수당, 험지 보조, 렌탈 보조, 집 월세의 3분의 2 지원 등이 있다. 물론 연금도 있다.

가 지출되었다. 두 번째는 좀 더 근본적인 원인으로 UN 재정의 원천인 부담금이 제대로 걷히지 않고 있다는 것이다. 2019년의 경우 약 70%의 분담금이 납부되어 30%가 미납된 상태이다. 미국이 미납액 1위이고 그다음이 브라질, 아르헨티나, 멕시코, 이란, 이스라엘, 베네수엘라 순이다. 193개국 중 58개국이 제때에 분담금을 납부하지 못하고 있다. 이러한 부진한 분담금 납부 실적은 한편으로는 많은 나라가 경제적 어려움으로 인해 분담금을 납부하지 못하고 있는 데 원인이 있고, 또 가장 많은 분담금을 담당하는 미국이 UN에 대한 불만으로 분담금 납부를 지연하고 있기 때문이기도 하다. 2008년 미국발 금융위기 이후 많은 나라가 분담금을 미납하고 있다. 미국은 또 1983년 팔레스타인에 대해 지원하는 UN 사업에 예산을 지원하지 않는다는 법안을 만들었고 2012년 팔레스타인이 유네스코에 가입하여 이 법안이 발효되면서 미국은 유네스코 분담금을 납부하지 않았다.

현재는 미국이 강력히 주장하여 분담금의 결정을 분담금위원회가 결정하고 있지만, 이전에는 총회에서 분담금을 결정했다. 그리고 제3세계 국가가 다수를 차지하는 총회는 일방적으로 미국을 비롯한 선진국들에게 많은 액수의 분담금을 부담시켰다. 미국이 이러한 처사에 항의하여 분담금 결정 과정에 대한 개혁을 요구함으로써 현재의 분담금 결정 방식이 채택되었다. 미국을 비롯한 선진국들의 재정분담금에 대한 불만은, 소수의 선진국이 UN 재정의 대부분을 부담하지만(15개 국가가 총재정의 85.8%를

❧ UN의 재정 위기 그리고 미국과 소련 ❧

UN의 첫 번째 재정 위기는 1956년 소련이 UN긴급병력(United Nations Emergency Force)에 대한 분담금을 거부하고 4년 후 콩고에서의 UN 활동에 대한 비용 분담을 거절하면서 시작된다. 1964년 미국은 소련이 계속적으로 비용 분담을 거부하자 총회에서의 소련의 투표권을 박탈하겠다는 위협을 가하기에 이른다. 소련은 그 후 평화유지의 비용은 평화유지가 필요한 상황을 초래한 국가가 부담해야 하며 평화유지활동 비용의 배당은 총회가 아닌 안전보장이사회만이 결정할 수 있다는 입장을 고수했다. 그러나 1987년 소련이 그때까지의 모든 채무를 청산하겠다는 결정을 발표하면서 재정 위기 문제는 한숨을 돌리게 된다.

두 번째 재정 위기는 미국에 의해서 촉발되는데, 미국 역시 소련과 마찬가지로 자신이 찬성하지 않는 프로그램에 대한 반대의 수단으로 비용 부담을 거부하기 시작한다. 예를 들어 1982년 레이건 대통령은 초국적 기업의 이익을 보호하기 위해, UN이 후원하는 해양에 대한 법 조약(Law of the Sea Treaty)의 심해저 채굴 조항을 추진하기 위한 연 100만 달러의 비용을 부담하지 않을 것이라고 발표한다. 이러한 결정은 제3세계에 의해 지배되는 UN에 대한 미국의 불만이 표출된 것이다. 즉, 두 번째 UN의 재정 위기는 1국가 1표제에 대한 미국의 불만에서 유래한 것이다. 1986년 미 의회의 반대로 미국은 2억 달러의 분담금을 납부하지 않았다. 1999년 미국은 약 17억 달러의 UN 분담금을 체납하고 있었는데, UN은 미국이 1999년 말까지 체납된 분담금을 지급하지 않을 경우 UN 총회에서 표결권을 상실할 수 있다고 경고했다. 미국의 분담금 체납은 미국의 국내정치와도 밀접한 관계가 있다. 예산을 관할하는 의회를 공화당이 장악하고 있는 상황에서 공화당은 UN에 대한 견제와 또 공화당이 자신이 지지하는 법안과 분담금 지급 승인을 연계해 왔기 때문에 분담금을 체납하고 있었던 것이다. 1999년 미 정부는 공화당과 합의를 통해 약 10억 달러의 분담금을 지급하기로 합의했다. UN은 2000년 미국의 분담금을 25%에서 22%로 낮추어주고 평화유지 운영예산 분담금도 당초의 31%에서 26%로 삭감해 주기로 합의했다. 미국은 그 대신 5억 8500만 달러를 UN에 즉각 납부하고 2002년에 2억 4100만 달러를 납부하기로 약속했다. 2008년 미국의 미납액은 8억 4600만 달러로, 이는 전체 미납액 9.1억 달러의 92%를 차지했다. 미국은 오바마 정부 들어와서 미납금을 상당 부분 납부해서 7억 3000만 달러 정도로 줄어들었으나 그 후 다시 늘어나 2020년 현재 일반예산과 PKO 예산을 합해 25억 달러 이상을 체납하고 있는 상황이다.

분담) 총회에서의 수적 우세에 밀려 UN 재정의 많은 부분이 후진국을 위해 사용된다는 점과 많은 나라가 UN이라는 공공재를 무임승차(free ride)하고 있다는 데서 연유한다. 즉, 약 2%의 UN 재정을 분담하는 나라들이 약 100개의 표를 행사하는 상황에 대해 미국은 불만을 표출한 것이다.

이에 미국은 의회를 중심으로 UN의 재정개혁과 분담금 결정 방식에 대한 개혁을 요구하게 된다. 카센바움(Kassenbaum) 수정안은 미국의 부담을 당시 25%에서 22%로 낮추고 재정적 결정에서 가중투표제를 도입하는 내용을 담고 있다. 그러나 이러한 수정안은 UN 헌장을 개정하고 다른 나라의 분담금을 증액해야 한다는 문제가 있기 때문에 성사되기 어려웠다. 결국 이러한 문제는 UN 활동의 축소를 가져오게 되었다. 1987년 UN의 재정 문제와 관련된 갈등은 UN이 재정개혁을 하고 UN에 활동자금을 많이 내는 나라들을 더 많이 고려해 준다는 해결책을 제시하게 했고, 미국은 5년에 걸쳐 미납금을 납부한다는 결정을 내린다. UN의 만성적 적자를 해소하고 전반적 재정을 강화하기 위해 갈리 총장은 10억 달러에 달하는 UN 평화기금의 설치·운영과 자산기금의 증액 등을 제의했고, 그 밖에 무기거래에 대한 과세, 국제항공여행에 대한 과세, 세계은행 등으로부터의 차용, 각종 기부금의 면세 등을 고려할 것을 제안했다. 그러나 강대국들은 이러한 UN의 재정적 독립성을 강화하는 제안에 반대했다. 그 이유는 강대국들은 과다한 재정적 부담을 지는 것에 대해 불평하지만 UN이 자신들의 영향력에서 벗어나 독자적으로 움직이는 것 역시 싫어하기 때문이다.

코피 아난 사무총장이 들어와서도 UN의 재정 위기는 계속되었다. 가장 중요한 원인은 역시 미국이 UN의 개혁 문제를 UN 지원과 연계했기 때문이다. 2005년 말 미국이 UN의 2006~2007년 예산안을 승인하지 않고 3개월 잠정 예산안을 편성해 개혁 여부를 보고 지원을 결정하겠다고 하면서 UN은 직원들의 봉급을 주기도 어려운 상황에 빠지기도 했다.

반기문 사무총장은 2012~2013년 UN 예산을 3% 삭감하라는 지시를 내렸다. 2012년 UN 총회에서는 2012~2013년 UN 예산을 4.8% 삭감한 51억 5000만 달러로 결정했다. UN이 예산을 전년도 대비 삭감한 것은 역사상 두 번째이다. 2019년에도 UN은 심각한 재정 위기를 겪어 직원들의 월급을 지급하기 어려운 상황이 되었다. 전체 분담금의 70% 정도만이 납부되었으며 특히 미국은 이미 체납한 액수와 더불어 2019년분

6억 7000만 달러도 제때에 납부하지 않았다. 미국은 2020년 현재 일반 예산과 PKO 예산을 합해 25억 달러 이상을 체납하고 있는 상황이다. 미국이 PKO 예산 부담이 과다하다면서 28% 대신 25%만 내겠다고 하고 있어 체납액은 계속 늘어날 것이다. 트럼프 대통령은 미국의 분담액이 과다하다고 분담금 삭감을 요구했다.

2) UN의 제도개혁 문제

UN의 개혁 문제는 1946년 창설된 UN이 현재의 국제정치의 변화를 충실히 반영하지 못하는 데서 비롯된다. 구체적으로는 UN에 대한 수요 증대, 현재의 안전보장이사회의 구성이나 권한이 새로운 국제환경에서 UN의 효과적인 역할에 적합하지 않다는 점, 거부권을 비롯한 UN 제도에 대한 개혁의 필요성 등이 UN 개혁의 주된 의제들이다. 우선 UN 안보리 이사국 문제는 창설 당시 안전보장이사회 이사국 대 UN 회원국 수의 비율이 21.6%였지만, 현재 회원국이 193개국으로 늘어난 상황에서 전체 이사국 수의 증가가 필요하다는 점에서 시작된다. 이에 대해 전체 이사국 수의 증가, 상임이사국의 증가, 비상임이사국의 증가 등이 구체적인 해결책으로 거론되고 있다. 또한 안전보장이사회와 관련하여 현재 상임이사국의 자격 조정에 관한 문제도 논의되고 있다. 구체적으로는 EU(European Union)의 출범으로 인해 변화된 환경을 반영하여 EU를 위한 1개 혹은 2개의 의석을 상임이사국 의석으로 부여하고 이 의석을 영국·프랑스·독일 등이 교대로 맡는 방안이 논의되고 있으며 일본이나 독일, 인도 등 특정 국가를, 거부권을 보유한 혹은 거부권 없는 상임이사국으로 선출하는 방안도 논의되고 있다. 그리고 점증하는 지역주의 추세를 반영하여 ASEAN, 아프리카 연합(African Union) 등의 지역기구나 비동맹회의 등에 상임이사국 지위를 부여하는 방안도 거론되고 있다.

현재의 UN 제도에 대한 개혁으로 거부권 제도에 대한 논의가 가장 중요하게 이루어지고 있는데, 현재의 거부권 제도를 폐지하자는 의견과 거부권 제도를 보완하거나 새로운 제도로 대체하자는 의견이 있다. 그리고 또 다른 대안으로서 절대다수결, 합의제, 비중투표제 등의 도입도 논의되고 있다.

안보리 상임이사국 수가 늘기 위해서는 우선 현행 상임이사국 수를 규정하고 있는

UN 헌장이 개정되어야 하는데 그러기 위해서는 193개 회원국 중 3분의 2 이상이 결의안에 찬성해야 한다. 이후 각 회원국은 개정된 UN 헌장을 자국 의회에서 비준해야 하며, 5개 상임이사국을 포함한 UN 회원국 3분의 2 이상이 비준하면 새 헌장으로서 효력을 발휘하게 된다.

3) UN의 행정개혁

2005년 3월 코피 아난 사무총장은 UN의 개혁안을 발표했다. 여기에는 안보리 확대 문제, 안보리의 무력사용 결정기준의 결정, 반테러 국제조약 추진, 인권위원회를 인권이사회로 강화, 사무국 투명화를 위한 내부 감사국 강화, 신탁통치이사회의 폐지 그리고 GDP 0.7% 빈곤국 지원 시간표 설정 등이 포함되어 있다. 이 중에서 사무국의 행정개혁은 미국을 비롯한 강대국들이 계속적으로 요구하는 사항이다. 미국은 UN의 사무국이 방만하게 운영되고 있으며 UN의 조직들도 업무의 중복으로 인한 비효율성이 심각한 수준이라고 지적해 왔다. 1990년까지는 사무국의 개혁에 대한 별다른 움직임이 없었다. 코피 아난 사무총장 시기에 사무국 개혁이 본격적으로 추진되었고 사무국 규모의 25% 축소, 부서 통합, 문서 감축, 행정비용의 절감 등이 추진되었다. UN 행정개혁을 잘 보여주는 사례는 에이즈 관련 프로그램들을 통합하는 작업이다. 29개에 달하는 에이즈 관련 기금, 프로그램, 기구, 프로젝트들을 합병하는 계획이 추진되어 유엔에이즈(UNAIDS)라는 프로그램이 만들어졌다.

후임 반기문 사무총장은 UN 개혁을 주요 과제로 설정하고 개혁안을 추진했다. 사무국 개혁에서 평화유지임무국(DPKO)을 평화임무국과 필드지원국으로 확대 개편하고 군축국을 군축사무소로 전환하는 조치를 취했다. 사무국은 600여 명의 행정직원들로 구성되어 50억 달러가 넘는 예산을 집행하는 기구로서 비효율성과 방만한 운영이 비판의 대상이 되어왔다. 핵심은 기구의 운영 효율성과 직원 자질 향상, 재정의 투명성 제고, 윤리의식 강화이다.

4) 국가주권과 인도적 개입 그리고 '보호할 책임'

UN 활동이 강화되면서 국제사회 및 UN 내에서 주권 및 국제적 인권보호에 관한 규범적 논의가 새롭게 일어났다. 현재까지는 UN에 의한 집단안보가 발동하는 경우에 헌장의 규정에 의해 국내문제에 관여하는 것이 허용되고 있다(제2조 7항 단서). 그러나 많은 경우, 무엇이 국내관할권에 속하는지는 상대적으로 정의될 수밖에 없으며 국제관계의 변화 및 국제사회의 발달에 따라 변하게 된다. 국제법의 가장 중요한 원칙의 하나는 국가주권의 원칙이며 이는 UN 헌장에서 명백히 수용되었다(제2조). 여기에서 파생되는 문제가 국내문제 불간섭의 원칙이며 헌장은 '본질적으로 국가의 관할 내에 속하는 사항'에 대한 간섭을 배제한다고 규정하고 있다(제2조 7항). 그러나 UN은 인도적 입장에서 국내문제에 간섭하고 있으며 이러한 인도적 개입의 국제법상의 위법 문제 등이 제기되고 있다.

UN은 인도적인 이유로 이라크·소말리아·구(舊) 유고연방의 분쟁에 제한적으로 개입했다. 특히 구 유고연방의 경우 세르비아군으로부터 회교 난민을 보호하기 위해 안전 지역 및 비행금지 구역을 설정하고, 또 이를 강제하기 위해 NATO군의 공군력 사용을 허용했으며 실제로 이를 위반한 경우 무력 사용을 통한 제재가 이루어졌다. 이런 UN의 개입에 대해 그 정당성의 문제가 제기되고 있으며 이러한 개입이 미국의 주도하에 이루어지고 있다는 사실로 인해 이러한 정당성 문제는 더욱 복잡한 양상을 띤다.

코소보 개입 이후 인도적 개입과 주권문제에 대한 논의의 필요성이 생기면서 캐나다의 제안과 UN 사무총장 코피 아난에 의해 주권과 인도적 개입의 조화를 이룰 수 있는 국제적 합의를 만들기 위한 노력이 시작되었다. 2001년 "개입과 주권에 관한 국제위원회"의 보고서 「Responsibility to Protect」가 UN에 제출되었고 2005년 UN세계정상회의에서 만장일치로 채택되었다. 보호할 책임(Responsibility to Protect: R2P)이란 개념은 시민의 안전을 보호할 책임은 일차적으로 해당 국가에 있지만 국가 역량이나 의지의 부족으로 보호를 제공하지 못하거나 국가 자체가 시민의 생명을 위협하는 경우 국제사회가 이들을 보호할 책임을 갖는다는 내용이다. 이러한 개념의 등장 배경은 UN의 무력 개입 사례가 늘어나면서 인도주의적 개입의 정당성, 주권원칙과의 충돌이 중대한 문제로 부상했다는 것이다. "보호할 책임" 원칙은 국제사회가 인도적 이유로 다른 나라의 주권에 개입할 권리(right)를 가지는 것이 아니라 주권국가가 적절한 보호를 제공하지 못할 경우 개입해야 할 책임이 있다는 원칙으로서 UN 무력 개입이 주권 침해라는 반발을 해결하고 인도적 개입에 대한 회원국 간의 합의를 도모하기 위한 일환으로 만들어졌다.

R2P 보고서는 군사적 개입의 6가지 전제 조건을 제시한 바 있다. 그것은 정당한 권위(군사적 개입의 주체에 관한 문제), 정당한 명분(인간안보에 대한 위협이 명확히 존재하는가), 정당한 의도(다른 의도가 아닌 인간안보의 보호를 위한 개입인가), 마지막 호소로서 군사적 개입(상황을 해결하기 위한 다른 노력들이 있었는가), 비례적 수단(군사 개입의 정도는 상황에 적합한 정도인가), 합리적 전망(군사적 개입을 통해 인간안보를 확보할 가능성에 대한 전망) 등이다.

이 개념은 UN의 평화유지군을 통한 개입에서 근거로 활용되기 시작했다. 2006년 수단 다르푸르 문제를 해결하기 위한 '평화유지군 파견을 위한 결의안' UN 1706에서 R2P를 근거로 했다. 그러나 수단 정부의 반대로 실제로 파견되지는 못했다. 2011년 3월 리비아에 대한 군사적 개입을 결정한 UN 결의안 1973에서 R2P가 근거로 제시되었고 리비아 사태는 국제사회의 군사적 개입에서 R2P를 근거로 한 최초의 사례라고 할 수 있다.

R2P 개념은 그 긍정적인 측면에도 불구하고 많은 논란과 비판을 불러왔다. 첫째, 위험에 처한 시민을 보호할 책임을 근거로 국제사회(UN)가 군사적으로 개입하기 시작하면 결국 국제사회 및 강대국은 수많은 국내문제에 개입하게 될 가능성이 있고 그 결과 주권원칙이 위협받게 된다는 것이다. 2009년 러시아는 그루지야를 침공하면서 그루지야에서 독립하려는 남오세티야인들을 보호하기 위한 R2P를 침공의 근거로 들었다.

둘째, R2P를 근거로 한 UN의 군사적 개입은 결국 UN 안보리에서만 결정될 수 있기 때문에 UN 안보리의 결정권을 가지고 있는 5개 상임이사국(미국·영국·프랑스·러시아·중국)의 전략적 이익에 따라 주권국가에 대한 개입이 선택적으로 실행될 위험이 있다. 실제로 미국과 유럽 국가들은 리비아와는 달리 서방에 우호적인 바레인의 반정부 시위 탄압에 대해서는 아무런 행동을 취하지 않았다. 그러한 이유로 아프리카 및 몇

몇 아시아 국가들은 R2P가 강대국이 다른 나라의 문제에 개입하기 위해 만든 신조어나 정치적 수사에 불과하다고 비판한다.

셋째, 보호해야 할 시민의 범주에 대한 논란이 불가피하다. 내전 상황인 경우 합법정부에 대항하는 반군 세력을 "보호해야 할 시민"으로 볼 수 있는가의 문제가 제기된다. 실제로 리비아의 경우 이집트와 같은 반정부 시위대가 아닌 카다피에 대항하는, 다른 부족들이 주도하는 내전의 성격이 강했다.

마지막으로 R2P를 위한 군사적 행동이 어느 선까지 이루어져야 하는지 모호하다. 현실에서는 시민의 안전을 보호하기 위해 시민을 위협하는 정부 자체를 붕괴시켜야 할 경우가 존재한다. 그러나 그러한 체제전복 활동은 R2P를 위한 개입 범위를 넘어서는 것이다. 리비아의 경우 반군을 보호하는 데 그치는 것이 아니라 반군을 무장시켜 카다피 정부를 붕괴시키게 하는 것은 UN 결의안의 범위를 넘어서는 행위라고 볼 수 있다. 힐러리 클린턴 국무장관은 반군에게 무기를 제공하는 것을 UN 결의안 1973에 포함된 내용이라고 해석했지만 이 문제는 논쟁의 대상이 되고 있다.

R2P 개념과 이를 근거로 한 개입이 현실화되면서 북한에 대한 R2P 적용 가능성을 제시하는 학자들이 있다. 그러나 R2P를 북한에 적용하는 것은 이론적으로는 가능하지만 현실적으로는 불가능할 것으로 판단된다. 북한에 적용이 가능하다고 보는 입장은 북한에서 대량학살이 이루어지고 있는 것은 아니지만 다양한 형태의 반인류적 범죄가 자행되고 있다고 주장한다. R2P 원칙 자체는 법적인 개념이 아니기 때문에 R2P를 근거로 한 개입은 정치적인 해석에 의해 이루어진다. 따라서 대량학살이 아니라도 강제수용소, 처형, 기아 상태의 방치 등으로부터 북한 주민을 보호하기 위한 R2P 개입이 논의될 수 있다는 것이다. 미얀마의 군부가 2008년 태풍 마르기스로 인해 수천 명이 사망하는 가운데 국제사회의 지원을 거부하자 국제사회가 개입하여 미얀마의 국민을 보호해야 한다는 R2P 논의가 프랑스를 중심으로 제기된 바 있다.

실제로 북한에 대한 R2P를 근거로 한 군사적 개입은 UN 안보리에서 거부될 것이 확실하다. 리비아에서의 R2P에 근거한 군사 개입 이후 이의 정당성에 대한 비판이 본격적으로 제기되고 있다. 중국은 북한에 대한 개입을 반대할 것이 분명하다. 북한에서 북한 주민의 저항이 본격화되고 이에 대한 북한 정권의 대량살상이 시작되기 전에는 R2P를 발동할 수 있는 가능성은 희박하다고 볼 수 있다.

5) 상비군 설치 문제

UN의 활동 영역이 확대되고 강화되면서 집단안보의 발동이나 무력제재 시 UN이 가지고 있는 가장 큰 한계인 UN 자체의 군사력, 즉 UN 상비군의 부재 문제가 논의된 바 있다. 현재로서는 이러한 상황에서 UN은 회원국들의 자발적이고 임시적인 다국적군에 의존할 수밖에 없다. 이 같은 기본 구조는 1950년의 한국전쟁이나 1990년의 걸프 전쟁에서도 마찬가지였다. 1992년 소말리아 개입에는 초기 단계에서 2만 명 이상의 미국군에 의존했고, 1993년 이후 유고연방에 대한 제재에서도 UN은 NATO군의 군사적 협력을 받았던 것이다. UN이 특정한 국가의 군대에 의존하게 되면 여러 가지 문제가 발생한다. 예를 들어 UN이 군사 개입의 필요성을 느끼더라도 병력을 제공할 나라(대개는 미국 같은 강대국)가 병력을 제공할 의사가 없으면 무력제재 등 필요한 활동을 할 수 없게 된다. 결국은 병력을 제공할 수 있는 강대국이 원하는 경우에만 UN이 원하는 군사 활동을 할 수 있게 되는 문제가 발생하는 것이다.

UN의 제재가 회원국의 군사력에 의존함으로써 생기는 문제점들 외에 PKO 활동에서 UN이 다국적군을 지휘·명령하는 체계에서 혼란을 겪는 등의 여러 가지 문제가 있다. 이를 시정하기 위한 조치로 UN은 PKO 상시준비체제(Standby Arrangement) 제도를 설치했는데, 이 제도하에서 각국은 PKO 활동에 즉각 참여할 수 있는 군사 요원을 별도로 선발·훈련시켜 놓고 UN의 요청이 있을 때 PKO 활동에 참여하게 한다. 2011년 현재 93개 회원국이 이 제도에 참여하고 있다.

이러한 문제를 좀 더 근본적으로 극복하기 위해 갈리 사무총장은 1996년 6월 「평화의 의제(Agenda for Peace)」라는 보고서에서 PKO 활동과 더욱 적극적인 군사제재를 수행하는 이른바 평화강제군(Peace Enforcement Unit)의 창설을 제안했다. 또한 헌장 43조에 명시된 UN 상비군의 설치를 위한 안전보장이사회와 UN 회원국 간의 특별 협약 체결을 촉구하고 UN 군사참모위원회의 활성화 등을 제안했다. 이러한 제안은 탈냉전기에 분쟁을 효과적으로 관리·해결하고 군사력을 확보하기 위한 제안으로서 의미가 크지만 그 실현 가능성은 크지 않은 것이 사실이다. 가장 큰 이유는 대부분의 회원국이 UN이 독립된, 혹은 강력한 군사력을 가진 국제기구가 되는 것을 원하지 않기 때문이다. 미국을 비롯한 대부분의 강대국은 UN 관할하의 자국 군대가 자국의 지휘·

통제를 벗어나는 것을 원치 않으며, 만약 어떤 형태의 UN군이 설치된다 하더라도 이러한 지휘·통제권이 확보되기를 원하고 있다. 반면 대부분의 제3세계 국가들은 UN 산하의 군사력이 결국은 강대국들의 정치적·군사적 목적에 이용되어 제3세계에 대한 부당한 개입을 용이하게 하는 등 UN의 이름으로 오히려 강대국들의 입장만을 정당화시켜 줄 뿐이라고 여기고 있는 실정이다. 즉, 이들 회원국은 UN 자체의 군사적 능력 강화가 그들의 주권을 제약할 수도 있다고 여기고 기본적으로 부정적인 입장을 취하고 있다.

5. UN의 새로운 역할 글로벌 거버넌스와 UN

글로벌화·지구화라는 거대한 변화는 다양한 정치적·사회적·경제적 결과를 낳게 된다. 중요한 것은 이러한 결과가 한 국가 차원의 노력으로는 해결하기 어렵다는 것이다. 초국적 자본의 등장으로 인한 문제들은 한 나라의 능력이나 대책으로는 해결할 수 없게 되었다. 안보 문제 역시 한 국가 내의 내전이나 한 지역의 분쟁은 그 국가와 지역에만 영향을 미치는 것이 아니라 주변 국가, 나아가서 전 지구적인 영향을 미치기도 한다. 따라서 이러한 문제를 해결하기 위한 노력도 국가 차원이 아닌 전 지구적 차원에서 이루어져야 효과를 얻을 수 있을 것이다. 글로벌 거버넌스라는 개념은 지구적 문제를 관리하는 메커니즘, 혹은 관리하는 과정 자체를 의미한다. 지구적 문제를 지구적 차원에서 관리하기 위한 노력들이 활발해지면서 글로벌 거버넌스라는 개념에 대한 논의도 활발해지고 있다. 거버넌스라는 개념에는 행위자, 행위들의 역할, 행위자들 간의 연결 유형 등이 담겨 있다. 행위자라는 측면에서 웨스트팔리아체제가 결국 주권국가의 권위를 바탕으로 한 체제라고 볼 때 국제적 문제의 해결 주체는 국가이다. 그러나 글로벌 거버넌스라는 새로운 문제관리 방식은 주권국가의 권위가 초국가적 기구로 일부 이동하는 현상을 의미하기도 한다. 국가들은 자신들이 효과적으로 다룰 수 없는 문제들의 해결을 위해 자신의 주권 일부를 초국가적 협력체에 양도하고, 이 초국가적 공동체는 공동의 노력을 통해 지구적 문제를 관리하는 것이다. 이러한 글로벌 거버넌스가 기존의 문제관리 방식과 차별되는 것은 국가들의 노력뿐만 아니라 비국가행위자들과의 협력이 중요한 부분을 차지한다는 것이다. 국제적으로 활동하는 비정부기구들(INGO)들은 이제 국가, 국제기구들과 함께 지구적 문제를 찾아내고 그 해결책을 제시하며 지구적 노력의 이행을 감시하는 역할을 수행함으로써 글로벌 거버넌스에 매우 중요한 행위자로 등장했다.

글로벌 거버넌스는 또 글로벌한 문제를 해결하기 위해 다양한 행위자가 연결되어 있는 방식이라는 차원에서 기존의 국제문제 해결 메커니즘과는 다르다. 기존의 문제 관리 방식이 국가 중심의 위계적 형태라면 글로벌 거버넌스에서는 국가·국제기구·NGO가 수평적으로 네트워크를 형성하고 이러한 네트워크를 통해 문제를 관리하고 해결을 도모하는 메커니즘이다. 각 행위자들은 자신의 능력 범위에서 필요한 역할을 수행한다. 예를 들어 NGO들은 문제를 관리하는 방법을 결정하는 과정이 민주적이고 투명하게 이루어지는가를 감시하고 대안적 의견을 제시하기도 하며 집행 과정을 감시하기도 한다.

이러한 국제비정부기구들의 역할과 함께 글로벌 거버넌스의 핵심적 기제로서 UN의 역할이 강조되고 있다. UN은 단일한 국제기구로서 가장 크고, 광범위한 주제를 다룰 수 있는 이점을 바탕으로 글로벌 거버넌스의 중심축으로 등장했다. UN은 1995년 글로벌 거버넌스 위원회(UN Commission on Global Governance)를 창설하고 「Our Global Neighborhood」라는 보고서를 발표했다. 이 보고서에서 UN은 변화된 세계질서에 대응하기 위한 도구로서 글로벌 거버넌스를 제안하면서 기존의 정부 간 관계뿐만 아니라 NGO, 다국적 기업, 세계 자본시장 등의 다양한 세력을 포함하는 개념으로 글로벌 거버넌스가 다시 정의되어야 한다고 주장했다. UN이 글로벌 거버넌스의 중심축이 될 수 있는 또 하나의 이유는 UN이 글로벌 거버넌스의 핵심적 요소의 하나인 지구시민사회(global civil society)와 국가 사이에서 중재자 역할을 할 수 있는 능력을 가지고 있기 때문이다. UN은 국제비정부기구와 밀접한 연관을 맺어왔다. 1945년 샌프란시스코에서 열린 UN 창설회의에는 1200개의 자원단체(voluntary organization)가 참석했으며 UN 헌장 71조는 UN의 경제사회이사회가 비정부기구들과 협의하기 위해 적절한 조치를 취할 수 있도록 했다. 이에 따라 UN 경제사회이사회는 시민사회단체들에게 협의적 지위를 부여하고 있다. 경제사회이사회의 협의적 지위는 세 가지 종류가 있는데 포괄적 협의적 지위(General consultative status), 특별 협의적 지위(special consultative status) 그리고 명부 협의적 지위(roaster consultative status)가 그것이다. 2008년 통계에 따르면 포괄적 협의적 지위의 NGO 137개, 특별 협의적 지위의 NGO 2071개, 그리고 명부 협의적 지위의 NGO 975개가 활동하고 있다. 특히 UN은 1998년 「UN 체제의 모든 활동에서 NGO들과 상호작용하기 위한 제도적 정비와 실천」이라는 UN 사무총장의 특별보고서를 통해 NGO들의 '글로벌 거버넌스' 참여와 역할을 공식적으로 인정하는 실질적인 제도 마련에 착수했다. 2020년 현재는 4045개의 NGO들이 UN과의 협의적 지위를 가지고 있다.

글로벌 거버넌스에서 UN의 역할을 실제로 볼 수 있는 것은 UN이 개최하고 있는 각종 세계회의이다. 이미 수차례에 걸쳐 개최된 여성 관련 세계회의(World Conferences on Women), 사회개발회의(World Summit on Social Development, 1995), 정보사회회의(World Summit on Information Society) 등에서 볼 수 있듯이 UN은 이들 회의를 통해 지구촌이 당면한 문제들에 대한 대응책을 마련하는 핵심적 역할을 수행하고 있다. 이러한 회의를 통해 UN은 세계의 중요한 현안에 대한 규범이나 원칙 나아가서는 규칙을 만듦으로써 글로벌 문제의 해결에 기여하게 된다. 이러한 회의는 국가나 국제기구뿐만 아니라 기업이나 NGO 등이 대거 참여해서 지구적 문제에 대처하는 데에서 자신들의 견해를 피력하고 방향성을 제시하고 있다. 1995년 베이징에서 열린 세계여성회의에는 3000개의 공인된 NGO들이 참가 승인을 받았다. 물론 아직까지 이 비국가행위자들이 국가들과 동등한 위치에서 이러한 회의에 참여하고 있는 것은 아니다. 대부분의 경우 NGO는 옵서버의 지위에 한정되고 있고 NGO의 요구는 주권국가의 선택에 의해 받아들여지거나 무시된다. 의사결정 과정의 참여 역시 허용되지 않고 있다. 지구시민사회의 구성원들은 UN이 진정한 글로벌 거버넌스의 중심 역할을 하기 위해서는 NGO의 권한을 강화하고 UN 운영의 민주화, 투명성 강화 등이 이루어져야 한다고 주장한다. NGO를 UN체제 속으로 끌어들이는 연계 노력도 평가할 만하지만 많은 수의 NGO가 참여하면서 이들 비국가행위자들의 관리 문제가 UN 거버넌스의 새로운 과제로 떠오르고 있다. NGO와의 연계는 UN의 정당성에는 분명히 긍정적 영향을 미치지만 효율성 면에서는 또 다른 비효율을 낳고 있기도 하다.

대규모 세계회의는 그 자체의 유용성에도 불구하고 비효율성과 성과의 추상성 등의 문제점을 노출했고 그 대안으로 UN체제 밖에서 단발성 논의 기제를 창설하여 활용하는 미국을 포함한 주요국들의 시도가 빈번해졌다. 이러한 시도로는 G20, 핵안보 정상회의, 사이버스페이스 총회 등을 들 수 있는데 이들 대안적 기제는 UN보다 상대적으로 효율적이고 신속한 규범화 및 이행을 확보할 수 있는 장점이 있으나 성과를 이행할 동력이 유지되어야 한다는 점과 기존 UN체제와의 관계 설정 등의 문제가 존재하는 것도 사실이다.

6. UN과 한국

한국은 1991년 9월 17일 제46차 UN 총회에서 북한과 동시에 UN에 가입했다. UN이 창설된 지 40년 이상이 흐른 뒤에 이루어진 뒤늦은 가입이지만 한국과 UN의 인연은 깊다. 1948년 5월 UN 한국임시위원단의 감시 아래 남한에서 총선거가 이루어졌고 1948년 12월 제3차 UN 총회 결의 ― 대한민국 정부는 한반도의 유일한 합법 정부 ― 로 대한민국이 탄생했다. 1950년 6월 29일 UN 안보리는 북한을 침략자로 규정하고 북한의 6월 25일 무력침공을 격퇴할 것을 결의했다. 이로 인해 16개 UN 회원국의 군대로 구성된 UN군이 한국전쟁에 파견되었다. 이러한 깊은 인연 때문에 한국은 UN 회원국이 아니면서도 1975년까지 UN 창설일인 10월 24일 'UN의 날'을 법정공휴일로 지정했었다.

가입한 지 33년이 가까이 된 한국의 위상은 매우 높아졌다. 1995년 11월 8일 한국은 안보리 비상임이사국(1996~1997년 임기)으로 선출되었고, 2001년 9월 12일에는 한승수 외교부 장관이 제56차 UN 총회 의장으로 취임했으며 2006년에는 반기문 전 외교통상부 장관이 UN 사무총장에 선출되었다. 한국은 또 동티모르 평화유지군을 파견해 UN의 일원으로서 국제문제에 참여하게 되었다. 2020년 1월 기준 세계 각처에서 활동 중인 UN 평화유지활동은 모두 13개로서 약 10만 명이 참여중이며 이 중 한국은 5개 임무에 584명이 참여하고 있다.

한국은 경제적 측면에서도 UN에 큰 기여를 하고 있다. 2022~2024년에는 유엔 정규 예산의 2.574%를 분담하고 있는데 이것은 193개 회원국 중 분담금 순위 9위에 해당하는 액수이다(PKO 예산 역시 9위이다). UN에서 일하는 한국인 수도 점진적으로 늘

❧ 왜 한국은 국제기구 분담금을 체납하고 있을까? ❧

가장 큰 이유는 한국의 국력이 커지면서 분담액이 빠른 속도로 증가하고 있기 때문이다. UN의 정규 예산 분담금이 2000년 1%대에서 2022년에는 2.574%대로 상승했고 PKO 분담금도 2000년 500만 달러에서 2019년 1억 4300만 달러로 30배 가까이 증가했다. 이에 비해 한국의 국제기구 분담금 예산 비율은 낮아지고 있다. 그로 인해 분담금을 체납하게 되는 경우가 생긴다. 국제기구 분담금 예산을 늘려야 하는데도 예산을 담당하는 정부 부처에서는 예산의 급격한 증가에 난색을 표하고 있다. 재미있게도 국제기금 분담금 예산은 외교부 예산으로 잡혀 있고(2019년 기준 64.8%) 국제기금 분담금 예산을 늘리는 것은 외교부 예산을 늘리는 꼴이 된다. 통상 국제기금 분담금은 외교부에 배당만 되고 곧바로 국제기구에 납부하게 된다. 외교부는 구경도 못 하는 돈이지만 외교부 예산에 포함되기 때문에 예산 당국에서는 특정 부처의 예산을 급격히 증가하는 것이 다른 부처와의 형평에 어긋난다며 난색을 표하고 있다.

어나고 있어 2020년 현재 약 110명이 UN 사무국에서 근무 중이다. 하지만 이것은 전체 UN 사무국 직원의 1%가 안 되는 비율로 우리의 UN 분담금 기여율의 절반에도 못 미치는 상황이다.

국제질서가 미국을 중심으로 단극체제의 형태를 보이는 상황에서 UN과 같은 다자기구의 역할은 위축될 수밖에 없다. 그러나 UN은 약소국들의 영향력과 목소리가 상당한 국제기구이며 이러한 UN에서 한국은 중간국가로서 강대국과 약소국 사이에 중재자로서의 적극적 역할을 해야 한다고 판단된다. 한국과 같은 중간국가의 적극적 역할을 통해 UN이 국제협력과 논의의 장으로 변함없이 기능할 수 있을 것이다.

한국은 2012년에 역사상 두 번째로 UN 안보리 비상임이사국으로 선출되었고 2023년에도 다시 선출되어 2024~2025년 임기를 수행하게 된다. 안보리에서 비상임이사국의 권한과 역할은 물론 한계가 있지만 국제안보와 관련한 국제규범과 규칙을 만드는 데 직접 참여할 수 있다는 데 의미가 있다.

■ ■ ■ 참고문헌

I. 국제정치와 비국가행위자의 등장

권영철. 1994. 「정치적 위험이 초국적 기업의 해외직접투자 방식결정에 미치는 영향에 관한 실증적
　　　연구」. ≪국제경영연구≫, 제5권.

김영래. 1999. 「비정부조직과 국가와의 상호작용 연구: 협력과 갈등」. ≪국제정치논총≫, 제39집,
　　　3호.

송종래. 1974. 「초국적 기업이 개발도상국에 미치는 경제적 영향」. ≪한국경제학회집≫, 제22권.

이근수. 2000. 「NGO의 실패와 정부의 지원에 관한 연구: 환경 NGO를 중심으로」. ≪한국행정학
　　　회보≫, 제34집, 1호.

이신화. 2000. 「국가위기관리와 조기경보: 미국 NGO 및 정당의 위기관리 역할」. 한국정치학회·대한
　　　민국 국회 공동주최 Post-IMF Governance 학술회의 발표논문.

Cox, Robert. 1983. "Gramsci, Hegemony and International Relations: An Essay in Method."
　　　Millennium: Journal of International Studies. Vol.12, No.2.

Haggard, Stephan and Cheng Tun-jen. 1987. "State and Foreign Capital in the East Asian
　　　NICs." in Frederic Deyo(ed.). *The Political Economy of the New Asian Industrialism*.
　　　Ithaca: Cornell University Press.

Shafer, Michael. 1985. "Capturing the Mineral Multinationals: Advantage or Disadvantage?"
　　　in Theodore H. Moran(ed.). *Multinational Corporations: The Political Economy of Foreign
　　　Direct Investment*. Lexington. MA: Lexington Books.

Skjelshaek, Kjell. 1970. "The Growth of International Nongovermental Organization." in
　　　Keohane & Nye(eds.). *Transnational Relations and World Politics*. Cambridge: Harvard
　　　University Press.

II. UN: 변화와 개혁

강성학. 2000. 「냉전 후 유엔의 인도주의적 개입: 시지프스에서 이카루스로?」. ≪IRI 리뷰≫, 제5권,
　　　1호.

　　　. 1991. 「국제기구 연구경향과 유엔체제」. ≪국제정치논총≫, 제30권, 2호.

김용은. 1993. 「신국제질서와 국제연합의 개편 방향」. ≪국제정치논총≫, 제33권, 2호.

박재영. 1994. 「국제기구 강화의 부머랭 효과: 국제연합 개발원조 체계의 분석 사례」. ≪한국과
　　　국제정치≫, 제10권, 2호.

박치영. 1978. 「세계평화유지에 있어서의 유엔의 역할」. ≪국제정치논총≫, 제18권.

박흥순. 1996. 「유엔과 분쟁해결: 유엔사무총장의 중재역할」. 한국정치학회 하계학술대회 발표논문.

야스시, 아카시(明石 康). 2000. 「유엔개혁: 국가 초월은 가능한가?」. ≪극동문제≫, 12월호.

유준구. 2015. 「글로벌 거버넌스와 UN: 거버넌스 논의구조의 문제점과 재정립 과제」. 외교안보연구소.
　　　≪IFANS 주요국제문제분석≫, 2014-46.

정규진. 1994. 「탈냉전 시대에 있어서 유엔의 위상 변화」. ≪군사논단≫, 제2권.

최우순. 1992. 「유엔의 분쟁해결가능성과 문제점」. ≪호남정치학회보≫, 제4권.

최종기. 1984. 「국제기구를 통한 분쟁해결에 관한 검토: 국제연합의 평화유지 노력을 중심으로」.
　　　≪국제정치논총≫, 제24권, 2호.

10

외교와 대외정책

Understanding International Relations: The Crisis of Liberal International Order and Global Relations

I. 외교

1. 외교란 무엇인가?

여러 가지 차원에서 정의할 수 있지만, 일반적으로 외교(Diplomacy)는 국가의 대외적 목표를 달성하기 위한 대외적 행위라고 할 수 있다. 이러한 정의가 담아내지 못하고 있는 부분은, 외교는 대외적 행위 중에서 특별한 형태의 행위라는 것이다. 외교는 평화적이며 매우 격식을 중요시하는 국가의 공적 행위라고 할 수 있다. 외교는 평상시에는 예의를 갖추고 상대를 배려하는 언급이나 연설 등으로, 또 쟁점이 생겼을 때에는 교섭이나 협상, 그리고 아무리 심한 경우라도 외교적 압박(자국의 대사를 불러들이거나 최악의 경우 자국 대사관의 폐쇄 등) 등을 통해 목표를 추구한다. 심지어 전쟁 중에도 외교는 계속된다. 전쟁이 계속되는 중에도 양국의 외교관들은 공개적으로 또는 비밀리에 만나 전쟁을 중단하기 위한 교섭을 벌이는 경우가 흔하다. 국가 간 외교로 해결할 수 없는 상태가 되면 그때부터는 무력의 사용과 같은 국가의 다른 수단들이 사용되는 것이다. 외교는 또 격식(또는 의전)을 매우 중요시한다. 외교는 매우 오래전부터 내려온 관습들을 존중하며 그것에 따라 행동한다. 외교관은 국내법으로부터 예외를 인

외교관은 주차위반을 해도 괜찮은가?: 외교관의 면책특권

예전 신문기사에서 미국 워싱턴 D.C에서 어떤 나라 외교관이 주차위반 딱지를 가장 많이 받았는가가 보도된 적이 있다. 왜 외교관은 주차위반을 많이 하는가? 혹시 면책특권 때문인가? 외교관도 주차위반을 하면 주차위반 스티커를 발부받는다. 그러나 많은 외교관이 그것을 무시하고 벌금을 내지 않는다. 그것은 외교관의 면책특권에 의해 법의 집행을 하지 않기 때문에 처벌을 면할 수 있기 때문이다. 면책특권은 1961년 '외교관계에 관한 비엔나 협약'에 명시되어 있으며 여기에 가입한 나라는 모두 이러한 면책특권을 존중해야 한다. 참고로 일본이나 캐나다와 같은 나라는 외교관이 받은 주차위반 딱지의 범칙금을 거의 납부하고 있다. 후진국일수록 이러한 개인적 차원의 범법행위에 대해 면책특권을 행사하는 경향을 보인다.

정해 주고 대사관과 대사관저는 치외법권 지역으로 보호해 주어야 한다. 자국에 주재해 있는 다른 나라의 외교관을 불러들여('초치'라고 한다) 항의의 뜻을 전달하는 것은 상당히 화가 났다는 표시이며 그다음 단계는 상대국에 나가 있는 자국의 대사를 불러들이는('소환'이라고 한다) 것이다. 또 외교 의전이라고 부르는 외교에서의 격식은 매우 중요해서 의전이 외교적 의미를 가지고 있는 경우도 많다. 상대방의 협상 대표의 격(지위)에 맞는 협상 상대를 자국의 대표로 보내야 하는 것도 외교 의전의 하나이다. 자리 배치나 손님을 마중 나가는 관리의 지위 등도 모두 외교 의전의 영역이고 또 상대에 대한 호감이나 중요도 등을 표현하는 외교적 의미를 갖는다. 지금도 각 나라의 의전 담당자들은 정기적으로 모임을 갖고 의전에 관한 규범을 공유하고 시대에 맞게 관습으로 내려온 의전 방식을 바꾸기도 한다. 마지막으로 외교는 국가의 공적행위이다. 국가를 대표하는 사람만이 조약을 체결하고 자국을 대표해서 발언할 수 있다. 정부 조직 중 외교를 담당하는 외교부를 통해서 이루어지는 것이 외교이고 다른 부처의 관리들은 우리 정부의 대표단의 일원으로서 외교에 참여한다. 그 외에 민간외교나 의원외교 등은 시사적 용어이며 이들은 조약을 맺거나 정부를 대표해서 합의를 할 수 없기 때문에 진정한 외교라고 볼 수 없다. 외교는 국가가 자국을 대표한다고 지정하는 사람들을 통해 이루어진다. 국가는 자국을 대표하는 사람을 외교사절로 임명해 상대 국가에 통보하고 상대국은 그 사람이 자국에 피해를 줄 사람이 아니라고 판단되면 상대

◈ 정상외교에는 얼마나 돈이 들까? ◈

요즘은 정상외교의 풍년 시대이다. 상대국의 정상이 방문하거나 우리 정상이 외국을 방문하는 양자정상외교도 많아졌지만 특히 정상급 국제회의에서 벌어지는 다자정상외교가 크게 늘어났다. 한국의 대통령만 하더라도 APEC 정상회의, G20 정상회의, 핵안보 정상회의, 한-ASEAN 정상회의, EAS 정상회의 등에 기본적으로 참석하게 된다. 그런데 이러한 다자정상회의 개최에는 생각보다 매우 많은 돈이 든다. 예를 들어 2001년 이탈리아 제노아 G8 정상회담은 1억 3000만 달러(한화 약 1600억 원)이 소요되었다. 2008년 일본 홋카이도에서 열린 G8 정상회담은 무려 3600억 원이 소요되었다. 이렇게 천문학적 비용이 소요되는 이유는 경호 비용 때문이다. 제노아 G8 정상회담의 경우 참석한 8개국 정상들을 경호하기 위한 미사일 방어 시스템을 설치하면서 비용이 크게 늘어났다.

국가의 대표로 인정하고 수용할 것을 표현한다〔'아그레망(agrément)'이라고 부른다〕. 상대 국가의 아그레망이 도착하면 정식으로 임명장을 받고 자국 정상의 신임장을 받아서 자신이 국가의 대표로서 일할 나라로 가게 된다. 이런 대사 예정자들이 상대국 국가 정상에게 자국 정상의 신임장을 전달하고 나면 대사로서의 공식적 지위가 부여된다. 이런 대사들과 정부에서 국가를 대표하기 위해 파견한 외교관들이 상대국 외교부에 등록을 하고 외교활동을 하게 된다.

'외교'라고 할 때 우리는 대사관을 떠올리고 대사와 같은 외교관을 떠올리게 된다. 본래 의미의 외교는 공식적인 국가 대표인 외교사절을 통해 이루어지는 국가 간의 관계이다. 그러나 이러한 공식적인 외교관계 이외에도 국가들 간에는 다양한 행위자를 통해 실질적인 '외교'가 이루어진다. 따라서 요즘에는 이러한 행위들도 '외교'라는 말을 붙인다. 이제는 너무나도 흔해진 정상외교라는 것도 외교관이 아닌 국가의 수반이 직접 만나(혹은 전화를 통해서) 서로의 대외적 목표를 위해 대화와 논의를 하는 외교행위이다. 정상외교는 현대 외교의 가장 큰 특징이며 사실상 외교관들을 통한 전통적 외교를 상당 부분 대체하고 있다. 현대의 외교는 외교의 주체라는 측면에서 볼 때 전통적 의미의 외교와는 완전히 다른 모습을 보여준다. 이제 외교는 대통령과 국회의원은 물론 김연아 선수와 같은 스포츠 스타, 해외에서 난민을 위해 봉사하는 NGO 등 다양한 행위자에 의해 수행된다. 이러한 현상은 그만큼 국가의 대외적 목표가 다양해지고 또 그러한 목표를 추구하는 방법이 다양해졌다는 것을 의미한다. 스포츠외교, 자원외교, 문화외교 등 다양한 형태의 외교는 국가의 관심이 예전에 비해 얼마나 다양해졌는가를 상징적으로 보여준다.

2. 외교의 자원

전통적 의미의 외교에서 가장 중요한 것은 외교관의 능력일 것이다. 외교관들이 상대국 외교관들과 협상을 통해 국가의 목표를 달성하는 것이 외교라고 할 때 외교관의 전문성과 협상 능력은 외교의 가장 중요한 수단이라고 할 수 있다. 그러나 외교관의 협상 능력 이외에 대외적 목표를 달성하는 데 사용할 수 있는 다양한 자원이 국가에 의해 동원된다. 이러한 자원은 외교관들이 외교를 수행하는 데 중요한 기반이 된다.

1) 경제적 자원

우리는 흔히 상대방의 양보와 협조를 얻어내기 위해 '당근'을 사용한다. 이런 당근 중 가장 흔한 것이 경제적 보상이다. 국가는 원하는 것을 얻기 위해 상대방에게 경제적 보상을 제공한다. 미국이 동맹국들에게 제공하는 차관이나 무상원조 등은 모두 국가적 목적을 위한 동맹외교의 한 부분이다. 일본 역시 공적개발원조(ODA)와 같은 수단을 통해 개도국과의 외교관계를 강화해 왔다. 한국 이명박 정부의 기여외교도 ODA를 획기적으로 늘림으로써 국제사회에 기여하는 것을 목표로 했지만, 궁극적인 목표는 국가의 이미지나 격을 높임으로써 외교적 목표를 달성하기 좋은 여건을 조성하는 데 있었다고 볼 수 있다.

그러나 경제적 수단이 반드시 보상의 성격을 갖는 것은 아니다. 경제적 제재를 통해 경제적 불이익을 주거나 위협함으로써 외교적 목적을 달성할 수 있다. 북한이 핵개발을 포기하도록 하기 위한 미국의 경제적 제재는 경제적 수단을 통한 대외정책 목표의 추구로 볼 수 있다. 경제적 제재는 상대방이 원하는 가치에 대한 공급에 높은 통제력을 가지고 있을 때 그 효과가 높아진다. 내가 특정 상품에 대한 공급을 제한하더라도 그러한 상품을 다른 곳에서 공급받을 수 있다면 제재의 효과는 낮을 수밖에 없다. 이러한 이유로 경제적 제재는 여러 나라가 참여하는 다자적 형태(예를 들어 UN제재)인 경우가 많다. 또한 제재를 받는 나라가 내가 제공하는 경제적 가치에 대한 높은 의존도를 가지고 있을 때 제재의 효과가 높다. 경제적 제재는 몇 가지 면에서 외교의 수단으로서 한계가 있다. 첫째, 경제적 제재가 부정적인 파급효과를 갖는다는 것이다. 경제적 제재는 제재 대상국의 국민이 직접적 피해를 입기 때문에 제재 국가에 대한 반감이나 원한이 생겨나게 되므로 장기적인 관점에서 볼 때 외교 수단으로 부정적 측면이 있다. 둘째, 경제적 제재는 제재 대상국이 민주적 정치체제가 아닌 경우 그 효과가 크게 떨어진다. 비민주적 정치체제에서는 경제제재의 가장 큰 피해자인 일반 대중이 자국 정부에 정책을 바꿀 것을 요구할 수 있는 정치적 자유나 수단이 없고 정부도 국민들의 고통에 크게 개의치 않기 때문에 제재는 그냥 제재 대상국 대중들의 고통으로 끝나버린다.

2) 군사적 자원

외교의 가장 극단적인 수단은 단교이다. 따라서 군사적 수단을 사용하는 것은 외교의 범위를 넘어서는 것이라 보는 게 옳다. 여기서 말하는 외교적 자원으로서의 군사적 자원은 상대 국가로부터 원하는 것을 얻기 위한 징벌의 위협(군사력의 직접적 사용이 아닌)과 보상의 수단으로서의 군사적 자원을 말한다. 군사적 지원을 통해 외교관계를 강화하는 것도 군사적 수단의 중요성을 잘 말해 준다. 군사적 지원을 철회하겠다는 위협을 통해 자국의 원하는 바를 얻을 수 있다. 미국은 한국의 핵개발을 막기 위해 한국에 주둔하는 미군의 철수를 압박의 수단으로 사용한 바 있다. 이러한 간접적인 역할 이외에 군사력의 사용이나 사용의 위험을 통해 외교적 목표를 달성하려 하는 경우도 흔하다. 미국이 조선과 일본의 개항을 위해 전함으로 무력시위를 했던 전함외교(gunboat diplomacy)는 군사적 수단을 통해 외교적 목표를 추구한 고전적인 예이다. 미국이 북한의 핵실험과 같은 도발에 대해 핵항모, 스텔스 폭격기 등 전략자산을 한반도에 전개해 압박하는 것도 좋은 예이다. 그러나 현대에 와서는 군사력의 사용이나 위협을 통해 외교 목표를 추구하는 것은 점차 어려워졌다. 국가 간 외교 쟁점이 영토에 관한 분쟁이 대부분이었던 20세기 이전과는 달리 현재는 매우 다양한 외교 쟁점이 존재하기 때문에 군사적 수단의 유용성은 점차 감소하고 있다. 그러나 군사력이 가지고 있는 대체성(fungibility)으로 인해 강한 군사력을 보유한 나라는 외교적 목적을 달성하려 하는 협상이나 흥정에서 유리한 위치에 설 수 있는 것도 사실이다.

3) 문화적 자원

문화적 자원이 외교의 중요한 수단이 될 수 있는 이유는 문화적 자산이나 전통 등이 그 나라에 대한 인식에 긍정적인 영향을 미치기 때문이다. 그 나라에 대한 긍정적 인식은 외교관계에서 유리하게 작용한다. 프랑스가 보유한 문화적 자산과 문화적 이미지는 프랑스가 국제사회에서 외교를 수행하는 데 긍정적인 역할을 하고 있다. 미국의 할리우드 영화가 만들어내는 미국의 긍정적 이미지는 미국이 세계의 지도적 역할을 수행하는 데 긍정적인 분위기를 형성함으로써 그러한 지도적 역할이 거부감 없이 받아들여지는 데 매우 중요한 역할을 한다. 한국이 '한류'를 국가적 차원에서 지원하려 하는 이유도 한류가 한국의 이미지를 긍정적으로 바꿈으로서 한국의 외교관계에 긍정적으로 작용할 것으로 기대하기 때문이다. 실제로 한류가 많은 나라에서 붐을 이루면서 한국 외교관들은 훨씬 좋은 환경에서 외교업무를 수행할 수 있게 되었다.

역사적으로 볼 때 문화적 강대국은 자국의 문화나 가치관을 약소국에 전파하려고 했다. 이러한 과정에서 문화강대국의 문화가 약소국의 문화적 정체성을 약화시키고 때로는 파괴하는 결과를 낳기도 했다. 문화적 제국주의라 부르는 이러한 현상은 외교에 부정적인 결과를 가져오기도 한다. 그러나 현재와 같이 다양한 매체를 통해 각종 문화적 콘텐츠들이 자유롭게 국경을 넘나들 수 있는 상황에서 문화적 수단은 다른 외교 수단이 효과적으로 작동할 수 있는 배경을 조성해 준다는 측면에서 그 중요성이 점차 커지고 있다. 하지만 문화와 같은 수단은 특정한 외교 목표를 달성하는 데 적합한 자산은 아니다. 이러한 수단들은 자국의 매력이나 호감도에 긍정적 역할을 함으로써 보다 호의적인 환경에서 외교적 협상에 임할 수 있게 해주는 간접적 자산으로 볼 수 있다.

3. 외교와 협상

1) 협상력

외교는 여러 가지 수단을 통해 이루어지지만 외교의 가장 중요한 부분은 협상이다. 국가들은 협상을 통해 자국의 이익을 추구하고 상대 국가와의 이익의 조화를 추구한다. 협상에서 좋은 결과를 얻기 위해서는 협상력을 확보해야 한다. 하비브(W. M. Habeeb)는 협상력을 구성하는 요소를 집합적 구조적 힘, 의제별 구조적 힘, 행위자의 힘으로 분류했다. 집합적 구조적 힘이란 군사력·경제력·자원·인구·전략·국민성 등의 총합을 말한다. 이러한 집합적 구조적 힘은 협상 과정에서 지속적이고 전반적인 영향력을 행사한다. 그러나 강대국과 같이 집합적 구조적 힘을 가진 나라들이 반드시 협상에서 이기는 것은 아니다. 의제별 구조적 힘은 협상의 대상이 되는 특정 의제에서 협상 당사자가 발휘하는 힘이다. 집합적 힘에서 열세에 있더라도 특정 의제에서 우위에 있으면 협상에서 좋은 결과를 가져올 수 있다. 의제별 구조적 힘은 협상에서 대안을 가지고 있을 때 강해진다. 다른 대안 없이 반드시 특정 목적만을 성취해야 하는 협상 당사자는 협상력이 약할 수밖에 없다. 또 의제별 구조적 힘은 의지에 의해 달라진다. 협상 당사자가 협상의 성공적인 타결에 강한 의지가 있을 때 협상자의 협상력은 강화된다. 마지막으로 통제력(control)은 협상 이외의 노력을 통해서도 협상으로 얻으려고 하는 성과를 얻을 수 있어 상황을 통제할 수 있는 능력을 말한다. 통제력이 없는 협상 당사자는 협상에 전적으로 매달릴 수밖에 없으므로 협상력이 떨어진다. 협상력을 구성하는 마지막 요소인 행위자의 힘은 협상 당사자의 협상전술을 말한다. 위협이나 보상, 동맹 결성 등을 통해 협상을 자신에게 유리하게 유도하는 능력이다. 협상력 중에서 의제별 구조적 힘이 매우 중요하지만 집합적 구조적 힘이 뒷받침되지 않으면 다른 두 차원의 힘도 발휘되기 어렵다. 그러나 구조적 힘은 노력에 의해 단시간에 가질 수 없는 것이기 때문에 결국 약소국은 강대국과의 협상에서 의제별 구조적 힘을 강화시키는 노력과 협상전술의 개발을 통한 행위자의 힘을 강화시키는 노력을 해야 한다.

2) 대외 협상의 특성: 양면게임

로버트 퍼트넘(Robert Putnam)의 양면게임(two-level game)이론에 따르면 국제 협상은 협상 상대 국가와의 협상 이외에 협상 결과와 관련된 국내 이익집단들과의 협상이 동시에 진행되는 성격을 갖는다. 국내 이해당사자들로부터 비공식적인 비준을 받지 못할 경우 협상 상대국과의 국가 간 협상이 어려워진다. 따라서 국제 협상에 임하는 협상 대표들은 협상 상대 국가의 협상안이나 협상전략뿐만 아니라 국내 관련 이익집단들의 요구를 고려하면서, 때로는 그러한 요구를 국가 간 협상에 이용하면서 협상에 임하게 된다. 따라서 국가 간 협력의 한 형태인 국제 협상의 경우 협상의 결과는 협상 국가 간의 역학관계, 공통 이익의 크기 혹은 과거의 협력 경험 유무 등과 같은 변수뿐만 아니라 국내 협상의 내용 그리고 결과에 의해 크게 영향을 받는다는 것이다. 따라서 국가 간 협상의 결과를 이해하기 위해서는 국내 협상에서 국내 이해당사자의 역할 그리고 국내적 요인의 중요성에 영향을 미치는 변수들에 대한 분석이 필수적이다.

퍼트넘의 양면게임이론에서 협상전략은 자국의 국내집단 그리고 협상국의 국내집단을 이용하는 독특한 성격을 갖는다. 퍼트넘은 윈-셋(win-set)이라는 개념을 사용하는데 이것은 주어진 상황에서 국내적 비준을 얻을 수 있는 모든 합의의 집합을 말한다. 윈-셋의 크기는 협상의 이익이 협상국 간에 분배되는 방식(누가 협상에서 더 큰 이익을 얻는가의 문제) 그리고 협상의 타결 가능성에 영향을 미친다. 국가 간 합의가 이루어지기 위해서는 협상국들 각각의 윈-셋이 교차하는 부분이 있어야 한다. 양 국가의 윈-셋이 클수록 상대국의 윈-셋과 겹치는 부분이 커지므로 협상이 타결될 가능성이 커진다. 그러나 나의 윈-셋이 너무 크면[1] 협상은 쉽게 타결되겠지만 협상에서 얻는 내 이득은 매우 적어진다.

양면게임에서의 협상전략은 자국의 윈-셋을 줄이거나 확대하는 것, 또 상대 국가의

---

1 국내적으로 받아들일 수 있는 여지가 매우 크다는 것을 의미한다. 예를 들어 쌀 시장 개방 협상에서 쌀 시장 완전개방을 국내적으로 받아들일 수 있다면 내 윈-셋은 최대의 크기이고, 단 한 톨의 쌀도 수입하지 못한다는 것이 국내적으로 받아들일 수 있는 안이라면 쌀 시장 개방 협상에서 내 윈-셋의 크기는 없는 것이다.

원-셋을 늘려 내 목적을 달성하는 것이다. 자국의 원-셋을 줄이는 전략은 발목 잡히기

(일부러 국내 이해집단에 공개적인 약속을 하는 것과 같은)나 정치 쟁점화 등이 있는데 이를 통해 원-셋을 줄여 협상에서 양보할 수 있는 여지를 의도적으로 없애는 전략이다. 이 경우 협상자의 재량권이나 유연성이 제한되며 협상이 타결되기 어려워지는 문제점이 있다. 우루과이라운드 협상 때 한국은 김영삼 대통령이 대통령 후보 시절에 한 "외국 쌀을 단 한 톨도 수입하지 않겠다"는 약속으로 인해 쌀 시장 개방 협상에서 양보를 하기 어려웠다. 때로는 협상에서 자국의 원-셋을 확대하기도 하는데 이것은 협상의 타결을 위한 전략이다. 자국의 원-셋 확대는 이면보상을 통해 국내집단의 양보를 이끌어내거나 협상 사안을 국가안보 사안으로 재정의하여 받아들일 수 있는 합의의 폭을 넓히는 것이다. 이러한 고삐 늦추기 전략은 국내 이해당사자의 독점적 이익이나 집단 이기주의를 극복하고 국가적 차원의 이익을 추구하기 위해 행해진다.

협상에서 더 좋은 결과를 얻기 위해서는 상대방의 원-셋을 늘리는 전략을 구사하기도 한다. 상대방의 원-셋을 늘리는 일이 쉬운 일은 아니다. 상대방이 양보할 수 있는 폭을 늘리기 위해 다양한 전략이 동원된다. 예를 들어 표적사안 연계전략을 통해 타국의 원-셋을 늘릴 수 있다. 미국의 대한국 수출이 큰 산업 부분들을 대상으로 한국에 대한 특정 상품의 통상 협상에서 지나치게 강한 입장을 취할 경우 향후 한국에 대한 수출 협상에도 부정적 영향을 줄 것임을 인식시켜 이들이 미국 정부에 한국과의 통상 협상에서 좀 더 유연한 입장을 취하도록 압력을 가하게 하는 것이다. 또 사안의 일반적인 이미지 변화를 통해 상대 국가의 원-셋을 확대하기도 하는데 이는 메아리 전략이라고 한다. 통상 협상을 한국이라는 동맹국과의 외교관계라는 사안으로 이미지 변화를 가해 미국의 원-셋을 확대(받아들일 수 있는 합의의 폭을 확대)할 수 있을 것이다.

4. 외교 형태의 변화

전통적 의미의 외교, 즉 국가를 대표하는 외교사절이 상대국에 주재하면서 국가의 대표로서 외교를 수행하는 외교는 시대의 산물이다. 교통과 통신의 발달이 이루어지지 못한 상황에서 타국에서 자국의 이익을 보호(자국의 국민 보호를 포함하여)하기 위해

서는 상황이 생길 때마다 특사를 파견하기보다는 현지에 머물면서 현지 상황에 밝고 긴급한 사안에 대처할 수 있는 주재 외교관이 반드시 필요했을 것이다. 본국과의 연락이 몇 개월씩 걸리는 상황에서 외교사절은 국가의 대표로서 모든 권한을 위임받아 시시각각 벌어지는 사안에 대처했던 것이다. 그러나 과학기술의 발달, 국가들 사이의 관계 유형과 관심사의 변화 등으로 인해 전통적인 외교에는 많은 변화가 일어났다.

1) 외교의 탈집중화(분산화)

외교의 탈집중화(또는 분산화)는 외교가 정부에 의해 독점되던 중앙집중화된 외교와 대비되는 변화를 말한다. 전통적인 외교에서 외교는 정부의 독점적 영역이었고, 외교 사절만이 국가를 대표하고 외교를 수행하는 역할을 담당했다. 그러나 코헤인과 나이가 말하는 복합적 상호의존의 시대가 도래하면서 국가 간에는 다양한 접촉 채널이 생겨나게 된다. 기업들 간의 경제활동을 통한 교류, 각종 단체 간의 교류, 개인들 간의 교류, 또 정부와 타국의 비정부행위자들 간의 관계 등 매우 다양한 형태로 국가 간의 관계가 이루어지게 되었다. 이러한 시대가 도래하면서 국가의 대외적 목표를 추구하는 외교를 정부가 독점하는 것은 비효율적이 되었으며 정부가 다양한 국가 간의 이슈에 대해 전적으로 전문성을 가지고 모든 영역을 관할할 수 없게 되었다. 이러한 상황에 따라 정부가 아닌 다양한 행위자가 외교의 주체가 되는 외교의 탈집중화가 자연스럽게 일어나게 된다. 외교의 탈집중화는 외교 부서의 역할에 대한 재규정을 요구하기도 한다. 정부 내에서 대외관계를 독점적으로 담당하던 외교 부서는 이제 전문적 영역의 대외관계는 관련 전문 부서에 맡기고 다양한 정부 부처의 대외관계를 조정하는 조정자의 역할을 수행하기도 한다. 한국의 경우에도 대부분의 정부 부처가 대외협력 관련 부서를 가지고 있으며 이를 통해 타국의 관련 정부 부처와 실질적 '외교' 행위를 수행하고 있다. 외교의 탈집중화는 또 국가뿐만 아니라 시민사회가 외교의 주체로 부상하는 변화도 포괄한다. 다양한 시민사회 단체들이 국제적 포럼이나 회의에 참가하면서 실제적 외교 활동을 하고 있다. 많은 경우, 국가들은 외교적 목적을 달성하기 위해 NGO의 도움을 필요로 하고 이를 위해 NGO의 참여를 제도화하기도 한다. 캐나다의 경우 인간안보라는 외교 브랜드를 가지고 국제적 인간안보외교를 펼치면서 국내외 NGO들과의 협력관계를 통해 자국의 외교 목표를 추구하고 있다. 이를 위해 캐나다 정부는 NGO 네트워크를 재정적으로 지원하기도 한다.

2) 다자외교의 부상

다자외교란 말 그대로 세 나라 이상이 모여서 관심 사항에 대한 논의와 협상을 통해 공통의 이해를 모색하는 외교 형태를 말한다. 일반적인 외교는 양자외교의 형태이다. 한국에서 가장 중요한 외교는 한미외교, 한중외교, 한일외교 등이라는 것을 생각해 볼 때 양자외교의 중요성과 외교에서 차지하는 비중을 잘 알 수 있다. 그러나 다자외교는 이것과는 달리 공동의 이익을 위해 다수의 국가가 양보와 조정을 통해 합의를 이루어가는 과정이다. 따라서 외교의 목표 역시 자국의 직접적 이익이라기보다는 인류의 보편적 이익이나 다수의 국가가 공유할 수 있는 이익이 다자외교의 목표가 된다. 따라서 일반적으로 말하는 다자외교는 환경이나 인권, 전염병 대응, 빈곤문제 등 글로벌한 문제의 해결을 위한 다수 국가의 노력을 말한다. 미국과 호주, 일본이 동북아에서의 전략적 목표를 위해 군사적 협력을 비롯한 협력을 논의하는 것은 분명히 세 나라 이상이 참여한다는 면에서 형식상으로는 다자외교이기는 하지만 일반적으로 말하는 다자외교는 아니다. 진정한 의미의 다자외교는 한두 나라의 노력으로는 해결할 수 없거나 이룰 수 없는 보편적 가치를 달성하기 위한 다수 국가들의 노력인 데 반해, 특정 국가들의 독점적 이해를 위한 외교는 참여 국가의 수가 두 나라를 넘어선다 하더라도 다자외교라고 볼 수 없다.

다자외교는 매우 오래전부터 존재했지만 최근 들어 더욱 각광받고 있다. 특히 한두 나라의 노력으로는 해결할 수 없는 지구적 문제들이 등장하면서 다양한 다자적 노력들이 생겨나고 있고, 국가들은 다자외교를 통해 이러한 문제를 해결하는 데 기여하고 있다. 일반적으로 다자외교는 참여 국가가 동등한 자격으로 참여하기 때문에 강대국보다는 약소국이 선호하는 외교 형태이다. 강대국은 자신이 보유한 강력한 힘을 가지고 자신이 원하는 바를 자신이 원하는 방식으로 얻어낼 수 있기 때문에 다자적 방식보다는 일방주의적 혹은 양자적 방식의 문제 해결 노력을 선호한다. 다자외교에서 강대국은 다른 나라들과 같은 정도의 영향력을 가질 수밖에 없으며 다자외교에서 결정된 내용이 자국에 불리하더라도 그것을 받아들일 수밖에 없다. 이러한 불리함에도 불구하고 미국과 같은 강대국은 다자외교에 적극적으로 참여해 왔다. GATT체제나 WTO와 같은 다자통상외교, 그리고 환경이나 인권을 위한 국제적 노력에도 적극 참여해 온 것이다. 미국의 다자외교에 대한 적극적 지지는 여러 가지로 설명할 수 있을 것이다. 첫째는 다자외교에서도 강대국은 영향력을 행사할 수 있다는 가능성을 반증한다고도 볼 수 있다. 다자외교는 기본적으로 모두에게 적용되는 규칙을 만들어 문제를 해결하는 방식이다. 여기서 중요한 것은 만들어진 규칙에 따라 손해를 보는 나라와 이익을 보는 나라가 생길 수밖에 없다는 것이다. 따라서 규칙을 만드는 과정에서 영향력을 행사하려는 국가들 간의 갈등이 빚어지게 되며, 이 과정에서 강대국은 자신들의 다양한 권력자원을 통해 자신들에게 유리한 규칙을 만들 가능성이 크다는 것이다. 둘째로, 다자외교를 통한 문제의 해결은 비용 측면에서 강대국에게 매력적인 선택이 될 수 있다. 어떤 문제를 혼자 해결하려고 할 경우 그 경제적·정치적 부담은 매우 크지만, 다자외교를 통해 해결할 경우에는 강대국뿐만 아니라 다른 참여 국가들도 비용을 부담하기 때문에 강대국에게도 매력적인 선택이 된다는 것이다. 마지막으로 다자외교를 통한 해법은 국제적·국내적으로 정당성이 확보된다. 미국의 일방주의적 해법은 종종 다른 국가들의 반발과 저항에 부딪히게 된다. 국내적으로도 일방주의적 해법에 대한 정치적 반발은 흔하게 발생한다. 그러나 다자외교를 통한 해법은 모든 국가가 동의한 것이기 때문에 국제적으로 또 국내적으로 그 정당성이 확보되는 이점이 있다.

3) 공공외교의 재등장

공공외교(Public Diplomacy)란 정부 대 정부의 관계에 초점을 맞추고 주로 대사나 외교사절이 국가 간의 관계를 조정·관리해 나가는 전통적 외교에서 벗어나 상대 국가의 국민을 포함한 광범위한 비정부행위자를 상대로 자국에 대한 이해를 증진하며 상대국 여론에 영향력을 행사하기 위한 다양한 활동을 의미한다. 즉, 상대국 정부가 아닌 상대국 대중이 외교의 대상이 되는 외교를 의미한다. 미국 정보국(USIA)의 정의에 따르면 공공외교는 "외국의 국민을 이해시키고 정보를 제공하며, 그들에게 영향력을 행사하고, 미국 시민·기관과 상대국 시민·기관과의 대화를 확대함으로써 미국의 국가

☙ '공공외교'가 무엇인지 이해하기 어렵게 만드는 이유: 잘못된 번역 ☙

공공외교(public diplomacy)에서 '공공'은 public의 잘못된 번역으로 '대중'이나 '공중'으로 번역되어야 맞다. 영어 public은 '공적인'이라는 의미와 '대중(적)'이라는 두 가지 의미가 있다. public administration에서 public은 기업 같은 사적(private)인 것이 아닌 공적인 차원에서의 행정을 의미한다. 공중전화를 의미하는 public phone에서 public은 대중, 공중을 의미한다. public diplomacy도 정부가 아닌 일반 대중을 상대로 하는 외교라는 의미이기 때문에 대중외교나 공중외교로 번역되어야 한다. 안타깝게도 우리의 많은 학문용어가 일본의 영어 번역을 그대로 가져온 것들이 많다. 공공외교도 그중의 하나다. 일본 그리고 중국도 pubic diplomacy를 공공외교라는 용어로 번역해(한자를 사용하지만) 사용한다. 개인적으로는 공공외교가 아닌 대중외교나 공중외교라는 용어를 사용했으면 좋았겠다고 생각하지만 한자를 잘 모르는 요즘 학생들에게 대중외교는 대중국 외교로, 공중외교는 공중에서 벌어지는 외교(?)로 잘못 이해될 수도 있겠다는 생각도 든다.

이익과 국가안보를 증진하는" 것이다. 공공외교는 그 대상이 상대국 대중이기 때문에 외교의 목표도 전통적인 외교와는 다를 수밖에 없다. 직접적인 현안에 대한 해결을 목표로 하기보다는 자국에 대한 인식의 변화, 올바른 이해의 증진 등과 같은 목표를 갖게 된다. 또 대중을 상대로 하기 때문에 외교의 수단 역시 달라지는데, 협상이나 외교적 압박, 경제적 제재와 같은 수단보다는 상대방 국가의 대중의 마음을 움직일 수 있는 문화적 자산 그리고 자국 정책에 대한 정보, 지식 등이 중요한 수단이 된다.

공공외교에 대한 관심은 또 최근의 국제관계의 현실과 밀접한 관련이 있다. 첫째는 9·11 테러 이후 미국에서 공공외교에 대한 관심이 증가하면서 세계적인 공공외교의 재등장에 촉매제가 되었다. 전대미문의 테러공격을 받은 미국은 미국의 외교, 특히 이슬람권에 대한 외교에 중대한 문제가 있음을 인식하게 되었다. 이러한 반성은 이슬람권의 "마음을 얻는(wining hearts and minds)" 외교의 필요성을 강조하게 되었고 이슬람권 국민을 대상으로 하는 공공외교가 외교의 새로운 화두로 떠오른 것이다. 그 이후 캐나다와 노르웨이 같은 중견국가의 공공외교에 대한 재조명이 활발하게 이루어졌으며 공공외교가 반드시 미국과 같은 패권 국가가 패권을 관리하는 외교적 수단으로만 존재하는 것이 아니라 중견국가나 비민주국가 그리고 약소국에게도 중요한 외교적 수단으로 의미를 갖는다는 인식하에 이에 대한 연구들이 이루어졌다.

　미국에서는 이라크 전쟁 이후의 국제정치 상황으로 인해 공공외교에 대한 관심이 커졌다. 이라크 전쟁에 대한 국내외적 비판과 전쟁을 통한 중동문제의 해결이라는 해법의 부작용이 명백히 드러나면서 미국은 부시 집권 2기에 들어와서는 민주주의와 자유의 확산이라는 외교 목표를 수립하고 비민주주의적 정권의 행태를 바꾸기 위한 외교적 노력을 기울이기 시작했다. 이러한 목표는 결국 물리적 방법으로는 달성될 수 없기 때문에 그 수단 역시 공공외교적 성격을 띨 수밖에 없다. 미국은 변환외교라는 새로운 외교 목표를 추진하게 되는데 이러한 변환외교의 중요한 부분이 공공외교라고 볼 수 있다. 변환외교에서는 기존의 공관 중심 외교에서 벗어나 인터넷상의 사이버 공관과 같은 새로운 접촉 수단을 통해 세계시민을 상대로 지식을 전파하는 지식외교가 수행된다. 이러한 흐름은 결국 다른 나라에도 영향을 미치면서 공공외교에 대한 관심은 더욱 커질 것으로 보인다.

　공공외교는 일반 대중을 상대로 수행되기 때문에 그 수단 역시 매우 다양하다. 공공외교를 국가 선전으로 보는 시각에서는 국가의 커뮤니케이션 능력이 매우 중요하며 그에 따라 상대 국민과의 커뮤니케이션을 위한 수단들이 중요해진다. 일반 대중의 마음을 얻기 위해 영화·예술과 같은 문화적 수단도 매우 중요하다. 그러나 국제적 기여를 통해 국가의 이미지를 개선하기 위한 공공외교는 단순히 소프트파워적 수단으로는 한계가 있다. ODA를 포함한 다양한 원조 프로그램을 운영하기 위한 경제적 능력도 매우 중요한 공공외교의 수단이 되는 것이다. 그런데도 공공외교에 대한 논의에서 소프트파워는 공공외교의 수단으로 강조된다. 이것은 결국 공공외교가 사람의 마음을 움직이는 성격을 가지고 있기 때문이고 사람들의 인식을 바꾸는 데 하드파워적 자원보다는 소프트파워적 자원이 더 적합하기 때문일 것이다. 그러나 조지프 나이가 명확히 한 것처럼 소프트파워와 하드파워는 밀접하게 연결되어 있다. 공공외교를 위한 소프트파워의 강화전략에서는 소프트파워의 하드파워적 기초에 대한 고려가 반드

▼ **중견국가**(middle-power)　중진국 중 상위그룹에 속하는 국가로서, 물질적 능력 이외에 상당한 정도의 연성권력(soft power)를 구비한다는 특성이 있다. 캐나다, 스웨덴, 노르웨이와 함께 호주, 한국 등도 중견국가로의 위상 정립을 추구하고 있다.

시 깔려 있어야 한다. 또 최근의 추세는 일반 대중이 아닌 상대국의 여론주도층(학자, 전문가 등)을 상대로 하는 공공외교가 강조되고 있다. 단순히 국가의 이미지를 개선하거나 친구로 만드는 것을 넘어서서 자국의 대외정책 등을 설명하고 이해를 구하고 지지를 획득하기 위한 정책공공외교가 중요해진 것이다. 상대 국가에서 자국에 대한 학문적 연구를 지원하거나 세미나, 포럼 등을 통해 자국의 정책을 알리는 활동 등이 모두 정책공공외교의 범주에 들어갈 수 있다.

최근에는 공공외교의 성격과 목표에 대한 새로운 시각이 나타나고 있다. 국가 대 상대국 국민 간의 관계를 강조하고 독점적 국가이익을 강조하는 기존의 공공외교 개념은 국제관계가 국가 간의 관계를 넘어서서 비국가행위자들로 구성된 지구시민사회라는 지구적 공적 영역이 확대되는 상황에서는 현실을 충분히 반영하지 못한다는 인식이 생긴 것이다. 최근 들어 공공외교에 대한 논의는 공공외교가 외교적 이해관계를 가진 또 다른 국가의 국민을 대상으로 하는 것만이 아니라 국가성을 넘어서서 존재하는 지구적 시민들까지를 대상으로 삼아야 한다는 것을 강조하고 있다. 글로벌화된 외교환경에서 공공외교는 좀 더 인류 보편적인 목표를 가져야 하고 지구적 어필을 목표로 행해질 수밖에 없는 것이다. 캐나다 정부가 대인지뢰금지를 위한 협약을 만들기 위해 전 세계의 시민단체들과 소통하고 협력하면서 이러한 인간안보 이슈를 증진하는 노력이 새로운 형태의 공공외교 모델이 될 수 있을 것이다.

한국은 2010년을 공공외교 원년으로 선포하고 공공외교를 정무, 경제와 함께 외교의 3대 축으로 설정하여 공공외교 강화를 위한 많은 노력을 하고 있다. 2016 공공외교법이 제정되어 제도적 차원의 공공외교 지원이 시작되었다. 외교부에는 차관보급의 공공외교대사직이 신설되었으며 2018년에는 문화외교국이 공공문화외교국으로 확대 개편되었다. 문화, 지식, 정책의 세 영역을 중심으로 외교부와 공공외교 실행기관인 KF(한국국제교류재단), 지자체, 정부 부처, NGO 들이 협력을 통해 한국의 공공외교를 이끌어가고 있다.

4) 중견국 외교

중견국은 다양한 차원에서 정의할 수 있다. 중요한 것은 중견국이 단지 국가의 크기 차원에서 규정될 수 없다는 것이다. 중견국은 지역적·글로벌 차원의 질서 형성에 영향을 미칠 수 있는 역량을 보유한 국가로서 당면한 국제 현안을 다자적 접근법을 통해 해결하려는 외교 행태를 구사한다. 중견국은 국제분쟁에 대해 타협적 입장을 견지하고 국제사회의 선한(good) 일원으로서 외교정책의 수립과 이행에 임하는 특징이 있다. 이들은 평화, 군축, 인권, 개발협력 등 인류를 위한 보편적 가치를 위한 외교적 노력을 강조한다. 이러한 정의는 캐나다, 호주, 스웨덴, 노르웨이 등 오래전부터 중견국으로 불리던 나라로부터 온 것으로 보인다. 국제정치에서 이들의 역할은 글로벌 어젠다를 이슈화하는 촉매자(catalyst), 의제를 설정하고 지지 세력을 모아 구상을 추진하는 촉진자(facilitator) 그리고 규범을 형성하고 제도화를 돕는 관리자(manager) 역할 등을 수행한다. 또한 물질적 능력의 한계로 인해 자신들이 성과를 낼 수 있는 특정 분야에 외교자원을 집중하는 틈새외교를 선호하기도 한다. 이들이 자주 활용하는 수단은 유사한 입장인 국가 간 연합체 형성 및 NGO들과의 협력관계 수립, 기존 다자협력체 활용 등을 들 수 있다.

이들과 달리 새롭게 등장한 신흥 중견국들은 기존 질서를 개편하기 위한 노력에 집중한다. 브라질, 인도, 인도네시아 등으로 대표되는 이들 신흥 중견국은 냉전구도의 극복, 신자유주의 경제질서의 개편 등을 위해 적극적으로 다자외교를 추진한다. 강대국 중국이 참여하고 있기는 하지만 BRICS(브라질·러시아·인도·중국·남아프리카공화국) 그룹은 기존 국제질서를 다극화하고 글로벌 이슈를 논의하고 해결하는 대안적인 세력이 되는 것을 목표로 다자외교를 전개하고 있다. 이들은 세계경제위기를 활용하여 여타 개도국들의 이해관계와 경제·금융정책이 반영될 수 있는 새로운 국제질서의 구축을 추구한다. 2013년 3월 제5차 정상회의에서는 선진국 중심의 국제금융기구로부터 독립적이며 개도국의 필요에 부응하는 BRICS 개발은행(BDB) 설립 원칙에 합의하는 등 금융통화 협력을 강화하기도 했다.

한국은 중견국 외교를 외교전략의 하나로 채택하고 한국에 맞는 중견국 외교를 실현하기 위해 노력하고 있다. 인류의 보편적 가치를 지향하는 어젠다를 지지하고 또 한국 스스로가 이슈를 선정하여 유사한 입장인 국가와의 공조·협력을 통해 이를 추진하는 중견국 외교를 추진하고 있다. 또 때에 따라서는 우리의 경제적·안보적 이익 증대를 위해 지역 또는 유사 입장국 협력체를 활용하는 전략을 사용하기도 한다. G20에서 개도국의 이해를 반영하는 개발 어젠다를 제시한 것 등은 한국의 중견국 외교의 한 형태로 볼 수 있다. 그러나 이러한 중견국 외교는 기존 한국의 외교 방향과 충돌하지 않아야 한다. 중견국은 때로는 강대국의 핵심 가치나 이익에 반하는 가치를 추구하기도 하는데 그럴 경우 외교적 갈등이 생길 가능성이 있다. 특히 한국은 미국과의 동맹 관계로 인해 중견국 외교 추진으로 인한 현실적 갈등이 생길 가능성도 있다. 따라서 자국의 전반적인 외교적 이해관계 그리고 외교 역량, 가용한 물질적 자원 등에 대한 충분한 고찰을 바탕으로 중견국 외교의 전략을 세워야 할 것이다.

5) 정보화와 외교의 변화

정보화의 중요한 측면 중 하나는 정보의 유통에서 혁명적인 변화를 가져왔다는 것이다. 인터넷으로 상징되는 정보의 유통은 기존에 국가나 소수의 권력자들이 누리던 정보 독점이 더 이상 유지될 수 없게 만들었다. 이제 일반 시민은 세계 곳곳에서 일어나는 일을 실시간으로 접하게 되었으며 인터넷의 존재는 이전에 존재했던 보도통제와 같은 정보 독점의 수단을 무력화시켜버렸다. 정보화의 또 다른 측면은 일반 시민이 자신의 견해를 피력하고 같은 견해를 가진 사람들이 공통의 관심사에 대해 논의하고 의견을 수렴하여 자신들의 목적을 위해 행동을 통일하는 하나의 장이 마련되었다는 것이다. 이러한 사이버상의 공간을 통해 국가의 정책에 대한 의견이 형성되고, 조율된 행동을 계획할 수 있게 되었다.

정보화의 혁명적 발달은 외교정책의 결정과 외교의 성격에도 중대한 변화를 가져왔다. 정보화가 외교정책 및 외교에 미치는 영향은 다음과 같다. 첫째로 정보화는 외교정책 결정과정의 속도를 매우 빠르게 만들었다. 예전에는 국제적 현안이 발생했을 때 제일 먼저 정부의 최고정책결정자들이 그 정보를 획득하게 되고, 이들이 적당한 대책을 마련했을 때 국제적 현안의 발생을 일반 시민에게 알리는 것이 일반적이었다. 그러나 인터넷의 등장으로 인해 세계 구석구석에서 벌어지는 중요 사건들을 일반 시민도 실시간으로 알 수 있게 되었다. 이것은 외교정책 결정자들이 외교정책을 신속하게 결정해야 하는 압력에 직면하게 되었다는 것을 말한다. 예를 들어 중동 지역에서 미국인이 납치되었을 경우, 그 소식은 인터넷을 통해 실시간으로 미국인들에게 알려지고 정책결정자들은 미국인의 안전한 석방을 위해 신속할 조치를 취할 것을 요구하는 대중의 압력을 받게 되는 것이다. 결과적으로 세심하고 사려 깊게 다루어져야 할 외교적 사안들이 즉각적인 대응을 원하는 대중의 압력에 밀려 급하게 결정되는 부작용도 생겼다.

외교적 사안을 신속하게 처리해야 하는 압력은 현지에 나가 있는 외교 전문가의 식견이나 경험의 역할을 감소시키고, 중대한 결정을 내릴 수 있는 최고정책결정자의 역할을 강화하는 경향이 있다. 빠른 시간 내에 중대한 결정을 내려야 하기 때문에 사안에 대한 분석이나 여러 가지 대안을 검토할 수 있는 능력을 가진 현지 외교 전문가보다는 최종 결정을 내리고 그 책임을 질 수 있는 고위 정책결정자의 역할이 커지게 된다.

두 번째로 정보혁명으로 인해 국가 간 커뮤니케이션이 엄청나게 쉬워짐에 따라 현장에서 일하는 외교관, 즉 주재 외교관의 역할이 점차 감소하게 된다. 이는 인터넷이 등장하기 이전부터 나타났던 현상인데, 외교정책을 결정하는 본부는 현지 주재 외교관이 외교적 사안을 처리한 다음 보고하는 것을 기다릴 필요도 없이 상대국의 외교정책 담당자와 직접 커뮤니케이션을 통해 외교적 사안을 처리할 수 있게 되었다. 이로 인해 상대국에 대한 지식과 경험을 보유하고 있는 외교 전문가들의 역할이 감소했다.

세 번째로 정보화의 진전은 외교의 분산화(decentralization of diplomacy)를 초래하게 된다. 인터넷의 등장으로 인해 공간적 혹은 다른 장벽으로 인해 외교정책에 영향을 미칠 수 없었던 사람들이 외교정책 결정에 중요한 영향력을 행사할 수 있게 되었다. 이들은 사이버 공간에서 정보를 수집하고 정책 대안을 마련하여 전 세계에 자신들의 견해를 전파함으로써 지지를 동원하고 행동을 촉구하기도 한다. 이로 인해 소수에 의해 독점적으로 이루어지던 외교정책 결정은 이제 다양한 차원에서 다양한 행위자의 참여를 통해 이루어지는 형태로 바뀌었다.

마지막으로 정보화의 진전으로 인해 외교정책 과정에서 조직 내 커뮤니케이션이 활성화되었다. 이것은 정보화가 가져다준 긍정적인 측면인데, 하나의 국제적인 위기를 해결하기 위해 여러 각도로 접근하는 정부 부처 간의 커뮤니케이션이 정보화로 인해 급격히 원활해졌다. 인트라넷이나 온라인 회의 등의 커뮤니케이션 수단이 이러한 조직 내 커뮤니케이션의 활성화를 가져온 것이다. 그리고 이러한 원활한 정보 소통은 국가 내 정부기구 간의 정보 소통뿐만 아니라 본부와 현장관리들 사이의 정보 소통에 더욱 중요하게 작용한다.

II. 대외정책

대외적 국가 목적을 달성하기 위한 아이디어와 계획 등을 우리는 대외정책(Foreign Policy)이라고 부른다. 외교는 대외정책 집행의 한 부분이고 다양한 정책적 수단들이 대외정책 목적 달성을 위해 동원된다. 그런데 대외정책은 대외적인 행위자, 국가, 국제기구, 비국가행위자들과의 관계에서 나타나는 행동이지만 대외정책을 수립하는 과정에서 국내적 요인들이 매우 중요하게 작용한다. 국내행위자의 이해관계가 반영되기도 하고 또 다양한 국내적 속성(정부 형태, 경제적 특성 등)들이 영향을 미치기도 한다. 자유주의적 국제정치이론들이 국가의 행동을 설명하는 데 있어 국내적 요인을 중요시한다. 자유주의는 국가를 합리적 단일체라기보다는 다양한 행위자들을 포함하는 행위자로 본다. 자유주의에서 국가는 정부로 인식될 뿐이며 정부 이외에 국가 내에는 기업, 정당, 이익집단, 개인 등등 다양한 행위자들이 존재하며 이들은 정부의 이익(현실주의가 국가이익이라고 부르는)과는 다른 자신들의 개별적 이익을 추구하며 독립적으로 움직이게 된다. 따라서 국가의 행동(좀 더 정확히는 정부의 행위)는 이들의 압력이나 의견을 반영하게 됨으로써 때로는 합리적이지 않을 수도 있다. 민주평화론과 같은 자유주의적 이론은 국가의 정치체제의 속성(즉, 민주주의냐 비민주주의냐)이 국가의 행동에 영향을 미친다고 보기 때문에 국가 대외정책의 변화를 위해 정치체제의 변화를 강조하는 대외정책적 방안〔예를 들어 레짐 체인지(regime change), 정권 교체〕들을 제시하는 것이다. 따라서 대외정책이라는 영역은 국제정치와 국내정치가 교차하는 부분에 존재한다고 말할 수 있다.

1. 대외정책 결정요인

한 국가가 어떠한 대외정책을 펴느냐는 다양한 요인에 의해서 영향을 받는다. 첫

째, 개인적 차원의 요인이 중요하다. 특히 정책결정자의 가치관, 경험, 인식 등은 대외
정책의 방향과 성격을 결정하는 중요한 요인이 된다. 부시 주니어의 대외정책이 그의
기독교적 선악관의 영향을 받았다고 믿는 전문가들이 많다. 또 한국의 노무현 대통령
의 대미정책 역시 노무현 대통령의 가치관, 개인적 경험 등등이 중요한 영향을 미쳤다
고 볼 수 있다.

둘째, 국내적 속성과 요인들은 대외정책의 성격에 영향을 미친다. 국내적 속성 중
정치체제의 성격은 매우 중요한 요인이다. 칸트의 '영구평화론'에 의하면 민주주의 국
가는 갈등을 평화적으로 해결하려는 문화를 가지고 있기 때문에 타국과의 갈등 상황
에서 호전적인 정책보다는 평화적인 방법을 선택한다는 것이다. 정치제도의 특성도
국가의 대외적 행동에 영향을 미친다. 국내 선거제도에 따라 국가들이 국제적 약속을
이행하는 정도가 달라진다는 카우헤이(Peter Cowhey)의 연구가 한 예이다. 의회와 행
정부의 분리라는 정치구조, 연방 선거에서의 소선거구제 등이 미국이 다자주의 무역
레짐을 계속적으로 지지하게 하는 중요한 국내적 조건이라는 것이다. 경제적 요인도
역사적으로 대외정책을 결정하는 중요한 요인이었다. 제국주의라는 대외정책도 포화
상태인 국내시장을 대체할 시장과 원료공급처를 찾으려는 경제적 동기가 강하게 반
영된 것이라고 볼 수 있다. 또 미국에서 군산복합체의 경제적 이해가 미국의 강경한
대외정책의 중요한 요인이라는 연구 결과들도 경제적 요인의 중요성을 보여준다. 국
내의 여론 역시 대외정책에 큰 영향을 미친다. 특히 전쟁의 수행이나 파병과 같은 민
감한 이슈에 대해 정책결정자는 여론의 향방에 매우 민감해진다. 그러나 여론이 실제
로 대외정책에 별다른 영향을 미치지 못했다는 연구도 있다. 이와는 다른 차원에서
여론이 대외정책에 과도한 영향을 미치는 것은 바람직하지 못하다는 견해도 있다. 일
반 대중은 대외적 사안에 대해 무지하거나 정확한 정보를 가지고 있지 못하며 감정적
으로 대응하기 때문이다. 이러한 다양한 국내적 요인 이외에도 국민성, 역사적 전통
도 대외정책 결정에 영향을 미친다.

▼ **군산복합체**   군부와 대규모 군수산업체들의 상호의존체제를 의미한다. 이들은 군부의 위상과 군수산업
체의 경제적 이해를 위해 정치에 영향력을 행사하고 불필요한 군사적 긴장과 전쟁을 부추기기도 한다. 미국의
아이젠하워 대통령이 그 위험성을 경고하면서 그 실체가 주목받게 되었다.

마지막으로 국제체제적 요인이 있다. 국가의 행동, 즉 대외정책을 국제체제적 특성에서 찾으려는 시각은 케네스 왈츠와 같은 구조적 현실주의자들에 의해 이루어졌다. 사실상 구조적 현실주의자들은 국가의 행동은 국내적 속성에 의해 만들어지는 것이 아니며, 국제체제의 구조, 특히 힘의 배분에 따라 그 속에 속한 국가들은 특정한 방향으로 행동하게 된다고 주장한다. 예를 들어 왈츠는 양극체제 안정론을 주장하면서 양극체제하에서 국가들은 군사적 충돌이 가져올 파국적 결과를 두려워하여 군사적 충돌을 피하는 방향으로 행동한다고 주장한다. 또 단극체제하에서 패권 국가가 아닌 강대국들은 패권 국가에 대한 힘의 균형을 맞추려는 방향으로 대외정책을 편다고 주장한다. 국가의 속성이 아니라 국제체제의 구조가 국가들의 대외정책 방향을 결정한다는 것이다.

2. 대외정책 결정과정 모델

대외정책이 어떻게 결정되는가에 대해서 몇 가지 대표적 모델이 있다. 첫째로 합리적 정책결정 모델이다. 여기서 대외정책은 합리성을 가진 국가에 의해 이루어지며 국가는 국가이익을 추구하고 합리적 판단을 할 수 있는 단일체로 간주된다. 국가의 대외정책은 목적 달성을 위한 수단들을 전부 검토하여 그 목적을 가장 효과적으로 달성할 수 있는 수단을 선택한다는 것이다. 이 모델의 장점은 대외정책 결정과정을 최대한 단순화하여 이해할 수 있다는 것이다. 그러나 대외정책을 결정하는 국가(현실에서는 정책결정자들)가 합리적이라는 가정에 비판의 여지가 크다는 단점이 있다. 다시 말해 현실에서는 좀 더 복잡한 행위자들의 참여와 비합리적인 선택이 난무하는 것이 대외정책 결정과정이라고 볼 수 있다. 그렇다면 합리적 정책결정 모델은 대외정책이 만들어지는 현실을 제대로 설명할 수 없다고 볼 수 있다. 아마도 합리적 정책결정 모델은 사안의 성격이 국가의 생존이 걸린 것일 때 국가가 어떠한 대외정책적 선택을 할지 설명하거나 예측할 수 있을 것이다. 왜냐하면 그 경우 생존을 지키기 위해 국가는 합리적으로 행동할 것이기 때문이다. 그러나 사활적 사안이 아닌 경우에 대외정책은 합리적 정책결정 모델이 그리는 것과는 전혀 다르게 이루어진다고 보는 것이 옳을 것이다.

둘째로 의사결정 모델이다. 의사결정 모델은 대외정책의 결정과정을 일반적인 의사결정 과정의 하나로 파악하고 의사결정이 어떻게 이루어지는가를 모델화한 것이다. 의사결정은 정책결정자의 동기와 그들 사이의 소통이 중요하며 대외정책에 영향을 주는 내부적·외부적 요인들이 작용한다.

세 번째는 조직과정 모델이다. 조직과정 모델은 대외정책의 결정이 정형화된 패턴 혹은 표준화된 수행 절차(Standard Operation Procedure: SOP)에 따라 행동하는 조직들의 행동의 산물이라고 본다. 정부의 행위는 매뉴얼에 따라 반자동적으로 이루어지며 정책결정자의 선택의 여지는 조직(혹은 기관)들의 행위에 의해 제한을 받게 된다는 것이다. 쿠바 미사일 위기 시에 공습이라는 대안에 대해 공군은 표준화된 수행 절차에 따라 성공 가능성은 90%라고 답변했고 봉쇄에 대해서 해군은 해군 법규집을 내밀면서 봉쇄의 절차를 설명했다는 것이다. 다양한 조직의 표준화된 수행 절차들이 대외정책이 만들어지는 중요한 요인이라는 것이다.

네 번째는 관료정치 모델이다. 이 모델은 합리적 정책결정 모델의 비현실성을 극복하고 실제로 대외정책을 결정하는 행위자를 국가와 같은 단일체가 아니라 다양한 이해를 가진 관료집단으로 파악하여 이들 간의 흥정과 타협의 결과로 대외정책이 만들어진다고 본다. 관료정치 모델에서 대통령은 대외정책 결정자가 아니라 관료적 흥정과 타협, 연합에 참여하는 하나의 행위자로 파악한다. 대외정책 결정은 이러한 과정속에서 관련된 관료집단들(조직들)이 받아들일 수 있는 선에서 결정된다. 이러한 관료정치 모델은 대외정책이 합리적으로 이루어진다는 합리적 정책결정 모델의 비현실성을 극복하고 실제로 대외정책 결정에 참여하는 주요 행위자들의 영향력을 고려했다는 점에서 의미가 있다. 그러나 대통령의 역할을 지나치게 과소평가하는 점이나 의회와 같은 입법부의 역할을 간과한 것은 한계로 지적된다.

한국에서 대북정책과 같은 핵심적 대외정책은 다양한 관료집단들 사이의 경쟁과 흥정의 결과로 볼 수 있다. 대통령은 대북정책이 국내정치, 특히 선거에 미칠 영향에 주목하고 정책적 대안을 선택한다. 통일부는 북한과의 교류·협력을 강화해야 하는 조직적 이해를 가지고 있기 때문에 그러한 이해가 반영된 정책을 선호하게 된다. 국방부는 북한을 잠재적 적으로 보기 때문에 북한에 대한 강경한 정책을 주문한다. 외교부는 동맹국이나 주요 우방국과의 외교관계를 중요하게 생각하기 때문에 다른 관료 집단과는 다른 정책을 선호하기도 한다. 관료정치 모델의 틀에서 보면 이러한 다양한 이해관계를 가진 관료집단들이 제시하는 정책 간의 경쟁과 흥정, 타협의 산물이 결국 한국의 대북정책이 되는 것이다. 그러나 한국의 경우 대통령실의 영향력이 압도적으로 크기 때문에 이러한 관료적 흥정이 이루어지기 어려운 것으로 보인다. 대통령실의 의도(그것이 대통령 개인의 성향에 의한 것이든, 권력 핵심의 이념적 지향에 의한 것이든)가 전문성을 바탕으로 한 관료적 입장을 압도하는 현상이 일어난다. 대외정책 결정 모델을 적용함에 있어 기계적인 적용이 아닌 개별 국가가 가진 정치적 특성들과 같은 특수성들을 고려하는 신중함이 필요하다.

3. 대외정책과 국내정치

대외정책과 국내정치는 밀접하게 연결되어 있다. 첫째, 대외정책은 국내의 이해당사자들의 손익구조에 영향을 미치기 때문에 국내의 이해당사자들은 대외정책의 수립이나 집행에서 영향을 미치고자 노력한다. 통상정책과 같은 대외경제정책은 그 수혜자와 피해자가 명확하게 드러나는 대외정책이지만 안보정책도 국내 이해당사자들의 영향권에 있다. 미국의 평화단체나 진보단체들은 미국의 전쟁 수행에 반대할 것이고 특정 국가에 대한 수출에 의존하던 생산자들은 그 나라에 대한 경제제재 등에 반대할 것이다. 둘째, 때때로 대외정책은 국내정치적 목적을 위해 수행되기도 한다. 흔히 전쟁이나 군사적 긴장을 높이는 정책들은 국내정치적 안정이나 선거를 위해 수행되기도 한다. 2009년 북한의 미사일 발사 실험과 핵실험은 어느 정도는 북한의 권력 승계 과정에서의 필요에 의해 강행되었다고 할 수 있다. 또 국내적 반대가 심해 성사가 어려운 개혁이나 제도개혁 등을 위해서 대외정책을 활용하기도 한다. 국내 통상제도의 개혁이나 무역 자유화를 추진하기 위해 자유무역협정을 체결하거나 국제레짐에 참여하는 것이 그러한 예이다. 소위 '구속효과'라고 부르는 이러한 효과를 노리고 정치적 부담이 크거나 국내 이해당사자의 힘이 강해서 성사가 어려운 개혁을 추진하기 위해 국제적 약속을 해버리는 경우가 있다. 1991년 콜롬비아와 베네수엘라가 앤딘협정

(Andean Pact)을 성공적인 자유무역협정으로 성사시킨 것은 자유무역협정이 아니고서는 의회가 절대로 받아들이지 않을 정도로 단단한 보호무역장벽들을 깨기 위한 정치적 선택이라는 연구도 있다. 이러한 연구는 대외정책이라는 것이 꼭 상대 국가의 행동이나 국제환경의 변화에 대한 대응이라는 측면에서 수립되고 집행되는 것이 아님을 말해 준다. 마지막으로 국내정치제도적 측면의 중요성이다. 중요한 대외정책은 협정이나 조약을 동반하는 경우가 많고 그 경우 협정의 비준권한을 가지고 있는 의회의 승인을 받아야 하기 때문에 의회를 누가 장악하고 있는지(집권당 혹은 야당) 그리고 대통령과 의회의 관계 등 국내정치적 요소가 매우 중요하게 작용한다.

미국의 경우 대외정책에서 의회가 차지하는 비중이 매우 높다. 일반적으로도 외국과 맺은 조약은 의회의 비준을 거쳐야 하지만 미국의 경우는 의회가 다른 나라보다 더 많은 권한을 가지고 있다. 이럴 경우 행정부의 외교 담당 부서[미국의 국무성(State Department)]와 의회 간의 견해차가 자주 발생하게 되며 이것은 외교 수행의 큰 걸림돌이 되기도 한다. 의원들은 유권자의 이익이 최우선이기 때문에 때로는 국가이익의 차원에서 표결에 참여하기보다 지역구의 이익을 우선하기도 한다. 이러한 국내정치와 외교와의 충돌로 인해 다른 나라와의 외교관계를 관리해야 하는 외교 부서는 때로는 매우 어려운 입장에 놓이기도 한다. 미국이 주요 대외정책 어젠다로 추진해 온 기후변화 관련 파리 협약에 대해서 미국 의회가 부정적인 입장을 견지해 온 것이 그러한 경우이다.

■ ■ ▦ 참고문헌

유현석. 2022. 『한국외교에 침을 뱉기 전에』. 한울엠플러스.
_____. 2021. 『유현석 교수의 공공외교 수업』. 한울엠플러스.

Hocking, Brian(ed). 1999. *Foreign Ministry: Change and Adaptation*. New York: Macmillan
Press.
Melissen, Jan(ed.). 2005. *The New Public Diplomacy: Soft Power in International Relations*.
New York, N.Y.: Palgrave Macmillan.
Putnam, Robert. 1988. "Diplomacy and Domestic Politics: The Logic of Two-level Games."
International Organization 42, pp.427~460.
U.S. Information Agency Alumni Association(September 1, 2002). "What is Public Diplomacy?"
at http://www.publicdiplomacy.org/1.htm(검색일: 2009.4.3).

11

환경문제와 국제정치

Understanding International Relations: The Crisis of Liberal International Order and Global Relations

1. 환경문제의 성격

현재 인류가 직면한 가장 심각한 문제는 환경문제일 것이다. 노스트라다무스(Nostradamus)의 지구 멸망 예언을 해석하려는 사람들이 그가 말하는 '불의 대왕'을 산성비나 또 다른 자연재앙일 수도 있다고 생각하는 것을 보면 인류가 직면한 환경문제는 꽤나 심각해 보인다. 환경문제가 국제정치에서 중요한 쟁점으로 떠오르게 된 것은 꽤 오래전이다. 좀 더 정확하게 말하면, 인구의 증가가 지구의 생태계에 어떠한 영향을 미칠지의 문제는 이미 토머스 맬서스(Thomas Malthus)의 『인구론(An Essay on the Principle of Population)』이후 인류의 관심사 중 하나였다. 그러나 환경문제가 본격적으로 국제정치의 주요 쟁점이 된 것은 선진 산업국가들에서 탈물질주의적 가치(예를들어 인간다운 삶, 환경)가 중요한 가치로 떠오르면서부터일 것이다. 1960년대 말부터, 물질적 풍요를 누리던 서구 선진사회는 환경이나 여성문제 같은 새로운 문제들에 관심을 갖기 시작한다. 특히 환경과 관련해서는 인간들이 물질적 풍요를 위해 환경을 훼손하고 남용해 왔다는 인식을 하게 된다. 선진국에서 녹색당과 같은 환경을 중시하는 정치적 목소리들이 커져가고, 여러 시민단체가 환경을 보전하기 위한 운동에 뛰어들면서 선진국에서 환경문제는 주요한 국내적 쟁점이 되었다. 환경문제는 또 경제발전과도 밀접한 연관이 있다는 인식이 생기면서 환경과 경제개발을 조화시켜 환경을 파괴시키지 않으면서 개발을 할 수 있는 '지속 가능한 발전(Sustainable Development)'이라는 개념이 등장했으며, 또 그린 GDP, 그린 GNP와 같이 환경오염이나 파괴에 대한 사회적 비용을 반영한 경제지표들이 사용되고 있다.

환경운동가들이나 정책결정자들은 환경문제가 결코 한 국가의 문제가 될 수 없다는 것을 깨닫게 된다. 그리고 환경문제는 곧 인류 전체의 문제이며 국가 간의 협력이 없이는 해결될 수 없는 문제라고 인식하게 된다. 이제 환경문제는 전 인류적 문제이고, 국가 간의 갈등과 대립까지도 초래하는 국제정치적 문제라는 인식이 확립된 것이다. 이러한 인식의 변화에도 불구하고 환경문제는 가장 해결하기 어려운 문제 중 하나이다. 학자들은 '목초지의 비극(Tragedy of Commons)'이라는 은유법으로 그 근원적 문제점을 지적하고 있다. 19세기 영국의 마을에는 공동의 재산인 목초지가 있다. 마을의 양이나 소들은 여기서 풀을 뜯어먹는다. 이렇게 목초지를 공동으로 사용하는 것은 가축을 먹여 살릴 충분한 풀이 있는 동안에는 아무런 문제가 되지 않는다. 그러나 가축의 수가 지나치게 많으면 목초지는 황무지가 되어버린다. 만일 목동들이 욕심을 버리고 가축의 수를 일정하게 유지한다면 목초지는 살아남을 수 있다. 그러나 목동들 개인적으로는 자신의 가축의 수를 늘리고 싶어 한다. 모든 목동은 다른 목동들이 자신과 같이 욕심을 자제할 것인지 확신하지 못하며, 자기만 자제하는 것은 손해라고 생각하기 때문에 가축의 수를 제한하지 않는다. 반면에 가축 한 마리를 목초지에 더 키움으로써 생기는 이익은 자기가 모두 갖지만 그 비용은 그 마을의 전체 목동이 나누어 부담하게 되기 때문에 합리적인 목동이라면 자신의 가축 수를 무한정 늘리려 한다. 이렇게 되면서 목동들이 부담하게 되는 비용은 점차 커지고 결국은 목초지가 완전히 파괴되는 결과를 낳는다. 즉, 목초지의 비극이란 공동의 재산이기 때문에 사람들이 자신도 모르게 혹은 상관하지 않고 저지르는 피해가 결국 그것을 완전히 파괴시킨다

▶ **그린 GDP(Green GDP)** 환경오염이나 자원고갈 등 사회적 비용을 반영한 국내총생산 개념이다. 그린 GDP는 경제활동에서 발생한 환경 손실을 화폐액으로 평가하여 이를 국민소득에서 차감한 지표이다. 한국은행은 그린 GDP를 계산하기 위해 환경오염방지지출 통계를 매년 발표한다. 환경오염방지지출 통계는 환경오염문제를 예방·해결하기 위해 정부나 기업, 가계가 부담한 지출액을 조사한 것이다.

는 것이다. 폐수의 무단방출이나 공기를 마구 오염시키는 인간의 행위는 그것이 자신의 재산이 아니라는 생각으로 폐수처리 비용을 아끼기 위해, 오염방지 시설 가동 비용을 아끼기 위해 그래서 더 많은 이윤을 얻기 위해 저지르는 행위이고, 그러한 행위는 결국 자기 자신의 재산이기도 한 인류 공동의 재산인 대기나 수자원을 오염·파괴시킴으로써 자기 자신까지도 파멸시키는 엄청난 결과를 초래한다는 것이다.

환경문제는 오존층의 파괴와 같은 생태계의 파괴문제, 대기오염과 대양의 오염과 같은 환경오염문제, 수자원의 남용이나 열대림 파괴, 석유자원의 고갈 같은 자원고갈문제 , 지구의 온도 상승으로 인한 기후변화 등 다양한 문제를 포함한다. 오늘날의 환경문제는 다음과 같은 특징이 있다. 첫째, 자원과 환경은 모든 인간생활에 필수적이지만 그 양은 한정되어 있고 일단 파괴·오염되면 회복이 불가능하다. 둘째, 자원은 양이 절대적으로 한정되어 있을 뿐만 아니라 지리적으로도 불균등하게 분포되어 있어 자원을 둘러싼 영토 분쟁 등이 존재한다. 셋째, 환경문제는 자연의 구성 요소들을 통해 전파되므로 문제의 발생 원인이 불분명하고 그 피해가 불특정 다수에게 전가된다. 따라서 문제 발생에 대한 책임과 이의 해결에 소요되는 비용의 부담이 불분명하므로 환경문제와 관련된 국가 간의 갈등이 일어날 소지가 많다. 넷째, 환경문제는 자원의 고갈 등으로 인한 기아문제, 환경난민문제, 물 부족으로 인한 분쟁 등을 일으키므로 국제정치적 성격이 강하다.

2. 환경문제 해결을 위한 국제적 노력

이러한 환경문제의 독특한 성격 때문에 환경문제 해결을 위한 국가 간 협력이 필요하게 되었다. 이러한 측면에서 최초의 국제적 노력은 1972년 스웨덴의 스톡홀름에서 113개국이 참가한 가운데 열린 UN 환경회의일 것이다. 이 회의는 세계적 차원에서 처음으로 환경문제를 해결해 보려는 노력을 기울인 사례로서 인간환경선언을 채택했고, 인간환경을 위한 행동계획 및 UN 환경계획의 창설을 결정했다. 지구환경문제의 국제적 논의는 1980년대 이후 괄목할 만한 성장을 보였다. 1983년 '국제 열대목 재협정', 1985년 '오존층 보호를 위한 비엔나 협약과 그 후속 조치인 1987년 '몬트리올 의

정서' 등이 제정되었고, 1989년에는 유해폐기물 처리에 관한 '바젤 협약'이 체결되었다. 그 이후 이런 국제적인 노력에도 환경문제는 더욱 심각해졌으며 특히 환경보전과 개발이라는 두 가지 목표의 상충문제는 환경문제의 해결을 더욱 복잡하게 만들었다. 1980년대에 지속 가능한 발전이라는 개념이 제기되었고, 1987년 세계환경개발위원회가 발간한『우리 공동의 미래(Our Common Future)』에서 그 개념이 확정되었다. 1992년 제2회 UN 환경개발회의가 브라질의 리우데자네이루에서 열렸다. 이 회의는 환경문제를 놓고 선진국과 후진국의 갈등이 첨예화된 회의이기도 했지만 인류의 미래를 위해 국가들이 지켜야 할 행동원칙(어젠다 21)들을 만들어낸 중요한 회의로서 '기후변화협약'과 '생물다양성협약'을 체결하고 산림원칙성명을 발표하는 성과를 거두었다. 그리고 리우 선언은 환경과 개발 간의 조화를 강조하는 내용을 담음으로써 개발과 환경과의 갈등관계를 해소할 수 있는 바탕을 만들었다. 그 후 1997년 세계 185개국이 참석한 가운데 UN 환경특별총회가 열려 그동안의 지구환경보전 노력을 재평가하고 효과적 이행 방안을 모색했다. 이 회의에서는 지구 온난화, 삼림 보존, 오존층 파괴, 토양 유실 등 사막화, 해양오염, 핵폐기물 안전관리 문제 등이 제기되었다.

2002년 8월 26일부터 9월 6일까지 남아프리카공화국 요하네스버그에서 '지속 가능한 발전을 위한 세계정상회의(WSSD)'가 열렸다. 이 회의는 지구촌 환경문제 해결을 위한 국제적인 노력의 결정판인 1992년 리우 UN 환경개발회의 10주년을 기념한 것이었다. 따라서 이 회의는 리우 회의의 성과를 점검하고 향후 실천 방향을 논의하는 성격을 갖는다. 이러한 이유로 이 회의를 '리우+10' 회의라고 부르기도 한다.

이 회의의 쟁점은 크게 세 가지로 요약할 수 있다. 하나는 ODA 문제이다. 1992년 리우 회의에서 선진국들의 원조액을 GNP의 0.7%로 올리기로 합의했다. 그러나 실제로는 제대로 이행되지 못했다. 이에 대해 후진국은 선진국이 약속한 목표 액수의 달성 시기를 회의 선언문에 명기하자고 주장한 반면, 선진국은 원칙에는 찬성하지만 재원 부담을 이유로 들어 난색을 표했다. 결국 GNP 0.7%의 ODA 목표달성을 위한 노력을 촉구하고 개도국에는 ODA의 효율적인 사용을 권장하는 수준에서 합의를 이루었다. 두 번째는 교토의정서 비준 문제이다. 온실가스 배출 규제가 골자인 교토의정서 비준에 대해 미국과 호주는 모든 국가에 의정서 비준을 요구하는 것에 대해 강하게 반대했다. 그러나 일본과 EU, 중국이 비준했고 러시아가 비준 의사를 밝혔다. 결국

WSSD 회의에서는 "의정서 비준을 강력히 권고한다"는 문안을 이행계획에 담는 선에 그쳤다. 세 번째는 에너지 문제이다. 회의에서는 화석연료 사용 억제와 재생 가능한 에너지 사용 확대가 에너지 분야의 중점 과제로 논의되었다. EU는 2010년까지 화석연료 의존도를 10% 감축하고 2015년까지 풍력, 태양열 등 비수력 부문의 대체에너지를 15%까지 확대하자는 안을 내놓았다. 하지만 미국과 산유국이 주도한 G77은 시한과 목표치를 정하는 데 반대했다. 이에 따라 화석연료 관련 기술과 재생에너지 기술 등의 기술이전과 에너지 공급 다양화, 재생에너지 비율을 확대하자는 수준의 합의를 이끌어내는 데 그쳤다.

이러한 국제적 노력을 통해 국제환경법 규범이 탄생하게 되는데, 국제환경법 규범은 완성된 법체계가 아니며 모든 국가에 지구환경보호라는 공통적인 책임을 부여한다. 그러나 기존 국제법 규범에 비해 법적 구속력이 결여되어 있다는 문제점이 있다. 국제환경법 규범은 다음과 같은 원칙에 입각하고 있다. 첫째, 자원관할권 개념의 변화로서 기존의 자연자원에 대한 영구주권론 개념이 퇴색하는 대신 자국 자원에 대한 주권적 권리를 행사할 때 타국의 이해관계를 고려해야 한다는 원칙이 강조되고 있다. 둘째, 제한적 영토주권론과 국가 책임의 원칙이다. 모든 국가는 자국의 관할권이나 통제하에서의 활동이 다른 국가의 환경이나 자국 관할권 밖에 있는 지역의 환경에 영향을 미치지 않아야 한다는 제한적 영토주권론 개념이 대두하고 있으며, 이에 의거하여 타국의 환경피해에 대해 국가가 보상을 책임져야 한다는 원칙이 구체화되고 있다.

환경문제 해결을 위한 국제적 노력 가운데 최근의 추세는 환경문제와 무역을 연계하는 문제이다. 선진국들은 우루과이라운드 이후 후진국의 부당한 경쟁력의 일부분으로서 후진국의 낮은 환경기준을 문제 삼고 나섰다. 선진국들은 후진국들이 터무니없이 낮은 환경기준을 적용하거나 금지된 환경오염 물질을 사용함으로써 생산단가를 낮추며, 이러한 낮은 단가로 선진국 제품과의 경쟁에서 유리한 위치를 차지한다는 것이다. 즉, 후진국들은 인류 공동의 재산인 환경을 악화시키면서 자신들의 이익을 추구하고 있으며, 이것은 결국 불공정한 무역행위라는 것이다. 또 지구의 환경보호 측면에서도 후진국의 느슨한 환경기준은 공해배출 업체들이 공해배출을 줄이려는 노력을 하기보다는 환경기준이 느슨한 나라로 생산 시설을 옮기도록 함으로써 선진국의 산업공동화 현상과 지구 전체의 환경오염을 가중시킨다는 것이다. 이러한 후진국의 불공정한 무역을 바로잡기 위해 환경문제와 무역을 연계시키는 일련의 회의를 '그린 라운드(Green Round)'라고 한다. 1995년 WTO가 출범하면서 산하에 환경과 무역과의 연계를 검토하기 위한 '무역환경위원회(Committee on Trade and Environment: CTE)'가 설치되었다. 1996년 12월 싱가포르에서 열린 제1차 WTO 각료회담은 CTE를 상설기구화하고 향후 환경과 무역의 연계 논의를 더욱 활성화할 것을 결의했다. 그린라운드의 성과 중 하나인 몬트리올 의정서는 상품에 규제물질이 들어 있거나 환경을 오염하는 기술을 이용해서 만들어지는 제품들의 수입을 금지할 수 있도록 하고 있다. 예를 들어 오존층 파괴의 주범인 프레온가스(CFC)가 들어 있는 냉장고에 대한 수입을 금지할 수 있다. 이러한 규제는 점차로 강화되어 최근에는 최종 제품뿐만 아니라 생산 중간 공정에서 규제물질이 사용될 경우 최종 제품이 아무런 문제가 없더라도 규제의 대상이 된다는 것이다. 예컨대 쇠고기에 대한 성분검사 결과로는 아무런 환경침해 물질이 없는 것으로 판정되었더라도 송아지 때 성장촉진 호르몬을 주사해 키운 소라면 규제 대상에 포함시키려는 움직임이 있다. 이런 환경·무역 연계는 주로 WTO에서 논의되고 있으나 이 문제에 대한 선진국과 개도국의 입장이 첨예하게 대립하고 있다.

3. 환경문제와 남북문제 그리고 국가주권문제

환경과 무역 간의 연계 문제에서도 보이듯이 환경문제는 선진국과 개도국이 첨예하게 대립하는 쟁점이다. 선진국은 지구환경문제의 원인이 후진국의 책임이라는 인식을 가지고 있다. 선진국의 주장은 후진국은 환경에 대한 인식이 희박하여 자원을 남용하고 원시림을 파괴하며 대기오염 및 해양오염의 주범이고 환경보호를 위한 어떤 노력도 기울이지 않으므로 오존층 파괴를 비롯한 지구오염의 주범이라는 것이다. 그러나 후진국은 선진국의 이러한 주장에 대해, 지구의 환경문제는 오랜 시간 진행되어 온 것이며 산업화의 역사가 일천한 후진국에 모든 환경문제의 책임을 묻는 것은 정당치 않다고 대응한다. 후진국은 그동안 수백 년간 환경을 파괴해 온 선진국들이 환경문제가 심각해지자 모든 책임을 후진국에게 묻는 것은 위선적이며, 선진국의 과도한 자원 소비가 지구환경파괴의 주요한 원인이라는 주장을 편다. 실제로 선진국 국민은 제3세계 주민보다 15배의 종이, 10배의 철, 12배의 에너지를 소비하고 있다. 지구 온실효과의 주범인 이산화탄소 배출에서도 선진국이 배출량의 대부분을 차지하고, 선진국이 목표대로 20%가량을 감축한다 해도 후진국이 배출하는 양의 두 배가량이 될 것이다.

선진국과 후진국은 환경문제의 책임 소재뿐만 아니라 환경문제의 해결 방법과 그 비용을 분담하는 문제에서도 상반된 견해를 보인다. 후진국의 입장에서는 선진국들이 과도한 에너지·자원 소비를 줄여서 환경문제 해결에 나서야 하며, 후진국의 환경오염 감소 노력을 기술적·재정적으로 지원해야 한다는 입장이다. 특히 오염배출 물질을 감소시킬 수 있는 환경기술의 이전을 지원해 주어야 한다고 주장한다. 또 선진국들이 환경문제를 해결한다는 명분하에 개도국의 무역에 불이익을 주려고 하는 것은 선진국의 이기주의적 발상이며 개별 국가의 환경주권에 대한 침해이기 때문에, 개도국과의 합의 없는 일방적인 규제 장치의 강요는 정당화될 수 없다고 주장한다. 후진국의 입장에서 볼 때는 선진국이 주도하는 각종 국제환경협약은 기본적으로 선진국의 이익을 대변하고 있고 선진국들이 이러한 환경협약에 미가입하거나 협약을 준수하지 않는 것을 빌미로 개발도상국의 자원, 생산 공정 그리고 상품의 국제교역에 제약을 가하려고 하는 것은 부당하다는 것이다.

그러나 선진국은 문제의 근원이 후진국에 있는 만큼 그 해결도 후진국이 해야 한다는 입장이다. 후진국 스스로가 환경문제를 개선하기 위해 오염물질 배출을 줄이고 환경기준을 엄격히 하는 등의 노력을 기울어야 한다고 주장하며, 환경 개선을 위한 재원을 선진국에만 의존하지 말고 외국인 투자를 위한 여건을 마련해야 한다고 주장한다. 그러나 후진국은 후진국의 특별한 상황 때문에 어쩔 수 없이 환경보다는 다른 가치에 더 치중할 수밖에 없는 경우가 대부분이다. 예를 들어 원시림의 파괴는 후진국에서는 화전을 만들기 위한 생존 차원의 행위이며, 이산화탄소의 배출도 선진국과 같은 사치성 배출(자동차와 가전제품으로부터의 배출)이라기보다는 생존을 위한 배출인 경우가 많다. 그러나 현실적으로는 개발도상국은 궁지에 빠져 있다. 개도국이 국제환경협약에 가입하면 협약에 규정된 조치를 따라야 하고 그럴 경우 국내 산업의 성장률이 둔화되고 생산투자에 상당한 위축을 가져오게 되는 반면, 가입을 거부하면 선진국으로부터 기술이전이나 시설 지원을 받지 못하고 규제대상 물질을 사용한 제품을 수출할 수 없는 등 무역상의 불이익을 받을 것이기 때문이다.

4. 환경문제의 실제 오존층 파괴와 지구 온난화

1) 오존층 파괴 문제

현재 가장 심각한 지구환경문제 중 하나는 오존층 파괴 문제이다. 오존은 대기권 밑에서는 과다할 경우 오염물질이지만 대기권 상부에서는 태양의 자외선을 차단하는 중요한 역할을 한다. 과학자들은 오존층이 엷어지는 현상을 발견했으며, 남극의 오존 층에는 구멍이 나 있고 점점 커져 그 크기가 미국 영토 크기만큼 확장되었다. 오존층 의 파괴는 피부암 발생과 같은 인류의 건강에 치명적인 위협이 될 뿐만 아니라 육지와 해양생물에도 위협이 되고 있다. 오존층이 엷어져 자외선 투과율이 높아질 경우, 식물 엽록소가 감소하고 광합성 작용이 억제되며 가축의 암 발생률이 높아지고 식물성 플랑크톤의 광합성 작용이 억제됨으로써 수중생물의 먹이사슬이 파괴될 우려가 있다. 또 지구 산소의 절반가량을 만들어내는 해조류의 증식이 억제되면 탄산가스가 다량 발생되어 지구의 온실효과가 촉진되기도 한다. 학자들은 오존층의 파괴가 프레온 가스(CFC)와 관련이 있다는 것을 알아냈지만, CFC에 대한 규제는 화공업계의 이해관계와 각국의 견해 차이로 쉽게 이루어지지 못했다. 하지만 1985년에 오존층 보호를 위한 비엔나 협약, 1987년에는 몬트리올 의정서가 만들어져 23개국이 서명했다. 몬트리올 의정서는 CFC 생산량과 소비량을 1989년부터 1986년 수준으로 동결한 후 2000년까지 CFC의 배출을 1986년 수준의 반으로 줄일 것에 동의했다. 그 이후 1990년에는 CFC의 생산을 빠른 시간 내에 중단하자는 합의가 이루어졌다. 1992년 북극에서도 오존층에 구멍이 발견되었으며, 이에 따라 국가 간 합의한 스케줄을 앞당기자는 분위기가 대세를 이루었고, 미국은 CFC의 생산을 1995년까지 완전히 중단하겠다고 일방적으로 선언했다. 오존층 보호를 위한 국제적 협력은 성공적인 사례로 인정된다.

2) 지구 온난화와 기후변화에 대한 대응: 교토의정서

지구 온난화에 의한 기후변화 문제는 다른 지구환경문제와는 그 규모와 파급력이 전혀 다른 심각한 문제이다. 지구 온난화는 이산화탄소가 지표에서 대기로 다시 방사되는 적외선을 흡수, 온실의 유리 지붕과 같은 역할을 하게 되어 지구 표면의 온도가 올라가는 현상이다. 그 결과 지구의 해수면이 높아져 바닷물에 침수되는 지역이 넓어지고 각종 기상이변이 나타난다. 지구 온난화를 촉진하는 이산화탄소를 비롯한 다른 가스를 규제하는 것은 훨씬 어렵고 그 경제적 비용도 엄청나기 때문에 문제의 해결을 위한 노력이 성과를 거둘 수 있을지에 대한 비관론이 만만치 않다. 특히 이산화탄소에 대한 배출 규제는 석유나 석탄 같은 화석연료 제일 소비국인 미국에게는 엄청난 경제적 비용을 발생시킬 것으로 예상된다. 미국의 지구 온난화를 막기 위한 노력은 경제적으로 GNP의 약 3%(약 1500억 달러)가 감소하는 결과를 가져올 것이라는 연구 결과가 있다. 이러한 경제적 비용은 미국이 이산화탄소 배출 규제에 소극적인 움직임을 보이는 중요한 이유이다. 미국은 선진 산업국들이 2000년까지 이산화탄소의 배출을 1990년 수준으로 낮출 것을 결의하는 데 참여를 거부했다.

1997년 제3차 기후변화협약 회의가 열려 교토의정서가 채택되었다. 여기서 선진공업국가들은 온실가스의 주축인 이산화탄소, 그리고 탄소 성분이 함유된 6종의 가스를 2008~2012년까지 1990년 수준에서 평균 5%를 감축하기로 목표를 설정했다. 교토의정서에 의해 EU 국가들은 8%, 미국은 7%, 일본은 6%를 감축해야 한다. 그러나 한국과 멕시코 등은 개도국으로서 감축의무를 면제받았다. 미국은 개도국이 자발적인 감축에 서명하기 전까지는 서명하지 않는다고 버텼으나 결국 서명하기로 결정했다(그러나 미국은 결국 교토의정서를 비준하지 않았다).

교토의정서에서는 새로운 의무이행 수단인 '신축성 제도(Flexible Mechanism)'가 채택되었는데, 이것은 배출권 거래·청정개발체제 등을 포함하고 있다. 이러한 신축성 제도는 미국이 자국의 경제활동이 위축되는 것을 최대한 막기 위해 온실가스 배출에 대한 규제에 신축성을 주고자 한 것이다. 예를 들어 '배출권 거래'란 나무를 심어서 이산화탄소를 흡수하는 것도 각국에 부여된 배출감소의무 달성 실적에 포함하는 것이다. 그래서 공장을 더 짓고 싶어도 가스 배출 규제에 걸려 짓기가 힘들 경우 남의 나라

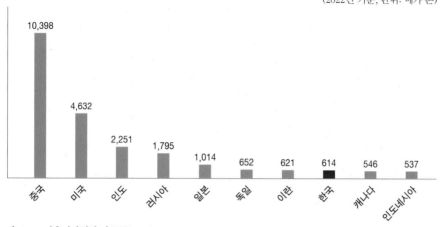

〈그림 11-1〉 주요 국가별 온실가스 배출 현황

(2022년 기준, 단위: 메가 톤)

중국	미국	인도	러시아	일본	독일	이란	한국	캐나다	인도네시아
10,398	4,632	2,251	1,795	1,014	652	621	614	546	537

자료: UN기후변화협약 사무국(2022).

에 나무를 심어주면 외국에 심은 나무가 빨아들인 이산화탄소만큼 본국의 공장이 내뿜는 이산화탄소의 양을 늘릴 수 있게 되는 것이다. 이러한 배출권 거래에 따라 일본의 도쿄 전력은 호주 동남부 뉴사우스웨일스주 정부와 손잡고 이 같은 '공해배출권 거래'를 시작했다. 도쿄 전력은 뉴사우스웨일스주에 숲을 조성하고 주 정부로부터 일정량의 이산화탄소를 흡수했다고 공인받으면 일본 공장에서 이산화탄소를 연간 20만 톤가량 추가로 배출할 수 있게 된다. 이와 함께 청정개발체제(Clean Development Mechanism: CDM)란 선진국이 개발도상국에 대해 이산화탄소 배출 감축기술을 지원할 경우 그에 따른 온실가스 감축량을 자국의 온실가스 감축 목표달성 실적에 포함시킬 수 있도록 하는 장치이다. 예를 들어 미국은 중국에 돈을 투자하여 이산화탄소 배출이 적은 현대식 석탄발전소를 지을 수 있고, 여기서 감소된 이산화탄소의 양만큼을 미국의 이산화탄소 감축 실적에 포함시킬 수 있는 것이다. 그러나 이러한 신축성 제도에 대해서 그린피스와 같은 환경단체들은 비판적인 태도를 보인다. 위 사례에 관련해서는 미국이 이산화탄소 배출이 적은 공장을 지어주는 것은 중국 스스로가 에너지 효율을 늘리려는 노력을 하지 않도록 하기 때문에 중국 전체로 볼 때는 이산화탄소를 배출하는 에너지원을 수십 년간 계속 쓰도록 하는 결과를 초래한다는 것이다.

　교토의정서를 발효시키기 위한 노력은 계속되었고 2003년까지 의정서 발효에 필요한 55개국의 비준을 얻어내기 위한 노력도 마찬가지로 계속되었다(의정서의 발효는 55개국 이상이 의정서를 비준하고 비준 국가들의 온실가스 배출량이 1990년을 기준으로 전체 배출량의 55%를 넘어야 한다). 가장 큰 장애는 미국과 EU 간의 갈등이었다. 미국의 반대가 있었지만 2004년 11월 러시아가 교토의정서를 비준하면서 발효 조건을 충족하게 되었고 2005년 2월 16일 의정서 체결 8년 만에 교토의정서가 발효되었다. 이제 선진 38개국은 이산화탄소, 메탄, 프레온 등 온실가스 발생량을 2008~2012년에 1990년 대비 평균 5.2% 감축하기로 했다. 이 기간에 한국은 감축의무에서 면제되었다.

3) 코펜하겐체제의 무산과 파리 협약

1차 공약 기간이 끝난 후 2012년부터의 온실가스 감축 방안을 논의하는 UN 기후회의가 2005년 12월 열렸다. 교토의정서 강제이행을 위한 감시위원회 가동을 결정했고 행동계획도 채택되었다. 미국은 2012년 이후를 위한 협상에도 참여하지 않겠다고 입장을 밝혔다.

미국은 오바마 행정부에 들어와서 2012년 만료되는 교토의정서를 대체할 코펜하겐의정서 협상에 참여하기로 했다. 2009년 말 코펜하겐에서 열린 회의는 온실가스 감축 노력에 개도국을 참여시키는 것이 핵심적 목표였다. 그러나 개도국들은 선진국이 개도국의 온실가스 감축 노력에 많은 재정적·기술적 지원을 제공해야 한다고 주장해 포스트 교토의정서체제의 기본 틀에 대해 합의가 이루어질지는 의문이었다. 미국 역시 중국과 주요 개도국이 참여하지 않을 경우 미국도 참여하지 않을 것이라고 중국을 압박했다.

▶ 그린피스(Greenpeace)　　1970년 캐나다에서 결성된 국제적인 환경보호 단체이다. 핵실험 반대 및 자연보호운동을 목적으로 한다. 본래 프랑스 핵실험을 반대하기 위해 발족했고, 고래보호 단체로도 유명하다. 그 후 원자력발전 반대, 방사성 폐기물 해양투기 저지운동 등 폭넓은 활동을 했다. 그린피스는 1985년 7월 레인보우워리어(Rainbow Warrior)호 폭파 사건으로 세계에 알려졌다. 그린피스 소속의 대표적 선박인 레인보우워리어호는 히로시마(廣島) 원폭투하 40주년을 기해 1985년 8월 6일에 프랑스 핵실험 기지인 폴리네시아 뮈뤼로아 환초 일대를 시위 항해할 예정이었다. 그러나 7월 10일 자정경, 이 배는 뉴질랜드 오클랜드항에 정박해 있다가 폭파·침몰되었다. 승무원 11명은 급히 피신하여 간신히 살아남았으나 포르투갈 출신 사진가 한 사람이 목숨을 잃었다.

2009년 12월 코펜하겐에서 기후변화협약 당사국 총회가 열려 2012년 만료되는 교토의정서체제 이후의 온실가스 감축 목표에 대해 논의했다. 그러나 전 세계 전체 배출량의 60%를 차지하는 나라들이 교토의정서에 참여하지 않거나 탈퇴함으로써 사실상 교토의정서체제는 수명을 다했고 그를 대체할 코펜하겐체제는 무산되고 말았다. 성과가 있다면 교토의정서 만료 이후 2020년 이후에 적용될 새로운 기후변화체제를 2015년까지 만들기로 합의한 것이 의미가 크다고 할 수 있다.

2014년부터 협상이 본격적으로 진행되었고 기후변화에 상당한 관심을 보이는 반기문 UN 사무총장도 협상의 모멘텀을 제공하기 위해 2014년 9월에 미국 UN 본부에서 기후변화 정상회의를 개최했다. 2015년 12월 12일 21차 당사국 총회에서 파리기후협약이 최종 채택되었다. 2020년 이후 교토의정서를 대체할 새로운 기후변화체제가 합의된 것이다. 이 협약은 기존 협정과 달리 보편적(모든 국가)이고 포괄적인 성격(감축뿐만 아니라 적응, 재정, 기술이전 등)을 지닌다. 파리 협약의 가장 큰 특징은 온실가스 감축의무가 강제로 할당되는 것이 아니고 각 나라가 자발적으로 감축 목표치를 제시하는 '의도된 국가결정 공약(Intended Nationally Determined Contributions) 방식이라는 것이다. 또 감축의무가 37개 선진국에만 주어졌던 교토의정서와는 달리 모든 국가가 감축목표를 제시하고 노력하는 것으로 바뀌었다. 이 목표는 비구속적·자발적(비징벌적) 성격이지만 이것이 이행될 경우 지구의 평균기온 상승을 목표인 '섭씨 2도보다 상당히 낮은 수준'으로 유지하는 데 기여할 것이다. 또 감축 목표뿐만 아니라 감축을 위한 재정 지원, 기술이전, 역량 강화, 감축의무 이행의 투명성 등 포괄적인 협약의 성격을 띤다. 이행을 위해 5년 단위로 협정 이행을 점검하기로 했으며 기후변화 적응 및 온실가스 감축을 위해 연간 1000억 달러의 기후재원 조성 목표를 설정했다.

195개국이 서명한 파리 협약은 2016년 10월 5일 발효 요건이 충족되어 30일 후인 11월 4일 공식 발효되었다. 한국은 2015년 6월, 2030년까지 배출전망치 대비 온실가스 배출을 37% 감축하는 목표를 제출했다. 이것은 이명박 정부 때 적극적으로 기후변화 노력에 동참하면서 제시했던 30% 감축안을 넘어서는 높은 목표치이다. 한국은 2016년 11월 3일 비준서 기탁을 마쳐 같은 해 12월 3일부터 발효되었다.

2017년 새로 당선된 미국의 트럼프 대통령은 6월 1일 파리 협약 탈퇴를 선언했다. 파리 협약이 미국에 불공평하며 국민에게 손해를 끼친다는 이유였다. 또 중국이나 인도와 같은 온실가스 배출량이 많은 나라가 2030년까지 감축의무를 부여받지 않은 것도 미국의 탈퇴 구실이 되었다. 2019년 11월 공식적으로 탈퇴 통보를 UN에 전달했고 통보 후 1년 후 효력이 생기기 때문에 미국 대선 다음 날인 2020년 11월 4일 공식 탈퇴국이 된다. 파리 협약을 주도하던 미국이 탈퇴함으로써 파리 협약의 실효성이 위협받고 있는 상황이다. 트럼프가 다자주의, 미국의 리더십, 국제적 공공재의 공급 역할을 포기하고 미국의 단기적 국익을 위해 움직이기 시작한 것이다. 이러한 미국 연방 정부의 결정과는 달리 미국의 주요 도시와 주들은 자발적으로 이산화탄소 배출량을 줄이겠다고 나섰다. 캘리포니아 주지사와 마이클 블룸버그(Michael Bloomberg) 뉴욕 시장 등이 주도하는 '미국의 약속(America's Pledge)' 운동은 주 정부와 시 정부, 기업, 대학 등이 자발적으로 이산화탄소 배출 감축에 나서고 있다. 이 결과 실제로 미국의 이산화탄소 배출량은 지난 25년 사이 가장 낮은 수준으로 떨어졌다. 비영리환경연구기관인 세계자원연구소에 따르면 미국 경제와 인구의 절반 이상을 대표하는 기업과 행정 당국이 온실가스 저감 목표를 채택하고 이를 달성하기 위해 노력하고 있고 이러한 노력이 계속되면 미국은 파리 협정 탈퇴를 선언했지만 실질적으로는 그 의무를 이행하게 되는 결과를 가져올 것이라는 것이다. 이러한 사례는 국가를 중심으로 작동하는 국제정치에서 비국가행위자들 특히 국가 하부단위의 영향력과 중요성을 보여준다.

바이든 대통령은 2021년 취임하자마자 파리 협약 재가입에 서명했다.

■ ■ ■ 참고문헌

김동수. 1994. 「기후변화협약의 국제정치: 우리나라에 대한 영향과 대응 방향」. ≪한국정치학회보≫,
    제28집, 2호.

백봉종. 1999. 「국제환경레짐과 오존층 보호협약」. ≪한국동북아논총≫, 제13권.

오경택. 1999. 「지구온난화 레짐형성에 관한 미국의 정책결정과정 연구」. ≪한국정치학회보≫, 제33
    집, 2호.

이정전. 1994. 「국제환경문제와 그린라운드」. ≪환경경제연구≫, 제3권, 1호.

이종무. 1992. 「유엔환경개발회의와 한국의 환경외교」. ≪외교≫, 제21호.

정래권. 2009. 「기후변화와 환경: 한국의 국제환경레짐 참여 사례」. 『다자외교 강국으로 가는 길』.
    ≪평화포럼 21≫, 통권 제5호.

정상률. 1998. 「지구적 환경문제에 대한 환경안보적 시각: 환경안보담론을 중심으로」. 한국정치학회
    추계학술회의 논문집.

조경근. 1995. 「그린라운드의 국제정치적 특성」. ≪국제정치논총≫, 제35집, 2호.

천정웅. 1995. 『지구환경레짐의 정치경제학』. 서울: 한울.

Choucri, N.(ed.). 1993. *Global Accord: Environmental Challenges and International Response*.
    Cambridge: The MIT Press.

인권과 국제정치

Understanding International Relations: The Crisis of Liberal International Order and Global Relations

　인권(인간의 양도할 수 없는 권리)이라는 개념은 이제 너무나도 익숙하며 또 모두가 존중해야 할 보편적인 가치로 여겨지고 있다. 국제사회는 인권을 국제적 문제로서 다루며 국가들 간의 약속을 통해 인간의 양도할 수 없는 권리를 지키고 존중하기 위한 국제적 노력을 계속해 왔다. 그러나 어쩌면 너무나도 당연하고 자연스러워야 할 이러한 노력들은 국가들 간의 상이한 인식, 이해관계 그리고 정치적 이유로 매우 더디고 또 힘든 과정을 겪어온 것이 사실이다.

　이 장에서는 인권을 위한 국가들의 노력을 알아보는 과정에서 인권이라는 가치가 가지고 있는 복잡한 측면을 살펴보고 또 그동안의 노력과 성과들의 뒷면에 감추어진 복잡한 국제정치와 그로 인한 한계들을 이야기해 볼 것이다.

1. 인권을 위한 국제적 노력과 성과

1) 제2차 세계대전 이전의 국제인권

　제2차 세계대전 이전에도 세상은 온갖 인권침해와 탄압으로 가득한 곳이었다는 것은 말할 것도 없다. 민주적이지 못한 정치체제하의 국가는 조직적으로 인권을 침해하고 있었고 식민지배하의 사람들 역시 인권침해적인 탄압과 박해에 놓여 있었다. 하다 못해 미국과 같은 민주주의 국가에서도 인종에 근거한 차별과 탄압은 일상적인 일이었고 2020년에 와서도 '블랙 라이브스 매터(Black lives matter)' 운동이 보여주듯 미국 사회 속에 뿌리 깊이 자리 잡고 있다. 제2차 세계대전 중의 나치에 의한 유대인 학살과 만행 역시 그 당시의 인권 탄압과 말살의 실상을 보여준다. 그럼에도 불구하고 인권문제에 대한 국제적 노력은 찾아보기 어렵다. 전쟁 전 미국을 포함한 연합국은 독일과 나치 동맹국을 탈출하려는 유대인을 거의 돕지 않았다. 오히려 미국을 포함한 연합국 정부는 탈출한 사람들을 난민으로 받아들이기를 거부하기까지 했다. 미국이 인권문제를 본격적인 국제문제로 규정하고 관심을 기울이기 시작한 것은 제2차 세계대전에 참전할 즈음이다.

이러한 미국 및 여타 국가들의 태도는 크게 두 가지를 말해 준다. 첫째, 국가들은 인권문제를 국제문제라기보다는 국내문제, 즉 국가가 그 국민을 어떻게 대우하는가의 문제로 인식하고 있었다는 것이다. 따라서 국내문제에 대한 불간섭 원칙하에 있었던 주권국가체제에서 인권문제는 국내문제일 뿐이지 국가들의 노력을 통해 해결해야 하는 문제로 인식되지 못했던 것이다. 둘째, 인권문제는 국가이익과 관련된 국제정치적 성격을 가지고 있다는 점이다. 미국이 인권문제를 본격적으로 거론하기 시작한 것에는 제2차 세계대전 참전을 위한 국내정치적 고려가 깔려 있었고, 제2차 세계대전 이후 본격적으로 인권을 위한 국제적 노력을 주도한 것에는 전후 국제질서에 대한 고려가 중요하게 작용했다는 것이다. 루스벨트(Franklin Roosevelt)는 고립주의가 팽배했던 워싱턴 정가에 국제주의를 대중화시키는 방편으로 인권을 선택했다. 제2차 세계대전 참전에 대한 동의를 얻어내기 위해 인권이라는 가치를 앞세운 것이다. 제2차 세계대전 종전 후 UN을 중심으로 한 인권 증진을 위한 국제적 노력은 개인의 자유와 인권을 인류의 보편적 규범으로 삼음으로써 공산주의 정권의 확산을 막을 수 있다고 믿었던 미국의 주도하에 이루어진 것이다.

2) 뉘른베르크 전범 재판과 도쿄 재판(1945년 11월 20일)

제2차 세계대전의 승전국들이 패전국, 특히 나치 전범과 일본의 전범을 처벌하기 위해 설치했던 국제군사재판들은 국제인권이라는 측면에서 매우 중요한 의미를 갖는다. 이 재판에서 나치 전범들은 반인륜범죄(crimes against humanity)라는 새로운 죄목으로 처형되었다. 이러한 처벌은 국제법적으로 보면 후에 뉘른베르크 원칙으로 불리는 새로운 원칙을 수립하게 되는 효과를 가져왔다. 뉘른베르크 원칙은 만약 특정 국가의 자국민에 대한 취급이 어떠한 규범적 기준을 만족시키지 못할 때에는 국제사회가 그 특정 국가의 권위에 제한을 가할 수 있다는 것이다. 이에 덧붙여, 각국은 타국에서 심각한 인권침해가 있을 때에는 그에 대해 개입해야 하는 국제법적 의무를 갖는다는 것이다. 이러한 전범 재판으로 인해 개별적인 국가에서 인권보호문제가 국제적인 사안이 되었다.

이러한 인권 증진의 역사에서 전범 재판이 갖는 중요성에도 불구하고 이들 전범 재판은 전쟁과 인권이라는 미묘한 이슈들이 얽혀 있고 강대국들의 정치적 흥정과 계산이 얼룩진 국제정치의 산물이기도 하다. 전쟁의 승자들은 패자들을 인권이라는 잣대로 다시 한 번 심판했으며 그러한 심판은 정치적 계산에 의해 왜곡되기도 했다. 승전국의 전쟁 중 반인륜적 범죄는 은폐되었으며 냉전이라는 새로운 국제정치 상황이 전개되면서 재판은 국제정치적 고려에 압도되었다. 독일 전범들은 처벌이 중단되거나 사면되었다. 미국은 일왕 히로히토(裕仁)를 처벌하는 것이 일본을 통제 불능의 상태로 만들 것이라는 우려에 따라 처벌에서 면제하는 데 앞장섰다.

3) UN의 인권 증진: 세계인권선언과 국제인권규약

제2차 세계대전 종전 이후 인권 증진을 위한 국제적 차원의 가장 중요한 노력은 UN을 통해 이루어졌다. UN의 전신이었던 국제연맹에서는 인권문제가 전혀 다루어지지 않았지만 국제안보를 주목적으로 했던 UN에서 인권은 핵심적 가치로 등장하게 된다. 샌프란시스코 회의를 통해 만들어진 UN 헌장에는 인권의 국제적 보호와 신장이 UN의 기본 목표 중의 하나임을 명시하고 있다(UN 헌장 55조). 그리고 UN 헌장 56

조는, 55조에 명시된 목적을 성취하기 위해서 각국은 UN과의 협력하에 개별적으로 연합을 구성하여 행동할 것을 선언한다고 명시하고 있다.

UN 창설을 위한 샌프란시스코 회의는 인권을 다룰 기구를 경제사회이사회 산하에 두기로 결정한다. UN 인권위원회(UN Commission on Human Rights)는 훗날 세계인권선언(Universal Declaration of Human Rights)을 만들어내는 데 핵심적인 역할을 하게 된다. 1948년 12월 UN 총회는 「인권에 관한 보편적 선언(Universal Declaration of Human Rights)」을 채택했다. 이 선언은 UN 결의안의 성격을 띠며 따라서 구속력은 없다. 당시 총회원국 58개국 중 48개국의 찬성으로 통과되었다. 반대한 국가는 없었지만 8개국이 기권했고 예멘과 온두라스는 불참했다. 그중 소비에트 블록은 인권선언이 경제적·사회적 권리를 충분히 담고 있지 못하다는 이유로, 남아프리카공화국은 인종차별 철폐에 관한 조항 때문에 그리고 사우디아라비아는 남녀평등 조항과 종교 선택의 권리에 반대해 기권했다. 이 선언의 구속력에 관해서는 몇 가지 상반된 견해가 존재한다. 법적으로 이 선언은 구속력이 없지만 세월이 지남에 따라 점차 국제관습법으로 굳어져 어느 정도 구속력을 갖게 되었다고 주장하는 학자들도 있다. 또 미국은 이 선언이 UN 회원국들이 UN에 가입할 때 받아들인다고 인정한 인권보호의 의무에 대해 권위 있는 문서가 될 수 있다고 간주해 왔다.

이 선언에서 서구진영은 정치적·시민적 자유(적법한 절차, 언론·표현·결사의 자유 등)를 강조했고 소련 등 사회주의권은 경제적·사회적 권리(직업, 교육, 사회보장 등)를 더 강조했다. 결국 이 선언은 이 두 가지 주장에 대한 타협의 성격을 갖게 되었다.

1954년까지 UN 인권위원회는 국제법적 구속력을 가질 인권 규약을 만들어야 한다는 인식하에 세계인권선언에 대한 후속 조치로 2개의 규약을 작성하게 된다. A규약이라고 일컬어지는 '경제적·사회적·문화적 권리에 대한 국제규약(International Covenant on Economic, Social and Cultural Rights)'과 B규약으로 불리는 시민적·정치적 권리에 관한 국제규약(International Covenant on Civil and Political Rights)'이 그것이다. 국제인권규약이 2개의 분리된 규약으로 만들어진 것도 냉전의 영향으로 인해 미·소 양대 국가가 서로 다른 강조점을 주장했기 때문이다. 1966년 2개의 규약이 완성되어 채택되었고 국가들의 서명과 비준을 거쳐 1976년에 발효되었다. 이 두 규약은 서명 국가들에 대해 합법적인 구속력을 갖게 되었으며 세계인권선언과 함께 국제인권장전(International

❧ 인권이사회의 창설 ❧

UN 인권이사회(Human Right Council)의 설립 문제는 UN 차원의 인권보호·증진 기능을 강화하기 위한 UN 개혁의 일환으로 논의가 시작되었다. 경제사회이사회 산하의 기존 UN 인권위원회(Commission on Human Rights)는 내재적 한계를 극복하지 못하고 점차 신뢰성을 상실하여 UN 전체의 명성을 훼손하고 있다는 비판을 받게 되었다. UN 인권위원회에서 인권문제의 정치화, 인권침해에 대한 적절한 대처의 부재, 수단과 같은 인권 침해국이 위원국으로 선출되는 사례 등으로 인해 인권위원회의 기능과 역할에 대한 회의적 시각이 대두되었다. 이에 따라 코피 아난 UN 사무총장은 2005년 3월 포괄적인 UN개혁 보고서라고 할 수 있는 「제60차 총회 고위급 본회의 준비 종합 보고서」에서 인권이사회 설립을 공식 제기했다. 개도국과 서구 국가 간의 입장을 절충하는 기간을 거쳐 2006년 2월 절충적인 성격의 결의안이 제출되었다. 이 결의안은 미국을 제외한 대다수 국가의 지지 분위기에 힘입어 177개국이 투표에 참여하여 찬성 170, 반대 4(미국, 이스라엘, 팔라우, 마셜 군도), 기권 3으로 통과되어 인권이사회가 탄생했다.

인권이사회 탄생 과정에서 인권이사회에 어떤 지위를 부여할 것인가에 대해 개도국과 서구 국가 간의 논쟁이 있었다. 개도국은 인권이사회를 총회의 통제하에 두기 위해 총회 산하기관으로 두기를 원했으나 서구진영은 인권이사회는 총회에 종속되지 않아야 하지만 헌장 개정 필요 등의 문제가 있으므로 우선 총회 산하기관으로 하고 일정 기간 후에 지위 격상을 논의하자는 안을 내놓았다. 결국 신설 인권이사회는 총회의 보조기관으로 제네바에 설립하기로 하고 향후 5년 내에 지위 격상 등을 검토하기로 했다. 이사회는 기존의 인권위원회 53개국보다 축소된 47개국으로 정했으며 인권이사회는 모든 회원국의 인권 상황을 보편적·정기적으로 점검할 수 있는 기능을 가지고 있기 때문에 기존 인권위원회보다 한층 강화된 인권감시활동이 가능하다. 이러한 개선점에도 불구하고 인권이사회는 선진국과 개도국 간 타협의 산물이라는 태생적 한계를 가지고 있다.

Bill of Rights)으로 불린다. 이후 세계인권선언을 바탕으로 특정한 이슈나 집단에 초점을 맞추어 채택된 국제인권협약들이 탄생하게 된다. 1965년에 인종차별철폐협약(Convention on the Elimination of Racial Discrimination: CERD), 1979년에 여성차별철폐협약(Convention on the Elimination of All Forms of Discrimination against Women: CEDAW), 1984년 고문방지협약(Convention against Torture and other Cruel, Inhuman or Degrading Treatment or Punishment: CAT), 그리고 1989년 아동권리협약(Convention on the Rights of the Child: CRC)이 채택되었으며 이들 네 협약은 A규약, B규약과 함께 6대 주요 인권협약으로 불린다.

4) 국가의 인권침해 감시: UN 인권위원회의 역할

인권위원회는 세계인권선언과 국제인권규약을 채택하고 실행하는 데 많은 노력을 기울였지만 창설 이후 20년 동안 감시 활동이나 이행촉구 활동을 할 수 없었다. 1947년 인권위원회는 매년 UN에 접수되는 수천 건의 인권침해 관련 고발에 대해 아무런 활동도 하지 않기로 결정했다. 1947년 UN 경제사회이사회 결의안 75호는 심지어 인권위원회에 그러한 고발을 확인할 권한조차 인정하지 않았다. 이러한 상황은 국제인권 활동의 범위가 내정불간섭 원칙이 허용하는 범위 내에 국한된다는 인식에서 비롯된다. 1967년에 와서야 인권위원회는 개별 국가의 인권침해에 대해 논의할 수 있는 권한을 갖게 된다.

이후 UN에서 코스타리카와 세네갈 같은 제3세계 국가들, 그리고 캐나다와 네덜란드와 같은 중견국들이 인권위원회의 주요 세력으로 등장하게 된다. 이들 새로운 세력은 그동안 인권위원회를 장악하고 있던 미국 중심의 서방진영과 비동맹진영과는 달리 좀 더 광범위한 사례에 관해 더 적극적으로 더 공정하게 활동했다. 그 결과 개별국가의 인권남용 사례에 그치지 않고 전 지구적인 인권침해를 주제로 다루게 되었다.

1993년 말에는 UN 인권고등판무관(UN High Commission on Human Rights: UNHCHR)직이 신설되었는데 이것은 성가신 절차 없이 1503 절차를 전 지구적으로 적용할 권한을 갖게 되었다. 특별조사관처럼 인권고등판무관도 국제적으로 인정되는 인권을 개선하도록 해당 정부와 직접 접촉할 수 있을 뿐 아니라 특별조사관과 달리 모든 주제를 망라하여 모든 정부를 다룰 수 있는 이점까지 누린다.

인권위원회는 또 1980년대에 새로운 규범들을 만들어내는 활동을 했다. 1984년의 고문방지협약, 1986년의 개발권선언, 그리고 1989년 아동의 권리에 관한 협약이 그것

▼**1503 절차**   인권과 기본적 자유의 침해에 관한 통보를 처리하기 위한 UN의 절차. 1970년 경제사회이사회 결의 1503에 의해 정식화된 뒤 1503 절차로 불린다.

헬싱키 프로세스와 인권

유럽인권협약에 이어 유럽 차원의 유럽안보협력회의인 CSCE(Conference on Security and Co-operation in Europe)에서 인권문제가 다루어지게 되었다. 1975년 헬싱키 의정서의 채택에서 1990년대 초 동구권의 붕괴, 냉전의 종식에 이르기까지 정치·안보·인권·경제·환경 분야에서 진행된 일련의 모든 과정을 헬싱키 프로세스라고 부르며 인권 분야는 정치/군사, 경제/환경과 함께 헬싱키 의정서의 3대 분야를 구성한다. 헬싱키 프로세스는 경제적 협력과 안보 분야에서의 협력을 인권 측면에서의 진전과 연계시킴으로써 이념적으로 대립하고 있는 다양한 국가들 사이에 국제인권을 증진하는 메커니즘을 제공했다는 점에서 매우 중요한 의미를 갖는다. 헬싱키 프로세스에서 핵심적 역할을 한 것은 유럽안보협력회의인 CSCE이었다. 1975년 8월 '헬싱키 최종 의정서'에 인권 조항이 포함되었고 이 의정서에는 35개국이 서명했다. 소련 및 동구권 국가에서는 헬싱키협정을 감시하는 다양한 시민단체가 결성되었고 동독에서는 헬싱키협정의 인권 조항에 근거하여 1976년 주민 10만 명 이상이 서독으로 이주를 신청했다. 헬싱키 프로세스는 기본적으로 포괄적 호혜에 근거한 비구속적 성격을 갖는다. 그럼에도 헬싱키 의정서를 통해 35개국의 행동양식을 설정한 효과를 가져왔고 동서 간 혹은 양자 간 대화에서 인권 이슈가 정당성을 갖고 다루어질 수 있도록 하는 효과를 가져왔다.

이다. 1989년에는 시민적·정치적 권리에 관한 국제협약의 제2차 선택의정서가 완성되었으며 이것은 사형을 금지하는 내용을 담고 있다.

5) 1993년 비엔나 세계인권회의

1993년 비엔나 세계인권회의는 냉전 종식 이후의 국제사회가 인권의 중요성을 재확인하는 계기를 마련했다. 이 회의에서 채택된 비엔나 인권선언 및 행동계획(Vienna Declaration and Programme of Action)은 인권의 보편성과 분리불가능성 및 상호연관성을 재확인하고 인권 증진과 보호가 국제사회의 정당한 관심사임을 명시했으며 여성 인권이 인권의 불가양적인 일부라는 점을 선언하고 UN 인권고등판무관 설치 검토를 권고하는 등의 성과를 거두었다. 이 권고에 따라 1993년 48차 UN 총회 결의에 의해 UN 내의 인권 관련 활동을 총괄하는 직위로 인권고등판무관직이 신설되었다. 인권고등판무관의 주요 임무는 UN 내 인권활동 조정 및 증진, 인권보호를 위한 예방 조치, 인권교육, 자문 활동 및 기술협력 제공, 인권위원회·협약감시기구와 같은 인권 관련 기구 활동 지원이다.

2. 국제 인권문제의 복잡성

1) 국제인권과 국가이익

인권은 인류의 보편적 가치이지만 어떤 국가가 그런 가치를 존중하고 옹호한다고 해서 그 나라의 대외정책이 늘 그러한 가치를 반영하는 방향으로 행해지는 것은 아니다. 한국이 UN의 대북한인권결의안 표결에서 기권했다고 해서 인권이라는 가치, 구체적으로 북한 주민의 인권에 무관심한 것은 아니다. 그것은 한국의 중요한 국가 목표인 한반도의 평화와 안정이라는 외교 목표를 위해 남북관계가 안정적으로 유지되어야 한다는 점에 우선순위를 두었기 때문이다. 다시 말해 북한의 인권 증진을 위한 국제적 노력에 참여하여 북한 정권을 압박하는 것이 다른 외교 목표와 충돌을 일으키기 때문에 북한의 인권문제에 대해 소극적인 정책을 펴는 것이다.

국제인권의 문제가 복잡한 것은 국제인권에 대한 국가들의 입장과 정책은 종종 국가이익이라는 또 다른 가치에 의해 왜곡되고 제한되기 때문이다. 특정한 국가가 인권을 침해하는 경우 그 국가에 대한 국제적 비판, 제재 등은 인권을 옹호하는 국가로서의 의무지만 그 국가가 자신의 우방이거나 전략적 이해관계가 큰 경우 그러한 비판이나 제재에 참여하는 것은 쉬운 일이 아니다. 많은 나라가 중국의 천안문 사태를 비난했지만 UN 인권위원회는 아주 온건한 결의안조차 통과시킬 수 없었다. 11개 국가가 기권했고 17 대 15로 부결된 것이다. 이보다 6개월 전 독립적 전문가들로 구성된 인권위원회의 인권소위원회에서는 천안문 사태에 대한 결의문을 채택했다. 그 후 중국은 모든 외교적 채널과 자원을 동원해 인권위원회에서 결의안이 채택되는 것을 막아냈다. 비록 소위원회가 독립적인 전문가들로 구성되었지만 인권소위원회도 정치적 계산과 흥정에서 자유롭지는 못하다. 1990년 8월 소위원회 회의에서 티베트에 관한 결의안은 상정되지 못했는데 이것은 중국이 이라크에 대한 결의안에 반대하지 않는 대가로 흥정한 결과였다. 미국의 경우 천안문 사태 이후 논의되었던 중국의 최혜국대우 지위 철회 조치를 결국 취하지 못했다. 이 조치에 대한 치열한 논쟁과 대결이 벌어졌지만 결국 1994년 5월 클린턴 대통령은 중국의 최혜국대우를 무조건 연장하는 결정을 발표했다. 이러한 결과에는 중국의 다각적 외교 노력도 작용했지만 미국이 경제적 국익을 우선시한 결과였다. 《뉴욕타임스》의 토머스 프리드먼(Thomas Friedman)은 "결국 경제가 승리했다. 그리고 그러한 승리는 근소한 차의 승리가 아닌 압도적인 승리였다"라고 클린턴의 결정에 대해 논평했다.

국가들은 또한 자신들의 다른 외교정책 목표를 위해 인권을 이용하기도 한다. 미국의 대중국 외교정책에서 중국의 인권문제는 중국으로부터 무언가를 얻기 위한 수단으로 종종 이용되었다. 미국이 북한의 인권을 문제 삼고 UN을 비롯한 다자기구에서 북한의 인권문제를 제기하는 것은 미국이 북한의 인권에 관심을 가지고 있는 것만큼 그러한 압박을 통해 자국이 원하는 외교정책 목표를 달성하고자 하는 의도 때문이다. 카터 대통령의 한국 인권에 대한 압박은 카터의 인권외교의 한 부분으로 볼 수도 있지만 미국의 영향력으로부터 벗어나려는 박정희 대통령의 정책에 대한 압박의 성격도 가지고 있었다.

2) 국제인권과 국내정치

인권이라는 가치는 보편적인 것일 수 있지만 다른 나라의 인권 추구가 자국 국민의 이해관계와 상충되는 경우가 발생할 경우 인권이라는 가치는 쉽게 희생된다. 국제적 인권문제는 종종 국내정치의 민감한 이슈가 된다. 북한의 인권문제는 한국에서는 예민한 국내정치 이슈다. 북한인권결의안에 대한 찬성은 보수층에게는 지지를 받겠지만 진보적인 유권자들에게는 비판을 받을 수 있다. 1995년 미국의 빌 클린턴 대통령의 영부인 힐러리 클린턴 여사가 중국 베이징에서 열린 UN여성회의(UN Women's Conference)에서 대표연설을 하기 위해 중국에 갔을 때 미국 정치의 보수진영은 힐러리가 가족의 가치를 약화시키고 급진적인 페미니즘을 조장하는 회의를 지지하고 있다고 비난했으며 또 진보적 성향의 단체들은 영부인이 중국에서 열리는 회의에 참석하는 것은 천안문 사태와 티베트 탄압을 정당화해 주는 행위로 비칠 것이라고 방중을 반대했다. 종종 국내의 정치적 고려에 의해 국제인권에 대한 입장이 결정되기도 한다. 미국은 1992년에야 시민적·정치적 권리에 관한 국제규약을 비준했는데 이것은 미국 남부 지역의 반대(의원들의 반대)의 결과이기도 하다.

3) 국제인권에서 인권의 보편성과 주권문제

인권의 증진을 위한 국제적 노력, 특히 제도적 장치를 마련하는 데 큰 걸림돌이 되는 것은 인권이라는 개념의 보편성 문제이다. 보편성 문제란 인권이 특정한 사회의 상황이나 문화, 전통, 가치관 등과 관계없이 절대적으로 존재한다고 보는 시각과 그에 대한 비판에 관한 것이다. 극단적인 보편론자들은 인권은 언제, 어디서, 누구에게나 동일한 것이며 사회적 상황이나, 문화, 전통 등에 의해 수정될 수 없는 것이라고 생각한다. 이러한 생각의 반대편에는 극단적 상대주의자들이 존재한다. 이들은 모두가 받아들일 수 있는 보편적 개념의 인권이란 존재하지 않으며 인권은 모든 상황에 따라 다르게 해석될 수 있다고 본다. 현재 존재하는 대부분의 국제인권규약들은 서구적 인권 개념을 바탕으로 한다고 볼 수 있다. 다만 서구 국가들은 그러한 인권 개념에 입각한 규약들이 보편적인 가치에 기반을 두고 있다고 인식하고 있는데 그러한 인식이 잘못된 것이라는 비판이 존재하는 것이다. 국제적으로는 대체로 인권의 보편적 성격에 대한 인식이 주를 이룬다. 1993년 비엔나 세계인권회의에서도 인권의 보편성이 재확인되었다. UN도 인권의 보편적 성격을 강조하면서 문화적 상대주의에 대해 반대하는 입장을 표명하고 있다.

이러한 추세에도 불구하고 일부 국가들은 인권의 문화적 상대성을 계속 주장한다. 세계인권선언도 대부분 인류가 보편적으로 받아들일 수 있는 내용이라고 볼 수 있지만 특정 국가들의 관점에서는 자신들의 인권 개념과 다르다고 인식할 수 있다. 예를 들어 세계인권선언이 채택될 때 기권한 나라 중 사우디아라비아는 남녀평등과 종교 선택의 자유라는 조항들이 이슬람의 전통문화와 충돌하기 때문에 이 선언을 받아들일 수 없었다. 인권 개념의 상대성은 현실적으로 보면 어느 정도 받아들일 수밖에 없다. 꽤 보편적인 인권 개념을 수용하고 있다고 볼 수 있는 한국도 문화적으로 보편적

인권 개념과 충돌하는 관습이나 관행이 있을 수 있으며 그것이 꼭 잘못된 것이라고 볼 수도 없는 것이다. 몇 가지 예를 들어보자. 세계인권선언 제16조는 결혼에서 배우자들의 자유롭고 완전한 동의가 필요하다고 규정한다. 결혼 배우자의 선택이 이러한 방식과는 전혀 다르게 이루어지고 있는 나라는 너무나도 많고 한국도 부모님들의 선택에 따라 결혼 배우자를 선택하는 경우가 아직도 존재한다고 볼 수 있다. 또 한국적 문화에서 교사들의 단체행동권을 제한하는 것은 이해할 수 있는 부분이 있으나 이것은 시민적·정치적 권리에 관한 국제규약 제22조와 충돌한다.

인권의 보편성 문제는 국가주권 및 국내문제 불간섭 원칙과도 충돌을 일으킨다. 중국의 경우 자국은 정치적 권리보다 정치적 안정과 경제적 권리에 우선순위를 두고 있으며 인권문제는 중국의 주권 사안이므로 외부에서 중국 내 인권문제에 대해 영향력을 행사해서는 안 된다는 주장을 하고 있다. 또 중국의 문화적 전통은 개인보다는 집단을 강조해 왔으며 개인주의에 입각한 권리의 개념은 서구의 인권 개념과 가치를 중국에 강요하는 것이라고 한다. 싱가포르의 리콴유(李光耀) 총리 역시 서구와는 다른 상대적 인권 개념을 제시한 바 있고 이에 대해 한국의 김대중 대통령은 이러한 주장이 그의 반대자들에 대한 탄압을 정당화하기 위한 변명이라고 비판한 바 있다. 그러나 인권문제에서 주권원칙의 강조는 아시아 국가들만의 전유물은 아니다. 미국을 비롯한 서구 국가들 역시 자국의 법과 제도와 충돌하는 사안이나 국내정치적 필요에 따라 국제인권규약에 참여하지 않거나 유보한다. 타국의 인권문제에 대해 판단을 내리며 비판하는 미국도 경제적·사회적·문화적 국제인권규약에 대한 비준은 전혀 고려하고 있지 않다. 또 시민적·정치적 권리에 대한 국제규약을 비준할 때도 미국의 헌법에 위배되거나 기존의 법과 관행에 저촉될 경우에 조약의 의무를 수행하지 않아도 된다는 유보권을 보유하고 있다. 이러한 미국의 태도는 자국의 인권문제에 대해서는 어떠한 제약도 받지 않겠다는 것을 의미한다. 이러한 미국의 이중성은 미국이 2001년 57차 UN 인권위원회 회의에서 이사국의 지위를 얻지 못하는 데 일조했다.

국가들은 인권문제에서 주권을 양보하려 하지 않지만 냉전 종식 이후 국제법적인 측면에서 인권과 주권 간의 인식에 변화가 있었던 것이 사실이다. 국가주권은 절대적인 것이 아니며 인종청소 등 대규모의 인권침해에 대해 정부정책에 변화가 없는 경우이에 대한 외부의 지원과 개입은 정당화되어야 한다는 주장이 나타나고 있다. 현재

UN은 "평화와 위협"을 확대 해석하고 있다. UN이나 NATO 등은 국제사회의 인권문제에 집단적으로 개입하고 있다. 르완다, 앙골라, 유고 사태 등에 대한 개입이 그 예이다. 국가의 인권유린, 인종청소 등으로 대규모 난민을 유발할 경우 국제평화와 안보에 중대한 침해를 줄 수 있기 때문에 국제적 개입이 가능하다는 논리가 힘을 얻고 있고 실제로도 UN은 인도적 문제를 이유로 이라크, 소말리아, 유고 등에 개입했다.

3. 국제 인권문제의 새로운 추세

1) 인권문제의 발전 추세

UN 창설 이후 인권 관련 국제규범 발전의 큰 방향은 인권의 국제화, 인권의 주류화 그리고 인권의 내재화이다. 인권의 국제화란 인권문제는 어떤 한 국가 내의 문제가 아니며 그 기준 역시 그 나라의 상황에 따른 것이 아닌 자국민의 인권을 국제기준에 맞도록 해야 한다는 의미이다. UN에서는 인권 사실조사 제도, 국가보고, 진정 절차, 보편적 정례 검토 등을 통해 오랫동안 국내 사항으로 취급되었던 개별 국가의 인권문제가 더 이상은 완전한 주권의 영역에 속하는 것이 아니라는 것을 시사하고 있으며 최근의 R2P(보호할 책임), 국제형사법의 발달 등도 인권 국제화와 궤를 같이한다. 인권의 주류화는 인권문제가 국제관계의 모든 문제를 관통하는 공통분모이며 국제관계의 문제를 인권원칙을 바탕으로 해결해야 한다는 생각이다. 이제 인권은 UN의 평화, 개발과 함께 3대 축의 하나가 되었고 UN 안보리는 심각한 인권침해를 헌장 제39조에 규정된 국제평화와 안전에 대한 위협으로 인정하고 헌장 제7장에 근거한 강제 조치를 취하고 있다. 마지막으로 인권의 내재화는 국제인권이 나아가야 할 방향을 제시한다고 볼 수 있다. 인권은 국내적으로 의무 준수를 강제하기 어렵고 인권협약도 상호주의적 실행을 담보로 하는 다른 분야의 협약과 달리 이행을 담보하기 어렵다. 따라서 인권 관련 규범, 협약의 이행을 위해 강대국들이 규범을 만들고 이것을 수직적으로 강제하는 접근에서 벗어나 국가 내부의 변화를 통해 효과적 이행을 추구해야 한다는 생각이 인권의 내재화이다. 국제기구, NGO, 다국적 기업 등 다양한 행위자가 수평적인 네트워크를 형성하고 자율적인 참여를 통해 인권 개선을 위한 교육, 기술협력, 원조, 투자 등 다양한 측면에서 인권에 대한 인식 개선과 규범 이행 등을 만들어내는 것이 내재화라고 볼 수 있다.

2) 인권과 UN의 평화유지활동

1980년대 후반까지만 해도 국제평화유지활동은 인권문제에 직접 관련되는 것을 회피했다. 그 까닭은 UN에서 인권논쟁이 정치화되는 것과 무관하지 않으며 대부분의 국가들이 UN이 인권을 근거로 현장에 직접 개입하도록 하는 선례를 만들고 싶지 않았기 때문이다. 그러나 1990년대에 들어와서 국제평화와 안전을 인권과 연계시키는 것이 UN의 자연스러운 관행이 되었다. 나미비아, 엘살바도르, 캄보디아, 소말리아, 북부 이라크, 모잠비크, 보스니아, 크로아티아, 과테말라 등지에서의 UN평화유지활동은 인권을 보호할 책임을 졌고, 아이티와 르완다에서의 평화유지활동은 인권보장 자체가 주 임무였다. UN 평화유지군의 임무는 경찰과 군대의 활동을 감시하고 내전 종식 협상에서 밝힌 인권보호 의무를 검증하며, 선거를 감시하고 책임 있는 정권이 국제인권조약을 준수하도록 촉구하며 인권교육을 실시하는 것을 포함한다. 엘살바도르, 아이티, 과테말라, 르완다에서의 평화유지군은 인권침해를 조사할 권한까지 부여받았다.

안보리는 인권문제를 다루는 것이 주 임무가 아니기 때문에 인권문제만을 다루지는 않지만 국제안보와 연관된 심각한 인권문제에 대해 구속력 있는 결정을 내리고 관련 규범의 발전에 기여함으로써 인권 증진에 중요한 역할을 해왔다고 평가할 수 있다. 구(舊) 유고슬라비아 및 르완다에서의 집단학살과 인권침해문제를 다루기 위한 국제형사재판소 설립이나 소년병사 등 무력 충돌 시 발생하는 어린이에 대한 폭력 및 인권침해에 관한 일련의 결의를 채택한 것은 인권침해가 국제평화와 안전에 위협이 될 경우 안보리가 필요한 조치를 취해왔다는 것을 보여준다.

3) 국제 인권문제의 새로운 거버넌스: NGO의 참여

국제 인권문제의 해결에서 주권국가의 역할에는 여러 가지 한계가 있다. 국가가 인권침해의 주범이라는 사실이 이러한 한계를 한마디로 웅변해 준다. 이러한 인권문제의 특성 때문에 NGO들은 일찍이 국제인권의 증진에 핵심적인 역할을 해왔다. 1966년에 제정된 2개의 인권장전이 1976년 발효되기 이전에는 국제인권의 증진에서 NGO의 역할은 절대적이었다. 많은 NGO가 가입을 꺼리는 제3세계 국가들을 설득하고 가입에 필요한 국내 입법의 초안을 작성하는 등의 지원 역할을 했다. 크게 보았을 때 NGO가 국제인권에서 하는 역할은 세 가지 정도로 대별할 수 있다. 하나는 인권과 관련한 어젠다를 설정하는 기능이다. 별다른 관심을 받지 못하고 있는 인권문제를 발굴하고 그러한 문제를 국제적 어젠다로 만들어내는 역할은 매우 중요하다. NGO는 자신들이 활동하는 지역에서의 인권 관련 문제들(여성 할례문제, 아동 노동문제 등)을 이슈화하고 국제적으로 전파하는 역할을 함으로써 그러한 문제들이 국제적 인권문제로 다루어질 수 있도록 노력을 기울여왔다. 두 번째 기능은 인권레짐의 규범을 설정하는 기능이다. 다시 말해 NGO는 인권과 관련한 국제적 규범을 만들어내는 데 핵심적 역할을 하고 있다는 것이다. 가장 좋은 예로 1989년 채택되어 1991년 발효된 '시민적·정치적 권리에 관한 국제규약(B규약)'의 두 번째 선택의정서는 국제앰네스티(Amnesty International)라는 국제 NGO가 지속적으로 주장해 온 사형제도 철폐를 명문화한 것이다. 또 1984년 만들어진 '고문방지 국제협약'도 국제앰네스티와 국제법률가위원회의 지속적인 노력으로 협약이 만들어진 사례이다. 세 번째 역할은 국제기구를 도와 인권증진활동을 수행하는 것이다. UN은 물론 유럽과 미주의 인권레짐은 NGO의 참여를 제도적으로 보장하고 있으며 점차로 확대되고 있다. 이러한 NGO 기능의 확대는 인권문제가 국가들이 다루기 어려운 민감한 사안이기 때문에 국가들로 구성된 국제기구가 인권문제를 적극적으로 다루기에는 현실적 어려움이 있는 데 기인한다. 많은 경우 국제기구는 인권문제를 정치적인 고려 속에서 다루게 된다. 이와는 달리 NGO는 정치적 고려 없이 인권문제를 다루며 정부간기구의 이행감시 절차에 참여하여 정부간기구의 인권증진활동을 지원한다. 미주 인권레짐은 NGO가 개인의 인권피해 통보절차에 참여하고 있으며 UN과 유럽 인권레짐은 간접적으로 피해자를 지원하는 기능을 담당하고 있다. UN 인권위원회는 인권위원회 산하의 인권소위원회 위원들과 협조하고 실무그룹에 참여해 인권감시 기능을 수행하기도 한다.

NGO의 국제인권 증진에 대한 중요한 기여와 역할에도 불구하고 NGO의 국제인권 증진에는 많은 한계가 있다. 우선 NGO의 인권레짐 참여는 국가들에 의해 결정된다는 것이다. NGO가 UN이나 지역인권기구에 대한 협의 자격을 획득했을 때만이 인권레짐에서의 역할을 수행할 수 있다. UN 인권위원회에서는 종교적 불관용을 이유로 8개 나라를 직접 거명하면서 비판한 '세계 종교 및 평화문제 회의(WCRP)'라는 NGO를 UN 인권위원회에서 추방하기 위한 몇몇 국가들의 움직임이 있었다. 이 사건 이후 NGO 대표의 발언에 대해서는 매우 엄격한 규정들이 만들어졌다. 두 번째 한계는 NGO의 역할이 서구의 힘 있는 NGO에 한정되어 있다는 것이다. 이러한 불균형 문제는 인권 개념의 해석과도 밀접한 관련이 있다. 구토(Shadrack B. Gutto)는 서구에 기반을 둔 국제 NGO들이 국제인권 분야에서 영향력을 행사하는 것은 결국 서구적인 인권관을 전파하는 결과를 가져온다고 비판했다. 이들이 전파하는 서구적 인권 개념이 보편적인 인권 개념으로 인식되고 제3세계의 문화적 특수성은 반인권적이고 후진적인 가치로 비판받는 현상이 나타난다는 것이다.

4) 인권의 새로운 이슈: 신기술과 인권

1990년대 이후 디지털 기술의 발전으로 인한 정보 유출, 변조의 위험, 개인의 프라이버시 침해 문제 등이 새로운 인권의 문제로 부상했다. 세계인권선언 12조와 OECD의 '프라이버시 보호와 개인정보의 국제적 유통에 관한 지침(1980)' 등을 통해 이러한 문제에 대한 경고와 대응을 위한 국제적 노력이 있어 왔고 정보격차가 사회적 불평등과 경제적 불평등을 악화시키는 문제와 디지털화로 인한 지적재산의 손쉬운 복제문제 등이 논의되어 왔다. 최근에 들어서서 새로운 정보기술(빅데이터, 인공지능)이 발전을 거듭하면서 새로운 유형의 인권문제들이 등장했다. 자동 프로파일링, 얼굴인식 기술의 발전 등을 통한 개인정보의 수집, 알고리즘을 통한 차별의 문제가 이에 해당된다. 이미 인공지능 기술이 경찰활동, 사법 시스템 등에 광범위하게 사용되고 있으며 여러 가지 인권침해문제가 등장하고 있다. 미국의 경우 경찰의 순찰 관련 프로그램이

AI를 활용하고, 교도소에서 가석방이나 보석 결정에서 알고리즘을 활용한다. 이때 인종차별적 결과가 발생하는 경우가 생겨 논쟁이 유발되기도 했다.

신기술에 의한 인권문제에 대한 대응도 서서히 체계적인 모습을 보이고 있다. 개인 정보의 수집과 자동화 측면에서는 인권보호의 차원에서 유럽연합의 GDPR이나 캘리포니아의 소비자 프라이버시 보호법처럼 기업, 병원, 정부기관의 개인정보 수집을 규제하는 더 강력한 법안이 인준되고 있다. GDPR(General Data Protection Regulation)은 개인정보 보호와 관련된 유럽연합의 단일 법률로서 삭제권, 개인정보 이동권, 자동화된 결정(프로파일링 포함) 관련 권리 등을 새롭게 도입해서 정보 주체의 권리를 강화했다. GDPR 제22조 프로파일링과 같이 인공지능에 의해 자동화된 의사결정에 대한 규율을 보면 "법적 효과(legal effects)나 중대한 영향(significantly affects)을 미치는 결정을 자동화된 처리로만 내리는 것(a decision based solely on automated processing, including profiling)은 금지(22조 제1항)" 그리고 자동화된 결정이 허용되는 경우에도, 특별한 범주의 개인정보〔민감 정보(special category)〕에 근거한 결정은 명백한 동의 또는 법률에 근거하여 상당한 공익상의 이유로 필요한 경우에 한하고 보호 조치가 마련되어지지 않는 한 허용되지 않음(22조 4항) 등이다.

AI 알고리즘 기술로 인한 인권문제, AI 분야의 다양성 결여와 여성·소수자들의 과소 대표성 문제 등에 대해 국제 비정부단체들도 목소리를 내왔다. 국제앰네스티 인터내셔널은 'AI의 선한 사용 극대화를 위한 AI 이니셔티브(2017)'를 통해 AI 기술이 형벌체계, 기본적 경제사회서비스에 대한 접근 등에서 차별성을 만들 가능성, 고용의 질 저하, 그리고 프라이버시와 정보신뢰 문제 등을 초래할 것을 주목하며 인권을 위한 AI의 선한 사용을 위해서 AI를 인권조사 및 연구, 캠페인에 사용할 것을 권장한 바 있다.

4. 인권 증진을 위한 한국의 다자외교

1) 한국의 인권다자외교의 전개

한국은 1991년에 UN 인권위원회에 가입해 1993년부터 인권위원회 위원국으로 참여해 왔으며 2006년 인권이사회가 창설되면서 초대 이사국으로 선임되어 활동하고 있다. 그리고 2012년 다시 이사국에 선임되었다. 다시 말해 현재 한국은 국제인권의 증진에서 모범적인 국가로 인정받고 있다. 그러나 한국은 권위주의 정부 시기 인권 탄압국으로서 국제인권기구나 인권단체들의 공격의 대상이 되기도 했다. 국제인권정 책에서도 매우 수세적인 입장을 취해왔다. 그러나 민주화 이후에는 국제인권에 대해 매우 적극적인 정책을 펴왔다. 한 예로 수단이나 미얀마의 인권 탄압 사건에서도 한 국은 적극적인 자세를 취했다. 한국은 핵심 인권협약 중 6대 핵심 협약인 시민적·정 치적 권리에 관한 국제규약, 경제적·사회적·문화적 권리에 관한 국제규약, 인종차별 철폐협약, 여성차별철폐협약, 아동권리협약, 고문방지협약에 가입해 있다. 민주화 이 전 시기 권위주의체제하에서 있었던 여러 가지 인권 탄압과 차별관행을 고려해 볼 때 한국이 인권 증진을 위한 다자적 노력에 적극 참여하는 것은 주목할 만한 일이다. 어 쩌면 한국은 권위주의 시대 인권 탄압국의 오명을 씻기 위해 국제적으로 인권증진활 동에 더 적극적으로 참여했다고 볼 수 있다. 좀 더 자세히 살펴보면 6대 협약 중 4개 협약은 모두 민주화 이후에 가입했고 여성차별철폐협약에는 제5공화국 시기인 1984 년 12월 27일, 인종차별철폐협약은 유신정권하의 1978년 12월 5일에 가입했다.

그러나 국제적 인권협약에 가입했다는 사실을 그 나라의 인권 상황이나 인권 증진 에 대한 헌신을 보여주는 척도로 쉽게 받아들여서는 안 된다. 대표적인 인권 탄압 국 가인 북한의 경우 6대 핵심 협약 중 고문방지협약, 인종차별철폐협약을 제외하고는 4 개의 협약에 가입되어 있고 특히 A규약과 B규약은 한국보다 훨씬 앞선 1981년에 가 입했다(한국은 1990년). 그러나 B규약인 시민적·정치적 권리에 관한 국제규약의 내용 이 고문 금지, 강제노동 금지, 이동 및 거주 이전의 자유 등을 포함하고 있고 북한의 인권 사항을 고려해 볼 때 국제협약의 가입이 결코 그 나라의 인권 수준을 말해 주는 것이 아님은 명확하다. 오히려 인권에 문제가 있는 국가들은 자국의 국내 이행 가능 여부와 관계없이 정치적 고려에 의해 전격적으로 국제인권협약에 가입하는 경우가 많다. 오히려 인권 선진국은 국제인권규약들에 가입할 때 유보 조항들을 가지고 하는 경우가 많지만 인권 후진국들은 대외적 선전효과 등을 노리고 유보 없이 무조건 가입 하고 있는 경우가 많은 것이 현실이다.

한국은 민주화 이후 인권 증진을 위한 국제적 노력에 적극 동참하고 있는 것이 사실이다. 6대 핵심 협약 이외에도 최근에 채택된 핵심 인권협약인 이주자권리협약, 장애인권리협약 등에 대해서도 서명 및 비준을 검토 중인 상황이다. 한국은 현재 가입하고 있는 인권협약에서 몇 가지의 유보 조항들을 가지고 있다. 시민적·정치적 권리에 관한 국제규약 중 제22조 결사의 자유 조항을 유보하고 있다. 그 이유는 대한민국 헌법 제33조 제2항이 "공무원인 근로자는 법률이 정하는 자에 한하여 단결권과 단체교섭권, 단체행동권을 가진다"라고 규정하고 있어 규약 제22조와 충돌할 소지가 있기 때문이다. 현재 한국은 교사와 6급 이하 비관리직 공무원의 단결권과 단체교섭권은 법으로 보장되어 있으나 단체행동권은 허용되지 않고 있다. 또한 한국의 민법 조항이 여성차별철폐협약 제16조 1항 9호의 가족성 선택 관련 조항과 충돌할 가능성이 있어 현재 유보 중이다. 한국은 여러 유보 조항을 철회하기 위해 국내법을 개정하고 관행을 개선하는 등 노력을 계속하고 있다. 이러한 노력의 결과 국가별 보편적 정례인권 검토제도(UPR)에서 한국의 인권 상황은 긍정적인 평가를 받고 있다.

이러한 한국의 인권증진활동은 한국이 2006년 새로 설립된 UN 인권이사회의 초대 이사국으로 선임되는 데 중요한 기반이 되었다고 판단된다. 한국은 또 2008년 5월에 열린 UN 인권이사회 이사국 선거에서 UN 회원국 192개국이 투표에 참여한 가운데 임기 3년의 이사국에 재선되었다. 2008년 UPR에서 첫 검토 대상국에 오른 한국은 미국으로부터 국가보안법 개정을 공개적으로 권고받은 것을 비롯해 회원국들로부터 주요 인권협약 비준과 사형제도 폐지 등 33개 안에 대해 권고를 받았다.

2) 한국의 인권외교와 북한 인권

북한의 인권문제에 대한 국제적 관심은 1970년대 미 국무부의 「북한인권보고서」의 발표 그리고 1980년대 국제앰네스티의 연례보고서와 아시아 워치(Asia Watch, 현재는 휴먼 라이츠 워치/아시아)와 미국의 미네소타 국제인권위원회가 「북한의 인권」이라는 보고서를 통해 북한의 인권 상황을 알리면서 시작되었다. 1990년대에 들어 UN 인권위원회를 중심으로 북한의 인권문제가 본격적으로 논의되었다. 북한은 1981년 9월 국제인권규약 B규약에 가입한 이래 1983년과 1984년에 1차 정기보고서 및 추가보고서를 제출한 후 2000년 3월에 미뤄오던 2차 정기보고서를 제출했다. UN 인권위원회와 UN 인권소위원회(소수민족의 차별방지 및 보호에 관한 소위원회)가 북한의 인권 실태에 관심을 표명하고 두 차례(1997년과 1998년)에 걸쳐 대북 결의안을 채택했다. 이에 북한은 UN 인권소위원회의 결의안에 대해 국가주권의 침해로 규정하고 1997년 8월 국제인권규약 B규약에서 탈퇴하겠다는 의사를 통보했으나 UN 인권위원회는 B규약 위원회(Human Rights Committee)를 통해 북한의 탈퇴 불가를 통보했다.

냉전이 끝나고 남북관계에 변화가 오면서 북한의 인권문제는 남북관계에 중요한 이슈가 되었다. 북한의 인권문제는 개인의 기본권 제한과 극심한 경제난으로 인한 생존권 문제 그리고 탈북자의 인권문제(강제 북송, 처형, 고문 등) 등 세 가지 범주로 정리될 수 있다. 한국에서는 북한의 인권문제를 공개적으로 거론하여 압박을 가하는 접근과 북한의 인권문제를 거론하는 것은 남북관계에 부정적으로 작용하므로 되도록 문제 삼지 말자는 접근이 충돌하고 있다. 북한의 인권 탄압은 국제적인 문제가 되었지만 한국은 북한의 인권에 대해 강경한 입장을 취하지 않았다. 한국 정부는 1996년 9월 UN 총회 연설에서 공노명 당시 외무장관이 한국 정부로서는 최초로 북한 인권문제를 공개적으로 거론하여 북한 측의 강력한 반발을 초래한 바 있다. 김대중 정부는 북한과 화해협력을 추구하면서 북한 인권은 중요한 문제이지만 남북관계가 오랜 기간의 대결 상황에서 벗어나 이제 화해무드에 들어선 시점에서 "남의 집의 문제를 들춰내서 공격하는 것"은 어렵게 만든 화해무드를 깨는 결과를 가져올 것이며 남북관계가 안정기에 접어든 이후에 북한 인권문제를 문제 삼아도 될 것이라는 논리를 가지고 있었다. 이러한 정부의 정책에 대해 보수적 성향의 정치인들과 단체들은 북한 정부의 인권 탄압을 묵인하는 것은 잘못된 것이라는 비판을 가했다.

한국은 2003년부터 인권위원회에서 세 차례, 본회의에서 한 차례 북한인권결의안 표결에 불참하거나 기권했다. 이것은 대북한인권결의안의 통과가 남북관계에 부정적 영향을 미칠 것이라는 대외정책적 고려에 의한 것이다. 한국은 2006년 노무현 정부 당시 총회의 북한인권결의안에는 다섯 번 만에 처음으로 찬성표를 던졌다. 그러나 다음 해인 2007년에는 다시 기권함으로써 국제사회의 비판을 받았다. 한국은 2008년 이명박 정부가 들어선 이후에는 최초로 북한인권결의안의 공동제안국이 되었다. 이명박 정부는 2011년까지 계속 인권결의안에 찬성표를 던졌고 2012년에는 UN 총회 제3위원회에서 북한인권결의안이 표결 없이 채택되었다.

2013년 3월 21일 제네바 UN 인권이사회에서는 북한 인권 상황에 대한 결의가 47개 인권이사국의 합의로 채택되었고 이 결의로 북한인권조사위원회(Commission of Inquiry on Human Rights in the DPRK: COI)가 설립되었다. 2004년 이래 10년 동안 UN 북한인권 특별보고관이 활동했지만 여러 가지 제약으로 인해 일부 제한적인 성과만을 거두었던 것이 사실이다. COI 설립을 통해 더욱 체계적으로 UN의 지원을 받고 국제형사처벌을 염두에 둔 접근을 통해 강제력 있는 결정을 내리는 안보리의 활동과 연계될 가능성도 높아졌다. 이들 조사위원회는 2014년 2월 17일 보고서를 인권이사회에 공식 보고했다. 이 보고서는 북한 내에서 체계적이고 광범위하며 중대한 인권침해가 일어났으며 지금도 일어나고 있음을 지적했다. 또 수집된 증언과 정보를 분석한 결과 북한에서 국가 최고위급에서 수립한 정책에 근거한 반인도적 범죄(Crime against Humanity)가 자행되고 있다고 결론 내렸다. 이를 근거로 조사위원회는 국제공동체의 보호할 책임(R2P)을 강조하고 UN 안보리가 북한 상황을 국제형사재판소에 회부할 것을 권고했다. 북한 정부가 주민보호 책임 이행에 명백히 실패했으며 따라서 국제공동체의 보호 책임이 있다고 언급한 것이다. 이러한 조사위원회의 활동 결과 북한 인권문제가 국제적 어젠다로 자리 잡게 되었고 향후 국제적 차원에서 논의가 계속될 수 있는 근거가 마련되었다고 볼 수 있다. 그러나 북한과 중국은 COI 보고서에 대한 반대 입장을 분명히 했다. 향후 국제형사재판소(International Criminal Court: ICC) 회부의 내용이 포함된 인권이사회의 결의 채택 여부, 영속적인 조직의 마련 등이 이루어져야 COI의 동력이 유지될 것으로 보인다. 2014년 3월에는 COI의 권고사항을 반영한 결의가 인권이사회와 UN 총회에서 채택되고 안보리가 북한 상황을 의제로 채택하는 진전이 있었다. 2015년 6월에는 2014년 3월 25차 인권이사회 결의에 근거한 북한인권사무소가 서울에 개소되어 북한 인권 상황에 대한 모니터링 및 기록, 인권침해 책임규명, 홍보 등을 담당하고 있다. 2016년에는 북한인권법이 통과되어 이 법에 따라 북한인권대사 직이 신설되었고 인권대사를 맡고 있던 이정훈 대사가 초대 북한인권대사로 임명되었다. 그러나 북한 인권에 대한 문재인 정부의 입장은 북한 인권보다는 남북관계 개선이 더 중요하다는 것으로 보였다. 북한인권법이 통과되었지만 핵심 기구인 북한인권재단은 문재인 정부 동안 출범하지 못했고 2023년 윤석열 정부에 와서도 구성조차 하지 못하고 있고 예산도 90% 이상 삭감되었다. 북한인권조사위원회도 활동하지 못하고 있다. 윤석열 정부에 와서도 민주당이 자기 몫인 북한인권재단 이사 5명을 추천하지 않고 있기 때문이다. 한국 정부는 UN 대북인권 결의안 공동제안국에서 4년 연속으로 빠졌다가 2023년 다시 복귀했다.

이원웅 교수는 북한 인권문제를 해결하기 위한 노력으로 ① 남북대화를 통한 대북 직접협상 방안, ② UN의 인권제도를 통한 문제제기, ③ 동북아시아 인권레짐 창설을 통한 접근, ④ 직접제재, 그리고 ⑤ 국내외 NGO를 통한 문제제기 방안 등을 제시한 바 있다.

3) 한국의 국제인권정책의 방향

한국은 인권 탄압국에서 국제인권의 증진에 적극 동참하는 인권 모범국가로 발전해 왔다. UN의 인권이사회 초대 이사국에 선출되고 다시 재선되면서 한국의 국제인권 증진 노력은 국제적으로 높은 평가를 받고 있는 것으로 보인다. 국제인권을 위한 다자외교에서 그동안 한국의 노력이 열매를 맺고 있는 것이다. 국제인권을 위한 다자외교는 여러 가지 측면에서 한국이 특별한 노력을 기울여야 하는 부분이다. 한국이 4강 중심의 양자외교에서 한발 더 나아가 지구촌의 문제들을 해결하는 다자외교에 적극적으로 참여하며 공헌하게 된 것은 그리 오래된 일은 아니다. 한국이 국제사회에서의 이미지와 평판 그리고 영향력을 갖기 위해서는 다양한 다자외교 분야에서 더 많은 공헌과 주도적 노력을 해야 한다. 국제인권 분야는 한국의 국가 이미지를 높이고 연성권력을 높이는 데 매우 중요한 분야이기 때문에 국제인권에 대한 국제적 노력에 주도적 역할을 할 것을 주문해 본다. 그러기 위해서는 작게는 한국이 초대 이사국 선거 시 발표한 국내외 인권정책과 관련한 공약들을 충실히 이행하는 것부터 시작해야 한다. 특히 한국이 가입하지 않고 있는 선택의정서들에 대한 가입 그리고 국제사회의 인권 증진을 위한 노력에 공헌하는 것 등을 계속적으로 추진해야 한다. 한국 정부는 또 인권 증진을 위해 NGO와의 공고한 협력을 약속했는데 이것도 충실히 이행되어야 할 것이다. 중·장기적으로는 동북아 혹은 동아시아 인권레짐의 형성에 주도적 역할을 할 수 있도록 역량을 키우는 작업을 시작해야 한다. 그 시작은 국내 인권 상황의 개선과 관련 법·규정 등의 정비 그리고 인권교육 프로그램의 강화와 실행 등이 되어야 할 것

> ## ❦ 인권외교의 대가? ❦
>
> 2015년 3월 28일 자 ≪이코노미스트≫는 스웨덴 인권외교의 명암을 다루었다. 스웨덴은 인권 옹호국으로서 좌파연립정부 등장 이후 활발한 인권외교를 펼쳐왔다. 이스라엘과의 관계 악화를 무릅쓰고 서유럽 국가 중 처음으로 팔레스타인을 국가로 인정했으며 이슬람 모독 글을 올린 블로거를 태형에 처한 사우디아라비아 정부를 독재정권으로 비유하며 공개적으로 비난했다. 여기에 사우디아라비아는 외교 압박을 가했고 이에 대해 스웨덴은 사우디아라비아에 대한 무기 수출을 중단했다. 세계 12위의 무기 수출국인 스웨덴은 이러한 군사협력 중단으로 수십억 달러의 손해를 보았다. 사우디아라비아는 스웨덴 국민에 대한 비자 신규 발급과 거주비자 갱신을 거부할 것이라고 압박하기도 했다. 문제는 스웨덴이 2017년 UN 안보리 상임이사국 진출을 계획하고 있었는데 이 일로 UN 내 아랍연맹 22개국의 지지를 받기 어렵게 되었다는 것이다. 급기야 스웨덴 국왕과 스테판 뢰프벤(Stefan Lofven) 총리가 살만 빈 압둘 아지즈(Salman bin Abdulaziz) 사우디아라비아 국왕에게 편지를 보내며 관계 회복을 위한 노력을 시작했다. 인권외교가 험난한 길임을 보여주는 사건이다.

이다. 이렇게 내부적 정비 및 준비와 함께 동아시아 차원의 인권레짐의 필요성과 방법 등에 대한 연구를 시행하고 외교적 노력을 통해 다양한 이니셔티브를 제안해야 한다.

인권 모범국가로서 한국을 가장 곤혹스럽게 하는 것이 북한의 인권문제이다. 그러나 조금 더 생각해 보면 사실 한국은 다른 대부분의 나라와 마찬가지로 외교적·정치적 이해관계에 따라 특정 국가의 인권문제에 눈감아왔고 또 다른 나라들에 대해서는 문제 삼아왔다. 북한 인권문제도 남북관계의 특수성이라는 정치적 고려에 좌지우지되어 온 것이다. 북한의 인권문제도 다자인권외교의 틀에서 다루어지는 것이 가장 부작용이 적고 또 효과도 거둘 수 있을 것으로 판단된다. 한국이 2018년 이후 4년간 남북관계의 특수성 등을 이유로 공동제안국에서 빠진 이후 그 5년 만인 2023년에 북한인권결의안에 공동제안자로 복귀한 것은 그러한 차원에서 의미가 있는 일이라고 생각한다. 마지막으로 한국의 국제인권정책을 포괄적 국가이익이라는 차원에서 생각해 보고자 한다. 다른 예민한 인권문제와 더불어 북한의 인권문제에 대해서는 인권의 증진이라는 보편적 가치에 대한 존중이라는 측면에서 한국의 입장이 정해져야 한다. 하지만 모든 인권문제에 한국이 입장을 늘 밝혀야 할 필요는 없다. 밝혀야 할 때는 밝히고 요구해야 할 때는 요구해야 하지만 그러지 않는 것이 필요할 때는 밝히지 않을 수도 있다. 한국의 제일의 국가 목표가 국제인권의 증진이 아닌 이상 인권도 다른 여러 가치들처럼 상황에 따라 다른 중요한 가치를 위해 한발 물러설 수밖에 없는 것이다. 여러 인권 이슈에 대해 일관된 외교정책을 갖는다는 것은 중요한 일이지만, 한국처럼 생존과 번영을 위한 복잡한 계산과 외교를 멍에처럼 지고 있는 나라에서는 그것은 어쩌면 누릴 수 없는 사치일지도 모른다.

■ ■ ▓ 참고문헌

구갑우. 2008. 「헬싱키 프로세스와 국제적 인권정책」. 『국제관계학 비판: 국제관계의 민주화와
　　평화』. 서울: 후마니타스.

김덕주. 2016. 「국제인권보호 체제를 통해 본 우리나라 인권외교의 어제, 오늘 그리고 내일」. 외교안보
　　연구소. ≪IFANS 주요국제문제분석≫, 2016-15.

_____. 2006. 「유엔 인권이사회(Human Rights Council) 출범에 대한 평가 및 발전 전망」. 외교안보
　　연구소. ≪IFANS 주요국제문제분석≫, 가을호.

도널리, 잭(Jack Donnelly). 2002. 『인권과 국제정치: 국제인권의 현실과 가능성 및 한계』. 박정원
　　옮김. 서울: 오름.

박영호·최선근. 1955. 「미국 레이건 행정부의 대외 인권 정책에 대한 규범적 비판」. ≪국제정치논
　　총≫, 35집 2호.

셀라스, 커스틴(Kirsten Sellars). 2003. 『인권, 그 위선의 역사』. 오승훈 옮김. 서울: 은행나무.

이원웅. 1988. 「국제인권레짐과 비정부기구(NGO)의 역할」. ≪국제정치논총≫, 38집 1호.

_____. 1998. 「북한 인권 문제의 성격과 인권정책의 방향」. ≪한국정치학회보≫, 32집 1호.

조정현. 2014. 「유엔 북한인권 조사위원회(COI) 보고서 분석 및 평가」. 외교안보연구소. ≪IFANS
　　주요국제문제분석≫, 봄호.

최의철. 2001. 『인권과 국제정치 그리고 북한인권』. 서울: 백산자료원.

한국과학기술한림원. 2018. 「새로운 정보기술과 인권」. ≪이슈페이퍼≫, 2018-01(석학정책제안서).
　　서울: 한국과학기술한림원.

Fraser, D. 1979. "Human Rights and U.S. Foreign Policy: Some Basic Questions Regarding
　　Principles and Practices." *International Studies Quarterly*, vol.13.

Gutto, Shadrack B. 1993. "Human and Peoples' Right for the Oppressed: Critical Essay
　　on Theory and Practice from Sociology of Law Perspectives." Lund, Sweden: Lund
　　University Press.

Kent, Ann. 1995, "China and the International Human Rights Regime: A case Study of
　　Multilateral Monitoring, 1989~1994." *Human Rights Quarterly*, 17.

지구촌의 빈곤문제와 국제개발협력

Understanding International Relations: The Crisis of Liberal International Order and Global Relations

　'빈부의 차'라는 사회적·경제적 문제는 한 국가 내에 국한된 것이 아니다. 국가 간에도 빈부의 차가 존재하며 이러한 국가 간의 빈부 차이는 때로는 국가 간 분쟁의 원인이나 국제체제의 불안정 요인이 되기도 한다. 지구의 북반구에 위치한 대부분의 선진 산업국가와 남반구에 위치한 저개발국가 간의 경제적 격차는 국제정치에서 중요한 갈등 요소로 다루어져 왔다. 지구촌이 생산하는 부의 80% 정도를 세계 인구의 4분의 1인 선진국에서 소비하고 나머지 4분의 3이 20%만을 소비하는 실정은 남북문제의 심각성을 보여준다. 이 장에서는 소위 남북문제로 통칭되는 이러한 문제점의 역사적 기원, 그리고 지구촌의 분쟁, 환경, 여성, 아동 등 모든 문제의 근본적 원인인 빈곤 문제를 해결하기 위한 국가들의 노력, 국제개발협력의 전개에 대해서 알아볼 것이다.

1. 남북문제의 전개

　남북문제의 기원을 어디서부터 찾을 것인가에 대해서는 이견이 많지만, 18세기 영국에서 시작된 산업혁명은 국가 간 빈부의 격차가 본격적으로 발생한 중요한 사건임에 틀림없다. 영국에서 시작된 산업혁명은 영국의 생산력을 비약적으로 발전시켰고 영국의 획기적인 근대화를 가능케 했다. 이러한 산업혁명은 유럽 각국으로 퍼져나가 북반구의 국가들이 산업국가로 성장하게 했다. 그러나 이미 유럽 국가들에 비해 경제적으로 낙후되어 있던 아프리카나 아시아의 많은 국가가 유럽의 선발 산업화 국가들의 식민지정책에 의해 선발 산업국 산업화의 원료공급지 및 상품시장으로 전락하게 된다. 식민지 정책은 이들 식민지 국가의 산업화를 철저히 차단했으며 이들 국가의 산업구조를 1차 상품 위주로 고착되게 했다.

20세기 중반 이후 대부분의 식민지 국가가 독립했으나 경제적으로는 여전히 선진국에 계속적으로 종속되었다. 이들 저개발국의 주요 생산품인 농업생산품과 자원들은 선진국의 거대 초국적 기업이 장악했고, 이들 국가는 국제분업구조 속에서 여전히 1차 상품의 생산과 선진국 생산품의 소비지 역할을 할 수밖에 없었다. 이러한 구조적 원인과 함께 이들 저개발국은 몇 가지 특성을 공유하고 있었다. 높은 인구증가율, 낮은 소득수준으로 인해 투자를 위한 자본축적의 어려움, 선진국에 대한 기술적 종속, 정치적 불안정 등이 그것이다.

저개발국이 자신들의 빈곤문제를 국제적인 문제로 인식하고 행동하기 시작한 것은 1950년대부터다. 제2차 세계대전이 끝난 후 많은 식민 국가들이 독립하면서 이들 국가는 빈곤과 선진국에 대한 종속으로 인한 경제적·사회적 문제에 직면한다. 그리고 그러한 문제들이 자기 혼자의 힘으로 해결하기 어려운 구조적 문제임을 깨닫게 되면서 이들 국가는 이러한 문제를 저개발국가들의 단결을 통해 해결하려는 움직임을 보인다. 첫 번째 시도는 1955년 아시아와 아프리카 저개발국가의 지도자들이 인도네시아의 반둥에서 회동하여 제3세계의 공동의 운명과 발전 문제를 논의하면서 제3세계 공동전선의 형성을 선언한 것이었다. 이 반둥 회의는 제3세계의 단합을 위한 1961년 출범한 비동맹운동의 시작이며, 후에 라틴아메리카의 저개발국가들도 이에 참여하는 계기가 되었다. 비동맹운동은 정치적 목적을 우선으로 했는데, 이들은 냉전하에서 동·서 어느 진영에도 기울지 않는 중립적 위치를 선언했다. 현재 흔히 쓰는 제3세계란 용어도 제1세계인 자유진영, 제2세계인 공산진영에 속하지 않는 중립적인 국가군을 상징하는 용어였다. 그러나 비동맹운동은 경제적 문제에도 관심을 두고 저개발국가들의 이익을 집단적으로 추구하려는 목적을 가지고 있었다. 비동맹운동은 이후 점차 사회주의 쪽으로 기울게 되고 선진국들은 이로 인해 이들에 대한 경제적 지원에 별

다른 관심을 기울이지 않게 되었다. 이러한 비동맹운동은 결국 별다른 성과는 얻지 못했지만, 제3세계의 문제에 대한 집단적 인식과 그 해결을 위한 새로운 전략을 모색하게 하는 계기가 되었다.

2. 무엇이 문제인가? 남북의 상반된 인식

남북문제 그리고 제3세계에 대한 저발전의 문제 해결에 가장 큰 걸림돌은 이 문제의 원인과 처방에 대해 남북이 상반된 견해를 가지고 있다는 점이다. 선진국 학자들의 일반적인 인식은, 저개발국가의 저발전 문제는 국제경제의 구조로 인한 문제가 아니며 오히려 저개발국가 자체의 문제이고, 저개발국가의 빈곤문제는 이들 국가의 부족한 자본, 낮은 생산성, 기술적 기반, 사회간접자본, 교육제도의 취약성 등이 이들 국가의 발전을 저해하고 있기 때문이며, 이러한 문제의 개선을 통해 저개발의 문제를 해결할 수 있다는 것이다. 그들의 또 다른 인식은 남과 북의 경제적 격차 문제가 일시적으로 나타나는 현상이며, 선진국으로 부가 집중되는 현상은 종국에는 트리클다운 효과(trickle-down effect)로 인해 선진국에서 후진국으로 부가 이동할 것이라는 것이다. 이러한 원인 진단은 후진국의 저발전 문제에 대해 다음과 같은 처방으로 귀결된다. 첫째, 경제발전에는 일정한 단계가 있고 모든 나라는 이러한 단계를 거친다는 것이다. 따라서 저개발국가가 선진국의 발전 경험을 따름으로써 선진국과 같이 발전할 수 있다고 말한다. 둘째, 후진국이 발전하기 위해서는 세계시장에 적극적으로 참여하여 통합됨으로써 경제성장과 발전을 이룰 수 있다는 것이다. 선진국과의 무역은 비교우위를 통해 선진국·후진국 모두에게 이득을 주며 자유무역만이 선진국의 부가 후진국으로 이전될 수 있는 통로이다. 따라서 이들은 후진국이 자유무역정책을 채택하고 개방적인 경제구조를 유지해야 한다고 주장하는 것이다.

이렇게 선진국의 자유주의적 경제이론에 기초한 원인 진단과 처방이 후진국에게 강요되었으나 이러한 전략을 채택한 후진국 대부분은 계속적인 빈곤과 선진국 경제에 대한 종속의 심화를 경험하게 된다. 이러한 상황에서 남북문제에 대한 후진국 관점의 시각이 대두했다. 남미의 남미경제위원회(Economic Commission for Latin America:

ECLA)로 대표되는 이러한 견해들은 그 후 빠르게 전파되어, 남북문제에서 후진국의 이론적 무기로 사용된다. 후에 종속이론이라는 체계화된 이론으로 집대성된 이러한 저발전 이론은 남미의 발전이 더딘 원인을 남미 자체의 문제가 아닌 남미 국가들과 선진국들의 관계에서 찾으려고 했다. 간략히 요약하면 우선 선진국이 주장하는 자유무역을 통한 발전에 대해 종속이론가들은 자유무역이 후진국에게 불리하게 작용한다고 주장한다. 후진국의 1차 상품의 수출 가격은 장기적으로 하락하고 선진국의 공산품 가격은 장기적으로 상승하기 때문에 무역 조건이 불평등하다는 것이다. 이들은 국제무역뿐만 아니라 국제금융체제 역시 후진국 저발전의 원인이라고 주장한다. 다국적 은행들은 저개발국에 차관을 제공하면서 금융 종속을 심화시키고 있다는 것이다. 따라서 후진국이 저개발에서 벗어나는 길은 안드레 프랭크(Andre Gunder Frank)가 주장하는 것처럼 자본주의 세계경제에서 이탈하고 사회주의국가 간의 블록을 형성하여 호혜적 관계를 통해 발전하거나, 선진국과의 무역이 아니라 오히려 내수시장 확대를 통한 내부 지향적 발전노선을 통해서 가능하다는 것이다.

3. 제3세계의 전략 신국제경제질서의 요구

반둥 회의 이후 제3세계 국가들이 채택한 전략은 국제기구를 통한 집단적 힘의 행사였다. 1964년 77개 저개발국가들은 유엔 총회 산하에 UN 무역개발회의(UNCTAD)를 창설하고 무역과 재정 문제, 그리고 개발의 문제를 선진국들과 협상하는 중요한 장치로 활용하기 시작했다. 이러한 전략은 UN이 주권원칙을 근거로 1국 1표 제도를 채택하기 때문에 후진국들이 수적 우세를 무기로 자신의 이익을 국제기구를 통해 추구할 수 있게 된 것이라고 설명할 수 있다. UNCTAD의 회원국인 77집단(G77)은 기존의 무역질서인 GATT체제가 선진국의 이익을 일방적으로 옹호하고 있다고 주장하면서 서방 선진공업국에 새로운 국제무역제도의 확립을 중심으로 하는 신국제경제질서 (New International Economic Order: NIEO)를 요구하여 초기에는 상당한 효과를 거두었는데, 그 주요 내용은 다음과 같다.

✓ 상품통합 프로그램(Integrated Program for Commodities)을 창설하여 1차 상품의 과잉공급 혹은 공급부족 사태에 대비한 가격안정화를 위해 재고를 확보하는 장치를 마련할 것.

✓ 일반특혜제도를 확대하고 자유화할 것.

✓ 제3세계의 외채구제 프로그램을 발전시킬 것.

✓ UN을 비롯한 IMF, 세계은행 등 주요 국제기구의 정책결정 과정을 수정하여 이들에 대한 선진 산업국의 통제를 완화시키고 그 대신 저개발국 발언권을 강화할 것.

✓ 저개발국의 경제주권을 보장해 줄 것. 여기에는 저개발국들이 자국의 천연자원에 대한 권리를 가질 것과 선진 테크놀로지에 접근할 수 있는 통로의 확보, 초국적 기업의 통제 및 무역특혜제도에 의한 선진국 시장으로의 진출 등이 포함되어 있다.

1974년 UN 총회에서 채택된 신국제경제질서(NIEO)는 기존의 국제자유경제질서(Liberal International Economic Order: LIEO)에 대한 대안으로 추진되어 어느 정도 성공을 거두었다고 볼 수 있다. 그러나 이러한 성공은 1973년 아랍과 이스라엘 간의 제4차 중동전쟁 이후 발생한, 석유수출국기구(OPEC)의 석유자원의 무기화에 의한 유류파동에 힘입은 바 크다. OPEC는 석유를 대(對)선진국 협상의 무기로 사용하면서 새로운 세계경제질서를 위한 저개발국가들의 노력을 지원하는 전략을 구사했는데, 이러한 상황에서 선진국들은 제3세계 국가들의 요구에 응하지 않을 수 없었던 것이다. 하지만 유리한 상황적 변수에 의한 성공은 곧 한계를 드러내는데, 시간이 흐르면서 제3세계가 요구하는 신국제경제질서의 확립은 결실을 보지 못하고 만다. 그 이유는 첫째, 선진국들은 인위적인 신국제경제질서의 창출에 근본적으로 부정적인 입장을 취했다. 선진국들은 이러한 움직임을 후진국의 정치적 동기에 의한 전략으로 파악했으며, 신국제경제질서를 후진국 발전 문제의 근본적인 해결책으로 보지 않았다. 둘째, 석유위기가 진정이 되면서 OPEC의 압력 효과도 차츰 떨어졌고, 개발도상국가 내의 분화로

▶ **일반특혜제도(General System of Preferences: GSPs)**   제2차 세계대전 이후 미국의 주도로 확립된 국제무역체제인 GATT체제는 비차별주의, 상호주의 등을 원칙으로 하여, 특정 국가에 무역상의 특혜를 주는 것을 금지하나 선진국이 개발도상국가에 부여하는 특혜에 대해서는 예외를 두고 있다. 일반특혜제도는 UNCTAD를 통한 후진국의 요청을 받아들여 선진국이 GATT의 원칙을 위반하지 않고 후진국에 특혜를 부여할 수 있는 제도적 장치이다. 한국은 1989년까지 미국 일반특혜제도의 혜택을 받아왔다.

인해 저개발국가 간의 단체행동도 어려워지기 시작했다. 그 이후로 제3세계 국가들은 산유국, 신흥공업국, 저개발국가 등으로 나뉘게 되었고 그들 사이의 이해관계가 상반되어 더 이상 단합할 수 없었다.

4. 선진국의 노력 국제개발협력과 공적개발원조

남북문제를 해결해 보려는 선진국의 노력 중 하나로 원조(foreign aid)를 들 수 있다. 후진국들은 해외원조를 선진국의 제국주의적인 과거에 대한 물질적 속죄로 인식하고 원조의 증액을 계속적으로 요구하고 있다. 선진국들 역시 원조를 특정 외교정책의 목적을 위한 효과적인 수단으로 인식하고 있는 것이 사실이다. 원조는 무상원조, 저리(低利) 융자, 기술 전수 등 여러 종류로 구성되며, 그 형태 역시 국가 대 국가 원조와 국제기구를 통한 다자간 원조(multilateral aid) 등으로 나눌 수 있다. 후진국들은 신국제경제질서의 추진에서 선진국의 원조가 턱없이 낮은 수준이라고 비판하고 원조를 늘리라고 요구했다. 국제사회에서 주요 원조 제공자는 미국, 일본, 유럽의 소국들, EU, 세계은행, IMF, UN개발기구(United Nations Development Program: UNDP), 아시아개발은행(Asian Development Bank: ADB), 아프리카개발은행(African Development Bank)과 같은 국제기구들 그리고 OPEC와 다양한 아랍 기구들이다. 주요 선진국들은 OECD 내에 개발원조위원회(Development Assistant Committee: DAC)를 구성해 후진국에 대한 원조를 제공하고 있다. 1980년대까지 ODA 최대 제공 국가는 미국이다. 미국은 1980년대부터 냉전이 종식되기 전까지 매년 약 90억 달러의 원조를 제공해 왔다. 1990년대에 와서는 일본이 미국을 제치고 최대 원조 제공국으로 떠올랐다. 그러나 일본은 장기불황으로 인해 2000년부터 원조액을 줄여 2001년에는 미국이 일본을 제치고 최대 ODA 제공국이 되었다. 2019년 ODA 규모 순위는 미국, 독일, 영국, 일본, 프랑스 순서이고 UN이 제시한 ODA 목표치인 GNI 대비 0.7%를 넘어서는 나라는 스웨덴, 노르웨이, 룩셈부르크, 덴마크, 네덜란드 다섯 나라이다.

이러한 선진국의 노력이 있었지만 후진국들은 선진국의 원조 노력이 부족하다고 평가한다. 우선 OECD는 GNP의 약 0.7%를 적정한 원조 규모로 보는데 대부분의 선진국은 이 기준을 지키지 못하고 있다. 또한 현재 전반적으로 선진국의 후진국에 대한 원조액이 감소하는 추세이다. 특히 2018년 현재 미국의 원조 규모는 GNI의 0.17% 수준밖에 되지 않는 실정이다(물론 액수로는 미국이 세계에서 1위이며 340억 달러 정도가 된다). 이러한 원조액의 전반적 감소는 국내문제에 대한 우선순위, 그리고 글로벌 경제 위기 등에 기인한다고 볼 수 있다. 후진국들이 제기하는 또 하나의 문제는 원조 제공국이 종종 원조와 함께 다른 조건을 단다는 것이다. 예를 들어 미국은 많은 경우 원조와 함께 미국 상품의 구매를 연계한다. 또 다른 문제는 선진국의 다른 지출, 예를 들어 군사비 지출에 비해 턱없이 적은 액수를 제공한다는 것이다.

현재 제3세계 빈곤의 문제를 지구촌의 문제로 보는 인식이 확대되면서 원조에 대한 필요성이 새롭게 제기되고 있다. 특히 9·11 테러 이후 미국은 제3세계의 빈곤을 테러리즘의 한 원인으로 보고 2004년부터 3년 동안 ODA를 50% 증액하겠다는 입장을 밝힌 바 있다. 그러나 신자유주의적 경제논리가 지배적인 이데올로기가 되면서 선진국들은 무조건적인 원조 제공에 대해 점차 회의적인 입장이다. 원조에서 호혜원칙이 강조되고 있으며 원조 제공자도 정부가 아닌 민간 기업이 주가 되어야 한다는 논의들이 활발해지고 있다. 물론 이러한 민간 기업들은 수혜국에서의 사업 기회 등과 같은 반대급부를 조건으로 원조를 제공하는 상호호혜의 원칙을 주장하고 있다.

5. 남북문제의 현재 제3세계주의의 종말과 새로운 남북갈등

막대한 원유 대금을 바탕으로 석유수출 국가들이 새로운 부국으로 등장하면서 시작된 제3세계 국가 내부의 분화는 고도의 경제성장을 이루어낸 신흥공업국가(Newly Industrialzing Countries: NICs), 특히 아시아 신흥공업국가의 등장으로 더욱 심화되었다. 이들 신흥공업국가의 등장은 제3세계가 선진국에 대해 대항하는 이데올로기였던 종속이론의 관점에서 보면 당황스러운 일이었다. 라틴아메리카의 종속이론가들은 주변부 국가, 즉 저개발국가는 현재의 자본주의 경제체제에 편입된 상황에서는 절대로 발전할 수 없으며, 단지 이러한 상황에서 유일한 대안은 폐쇄적인 경제체제, 즉 내수시장 중심의 수입대체 산업화밖에 없다고 주장했다. 그러나 1970년대 아시아의 네 마리

용이라 부르는 한국·대만·홍콩·싱가포르 등은 인류 역사상 유례가 없는 고도성장을 계속했다. 이들 국가는 선진국들이 주장해 온 대로 세계경제에 깊숙이 편입되어 저임금과 숙련된 노동력의 비교우위를 바탕으로 수출주도 산업화를 추구했고, 이러한 산업화전략의 성공으로 고도성장을 이루었던 것이다.

이러한 현상에 대해 종속이론가들은 몇 가지 요인을 들어 설명한다. 하나는 이들 신흥공업국가의 발전은 특수한 형태의 발전(종속적 발전)이고 이러한 발전은 국가, 외국자본, 세계경제와 연계된 국내자본의 3자 동맹에 의해 이루어지며 이러한 발전을 이룩한 나라들은 심각한 소득 불균형과 종속, 노동자를 탄압하는 권위주의적 정치체제라는 특징을 지닌 기형적 형태를 띠고 있다는 것이다. 또 다른 하나는 이들 국가의 발전은 예외적인 것이며 이 예외성은 이들 국가의 지정학적 위치에 기인한다는 것이다. 즉, 한국이나 대만 등은 냉전체제하에서 미국의 냉전전략의 일환으로 여러 가지 특혜를 통해 발전할 수 있었다는 것이다. 또한 이들은 미국이 한국과 대만에 차관과 수출 상품에 대한 관세상의 특혜 등을 제공함으로써 이들 국가의 발전을 가능케 했으므로 이들 국가의 사례는 제3세계에 일반화될 수 없다고 주장한다.

선진국, IMF, 세계은행 같은 국제금융기구들은 이들 국가가 경제적으로 성공한 것은 선진국들의 처방을 충실히 따랐기 때문이라고 주장하면서 이들을 자유주의적 성장 모델의 모범으로 선전했다. 즉, 이들은 개방된 경제체제와 시장경제 모델을 충실히 따랐으며 그 결과 경제적 성공을 이루었고 이들의 사례는 폐쇄적 발전 모델을 추진하다 좌초한 남미 국가들의 사례와 대조를 이룬다는 것이다. 그러나 많은 학자는 이러한 설명이 현실을 오도하고 있다고 주장했다. 그것은 이들 국가의 발전 모델이 자유주의적이라기보다는 중상주의적이며 이들 국가의 발전에는 국가의 적극적 개입과 보호주의적 무역정책이 큰 역할을 했다는 것이다.

이들 국가의 성공을 어떻게 볼 것인가에 대한 논란에도 불구하고 이들은 기존의 국제분업구조를 변화시켜 신국제분업구조를 형성하게 된다. 즉, 원료공급지 및 상품시장의 역할을 하는 주변부와 선진 산업국가인 중심부의 2원적 구조로 되어 있던 국제분업구조가, 주변부 국가 중 일부가 산업화에 성공하여 반(半)주변부를 형성한 3중 구조를 형성한 것이다. 이들 반주변부 국가들은 노동집약적이며 저기술의 공산품을 생산·수출하는 역할을 맡게 된다. 이러한 과정을 통해 제3세계는 이제 더 이상 일체감을 갖는 하나의 집단으로 규정할 수 없게 되었다. 반주변부로 성장한 국가들은 산업구조의 심화를 통해 좀 더 높은 수준의 산업화를 달성해 가고 있으며 이들 국가의 거대 기업은 저개발국가에 직접투자를 늘려가고 있다. 그리하여 최근에는 저개발국가와 이들 신흥공업국의 초국적 기업 사이에 갈등이 발생하고 있다.

남(the South)이라는 정체성이 사라지면서 국제정치에서 선진국과 개도국의 집단적 대립은 이제 사라진 것으로 보인다. 그렇다면 이제 남북문제는 사라진 것인가? 그 답은 부정적이다. 지구촌 부의 불균형 문제는 오히려 심화되고 있으며 이러한 부의 편중은 지구촌의 안정을 위협하고 있는 것이 현실이다. 특히 아프리카 대륙의 빈곤문제는 질병과 내전, 난민 등의 문제와 연결되어 지구촌의 골칫거리가 되고 있다. 이러한 상황은 냉전의 종식이라는 국제정치적 환경 변화에 의해 심화되고 있다. 냉전기에는 미·소가 정치적 목적, 즉 이념 대결에서 자기 진영의 세력을 확대하기 위해 개도국에 대한 특혜와 지원을 아끼지 않았다. 이러한 미·소의 대결 덕분에 제3세계 국가들은 그 나름대로 영향력을 가지고 혜택을 챙길 수 있었다. 그러나 냉전이 끝난 후 붕괴된 소련은 말할 것도 없고, 미국도 더 이상 이념전쟁에서의 승리를 위해 제3세계 국가들을 지원할 동기를 상실했다. 이러한 상황에서 국제적으로 중요성이 없는 제3세계 국가들은 더욱 어려운 상황이라고 볼 수 있다. 이러한 비관적인 상황 속에서 긍정적인 발전이라 할 수 있는 것은 후진국의 빈곤문제가 결국 선진국의 발전에 장애가 된다는 인식 전환이다. 즉, 후진국의 빈곤으로 인해 발생하는 질병문제, 환경파괴 및 오염문제, 난민문제, 마약 원료의 공급지화 문제, 정치적 불안정과 비민주적 정권의 등장 등은 그 문제의 성격으로 인해 선진국에도 영향을 미침을 인식하게 된 것이다.

남북문제의 새로운 양상 중 또 하나는 초국적 자본의 등장과 함께 나타났다. 선진국의 거대 투자자본과 초국적 자본들은 그 막대한 자금력을 가지고 자유롭게 국경을 넘나들면서 이익을 추구하고 있다. 이러한 금융의 글로벌화와 거대 투기자본의 등장은 경제력이 약한 후진국에 엄청난 도전으로 작용하고 있다. 동아시아 경제위기가 보여준 투기자본의 위력은, 튼튼한 금융제도와 상당한 외환보유고를 유지하지 못하는 나라는 이들 투기자본의 공격에 속수무책일 수밖에 없다는 현실이다. 금융 강대국과 금융 약소국 간의 불균형의 심화는 거대 투기자본에 대한 적절한 통제가 없을 때에는 남북문제의 새로운 요인이 될 것이라는 전망이 나오고 있다. 정보화의 진전과 함께 나타난 남북문제의 또 다른 양상으로 정보격차(digital divide)의 발생을 들 수 있다. 북반구의 선진국은 정보의 생산·가공·유통·소비를 거의 독점하고, 후진국들은 미비한 시설 기반, 정보산업의 낙후 등으로 인해 정보화의 혜택을 누리지 못하는 상황에서 선진국과 후진국 간의 정보격차가 심화되고 있다. 그리고 이러한 정보격차는 정보산업과 인터넷 등의 파급효과를 감안할 때 기존 남북 간의 불균형을 고착시킬 가능성을 내포한다. 이러한 국가 간 정보격차를 해결하기 위한 국제적 노력도 나타나고 있다. UN은 정보화사회의 여러 문제를 논의하기 위한 정상회의(World Summit on Information Society)를 열어 국가 간 정보격차를 해소하기 위한 방안을 논의했다.

6. UN에서의 개발협력 MDGs와 SDGs

새로운 밀레니엄을 맞이하는 시점에 UN에서는 개발협력의 방향성을 제시하기 위한 노력이 진행되었다. 당시 UN 사무총장 코피 아난은 새천년선언(Millennium Declaration)을 채택했고 여기에서의 아이디어와 OECD DAC 내 소규모 엘리트 그룹의 개별협력을 결합하여 새천년개발목표(MDGs)를 제시했다. UN 총회에서 승인받은 형태는 아니었지만 개발에 있어서 공통 목표와 개발행위자들이 시한 내에 목표를 향해 무엇을 해야 하는지에 대한 최초의 국제적 합의로 볼 수 있다. 개도국은 빈곤 퇴치에 적합한 변화를 실행하고 선진국은 그에 필요한 재원을 제공하는 분업에 대한 정치적 합의를 이루었다. MDGs는 15년 동안 개발협력의 가이드라인으로 활용되었다. 이것은 선진국을 대상으로 8개 목표, 18개 대상, 48개 지표로 구성되어 기본적으로는 빈곤 퇴치를 목표로 했다. 이 외에 보편적 초등교육, 성 평등, 영아사망률 감소, 모자보건 향상, HIV/AIDS, 말라리아 질병 퇴치, 환경의 지속 가능성, 개발을 위한 글로벌 파트너십 등이 MDGs의 주요 목표이다. MDGs하에서 진전 검토와 국제적 지지 동원을 위해 UN에서 5년마다 MDG 정상회의를 개최했고 2010년 정상회의에서 2015년 이후의 개발협력의 방향성을 제시할 새로운 패러다임을 수립할 것이 합의되었으며 'Post-2015 개발 어젠다'라는 제목 아래 관련 작업이 2012년부터 본격적으로 시작되었다. MDGs는 극빈층 감소와 20억 이상 인구의 식수 접근 향상, 말라리아와 결핵 치료, 보건, 초등교육 등에서 상당한 성과를 거두었지만 지나치게 인간개발에 집중하면서 경제적 측면(고용, 인프라 등)에 대한 노력이 등한시된 면에 대한 비판이 있었다. 또 MDGs 이후 소득 불평등과 기후변화가 새로운 어젠다로 등장해 이러한 것들을 새로운 계획에 포함시켜야 할 필요성이 등장했다. 재정 면에서도 선진국의 ODA 역할이 감소하고 신흥개도국의 역할, 개도국의 국내재원의 역할, 해외직접투자, 금융투자 등 비원조성 재원의 역할이 증가하는 변화가 생겨났다. 이러한 변화들을 수용할 새로운 개발 어젠다의 필요성에 의해 새로운 패러다임을 위한 노력이 시작된 것이다.

UN 총회에서는 2013년 1월에 설치된 '지속가능개발목표 공개작업반(Open Working Group on Sustainable Development Goals)'을 중심으로 제안서를 준비하여 69차 UN 총회에서 이 제안서를 Post-2015 개발 어젠다 협상의 주요 문서로 활용할 것을 결의했다. 그리고 2015년 9월 최종 채택에 앞서 7월 아디스아바바에서 3차 국제개발재원회의를 개최하여 이행 수단에 합의했다. 이것은 SDGs의 재원조달에 대한 합의로 매우 중요한 의미를 갖는다. '지속개발목표(SDGs)'는 17개 목표와 169개 대상 그리고 300여 개의 지표로 구성되며 이를 활용한 모니터링을 통해 달성 여부를 확인하도록 했다. 이러한 17개 목표는 빈곤 퇴치 이외에도 개발, 경제성장, 거버넌스 향상, 불평등 축소 등 빈곤에 영향을 미치는 다양한 목표를 포괄했다. 또 MDGs와 달리 개도국과 선진국 모두에 적용되며 책임성에서는 국가별 발전 수준과 역량에 따라 차이를 인정했다. 특히 "어느 누구도 소외되지 않는다(leave no one behind)"라는 원칙하에 다양한 취약 그룹과 취약 국가들을 위한 조치도 포함된 것이 특징이다. 아디스아바바에서 합의된 재정계획(Addis Ababa Action Agenda)은 개도국 국내재원, ODA 그리고 무역이 SDGs 달성에 필요한 재원을 동원하는 수단으로 채택되었다. SDGs의 채택과 함께 개발협력에서 UN의 역할이 강화되었다. MDGs를 주도한 OECD DAC은 'Post-2015 개발 어젠다' 논의 과정에서는 상대적으로 역할이 약화되었다. 이것은 글로벌 금융위기로 인해 서구가 주도해 온 개발 패러다임에 대한 신뢰 감소 그리고 ODA를 제공할 수 있는 능력이 약화된 것이 영향을 미친 것으로 보인다. 개발에서 ODA의 비중이 감소되면서 SDGs 하에서 DAC의 역할과 기능을 재정립하는 방안에 대한 논의가 이루어질 가능성도 있다.

7. 국제개발협력의 주요 어젠다

1) 수원국 중심주의: 수원국 오너십

국제개발협력이라는 용어는 공여국이 수원국을 일방적으로 돕는 시혜성 성격인 '원조'라는 용어와는 달리 상호파트너십을 강조하는 용어이다. 공적개발원조 이외에 민간투자, 수출 신용, 여타 공적자금 등 다양한 방식을 통해 개도국의 경제사회 발전을 촉진하는 활동을 말한다. 이 용어의 등장은 원조에 대한 기존의 패러다임이 전환된 것을 의미하기도 한다. 가장 중요한 전환은 수원국(요즘은 협력 파트너라는 용어를 사용한다) 중심의 사고, 그를 바탕으로 한 새로운 처방과 프로그램의 개발 등이다. 개발도상국 발전 경로의 역사적·지정학적 다양성과 특수성을 인정하고 이를 토대로 신자유주의에 바탕을 둔 동일한 처방이 아닌 수원국 맞춤형 개발협력의 필요성에 주목하는 것이다. 이러한 인식의 등장은 2005년 OECD/DAC 원조효과성 고위급 포럼에서 채택된 파리선언의 5대 원칙 중 첫 번째인 수원국의 오너십(ownership) 개념에도 영향을 미쳤다. 오너십이란 개발의 주체와 주인이 개발도상국 주민들 자신이며 이들의 욕구와 필요에 의한 개발협력이 이루어져야 한다는 개념이다. 공여국의 발전 경험을 이식·전수한다거나 개발이념을 그대로 적용하는 것이 초래하는 문제점들을 막고 수원국 중심이 개발협력이 이루어지기 위한 핵심적인 원칙이기도 하다. 파리선언의 두 번째 원칙인 수원국의 개발전략에 공여국 원조를 일치(alingnment)시키는 것도 이러한 사고를 반영하고 있다.

2) 원조의 성과 담보를 위한 노력

냉전이 종식되고 공적개발원조가 빈곤 퇴치와 개발 진흥에 초점을 맞추어 이루어졌다. 그러나 원조의 액수가 꾸준히 늘어남에도 불구하고 빈곤 퇴치에 있어 만족할 만한 성과는 이루어지지 못했다. 단순한 원조의 양적 증대뿐만 아니라 원조 프로그램의 질적인 측면도 중요하다는 인식이 등장하고 효과적인 개발협력을 위한 국제적 노력이 시작되었다. '원조효과성' 고위급 포럼이 2003년 로마에서 열렸고 주인의식

(ownership, 수원국이 자국의 개발방향과 우선순위를 바탕으로 개발전략을 기획하고 이행하는 리더십을 발휘), 원조 일치(alignment, 공여국은 수원국의 국가개발전략과 체제에 맞추어 원조 절차를 진행), 원조 조화(harmonization, 수원국 내에서 활동하고 있는 여러 공여 기관의 원조활동을 상호조정)의 세 가지 원칙을 제시했다. 2005년 파리회의는 1차 고위급 포럼의 '원조 조화' 중심 논의를 '원조효과성' 논의로 변화시켰고 파리선언이 채택되었다. 파리선언은 국제개발협력 역사에서 원조효과성 패러다임을 개발협력 규범으로 정착시켰다는 의미가 있다. 위의 세 가지 원칙 외에 성과 지향적 관리(개발목표에 근거한 성과를 중심으로 원조 프로그램 관리와 의사결정), 상호책임성 강화(수원국과 공여국 모두 개발에 대한 책임의식을 공유) 원칙이 추가되었다. 아크라에서 열린 3차 고위급 총회에서 시민사회단체들도 참여하는 국제원조레짐이 제도화되었으며 부산에서 열린 제4차 부산원조효과성고위급회의에서는 원조효과성이 보다 폭넓은 개발효과성(development effectiveness) 정책으로 발전되었다. 이 정책은 원조가 개발을 달성하는 중요한 촉매이지만 다른 효과적인 정책 수단들과 일관성을 갖고 관리되어야 하는데 개발은 무역, 투자, 이민, 농업, ICT, 성 평등, 환경정책 등과 연계되어야 하며 공여국과 수원국 모두가 개발을 위한 정책 일관성을 충분히 고려해야 한다는 생각이다.

부산고위급 총회에서 추가된 원칙 하나는 원조투명성이다. 파리선언에서 제시된 상호책무성과 더불어 강조된 원조투명성은 부패를 예방하고 민주적이고 참여적인 방식으로 개발협력을 수행하여 궁극적으로 개발효과성을 제고하기 위한 중요한 조건이다. 구체적으로는 개발협력에 관한 정보를 국제적으로 합의된 공통기준이나 IATI (International Aid Transparency Initiative) 데이터 보고기준에 따라 전자 공시하는 것을 권고하는 조치이다.

3) 국제개발협력의 혁신

국제개발협력은 여러 가지 새로운 도전에 직면해 있다. 그중 가장 핵심이 2002년 몬테레이에서 열린 개발재원에 관한 회의이다. 글로벌 문제를 해결하기 위한 재원이 점점 부족해지면서 공여국 정부 재정 중심으로 이루어지던 공적개발원조(ODA)만으로는 부족해졌다. 몬테레이 회의에서는 다양한 혁신적 개발재원을 개발하는 논의가 이루어졌다. '몬테레이 컨센서스'는 개발자원을 국내재원, 국제재원, 국제무역, 외채 탕감, 개발협력, 국제체제 개혁의 6개 부문에서 동원하는 것에 합의했다. 이를 위해 민간부문의 자금을 적극 동원하고, 민관협력(Public-Private Partnership), 반부패, 거버넌스, 국제금융기구의 개혁, 항공권연대기금과 같은 새로운 개발재원, 외채 탕감, ODA 증액, 남남협력과 무역 촉진 등의 다각적 노력을 강조했다.

개발협력의 주체에 있어서도 새로운 혁신들이 이루어지고 있다. 전통적 주체인 선진국 정부뿐만 아니라 민간 주체, 남남협력 그리고 삼각협력(남남+북) 등 다양한 주체가 등장하고 있다. 또 DAC에 속하지 않는 후발·신흥 공여국의 역할이 커지는 추세이다. 특히 2017년에 중국(48억 달러), 인도(30억 달러), 2018년 터키(86억 달러) UAE(39억 달러) 등이 대규모 ODA를 제공하고 있다[참고로 한국은 24억 달러(2018)].

최근에 와서는 개발협력의 환경이 변화하고 있다. 특히 선진국들의 개발협력 지원이 감소하고 있는데 그것은 OECD 국가 내 양극화 심화와 경제위기의 영향이 크다. 또 청년실업문제 등으로 인해 개발협력, 원조 등에 대한 관심이 상대적으로 떨어지고 있다. 새로운 환경을 맞아서 개발협력에 혁신적 방법이나 프로그램을 도입하는 노력들도 생겨나고 있다. 예를 들어 블록체인 기술을 활용한 시리아 난민 식량지원사업 (World Food Programme), UNDP-호주 통신사의 파푸아뉴기니 부패감시사업이 새로운 기술을 개발협력에 적용한 사례들이다. 2019년의 OECD 개발협력 보고서도 향후 개발협력의 과제로서 개발협력의 새로운 설득논리 개발, 지속 가능한 발전을 위한 도구 재정립, 스마트한 협력을 강조하는데 여기서 스마트한 협력의 예시로서 공공-민간-시민사회 등 ODA 주체 간 협력을 통해 지식, 혁신, 재원, 역량을 극대화하는 것을 제시하고 있다.

8. 한국의 국제개발협력 정책 기여외교와 ODA

한국은 국제사회의 원조 덕을 본 대표적인 나라이다. 미국의 무상원조, 각종 국제기구들의 원조 등을 통해 경제적 도약을 도모할 수 있었던 것이다. 그러나 한국은 이제 경제대국으로 성장했고 그에 걸맞은 국제적 역할을 할 것을 요구받는 실정이다.

한국은 DAC에 가입함으로써 원조를 받는 나라에서 원조를 하는 최초의 나라가 되었다. 그러나 한국의 해외원조 수준은 아직도 낮다. 2022년 한국의 ODA 규모는 GNI(국민총소득) 대비 0.17%로 OECD DAC(개발원조위원회) 회원국 30개국 중 26위이다. 총액수로 보면 27억 9000만 달러로 30개국 중 16위다. OECD의 DAC 회원국들은 GNI 대 ODA 비율 평균은 0.36%이다. UN의 권고 기준인 0.7%를 달성한 나라는 노르웨이, 룩셈부르크, 덴마크, 스웨덴, 독일 등 5개국이다. 한국의 ODA 총액은 꾸준한 증가세를 유지하고 있으나(2006년 이후 계속 증가 추세) 경제 규모에 비해 여전히 절대 규모가 작고 양자원조(bilateral aid) 중 무상원조 비율이 낮다는 문제점이 있다. 선진국 대부분은 90% 이상 무상원조 중심으로 ODA를 제공하나 한국의 양자원조 중 무상원조 비중은 2024년 약 64%에 머무르고 있다. 한국의 전체 ODA 중 유상원조가 차지하는 비율은 2007년 26.9%, 2009년 36.8%, 2011년 42.5%, 2015년 36.7%로 상승세를 보이다가 하향세로 돌아서 2019년에는 36%를 차지했다. 원조의 질을 결정하는 비구속성 원조의 비율도 2016년 기준 62.23%에 그치고 있다. OECD DAC 회원국 평균이 90%인 것을 감안하면 개선할 필요가 있다.

ODA가 이렇게 빈약한 것은 대외원조에 대한 인식 부족에 큰 원인이 있다. 우리는 매우 이중적인 잣대를 가지고 있는 듯하다. 우리는 종종 한국의 국력이나 경제력을 지나치게 자부하거나 과대평가하며 우리보다 경제 수준이 떨어지는 국가들을 무시하기도 한다. 그러나 2020년 지금까지도 국제적 각종 의무에서는 개도국 지위를 주장하며 의무를 면제받으려 하는 것 또한 사실이다. 한국이 선진국만큼의 대외원조를 할 형편은 되지 않는다고 쳐도 GNI 대비 0.15%의 ODA는 적은 수치이다. 경제 규모에 비춰보면 DAC 회원국 평균인 0.3% 정도는 되어야 한다. 그러나 국내적으로 대외원조에 대한 인식은 그리 긍정적이지 못하다. 우리도 굶는 사람이 있는데 무슨 대외원조냐는 비판이 아직도 존재한다. 실제로 저개발국 대외원조 제공을 반대한다는 비율은 급격히 늘어나고 있다. 2011년 11%이던 반대 비율은 2019년 조사에서는 18.7%로 늘어났다(2019년 국무조정실 ODA 국민의식 조사). 원조 제공에 반대하는 가장 큰 이유는 '국내문제 해결이 더 중요하기 때문'이 45.8%, '원조를 제공할 만큼 부유하지 않기 때문'이라는 응답 38.7% 이 두 번째로 많았다. 2016년까지는 '원조를 제공할 만큼 부유하지 않기 때문이 가장 많은 응답이었다. 그러나 한국이 너무나 어려울 때 다른 나

〈그림 13-1〉 한국의 ODA 추진 체계

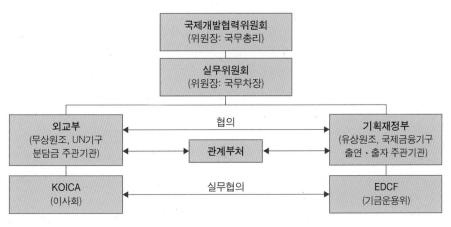

라의 원조를 통해 생존을 이어온 것을 기억한다면 그러한 비판은 결코 정당하지 못하다.

또 하나 지적할 점은 대외원조는 하나의 외교라는 측면, 나아가 국력의 확장이라는 측면에서 매우 중요하다는 것이다. 이미 많은 나라가 대외원조를 외교정책의 수단으로 삼고 심혈을 기울이고 있다. 한때 ODA 세계 1위를 차지했던 일본이 그러하다. 미국 역시 9·11 테러 이후 ODA 규모를 계속 늘려 현재 부동의 세계 1위를 차지하고 있다. 미국의 ODA는 미국의 대외적 영향력의 증가라는 측면과 ODA를 통한 친미적 분위기 형성이라는 두 가지 측면을 가지고 있다. 미국은 2010년 「외교와 개발 4개년 검토보고서(Quadrennial Diplomacy and Development Review: QDDR)」를 통해 개발을 외교, 국방과 함께 대외전략의 3대 축으로 격상하고 ODA를 대외전략의 중요한 수단으로 규정했다. 다행히도 한국은 이명박 정부에 와서는 국제사회에 대한 기여의 중요성을 인식해 기여외교를 외교의 주요 기조로 삼고 ODA의 확대에 노력했다. G20에서 개발의제를 주도(2010년 '서울 개발 컨센서스'와 '다년간 행동계획' 수립)했고 2011년에는 부산 세계개발 원조총회를 개회하고 그 결과 국제원조 효과성 분야 최고 규범인 부산 글로벌 파트너십 논의를 주도했다. 이것은 2011 부산 세계개발 원조총회 후속 협의체로 발족해 DAC, 민간, 의회 등이 폭넓게 참여하여 효과적인 개발협력을 위한 부산총회 합의사항 이행 방안을 논의하는 역할을 한다. 박근혜 정부에 와서는 2014년 11월,

---

❧ 외교적 수단으로서의 대외원조? ❧

사례 1: 2002년 12월 스커드 미사일을 실은 북한 화물선이 예멘으로 향하다 미군에 나포되었다. 예멘은 북한산 미사일 수입 사실을 인정했고 일본은 예멘에 ODA 동결 방침을 통보했다. 이에 놀란 예멘 대통령은 미사일을 다시는 구입하지 않겠다고 선언했다.

사례 2: 미국은 쓰나미 피해를 입은 인도네시아에 후한 지원을 했다. 미국의 경우 최대 피해국인 인도네시아에 대한 지원이 전 세계 무슬림의 대미 인식에 미칠 영향을 고려했을 것이라는 분석이다. ≪뉴욕타임스≫는 미국의 지원으로 인해 "인도네시아에서 반미 감정이 완전히 사라지지는 않겠지만 약해질 것은 확실하다"고 예상했으며 "조지 W. 부시 대통령이 아버지 부시, 빌 클린턴 전 대통령까지 모금에 동원한 것이 이미지 개선에 큰 도움이 되었다"라고 전하고 있다.

_ 허귀식, "취재일기", ≪중앙일보≫, 2005년 1월 11일 자.

2015년 11월 제1·2차 부산 글로벌 파트너십 국제회의를 서울에서 개최하여 부산총회 공약 이행 현황을 점검하고 Post-2015 개발 어젠다와 부산 글로벌 파트너십 연계 방안을 모색하기도 했다.

대외원조가 중요한 또 하나의 이유는 그것이 국가의 이미지 혹은 요즘 자주 쓰이는 국가의 '매력'과 직결되어 있다는 것이다. 우리는 1960~1970년대 '경제동물 일본'이라는 일본에 대한 비판을 기억할 필요가 있다. 그 시기 일본은 동남아시아를 포함한 개도국에서 돈만 벌어대는 냉혈한 국가의 이미지를 가지고 있었다. 그리고 많은 국가가 그러한 일본을 손가락질했다. 일본은 1977년 후쿠다 독트린 이후 해외원조에 많은 예산을 투입하여 한때 세계 1위의 ODA 제공 국가가 되기도 했다. 돈 버는 데 혈안이 되어 있고 남의 어려움에 냉정한 나라는 매력 있는 국가가 될 수 없고 존경받는 국가는 더더욱 될 수 없다. 존경받지 못하는 나라는 리더가 될 수 없으며 국제적으로 중요한 위치나 발언권을 가질 수 없다. 우리는 동아시아에서 중국과 일본에 필적하는 위상을 갖기를 원하며 국제사회에서도 중요한 역할을 수행하기를 원한다. 하지만 그러한 위상을 갖기 위해서는 그에 걸맞은 의무를 기꺼이 짊어져야 한다. 대외원조, 개발협력의 강화 역시 한국의 도덕적 힘과 매력을 높여줌으로써 연성권력을 증대시키는 중요한 요인이라는 것을 기억할 필요가 있다.

☙ 한국 정부의 대북 지원은 ODA에 포함되나? ☙

　한국의 ODA 규모는 경제 규모에 비해 매우 적은 편이지만 정부도 할 말은 있다. 우리 정부는 많은 돈을 북한에 지원하고 있기 때문이다. 현재는 천안함 폭침과 연평도 포격 이후 정부가 5·24 조치를 통해 북한 지원을 중단하고 있지만 대북 지원이 최고조에 달했던 2007년에는 3억 달러 정도가 북한에 지원되었으며 이것은 2007년 한국 ODA 규모가 7억 달러 정도 되는 것을 고려하면 매우 큰 규모이다. 만일 정부의 북한 지원 액수를 ODA에 포함시킨다면 한국은 목표로 하는 GNI 대비 0.25%를 달성하는 데 도움이 될 것이다. 그러나 문제가 있다. 만일 북한에 제공하는 지원금을 ODA에 포함시킨다면 북한을 외국으로 규정하는 것이고 그렇게 되면 현재 개성공단에서 생산하는 제품을 한국산으로 규정해 특혜관세를 제공하고 있는 것이 WTO 규정에 위배되는 문제가 발생한다. 그래서 우리 외교통상부는 ODA 통계를 발표할 때 북한에 대한 지원 금액을 명시해서 우리가 평화를 확보하기 위해 북한을 지원해야 하는 어려운 상황에서도 대외원조를 늘리기 위해 노력하고 있다는 것을 보여주는 방안을 계획하고 있다.

　하지만 ODA가 국가의 연성권력 강화에만 집중할 수는 없다. 많은 국가들이 자국의 국익, 산업적 이익을 위해 ODA를 활용하고 있기 때문이다. 최근의 추세는 산업 분야 ODA가 강조되는 것이다. 산업 분야 ODA는 개도국 산업 발전과 동시에 공여국 산업계에 이익이 되는 상생형 ODA로서 제조업 강국인 독일과 일본이 산업 분야 ODA를 주도하고 있다. 한국도 이러한 추세에 따라 공급망 ODA의 전략적 기획을 통해 개도국 내 원자재의 지속 가능한 채굴과 생산을 돕고 국내 산업계의 안정적인 원자재 확보를 도모하는 상생형 ODA를 추진하려 하고 있다. 또 산업 분야 ODA의 고도화를 위해 공급망 ODA, 그린 ODA, 기술 ODA 세 분야의 산업·에너지 ODA를 구성하고 핵심 산업의 공급망 파트너십을 구축해 원자재 협력을 확대하고 미래산업을 이끌 기술과 기후변화 대응 향상을 위한 녹색 분야의 ODA를 강화한다는 구상을 가지고 있다.

■ ■ ■ 참고문헌

김상준. 1977. 「국제정치에 있어서 비동맹의 의의」. ≪국제정치논총≫, 제17권.

박철환. 1984. 「OPEC 산유국의 자원전략」. ≪산경논총≫, 제2권.

유종해. 1981. 「비동맹운동의 특성과 그 전망」. ≪국제정치논총≫, 제21권.

이상호. 1996. 「지속 가능한 발전과 남북문제의 정치경제학」. ≪한국경제학회지≫, 제43집, 4호.

이태주. 2014. 「문화와 발전을 위한 ODA 구상: 국제개발협력의 담론과 정책. ≪국제개발협력≫. 한국국제협력단.

임소영. 2023. 「산업 분야 ODA의 진화와 전략적 추진 과제」. 산업연구원. ≪I-KET 산업연구이슈≫, 제152호(2023-7).

한명화. 1987. 「남북문제와 한국」. ≪국제정치논총≫, 제27집, 2호.

Kegley, Charles W. Jr. and Eugene R. Wittkopf. 1999. "The Plight and Policy Posture of the Less Developed Global South." in *World Politics: Trend and Transformation*. New York: Worth Publishers.

14

국제무역질서의 전개와 변화

Understanding International Relations: The Crisis of Liberal International Order and Global Relations

현재 우리는 WTO체제라는 국제무역질서하에서 살고 있다. 전 세계 자유무역을 목표로 출범한 다자간 무역체제는 우리 생활 구석구석에 영향을 미치고 있다. 그러나 WTO체제가 출범하기까지 국제무역체제는 수많은 변화를 겪어왔고 지금 현재도 WTO를 중심으로 하는 다자 무역체제는 심각한 도전 앞에 놓여 있다. 여기에서는 제2차 세계대전 이후 국제무역질서의 전개와 남북문제를 비롯한 국제무역과 관련한 국제정치적 문제들을 다루어볼 것이다.

1. 전후 국제무역질서의 확립

제2차 세계대전이 한창 진행 중이었을 때 선진국의 지도자들은 전쟁이 끝난 후의 세계무역질서에 대해 구상했다. 이러한 구상의 동기는 1930년대에 나타난 국가들의 보호무역주의가 결국 세계경제의 파국과 세계대전의 한 원인이 되었다는 공통적 인식에 기인한다. 1930년대 세계적 경제위기에 직면한 각국은 자국화의 평가절하를 통한 수출 촉진, 관세와 보조금 등을 통한 보호무역 조치 등을 통해 경제위기를 극복하려 한다. 그러나 모든 나라가 이러한 정책을 폈을 때의 결과는 국제무역이 극도로 위

397

축되는 세계경제의 파괴였던 것이다. 이러한 쓰라린 경험을 통해 미국을 비롯한 선진국들은 전후에 자유무역질서를 확립하는 것이 각국의 경제적 번영과 장래, 전쟁의 재발을 방지하는 데 필수적이라는 인식을 하게 된다. 특히 미국은 자유무역질서의 확립이 자국의 이익에 필수적이라고 인식했다. 미국은 당시 전쟁으로 인해 다른 유럽 선진국들의 경제가 완전히 파괴된 상황에서 유리한 경제적 활력을 유지하고 있었기 때문에 미국이 국제금융과 국제무역의 핵심적 역할을 하게 되었고 상품과 자본의 자유로운 거래가 미국의 국내경제 이익과 대외경제 이익을 보장할 수 있는 중요한 원칙이라고 보았던 것이다. 이런 상황에서 제2차 세계대전의 종전과 더불어 미국은 즉시 신국제무역체제 확립을 위한 다자간 통상회의를 제창하고 관세, 특혜, 양적 규제, 정부보조, 국가무역 및 국제 상품협정 등 국제무역의 모든 문제를 다룰 규칙의 제정과 이의 운영을 위한 국제무역기구(International Trade Organization: ITO)의 창설을 건의한다.

그러나 국제무역기구 창설을 위한 아바나 헌장을 협상하는 과정에서 각 국가는 자국의 이익을 추구하게 된다. 예를 들어 영국은 영연방에 대한 특혜를 인정하는 대영제국특혜제도(Imperial Preference System)를 주장했고, 저개발국가들은 그들의 경제개발을 위한 특혜 조치를 아바나 헌장에 삽입할 것을 주장하고 나옴으로써 협상은 난항을 거듭하게 되었던 것이다. 그 결과 1947년 완성된 아바나 헌장은 누구의 주장도 만족시키지 못하는 문서가 되고 말았다. 그러나 ITO 실패의 결정적인 원인은 아바나 헌장이 미 의회에서 비준을 받는 데 실패한 것이다. 미국의 루스벨트와 트루먼 행정부는 자유무역체제의 창설을 위해 노력했지만 전통적으로 고관세정책을 주장해 온 공화당은 아바나 헌장의 비준에 반대했다. 결국 트루먼 행정부는 3년간이나 보류하고 있던 아바나 헌장의 의회 상정을 1950년에 자진 폐기하고 말았고 국제무역기구의 창설은 무산되었다.

2. GATT체제의 탄생

원래 GATT는 국제무역기구가 창설될 때까지 한시적으로 국제무역의 제반 절차와 관세의 인하를 위한 잠정적 성격의 협정으로 탄생했다. 그러나 관세와 무역에 관한

〈표 14-1〉 GATT 다자간 무역협상 성과

명칭 및 개회 연도	참가국 수	영향을 받는 무역액
제1차 스위스 제네바(1947)	23	100억 달러
제2차 프랑스 에네시(1948)	33	불명
제3차 영국 토퀘이(1950)	34	불명
제4차 스위스 제네바(1956)	22	25억 달러
제5차 딜론라운드(1960~1961)	45	49억 달러
제6차 케네디라운드(1964~1967)	48	400억 달러
제7차 도쿄라운드(1973~1979)	99	1550억 달러
제8차 우루과이라운드(1986~1993)	123	3만 7000억 달러

자료: 박경서(1995).

일반협정이라 부르는 GATT체제는 국제무역기구의 창설이 무산되자 국제무역을 감시하고 국제무역을 위한 협상의 장으로서 상설기구와 같은 역할을 대행하게 되었다. GATT는 가맹국 간의 상행위에 관해서 법적 구속력을 가진 규칙을 조문화해 놓은 것으로 볼 수 있다. GATT는 실용주의적인 접근 방식을 통해 그 이상을 점진적으로 달성해 나갈 수 있었다. 여러 차례의 시장 개방 협상을 통해 무역자유화에서 괄목할 만한 성과를 거두었으며, 운영 면에서도 당초 ITO와 같은 국제기구는 아니었지만 효율적인 세계무역 관리체제가 되었다.

GATT는 몇 가지 원칙에 기초한다. 첫째는 비차별의 원칙이다. 비차별의 원칙은 무역상의 혜택에서 체약국 간에 차별을 두어서는 안 된다는 원칙이다. 이 원칙은 최혜국대우(Most Favored Nation Treatment)와 내국산 대우(National Treatment)로 구체화할 수 있다. 최혜국대우란 한 국가가 다른 나라 제품에 대해 부여하는 편의 또는 특권과 면제를 다른 모든 회원국(공식적 언어로는 체약국)의 동종 제품에 대해서도 즉시 그리고 무조건 부여해야 한다는 것이다. 예를 들어서 미국이 GATT의 체약국인 프랑스의 와인에 대해 관세상의 특혜를 부여했을 경우에 다른 GATT 회원국들의 포도주에도 그러한 특혜를 즉시, 차별 없이 부여해야 한다는 것이다. 중국이 WTO에 가입하기 전까지 미국은 매년 심사를 통해 최혜국대우를 부여했다. 이것은 중국이 GATT의 체약국이 아니기 때문에 자동적으로 최혜국대우를 해주는 것이 아니라 매년 심사를 거쳐 최혜국대우를 부여했던 것이다. 내국산 대우는 국내 세금 및 규제와 관련하여 모든 수입제품을 동종의 국내제품과 동일하게 취급해야 한다는 것을 의미한다. 둘째는 호혜(reciprocity) 원칙이다. 호혜원칙이란 국제무역에서 일방주의적이 아닌 상호주의에 입각해서 어떤 국가가 다른 국가에 혜택을 베풀었을 때 상대 국가도 동등한 혜택을 제공해야 한다는 것이다. 즉, A국이 B국에 대해 무역장벽 축소를 통해 무역 혜택을 부여했을 때 B국도 A국에 대해 이에 상응하는 조치를 취해야 하는 것이다. 이러한 호혜성 원칙은 비차별 원칙과 결합하여 전 세계적으로 회원국들의 무역장벽을 낮추는 효과를 지닌다. 예를 들면, 한 국가가 다른 특정 국가에서 수입하는 품목에 대해 무역장벽을 낮추었을 경우에 상대방 국가는 호혜성 원칙에 의거하여 이 국가에서 수입하는 품목에 대해서 역시 무역장벽을 낮출 것이고, 이 두 국가에 의한 무역장벽의 축소정책은 비차별 원칙에 의해 회원국 모두에게 적용됨으로써 결국은 모든 회원국의 무역장벽을 축소시키는 효과가 있는 것이다.

그러나 이러한 원칙이 있었지만 무역자유화를 추구하는 GATT의 이상은 국가주권과 기존의 경제동맹 그리고 남북관계 등의 정치적 이유에 따라 보호무역주의라는 현실과 타협하지 않을 수 없었으며, 타협의 산물로 GATT의 기본 원칙에 대한 예외 규정이 다양하게 도입되었다. 국가주권 행사를 위한 예외 조치로 공공정책 시행을 위한 GATT 기본 원칙으로부터의 일반적 예외(제20조)와 전시 또는 긴급할 때 특별 조치를 취할 수 있도록 허용하는 안전보장을 위한 예외(제21조)가 있다. 또 지역협정 구성국가와 비구성국가 간에 상이한 대우를 인정하는 것(제24조)과 선진국이 개도국에 제공하는 특혜 조치에 대해 호혜원칙의 예외를 인정하는 것, 개도국들 간의 특혜부여 조치에 대해 최혜국대우 원칙의 예외를 인정하는 것, 국제수지 방어를 위한 수량제한 및 개발도상국이 경제개발을 목적으로 도입하는 수량제한(제18조)을 허용한 것 등이 있다. 또한 GATT 성립 전에 존재하던 국내법에 기초하여 취해진 수입제한 조치를 용인한 조부 조항(Grandfather Clause)이 있고, 특정 품목의 과도한 수입으로 인해 국내 산업이 위험에 처했을 때 수입을 제한할 수 있는 긴급수입제한 조치(safeguard, 제19조)도 허용되었다.

3. GATT의 성과와 위기

GATT의 체약국(contracting parties)은 창설 당시 23개국에서 우루과이라운드에 와서는 123개국으로 크게 늘어났고, 그동안 여덟 차례의 다자간 무역협상을 통해 제조품과 반제품에 관한 관세를 현격히 낮추어서 세계무역의 급속한 신장에 크게 기여했다.

이러한 다자간 무역협상의 성과에도 불구하고 세계무역질서는 점차 자유무역에서 보호무역주의로 되돌아가고 있었다. 1960년대 말부터 그리고 특히 석유파동 이후 세계경제가 악화되기 시작하면서 각국에서는 중상주의적 신보호주의가 등장하기 시작한다. 신보호주의는 높은 관세나 수입품에 대한 수량제한 같은 고전적 장치가 아닌 비관세장벽을 통해 자국 시장을 보호하는 형태를 취했다. 세계경제의 침체 외에도 유럽경제공동체(European Economic Community: EEC)가 본격적인 정치·경제 세력으로 성장하면서 자유무역체제가 흔들리기 시작했다. 이와 함께 미국 경제의 패권적 위치가 약화되면서 브레턴우즈체제(Bretton Woods system)의 붕괴와 함께 미국은 더 이상 자유무역체제를 지탱해 나가는 데 필요한 능력이나 의지를 상실한다. 자유무역체제의 수호자인 미국에서조차 중상주의적 무역정책이 나타나기 시작했던 것이다.

미국의 보호주의적 무역정책은 1980년대에 들어와 본격적으로 나타난다. 1980년대에 이르러 의회와 각종 민간단체들의 보호무역주의적 입법에 대한 요구가 더욱 가열되고 매년 수백 건에 이르는 법안이 미 의회에 제출되는 상황에서 1988년 '종합무역경쟁법(the Omnibus Trade and Competitiveness Act of 1988)'이 탄생한다. 이 법은 기본적으로는 자유무역 기조를 유지하지만 무역 상대국에 일방적 압력 조치를 가할 수 있는 조항을 포함하고 있기 때문에 미국의 모든 무역 상대국으로부터 보호무역주의적 법안이라고 비판받고 있다. 이러한 법안은 자유무역에 대한 새로운 이해를 바탕으로 한 것이다. 미국은 공정무역(fair trade)이라는 개념을 통해 공정한 무역만이 자유무역질서를 유지·발전시킬 수 있고 불공정 무역행위는 당연히 제재의 대상이 되어야 한다고 보았다. 따라서 미국은 특정 수입시장이 폐쇄적인 것도 결국 불공정 무역행위에 해당하므로 상대국의 시장을 개방시키기 위한 통상 압력은 자유무역을 위해 합당하다는 주장을 하게 된다. 이 법 조항 중 유명한 슈퍼 301조에 의하면, 미국 행정부는 1990년까지 불공정무역국으로 지목되는 협상의 우선 국가를 지정하게 되어 있고 이들이 미국과 18개월 기간 내의 무역협상에서도 불공정하다고 생각되는 무역장벽을 제거하지 않을 경우 미국은 이들 국가의 상품에 보복관세를 100%까지 부과하는 것으로 되어 있다. 이러한 보복관세는 GATT의 원칙을 무시한 일방적 관세인상 조치이다. 슈퍼 301조는 미국 관리들이 불공정 무역을 일방적(unilateral)으로 규정하게 되어 있고, 미국이 적절하다고 생각하는 해결 조치를 일방적으로 강요하게 되어 있어 GATT 규정에 여러모로 위배되는 것이 사실이다.

슈퍼 301조의 성격에서도 알 수 있듯이 1980년대 후반에 들어서면서 GATT체제에 균열이 오기 시작했고 더 중요하게는 더 이상 미국의 이해를 보장하지 못하게 되었다. ITO의 무산 사례에서도 볼 수 있듯이 미국은 자국의 이해를 대변하지 못하는 경우에 그러한 국제기구에 대한 지지나 참여를 거부해 왔던 것이다. 또한 GATT도 1980년대에 들어와 새로운 세계경제의 문제들을 해결할 능력을 상실한 것이 사실이다. 첫째로 GATT 창설 당시에 존재하지 않았던 새로운 형태의 교역들이 세계교역의 중요한 위치를 차지하기 시작했다. 그것은 서비스의 교역문제(예를 들어 증권업을 비롯한 금융업), 지적재산권문제, 투자문제 등으로서 GATT가 관할하지 못하고 있는 실정이었다. 두 번째로 미국의 이해가 깊숙이 관련된 농산물에 대한 보호무역 조치에 대해 GATT가 효과적으로 대처할 수 없게 되었다. 유럽공동체(European Community: EC)의 과도한 농업보조금, 일본을 비롯한 아시아 국가들의 농산물시장에 대한 보호정책 등은 세계 농산물시장의 과잉공급과 교역 왜곡을 가져온 것이다.

농산물 교역에 관한 미국과 유럽공동체 간의 갈등 그리고 자율규제 합의라는 형태를 통해 공공연하게 이루어지는 수량 규제 등 세계무역체제의 균열이 심해지면서 미국의 레이건 행정부는 1986년 9월 우루과이에서 GATT 특별총회를 열고 우루과이라운드를 정식으로 출범시켰다. 제8차 다자간 무역협상인 우루과이라운드는 목표 연도를 1990년 말로 설정했지만 시한 내 협상에 실패함으로써 1993년까지 협상 시한을 연장했다. 우루과이라운드에서는 도쿄라운드에서 합의에 이르지 못한 구(舊)쟁점들, 즉

▼**슈퍼 301조**　미국 종합무역법안의 301조, 즉 '미국 산업의 경쟁력 강화를 목적으로 하는 불공정무역관행에 관한 조항'인 301조는 1988년에 좀 더 신속하고 강력하게 보복할 수 있는 슈퍼 301조로 개정되어 1989~1990년 한시적으로 운용되다가 부시 행정부 아래서 폐기되었으나, 1994년 3월 클린턴 대통령의 행정명령으로 부활되었다.

관세 인하와 긴급수입제한 조치, 농산물에 대한 정부보조문제와 새로운 쟁점인 금융 및 통신과 같은 서비스 분야와 지적소유권문제, 무역관계 투자문제 등이 다루어졌다. 우루과이라운드 협상은 결국 농산물시장 개방문제를 둘러싸고 농산물 수출국인 미국과 케언스 그룹, 그리고 수입국인 유럽공동체와 한국, 일본 등의 입장이 엇갈려 난항을 거듭했다. 결국 미 의회가 1993년 3월로 마감되는 신속승인 절차(fast-track procedure)를 동년 12월 15일까지 시한을 연장시킴으로써 미국, 일본, 유럽공동체 및 캐나다 등 협상의 주요 대표들이 교착 상태에 빠진 회담 재개에 합의하고 공산품의 관세 인하에 극적인 합의를 이룩했다.

우루과이라운드의 타결은 세 가지 큰 의미가 있다. 첫째, 한시적인 역할만을 담당하려는 의도로 출범했던 GATT체제가 우루과이라운드 협상에 참여한 국가들이 국제무역관계를 더욱 효과적으로 담당할 수 있는 세계무역기구의 창설에 합의함으로써 더 많은 역할과 기능, 권한을 가진 국제기구로 출범하는 계기를 마련했다. 둘째, 자유롭고 공정한 무역관행을 정착시키기 위해 큰 폭의 관세율 인하와 여러 형태의 비관세장벽 축소 및 철폐에 국가들이 동의함으로써 국제통상이 증대할 수 있는 계기를 마련했다. 특히 비관세장벽에 대한 구체적인 조항들을 포함시켰다는 것은 국가들에 의해 종종 이용된 불공정 무역정책을 개선할 수 있다는 의미를 갖는다. 셋째, 우루과이라운드는 GATT체제가 다루지 못했던 부분에 대한 조항들을 포함시킴으로서 GATT체제를 보완하는 계기가 되었다.

▶ 케언스 그룹(Cairns Group)　　농산물 수출국 중에서 농산물 수출보조금을 지급하지 않는 나라들의 모임이다. 우루과이라운드가 시작되기 한 달 전인 1986년 8월에 공정하고 자유로운 세계 농산물 무역체제의 확립을 목적으로 결성되었다. 호주의 케언스에서 첫 모임을 가져 케언스 그룹이란 이름이 붙게 되었다. 이들은 우루과이라운드에서 농업보조금 및 농산물 수출보조금의 완전 철폐와 비관세 장벽의 관세화를 적극 주장해 상당한 보조금을 지급하고 있는 유럽공동체 등과 큰 견해차를 보였다. 회원국은 캐나다, 호주, 뉴질랜드, 아르헨티나, 브라질, 우루과이, 칠레, 콜롬비아, 인도네시아, 말레이시아, 필리핀, 태국, 헝가리, 피지 등 14개국이다.

4. WTO체제의 출범과 활동

우루과이라운드가 종결되면서 협상에 참여한 국가들은 국제무역을 관할할 새로운 국제기구의 필요성에 공감하며, 1995년 1월 1일 '더욱 자유롭고 좀 더 공정한 무역'이라는 표어를 걸고 세계무역기구(World Trade Organization: WTO)를 출범시켰다. WTO는 1948년부터 존속해 온 GATT의 조직 구조를 근간으로 탄생했다. 그러나 WTO는 GATT와 근본적으로 다른 몇 가지 특성이 있다.[1] 첫째, GATT는 엄밀한 의미에서 국제기구가 아닌 국제협정에 지나지 않는다. 따라서 체약국들이 GATT 협정에 위배되는 무역정책을 채택했을 경우에 이를 제재할 수 있는 조치가 결여되어 있다는 점에서 한계성이 있었다. 또한 국제협정이기 때문에 GATT는 사무국, 기구 운영 방식 및 재원조달 방법 등에 관한 규정을 갖추지 못하고 있었다. 반면 WTO는 회원국을 둘 수 있는 정식 국제기구로서 법적 제재를 갖추고 회원국의 무역관계를 관할할 수 있게 되었다. WTO는 무역정책검토기구(Trade Policy Review Body)를 설치·운영하는데, WTO의 무역정책 검토제도에 의하면 각 회원국은 무역 규모에 따라 정해진 일정 주기마다 자국의 무역정책과 관련된 제도에 대해 검토를 받게 된다. 전체 회원국 중 무역 규모 4위까지는 2년마다 검토를 받아야 하고, 5~20위의 국가들은 4년마다, 그 이하의 회원국들은 6년마다 검토를 받아야 한다. 무역 검토는 특별이사회에 의해 실시되며, 당해 국가와 WTO 사무국이 각각 작성한 별도의 보고서를 바탕으로 타 회원국들의 질의에 의해 이루어진다. 이러한 WTO의 무역정책 검토제도는 회원국들의 무역정책에 대한 투명성을 제고함으로써 다자간 무역체제를 강화하는 데에 중요한 역할을 한다. 조직적 측면에서 WTO의 또 한 가지 특징은 최고의 의사결정기구인 각료회담이 2년마다 정기적으로 개최된다는 사실이다. 이러한 정기적인 WTO 각료회담은 무역협정의 차질 없는 이행과 무역자유화의 확대를 위한 국내적 노력을 독려하는 효과도 있을 것이다. 둘째, WTO는 GATT가 종전에 다루지 않았던 의제들을 다루게 되었다는 것이다. 즉, 서비스 교역, 무역 관련 투자 조치, 지적재산권 보호 등이 새롭게 다자간 무역체제

---

1 WTO의 특성과 과제에 대해서는 박태호(1997)를 정리·보완했다.

의 영역 내로 들어온 것이다. 또 일괄타결원칙에 따라 우루과이라운드에 의해 탄생한 WTO는 종전의 공산품 무역은 물론 새로 편입된 서비스 교역, 무역 관련 지적재산권, 그리고 우루과이라운드 협상에서 도출된 여러 협정을 총체적으로 관할하는 하나의 다자간 체제의 틀을 제공할 수 있게 되었다. WTO의 세 번째 특징은 법적 구속력이 강화된 분쟁해결제도를 정립했다는 것이다. WTO는 여러 분야로 나뉘어 있던 분쟁해결 절차를 하나의 체제로 통합했다. 따라서 과거 GATT체제하에서와 같이 사안마다 자국에 유리하다고 판단되는 분쟁해결 절차를 찾아다니는 소위 '절차 쇼핑(forum shopping)'이 없어지게 되었다. 새로운 분쟁해결 절차는 각 절차를 명료하게 하고 시한을 설정하며 패널 보고서의 채택을 용이하게 하는 등 신속한 절차 규정을 설정했고 그 법적 구속력도 제고했다. 강화된 분쟁해결 절차의 핵심은 패널 구성과 패널 최종보고서의 채택을 거부할 수 있는 조건을 매우 까다롭게 했다는 것이다. 즉, 만장일치에 의해서만 패널 최종보고서의 채택이 거부될 수 있게 만든 것이 그 좋은 예이다. 또 분쟁해결기구(Dispute Settlement Body)에 강력하고 효율적인 집행권한이 주어져 분쟁해결이 효과적으로 이루어질 수 있게 되었다. 마지막으로 WTO는 명실상부하게 전 세계를 포괄하는 국제기구이다. 2023년 현재 164개국이 회원국으로 있으며 이것은 세계무역의 98% 이상을 포괄하는 규모로 WTO는 진정한 의미에서 전 세계를 대표하는 국제무역기구로 볼 수 있다.

5. WTO의 과제들

WTO는 싱가포르 각료회의의 개최 이후 몇 차례의 성공적 협상 타결로 명실상부한 세계무역의 관리기구로서 그 위치를 확고히 했다. WTO의 역할이 확대되는 것은 새로 떠오르는 무역 관련 쟁점들이 WTO체제 안에서 논의되고 있다는 점에서 나타난다. 예를 들어 환경과 무역과의 연계인 그린라운드(Green Round), 그리고 무역 사안과 기업의 정부에 대한 뇌물공여문제를 연계하는 클린라운드(Clean Round) 등이 WTO의 틀 안에서 다루어진다. 또한 회원국의 수도 점차 늘어나 2020년 현재 164개 국가가 회원국으로 가입해 있다. 그러나 WTO는 여러 가지 풀어야 할 과제들도 가지고 있다.

예를 들어 통고 의무의 이행이 매우 부진한 상태이다. 특히 보조금과 상계관세 조치에 대해서는 아직도 많은 나라가 자국의 보조금 관련 통고를 하지 않았고, 서비스와 관련해서는 제출 시한 내에 한 나라도 통고를 하지 않았다. 이러한 과제들과 함께 WTO가 효과적으로 활동하기 위해서는 해결해야 할 문제가 몇 가지 있다.

우선 WTO는 GATT와는 다른 국제기구이지만 의사결정 방식에서는 아직도 GATT의 컨센서스 방식을 고수하고 있다. 이것은 통상문제에 대한 주권, 특히 의회의 고유 권한이 제약받는 것을 우려했던 미국의 입장이 강하게 반영된 것으로 볼 수 있다. 미국은 컨센서스 방식을 통해 사실상 UN 안보리의 거부권 행사와 같은 효과를 거둘 수 있었기 때문이다. 즉, 의사결정에서 투표제도와 1국 1표제를 채택하면 미국은 164개 회원국 중 하나의 힘밖에는 행사할 수 없지만, 컨센서스 방식의 경우 많은 나라가 찬성하는 경우에도 끝까지 반대함으로써 컨센서스 도출을 막을 수 있어 사실상의 거부권을 행사할 수 있기 때문이다. 그러나 회원국의 수가 160개국을 넘어선 상황에서 이러한 컨센서스 방식은 지극히 비효율적이다. 다양한 이해관계를 가진 160여 개 이상의 국가가 합의를 이루어낸다는 것 자체가 상당히 어려운 일인 것이다. 최근 몇몇 전문가들은 WTO의 운영 방식을 IMF나 세계은행 식으로, 즉 주요 국가와 지역을 대표하는 이사들을 선임해 이사회를 구성하여 운영하는 방식으로 개편할 것을 주장한다. 그러나 이러한 제안에 대해 교역 규모가 작은 다수의 WTO 회원국이 강하게 반대하고 있다. 이러한 의사결정 방식문제는 WTO가 효과적으로 운영되기 위해 해결해야 할 핵심적인 문제이다.

둘째, WTO의 강화된 분쟁해결 절차는 아이러니하게도 WTO의 장래에 대한 도전 중 하나이다. GATT의 분쟁해결 절차는 컨센서스식 결정 관행을 악용하여 분쟁 당사국이 이사회에서 패널 보고서의 채택에 끝까지 반대한다든지 패널리스트 선임에 대한 동의를 계속 지연시킨다든지 하는 고의적인 방해가 허용됨으로써 효과적이고 조속한 분쟁해결이 어려웠다. 또한 도쿄라운드 반덤핑, 보조금 상계관세 관련 사항의 경우 도쿄라운드 협정에 별도 분쟁해결 조항이 있어서, 분쟁 당사국이 도쿄라운드 협정에도 가입하고 있는 경우 GATT의 분쟁해결 절차와 도쿄라운드 협정 분쟁해결 절차 중 유리한 쪽을 선택(forum shopping)하는 문제도 있었다. WTO는 이러한 GATT 분쟁해결 절차의 한계를 개선하고자 통일된 분쟁해결제도, 시간 구속적 분쟁해결 절차

(한 절차에서 일정 시간이 지나면 자동적으로 다음 단계로 넘어가는), 패널 보고서의 자동 채택 및 상소제도 등을 도입했다. 특히 당사자의 방해로 패널의 진행이 지체되지 않도록 패널 진행 단계별로 시한을 설정했으며, 패널 보고서의 채택에서 분쟁해결기구가 이를 컨센서스로 기각하지 않는 한 자동 채택되도록 함으로써, 신속하고 효율적인 패널 진행을 도모했다. 이러한 강화된 분쟁해결 절차는 그러나 국가들의 주권을 제약하는 측면이 있다. 미국의 클린턴 정부는 밥 돌(Bob Dole) 상원 원내총무의 우루과이라운드 이행법안 지지 약속에 대한 대가로 WTO 패널에서 미국이 3회 연속 패소하는 경우 WTO 탈퇴를 검토한다는 '삼진아웃(three-strike out)' 법안에 공화당 측과 합의한 바 있다. 즉, 강화된 분쟁해결 절차는 WTO의 효율적 운영에 중요하지만 다른 측면에서는 주권이 제약되는 것을 두려워하는 주요 국가들의 WTO에 대한 거부를 불러올 수 있는 측면도 존재한다는 것이다.

분쟁해결이라는 측면에서 WTO는 또 하나의 위기에 처해 있는데 그것은 WTO의 무분쟁 해결 능력이 기대에 못 미치고, 또 WTO의 중재 결정을 국가들이 무시하는 경향이 거세지고 있다는 것이다. 즉, WTO의 권위가 위협받고 있는 것이다. 1999년 7월 WTO가 EU의 미국산 '호르몬 쇠고기' 수입금지 조치가 잘못되었다고 판정하자 EU는 "미국, 캐나다산 쇠고기 수입금지 조치를 해제할 용의가 전혀 없다"라고 선언했다. 또 미국과 EU 간의 바나나를 둘러싼 무역 분쟁에서도 WTO가 미국 측의 승리로 판정한 데 대해 프랑스는 받아들일 수 없다고 이의를 제기하고 나섰다. 또 WTO의 분쟁해결 기능도 한계가 있다. 제소된 반덤핑 관련 분쟁이 모두 해결되는 것은 아니며 그 속도도 양측이 상반된 입장인 경우 매우 느리다.

마지막으로 최근 거세게 불고 있는 지역주의 경향은 WTO 발전의 위협 요소이다. GATT에서는 GATT가 출범할 때 이미 영연방을 비롯한 많은 지역블록이 형성되어 있어서, 비회원국을 차별하는 지역주의가 GATT의 무차별주의와 정면 배치됨에도 불구하고 GATT는 이를 현실로 받아들이고, 제한된 정도로나마 지역주의를 규제하기 위한 지역협정 조항을 제정했다. GATT 제24조는 지역협정을 자유무역지대, 관세동맹, 잠정협정의 세 가지 유형으로 분류하면서 지역협정 체결로 무역제한의 정도가 강화되지 않을 것임을 분명히 하고 GATT의 통보 및 검토 작업반 설치 등 일정한 조건하에서만 무차별주의적 예외를 인정했다. 그러나 현실적으로는 거의 모든 WTO 회원국이 각종 지역협정에 가입되어 있으며, 미국 역시 NAFTA라는 배타적 지역주의를 이끌고 있는 실정이다. 이렇게 양산되고 있는 지역협정에 대한 효과적인 통제가 이루어지지 않음으로써 지역주의가 배타적인 무역블록으로까지 확대될 위험성이 있었다. 이러한 문제를 해결하기 위해 WTO는 지역협정의 역외 국가들에 대한 경제·무역효과 검토 기능을 강화하고 역외 국가들에 대한 불이익을 최소화하기 위해 1996년 1월 29일 WTO 일반이사회에서 지역협정의 WTO 협정 일치 여부를 검토할 WTO 지역협정위원회의 설치를 결정했다.

6. 도하개발어젠다와 WTO의 미래

1995년 WTO가 창설된 이후 첫 번째 다자간 협상인 뉴라운드(혹은 밀레니엄라운드)는 국제무역의 새로운 질서를 확립하고 초석을 다지는 협상이었다. 2년마다 열리는 WTO의 최고의사결정기구인 각료회의가 1999년 12월 미국의 시애틀에서 열려 뉴라운드의 주요 의제와 협상 방식, 협상 기간들을 명시할 각료선언문을 준비했다. 협상의 의제를 결정하기 위해 회원국들이 협상의제 제안서를 제출했는데, 이 제안서들은 관세 인하, 반덤핑, 지적재산권, 서비스, 농업 분야 등 다양한 의제를 포함하고 있다. 그러나 의제 결정을 놓고 다양한 국가군이 대립해 왔고 각기 자국의 이해를 극대화하는 방향으로 의제를 결정하기 위해 여러 가지 노력을 기울였다. WTO의 마이크 무어 (Mike Moore) 사무총장은 뉴라운드의 우선순위로 ① 무역자유화 증진, ② 저발전국가들의 무역체제로의 통합, ③ '세계적' 국제무역체제의 확립, ④ 무역과 타 사안들의 연계 고리 설정 등을 들었다(김석우, 1999: 9). 여기서 무역과 다른 사안들의 연계는 주로 환경, 건강 기준, 인권, 여성의 지위와 무역을 연계시키는 것이다. 뉴라운드는 1999년 12월 시애틀 각료회의에서 출범을 선언할 예정이었으나 의제를 합의하지 못함으로써 출범이 무산되었다. EU와 일부 아시아 국가들이 뉴라운드 연기의 필요성을 제기했고, 걸림돌로 작용할 것으로 예상했던 의제들(노동-무역 연계, 반덤핑관세, 농산물 개방 등)에서 회원국 간의 합의가 이루어지지 못했기 때문이다.

뉴라운드 출범이 무산된 사태에서 보이듯이 뉴라운드의 가장 큰 장애는 선진국과 개도국 간의 갈등, 그리고 글로벌화를 추진하는 국가들과 거기에 저항하는 국가들 간의 갈등이다. 개도국들은 자신들의 주요 수출품인 농산물시장의 개방을 원하고 있지만 유럽의 경우 이러한 농산물시장 개방과 보조금 폐지 등에 반대한다. 또한 개도국들의 반덤핑관세 의제 포함 요구는 미국을 비롯한 선진국들이 반대하는 실정이다. 서비스 사업에 대한 무역자유화도 선진국과 개도국 간의 첨예한 갈등이 벌어지고 있는 분야이다. 이와 함께 전 세계 단일시장을 목표로 무역의 글로벌화를 추진하고 있는 미국과 이에 대해 소극적인 국가들(개도국, 일부 유럽 국가들 등등) 사이의 갈등도 뉴라운드의 출범을 어렵게 했다.

2001년 11월 카타르의 도하에서 열린 제4차 WTO 각료회의에서 뉴라운드의 협상 개시를 선언함으로써 1999년 12월 시애틀에서 출범하려다가 실패한 뉴라운드가 공식적으로 시작되었다. 그러나 WTO는 '뉴라운드'라는 명칭 대신 개발도상국의 관심을 반영하는 도하개발어젠다(Doha Development Agenda)라는 명칭을 쓰기로 했다.

도하개발어젠다의 주요 쟁점은 첫째, 서비스시장 전면 개방이다. 여기에는 법률·교육·의료시장과 더불어 유통, 통신, 건설, 에너지 등이 망라되어 있다. 둘째, 농산물 관세와 보조금문제이다. WTO는 농산물에 대한 관세를 인하하고 보조금을 지급하는 나라들이 보조금을 줄여야 한다는 입장이다. 셋째, 임산물, 수산물도 공산품처럼 관세를 낮추는 문제이다. 넷째, 반덤핑 조치의 남용을 막기 위한 기존 협정의 개정 문제이다. 마지막으로 환경보호정책을 통한 무역 규제를 어떻게 할 것인가에 대한 문제이다.

2020년 현재 도하개발어젠다는 타결을 보지 못하고 좌초될 지경에 처해 있다. 도하개발어젠다의 협상이 장기화되면서 타결의 모멘텀을 찾지 못하고 있는 이유는 크게 두 가지로 볼 수 있다. 첫째, 협상 타결을 이끌어야 할 미국과 유럽의 경제적 상황이 어렵다는 것이다. 유로존의 경우 금융 및 재정 위기에 시달리고 있고 미국 역시 2008년 글로벌 금융위기 이후 실업문제와 재정 위기 등을 겪고 있어 다자무역체제에 대한 관심을 기울이기 어려운 상황이다. 둘째, 달라진 국제경제질서로 인해 선진국 중심의 무역 규범을 바탕으로 추진되어 온 다자무역협상이 쉽사리 타결되기 어렵다. 중국, 인도, 브라질 등 신흥경제국들의 위상과 역할이 강화되면서 개발도상국의 개발문제를 고려하지 않는 무역자유화에 대해 후진국들은 매우 소극적 입장을 보이고 있다.

기존의 통상규범이 신흥경제국들에게 어필하지 못하고 있으며 그 이유는 기존의 통 상규범이 이들의 달라진 위상을 반영하지 못하기 때문이다.

도하개발어젠다가 교착 상태에 빠지면서 두 가지 흐름이 나타나고 있다. 하나는 협 상전략의 변화이다. 모든 협상 이슈를 일괄 타결하는 방안보다는 무역 원활화와 같이 조기 합의가 가능한 '소규모 패키지'를 구성해서 다루려는 전략이다. 덜 민감한 이슈 를 먼저 다룸으로써 상호 신뢰를 회복하고 추후 통상 협상의 추진력을 확보하려는 것 이다. 또 하나는 도하개발어젠다의 틀에서 벗어나 필요한 통상 협상들을 추진하려는 움직임이다. 도하개발어젠다로 상징되는 다자간 무역협정에 대한 대안을 찾으려는 움직임은 국제무역질서에 중요한 변화를 가져오고 있다. 가장 큰 변화는 FTA와 같은 특혜무역협정들이 급속도로 늘어나고 있는 것이다. 무역자유화가 지체되면서 경제적 이해관계가 부합하는 국가 간의 양자 무역협상 또는 경제블록 추진이 점차 증가하며 지역주의가 확산되었고, 역외 국가가 받게 될 반사적 피해를 입지 않으려는 국가들이 이러한 흐름에 합류하면서 FTA 체결이 더욱 가속화되고 있는 것이다. 거기에다가 최 근의 지역무역협정은 과거보다 훨씬 진화하여 새로운 무역규범을 수립하는 역할도 하고 있다. 특히 거대지역무역협정(mega regionl trade agreement)은 상품교역의 확대를 넘어 서비스 교역 및 지역 생산망 및 글로벌 가치사슬의 활성화를 위한 기반을 마 련하고 있다. 이러한 점 때문에 거대지역무역협정은 다자무역체제 발전을 저해하 는 걸림돌이 아니라 디딤돌이 될 수 있다는 견해들이 등장하고 있다. 또 하나의 대 안은 다자무역협상의 일괄타결 방식의 예외로서 복수국 간 무역협정(plurilateral trade agreements)이 주목받고 있다. 이것은 WTO 회원국 중 무역자유화 증진에 뜻을 같이 하는 일부 회원국 간 타결되는 복수국 간 무역협상 방식이다. 이미 GATT체제하에서 그리고 WTO체제에서도 복수국 간 무역협정이 존재해 왔다. 다양한 방식의 복수국 간 무역협정 방식이 존재하는데 전체 회원국을 대표하지는 않으나 충분한 수의 회원 국이 공동의 협력 방안에 동의하는 경우 이를 채택하는 의사결정 방식인 크리티컬 매 스(critical mass) 방식과 WTO 설립협정 부속서 4에 포함된 복수국 간 무역협정의 의무 와 혜택은 협정에 가입한 회원국에게만 적용하는 부속서 4 방식 등이 있지만 서로의 장단점이 있어 양자를 보완하는 새로운 대안에 대한 연구들이 진행되고 있다.

다자무역체제에 대한 또 하나 중요한 도전은 WTO에 대한 미국의 지지와 헌신이 약화되고 있다는 것이다. 트럼프 대통령 집권 이후 WTO로 대표되는 다자무역체제에 대한 미국의 불만은 공공연하다. 미국의 2017년 대통령 통상정책의제 보고서는 미국이 사실상 WTO를 포기하고 양자협상에 기반한 일방주의적 무역정책을 펴는 것을 고려하고 있는 것으로 보인다. WTO에 대한 미국의 불만을 가장 상징적으로 보여주는 것은 2019년 12월 미국이 WTO의 상소기구가 제 기능을 다하지 못하고 있다고 인식하고 상소기구 위원을 선임하지 않으면서 상소기구 자체가 기능이 마비되도록 방치하고 있는 것이다. 이와 함께 미·중 간의 경쟁이 격화되면서 세계 경제 1, 2위 국가인 미국과 중국이 WTO의 규범을 무시하고 무역전쟁을 벌이고 있다. 미국은 중국산 제품에 대한 고율의 관세를 부과했고 현재는 수출입 통제와 같은 수단을 통해 기술안보 기술패권을 유지하려 하고 있다. 반도체, 핵심광물 등에 대한 글로벌 공급망에서 중국을 배제한 뒤 우호적인 국가들과 함께 신뢰가치사슬을 구축하고 있는데 이러한 전략은 필연적으로 보호무역적 통상정책을 동반한다. WTO에 호의적인 EU가 브렉시트로 인해 무역장벽 철폐, 시장통합에 대해 단일한 목소리를 내지 못하고 국제무역 거버넌스에서 역할을 하지 못하는 것도 WTO에게는 부정적인 요인이다.

한국도 수출국가로서 다자무역질서의 가장 큰 수혜국이지만 동시다발적 자유무역협정정책을 추진하고 있다. 이러한 지역무역블록의 폭발적 증가가 WTO 중심 다자무역질서의 쇠퇴를 의미하는가에 대해서는 많은 논란이 있다. WTO는 무역협상을 추진하는 단순한 기능에 그치지 않고 새로운 규범을 만드는 기능, 합의된 규범의 이행을 강제하는 기능, 분쟁을 해결하는 기능 등 복합적인 기능을 수행하기 때문에 지역무역협정체제에 의해 대체될 수는 없다. 지역무역협정체제의 활성화가 결국 다자무역체제의 자유화를 선도할 것이라고 보는 견해도 있다. 다시 말해 두 가지가 서로 공존할 수 있다는 것이다. 결국 WTO와 자유무역협정 같은 지역무역협정들은 서로를 보완하면서 공존할 가능성이 크다. 그동안 WTO를 지탱해 오던 패권의 역할은 사라졌지만 WTO가 제공하는 편익이 존재하기 때문에 WTO에 대한 지지는 유지될 것으로 보인다. 그러나 WTO를 중심으로 한 다자무역체제는 디지털 전환, 기후변화, 미·중 기술패권 경쟁 등 급변하는 환경 변화에 대응하지 못하고 규범 제정 기능을 수행하지 못하고 있다. 그나마 2023년 들어 미국과 중국이 관계 개선을 추진하고 바이든 정부가 중국과의 디커플링(decoupling)을 디리스킹(derisking)으로 완화하는 움직임을 보이면서 양국 간의 무역·투자 협력의 가능성이 열리고 있다. 이러한 움직임이 미국의 보호무역적 통상정책에 근본적 변화를 가져올 것인가는 미지수이다. 패권안정론(hegemonic stability theory)이 제시하는 바와 같이 국제무역체제의 안정성 회복은 결국 미국이 자유무역 및 다자무역질서에 대해 얼마나 헌신할 수 있는가에 달려 있을 것이다.

■ ■ ■ 참고문헌

국제문제자료실. 2001. 「세계무역기구란 무엇인가?」. ≪국제문제≫, 통권 368호.

김석우. 1999. 「뉴라운드 협상의 정치경제론」. 한국정치학회 연례학술대회 발표논문.

_____. 1998. 『국제통상의 정치경제론』. 서울: 한울.

김승태. 1995. 「WTO 출범이 우리 경제에 미치는 영향과 우리의 대응 전략」. ≪서강경제논집≫,
        제24권.

박경서. 1995. 「석유자원의 국제정치경제」. ≪국제정치경제론≫. 서울: 법문사.

박태호. 1997. 「WTO체제와 국제무역체제의 주요 쟁점」. 『국제정치경제와 한반도』. 서울: 박영사.

이강빈. 1995. 「WTO 체제하의 분쟁해결제도에 관한 연구: 우루과이라운드 최종 협정문을 중심으로」.
        ≪무역학회지≫, 제20권, 1호.

이상환. 1995. 「미국과 동북아 삼국간의 무역분쟁: 패권안정이론과 잉여능력이론의 고찰」. ≪국제정
        치논총≫, 제35집, 1호.

이호철. 1997. 「WTO체제의 형성: 패권안정, 합리적 선택, 과두안정?」. ≪국제정치논총≫, 제37집,
        1호.

채   욱·서양배. 1999. 「WTO 뉴라운드의 논의 현황 및 전망과 한국의 대응방안」. ≪대외경제정책연
        구≫, 제3권, 1호.

Ryan, Michael P. 1994. "East Asian Political Economies and the GATT Regime." *Asian Survey*,
        vol.34, no.6.

15

국제통화·금융체제의 전개와 변화

Understanding International Relations: The Crisis of Liberal International Order and Global Relations

국제통화체제는 국제경제활동을 뒷받침하는 가장 중요한 요소 중 하나이다. 무엇보다도 안정적 국제통화체제는 국제무역의 원활한 흐름에 필수불가결하기 때문이다. 즉, 통화체제가 안정되지 못해 환율이 불안정할 경우 상품의 수입이나 수출 그리고 투자 결정이 어려워지고 따라서 경제활동이 위축되는 것이다. 미국이 전후에 GATT체제와 함께 IMF를 주축으로 한 브레턴우즈체제라는 통화체제의 수립에 주도적 역할을 한 것도 전후의 세계경제질서를 자유무역을 근본으로 하는 자유주의적 경제질서로 만드는 데 안정적 통화체제의 중요성을 인식했기 때문이다. 그에 못지않게 중요한 점은 국제통화체제가 각 나라의 국제수지 균형문제와 밀접하게 연결되어 있어서 이와 관련된 국내·국제정치적 측면에서 중요한 영향을 미친다는 것이다. 심각한 국제수지의 적자는 정부에 커다란 정치적 부담을 주며 국제수지 균형을 위한 정책들은 국내적 파급효과뿐만 아니라 다른 나라와의 마찰도 초래한다. 이러한 중요성 때문에 각 나라는 안정적인 국제통화체제를 수립하고 유지하려는 노력을 기울여왔다.

이 장에서는 국제통화체제와 국제무역문제, 그리고 국제수지 균형문제 등과의 연관성을 살펴봄으로써 국제통화체제의 정치적·경제적 중요성을 설명하고, 국제통화체제의 역사적 전개 과정을 분석함으로써 안정적 통화체제를 위해 각 국가가 노력하는 모습과 문제점을 살펴볼 것이다.

1. 국제통화체제의 중요성

국제통화체제라는 말 속에는 국제통화관계는 조정·관리되어야 한다는 의미가 담겨 있다. 즉, 국제통화관계가 각 국가의 무한한 자유 아래 있게 될 경우 생기게 될 국제적 혼란의 방지와 개별 국가의 심각한 국제수지 적자가 국제경제체제에 가져다줄 혼란을 방지하기 위해 국제통화 관계는 조정·관리되어야 한다는 것이다.

국제통화체제에서 중요하게 대두되는 문제는 다음 세 가지가 있다.[1] 첫 번째는 국제수지 균형문제이다. 한 국가의 국제수지 적자문제는 단순히 그 나라의 경제적 위기나 그로 인한 정치적 위기를 가져오는 데 그치는 것이 아니라 국제통화체제를 비롯한 국제경제체제 전체에 영향을 미치게 된다. 1930년대 대공황 직전의 경쟁적 자국 통화 평가절하가 결국 대공황을 촉발한 중요한 요인이 되었던 것을 기억할 때 국제수지 적자문제는 국제통화체제의 중요한 쟁점 중 하나이다. 이러한 국제수지 적자를 해결하기 위해 취할 수 있는 정책으로 우선 긴축정책(deflationary policy)을 들 수 있다. 이러한 정책은, 소비축소와 임금 및 상품 가격의 인하 등을 통해 수출을 촉진하고 수입을 억제함으로써 국제수지 적자를 줄이려 하지만 그 정치적 비용이 상당히 크기 때문에 채택되기는 어렵다. 특히 노동조합이나 내수를 위주로 하는 기업들의 반대는 가장 심각한 걸림돌이 된다. 이러한 정책은 또 외국으로부터의 반대를 초래하기도 하는데 미국이 1970년대 초 취한 일련의 경제긴축정책은 미국의 동맹국과 교역 대상국들의 심각한 저항을 유발했다. 또 다른 정책으로는 인위적 조치를 통한 수출의 증대와 수입의 억제를 들 수 있다. 관세의 부과나 수입쿼터의 부과 등을 통해 수입을 억제하거나 보조금 지급이나 세금 혜택 등을 통한 수출 촉진책 등이 이에 속한다. 결국 이것은 보호주의 무역정책과 직결되는데, 이것은 타국으로부터 보복의 위험을 항상 내포하고 있다. 그 밖에 미국처럼 그 정치적 힘을 이용해 서독과 일본에 일정량의 자국의 제품 구입을 강요해 이들 국가에 대한 무역적자를 상쇄시키려는 정책을 펴는 나라도 있다. 국제수지 적자 조정을 위한 또 하나의 중요한 수단은 환율조정이다. 이것은 자국 화

---

1 Blake and Walters(1983)를 요약·보완했다.

폐의 평가절하나 흑자국 화폐의 평가절상을 통해 자국 상품의 경쟁력을 제고시켜 국제수지 적자를 축소하려는 전략이다. 미국이 1971년과 1973년 달러화의 평가절하를 단행한 것과 1985년 플라자 합의에 의해 달러에 대한 엔화의 가치를 절상한 것들이 그 예이다. 이 중 특히 자국 통화의 평가절하는 평가절하의 경쟁을 통한 국제통화질서의 교란과 세계경제의 혼란을 가져올 수 있기 때문에 이를 통제하는 것은 국제통화체제의 중요한 역할 중 하나가 된다. 마지막으로 국제수지 적자가 일시적인 현상인 경우 보유금을 사용하여 국제수지 적자를 메우는 방법이 있다. 이 방법은 보유금의 크기가 크지 않으면 사용할 수 없는 방법이다. 미국은 제2차 세계대전 이후 1960년대까지 이 방법을 주로 사용해 왔다. 리처드 쿠퍼(Richard Cooper)가 지적한 대로 각 국가가 어떠한 조정 방법을 사용하는지 여부는 그 국가의 내부적 정치 상황이나 국제관계에 따라 달라지는 것이다. 그러나 어떤 조정 방법이든 간에 그것이 국내는 물론 국제관계상의 정치적 문제를 유발한다는 것을 주목해야 한다.

국제통화체제의 두 번째 쟁점은 달러와 같은 국제통화의 유동성(liquidity) 문제, 즉 충분한 양의 국제통화가 공급되어야 한다는 것이다. 보유금의 부족을 겪는 나라는 국제경제활동에 제약을 받게 되고 이것이 여러 나라에서 나타날 경우 세계경제는 심각한 타격을 입는다. 국제통화의 유동성 유지는 국제통화체제의 중요한 역할 중 하나다.

마지막 쟁점은 특정 국가의 경제 상황과 관련한 국제통화체제의 안정성 문제이다. 한 국가의 만성적 재정적자나 경제위기 등은 그 나라 통화의 신뢰도를 떨어뜨리게 된다. 만일 이러한 일이 국제통화(달러, 엔, 마르크 등)를 보유한 국가에서 일어나면 국제통화체제 전체에 혼란이 오게 된다. 예컨대 국제통화 간의 환율이 급격하게 변화하면 국제경제활동이 심각하게 제약받는다. 또한 약한 통화를 강한 통화로 교환하기 위한 국제통화의 대량 매매는 국제통화체제의 위기를 초래할 수도 있다.

▶ **플라자 합의(Plaza Agreement)**　　미국의 무역수지 적자가 확대되면서 미국·영국·프랑스·일본·서독 5개국은 이 문제를 인위적 환율조정을 통해 해결하기 위해 1985년 미국 뉴욕의 플라자 호텔에서 비밀리에 만나 고평가된 달러화의 가치를 내리기로 결정했다. 플라자 합의에 의해 일본 엔화와 서독 마르크화의 달러화에 대한 가치를 절상시켰다. 이 합의 이후 엔화의 가치가 폭등하여 일본 제조업체의 해외 이전이 빠르게 이루어졌다.

여기에서 강조하려는 점은 국제통화체제는 국제경제체제 전체의 안정에 필수불가결한 부분이기 때문에 이를 안정시키기 위한 노력은 계속되어 왔다는 것이다. 제2절에서는 국제통화체제의 역사적 전개 과정에 대해 알아보기로 한다. 여기서는 특히 전후 국제통화체제를 이끌어온 미국의 역할에 중점을 맞추어 살펴볼 것이다.

2. 국제통화체제의 역사적 전개

1) 브레턴우즈 이전의 국제통화체제

본격적인 국제통화체제의 시초를 언제로 볼 것인가에 대해서는 여러 견해가 있을 수 있지만, 일반적으로 1870년경 영국의 파운드화를 기초로 한 금본위제가 확립된 것을 그 시작으로 본다. 이 시기에는 세계의 중요 통화가 고정률로 금에 연동된 고전적 금본위제가 유지되었다. 그러나 실제로 이 시기는 영국의 파운드화가 영국의 경제적 힘에 의해 뒷받침되고 모든 국제무역과 지불에 사용되는 금-파운드화 본위제였다고 볼 수 있다. 이 시기의 국제통화체제는 팍스 브리태니카의 우산 아래에서 고도로 통합된 국제통화 및 금융체제가 유지된 시기였다. 벤저민 코헨(Benjamin Cohen)은 이 시기를 국가의 독립 추구와 안정적인 국제적 지불수단 확보라는 초국가적 목표가 영국이라는 패권자(hegemone)에 의해 조화롭게 추구되던 시기였다고 평가한다. 제1차 세계대전 발발과 함께 고전적 금본위제는 소멸되고 기존의 고전적 금본위제를 유지하면서 금의 부족을 해결하기 위해 금 교환 본위제(gold-exchange standard)가 시도되었다. 이 시기에는 금은 제도적으로 런던과 같은 금융 중심지에 집중되었고, 다른 국가들은 파운드화같이 금태환성이 있는 통화를 사고파는 방법으로 자국의 환율을 유지했다. 그러나 결국 이 시기의 국제통화체제는 실패한 실험으로 끝나버렸다. 1930년대에 각 나라는 자국의 실업과 적자를 해결하기 위해 경쟁적으로 평가절하를 단행했고 미국·영국·프랑스 간의 3자 합의(Tripartite Agreement) 같은 상호 통화안정 노력도 큰 효과를 거두지는 못했다.

2) 브레턴우즈체제

제2차 세계대전이 끝나갈 무렵 미국을 비롯한 44개 국가는 새로운 국제통화체제의 수립을 위해서 미국 뉴햄프셔주에 모였다. 이들은 1930년대의 경제적 민족주의, 즉 경쟁적 평가절하, 경쟁적 통화블록의 형성, 국제적 협력의 부재 등이 경제적 파국뿐만 아니라 전쟁의 원인이 되었다는 데 인식을 같이하고 국제통화관계를 단순히 시장 기능에 맡기는 것이 아닌 각 국가의 정부가 협력해서 공식적으로 국제통화체제를 관리하기로 결정했다. 이 체제는 미국의 주도적 역할을 기본으로 한다. 미국은 1930년대의 경제파국이 국제통화체제에 대한 지도력을 발휘할 나라가 없었기 때문에 일어난 것이라고 믿었다. 그리고 자유주의 국제경제질서의 확립을 위해서는 안정적 국제통화체제가 필수적이며 자신만이 이를 추진할 능력을 가지고 있다고 생각했다.

브레턴우즈체제의 핵심은 국제통화기금(IMF)과 국제부흥개발은행(International Bank for Reconstruction and Development: IBRD)〔또는 세계은행(World Bank)〕이라는 2개의 기구로, 이들은 국제체제의 중앙은행 역할을 수행했다. IMF는 1944년 44개국이 88억 달러를 각국의 능력에 따라 출자했다. 가맹국은 국제수지의 조정을 위해 할당액의 125% 한도에서 대출을 받을 수 있다. 이 기금의 대여 조건은 매우 까다롭고 대여 국가는 IMF의 감독을 받아야 한다. IMF은 할당 액수에 따라 투표수가 늘어나는 가중투표 방식을 채택함으로써 전체 할당액의 20%를 차지하는 미국의 영향력은 절대적이다. IBRD, 즉 세계은행은 신속한 전후 복구를 위해 창설되었다. 세계은행은 채권을 발행하거나 민간대출에 보증을 서는 등의 활동을 통해 전후 복구를 지원했다. 세계은행도 그 자체로서 혹은 IMF과 연계하여 세계은행이 경제발전을 위해 바람직하다고 생각되는 정책을 채택하도록 제3세계 정부들을 설득하는 활동을 해왔다.

그 본래의 긍정적인 역할에도 불구하고 브레턴우즈체제의 이 두 기둥은 제3세계 국가들에게는 비판의 대상이 되어왔다. 이들 기구의 엄격한 대여 조건 외에도 부유한 선진국들의 이들 기구에 대한 영향력이 크고 이들 선진국은 대체로 채권국이기 때문에 세계은행이나 IMF이 채권국의 편에서 움직여왔다고 여겨지는 것이다. 또 이들 기구는 국내보조금, 자국산업 보호정책 등 신자유주의적 경제정책에 반하는 정책들을 취하는 국가들에게는 적대적인 자세를 취하는 등 제3세계 국가의 국내문제에도 영향을 미치려는 경향을 보여왔다.

브레턴우즈체제의 핵심은 고정환율제도이다. 국제통화기구에 가입한 회원국들은 자국의 통화를 달러화에 대한 상대적 가치로 평가함으로써 고정환율제를 채택했다. 또 금 1온스당 35달러로 미국 달러화의 가치를 정하고 달러의 금태환성을 보장했다. 브레턴우즈체제는 달러화를 기축통화로 하는 금본위제도로서의 고정환율제를 택하여 각국의 통화가 안정된 환율로 언제나 교환될 수 있고 달러화를 통해 항상 금태환이 가능하도록 만들어 주요 국가들의 통화가 안정적으로 국제거래에 통용될 수 있도록 했다.

이 체제에서는 환율의 안정을 위해 각국 정부의 개입을 요구하고 있지만, 이러한 브레턴우즈체제는 미국을 비롯한 다른 서방국가들이 기대했던 것같이 순조롭게 기능하지 못했다. 미국은 이 체제의 원활한 작동을 위해 3억 달러의 기금을 IMF와 IBRD에 제공했고 영국에도 막대한 금액의 차관을 제공하는 등 노력했으나 전쟁으로 인한 유럽 경제의 파탄으로 다른 국가들의 역할을 기대할 수 없었다. 미국의 도움에 의지하던 IMF와 IBRD는 유럽의 막대한 재정적자문제를 해결할 수 없었고, 결국 미국의 일방적인 지도력에 의지하는 달러본위제의 새로운 국제통화체제가 등장한다. 1947년 이후부터 미국은 국제통화의 유동성 문제와 국제통화체제에서 생기는 문제들(주로 재정적자문제)을 해결하는 기능을 본격적으로 수행하게 된다. 국내경제와 마찬가지로 국제경제체제에서도 화폐가 필요한데, 이 이전에는 금과 영국의 파운드화가 이러한 기능을 수행해 왔다. 그러나 늘어나는 국제교역과 투자로 인한 금 수요의 증가에 비해 금 생산은 불충분해졌으며 영국 경제가 쇠퇴하여 파운드화는 세계통화로서의 기능을 수행할 수 없었다. 미국은 강력한 경제력을 바탕으로 달러화의 금태환성을 보장함으로써 국제경제체제의 유동성 문제를 해결해 주었다.

여기서 언급해야 할 점은 조안 스페로(Joane Spero)가 지적한 대로 달러화가 미국의 경제력의 뒷받침을 받는다는 사실만으로 달러본위제의 성립을 설명할 수는 없다는 것이다. 미국이 엄청난 재정흑자를 통해 보유하고 있던 보유금이 미국 밖으로 나가 국제화폐로서 사용되어야 한다. 미국은 이를 위해 재정적자를 방임 혹은 조장하는데, 이러한 측면에서 미국은 막대한 금액의 원조를 서방 각국에 제공했다. 물론 이러한 조치는 미국의 안보상 이익과 밀접한 관련이 있다. 즉, 우방에 대한 군사원조가 국제통화체제의 유동성을 해결하기 위해 취해진 것은 아니지만 미국은 그러한 대량원조의 결과를 충분히 인지하고 국제수지 균형상의 불이익을 감수할 충분한 의도를 가지고 있었다는 것이다. 결론적으로 미국의 정치와 안보, 그리고 장기적인 경제적 이해와 우방 각국의 경제적 이해가 일치되는 방향으로 국제통화체제가 작동했던 것이다. 미국은 유동성을 제공하는 것 외에 자국의 국제수지 적자를 용인하고 유럽 및 일본의 재정적자문제를 해결하는 조정 역할도 수행했다. 유럽과 일본의 미국에 대한 보호주의적 무역정책을 용인하고 달러에 대한 차별적 조치를 취하는 유럽지불연합(European Payment Union)을 지원하는 등 조정자 역할을 수행했다. 이러한 미국의 역할로 인해 전후 통화체제는 1960년대 후반까지 안정적으로 운용되었고 이것은 전후 세계경제의 안정적 성장에 기틀이 되었다. 대공황의 발발을 설명한 킨들버거(Charles Kindleberger)의 패권안정이론이 주장하는 것처럼 미국의 패권적 역할이 전후 경제체제의 번영에 절대적 역할을 한 것이다.

3. 브레턴우즈체제의 위기와 몰락

1) 브레턴우즈체제의 변화: 미국 주도에서 다자간 협력체제로

미국의 패권적 역할을 기초로 한 브레턴우즈체제는 시작부터 문제를 내재하고 있었다고 할 수 있다. 미국의 국제수지 적자정책에 의존한 국제통화체제의 운용은 언젠가는 문제에 직면할 수밖에 없었던 것이다. 달러화의 해외 유출을 조장하는 미국의 국제수지 적자정책은 해외의 달러화 보유액을 급격히 증가시키게 된다. 해외보유 달

▶**패권안정이론** 국제정치·경제체제에서 패권국이 존재할 경우 그 체제는 가장 안정을 이룬다는 이론이다. 예를 들어 국제무역체제인 GATT체제는 미국의 패권이 확립되었을 때 가장 개방적이고 안정적이었으며, 미국의 패권 쇠퇴와 함께 각종 보호무역적 정책이 등장하는 체제의 불안정이 나타났다. 국제통화체제 역시 미국의 패권 쇠퇴와 함께 붕괴하기 시작했다. 패권의 존재가 체제의 안정을 가져오는 이유는 여러 가지가 있으나 패권은 자국의 단기적 이익보다는 체제의 안정에서 오는 장기적 이익을 위해 그 체제의 안정에 필요한 공공재를 공급한다는 것이다. 예를 들어 미국은 국제통화체제의 안정을 위해 자국의 재정적자를 감수하며 유동성을 계속적으로 공급했다.

러화가 1948년에 73억 달러에서 1959년에는 194억 달러로 늘어났고 1960년에 이르러서는 달러화의 해외보유고가 사상 처음 미국의 금 보유고를 초과하게 됨으로써 달러화의 금태환 능력에 대한 신뢰가 무너지기 시작했다. 미국의 국제수지 적자정책의 우산 아래에서 자신의 국익을 추구하던 서방국가들은 미국의 이러한 정책이 이제 달러화의 가치에 심각한 위협을 가함으로써 국제통화체제의 혼란을 가져올 수도 있다는 것을 인식하기 시작했다. 1960년 국제 환 딜러들이 달러화를 금으로 교환하면서 달러화의 기피 현상이 나타나고 미국이 단독으로 국제통화체제를 이끌어갈 수 없다는 인식이 확산되었다.

1960년 이후 미국의 세계은행 역할에 의지해서 해결해 온 국제통화의 유동성 문제에 대해 서방 각국의 역할이 증대된 것이다. 서방 각국은 달러화의 신뢰도가 떨어지는 상황에 대해 우려를 표시하며 미국의 재정적자를 개선함으로써 달러화의 신뢰를 회복하도록 미국에 요구하기 시작한다. 미국은 1963년 케네디 정부와 의회가 세금(interest equalization tax)의 부과를 통해 미국에서 돈을 빌리는 것에 대한 동기를 줄임으로써 달러화의 해외 유출에 제동을 걸었으며, 존슨 행정부는 미국의 대외투자에 제한을 가하는 조치를 취한다. 이러한 상황에서 미국을 비롯한 서방 각국은 유동성 문제에 대해 우려하기 시작했다. 즉, 미국이 자국의 재정적자문제를 해결하려고 할 때 그 결과로 유동성 부족문제, 즉 트리핀 딜레마가 대두될 것이라는 예상을 하게 된 것이다.

1962년 영국은 새로운 국제준비자산(international reserve assets)을 창출할 것을 제안하고 1965년 미국은 이를 위한 정책을 수립하면서 본격적인 다국가 간 협상이 시작된다. 5년여간의 협상 끝에 선진 10개국의 통화관계자들은 새로운 국제준비자산을 창출하기로 합의한다. 이 특별인출권(SDR)은 금과 달러화 그리고 다른 주요 국제통화가 세계경제의 유동성에 대한 수요를 충족시킬 수 없을 때 이를 해결하기 위해 만들

▶ **트리핀 딜레마**　경제학자 로버트 트리핀(Robert Triffin)은 다음과 같은 국제통화체제의 딜레마를 제시했다. 미국이 국제수지 균형을 엄격히 유지할 경우 세계 금융 준비의 원천인 달러화가 고갈되어 유동성 부족 문제가 생겨나고, 반대로 미국이 국제수지 적자를 계속 방치할 경우 미국의 금 보유량을 초과하는 달러화의 해외 과잉보유 현상이 야기되어 금과 달러화의 위기를 동시에 몰고 온다는 것이다. 이러한 딜레마는 특정 국가의 통화가 국제통화로 사용됨으로써 생기는 딜레마이다.

어진 것으로, 각국 중앙은행 간의 금융계정을 결제하는 데에도 사용할 수 있도록 했다. 1970~1972년에 약 100억 달러에 해당하는 특별인출권이 창출되어 각국의 IMF 할당액 내에서 필요한 국가들에 대출되었다. 특별인출권이라는 새로운 국제통화의 등장은 국제통화체제가 위기를 극복할 수 있는 자생력을 갖추었다는 것을 보여주는 것인 동시에 달러를 중심으로 안정적으로 운영되어 왔던 국제통화체제에 균열이 생기기 시작했음을 보여주는 징조이기도 하다.

2) 브레턴우즈체제의 위기

1960년대 이후 국제통화체제에 새로운 변화들이 나타나기 시작한다. 조안 스페로는 새로운 추세를 통화의 상호의존과 세계경제의 다원주의화로 대별한다. 1958년의 유럽통화의 태환성 회복과 1964년 일본 엔화의 태환성 확보는 국제금융활동의 폭발적 증가, 그리고 그로 인한 통화의 상호의존을 가져왔다. 다국적 금융기관의 증가로 상징되는 금융 및 생산의 국제화를 통한 대규모 자금의 국가 간 이동 그리고 유럽통화시장의 발달 등은 통화의 상호의존성을 강화시켰다. 이러한 새로운 현상에 따라 개별 국가의 통화관리는 어려워졌다. 예를 들어 그동안 개별 국가의 경제관리의 중요한 수단이었던 이자율은 새로운 환경에서 더 이상 효과를 발휘하지 못하게 되었다. 경기를 활성화시키기 위한 낮은 이자율은 오히려 높은 이자를 추구하는 동기에 의해 자본의 유출을 가져왔다. 이러한 상호종속성은 모든 국가에 영향을 미치지만 국제통화체제를 비롯한 세계경제의 관리자 역할을 담당하는 미국에는 커다란 제약이었다. 간단히 말하면 미국은 호의적 패권자(benevolent hegemone)의 역할을 하면서 생기는 여러 가지 국내경제상의 부작용(예를 들어 재정적자)을 해결하는 데 취할 수 있는 정책적 선택의 폭이 좁아졌다는 것이다. 예를 들어 이전에는 아무런 외부적 제약도 받지 않았던 경기부양책 같은 국내 재정정책도 인플레이션을 수출한다는 일본과 유럽 국가들의 반발에 직면했다.

통화관리를 어렵게 만드는 또 하나의 중요한 변화는 새로운 경제 강국들의 등장이다. 1960년대 중반에 들어와서 서독을 비롯한 유럽 국가들과 일본은 미국과 견줄 만한 경제 강국으로 등장했다. 이들은 국제통화체제에서의 미국의 독점적 위치에 대해 불만을 갖기 시작했다. 미국은 기축통화로서의 달러의 위치로 인해 많은 특권을 누리고 있었는데, 새로운 경제 강국들은 더 이상 미국의 그러한 특권을 용납하지 않으려는 태도를 보이기 시작한 것이다. 이러한 현상은 결국 전체 시스템을 관리하던 리더의 지도력이 손상되었다는 것을 의미하는 동시에 국제적 협력이 점점 어려워진다는 것을 의미한다. 이것은 또 위기가 나타났을 때 대처할 수 있는 체제 수준의 능력이 약화되었다는 것을 의미하는 것이기도 하다.

1968년부터 국제통화체제는 붕괴 조짐을 보이기 시작한다. 전후 국제통화질서의 근간인 브레턴우즈체제의 붕괴는 결국 미국이 더 이상 국제통화체제에서 지도력을 행사할 경제적 여력을 상실했다는 데 그 원인이 있다. 미국은 달러화의 신뢰도가 떨어지는 상황에서 기축통화로서 달러화의 위치를 유지하기 위해 다른 주요 통화의 평가절상을 요구했으며 국제적 파급효과를 고려치 않고 경기부양정책을 펴는 등 관리자로서의 기능을 포기하기 시작했다. 다른 주요 경제 강국들도 자국의 이익을 앞세우며 통화체제의 위기를 방관했는데, 독일과 일본은 자국 통화의 평가절상을 계속적으로 거부하고 대미 무역수지 흑자에 대해서도 아무런 조치를 취하지 않았다. 1971년 미국은 결국 무역수지 적자국으로 전락했으며, 금 보유액은 100억 달러인 반면 해외 보유 달러 액수는 800억 달러에 이르는 상황에 직면했다. 1971년 8월 15일 닉슨 대통령은 해외보유 달러화에 대한 대량 금태환 요구의 위험성과 달러화 기피 현상을 사전에 방지하기 위해 신경제정책(New Economic Policy)을 발표하면서, 달러의 금태환을 중지시키고 우방국가의 통화가치 재평가를 위한 압력 수단으로 관세부과 대상 수입품에 대한 10%의 부가관세를 부과했다. 이로써 브레턴우즈체제는 막을 내리게 되었다.

이러한 미국의 결정에는 그동안 미국의 정치적·경제적 혜택을 받은 서방진영 국가들이 국제통화체제의 유지에 비용을 부담해야 한다는 메시지가 담겨 있다. 1971년 12월, 국제통화질서 회복을 위한 첫 번째 다자간 국제 협상인 스미소니언 협정(Smithsonian Agreements)의 결과로 독일의 마르크화와 일본의 엔화 등 주요 통화가 평가절상되었다. 미국도 달러화의 가치를 10% 평가절하하는 데 동의했고 이에 따라 금의 가격도 변했다. 또한 국제통화질서의 안정을 회복하기 위한 새로운 규칙에 대한 다자간 합의가 이루어질 때까지 달러화를 대외준비로 대량 보유하던 국가들은 미국의 종용에 따라 그들의 보유 달러화에 대한 금태환을 요구하지 않고 보유하기로 동의했다. 닉슨이 역사상 가장 위대한 통화협정이라고 칭송한 이 협정은 단지 체제가 더욱 위기에 빠지는 것을 막았을 뿐 체제가 가진 근본적인 문제들을 해결한 것은 아니었다. 1973년 1월과 2월 새로운 통화위기가 발생하고 달러화의 10% 추가 평가절하도 무너져가는 고정환율제를 구하지 못했다. 1973년 3월 독일연방은행이 달러화와 고정환율제에 대한 지지를 철회함으로써 브레턴우즈체제는 완전히 붕괴되었다.

4. 새로운 세계통화질서의 모색

브레턴우즈체제의 붕괴 이전에 국제통화체제의 개혁을 위한 시도들이 없었던 것은 아니다. 1972년 G10의 10개국과 10개의 개도국 대표들이 모여 국제통화체제의 개혁을 논의했다. 이 위원회(The Committee of Twenty)는 특별인출권의 글로벌화폐로서의 역할 확대, 달러를 비롯한 다른 통화들의 역할 축소, 특정한 경우에 변동환율(floating exchange rate)을 인정하는 등 환율의 유연성 증대, 국제통화문제의 조정에서의 형평성 제고 등 국제통화체제 개혁의 일반원칙에서는 합의를 이끌어낼 수 있었다. 그러나 실제적 적용에서는 각국의 이익이 첨예하게 대립해 어떠한 합의도 이끌어낼 수 없었다. 이러한 와중에 브레턴우즈체제가 붕괴하여 적절한 유동성을 제공하는 것을 주 내용으로 하는 위원회의 계획은 무의미해질 수밖에 없었다. 설상가상으로 1973년의 제1차 석유파동은 국제통화질서에 또 다른 치명타를 가했다. 갑작스러운 유가의 대폭 인상은 국제통화의 순환(recycling)에 심각한 문제를 초래했다. 산유국들이 원유 수출로 벌어들이는 달러의 액수가 너무 크기 때문에 정상적인 순환 과정(비산유국의 상품이나 서비스 수입을 통해 달러가 순환되는 과정)을 통해서는 막대한 양의 흑자를 처리할 수 없었던 것이다. 이러한 문제는 원유 수입국들이 원유 가격 인상으로 인한 적자를 메우기 위해 산유국으로부터 돈을 빌리는 것으로 해결되지만, 이것은 개도국의 외채문제라는 새로운 국제적 경제문제를 초래하게 된다. 결국 20개국위원회는 고정환율제의 혼란과 국제적 인플레이션, 그리고 석유파동으로 인한 국제경제의 혼란 등으로 인해 국제통화체제의 개혁을 추진하기가 실질적으로 불가능하다는 결론을 내린다.

1975년 5대 통화 강대국(미국, 영국, 서독, 프랑스, 일본)은 잠정위원회(The Interim Committee)를 구성해 단기적 문제들을 해결함과 동시에 점진적 개혁을 추진한다. 1976년 자메이카에서 열린 IMF 회의에서 IMF 규약에 대한 2차 수정안을 마련하게 되는데, 이것은 국제통화체제의 다자간 관리로의 전환이라는 성격을 띠고 있다. 제2차 수정안은 많은 문제를 풀어내지 못했다. 달러에 대한 의존의 문제, 환율관리의 지침 마련 문제, IMF의 정책에 대한 국가 간의 협조 문제 그리고 국가 간의 협력을 제도화 하는 문제 등은 여전히 숙제로 남게 되었다. 특히 달러에 대한 국제통화체제의 의존 은 해결하기 어려운 난제였다. 여러 가지 노력에도 불구하고 달러는 국제통화로서의 위치를 계속 유지하고 있었다. 독일의 마르크화나 일본의 엔화 등은 국내적 영향을 두려워한 이들 국가의 반대로 진정한 국제통화로서의 역할을 맡지 못했다. 달러 외에 대안이 될 수 있는 금이나 특별인출권도 여러 가지 이유로 달러의 위치를 위협하지는 못했다.

1) 브레턴우즈 이후의 국제통화체제

자메이카 협정이 국제통화체제의 가장 큰 숙제인 유동성(liquidity)과 조정(adjustment) 문제를 해결하지 못하고 미국 또한 지도적 위치를 포기하면서 새로운 국제통화질서 를 모색하려는 노력이 생겨났다. 그러한 노력 중 최초의 것이 유럽통화제도(European Monetary System)이다. 높은 역내교역과 공동농업정책의 집행상 안정된 통화체제가 절 대 필요한 이들 국가는 환율안정을 위한 국내정책의 조정에 동의했다. 그러나 각 국 가의 인플레이션율과 경제 상황이 달랐기 때문에 국내경제정책의 자율성과 국제체제 의 안정이라는 두 가지 목표 간의 갈등은 해소될 수 없었다. 미국은 카터 행정부 시기 에 다자간 관리 위주의 정책을 펴면서 일본과 독일 같은 통화 강국의 협력을 요구하게 된다. 1978년 본(Bonn) 협정에서 7개국 정상들은 국제통화체제의 안정을 위해 정책 조정을 하기로 동의한다. 특히 독일과 일본은 미국의 요구대로 경제팽창정책을 펴는 것에 동의한다. 그러나 이러한 다자간 협력은 제2차 석유파동과 달러화의 위기 등 악 화되는 세계경제 상황으로 인해 위기를 맞는다. 미국은 레이건 행정부에 들어와서 국 내 정치·경제의 필요에 의한 경제정책과 일방주의적 방식으로의 전환을 취한다. 이

시기 미국은 달러화의 이자율을 높이고 긴축통화정책과 팽창적 재정정책을 폄으로써 인플레이션을 강력하게 통제하고 경제성장률을 높이는 성과를 얻었으나, 재정적자의 엄청난 증가와 달러화의 과대평가라는 문제에 부딪히게 된다. 1980~1985년 사이에 달러화의 가치는 일본의 엔화에 비해 21%, 독일의 마르크화에 비해 53%나 평가절상되었고 이로 인한 무역적자는 1300억 달러에 이르렀다. 레이건의 두 번째 임기가 시작되면서 일방주의적이면서 공급 측면에 비중을 둔 경제정책과 정책수렴(policy convergence)이라는 레이건 행정부의 기존 정책이 다자간 협력이라는 방향으로 다시 수정된다.

1985년 9월 미국·일본·독일·영국·프랑스 5개국은 미국 뉴욕의 플라자 호텔에 모여 세계경제의 회복, 국제통화체제의 안정, 특히 적정선의 환율 유지 등을 논의했다. 플라자 합의는 달러의 평가절하(특히 엔화와 마르크화에 대한)와 각국 경제의 부양을 그 주된 내용으로 하고 있다. 이러한 다자간 협력의 성공에 고무된 미국은 환율변동의 목표 범위(target zones)의 설정을 통한 고정환율제의 복귀를 시도한다. 또 1986년의 도쿄 정상회담에서는 '관리된 변동환율(managing floating)'로의 전환을 시도하기도 한다. 그러나 다른 나라들은 국제통화체제가 미국에 다시 의존하는 데 강하게 반발하고 결국 경제정책과 환율의 '개선된 감시(enhanced surveillance)'에 타협한다. 환율의 급격한 변화를 통제하고 통화 간 환율을 합의한 목표 범위 내에 묶어두기 위해 서방 경제 강국들은 그들 경제정책의 조정을 약속하게 된다. G7 같은 다자간 협의체의 등장과 위에서 언급한 여러 성과는 국제통화체제의 다자간 관리의 가능성을 보여준다. 그러나 다자간 협력체제의 가장 큰 문제는 세계경제문제의 원인과 그 처방에 대해 각 국가들이 전혀 다른 견해를 갖고 있다는 것이다. 미국은 일본과 독일 같은 경제 강국들의 경기부양책을 통해 미국의 무역적자와 과대평가된 달러화의 문제를 해결할 수 있다고 믿은 반면, 일본과 독일은 미국의 재정적자와 방만한 경제정책을 세계경제문제의 주 원인으로 보았다. 따라서 일본과 독일은 자국 통화의 평가절상이나 경기부양책에 반대하며 미국이 책임 있는 경제정책을 펼 것을 요구했다.

2) 1990년대의 국제통화체제: 국제통화질서의 위기와 개혁

1990년대의 국제통화체제는 변동환율제와 산발적인 국제통화위기의 두 가지로 특징지을 수 있다. 환율의 과도한 변동으로 규정될 수 있는 국제통화위기는 사실상 환율의 문제만이 아니라 국제무역상의 문제와도 밀접히 연결되어 있다. 1990년대 중반 국제통화의 위기, 즉 엔화 가치의 폭등과 달러화 가치의 폭락은 멕시코 페소(peso)화 위기가 직접적인 원인이지만, 달러의 과잉공급으로 달러화의 가치가 떨어지면서 세계경제의 구조적 문제인 미국의 경상수지 적자와 일본의 경상수지 흑자 누적이라는 문제가 다시 대두되어 국제통화위기가 심화된 것으로 볼 수 있다.

이렇게 볼 때 이 시기 국제통화위기의 주요한 요인은 미국과 일본 간의 국제수지문제와 관련된 국제적 순환문제, 그리고 변동환율제가 파생하는 문제로 나누어볼 수 있다. 특히 자본이 급격하게 국제화됨으로써 그에 따른 초국적 자본의 성장이 국제통화질서에 새로운 변수로 작용하며, 여기서 발생된 문제는 국제통화질서가 불안정해지는 주요 원인이 된다. 원래 변동환율제는 환율이라는 가격변수가 시장에서 결정되는 시장 의존적인 통화제도이다. 그러나 현재는 금융투자가들의 국제적인 금융투자가 시장보다 더욱 중요한 역할을 하고 있다. 즉, 시장이라는 가격기구에 의해 경제적 기초(economic fundamentals) 조건들(물가, 이자율, 재정적자 등)이 반영되어 환율이 결정되기보다는 국제적인 투기자본에 의해 환율이 인위적으로 결정된다.

국제통화질서 위기의 주원인인 환율의 급변성을 개선하기 위한 국제통화제도의 개혁에 대해 다양한 논의가 있어 왔다. 국제통화제도의 개혁안은 크게 두 가지로 나누어볼 수 있는데, 그 하나는 현재의 변동환율제를 개선해야 한다는 입장으로 브레턴우즈위원회가 제한하고 있는 목표환율대, 로널드 매키넌(Ronald McKinnon)이 주장하는 복수기축통화제, 쿠퍼가 주장하는 세계단일통화구상 등이 여기에 속한다. 변동환율제를 수정해야 한다는 두 번째 입장은 환율의 급변성(volatility)을 야기하는 국제자본이동에 대한 규제 등을 주요 내용으로 하며 제임스 토빈(James Tobin)이 주장하는 외환거래세가 여기에 속한다. 우선 세계단일통화안에 대해서 살펴보면 세계적 규모에서 단일한 공동통화를 계산단위, 지불수단 그리고 가치저장수단으로서 사용하고 세계중앙은행을 설립하여 공동통화를 관리하자는 개혁안이다. 이 개혁안은 그동안 국제통화체제에서 중요한 갈등점이 되어왔던 국가의 경제정책의 자율성과 국제통화체제의 안정이라는 두 가지 목표에서 각국의 화폐주권을 초국가적인 세계중앙은행에 양도하고, 금융정책도 세계경제의 경기를 안정시키고 인플레이션을 통제하는 데에만 사용하며, 대내균형 유지는 재정정책을 통해서 하도록 제안한다. 이러한 제안은 초국가적 자본에서는 환율의 안정이라는 유리한 환경을 제공함으로써 세계시장이라는 자본운동의 원활성을 보장하지만, 각 국가는 환율을 통한 대내균형이 불가능해지고 재정정책을 통해서만 대내균형을 이루어야 한다는 부담을 각국에 주게 된다.

반면에 변동환율제를 보완하는 외환거래세 같은 제안은 변동환율제의 순기능을 살리는 방향으로 통화제도를 보완하자는 입장이다. 특히 외환거래세 같은 제안은 현재의 국제통화위기를 국제적 과잉자본의 과도한 운동으로 보고 이를 적절히 규제하는 것이 최상의 방법이라고 보고 있다. 토빈은 자본, 그리고 금융의 국제화가 상당 수준 진전되어 있는 상황에서 외환거래세의 도입을 통해 국제금융 및 자본시장에서의 투기적인 단기자본이동을 규제해 변동환율제를 보완해야 한다고 주장한다. 그러나 이러한 방안은 세를 부과하는 것으로 투기적 자본이동을 어느 정도 억제할 수 있는지의 문제와(환율변동이 큰 폭으로 변화하는 상황에서는 과세 후의 이득이 세 부담을 훨씬 능가하므로) 보편적으로 세를 부과하기 위한 국제적 협조가 어렵다는 약점이 있다.

1944년 브레턴우즈체제가 출범한 이후 1970년대 말까지 국제통화체제는 미국의 헤게모니에 기초하고 있었다고 할 수 있다. 제2차 세계대전 이후 미국은 경제적 헤게모니를 바탕으로 세계시장의 통합을 추진하고 이를 위해 GATT체제를 기본으로 한 자유무역질서를 확립하며, 통화체제로 달러 가치를 금에 고정시키고 다른 통화의 가치는 달러에 고정시키는 사실상의 고정환율제를 확립시켰다. 그러나 브레턴우즈체제는 미국의 경제적 헤게모니가 위협받기 시작하면서 균열이 생긴다. 1960년대 말부터는 고정환율제가 미국 자본의 이익에 부합하지 않게 된 것이다. 우선 미국은 수출경쟁력 하락을 경험하게 되었고, 고정환율제는 더 이상 미국 자본의 수출경쟁력을 확보해 주지 못했다. 또한 미국의 경쟁력이 떨어지면서 국제수지균형을 이루어야 하는 압박이 거세졌고, 이러한 상황에서 고정환율제를 유지하는 것은 정치적으로 어려운 일이 되었다. 이러한 미국의 이해 변화에 따라 브레턴우즈체제는 붕괴하고, 그 이후 통화제도의 개혁 문제도 미국의 이해에 따라 변동환율제로 방향을 잡게 되었다. 변동환율제의 채택으로 미국은 경상수지 적자가 국내경제에 가하는 압력을 차단하여 대내균형에 주력할 수 있기를 바랐고 자본은 환율변동으로 수출경쟁력을 확보하려고 했다.

그러나 1980년대 이후 미국보다는 초국적 자본이 국제통화체제에 영향력을 행사하기 시작했다. 초국가자본은 자유로운 자본운동에 방해가 되는 변동환율제를 목표환율대라는 사실상의 고정환율제도로 전환하여 세계시장을 통일하려 하고 있다. 이러한 전환은 필연적으로 국가의 정책 자율성을 위협하게 될 것이다. 간략히 말하자면, 앞으로의 국제통화체제의 변화 방향은 초국적 자본의 이해와 국민국가 간의 이해가 어떠한 방식으로 조정되는지에 따라 달라질 것이다.

5. 미국발 금융위기와 새로운 국제금융 거버넌스의 모색

2007년 여름 미국에서는 서브 프라임 모기지(sub-prime mortgage) 사태가 발생했다. 이 사태가 발생하기 전 미국은 저금리로 인해 돈이 풀리면서 주택에 대한 투기 수요가 늘어나는 상황이 발생했다. 돈을 빌려 부동산에 투자하는 행태가 만연했고 신용 상태가 좋지 않은 사람은 높은 이자로 돈을 빌려 부동산에 투자했다. 그러나 경기가 후퇴하면서 돈을 빌려 집을 산 사람들이 이자를 내지 못하는 상황이 발생하게 된 것이다. 이러한 상황은 돈을 빌려준 금융기관의 부실로 이어지고 미국 금융 시스템의 위기 상황으로 발전했다. 이러한 서브 프라임 모기지 사태로 인해 2008년에 들어와서 미국의 제5위 투자회사인 베어스턴스(The Bear Sterns) 파산, 9월의 리먼브라더스(Lehman Brothers) 파산보호 신청과 함께 대형 금융기관의 파산 가능성에 대한 우려가 커지면서 은행 간 대출시장이 경색되고, 결과적으로 자금 중개 기능이 마비되어 기업금융이 얼어붙는 금융위기가 발생했다. 이러한 미국발 위기는 곧바로 세계적인 주식시장의 급락으로 나타나게 된다. 투자자들이 주식을 팔고 안전자산인 달러를 보유하려는 행태로 인해 주식시장이 급락하고 경제위기에 취약한 나라의 통화들은 그 가치가 폭락하게 된다. 금융위기는 곧바로 실물경제의 위기로 연결되어 세계적으로 소비의 감소, 수출의 감소, 실업률 증가가 나타났다. 이 과정에서 외환보유고가 바닥난 아이슬란드,

파키스탄은 IMF에 구제금융을 신청하기도 했다.

미국발 금융위기가 세계적 금융위기로 빠르게 확대된 것은 달러화의 국제통화로서의 지위와 국제금융시장에서 미국의 중심적 지위에 기인한다. 2008년의 금융위기가 미국에서 촉발된 것임에도 불구하고 미국은 안전자산으로 이동하려는 투자자들로 인해 주요국 통화에 대해 달러 강세를 유지할 수 있었다. 그러나 미국 금융시장의 위기가 발생하면서 미국의 금융시장 모델의 적실성이 도마에 올랐고 금융 부문의 규제완화와 개방화를 표방한 미국 주도의 신자유주의에 대한 비판이 대두하게 되었다.

세계적 금융위기 이후 세계 금융질서에 대한 개혁의 필요성이 대두되었다. 2008년 11월 15일 미국 워싱턴에서는 세계 주요국 정상이 참석한 G20 정상회의(Summit on Financial Markets and the World Economy)가 열렸다. 이 회의에는 기존의 세계경제 거버넌스를 담당하던 G8을 비롯하여 중국, 인도, 브라질, 멕시코, 남아프리카공화국, 한국, 호주, 인도네시아, 사우디아라비아, 터키, 아르헨티나 등 11개 주요 경제국과 EU 의장국이 참여했다. 이 정상회의에서는 금융개혁을 위한 5대 원칙으로서 투명성·책임성 강화, 건전한 규제 확대, 금융시장의 건전성 증진, 국제협력 강화, 국제금융기구 개혁을 제시했다. 제2차 G20 정상회의는 2009년 4월 2일 영국 런던에서 열렸고 영국과 브라질, 한국이 공동의장국의 역할을 수행했다. 이 회의에서는 4대 이슈별로 실무그룹을 구성했는데 4대 이슈는 ① 금융감독, 규제개혁, 투명성 강화, ② 국제협력 강화, 금융시장 신뢰 제고, ③ IMF 개혁, ④ 세계은행 개혁 및 국제개발금융기관(MDBs) 개혁이다. G20 정상회의는 국제경제문제를 다루는 새로운 거버넌스 메커니즘으로서 많은 기대를 받았다. 기존의 경제 강대국인 G8뿐만 아니라 각 지역의 주요 경제 강국 그리고 IMF, 세계은행, 금융안정포럼(FSF), UN의 대표들이 참여하여 공조와 협력을 통해 국제금융체제의 문제점을 해결하는 새로운 메커니즘으로서의 가능성이 주목을 받았던 것이다. 그러나 G20은 핵심 의제에 대한 주요 국가 간의 입장 차이가 너무 크고(IMF 개혁에 대한 유럽, 미국, 개도국의 견해), 참가국 수가 너무 많아서 합의를 이루기가 어렵다는 점 등이 문제로 지적되고 있다.

G20 정상회의 출범 이후 글로벌 금융 거버넌스 개혁에 대한 요구가 커졌다. IMF에 대해서도 선진국의 영향력을 줄이고 새롭게 떠오르는 신흥국들의 경제적 영향력을 반영하는 쿼터 조정이 있어야 한다는 목소리가 커졌다. 신흥국들은 선진국들이 기득

권을 유지하려고 현재의 각국 경제 비중을 쿼터에 반영하지 않고 있다는 볼멘소리를 내고 있다. 미국과 유럽 등 글로벌 위기를 초래한 선진국들이 쿼터 기득권을 유지하며 환율 보유액 적정성 평가 등에서 신흥국에 대해 엄격한 감시 강화 방안을 적용하고 있다는 것이다. 이에 따라 IMF는 2010년 신흥국 경제성장을 대폭 반영한 종합적 쿼터·지배구조 개혁안을 마련하고 2012년 10월 연차총회에서 발효하는 것을 목표로 동의 절차를 추진했다. 개혁안은 쿼터 규모를 두 배로 확충해 선진국에서 신흥·개도국으로 쿼터를 6%포인트 이전하는 한편 지명이사를 폐지하고 유럽의 이사직을 2석 축소하는 내용이다. 이에 따라 개혁안이 발효되면 한국의 쿼터는 1.41%에서 1.8%(16위)로 상향 조정된다. 개혁안이 발효되기 위해서는 쿼터 개혁은 70% 이상, 지배구조 개혁은 85% 이상의 동의를 받아야 하는데 미국은 2015년 12월에 와서야 개혁안에 동의하여 마침내 발효 요건이 충족되고 2016년 1월 26일에야 발효되었다. 쿼터 개혁의 발효로 중국은 전체 쿼터의 6.394%(투표권 6.071%)를 보유하고 쿼터 순위도 6위에서 3위로 상승했다. 중국 이외에도 BRICS 중 남아프리카공화국을 제외한 브라질, 러시아, 인도, 중국이 10대 쿼터 보유국에 진입했다. 또 2015년 11월 30일 IMF 집행이사회는 중국 위안화를 SDR 바스켓에 포함하고 이 새로운 SDR 바스켓을 2016년 10월 1일부터 발효시키기로 결정했다. 바스켓에서 위안화의 비중은 10.92%로 달러화, 유로화에 이어 세 번째로 높게 배정되었다. 어떤 통화가 SDR 바스켓에 포함되는 것은 그 통화가 국제 무역과 금융거래에서 중심적인 역할을 하는 것을 의미한다. 위안화가 기축통화로 사용되면 기축통화로서 미국 달러화의 사용이 감소하고 동시에 국제금융통화질서도 변화가 올 수밖에 없다.

미국이 IMF 개혁안과 위안화의 바스켓 편입을 지지한 것은 크게 두 가지로 나누어 볼 수 있다. 첫째 미국은 대중국 관여전략의 차원에서 위안화의 바스켓 편입을 지지한 것으로 보인다. 위안화의 국제금융통화에서의 부상은 불가피한 현실이고 이것을 체계적으로 포용하는 것이 미국의 장기적 이익에 부합한다고 본 것이다. 위안화가 국제화될수록 위안화는 시장의 힘에 의해 통제되고 그것은 중국을 더욱 자유주의 국제질서에 통합시키는 효과를 가져올 것이라고 판단한 것이다. 둘째, 현실적으로도 미국이 위안화 바스켓 편입이나 IMF 개혁을 거부할 수 있는 상황이 아니다. 미국은 이미 2010년 G20에서 합의된 개혁안을 마냥 지연시킬 수 없었고 중국은 AIIB, BRICS

NDB, CRA와 같은 금융통화기구나 메커니즘을 창설하며 미국을 압박했다. 또 전통적으로 IMF 내 미국과 유사한 입장에 있던 독일, 영국, 이탈리아, 프랑스가 중국 위안화의 SDR 바스켓 편입을 지지하고 미국의 반대를 무릅쓰고 AIIB에 가입함으로써 미국이 이것을 반대하기 어렵게 한 점도 있다.

6. 탈달러화 움직임과 전망

현재 국제통화체제에서의 화두는 탈달러화이다. 국제거래에서 달러를 사용하지 않는 거래의 비중이 점차로 커지고 있는 것이다. 이것은 달러가 가지고 있는 기축통화의 위치를 약화시키고 미국이 가지고 있던 이점들이 더 이상 작동하지 못하도록 할 수도 있다. 예를 들어 미국의 경제정책은 지금보다 훨씬 더 제한을 받게 될 것이다. 또 현재는 달러의 의존도가 매우 크기 때문에 달러화로 거래를 못하게 하는 미국의 경제제재가 효과적인 제재 수단이지만 달러 이외의 결제 수단이 일반화되면 그러한 미국의 정책 수단은 더 이상 효과를 거두지 못하게 될 수밖에 없다. 탈달러화를 가속화하는 세력들은 다양하다. 대부분 미국과 경쟁하는 강대국 그리고 중동 국가들 그리고 EU가 그들이다. 중국은 러시아와 함께 탈달러화를 이끌고 있다. 이들은 2008년 미국발 금융위기와 미국의 보호무역정책으로 인해 달러화에 대한 신뢰를 거둬들이고 있으며 특정 국가의 화폐인 달러가 전 세계 무역거래의 40% 이상, 그리고 전 세계 외환보유고의 60% 이상인 상황으로 생기는 미국의 통화 권력을 견제해야 한다고 생각하는 것이다. 중국과 러시아는 무역거래에 달러 대신 자국 화폐를 사용하고 있으며 그들이 속해 있는 BRICS는 자체 결제 시스템을 만들어 달러화에 대한 의존에서 벗어나려 하고 있다. 중국은 위안화의 국제결제를 가능하게 하기 위해 2015년 '중국 국제결제체제(China Cross-border Inter-bank Payment System: CIPS)'를 설립했다. EU는 무역과 에너지 거래에서 유로화 결제를 늘리기 위한 노력을 시작했다. 현재 유럽이 수입하는 에너지의 80%가 달러로 결제되고 있는 상황을 바꾸고자 하는 것이다. 유럽은 유로화 결제 시스템인 '인스텍스(INSTEX)'도 강화하고 있다. 인스텍스는 EU가 2019년 1월 역내 기업들이 미국의 이란 제재를 우회해 이란과 거래할 수 있도록 만든 기구다. 이란

431

산 원유나 가스를 수입하고 싶은 기업이 인스텍스에 돈을 내면 인스텍스가 대신 결제하는 식이다. 미국이 2018년 5월 이란 핵 합의를 파기하고 다시 이란 제재에 나서자, 이란과 계속 교역하고 싶어 하는 영국·프랑스·독일이 중심이 되어서 인스텍스를 만들었다. 인스텍스를 통하면 달러화로 표시된 신용장도 필요 없고, 미국이 사실상 장악하고 있는 국제은행 간 결제시스템(SWIFT)을 거칠 필요가 없다. 벨기에·덴마크·핀란드·네덜란드·노르웨이·스웨덴도 인스텍스 동참 의사를 밝혔다.

에너지 시장에서의 탈달러화 움직임도 매우 활발하다. 베네수엘라, 이란, 이라크 등 석유수출국기구(OPEC) 회원국이 원유대금 결제에서 달러를 배제하겠다고 선언했다. 중국은 2018년 상하이에서 위안으로 거래되는 원유 선물시장(상하이 국제에너지 교환시장)을 개설했다. 2020년 영국의 BP는 7월 초 중국에 이라크산 원유 300만 배럴을 인도하면서 중국 통화인 '위안화'를 받았다. 세계 주요 석유회사 중 원유를 '달러화'가 아닌 위안으로 거래한 첫 사례이다. 위안화가 원유시장의 결제 화폐가 된다면 위안화의 기축통화의 지위 역시 가능해질 수 있다는 면에서 매우 의미 있는 일이다. 국제 원유시장에서의 달러화의 독점적 사용은 1974년 미국과 사우디와의 합의가 전 OPEC 회원국에 확대됨으로써 계속되어 왔다. 이것에 균열이 오는 것은 14조 달러에 달하는 국제 원유시장의 규모로 볼 때 미국에는 심각한 위험이다. 세계 주요 기업이 원유를 위안으로 거래하면 중장기적으로 위안화 수요를 창출할 수 있다. 중국은 페트로위안(Petroyuan)을 발판으로 '위안의 국제화'를 이루겠다는 계획을 가지고 있다. 전후 미국의 경험을 보면 결국 패권이 통화의 국제화를 촉진하고 또 통화의 국제화가 패권을 강화하는 상호 강화적인 관계에 있다. 중국은 통화의 국제화를 통해 중국의 패권적 위치를 추구하고자 하는 것이다. 2023년 BRICS 정상회의에서도 회원국 상호 결제에 자국 통화 사용 조항을 공동성명에 포함시키면서 탈달러화 움직임에 가세했다.

그럼에도 불구하고 미국의 통화패권이 단기간에 쇠퇴하지는 않을 것으로 보인다. 아직도 대부분의 국가, 기업들이 달러를 선호하기 때문이다. 전 세계 외환보유고 2위인 유로화는 미국의 3분의 1인 20%에 머무르고 있다. 그러나 트럼프 대통령 집권 이후 미국의 일방적 경제정책에 대한 불신과 분노가 탈달러화를 가속화하고 있는 것으로 보인다. 그러나 2023년 2분기 세계 각국 외환보유고의 달러화 비중은 58.9%로 2020년 최저를 기록한 것과 비슷한 수치이다. 향후 이란, 베네수엘라, 터키처럼 미국과 불편한 관계에 있는 나라들의 탈달러화 움직임이 어떻게 될 건지도 주목해 볼 필요가 있다. 최근에 브라질이 달러화에서 벗어나 외환 다각화 추진을 발표했고 아르헨티나는 중국과 통화 스와프 협정을 맺어 IMF 차관 일부를 위안화로 상환하기도 했다. 하지만 베리 아이컨그린(Barry Eichengreen) UC 버클리 대학교 교수는 탈달러화의 움직임은 반미 정서나 중국의 달러 패권에 대한 도전에 의한 것이 아니며 (달러가 없어도 가능한) 디지털 결제 시스템의 확산이 중요한 요인이라고 주장한 바 있다. 국제정치적 요인과 관계없이 달러 지배력과 패권은 서서히 잠식될 것이라는 것이다.

■■■ 참고문헌

강선주. 2016. 「IMF에서 중국의 부상과 국제금융통화질서 전망」. 외교안보연구원. ≪IFANS 주요국제
　　　문제분석≫, 2016-10.

김영명 엮음. 1998. 『동아시아의 정치체제』. 춘천: 한림대학교 아시아문화연구소.

김왕식. 1999. 「한국의 외환위기의 원인과 발생과정」. 백광일·윤영관 엮음. 『동아시아: 동아시아
　　　위기의 정치경제』. 서울: 서울대학교 출판부.

김용복. 1999. 「한국경제위기의 원인과 처방: 쟁점 연구」. 한국정치학회 연례학술 대회 발표논문.

김진영. 2002. 「국제금융체제의 비판과 개혁의 모색」. ≪국제정치논총≫, 42집, 1호.

김태희. 1998. 「IMF한파 및 경제위기 극복의 길」. 한국정치학회 춘계학술대회 발표논문.

송주명. 1998. 「일본의 경제위기와 '봉합'의 정치적 대응: 정치경제체제의 변화 가능성과 대외경제정책
　　　의 방향」. 한국정치학회 연례학술대회 발표논문.

유현석. 1997. 「국제통화체제: 그 전개와 1990년대의 위기와 개혁」. 안병준 외. 『국제정치경제와
　　　한반도』. 서울: 박영사.

이동휘. 2008. 「G-20 정상회의의 국제정치경제적 의의와 향후 전망」. 외교안보연구원. ≪IFANS
　　　주요국제문제분석≫, 2008.11.28.

이종현. 1997. 「한국, 동남아 통화금융위기와 경제의 글로벌화」. ≪동향과 전망≫, 제36호(겨울).

이찬근. 1998. 『투기자본과 미국의 패권』. 서울: 연구사.

정진영. 2000. 「외환·금융위기와 동아시아 발전의 미래: 발전모델, 구조조정, 지역협력을 둘러싼
　　　논쟁을 중심으로」. ≪한국과 국제정치≫, 제16권, 2호(가을/겨울).

_____. 1998. 「한국외환위기와 IMF 처방」. ≪국제문제≫, 제29권, 6호.

차상우. 1995. 「국제통화위기와 국제통화제도 개혁안」. ≪동향과 전망≫, 제27호(가을).

최원기. 2008. 「미국발 금융위기의 국제 정치경제적 함의」. 외교안보연구원. ≪IFANS 주요국제문제
　　　분석≫, 2008.11.11.

한국정치연구회 엮음. 1998. 『동아시아 모델은 실패했는가?』. 서울: 삼인.

Blake, David H. and Robert Walters. 1983. *The Politics of Global Economic Relations*. Englewood
　　　Cliffs: Prentice Hall.

Cohen, Benjamin J. 2015. *Currency Power: Understanding Monetary Rivalr*y. NJ: Princeton
　　　University Press.

_____. 1977. *Organizing the World's Money: The Political Economy of International Monetary
　　　Relations*. New York: Basic Books.

Ichengreen, Barry. 2023. "How Global Currency End" Project Sysdicate 2023.9.11.

Spero, Joan E. 1985. *The Politics of International Economic Relations*. New York: Saint Martin's
　　　Press.

16

에너지와 국제정치

Understanding International Relations: The Crisis of Liberal International Order and Global Relations

1. 왜 에너지는 국제정치의 중요한 요소인가?

에너지는 국가경제의 핵심적 요소이다. 기술이 있고 높은 수준의 인력이 있고 또 좋은 원자재를 보유하더라도 에너지가 없으면 생산은 이루어지지 않는다. 세계 최대의 생산국가인 중국이 세계 1위의 석유 수입국이(2013년부터)라는 것은 에너지가 국가경제에 미치는 영향력을 극명하게 보여준다. 에너지는 또 국가안보의 핵심적 부분이다. 어떤 나라가 전쟁을 준비할 때 가장 먼저 하는 일이 에너지를 비축하는 것이다. 비행기가 뜨고 탱크가 움직이고 병력을 실어 나를 트럭을 움직이는 것은 연료이다. 따라서 에너지를 안정적으로 확보하는 것은 모든 나라의 가장 중요한 과제이다. 사실 아주 오래전부터 국가 간의 전쟁은 에너지를 확보하기 위한 것들이었다. 독일과 프랑스 간의 오랜 갈등관계의 핵심은 석탄이 매장된 라인란트이다. 일본이 진주만 기습을 통해 미국과의 전쟁을 시작한 것도 미국이 1939년 일본의 에너지 확보 라인을 차단했기 때문이다. 또 미국의 이라크 전쟁이 석유와 무관하다고 말하기 어렵다. 미국이 남중국해 지역에서 영토에 관한 권한이 하나도 없지만 남중국해 문제에 계속 관여하는 가장 큰 이유는 남중국해의 평화와 안정이 미국과 일본을 비롯한 많은 나라의 안정적 에너지 확보에 필수불가결한 조건이기 때문이다. 중국이 자국의 주장처럼 남중국해의 대부분을 장악한다면 중국의 자의적 결정으로 원유수송로가 봉쇄될 수 있고 중국은 이러한 능력을 통해 미국을 압박할 수 있기 때문이다. 최근 북극을 둘러싸고 일어나고 있는 미·중 및 북극위원회(Arctic Council) 국가들, 그리고 옵서버 국가들의 움직임은 북극에 매장된 에너지와 지구 온난화로 북극의 얼음이 녹을 경우 생겨날 북극 항로에 대한 관심 때문이다. 북극 항로는 에너지 수송로로서 매우 경제적인 루트가 될 수 있다는 전망 때문에 많은 나라가 북극 항로의 개방성과 영토 분쟁에 대한 법적 해결 메커니즘에 관심을 보이고 있다.

에너지가 국가 간 갈등의 원천이 되는 것은 물론 희소성 때문이다. 천연자원의 형태인 에너지는 유한하다. 이러한 희소성 때문에 모든 국가가 이것을 안정적으로 확보하기 위해 가용한 수단들을 동원한다. 합법적인 방법으로 에너지를 확보하는 것이 불가능해지면 무력이라는 수단도 불사한다. 에너지를 충분히 확보하면 국가의 부(아랍 산유국을 보라), 안보, 또 국제적 위상을 확보하는 데 용이하다. 반대로 에너지를 확보하지 못하면 빈곤, 에너지 부족으로 인한 안보상의 위협, 또는 다른 나라에 의존할 수밖에 없는 종속적 위치에 놓이게 된다. 따라서 모든 국가는 에너지 확보에 나서게 되고 이러한 경쟁이 국가들을 갈등으로 내몰기도 한다. 조금 더 강조해서 이야기하면 에너지는 국가들의 대외정책 방향과 다른 나라와의 관계를 설정하는 매우 중요한 요인이다. 에너지가 부족한 나라는 에너지를 확보하기 위한 여러 가지 방안이 대외정책 형성에서 중요한 역할을 한다. 미국이 이스라엘로부터 비판을 받으면서도, 그리고 비민주주의적인 정권들을 지원한다는 국제사회의 비판에도 불구하고 중동의 산유국들과 친밀한 관계를 유지하는 대외정책을 유지해 온 것은 에너지의 안정적 확보라는 요인 때문이다. 중국을 비롯한 많은 경제대국들이 아프리카 국가와 외교적 관계를 강화하는 이유도 자원 확보가 가장 큰 이유이다.

2. 셰일 에너지 혁명과 국제정치적 영향

사실 에너지의 중요성은 너무나 명확하기 때문에 오히려 학문적 관심을 받지 못했다고 할 수 있다. 굳이 설명할 이유가 없는 것을 연구할 필요는 없기 때문이다. 세계는 에너지 보유국가와 의존국가로 나뉘고 에너지 보유국가들은 에너지와 부를 통해 영향력을 행사하고 에너지 수입국가들은 안정적인 확보와 수송을 위해 외교적 노력을 기울이는 것이 국제정치의 일상적 모습이다. 산유국들은 자신들의 에너지 공급 통제 능력을 가지고 미국으로부터 각종 지원은 물론, 비민주주의적 통치체제를 묵인받아 왔다. 러시아는 가스 공급을 통해 우크라이나와 같은 주변 국가들을 관리해 왔다. 우크라이나에서 친서방 정부가 등장하자 러시아는 가스 공급을 끊거나 그동안 할인 가격으로 공급하던 가스 가격을 정상화하는 방법으로 압박을 가하기도 했다. 중국 역시 산유국으로서 1993년까지는 석유를 수출하는 나라였다. 중국은 북한에 대한 석유 공급을 통해 북한을 관리하고 있다. 미국을 비롯한 대부분의 서방국가가 중동 산유국, 아프리카의 산유국, 남미의 산유국들에 의존하는 구조가 고착화된 것이다.

그러나 2012년 이후 그간 큰 변동이 없었던 에너지의 국제정치는 중대한 변화의 모습을 보이고 있다. 가장 중요한 것은 유가가 큰 폭으로 떨어진 것이다. 2005년 이후 2012년까지 유가는 배럴당 100달러 이상으로 유지되어 왔으나 2014년 초 120달러이던 가격이 중반 이후부터 급락하기 시작해 2016년 40달러 선에 머무르다 60달러 선까지 회복되었으나 코로나19 사태 이후 다시 하락하기 시작하여 2023년 10월에는 80달러 선에서 유지되고 있다. 유가의 급격한 하락 요인에는 수요 감소, 대체에너지원의 증가 등 여러 가지가 있지만, 우리는 미국의 셰일가스 대량생산에 주목해야 한다. 미국의 셰일가스 생산은 2005년부터 시작되었으며 2011년부터는 가스 생산기술이 획기적으로 발전함에 따라 가스 생산이 늘어났다. 2000년에만 하더라도 셰일가스 생산이 전무했던 미국은 2013년 2.5tcf의 셰일가스를 생산했는데 이는 전 세계 셰일가스 생산량의 91%를 차지하는 양이다. 이에 따라 미국의 순에너지 수입량이 급격히 감소하기 시작했다. 이와 함께 사우디아라비아는 가격경쟁을 통해 에너지 시장에서 셰일가스를 몰아내기 위해 무한정 증산을 시작했다. 이 결과 국제유가가 하락하기 시작해, 석유의 손익분기점이 30달러 정도인 사우디아라비아는 그나마 버틸 수 있었지만 손익분기점이 100달러인 러시아나 160달러인 베네수엘라는 엄청난 타격을 입게 되었다. 미국은 셰일가스 생산으로 하루 400만 배럴 이상의 석유를 덜 수입하게 되었고 천연가스의 수입량도 급감해 미국 국내시장에서의 천연가스 가격도 큰 폭으로 떨어졌다. 미국 셰일가스 생산의 국제정치적 함의에 대해 일찍부터 문제를 제기한 이춘근 박사에 의하면, 미국은 셰일가스 생산으로 20년 내에 에너지 자급자족이 가능해질 것이고, 또 미국의 천연가스 가격도 폭락하고 있는데 현재 미국 내 천연가스 가격은 일본 등 동아시아 지역의 5분의 1, 유럽의 3분의 1 정도로 형성되어 있다는 것이다. 또 미국 내 셰일가스 매장량은 현재 기술로는 92년 정도 사용할 수 있는 양이지만 추출 기술이 좀 더 진보한다면 300년 이상 사용 가능한 양이 될 것이라고 한다.

현재 유가의 상승 압력이 지속되는 것은 과도기적 현상으로 볼 수 있다. 유럽, 중국 등이 탄소 중립 목표를 제시하고 추진하면서 재생에너지에 대한 투자가 늘어나는 상황에서 반대로 화석연료 개발에 대한 투자가 급감하고 있다. 하지만 재생에너지가 화석연료에 대한 수요를 대체하기까지는 시간이 걸리기 때문에 공급망 자체에 문제가 생기고 있는 것이다. 거기에 코로나19가 회복되면서 격감했던 에너지 수요가 다시 증가하는 것도 유가 상승의 한 원인이다. 미국의 셰일 가스 생산은 화석에너지에 대한 투자가 줄어들고 또 환경에 대한 규제로 셰일가스 개발이 둔화되면서 줄어들고 있는데 이러한 요인도 유가 상승에 기여하고 있다. 물론 러시아의 우크라이나 침공도 유가 상승에 원인이 되고 있다.

유가 및 천연가스 가격의 하락으로 중동 국가들과 러시아는 큰 경제적 타격을 받았다. 반면 미국은 경기가 빠른 속도로 회복되고 채무 역시 줄어들고 있다. NAF(New American Foundation)는 셰일가스로 인해 미국의 자본생산이 2010년 330억 달러에서 2035년에는 1조 9000억 달러가 될 것이고 향후 25년간 미국의 기업들은 160만 개의 일자리를 제공할 것이며 1조 5000억 달러의 세금을 국가에 기여하게 될 것이라고 전망했다. 연 3000억~4000억 달러의 석유수입 비용을 절감하게 되는 미국은 무역적자가 개선될 것이고 대출금리 하락으로 경기가 크게 호전될 것이다. 이런 미국 내 전망과 더불어 최근 중국 경제의 침체를 감안한다면 이제 중국이 경제적으로 미국을 앞지를 것이라는 예측은 더 이상 설득력을 갖기 어렵게 되었다.

이 같은 에너지 혁명은 여러 가지 국제정치적 함의를 갖게 된다. 첫째, 미국 스스로 에너지 공급국가가 되면서 미국의 전략적 위상과 능력이 크게 높아졌다. 에너지 측면에서 상당한 수준의 자급자족이 가능해지면서 에너지 대외 의존이 줄어들었고 이는 미국의 에너지 의존으로 인한 취약성을 크게 감소시켰다. 에너지 문제는 지금까지 항상 미국의 전략적 약점으로 꼽혀 왔다. 그러나 이제 미국은 자국의 에너지 공급을 스스로 조절할 수 있게 되었고 에너지 문제가 약점이 아니라 자산으로 전환되는 시점인 것이다. 이와 함께 미국은 그동안 다양한 에너지 공급국들을 만들기 위해 노력해 왔다. 미국은 캐나다, 브라질, 콜롬비아 등과 양자·다자적 협력 기술지원, 투자, 무역 등을 통해 이들 국가의 에너지 생산을 확대하고자 노력해 왔다. 이렇게 에너지 공급국이 다원화되면 그동안 소수 에너지 생산국이 누리던 독점적 지위와 생산량 조절을 통한 힘의 과시가 불가능해지게 된다. 미국은 이제 원유의 안정적 공급에 포로가 되지 않고 좀 더 다양한 전략적 수단들을 활용할 수 있게 된 것이다. 미국이 이란과의 핵 협상 과정에서 제재(특히 석유수출 봉쇄)에 성공할 수 있었던 것은 미국이 하루에 이란산 원유 100만 배럴 정도의 거래를 막아버리면서도 대체 원유를 공급하여(미국의 원유 증산도 큰 몫을 했다) 유가 인상을 막음으로써 이란 제재에 협조하는 나라들에게 부담을 주지 않을 수 있는 능력을 보유했기 때문이기도 하다. 둘째, 중동에 대한 미국의 에너지 의존이 감소하면서 미국의 대외전략에서 중동이 차지하는 비중이 작아지고 또 중동에 대한 개입을 줄일 수 있게 되었다. 이것은 그동안 미국이 에너지를 위해 중동에 소비한 군사예산이 획기적으로 줄어들 수도 있다는 의미이다. 미국은 중동산 석유를 안전하게 수송하기 위해 걸프만 해역과 중동 지역에 미군을 주둔시켜 왔다. 물론 대테러전쟁, 이스라엘 보호 등의 이유도 있지만 석유의 안전한 수송은 미국의 사활적 이익이 분명하다. 이춘근 교수는 로저 스턴(Roger Stone)의 연구를 인용하면서, 1976~2007년까지 미국은 걸프만의 안전을 확보하기 위해 7조 3000억 원의 군사비를 사용했는데 최근 에너지 혁명으로 이러한 상황에 근본적 변화가 올 수 있다고 주장한다. 이제 걸프만의 미국 항모들은 필요시 중동의 석유가 특정 국가로 갈 수 없도록 하는 데 활용될 수도 있다는 것이다. 만일 그 특정 국가가 미국의 해군력을 당할 수 없다면 미국은 그 국가의 생명줄을 쥐고 있는 것과 마찬가지라는 것이다. 사우디아라비아를 비롯한 중동 산유국과의 관계도 미국의 여타 핵심적 이익에 따라 미국이 원하는 방향으로 조정할 수 있게 되었다. 석유 의존도 감소가 이러한 대외전략의 변화를 가져온 것이다. 피터 자이한(Peter Zaihan)은 셰일가스 혁명으로 인해 미국은 미국이 더 이상 세계의 경찰 역할을 할 필요성을 감소시켰고 그로 인해 미국의 대중동정책의 변화 그리고 세계의 분쟁 지역에 대한 개입 가능성이 낮아질 것으로 전망한다. 셋째, 유가, 천연가스 가격의 하락, 그리고 미국이 천연가스 수출국으로 전환하는 상황은 러시아에게는 엄청난 타격이다. 러시아는 유가가 100달러 선을 유지해야 재정적 균형을 유지할 수 있는 나라이다. 미국이 천연가스 수출국으로 전환할 가능성이 커지면서 수출액의 3분의 2가 에너지 수출로부터 나오는 러시아는 만성적 적자와 경제 파탄에 시달릴 가능성이 커졌다. 그간 러시아의 가장 큰 시장이었던 유럽도 미국산 천연가스를 수입하게 될 가능성이 커지고 있다. 러시아는 그동안 천연가스로부터 나오는 부를 가지고 주변 국가들을 관리하고 군사적 지원을 해왔으나 이제는 이런 영향력 행사도 어려워질 것이다. 러시아의 위상이 크게 약화될 전망이다.

3. 미·중관계와 에너지

미국과 중국은 경제적으로 협력과 경쟁의 관계에 있다. 경쟁 측면에서 에너지의 안정적 확보는 매우 중요한 부분이다. 중국은 세계 최대의 석유수입국이고 2030년에는 미국을 제치고 세계 최대의 석유소비국이 될 것으로 전망된다. 천연가스 소비도 빠르게 늘어 2030년에는 유럽 전체의 소비량에 육박할 것으로 전망된다. 중국에서 경제성장 유지는 중국공산당의 일당통치체제를 지탱하는 핵심이고 이러한 경제성장률을 유지하는 데 에너지의 안정적 확보는 필수다. 이에 따라 중국공산당은 에너지 자원문제를 정치적·안보적 차원에서 접근한다. 에너지 자원의 안정적 확보를 위한 전략과 정책을 수립하고자 중국은 2005년 원자바오(溫家寶) 총리를 조장으로 하는 '국가에너지영도소조'를 구상하고 해외 에너지 자원 확보를 위해 자원보유국과의 양자관계를 중심으로 한 정상외교에서부터 다자외교까지 외교전략을 확대해 오고 있으며 해외시장 개척 전략하에 자원 공급의 다변화를 추진하고 있다.

중국은 에너지 자원의 시장성과 잠재성만 확인되면 이념적 차이와 지역정세 불안 등을 가리지 않고 에너지 자원 개발투자를 통한 확보에 나서고 있다. 외교적 노력은 물론이고 필요하다면 차관, 무기 수출, 뇌물 등의 모든 수단을 동원하고 있다. 특히 인권문제나 민주주의문제로 서방의 제재를 받고 있는 자원보유국들에 적극적으로 진출하여 지원함으로써 에너지 자원을 우선적으로 확보하는 틈새공략 전략도 펴고 있다. 지역적으로는 아프리카, 중앙아시아, 동남아시아, 남미, 나아가 캐나다(오일샌드 지분

인수), 호주(해양가스전 투자) 등 서구 선진국에까지 자원확보 노력을 강화하고 있다. 에너지 수송의 안정화에도 관심을 기울여 인프라 구축과 해군력 증강에도 힘을 쓰고 있다. 해상 수송로를 위해 방글라데시, 스리랑카, 미얀마 등지에 해외 해군 기지 건설을 추진·확보하고 최근에는 파키스탄 과다르항에 기지 건설을 추진하고 있다.

최근 에너지 관련 미·중관계가 몇 가지 차원에서 더 복잡해지고 갈등이 첨예화될 조짐이 보이고 있다. 하나는 러시아와 중국의 접근이고 또 하나는 에너지 시장에서의 탈달러화 움직임이다. 첫째로 중국은 러시아와의 에너지 협력을 통해 서로가 가진 취약점들을 극복하고 미국과의 경쟁에 대응하고 있다. 2014년 러시아의 우크라이나 침공 이후 미국은 자국 내 석유 기업의 러시아 유전 개발과 북극해 석유 개발 투자를 금지하고, 관련 기술을 러시아에 제공하는 것도 막았다. 이로 인해 러시아는 천연가스 수출에 타격을 입었고 경제적 어려움을 겪어 왔다. 중국과 러시아는 러시아 천연가스를 중국이 수입하는 협력을 통해 에너지의 상호이익과 미국의 견제라는 두 가지 목표를 추구했다. 중국과 러시아는 2014년 5월 에너지 동맹을 체결하고 시베리아 가스관 사업을 추진했다. '시베리아의 힘'이라 명명된 이 사업의 결과 2019년 12월 러시아에서 중국 북동부까지의 3000km 천연가스관이 가동되면서 향후 30년간 매년 380억m³의 러시아산 천연가스가 중국 북동부 산업 중심 지역으로 공급되게 되었다. 양국 간 천연가스관 가동은 자원 수급을 둘러싼 이해관계가 맞아 떨어졌기 때문이고 중국과 러시아가 미국의 독주를 견제하는 성격을 띤다. 2018년 무역전쟁이 심화되는 과정에서 미국은 미국산 LNG에 10% 관세를 매기고, 2019년 그 관세를 25%로 올렸다. 여기에 대해 중국은 미국산 천연가스 수입을 중단하고 러시아산으로 대체하는 대응을 한 것이다. 중·러 양국은 계속적인 에너지 협력을 통해(몽골을 통과하는 서부가스관 건설사업) 경제적·전략적 상호이익을 추구하고 있다. 두 번째는 중국 주도의 에너지 시장에서의 탈달러화 움직임이다. ≪파이낸셜타임스(Financial Times)≫에 따르면 러시아는 2018년부터 주요 산업의 달러화 거래 의존도를 줄이는 탈달러화 계획을 가동했다. 그러나 원자재와 에너지 수출 의존도가 큰 러시아는 자국의 힘만으로는 탈달러화를 달성하기 어렵다. 원자재와 에너지 수출시장에서 달러화 거래가 압도적이기 때문이다. 러시아는 이에 따라 중국을 비롯해 터키 등 미국과 신경전을 벌이고 있는 국가들과 공조해 탈달러화 계획을 추진하고 있다. 이미 2017년 베네수엘라, 이란, 이라크 등 석유

수출국기구(OPEC) 회원국이 원유대금 결제에서 달러를 배제하겠다고 선언했다. 중국은 2018년 상하이에서 위안으로 거래되는 원유 선물 시장을 개설했다. 그러나 이때에는 BP(British Petroleum)를 포함한 주요 석유기업이 중국 정부의 시장 개입 가능성에 대한 우려로 참여하지 않았다. 그러나 2020년 영국의 BP은 7월 초 중국에 이라크산 원유 300만 배럴을 인도하면서 중국 통화인 '위안화'를 받았다. 세계 주요 석유회사 중 원유를 '달러화'가 아닌 위안으로 거래한 첫 사례이다. 이러한 위안화 거래의 성사는 원유에 대한 수요가 크게 감소한 상황에서 중국이 대규모로 원유를 사들이고 있기 때문에 가능해진 측면이 있다. 중국이 오래전부터 페트로위안에 공을 들인 이유는 원유시장의 결제 화폐가 기축통화(基軸通貨, 나라 간 거래에서 사용하는 기본이 되는 통화)의 첫 관문이기 때문이다. 세계 주요 기업이 원유를 위안으로 거래하면 중장기적으로 위안화 수요를 창출할 수 있다. 페트로위안을 발판으로 '위안의 국제화'를 이루겠다는 야심이다. 에너지 시장에서의 영향력을 통해 중국은 2008년 세계 금융위기 이후 40여 개국의 중앙은행과 '위안화 스와프' 계약을 하고, 위안화 국제 결제 시스템을 구축하는 등 위안의 세계화를 위해 노력해 왔다. 달러의 영향력에서 벗어나려는 움직임이다. 2015년에 이미 IMF의 특별인출권(SDR) 통화 바스켓(달러, 유로, 엔, 파운드)에 위안화를 포함시키게 되었다.

미국 역시 에너지 확보를 핵심적 국가이익으로 인식하고 전략적으로 대응하고 있다. 미국에서도 에너지 대책이 2008년도 대선 핵심 쟁점의 하나였으며 버락 오바마(Barack Obama) 대통령은 취임사에서 교육, 의료, 에너지 문제를 미국이 당면한 문제로 적시했다. 미국은 다양한 차원에서 지역적·양자적·다자적 에너지 협력과 에너지 개발 구상들을 추진하고 있다. 그러나 셰일가스 혁명으로 에너지 자립도가 제고된 미국은 국제 에너지 시장에서 주요 에너지 공급국으로서의 지위를 획득하게 되었고 에너지 확보를 위한 직접적인 개입(engagement)과 같은 동기가 점차로 약화될 것으로 보인다. 이는 중국이 중동산 에너지 수요에 크게 기대고 있고, 또 에너지 확보를 위한 협력을 넘어서 직접적으로 개입하거나 지역문제에 대한 관여를 강화할 가능성이 커지고 있는 것과는 상반되는 상황이다. 이지용 교수의 분석에 따르면, 중국이 자원 확보를 위해 권위주의 정부에 차관과 무기 수출 등을 제공하는 현재의 패턴에서 더 나아가 지역정치 안정화를 위한 관여 및 개입에 나설 가능성도 배제할 수 없으며 이는 해당

국가의 정정불안을 심화시킬 수도 있을 뿐만 아니라 다른 이해당사국들과의 갈등을 야기할 가능성도 있다.

미국이 중동에서의 역할과 주둔 비중을 줄이면서 다른 지역에서 좀 더 적극적인 역할을 할 가능성도 커지고 있다. 오바마 정부의 아시아 중시 정책이 이와 같은 미국의 지역전략 변화를 반영하는 것이라고 주장하는 학자들도 있다. 중동은 미국에게 계속 중요한 지역으로 남을 것이고 미국이 중동에서 손을 뗄 리는 없지만 에너지 차원에서 중동의 중요성이 감소하면서 미국은 중국을 견제할 수 있는 군사적·경제적 능력을 추가로 갖게 된 것은 분명하다. 이러한 변화가 현실적으로 관측되는 사안이 남중국해에서의 미국의 적극적 행보라고 주장하는 학자들도 많다. 다시 말해 미국이 남중국해에서 중국의 영향력 확대와 군사화에 대해 보다 적극적으로 대응하는 것은 에너지 운송로와 막대한 에너지 매장량을 가지고 있는 남중국해를 중국이 장악하는 것을 두고 볼 수 없기 때문이라는 것이다.

셰일가스 혁명은 미국과 중국 간의 경제적 경쟁에서도 중요한 시사점이 있다. 미·중 간 경제적 경쟁과 관련해서 많은 전문가가 2030년경에는 중국이 미국을 앞지를 것이라는 예측을 내놓았지만 셰일가스 혁명이 시작된 2010년 이후 상황은 급변하고 있다. 미국은 생산비에서 에너지가 차지하는 비중이 계속 하락하고 있으며 중국은 꾸준한 인건비 상승으로 경쟁력이 하락하고 있다. 아직 중국의 인건비가 미국의 5분의 1 정도지만 미국의 생산성이 중국의 다섯 배 정도인 것을 감안하면 중국에 진출했던 미국 기업들이 생산 시설을 다시 미국으로 이동하는 경우도 고려할 수 있게 된 것이다. 중국의 성장률이 6% 이하로 하락할 가능성이 커지면서 중국 경제에 빨간불이 켜졌고 향후의 전망도 밝지 않다. 미국은 셰일가스 혁명으로 절약하게 된 석유수입 대금과 가스수출로 벌어들이는 새로운 수익, 중동의 석유를 확보하기 위해 지불해 오던 군사적 비용 절약 등으로 새로운 성장을 시작할 수 있는 준비를 갖추고 있다. 이제 미·중 간의 경쟁은 셰일가스 에너지 혁명으로 새로운 단계에 접어들었다. 미국이 에너지 면에서 유리한 국면에 들어선 것은 맞지만 중국 역시 러시아와의 에너지 동맹 그리고 미국과 대립하고 있는 산유국들과의 협력을 통해 새로운 환경에 대한 대응을 모색하고 있다.

4. 한국의 에너지 안보

한국은 에너지 다소비 업종 위주의 산업구조를 가지고 있으면서 에너지 빈곤 국가이다. 에너지의 대부분(97%)을 수입에 의존하고 있다. 이러한 상황은 한국이 에너지 안보에 취약한 나라라는 것을 말해 준다. 피터 자이한은 미국이 셰일가스 혁명으로 중동의 원유에 더 이상 의존할 필요가 없어지면서 중동의 안정을 위한 군사력 전개를 줄이고 있으며 이렇게 되면 한국을 비롯한 중국, 일본 등은 에너지 수급과 수송에 큰 어려움을 겪게 될 것이라고 예측했다. 한국이 에너지 안보를 확보하기 위한 전략은 무엇일까? 김태현 교수는 배리 부잔(Barry Buzan)의 국가안보전략을 원용해서 에너지 안보에 대한 두 가지 전략을 제시한다. 하나는 국내적 차원에서 자원을 동원하여 에너지 안보의 취약성을 줄이는 '국가에너지 안보전략' 그리고 외부에서 안보위협을 줄이고 관리하는 '국제에너지 안보전략'이다. 국가에너지 안보전략은 대체에너지 자원을 개발하고 에너지 소비를 줄이며 에너지 비축을 늘리는 등의 방법을 통해 에너지 안보를 확보하는 것이다. 그러나 한국은 대체에너지원을 찾기가 어려운 에너지 빈곤 국가이고 원자력 같은 에너지 대안은 사회적·정치적 비용이 커지고 있는 상황에 있다. 이러한 나라에서는 어쩔 수 없이 국가 외부의 자원을 활용하여 취약성을 줄이고 국가 밖에서 오는 위협을 관리하는 '국제'에너지 안보정책이 보다 중요하다. 김태현 교수에 따르면 국제에너지 안보정책은 일단 취약성을 줄이기 위한 정책과 위협을 관리하기 위한 전략으로 나누어볼 수 있다. 취약성을 줄이기 위해서는 무엇보다 에너지원의 다양화와 동시에 에너지 공급선을 다변화해야 한다. 취약성을 줄이기 위한 국제에너지 안보정책의 다른 하나는 에너지 공급의 단기적 충격에 대비하기 위해 에너지 수요국 사이에 전략석유 비축을 서로 지원하는 협력 네트워크를 구축하는 것이다. 두 가지 방법 모두 비용이 수반된다. 위협을 관리하는 부분도 결국 외교적 능력이 필요하다. 산유국이나 미국과 같은 에너지 공급국이 에너지를 무기화하여 공급을 가지고 한국을 위협하는 상황이 오지 않도록 관리하는 노력이 필요할 것이다.

■ ■ ■ 참고문헌

김태현. 2012. 「에너지 안보의 국제정치학」. ≪국제·지역연구≫, 21권 3호.

이지용. 2011. 「중국의 해외 에너지 자원 확보전략과 시사점」. 외교안보연구원. ≪IFANS 주요국제문제분석≫.

이춘근. 2015.1.10. "미국의 에너지 혁명 시대 소식". http://blog.naver.com/godyum/220253980660(검색일: 2016.11.9).

자이한, 피터(Peter Zaihan) 2019. 『셰일 혁명과 미국 없는 세계』. 서울: 김앤김북스.

최원기. 2014. 「미국의 셰일가스 개발과 국제 에너지 안보 환경의 변화」. 외교안보연구원. ≪IFANS 주요국제문제분석≫, 2013-38.

Buzan, B. 1991. *Cold War People, States, and Fear: An Agenda for International Security Studies in the Post-Era,* 2nd ed. Boulder, CO: Lynne Rienner. 〔김태현 옮김. 『세계화 시대의 국가안보』(서울: 나남, 1995)〕.

Donilon, Tom. 2013. "Energy and American Power: Farewell to Declinism." https://www.foreignaffairs.com/articles/united-states/2013-06-15/energy-and-american-power(검색일: 2016.11.9).

| 찾아보기 |

449

451

지 은 이

유 현 석

연세대학교 정치외교학과를 졸업하고 콜로라도 대학교(University of Colorado, Boulder)
에서 정치학 석사, 1995년 노스웨스턴 대학교(Northwestern University)에서 정치학 박사
를 받았다. 중앙대학교 국제관계학과 교수를 거쳐 현재 경희대학교 정치외교학과 교수로
재직 중이다. 일본 게이오 대학교 법정대학 교환교수, 태국 출라롱콘 대학교 안보국제문
제연구소(Institute of Security and International Studies) 방문학자로 연구했으며 외교부 산
하 한국국제교류재단 이사장과 주말레이시아 한국 대사로 근무했다. 동아시아 및 인도-
태평양 지역의 다자협력 및 주요 협력체, 아세안(ASEAN), 외교의 변화, 한국의 외교 및 대
외전략, 공공외교 등에 대해 관심을 갖고 연구하고 있다.

한울아카데미 2498

국제정세의 이해 제7개정판
자유주의 국제질서의 위기와 지구촌의 국제관계

지은이 유현석 | **펴낸이** 김종수 | **펴낸곳** 한울엠플러스(주) | **편집** 조인순

초판 1쇄 발행 2001년 9월 10일 | **개정판 1쇄 발행** 2003년 3월 15일
제2개정판 1쇄 발행 2006년 2월 28일 | **제3개정판 1쇄 발행** 2009년 9월 5일
제4개정판 1쇄 발행 2013년 2월 25일 | **제5개정판 1쇄 발행** 2017년 2월 28일
제6개정판 1쇄 발행 2021년 1월 20일 | **제7개정판 1쇄 발행** 2024년 2월 29일

주소 10881 경기도 파주시 광인사길 153 한울시소빌딩 3층
전화 031-955-0655 | **팩스** 031-955-0656 | **홈페이지** www.hanulmplus.kr
등록번호 제406-2015-000143호

ⓒ 유현석, 2024.
Printed in Korea.

ISBN 978-89-460-8293-9 93340

* 책값은 겉표지에 표시되어 있습니다.